République dominicaine

CARTE POSTALE CARIBÉENNE

Baptisée Hispaniola par Colomb lors de sa découverte, la plus grande île des Antilles après Cuba est bordée par l'océan Atlantique au nord et la mer des Caraïbes au sud. La République dominicaine partage à l'ouest sa seule frontière, avec Haïti. En « Rep' dom' », outre la bonne humeur communicative des Dominicains, on trouve des kilomètres de plages baignées d'une eau turquoise bordée de rangées de palmiers paresseux, des hôtels haut de gamme et des restaurants étoilés. Parmi les perles des plages du pays, la baie des Aigles au sable d'ivoire fait figure de paradis sur Terre, de même que les îles quasi désertes de Saona et Catalina. Il faut compter également sur d'autres paradis, plus artificiels, construits aux abords des plus belles plages de Punta Cana, de Puerto Plata ou de La Romana où tout a été pensé pour rester dans l'hôtel : piscines, golf, casino, animations, discothèques, bars, restaurants, galeries commerciales… Pour les allergiques au tout inclus et les sportifs, il y a également

choix

de bel

du Pic

les ba

sauvag

l'appel

la plan

cigare, … et de la *bachata*, tous au rendez-vous à l'heure du carnaval !

PEFC
10-31-1895
Certifié PEFC
Ce produit est issu de forêts gérées durablement et de sources contrôlées.
pefc-france.org

SOMMAIRE

Paysage du nord de la République Dominicaine. © PEETERV - ISTOCKPHOTO.COM

Plage de Punta Cana. © NARVIKK - ISTOCKPHOTO.COM

6 INSPIRER

Pour vous tenter, mieux, vous convaincre, avec les plus de la destination, des idées de séjour, les festivités à ne pas rater et des infos pratiques à gogo.

35 DÉCOUVRIR

Tout ce que vous avez toujours voulu savoir sur la République dominicaine, de son histoire mouvementée à son carnaval en passant par les arts délicats de rouler des cigares et de danser le *merengue*.

103 SANTO DOMINGO ET SA RÉGION

Capitale du pays et ville historique, le patrimoine architectural de Santo Domingo est époustouflant, en particulier celui de son vieux centre colonial. Restaurants, fiesta et culture sont au rendez-vous.

Dans les rues de Santo Domingo. © PAWEL.GAUL - ISTOCKPHOTO.COM

153 SUD-OUEST

Avec ses paysages féeriques, ses parcs nationaux et ses champs de canne à sucre, le sud-ouest déploie une nature généreuse et protégée. On y rencontre des crocodiles, on y ramasse des cristaux de larimar et on y scrute le plumage orangé des canards.

Lac Enquirillo. © ROMEL - STOCK.ADOBE.COM

169 CÔTE NORD

La côte nord est le paradis des surfeurs et des amoureux des plages de sable fin, entre mer et cocotiers. De fait, Cabarete est l'un des spots les plus réputés pour le kitesurf. C'est aussi ici qu'on trouve Puerto Plata, charmante ville historique.

Cascade dans la région de Jarabacoa. © DENIS KABANOV - ISTOCKPHOTO.COM

207 CENTRE

C'est le jardin de la République dominicaine. On accède au cœur du pays en empruntant l'escalier des trois cordillères qui culminent à 3 175 mètres avec le Pico Duarte. Ces Alpes dominicaines sont également un véritable grenier agricole.

233 EST

De Boca Chica, à quelques kilomètres de la capitale, jusqu'aux cocoteraies de Bávaro, en passant par Juan Dolio, Bayahibe et Punta Cana, s'étend une zone privilégiée pour les séjours balnéaires. La péninsule Samana séduira, elle, les amateurs d'*all-inclusive*.

311 ORGANISER SON SÉJOUR

Tout ce qu'il faut savoir pour préparer sereinement son voyage dans ce bout de paradis caribéen.

Observation des baleines dans la péninsule de Samaná. © JERRY BALLARD - ISTOCKPHOTO.COM

OCÉAN ATLANTIQUE
Bahía de la Isabela
Cap Isabela
LUPÉRON
LA ISABELA
COFRESÍ
COSTAMBAR
Caba Macorís
PLAYA ENCUENT
KITE BEACH
MONTE CRISTI
PUNTA RUCIA
PUERTO PLATA
SOSÚA
CABARETE
COSTA DORADA
PLAYA DORADA
Bahía de Manzanillo
Villa Vasquez
Yaque del Norte
PEPILLO SALCEDO
Guayubin
Laguna Salada
VALVERDE
RIO SAN J
PLAYA MAGAN
Esperanza
ESPAILLAT
Gaspar Hernandez
Dajabon
Mao
1249
Pico Diego de Ocampo
DAJABÓN
SABANETA
SANTIAGO
MOCA
SALCEDO
Loma de Cabrera
SANTIAGO RODRIGUEZ
MONCIÓN
SALCEDO
Tenarés
DUA
SAN JOSÉ DE LA MATAS
Camú
SAN FRANCISCO DE MACORIS
Restauracíon
LAVEGA
Parque Nacional Armando Bemúdez
HAÏTI
JARABACOA
Rincón
COT
Pico Duarte 3175
LA ESTRELLETA
LA VEGA
SAN RAM
Bonao
PARQUE NACIONAL J. DEL CARMEN RAMIREZ
CONSTANZA
MONSIÑOR NOVEL
YAMA
Elías Piña
CENTRAL
Piedra Blanca
Jaiana
SAN JUAN
SAN JUAN
Padre Las Casas
Rancho Arriba
Yaque del Sur
Nizao
Villa Altugrucin
SAN JOSÉ DE OCOA
LA DESCUBIERTA
BAHORUCO
LOS CACAOS
BAHORUCO
JIMANI
NEIBA
EL ARROYO
AZUA
Lac san Cristobal
CRI
LAGO ENRIQUILLO
PERAVIA
Laguna Rincon
INDEPENDENCIA
Bahía de Ocoa
BANI
BARAHONA
LAS SALINAS
CABRAL
Bahía de Neiba
Punta Salinas
1630
JUAN ESTEBAN
Bahoruco
POLO MAGNETICO
BARAHONA
PEDERNALES
PARAÍSO
SAN RAFAEL
LOS PATOS
PEDERNALES
ENRIQUILLO
CABO ROJO
Oviedo
Laguna Oviedo
BAHÍA DE LAS ÁGUILAS
PARQUE NACIONAL DE JARAGUA
C. de la Beata
Cabo Beata
ISLA BEATA
C. de Alto Velo
Frontière
Route 2 voies à péage
Route principale
Route secondaire
Ville

République Dominicaine
Altitude (en mètres)
1000
500
200
Cabo Frances Viejo
PLAYA GRANDE
CABRERA
Bahía Ocesa
NAGUA
LAS TERRENAS
EL PORTILLO
EL VALLE
Cabo Samaná
LAS GALERAS
LA BOCA DEL DIABLO
Factor
EL LIMON
SANCHEZ
SAMANÁ
Bahía de Samaná
Yuna
CAYO LEVANTADO
SAMANÁ DE LA MAR
PARQUE NACIONAL LOS HAITISES
MICHES
762
UVERO ALTO
PLAYA MACAO
HALTA MAJOR
EL SEIBO
PLAYA ARENA GORDA
EL CORTECITO
BAVARO
Monte Plata
Yabacao
HATA MAYOR
El Seibo
LA ALTRAGRACIA
OTRA BANDA
HIGÜEY
CABEZA DE TORO
Séico
Guaymate
Yuma
Los Llanos
INGENIO CONSUELO
LA ROMANA
PUNTA CANA
SANTO DOMINGO
ALTOS DE CHAVÓN
DOMINICUS
SAN PEDRO DE MACORIS
EMBASSY
BOCA CHICA
SAN RAFAEL DEL YUMA
BOCA DE YUMA
Haina
GUAYACANES
JUAN DOLIO
BAYAHIBE
CRISTOBAL
CUMAYASA
BOCA DE CHAVÓN
Bahía de Yuma
ISLA CATALINA
Bahía de La Altagracia
PARQUE NACIONAL DEL ESTE
ISLA SAONA
MER DES CARAÏBES
50 KM

QUAND Y ALLER

JANVIER

19° / 29°

FÊTE DE LA ALTAGRACIA
(HIGÜEY)

© VICENTEGARRIDOJ - SHUTTERSTOCK.COM

On se rend en nombre à Higüey pour célébrer *la Vírgen de la Altagracia,* patronne du pays et protectrice des Dominicains.

$ $ $

FÉVRIER

19° / 29°

MASTER OF THE OCEAN
(PLAYA ENCUENTRO)
Sera le *Master of the Ocean* celui qui excellera en surf, windsurf, kitesurf et stand-up paddle. Une compétition internationale.

CARNAVAL EN LA REPÚBLICA DOMINICANA
Le 27 février, c'est le jour de la fête nationale : l'expression de l'identité dominicaine et la fête la plus importante du pays !

$ $ $

MARS

19° / 29°

SEMANA SANTA

© ESTEBAN MARTINENA GUERRER - SHUTTERSTOCK.COM

Pendant une semaine, les Dominicains cessent toute activité et s'adonnent à la *fiesta.* Une célébration qui a lieu dans tout le pays.

$ $ $

JUILLET

22° / 31°

FESTIVAL DE MERENGUE
(SANTO DOMINGO)

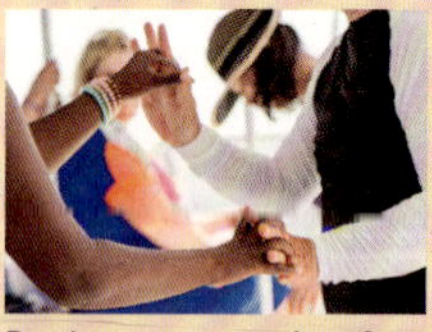
© GG-FO O - SHUTTERSTOCK.COM

Pendant une semaine, Santo-Domingo se convertit en véritable piste de danse à ciel ouvert ! Musique et danse à admirer en direct !

$ $ $

AOÛT

23° / 31°

FESTIVAL PRESIDENTE
(SANTO DOMINGO)
Le Festival Presidente – du nom de la bière nationale – est un grand événement de musique latine se tenant dans la capitale.

CARNAVAL
Un grand carnaval, en commémoration de la bataille de la restauration de la République, le 16 août 1960. Défilés et merengue.

$ $ $

SEPTEMBRE

22° / 31°

FÊTES PATRONALES DE AZUA DE COMPOSTELLE
Lors des fêtes patronales de Azua de Compostelle, célébrations religieuses, foires, musique, danses et alcool sont de la partie.

FESTIVAL DE MERENGUE
(PUERTO PLATA)
Un festival de merengue célébré dans la danse et la bonne humeur. Cinq jours vibrants dans la jolie ville du Puerto Plata.

$

Deux saisons ont la faveur des touristes, de la mi-décembre à mars (pour le carnaval du 27 février par exemple) et de juillet à août, avec une nette préférence pour la première. La Semaine Sainte est elle-aussi très prisée, des locaux notamment. Bien évidemment, les tarifs des hôteliers et des loueurs de voiture en tiennent compte. En basse saison, en revanche, une baisse d'environ 20 % à 25 % sur les tarifs est de rigueur. Voici les principaux événements à noter dans votre agenda.

AVRIL

21° / 29°

$$

MAI

22° / 30°

$

JUIN

22° / 31°

$$

OCTOBRE

22° / 31°

FESTICAFÉ
(POLO MAGNETICO)
En octobre, les ouvriers du café de Bahoruco convient tous les habitants à la ronde pour célébrer la récolte du mois de juin !

$

NOVEMBRE

21° / 30°

FESTIVAL DE JAZZ DE RÉPUBLIQUE DOMINICAINE
(CABARETE)
Initié dans les années 1990, ce festival de jazz a avec les années acquis une excellente réputation sur la scène mondiale.

FÊTES PATRONALES DE BANI
Une furieuse ambiance festive de Semana Santa s'empare de Bani du 10 au 21 novembre. Danse, musique et foires sont au rendez-vous !

$

DÉCEMBRE

19° / 29°

$$$

LES BONNES RAISONS D'Y ALLER

© STEFAN BECKER - ISTOCKPHOTO.COM

PREMIÈRE CAPITALE DU NOUVEAU MONDE

Arpenter Santo Domingo, berceau du Nouveau Monde, c'est feuilleter un livre d'histoire.

DES PLAGES À L'INFINI

De la beauté sauvage des plages du Sud aux paysages paradisiaques des plages du Nord.

© MAREK BUBENIK - ISTOCKPHOTO.COM

© IMAGINEGOLF - ISTOCKPHOTO.COM

DE SOMPTUEUX PARCOURS DE GOLF

Eh oui, le pays est l'une des destinations parmi les plus prisées pour la pratique du golf !

© DAVID MODY - ISTOCKPHOTO.COM

LA MECQUE DU KITESURF ET WINDSURF

Cabarete s'est taillée une solide réputation : vent constant et régulier, plage immense.

© LICHTWOLKE - ISTOCKPHOTO.COM

UNE DOUCEUR DE VIVRE SANS PAREILLE

Musique, rhum, mer et soleil font bon ménage : la vie est douce, comme les Dominicains.

© VALENTIN VALKOV - SHUTTERSTOCK.COM

UN CLIMAT IDÉAL TOUTE L'ANNÉE

La météo est très clémente puisque il fait 26 °C de température moyenne toute l'année.

© KRISTINA KOKHANOVA - ISTOCKPHOTO.COM

MERENGUE ET BACHATA

Si le merengue est la danse nationale, la bachata a la faveur des jeunes. *Sabroso* !

LES BONNES RAISONS D'Y ALLER

UN CARNAVAL COLORÉ

Le carnaval atteint son paroxysme le 27 février, jour de l'indépendance nationale.

© DAVID POU - SHUTTERSTOCK.COM

© JIMMYVILLALTA - ISTOCKPHOTO.COM

UNE GASTRONOMIE TROPICALE

La mer et l'océan donnent le poisson, les vallées fertiles les fruits tropicaux.

UNE TERRE DE CONTRASTE

Entre mer et montagnes, le pays se prête très bien aux activités en plein air.

LES 12 MOTS-CLÉS

#BACHATA

Ce rythme dansant et folklorique, originaire de la République dominicaine, s'est popularisé à partir des années 1960 et surtout depuis les années 1980 avec le développement du tourisme. La bachata est un mélange de boléro, d'influences musicales d'origine africaine et d'autres sons évoquant le merengue, le cha-cha-cha ou le tango. Typique !

#BASEBALL

Le baseball (ou *béisbol*) est le sport national par excellence, suivi avec ferveur par tout un peuple : assister à un match en République dominicaine vous plonge dans une ambiance locale et authentique ! Ce sport est arrivé jusqu'ici avec les planteurs de canne à sucre cubains qui fuyaient Cuba pendant la guerre des Dix Ans (1868-1878).

© ZHARATE - SHUTTERSTOCK.COM

#CARVANAL

Le carnaval en République dominicaine est l'un des plus authentiques de toutes les Caraïbes. La particularité dominicaine est qu'il a lieu deux fois dans l'année, à la date anniversaire du jour de l'indépendance nationale, le 27 février, et de celui de la restauration de la République, le 16 août. Défilés masqués, rhum et bonne humeur !

#CHIFFON ROUGE

Si vous croisez une personne agitant un chiffon rouge au bord d'une route, prudence ! Cela signifie : animaux en transit ou travaux. Ralentissez ! Le troupeau, voire une vache seule, est en général derrière le virage suivant, au milieu de la route. Certains véhicules accrochent aussi ce morceau d'étoffe pour signaler une cargaison en équilibre.

#CONCÓN

C'est la partie du riz qui reste collée et légèrement brûlée au fond de la casserole lorsqu'on le prépare. Il est coutume dans toutes les familles après avoir fini le premier service de demander avec enthousiasme qui veut du *concón*, que l'on sert généralement avec des haricots rouges. Les Dominicains en raffolent, et on vous le recommande…

© JUTIA - SHUTTERSTOCK.COM

#DOMINOS

C'est le jeu masculin traditionnel pratiqué partout dans l'île et à toute heure. Une table bancale et quelques chaises suffisent aux joueurs pour s'installer et improviser une partie qui peut durer des heures. Particulièrement habiles, les joueurs tiennent les dominos dans une seule main et les font claquer bruyamment en les abattant sur le jeu.

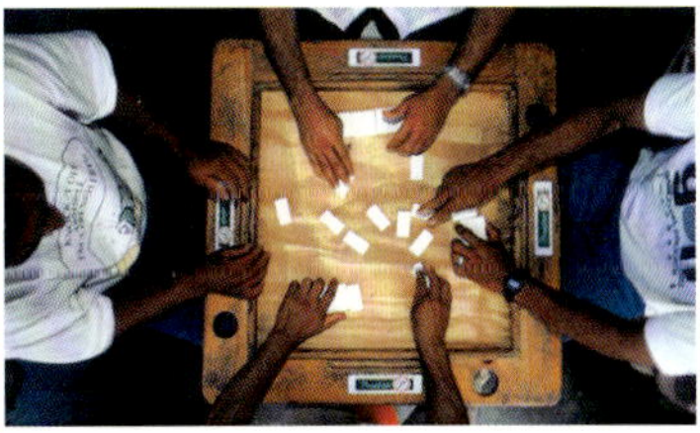

© ATAMU RAHI - ICONOTEC

#GALLERA

Presque chaque village possède sa *gallera*, l'arène où se déroulent les combats de coqs, loisir populaire et très prisé. Les combats se déroulent en fin de semaine. Les parieurs s'enflamment à mesure que les combats se déroulent, et l'atmosphère est souvent très électrique. Une pratique qui reste néanmoins discutable d'un point de vue éthique.

LES 12
MOTS-CLÉS

#TOURISME DE MASSE

Le tourisme est la première source de devises du pays. Les zones les plus fréquentées se concentrent dans la péninsule de Samaná, de la côte nord de Puerto Plata à Cabarete, de la côte sud dans la région de Juan Dolio et de la côte des Cocotiers avec le spot de Bavaro – Punta Cana. C'est là que prolifère le tourisme en formule tout-compris.

#MERENGUE

Classé au patrimoine de l'UNESCO en 2016, le *merengue* occupe une place de choix dans le pays. Si les habitants adorent danser sur une vingtaine de rythmes, le plus célèbre reste le merengue, mélange de culture espagnole et africaine, influencé par la *güira*, instrument fait d'une râpe cylindrique en laiton sur laquelle on frotte une raclette.

#MOTO CONCHO

Si c'est le moyen le plus économique de se déplacer en République dominicaine, c'est loin d'être le moins dangereux. Depuis 2006, les *motos conchos* (diminutif de *moto con chófer* – moto avec chauffeur) se sont regroupées en syndicat, les prix devraient être à peu près les mêmes partout, mais en réalité il n'en est rien. N'hésitez pas à négocier.

#PIROPOS

Ne vous offusquez pas si, dans la rue, on vous aborde en vous donnant du « *mi amor, mi cielo* ou *corazón* » : ces petits mots tendres font partie du vocabulaire courant destiné aux femmes, aux enfants et, accessoirement, aux hommes. Ils témoignent simplement de la gentillesse des Dominicains. En voiture, un coup de klaxon dira la même chose.

#PLÁTANO

Il s'agit ici de banane plantain, pauvre en sucre, mais riche en amidon, ce qui la rend plus ferme, lui donnant une bonne tenue à la cuisson. Très abondant, c'est un des aliments les plus consommés. Il peut être préparé de beaucoup de manières différentes, en frites ou en purée, sucré ou salé, par exemple façon *tostones* (en rondelles frites).

VOUS ÊTES D'ICI, SI...

- **Vous avez appris à danser** la *bachata* et le *merengue* avant d'apprendre à marcher. Vous pouvez même danser sans musique.
- **Vous pouvez sentir l'odeur de la côte de porc fumée** qui cuit chez vous alors que vous êtes dehors.
- **Vous aviez peur du *cuco*** quand vous étiez petit.
- **Vous renversez du rhum** par terre en vous exclamant : *Eso e pá lo muerto !*
- **Vous buvez du Brugal,** de la Presidente ou de la Mamajuana comme si c'était de l'eau.
- **Vous mangez du *mangu*** ou des bananes plantain frites avec du ketchup.
- **Vous utilisez des mots tels que** *gile* (gilette : rasoir), *vivaporu* (vix vaporub), *poloche* (poloshirt : t-shirt), *guachiman* (watchman : gardien), *confle* (corn-flakes : céréales).
- **L'une de vos expressions favorites est :** *Anda el diablo ! – Coo – El diache ! – Que vaina ! – Dímelo – Ta Tó ! – Y es fácil... ! – Qué lo qué ? – Ahhh... Po tá bien ! – Que tripeo – Tu si jode – Tá cool – Tá jevi – La creta ! – Tu tá pasá – No le dé mente ! – Cójelo suave ! – Que bufeo ! – No te quille – Degrasiá !*

MA RÉPUBLIQUE DOMINICAINE

par Martin Fouquet, auteur du guide

© DR

Interview

Après des études de philosophie suivies d'un long voyage en Amérique du Sud, Martin décide de se dédier à l'écriture de guides de voyages, activité qui l'occupe depuis maintenant une dizaine d'années. Familier de l'Amérique et des Caraïbes, c'est avec une curiosité renouvelée qu'il a parcouru la République dominicaine, de ses cols à ses plages, de ses jungles à ses villes et bourgades de pêcheurs.

IDÉES DE SÉJOUR

Dans le cas où vous n'opteriez pas pour un séjour organisé ou pour des vacances dans un *resort all-inclusive*, nous vous avons concocté quelques idées de séjours se déroulant chacune sur une semaine. Il est tout à fait possible de combiner ces trois propositions d'itinéraire de manière à se construire un petit séjour sur mesure. La première suggestion est une semaine dans et autour de la capitale, qui concentre l'essentiel du patrimoine culturel du pays, avec de brèves excursions à la journée sur la côte sud-est, facilement accessible depuis la Santo Domingo. La deuxième idée de voyage se concentre sur les littoraux dominicains, tous plus beaux les uns que les autres, si bien qu'il est possible d'étendre à deux voire trois jours chaque étape du voyage. La troisième proposition s'adresse elle aux sportifs, combinant plongée sous-marine, randonnée, sports de glisse, escalade, golf... Piochez à votre guise !

UNE SEMAINE À SANTO DOMINGO ET SES ALENTOURS

En une semaine, on aura la temps de visiter la capitale, mais aussi de se rendre dans les villes alentour. Le quartier colonial de Santo Domingo, inscrit au patrimoine mondial de l'UNESCO, contient de multiples témoignages de la colonisation espagnole, notamment des édifices religieux ou civils aujourd'hui magnifiquement restaurés. Après trois jours ici, cap à l'est, le long de la côte.

› Jour 1 : Arrivée à Santo Domingo

La capitale concentre l'essentiel du patrimoine culturel du pays. La matinée est consacrée à la visite de l'**Alcazar de Colón** [p.115], ancienne demeure de Diego Colón reconvertie en musée, puis à celle de la **Casa de Nicolas de Ovando** [p.117]. Dans l'après-midi, découverte de la **Catedral Santa María la menor primada de América** [p.118], la plus ancienne des Amériques. Enfin : terrasse dans un café du Parque Colón.

› Jour 2 : Santo Domingo, Faro a Colón et vieux-centre

Au sortir de l'un des hôtels de charme du centre, visite en matinée de l'imposant **Faro a Colón** [p.127] à l'est de la ville, élevé à la gloire de Christophe Colomb. Puis direction la Plaza de la Cultura pour visiter le musée de l'Homme dominicain, celui d'Histoire naturelle ou encore celui d'Art moderne. En fin de journée, flânerie dans la calle Conde, puis dîner sur la Plaza España, vue sur l'Alcazar.

› Jour 3 : Santo-Domingo, quartier chinois et bachata

Pour le troisième et dernier jour dans la capitale, on ira se perdre dans les rues de la ville coloniale

L'Alcazar de Colon dans la zone coloniale.

© MINISTERE DU TOURISME DE LA REPUBLIQUE DOMINICAINE

Cayo Levantado, îlot à 15 minutes de Samaná.

et découvrir des trésors d'architecture à chaque recoin, puis visiter le quartier chinois. Ensuite, balade dans le Jardin botanique au nord de la ville, à l'ombre de grands arbres... À la nuit tombée, on ira danser la bachata dans les meilleures discothèques à la mode de la capitale.

› Jour 4 : Boca Chica

Cap à l'est : on se rendra en bus pour **Boca Chica** (p.238) (1 heure) pour déguster des fruits de mer avant de plonger dans les eaux turquoise des piscines naturelles de la ville. Sur le retour, halte à Los Tres Ojos. Prendre un guide pour apprécier pleinement la fraîcheur de cette grotte aux trois (quatre en réalité) petits bassins d'eau azur où les légendes se mêlent à la réalité.

› Jour 5 : La Romana

Le lendemain, au départ de la capitale, cap à l'est à nouveau pour se rendre à **La Romana** ★★ (p.246) (2h) pour effectuer la visite de la fameuse **Cueva de las Maravillas** (p.245) afin d'en apprendre davantage sur la culture des Taïnos, habitants originels de l'île avant l'arrivée des colons... On en profitera pour manger un morceau dans l'un des nombreux restaurants que compte la ville.

› Jour 6 : San Pedro de Macorís et Malecón de la capitale

Dernière visite de la côte sud-est : **San Pedro de Macorís** (p.244) (1h). On découvrira l'architecture néoclassique de la deuxième plus grande ville du pays, fondée en 1870. De retour dans la capitale, balades sur le Malecón, lieu de vie des soirées, amoureuses ou entre amis, pour une bière ou simplement pour un coucher de soleil...

› Jour 7 : Dernier tour dans la capitale

On pourra profiter d'une dernière journée (ou demi-journée selon l'heure de départ de votre avion) pour le tour des places et des centres commerciaux et dénicher les bons plans musique de l'année (ou des décennies écoulées) sur la Plaza Central ou au Mercado Modelo. Les supermarchés ordinaires sont de bonnes adresses pour tout ce qui touche à l'alimentaire (café, chocolat, rhum, etc.).

SÉJOUR BALNÉAIRE EN RÉPUBLIQUE DOMINICAINE

Des plages exceptionnelles et des eaux cristallines à température idéale sont à elles seules un puissant argument pour un séjour balnéaire. Et pas qu'à **Punta Cana** ★ (p.263), royaume des grosses structures en *all inclusive*, car toutes les côtes du pays sont parfaites pour ce type de séjour.

› Jour 1 : Bahía de las Aguilas

La star des plages tropicales à l'ouest de **Saint-Domingue** ★★★★ (p.109), c'est la **Bahía de las Aguilas** ★★★ (p.165), la plus belle d'entre toutes. Mais, entre **Pedernales** (p.166) et **Barahona** ★★ (p.158), les options ne manqueront pas pour trouver un banc de sable authentique perdu dans la beauté sauvage des lieux. Parmi les spots les moins touristiques du pays...

› Jour 2 : Boca Chica

A 1 heure à l'est **Saint-Domingue** ★★★★ (p.109), **Boca Chica** (p.238) propose de déguster des fruits de mer avant de plonger dans les eaux turquoise des piscines naturelles. Ce n'est pas la plage la plus sexy de l'île, mais on peut aisément s'y arrêter sur la route de **Bayahibe** ★★★ (p.251).

› Jour 3 : Bayahibe et l'Isla Saona

Bayahibe ★★★ (p.251), c'est vraiment la plage de rêve avec en plus des petites criques aux eaux translucides un peu partout. Et c'est le point de départ pour découvrir la perle de la côte Caraïbe et la fierté des Dominicains, l'isla Saona ★★★ (p.262). Elle fait partie du parc national del Este ★★ (p.261), et sa faune ainsi que sa flore sont protégées.

› Jour 4 : Playa Bavaro

Passé Punta Cana ★ (p.263) et ses resorts, direction Playa Bavaro ★★ (p.267), une escale incontournable lors de votre croisière dans les Caraïbes. La longue plage, bordée de cocotiers, est ponctuée de petits marchés d'artisanat, de bars et de restaurants. Et Le village touristique de Cortecito voisin est l'endroit qui a le plus d'âme dans cette zone.

› Jour 5 : Péninsule de Samaná et Las Terrenas

Le principal attrait de Las Terrenas ★★★★ (p.291) réside dans les dizaines de kilomètres de plages de sable blanc, baignées par une eau aux reflets turquoise, à température idéale, et protégées par un récif de corail. Au large, les îlots de la Baleine ponctuent l'horizon. Et vous ne serez pas perdu car 10 % de la population est formée d'expatriés français.

› Jour 6 : Las Galeras

Ici le temps s'arrête, la simplicité envahit le voyageur, et il fait une halte, qui se prolonge parfois, tant on se sent bien à Las Galeras ★★★★ (p.282). Une petite communauté d'étrangers anime le tourisme local. Les nombreuses plages des environs comptent parmi les plus fabuleuses du pays. Votre unique souci sera d'en choisir une.

› Jour 7 : Cabarete

La Mecque du kitesurf ★★★★ (p.179) possède évidemment sa plage paradisiaque et en fait une escale obligatoire lors d'un séjour balnéaire en République dominicaine. Attention quand même aux kitesurfeurs pendant l'heure de pointe du début d'après-midi !

SÉJOUR SPORTIF EN RÉPUBLIQUE DOMINICAINE

Avec des plages de rêve et une nature exceptionnelle, la République dominicaine est le paradis des amateurs de sports. Sur l'eau, dans l'eau, sur un *green*, un VTT ou dans des chaussures de marche, les options ne manquent pas sur cette île paradisiaque des Caraïbes.

› Jour 1 : Plongée sous-marine

Si la République dominicaine n'est pas aussi réputée que certaines de ses voisines pour ses

Le kitesurf, un style de glisse très spectaculaire.

fonds sous-marins, elle n'en offre pas moins de belles possibilités de découvertes et d'aventures. Juste avant Punta Cana, la zone de **Bayahibe** ★★★ (p.251) et du **Parque Nacional Del Este** ★★ (p.261) est sans doute un des meilleurs spots du pays pour croiser poissons-perroquets et tortues de mer.

› Jour 2 : Golf

Pour travailler son *swing* ou son *put*, les *greens* autour de **Punta Cana** ★ (p.263) sont parfaits. Et si vous voulez fuir la station balnéaire, d'autres terrains vous attendent, notamment dans les alentours de Saint-Domingue.

› Jour 3 : Kitesurf et windsurf

Cabarete ★★★★ (p.179), avec ses spots de kitesurf et de windsurf, est la destination idéale pour les champions amoureux des sports de glisse sur l'eau. Bénéficiant de vents forts et de vagues qui se font parfois impressionnantes, Cabarete est classé parmi les dix meilleurs spots du monde pour ces deux disciplines.

› Jour 4 : Quad, tennis ou wakeboard ?

À Cabarete, le matin, en attendant que le vent se lève, le sport est quand même au programme et les possibilités sont nombreuses. Pour les fanatiques de la mer, c'est wakeboard ou ski nautique au menu, pendant que les autres iront se décrasser à cheval, en quad, en VTT ou sur un court de tennis.

› Jour 5 : Rafting ou canyoning ?

Pour ceux qui veulent concilier sport extrême et écotourisme, la destination idéale se situe dans la zone centrale du pays, autour de la province de **Jarabacoa** ★★★ (p.224). La Mecque du rafting en République dominicaine est localisée sur le rio Yaque del Norte, le plus grand des Caraïbes. Moins rapide, mais tout aussi spectaculaire, testez la descente en canyoning du Rio Jimenoa.

› Jour 6 : Mountain bike et escalade

Les terriens eux dévaleront les pentes défoncées du Salto Baiguate ou du Salto Jimenoa en mountain bike. Dans le coin, les amateurs pourront également s'entraîner sur des parois bien glissantes entre les cascades.

› Jour 7 : Randonnée

Les randonneurs d'un bon niveau s'attaqueront, eux, aux sommets des Caraïbes. Prévoir entre 3 et 4 jours de trekking, que vous réaliserez à pied ou à dos de mulet, mais où le confort est très sommaire. Au programme, les monts Pelona et Rusilla, tous deux au-delà des 3 000 m et bien entendu le Pico Duarte, plus haut sommet des Antilles qui culmine à 3 175 m.

SE REPÉRER / SE DÉPLACER

DE L'AÉROPORT AU CENTRE-VILLE

Si votre avion vous dépose à l'aéroport Las Américas et votre hôtel se trouve à Santo Domingo (et certainement dans la zone coloniale), le plus simple est encore de monter dans un taxi, qui vous emmènera en un peu plus de 30 minutes jusqu'au cœur de la capitale. Comptez 40 US$ environ. Il existe également des bus – les fameuses *guaguas* – qui vous déposeront en ville, mais pas dans la zone coloniale. Certains hôtels disposent également de navettes privées qui peuvent venir vous récupérer à l'aéroport.

Si c'est à Punta Cana que vous atterrissez, le taxi reste encore la meilleure option pour vous rendre jusqu'à votre hôtel, à moins que ce dernier ne propose un service de navette privée.

La dernière option consiste à louer un véhicule directement dans l'aéroport où vous arrivez.

ARRIVÉE EN BATEAU

C'est avec Porto Rico que sont assurées les principales liaisons maritimes touristiques de la République dominicaine. Trois fois par semaine, un ferry part du port de Santo Domingo (situé dans la zone coloniale) et rejoint San Juan (Porto Rico). C'est la compagnie Ferries del Caribe (www.ferriesdelcaribe.com) qui assure ce service. Comptez 13h de traversée. Si vous comptez vous rendre à Porto Rico, n'oubliez pas de vous munir d'un formulaire ESTA valide, l'île étant un territoire nord-américain.
Notons également que la République dominicaine est une destination populaire chez les croisiéristes. Le pays compte en tout cinq ports qui font partie des escales classiques d'une croisière caribéenne : Santo Domingo, La Romana, Puerto Plata, Samana et Punta Cana.

TRANSPORTS EN COMMUN

Les *guagua*. C'est une institution dans tout le pays, un service très peu onéreux permettant de faire quelques centaines de mètres à des centaines de kilomètres pour un coût défiant toute concurrence. Ainsi, de Las Terrenas à Samaná en *guagua*, il vous en coûtera 100 $ contre 340 $ en bus Caribe Tours et 2 000 $ – soit 20 fois plus – si vous prenez un taxi. Quotidiennement utilisé par les Dominicains, c'est l'un des rares moyens de se frotter à la population locale et de constater le grand écart qui existe entre très riches et très pauvres, la classe moyenne étant finalement constituée par des expatriés vivant ici avec les euros de leur retraite ou leur épargne, ou en dollars. A Santo Domingo, les départs se font en général depuis la station du parc Independencia ou du parc Enriquillo. Selon les prix et les horaires, vous pouvez avoir ou non la climatisation. L'air conditionné d'une *guagua* c'est la porte coulissante qui reste ouverte en permanence permettant de monter et de descendre rapidement. Pour monter à bord de la *guagua*, levez la main pour arrêter le véhicule et indiquez au chauffeur où vous allez.

Autostop. Postés le long des routes, les Dominicains attendent les *guaguas* ou les automobilistes généreux. Ici, on ne lève pas le pouce, mais on agite le bras perpendiculairement à la route en criant « Dame una bola ! ».

VÉLO, TROTTINETTE & CO

Une entreprise nommée Zona Bici propose des bicyclettes, de type Beach Cruiser (facilement reconnaissable à leur couleur turquoise), à la location. Une solution tout à fait adaptée à la découverte du centre colonial de la capitale.

AVEC UN CHAUFFEUR

Taxis. L'essence n'est pas forcément plus chère qu'ailleurs mais les taxis pratiquent, pour la plupart, des tarifs parfois étonnants, à la tête du client ou plutôt du touriste. C'est particulièrement vrai à l'approche des zones touristiques, même si certains trajets sont tarifés et affichés dans les stations. Ainsi de l'aéroport au centre-ville de Santo Domingo, il vous en coûtera en moyenne 40 US$ difficilement négociables. Dans la capitale, la compagnie Apolo Taxi propose des tarifs plus raisonnables (www.apolotaxi.com).
A la sortie des grands hôtels et dans les zones touristiques les plus développées, où certaines compagnies de taxis officielles détiennent le monopole, les courses sont tarifées selon la destination. Les véhicules ont l'avantage d'être en meilleur état et donc plus sûrs que les autres. Mais dans la plupart des cas, les tarifs de taxis se négocient avant même d'embarquer dans le véhicule. Les autres sont soit les taxis collectifs, repérables à la mention « público », soit des automobilistes qui proposent leurs services de

chauffeurs de taxi clandestins, mais attention à la malhonnêteté de certains.

Uber. Une autre solution, qui a vu le jour en 2016, et faisant l'effet d'une petite bombe dans le monde du transport dominicain : l'arrivée d'Uber, qui a profondément bousculé les habitudes. Les jeunes et les entreprises s'y sont rapidement convertis (www.uber.com/fr/cities/santo-domingo). Ce mode de transport est sûr et peu cher, d'où l'intérêt de disposer de données internet sur votre mobile.

Motoconchos. En dehors de la capitale et de Santiago, toutes les localités possèdent leur réseau de motos-taxis. Il s'agit en général de motocyclettes de 50 à 125 cc. C'est un mode de locomotion très populaire et peu coûteux, mais dangereux et rarement assuré. À tel point que certaines langues malveillantes les ont surnommés les *muertoconchos*. Choisissez un véhicule en bon état et dont les lumières fonctionnent, mais évitez de monter à trois sur le même engin. À Samaná, certains *motoconchos*, semblables aux *tuk tuk* thaïlandais, remorquent de petites cabines couvertes qui leur permettent de transporter plus de passagers. Un petit conseil : toujours monter et descendre sur le côté gauche d'une *motoconcho* afin d'éviter de se brûler le mollet sur le moteur rarement protégé.

EN VOITURE

Différents systèmes de numérotation de rue coexistent (quand les noms de rues sont affichés !), et cela a de quoi désorienter un tantinet, d'autant plus que les numéros sont souvent absents. Pour vous repérer, sachez que les adresses mentionnent souvent l'angle de la rue la plus proche (*esquina*) ou les rues entre lesquelles est situé l'établissement. Même aujourd'hui, le GPS ne vous sera pas d'un grand secours, et les cartes Google manquent cruellement de précision. Prenez donc le temps de demander comment vous rendre à votre destination et essayez de rester zen.

État des routes. Sous l'impulsion des pouvoirs publics, les quelque 5 000 km du réseau routier s'améliorent considérablement et ces dernières années, l'effort est porté sur le Sud-Ouest. Des pistes sont bitumées, des voies de communication sont créées, des routes en mauvais état réparées. Mais les conditions climatiques (vent, pluies, tempêtes, chutes d'arbres ou de noix de coco) font que les travaux sont sans cesse à recommencer. En conséquence, il vaut mieux se renseigner avant d'emprunter une route ou une piste, car certaines routes sont parfois coupées par le débordement d'une rivière, l'éboulement d'un flanc de colline, une coulée de boue ou la disparition d'un pont.

Autoroute. Les trois principales autoroutes du pays relient la capitale à la deuxième ville du pays, Santiago, dans le Nord-Ouest, à Las Terrenas dans la péninsule de Samaná, et à Punta Cana au Sud-Est. La première, publique, est dangereuse, faute de signalisation, d'entrées et de sorties correctement balisées, d'un marquage au sol parfois déficient, et parce que les Dominicains n'ont pas encore assimilé le rôle des différentes files. Prudence donc sur cet axe très chargé en véhicules de toutes sortes, y compris des poids lourds et des deux-roues. Quant au tarif, il est très modéré, presque symbolique, puisqu'il n'en coûte que 30 $ pour sortir de la capitale à payer uniquement en liquide. La deuxième, privée, est beaucoup plus sûre et encore peu fréquentée, car payante (800 $ tout de même !). Celle en direction de Punta Cana, qui dessert également San Pedro de Macoris et La Romana, est aussi la plus récente et est en excellent état. Il vous en coûtera 180 $ de péage de Santo Domingo à Punta Cana. A noter qu'en 2022, une voie rapide nommée Autopista del Ámbar (autoroute de l'ambre) était en construction et devrait être opérationnelle en 2023. Ce tronçon de route devrait permettre de relier Santiago de los caballeros à Puerto Plata en 25 minutes (32,5 km) contre 1h15 (72 km) actuellement.

© ALAMER - ICONOTEC

Circulation à Santo Domingo face à l'Obelisco del Malecon.

Conduite automobile. La conduite à la dominicaine n'obéit qu'à une règle : chacun pour soi ! Cela surprend les premiers jours, puis vous vous y habituez très vite. La signalisation est aussi déficiente en ville que sur les routes : n'hésitez pas à interroger les passants, ils se feront un plaisir de vous remettre sur le droit chemin. Attention ! Quand les feux de circulation fonctionnent, ils sont placés après les carrefours, comme aux États-Unis. Il ne faut donc pas s'arrêter à la hauteur du feu, mais bien avant. Les sens interdits sont très mal indiqués et les panneaux « una via » peu visibles. Il est préférable de s'habituer aux flèches blanches tracées sur le sol ou, mieux encore, d'observer le sens des véhicules garés.

Pour ralentir la circulation dans les agglomérations à l'approche notamment des écoles, les ralentisseurs, ici appelés policiers couchés (*policia acostada*), prolifèrent, souvent mal indiqués, à peine visibles, ils sont particulièrement meurtriers pour les amortisseurs. Ils sont parfois dessinés en creux. Si vous arrivez à leur échapper, les profondes dénivellations des carrefours, prévues pour les écoulements d'eau de pluie, ne vous rateront pas. À Santo Domingo, il est des circonstances dans lesquelles il vaut mieux s'abstenir de prendre le volant. Sont particulièrement déconseillés les jours de pluie, la tombée du jour et la nuit, les soirées de fin de semaine et le dimanche. Si vous décidez d'affronter la route, une vigilance de tous les instants s'impose alors. La nuit, il vous faudra faire très attention aux bras qui s'agitent hors des fenêtres. Ils servent de clignotant ou de signal de frein. Vous l'aurez compris : prudence, prudence. D'autant plus que les animaux en liberté n'imaginent pas une seconde que la route vous appartienne. Épargnez les chevaux, les ânes, les vaches, les cochons, les chiens et les poules, et faites particulièrement attention aux enfants sur les chemins de campagne, aux vélos, aux motos, etc. Ils sont nombreux sur les routes et, la nuit, vous risquez de les voir… trop tard ! La vitesse maximale autorisée est de 40 km/h en ville, de 60 km/h sur les routes et de 80 à 100 km/h sur les autoroutes, mais n'est jamais respectée. Dernier conseil, vérifiez toujours la roue de secours et le matériel de démontage du pneu avant votre départ.

Deux-roues et quads. Possibilité de louer des motos et des scooters dans la plupart des centres touristiques, vérifiez bien toutefois les assurances. Le quad est devenu depuis quelques années le véhicule à la mode dans les zones touristiques, notamment à Las Terrenas et dans les montagnes où les pistes sont encore nombreuses. Bruyant et peu maniable, le quad offre néanmoins une bonne stabilité et permet de véhiculer plusieurs personnes sur des terrains accidentés.

LES PHRASES CLÉS

Bonjour, comment puis-je me rendre à…
Hola, ¿cómo puedo llegar a….?

Est-ce loin à pied ? Y a-t-il le métro ou un bus… pour y aller ?
¿Está lejos a pie? ¿Hay metro o autobús… para llegar allí?

Pouvez-vous me montrer cet endroit sur la carte s'il vous plait ?
¿Puede mostrarme el lugar en el mapa, por favor?

Où puis-je acheter les tickets de transport ? Est-ce que je peux payer en carte de crédit ?
¿Dónde puedo comprar los billetes de transporte? ¿Puedo pagar con tarjeta de crédito?

Où est la sortie ? A gauche, à droite ou tout droit ?
¿Dónde está la salida? ¿A la Izquierda, derecha o todo recto?

Je suis perdu et je suis en retard, s'il vous plait, aidez-moi ! Merci beaucoup !
Estoy perdido y llego tarde; ¡ayúdeme, por favor! Muchísimas gracias.

PRATIQUE

A VOIR / A FAIRE

HORAIRES

Les musées et instituts culturels de Santo Domingo (c'est dans la capitale qu'on en trouve la plus grande concentration) sont généralement ouverts à partir de 9h (parfois 10h le week-end) et ferment entre 17h et 19h (un peu plus tôt le week-end) selon l'établissement. Les sites naturels et urbains sont quant à eux accessibles a priori à toute heure.

A RÉSERVER

C'est essentiellement pour participer à des visites guidées (musées, quartier, espace naturel, etc.) qu'il conviendra d'effectuer une réservation préalable.

BUDGET / BONS PLANS

Il n'existe hélas aucun *pass* culturel permettant d'accéder aux musées et sites culturels dominicains, pas même à Santo Domingo. Toutefois, certaines agences locales proposent des circuits combinant la visite de plusieurs sites.

LES ÉVÉNEMENTS

Pays hautement festif, la République ne manque pas d'événements, et ce tout au long de l'année. En plus du Festival de merengue de Santo Domingo fin juillet et de celui de Puerto Plata fin septembre, signalons le, ou plutôt LES carnavals. En République dominicaine, les dates des carnavals correspondent soit à la célébration de fêtes patriotiques, soit à celle de fêtes patronales (en l'hommage d'un saint ou d'une sainte). Une même ville peut donc connaître jusqu'à quatre carnavals par an ! Les deux fêtes patriotiques pour lesquelles tout le pays se met en fête sont : la bataille d'indépendance le 27 février, et la bataille de la restauration de la République le 16 août. A cela s'ajoutent d'autres carnavals dont les dates sont propres à chaque ville. Par exemple, la ville d'Azua célèbre le 19 mars de chaque année la bataille d'Azua (pour plus d'informations : www.carnaval.com.do).

VISITES GUIDÉES

En République dominicaine, si quelques visites guidées sont proposées dans les musées et centres culturels (fabriques de cigares notamment), la grande majorité permet plutôt de découvrir villes et villages mais aussi trésors naturels : baies, gorges, parcs protégés, littoraux, îles, champs de cultures, etc.

FUMEURS

Il est interdit de fumer dans les musées et autres instituts culturels. Pour ce qui est des espaces en plein air et des espaces naturels, il est de la responsabilité des fumeurs de ne pas déranger les non-fumeurs et de laisser les espaces propres.

LES PHRASES CLÉS

Bonjour, puis-je avoir deux entrées adultes et un enfant s'il vous plait ?
Hola, ¿me da dos entradas de adulto y una para niño, por favor?

Le tarif enfant est jusqu'à quel âge ? Et pour les seniors, est-ce qu'il y a une réduction ?
¿Hasta qué edad comprende la tarifa infantil? Y ¿hay descuento para los mayores?

Est-ce qu'il y a des visites guidées en français ou un audioguide ?
¿Hay visitas guiadas en francés o una audioguía?

Combien de temps faut-il pour faire la visite ?
¿Cuánto tiempo se tarda en visitarlo?

J'ai du mal à monter les escaliers, avez-vous un ascenseur ?
Tengo problemas para subir las escaleras, ¿hay ascensor?

Excusez-moi, pouvez-vous me dire où sont les toilettes ? Merci beaucoup.
Disculpe, ¿puede decirme dónde está el baño? Muchísimas gracias.

SE RÉGALER

HORAIRES

Les restaurants en République dominicaine sont en général ouverts en continu, à l'exception de quelques tables de la capitale. Certains sont plutôt des cafés servant à manger dès l'aube, d'autres sont des restaurants plus conventionnels, ordinairement ouverts de midi à 22h, 23h, minuit, voire plus tard le week-end dans les grandes villes et stations balnéaires.

BUDGET / BONS PLANS

Santo Domingo. On trouve tous les types de cuisines à Santo Domingo : en dehors de la cuisine nationale, les gastronomies les plus prisées par les Dominicains sont la cuisine méditerranéenne, l'espagnole, la française et l'italienne qui s'accommodent très bien des produits locaux. Des tables élégantes aux gargotes de quartier, des buffets internationaux des hôtels de luxe aux cuisines du monde, de la cuisine familiale aux créations « nouvelle vague », chaque appétit rencontrera menu à son goût. Le quartier chinois (au nord de la rue Duarte) déborde de restaurants bon marché et est très apprécié également pour le déjeuner. Les restaurants des zones nord et sud-ouest, éloignés des grands centres d'intérêt touristiques, sont fréquentés aussi bien par une clientèle d'affaires que par les Dominicains. Les restaurants de la zone coloniale sont animés en journée comme en soirée. Une enfilade de restaurants sympathiques se suivent sur La Atarazana. Les terrasses, donnant sur la Plaza España et l'Alcazar de Colón, sont particulièrement agréables le soir.

Le site à connaître. La France a bien du retard en livraison et commandes à emporter par rapport à la République dominicaine, même si les récentes applis dans ce secteur lui ont permis de rattraper ce retard. Le site www.menu.com.do répertorie un nombre incroyable de restaurants, dans la capitale mais aussi dans les autres villes du pays, selon vos envies : vue sur la mer, ouvert 24h/24, parking, spécial brunch, etc. avec une interface très simple d'utilisation. Il présente les menus de l'ensemble des restaurants et propose un service de commandes à emporter et de livraisons. Une mine d'informations pour trouver où manger !

EN SUPPLÉMENT

En République dominicaine, les notes des restaurants incluent déjà un pourboire de 10 % pour l'équipe de service. Rien ne vous empêche toutefois de laisser 10 % supplémentaires si le service vous a plu. L'eau et le pain sont généralement payants.

Petits pains au sucre traditionnels.

C'EST TRÈS LOCAL

Les plats dominicains typiques sont nombreux, de l'*arroz con habichuela* (riz, haricots et poulet) au *sancocho* (sept viandes cuisinées en ragoût), du *pica pollo* (poulet frit) généralement accompagné de *tostones* (plantains frits) aux… spaghettis ! On distingue plusieurs types d'établissements pour se restaurer : les *frituras* (échoppes ambulantes proposant des plats frits très simples et savoureux), les *comedores* (cantines proposant un plat du jour à bas prix), les cafétérias (plutôt urbaines, fréquentées à toute heure de la journée mais surtout pour le petit déjeuner) et enfin les restaurants. C'est en général le week-end que les Dominicains se rendent au restaurant, exception faite du centre colonial de Santo Domingo où les restaurants sont fréquentés tous les jours.

A ÉVITER

Si les *frituras* – petites cuisines de fortune qui plient bagage une fois que tout est vendu – ne sont pas à éviter, il convient tout de même de savoir que les normes d'hygiènes auxquelles un Européen est habitué ne sont pas atteintes ici. Les préparations de ces repas sur le pouce sont néanmoins délicieuses !

ENFANTS

Les enfants sont les bienvenus dans la plupart des restaurants en République dominicaine. Toutefois, si l'établissement que vous avez choisi pour vous restaurer est davantage un débit de boisson qu'un restaurant, il est possible que l'on ne vous accepte pas si vous êtes accompagné de mineurs.

FUMEURS

Il est en général interdit de fumer dans les restaurants fermés. Toutefois, l'immense majorité des tables dominicaines se trouvent en extérieur ou bien disposent de terrasses ouvertes aux quatre vents. Si personne ne fume autour de vous, le mieux est encore de demander à l'équipe de service.

LES PHRASES CLÉS

Bonjour, je voudrais réserver une table pour deux personnes pour ce midi ou ce soir.
Hola, me gustaría reservar una mesa para dos personas para este mediodía o esta noche.

Avez-vous un menu en français ou en anglais ?
¿Tiene una carta en francés o en inglés?

Je suis végétarien, y a t-il des plats sans viande ?
Soy vegetariano, ¿hay platos sin carne?

Je n'ai vraiment plus faim mais avez-vous une carte des desserts ?
No tengo más hambre, pero ¿tienen carta de postres?

Puis-je avoir l'addition s'il vous plait ? Je peux payer par carte ou en espèces ?
¿Me pasa la cuenta, por favor? ¿Puedo pagar con tarjeta o en efectivo?

C'était très bon, nous reviendrons. Merci et à bientôt.
Estaba todo muy bueno, volveremos. Gracias y hasta pronto.

PRATIQUE

FAIRE UNE PAUSE

HORAIRES

Les boulangeries, cafétérias et glaciers sont généralement ouverts toute la journée, jusqu'à 19h, 20h, 21h, voire même plus tard, c'est selon. Toutefois, il n'y a pas ici de règles immuables et pour éviter de se déplacer en vain, mieux vaut passer un rapide coup de fil. Les bars quant à eux, plus à la mode encore que les discothèques, aussi bien dans la capitale qu'à Santiago ou à Las Terrenas, ouvrent en général leurs portes dans la journée, mais ont tendance à se remplir vers 18h-19h et ferment autour de 1h ou 2h du matin, parfois plus tard.

BUDGET / BONS PLANS

Dans les cafétérias de la capitale, le prix d'un petit déjeuner est autour de 200/250 $, tandis qu'un cocktail vaut en général 250/300 $. On s'en sort généralement pour moins cher dès que l'on fréquente dès adresses plus typiques. Pour ce qui est de Santo Domingo, notons qu'il est particulièrement sympathique de prendre un verre le soir dans la zone coloniale. Non seulement on se trouve loin de la frénésie du Malecón, mais les monuments y sont merveilleusement mis en valeur par un astucieux jeu d'éclairage. En face de l'Alcazar, place d'Espagne, tous les bars de l'Atarazana sont agréables. Le Condé possède également d'accueillantes terrasses.

A PARTIR DE QUEL ÂGE

Les mineurs, c'est à dire les personnes ayant moins de 18 ans, n'ont officiellement pas le droit de consommer de l'alcool en République dominicaine.

C'EST TRÈS LOCAL

Le week-end, et même en semaine dans les villes importantes, c'est au *colmado* du coin - épicerie typique proposant toutes sortes de marchandises (alimentaires, produits ménagers, etc.) - que les Dominicains se rendent pour festoyer gaiement au son du merengue. C'est bien là qu'il faudra se rendre pour goûter à une ambiance plus locale.

ENFANTS

Les enfants sont en général bienvenus à peu près partout en République dominicaine, excepté dans certains clubs *adult-only* des zones balnéaires peut-être.

FUMEURS

S'il est interdit de fumer dans les commerces gourmands, les cafés et les bars disposent en général eux d'espaces aérés ou de terrasses autorisant les clients à fumer.

LES PHRASES CLÉS

Bonjour, quelle est la spécialité de la maison ? Nous voulons découvrir.
Hola, ¿cuál es la especialidad de la casa? Nos gustaría probarla.

Avez-vous de la place en terrasse ?
¿Tiene sitio en la terraza?

Quel est votre nom ? Je m'appelle… Ravi de vous rencontrer !
¿Cómo se llama? Mi nombre es…. ¡Encantado de conocerle!

A votre santé ! Zut, j'ai renversé mon verre… pouvez-vous m'aider ?
¡A su salud! ¡Maldita sea!, se me ha derramado la bebida…. ¿puede ayudarme?

C'était très bon. Nous allons reprendre la même chose s'il vous plait.
Estaba muy bueno. Tomaremos lo mismo otra vez, por favor.

PRATIQUE

(SE) FAIRE PLAISIR

HORAIRES

A Santo Domingo comme dans le reste du pays, les magasins et boutiques sont généralement ouverts de 8h30 à midi et de 14h30 à 18h tous les jours (certains sans interruption le midi), sauf le dimanche.

BUDGET / BONS PLANS

Les bonnes affaires se font rarement dans les pôles touristiques en République dominicaine. Pour obtenir de bons tarifs, en termes d'artisanat notamment, le mieux reste encore de se rendre dans les villages du pays. Pour les cigares, le mieux est de se rendre directement dans les fabriques, et pour tout ce qui touche à l'alimentaire, les supermarchés ordinaires restent de très bons lieux de shopping.

C'EST TRÈS LOCAL

Difficile de repartir de République dominicaine sans votre bouteille de rhum ou de *mamajuana* (rhum parfumé à la cannelle et au gingembre censé guérir tous les maux), votre boîte de cigares, ou votre pendentif de *larimar* ou d'ambre. Vous serez aussi sollicité (au moins plusieurs fois par jour !) pour acheter un tableau d'art haïtien, de qualité inégale, à vous de voir...

LES ATTRAPE-TOURISTES

Dans la capitale comme dans les autres villes touristiques du pays, nous vous recommandons de faire attention aux « guides » qui se proposent de vous assister dans vos achats, car ils perçoivent une commission s'ils vous emmènent dans certains magasins d'artisanat, commission directement répercutée sur le prix de vos achats.

LES PHRASES CLÉS

Bonjour, c'est superbe, mais combien ça coûte ?
Hola, es genial, pero ¿cuánto cuesta?

Vous auriez ma taille ? Où se trouvent les cabines d'essayage ?
¿Tiene uno de mi talla? ¿Dónde están los probadores?

Est ce que je pourrai vous le rapporter et l'échanger si ça ne va pas ?
¿Puedo devolverlo y cambiarlo si no está bien?

J'ai trop dépensé aujourd'hui, pouvez-vous me faire une réduction sympa ?
Hoy he gastado demasiado, ¿puede hacerme un buen descuento?

Je prendrai celui-ci. Pouvez-vous me faire un paquet cadeau ?
Yo me quedo con este. ¿Puede envolvérmelo en papel de regalo?

Vous prenez la carte de crédit ? Où puis-je trouver un distributeur de billets ?
¿Aceptan tarjeta de crédito? ¿Dónde puedo encontrar un cajero automático?

BUDGET / BONS PLANS

Les possibilités sportives sont nombreuses en République dominicaine. De la pêche au gros à la plongée sous-marine (récifs coralliens, épaves et grottes), de l'escalade à la spéléologie en passant par la randonnée de montagne (à l'assaut du Pico Duarte notamment, plus haut sommet des Caraïbes), sans oublier le surf, le windsurf et le kitesurf bien évidemment, Cabarete étant l'un des meilleurs spots au monde pour cette dernière discipline. Selon l'activité choisie, les tarifs varient : 10/15 US$ la location d'une planche de surf/kitesurf, 45/50 US$ une sortie plongée, 150/200 US$ la sortie pêche au gros... Pour ce qui est des randonnées, tout dépend de la durée du trajet et de la logistique nécessaire.

C'EST TRÈS LOCAL

Appelé localement *beisbol*, et importé des Etats-Unis au XIXe siècle, c'est le sport qui mobilise la jeunesse dominicaine. Tous les villages ont leur *play*, le terrain de base-ball. De nombreux Dominicains jouent dans les clubs des grandes ligues américaines et comptent parmi les meilleurs représentants de ce sport. Les championnats nationaux ont lieu entre octobre et janvier. En 2012, la République dominicaine

Parachute ascensionnel.

s'est hissée au 7e rang mondial et au 1er rang en 2013. En 2021, l'équipe dominicaine occupait le 10e rang.

▶ **Côté jeux de tables, les dominos** sont sans conteste le passe-temps préféré des Dominicains. Pour jouer à la dominicaine, il faut s'entraîner à tenir tous les dominos verticalement dans une seule main, et à faire claquer très fort sur la table la pièce que l'on abat. On joue dans la rue, dans les bars, dans les *colmados*. Les enjeux sont souvent importants, les parties interminables et souvent masculines. Le blitz, partie d'échecs éclair, est également très apprécié. Pratiqué en plein air, il attire des dizaines de badauds qui s'agglutinent autour des joueurs, et trépignent d'impatience en attendant de jouer à leur tour.

À RÉSERVER

Pour ce qui est des sports d'eau (kitesurf, windsurf et surf), à moins de vouloir prendre des cours, aucun besoin de réserver, il faudra seulement trouver une place sur l'eau... Pour ce qui est de la plongée, la spéléologie, le kayak ou encore la randonnée en montagne, il est préférable de réserver à l'avance.

LES ÉVÉNEMENTS

En février a lieu sur la plage Encuentro la compétition de windsurf, kitesurf et stand-up paddle nommée Master of the Ocean. Une bonne occasion de voir à l'œuvre les meilleurs *riders* du pays, voire du monde.

LES PHRASES CLÉS

Bonjour, comment puis-je me rendre à… ? Est-ce loin ?
Hola, ¿cómo puedo llegar a...? ¿Está muy lejos?

J'aimerais aller courir. Il y a un coin sympa pour cela dans la ville ?
Me gustaría salir a correr. ¿Hay algún buen lugar en la ciudad para hacerlo?

J'adore cuisiner. Savez-vous où je peux trouver des cours de cuisine ?
Me encanta cocinar. ¿Sabe dónde imparten clases de cocina?

Vous pourriez m'indiquer une salle de sport pas très loin ?
¿Podría indicarme un gimnasio que no esté muy lejos?

Quel est le sport national ?
¿Cuál es el deporte nacional?

Pensez-vous que nous pourrions voir cela ou même participer ?
¿Cree que podríamos verlo o incluso participar?

HORAIRES

En République dominicaine, si les discothèques existent et sont très fréquentées en fin de semaine, c'est plutôt dans les bars musicaux que l'on sort la nuit. Ces bars sont généralement ouverts jusqu'à 2h ou 3h du matin. Il existe également quelques lieux spécialisés (qui sont souvent des bars) dans les musique en direct et que l'on trouve plus spécifiquement dans la capitale. Les concerts démarrent généralement entre 19h et 21h selon le lieu, le style et le jour de la semaine. Les discothèques sont quant à elles généralement ouvertes jusqu'à 6h du matin.

BUDGET / BONS PLANS

Aujourd'hui, plus qu'aux discothèques, la mode est aux bars branchés qui affichent complet jusqu'à tard dans la nuit : Jalao, place Colon (Santo Domingo), en est un très bon exemple. Côté budget, la majorité des bars dansants sont gratuits. Dès lors qu'un groupe joue en direct, un ticket d'entrée valant quelques centaines de pesos peut vous être demandé. Pour accéder aux discothèques, on pourra vous demandez jusqu'à 1 500 pesos, selon la soirée.

A RÉSERVER

De manière générale, il n'est pas nécessaire de réserver votre place à l'avance pour assister à un concert ou une représentation artistique. Rendez-vous directement sur le site un peu en avance et tout ira bien. Même chose pour les discothèques.

TRANSPORTS NOCTURNES

Il n'y a pas d'autres transports nocturnes que les taxis (en ville) et les *motoconchos* (taxis-motos) en République dominicaine. Dans les villes, les VTC sont également de bonnes options.

A PARTIR DE QUEL ÂGE

La consommation d'alcool dans les bars et autres débits de boissons est interdite aux mineurs. L'accès aux discothèques est interdit aux personnes de moins de 18 ans également. Accompagnés de leurs parents, les mineurs seront toutefois a priori acceptés dans les lieux de représentations artistiques (mais jamais dans les discothèques).

C'EST TRÈS LOCAL

Vous remarquerez que les Dominicains prêtent une attention particulière aux tenues vestimentaires du soir. L'élégance semble être de mise parmi toutes les générations, comme un code qu'il convient de respecter. Nous vous déconseillons de sortir le soir dans un établissement huppé en short et baskets, on ne vous refusera peut-être pas, mais ce serait à l'évidence considéré comme un manque de respect.

FUMEURS

Il est en général permis de fumer dans les discothèques dominicaines, et quand ce n'est pas le cas, une zone fumeurs a généralement été prévue.

LES PHRASES CLÉS

Bonsoir, comment puis-je me rendre à…
Buenas noches, ¿cómo puedo llegar a....?

Est ce que cet endroit est tranquille ? Il n'y a pas de problème de sécurité ?
¿Es un lugar tranquilo? ¿Hay problemas de seguridad?

J'aimerais voir un spectacle typique ! Qu'est-ce qu'il y a en ce moment ?
Me gustaría ver un espectáculo típico del lugar. ¿Hay alguno programado para hoy?

Je ne comprends pas… pouvez-vous répéter s'il vous plait ? Merci.
No entiendo... ¿puede repetirlo, por favor? Gracias.

Est-ce que je peux vous offrir un verre ? Quel est le meilleur cocktail de la maison ?
¿Puedo invitarle a una copa? ¿Cuál es el cóctel especialidad de la casa?

J'ai la gueule de bois, auriez-vous quelque chose pour que j'aille mieux ?
Tengo resaca, ¿tiene algo que me haga sentir mejor?

BUDGET / BONS PLANS

Hôtels. En République dominicaine, le voyageur peut faire le grand écart entre deux hôtels suivant le lieu où il se trouve, c'est aussi le cas pour le prix. Mais d'une façon générale, le pays, qui a compris ses intérêts touristiques, possède une belle infrastructure hôtelière, très développée où toutes les gammes d'hôtels sont représentées. Ceux-ci se succèdent à l'infini dans toutes les zones touristiques, des plus modestes aux plus luxueux, des hôtels de charme aux formules tout compris de milliers de chambres. Bien que d'un confort parfois rudimentaire, les hôtels locaux dans les petites agglomérations sont en général propres. Les prix varient selon la saison et peuvent être négociés durant les périodes moins courues. Il est prudent de réserver son hôtel en haute saison bien à l'avance, spécialement durant la semaine sainte et la fin d'année.

Chambres d'hôtes. Les chambres d'hôtes commencent à faire leur apparition notamment du côté de Jarabacoa et jusqu'à Las Galeras où beaucoup de Français ont investi. Pour le reste du pays, vous pouvez négocier avec l'habitant directement pour dormir « à la dominicaine » et partager un peu de la vie quotidienne des Dominicains.

Auberges de jeunesse. Il n'existe aucune auberge de jeunesse labellisée, mais des *backpackers* sont mentionnés dans ce guide, comme à Saint-Domingue, Punta Cana, Jarabacoa ou Las Terrenas par exemple.

Campings. Le camping se développe peu à peu, notamment sur la péninsule de Samaná. Le camping sauvage est possible (pas forcément sécurisé), en particulier au bord des plages et dans les montagnes, mais il convient de prendre les précautions habituelles.

Bons plans. Pour louer une villa en République dominicaine, deux solutions : soit en passant par une agence ou un particulier de son pays d'origine (il y a beaucoup d'annonces en France et en Espagne), soit en passant par une agence sur place. Il y en a peu de très sérieuses et sans surprise, malgré les nombreuses propositions de pub locales, notamment dans le nord. Attention donc au contrat et aux prestations signées. La location de villa s'avère une excellente option pour de longues périodes dans le pays.

© LAURA BRAMBILLA - ISTOCKPHOTO.COM

Camping sur la plage.

A RÉSERVER

Bien que le parc hôtelier dominicain soit immense, il est toujours judicieux de réserver son logement à l'avance, aussi bien pour avoir le choix que pour obtenir de bons prix. Si vous n'avez rien réservé en arrivant, pas de panique, vous trouverez toujours un lit où dormir.

C'EST TRÈS LOCAL

Cabañas turísticas. C'est une méprise – et une blague – qui arrive souvent aux touristes et qui fait beaucoup rire les Dominicains. Non, les *cabañas turísticas* ne sont pas, malgré leur dénomination, des hôtels de tourisme, mais des établissements réservés aux couples, aux jeunes amoureux, et aux adultères. Généralement très présentes en périphérie des villes, les *cabañas turísticas* sont baptisées de jolis noms évocateurs, Pasión, Eros, Paraíso, Venus, Burbujas de Amor... Elles affichent complet en fin de semaine dès la fermeture des discothèques. Cernées de hauts murs protecteurs, dotées de parkings individuels fermés, donc discrets, auxquels on accède sans rencontrer âme qui vive, avec accès direct dans la chambre dans le plus parfait anonymat, elles possèdent tout l'arsenal des équipements requis pour un maximum de confort selon leur catégorie : miroir au plafond, trappe discrète pour passer les draps, les serviettes et le petit déjeuner (et même la facture !) ; télévision avec chaînes thématiques et bain bouillonnant pour les plus luxueuses.
Les *cabañas turísticas* peuvent constituer une étape pratique, car elles sont en général très bien tenues, peu onéreuses (elles se louent généralement par tranche de 4 heures et environ 900 pesos la nuit), bien sûr ouvertes à toute heure, et bénéficiant d'un service efficace et discret.

POUR LES GOURMANDS

La plupart des petits déjeuners servis dans les hôtels dominicains sont de type continental (céréales, pains, viennoiseries, jus et café), généralement agrémentés de fruits tropicaux : papaye, fruits de la passion, ananas...

LES PHRASES CLÉS

Bonjour, avez-vous de la disponibilité pour une chambre double pour ce soir ou demain soir ?
Hola, ¿dispone de una habitación doble para esta noche o para mañana por la noche?

Avez-vous un code wifi... les enfants ne tiendront pas sans !
¿Tiene wifi? ¡Los niños no pueden estar sin él!

C'est bruyant, est ce que je peux changer de chambre ?
Hay mucho ruido, ¿puedo cambiar de habitación?

Jusqu'à quelle heure est-ce que nous pouvons aller à la salle de sport et à la piscine ?
¿Hasta qué hora podemos ir al gimnasio y a la piscina?

Est-ce que je peux laisser mon bagage et revenir plus tard le récupérer ?
¿Puedo dejar mi equipaje y volver más tarde a recogerlo?

Est-ce que vous pouvez nous appeler un taxi ? Merci beaucoup.
¿Puede llamarnos un taxi? Muchísimas gracias.

ALLO ?

Comment téléphoner. De France en République dominicaine : 001 + 809 ou 829 + les 7 chiffres du numéro local (portable ou poste fixe). De République dominicaine en France : 00 33 + le numéro de votre correspondant sans le 0. De République dominicaine en République dominicaine, en longue distance : 1 + 809 + les 7 chiffres du numéro local. De République dominicaine en République dominicaine sur un portable : 809 ou 829 + les 7 chiffres du numéro. De République dominicaine en République dominicaine, en local : 809 + les 7 chiffres du numéro local. Pour téléphoner de République dominicaine vers l'étranger, éviter les hôtels, où les communications sont surtaxées, au profit des centres téléphoniques privés – généralement ouverts jusqu'à 22h – qui se livrent une concurrence acharnée et qui sont présents dans toutes les agglomérations.

Durant le séjour, l'idéal est, comme souvent en voyage, d'acheter une carte SIM locale incluant des données internet qui vous assurera les communications dans le pays à bas coût. Pratique pour confirmer un restaurant ou un hôtel, appeler un taxi, prendre des rendez-vous, réserver un hôtel ou faire toute sorte de recherche.

Téléphone mobile. Les téléphones cellulaires sont monnaie courante. Les accros pourront même en louer un pour la durée de leur séjour. Il est possible aussi d'acheter une carte SIM avec un crédit prépayé (ligne + données internet) et de l'introduire dans votre propre téléphone. Pour cela, on vous demandera une pièce d'identité. Coût des communications : environ 100 pesos les 100 minutes. Les grands opérateurs internationaux ont pour la plupart des ententes avec les réseaux locaux, se renseigner avant de partir pour connaître les tarifs en itinérance afin d'éviter de mauvaises surprises à votre retour en cas d'utilisation de votre téléphone français.

Si vous souhaitez garder votre forfait français, n'oubliez pas d'activer l'option internationale (desimlocage) auprès de votre opérateur avant votre départ. La règle est la même chez tous les opérateurs : lorsque vous utilisez votre téléphone français à l'étranger, vous payez la communication, que vous émettiez l'appel ou que vous le receviez. Dans le cas d'un appel reçu, votre correspondant paie lui aussi, mais seulement le prix d'une communication locale. Tous les appels passés depuis ou vers l'étranger sont hors forfait, y compris ceux vers la boîte vocale.

Cabines et cartes prépayées. Il est possible d'acheter des cartes de téléphone de différentes valeurs dans tous les *colmados* (épiceries locales). Le téléphone via Internet (skype mais surtout whatsapp) se développe dans des centres spécialisés des zones touristiques. Il est également possible d'acheter une carte à puce locale et de la recharger via des automates, c'est très pratique et cela évite les surprises sur la facture de téléphone habituelle. Les principales compagnies sont Claro, Altice et Viva, Claro offrant la meilleure couverture réseau sur l'ensemble du territoire.

ACCESSIBILITÉ

Il y a encore beaucoup de travail à accomplir, ne serait-ce que par l'état des routes et trottoirs dans certains endroits. En dehors des quartiers modernes de Santo Domingo et de certains tout-inclus, les infrastructures ne sont pas vraiment adaptées pour l'accès des personnes à mobilité réduite. L'état des routes et les trottoirs pour le moins irréguliers n'aident pas beaucoup et la plupart des excursions supposent des déplacements dans des véhicules standard. Cependant, beaucoup de visites sont possibles si elles sont prévues à l'avance. En outre, il est relativement aisé d'obtenir de l'aide sur place quand cela est nécessaire. L'entraide est naturelle en République dominicaine ! Si vous présentez un handicap physique ou mental ou que vous partez en vacances avec une personne dans cette situation, différents organismes et associations sont spécialisés.

SANTÉ

La République dominicaine n'est pas un pays qui présente de grands risques sanitaires. L'eau y est le principal ennemi du voyageur. Il est recommandé de ne pas boire celle du robinet. Dans les *comedores* et bars locaux, il vaut mieux éviter les glaçons. Les marchés et les petits restaurants ne faisant l'objet d'aucun contrôle sanitaire rigoureux, il vous faudra être vigilant quant aux denrées alimentaires et petits plats. Préférer les plats chauds bouillants aux crudités.

Certains poissons, en particulier les mérous, contiennent la *ciguatera*, un poison qui peut avoir des conséquences graves. Le risque d'empoisonnement existe pendant les mois d'été, car c'est à cette période qu'une algue, qui fait partie de la chaîne alimentaire de ce poisson, devient toxique. Soyez vigilant donc et sûr du chef qui le cuisine.

Aucun vaccin n'est obligatoire, mais certains sont conseillés : DT-poliomyélite, fièvre typhoïde, hépatites virales A et B, rage. Attention aux moustiques qui peuvent véhiculer la dengue, le paludisme, la fièvre du Nil ou la leptospirose. Pensez à vous protéger. Attention, enfin, si vous êtes tenté par une escapade à Haïti, l'île a été frappée par plusieurs épidémies ces dernières années.

URGENCES SUR PLACE

Facile : le numéro d'urgence 911 fonctionne également en République dominicaine. Pour ce qui est des cliniques hospitalières, les honoraires des établissements de qualité sont souvent très élevés et payables immédiatement. Des cliniques cubaines, comme à Las Terrenas, ont des conventions avec la sécurité sociale française à condition de présenter sa carte. Faites le point avec votre médecin traitant avant votre départ et avec votre mutuelle santé.

SÉCURITÉ

Délinquance. C'est bien connu, les zones touristiques attirent les requins – ici appelés *tigres*. Les précautions d'usage sont évidemment recommandées (sortir avec une somme minime, ne pas arborer des bijoux provocants, de gros appareils photo ou smartphones, ne pas monter dans un taxi à la sauvette, surtout la nuit, ne pas changer d'argent dans la rue...), mais la République dominicaine est un pays généralement sûr. Toutefois, dans le sud-ouest, principalement dans la région de Barahona, il est fortement conseillé de ne pas conduire à la nuit tombée.

Police. En République dominicaine, une police spéciale touristes existe qui règle les petits ennuis et les différends pouvant survenir avec des commerçants ou autres. Comme tout le personnel administratif local, les policiers sont très mal payés. Le gouvernement ne les augmente pas. L'une de leurs activités consiste donc à guetter les automobilistes ou les motards, et à les arrêter sans raison. Notre conseil : ralentir, les saluer d'un « *hola* » en souriant, et continuer votre route. Ils ne vous suivront pas, mais vous salueront en retour. Gardez toutefois un ou deux billets de 100 pesos à portée de main au cas où...

Le port de la ceinture de sécurité est devenu obligatoire ; si vous ne la portez pas, on vous verbalisera, que vous soyez passager ou conducteur. Il en est de même pour le port du casque qui reste totalement aléatoire malgré un nombre élevé d'accidents, notamment des taxis-motos ou *Motoconchos*.

Femme seule en voyage. Là encore, pas de problème majeur. Bien sûr, l'intérêt marqué des Dominicains pour la gent féminine sera d'autant plus marqué, en l'absence d'un conjoint, sifflets à l'appui. Il faudra parfois insister lourdement ou se montrer (très) froide pour avoir la paix. Les précautions d'usage s'appliquent comme ailleurs.

Voyager avec des enfants. Il n'y a pas de contre-indications à voyager avec des enfants en République dominicaine. Comme ailleurs, en cas de fortes chaleurs et de soleil violent, pensez à protéger leur peau fragile. Et respectez les précautions d'usage en termes de nourriture et de boisson. Les complexes tout-inclus disposent généralement de nombreuses installations destinées aux plus petits, mais il convient de s'informer, car certains clubs ont une vocation familiale plus marquée que d'autres. Si vous organisez votre séjour en individuel, assurez-vous du fait que les activités et les excursions qui vous intéressent leur sont ouvertes.

LGBTQ

Il y a peu de tabous en République dominicaine, et la population urbaine considère les touristes gays au même titre que les autres. En revanche, dans les zones rurales et pour les communautés très croyantes, ils ne seront pas toujours vus du meilleur œil même si, en général, il ne sera fait aucune remarque ni discrimination. Les établissements spécialisés ne sont pas légion, mais il y en a quand même quelques-uns, principalement à Santo Domingo et dans les zones à forte concentration touristique.

AMBASSADE ET CONSULATS

L'Ambassade de France en République dominicaine se trouve à Santo Domingo (Edificio Corporativo 2015, Calle Filomena Gomez de Cova – +1 809 695 4300 – www.ambafrance.org.do). Elle est ouverte du lundi au jeudi de 8h30 à 17h et le vendredi de 8h30 à 13h. Autres numéros : +1 809 223 6721 à appeler seulement en cas d'urgence, et +1 809 976 2444 pour prendre rendez-vous pour une demande de visa (compter quatre semaines de délai).

- **L'Ambassade de Suisse** se trouve elle aussi dans la capitale (71 Avenida Jimenez Moya - +1 809 533 3781 - www.eda.admin.ch/santodomingo) et est ouverte du lundi au vendredi de 9h à midi.

- **Tout comme l'Ambassade du Canada** (1099 Avenida Winston Churchill, Ensanche Piantini – +1 809 262 3100 – www.canadainternational.gc.ca), ouverte elle du lundi au jeudi de 9h à 12h et de 13h à 16h, et le vendredi de 9h à 12h.

POSTE

La poste est très lente dans le sens Europe - République dominicaine (environ un mois pour un envoi normal) et suivant les villages, autant vous prévenir, vos colis n'arriveront jamais, à moins d'utiliser les services d'une grande entreprise privée (UPS, DHL, etc.). Le courrier fonctionne mieux dans le sens République dominicaine - Europe, même si les lettres mettront plusieurs semaines à parvenir à destination (lorsqu'elles y parviennent !). Compter 50 pesos de timbre pour envoyer une carte postale en Europe.

MÉDIAS LOCAUX

- **Presse nationale**. Fondé en 1889, de centre droit, *Listín Diario* est le journal le plus ancien et le plus important du pays. Son tirage est le plus important et sa tendance est pro-gouvernementale. *El Caribe*, créé par Trujillo, *Hoy*, *Diaro Libre*, *El Expresso*, *La Informacion*, *Ultima Hora*, sont des quotidiens en espagnol. *El Nacional* et *La Noticia* sont des quotidiens du soir.

- **Presse francophone**. On peut trouver certains titres de presse française dans les points de presse des stations touristiques, notamment à Sosua, à Cabarete et à Las Terrenas. Signalons également ici *BO Magazine* (pour Best-Of), une revue gratuite de qualité répertoriant depuis 2017 bons plans et adresses recommandables de la péninsule de Samana. Un design bien léché, des reportages pertinents, les quatre premiers numéros sont déjà sortis. Vous en trouverez des exemplaires dans de nombreux commerces et restaurants de la région. En anglais et en espagnol. Le site Internet (www.bomagazine.do/fr), lancé en 2019, est également en français.

© 501ROOM - SHUTTERSTOCK.COM

Calle El Conde à Santo Domingo.

Télévision. Sept chaînes hertziennes, dont six privées, et deux chaînes de TV par câble. La plupart des hôtels sont câblés et proposent des bouquets internationaux. En cas de manque, rassurez-vous, il y a la RAI, TV5, de nombreuses chaînes américaines et sud-américaines. Color Vision est la chaîne de télévision la plus regardée pour ses séries inoubliables et pour la pléiade de vedettes de ses émissions de variétés (www.colorvision.com.do). La Radio Televisión Dominicana est la chaîne d'Etat. Teleantillas est la concurrente de Color Vision (www.tele-antillas.tv). Circulo Independencia diffuse des films 24h/24. Telesistema Dominicano est plus particulièrement spécialisée dans le sport et les informations.

Radio. 180 stations de radio AM et FM offrent des programmations pour tous les goûts. Un site recense tous les fréquences, genres et sites des radios dominicaines (www.teoveras.com.do). Radio France Internationale est reçue dans la capitale sur la fréquence 90.9.

Internet. Go Samana (www.gosamana.com) est une mine d'informations sur Samaná, d'ordre écologique et touristique, pour découvrir la péninsule tout en la protégeant. Site en anglais ou en espagnol. Las Terrenas (www.2vouzamoi.com) est Le site Internet de Las Terrenas en français. Des infos et des articles d'actualité. Et... quelques publicités en bandeau.

Listin Diario (www.listin.com.do) est le site du quotidien dominicain le plus lu. Le site du ministère de la Culture (www.cultura.gob.do) entièrement en espagnol. Informations diverses, statistiques officielles, programme culturel... Le site du ministère de l'Environnement et des Ressources naturelles (www.ambiente.gob.do), entièrement en espagnol, est une précieuse source d'information. Toute la programmation théâtrale de la capitale (www.teatro.com.do) dans une vingtaine de salles, dont celle de l'incontournable Casa de Teatro.

LES PHRASES CLÉS

Bonjour, mon téléphone ne fonctionne pas, pouvez-vous m'aider s'il vous plait ?
Hola, mi teléfono no funciona, ¿puede ayudarme, por favor?

Je ne me sens pas bien, pouvez-vous m'amener à l'hôpital le plus proche ?
No me siento bien, ¿puede llevarme al hospital más cercano?

Est-ce que vous avez un médecin qui parle français ?
¿Hay un médico que hable francés?

Je viens de me faire voler mes papiers, où est le poste de Police le plus proche ?
Me acaban de robar la documentación, ¿dónde está la comisaría más cercana?

Est-ce un quartier dangereux ou je peux y aller sans crainte ?
¿Es un barrio peligroso o puedo ir allí sin problema?

Avez-vous des timbres pour une carte postale à envoyer en France ? C'est combien ?
¿Tienen sellos para enviar una postal a Francia? ¿Cuánto cuesta?

Pays que l'on imagine volontiers comme un immense *resort all-inclusive* à ciel ouvert, avec ses plages paradisiaques bordées de cocotiers, où une délicieuse paresse est de mise au quotidien, la République dominicaine est aussi l'une des premières terres « découvertes » par Christophe Colomb. De fait, son histoire est celle de l'odyssée de la découverte du Nouveau Monde par le Européens, de la désastreuse première rencontre avec les « Indiens » à l'esclavage et les indépendances successives... Les deux-tiers est de l'île d'Hispaniola sont le terreau de particularités aussi bien géologiques que faunistiques, aussi bien sociales qu'artistiques, mais aussi linguistiques et gastronomiques, et c'est bien toute cette richesse que les dossiers ici présentés vous proposent d'explorer. On en apprendra également davantage sur le *merengue* et la *bachata* - deux styles de musique et danse nés dans le pays - ainsi que sur l'art du cigare dominicain.

DÉCOUVRIR

AU RYTHME DU MERENGUE ET DE LA BACHATA

La danse occupe à n'en point douter une place de choix en République dominicaine. S'il existe plusieurs rythmes de danse et de musique dans le pays, le plus prisé reste le merengue. Danse dite « nationale », car connue par l'ensemble des Dominicains et reconnue dans le monde entier, elle est classée depuis novembre 2016 au patrimoine immatériel de l'UNESCO. La naissance du merengue est toutefois assez mal connue : certains connaisseurs affirment que le merengue est une danse de la région de Cibao, d'autres assurent qu'elle provient des régions frontalières à Haïti, d'autres encore considèrent qu'il serait issu d'un mélange de danses d'esclaves africains et du... menuet français. La bachata, rythme dansant et folklorique devenu réellement populaire à partir des années 1980, partage avec le merengue des origines paysannes. Il s'est aujourd'hui imposé parmi la jeunesse dominicaine, mais aussi au-delà des frontières.

Le berceau du merengue

Si les Dominicains adorent danser sur une vingtaine de rythmes dont la *mangulina*, le *pambiche*, le *son*, les *atabales* ou encore le *zapateo*, le plus célèbre reste le *merengue*, issu d'un mélange de culture européenne et africaine, dont le rythme est fortement influencé par l'usage de la *güira*, instrument composé d'une râpe cylindrique en laiton sur laquelle on frotte une raclette. Le merengue est joué également avec tambour et accordéon : cuivres, piano et chœurs seront par la suite ajoutés dans les salons des grandes villes. La danse merengue serait un dérivé de la contredanse, la danse de salon des colons. Elle aurait été transformée en contredanse créole en République dominicaine : plusieurs rythmes africains et techniques de danse y auraient été agrégés au fil des siècles. Longtemps relégué aux campagnes de l'intérieur de l'île, le merengue était dès sa naissance, vers 1850, une musique populaire, et fut mis en exil de la bonne société par le président Ulysse Francisco Espaillat en 1875. Avec le temps, cette musique-danse traditionnelle devint le rythme latino par excellence et le principal rival de la salsa.

De nos jours encore, le merengue se danse souvent dès le plus jeune âge, et en couple. En 1795 déjà, le père Labat, qui arriva en République dominicaine au moment où l'Espagne céda l'île à la France déclara : « La danse est la passion favorite des Dominicains et je crois qu'il n'y a au-

© SAATON - SHUTTERSTOCK.COM

Le merengue se danse au son de la güira.

Joueur de maracas.

cun autre peuple au monde qui y accorde autant d'importance ». Et de fait, plus de deux siècles plus tard, la danse continue d'occuper une place centrale dans la société dominicaine. Considéré comme faisant partie intégrante de l'identité de la Communauté dominicaine, le merengue a même été inscrit en 2016 sur la liste représentative du patrimoine culturel immatériel de l'humanité par l'UNESCO. Cette danse joue en effet un rôle actif dans beaucoup d'aspects de la vie quotidienne de la population : de l'éducation aux rassemblements sociaux et événements festifs, en passant par les campagnes politiques. En 2005, cette pratique traditionnelle a été reconnue dans un décret présidentiel qui fit du 26 novembre la Journée nationale du merengue. Des festivals dédiés sont organisés dans plusieurs villes de la République dominicaine, notamment à Santo Domingo et à Puerto Plata. Le Festival de merengue de Santo Domingo, fin juillet, attire des milliers de personnes venues des quatre coins du pays venus célébrer cette fête quasi nationale. Fin septembre, place au Festival de merengue de Puerto Plata. Entretemps, on pourra aller se déhancher au son du merengue dans nombre de bars et clubs de l'île à El Sartén (p.146) par exemple, petit bar latino de la zone coloniale de la capitale, ou à The Cave, l'une des boîtes de nuit les plus populaires de Santo Domingo.

Comment danse-t-on le merengue ? Tout en exécutant des mouvements sensuels, les danseurs, en couples, tournent en rond au rythme de la musique jouée par les instruments typiques du style tels que l'accordéon, le tambour et le saxophone. Dansé partout et par des personnes venues de milieux sociaux et économiques très différents, on accorde au merengue le pouvoir de contribuer à promouvoir le respect et la coexistence entre les communautés. Si le nord du pays est considéré comme le berceau du merengue, sa zone d'influence est bien plus vaste : de Porto Rico aux Etats-Unis en passant par les Caraïbes, il fait des émules. D'autres pays d'Amérique latine, comme le Venezuela ou la Colombie, ont adopté le merengue dans leur culture et leurs traditions.

La bachata, ou la musica del amargue

C'est au détour des années 1920 qu'émerge la bachata : les premiers documents mentionnant ce terme remontent à 1922 et font alors référence à un type de réunion informelle et festive – généralement dans une cour, à l'ombre d'un grand arbre ou dans la rue – plutôt qu'à un style musical. Mélange de boléro, d'influences musicales d'origine africaine et d'autres sons évoquant le merengue, le cha-cha-cha ou le tango, la musique d'alors est jouée à deux ou trois guitares accompagnées de maracas (aujourd'hui remplacées par la *guira*) et d'un *bongo,* bien plus dans le *campo* dominicain (les zones rurales) que dans les villes. Bien que l'on commence à jouer cette musique dans les bars du pays dès les années 1930, il faudra attendre les années 1960 et la chute de Trujillo pour qu'elle gagne en popularité à l'échelle nationale. Longtemps associée aux couches sociales les plus défavorisées du pays – la bachata est en effet fustigée par les médias et méprisée par la bonne société dominicaine qui considèrent la qualité des textes médiocre, traitant de thèmes liés aux problèmes de couples, au sexe et à la boisson –, des compositeurs comme Luis Dias parviennent à gagner peu à peu les faveurs d'une part grandissante de la population en même temps que le pays s'ouvre au tourisme.

Les musiciens de bachata, boudés par la bonne société, sont contraints de trouver leur propre système de production et de distribution. Dans les années 1990, des musiciens comme Juan Luis Guerra et Víctor Víctor participent à la modernisation de la bachata, proposant une image plus urbaine de cette musique rurale. En 1992, Juan Luis Guerra donne ses lettres de noblesse au genre avec son album *Bachata Rosa* qui gagne un Grammy Award dans la catégorie des rythmes tropicaux, suivi par Anthony Santos dont la chanson *Voy pa'lla* connut l'année suivante un succès sans précédent pour ce genre musical. Depuis, la bachata a fait son chemin jusqu'en haut des *charts* internationaux et le groupe new-yorkais Aventura lui offre la consécration internationale au printemps 2004 grâce à l'album *Love and Hate*, introduisant le *spanglish*, espagnol mâtiné de langue anglaise.

Autres styles musicaux dominicains

Bien que merengue et bachata soient les deux styles musicaux les plus populaires, le riche paysage musical national ne saurait s'y résumer. Héritages africains, croyances religieuses et particularismes régionaux sont en effet les ingrédients de base d'un nombre incroyable de styles musicaux et de danses. La baume, le pri pri, la carabine, la chenche matriculado, les danses palos o atabales, la mangulina ou le zapateo dominicain figurent parmi les autres musiques qui se dansent à travers tout le pays.

Grands noms de la musique dominicaine

Le merengue tout comme la bachata, mais aussi la salsa, ont bien évidemment leurs illustres représentants dominicains. Johnny Pacheco (1935-2021) pour commencer, natif de Santiago de Los Caballeros, a été le directeur de l'orchestre *Fania All Stars* et contribua à donner une envergure internationale à la salsa en la sortant des « ghettos » de New York. Quelques albums sont à retenir comme *Best-of Johnny Pacheco, Pacheco y su Charanga* ou encore *La Crema*. Dans la catégorie salsa, Cuco Valoy (1937), qui débuta sa vie de musicien comme percussionniste à l'âge de 11 ans et devint directeur de l'orchestre La Tribu en 1972 mérite d'être signalé. En 1957, il crée le groupe Los Ahijados avec son frère. Plus à l'aise avec les rythmes de salsa que de *merengue*, il est connu internationalement. Ses enregistrements, ainsi que ses participations à des productions collectives, sont innombrables. Citons quelques disques de l'homme : *Lo mejor de la salsa, Dos Tiempos* ou encore *Juntos otra vez*.

Côté merengue, citons Wilfrido Vargas (1949), compositeur en grande partie à l'origine du succès remporté par cette musique à l'étranger. Producteur, il s'occupe de nombreux groupes locaux. Autre grande figure du style, Johnny Ventura (1940), chanteur de merengue né dans la province de Puerto Plata, dans une famille de musiciens. Surnommé *El Caballo*, il a lui aussi largement participé à l'internationalisation de la musique dominicaine et a été récompensé par de nombreuses distinctions. Son orchestre fut le premier groupe hispanique à se présenter au Palais omnisports de Bercy en France, en 1989. Tenté par les responsabilités politiques, il a été maire de Santo Domingo, pour le Parti révolutionnaire dominicain. Ses créations sont innombrables : *El boogaloo esta en algo, El Hijo del Pueblo, El Mamito, El Pinguino, En Acción ! La Protesta de los Feos*... Chanteur et musicien né en 1963, Sergio Vargas (1960) est l'une des autres valeurs sûres du merengue. Son orchestre, où l'on travaille en famille, est l'un des plus célèbres du pays.

Né à Saint-Domingue le 7 juin 1957, Juan Luis Guerra est certainement le musicien dominicain le plus respecté de sa génération. Issu d'une famille bourgeoise, il poursuivra des études musicales à l'école Berkeley de Boston. En tant que compositeur et chanteur, il a donné une dimension internationale au merengue, à la tête de son orchestre 4-40. L'album *Mientras mas lo pienso* marque le décollage de sa carrière, et le hit *Ojala que llueva Café* le début de la reconnaissance internationale. L'album *Bachata Rosa*, mêlant le rythme du merengue à celui de la bachata, avec ses paroles lourdes de double sens, devient le plus populaire parmi la jeunesse latino-américaine et obtient un Grammy Award en 1991. En 2010, il remporte un nouveau Grammy Award pour son album *A son de guerra.* Star sur tout le continent américain, il remplit aujourd'hui les stades et déchaîne les foules. Juan Luis Guerra a par ailleurs été nommé Artiste de l'UNESCO pour la paix en 2008. Pour faire connaissance avec sa musique, les albums *Fogaraté! Grandes exitos, Bachata Rosa* ou encore *Para Ti* sont de bonnes introductions.

Danseurs de merengue.

LE PREMIER PRODUCTEUR MONDIAL DE CIGARES

Les connaisseurs vous le diront, les meilleurs cigares de la planète viennent de la République dominicaine ! De fait, le pays est le premier exportateur de cigares au monde : plus de 200 millions de pièces sont exportées chaque année (dont 3 millions rien qu'en France), soit plus de 40 % du marché mondial d'exportation. Attention, tous ne sont pas bons ! Dans les zones touristiques, on vous proposera souvent des cigares de qualité très variable, à 1 US$ l'unité. Préférez les boutiques spécialisées aux revendeurs et aux magasins de souvenirs. Parmi les marques les plus célèbres : Pléiades, Davidoff, Juan Clémente, E. León Jiménez. Voici une brève histoire du tabac dominicain – des premières cultures lancées par les Espagnols en 1531 au *boom* du cigare de la fin du siècle passé – ainsi qu'une succincte approche de la culture agricole du tabac. Les curieux n'hésiteront pas à visiter l'une des fabriques de Santiago de los Caballeros.

Brève histoire du tabac dominicain

Découvert à Hispaniola par les conquistadors, le tabac était consommé par les Indiens taïnos. Le tabac servait alors à soigner les blessures, mais était aussi utilisé lors des cérémonies religieuses : il permettait d'accéder à des visions prétendument prémonitoires et était indissociable des festivités. « *Les insulaires ne se mettaient à fumer que lorsque la danse les avait épuisés de fatigue. Quand ce moment était venu, on étendait des feuilles de tabac à demi sèches sur des charbons mal allumés ; on prenait ensuite un tuyau fourchu par un bout en forme de Y. On plaçait le pied de ce tube sur le tabac, et les deux branches de la fourche dans les narines, de manière que la fumée ne tardait pas de monter au cerveau. Cette plante est d'une odeur forte et désagréable, d'une saveur âcre, brûlante, nauséabonde, de propriété irritante, purgative, narcotique, que l'on dit aussi fébrifuge. Eh bien, malgré toutes ces mauvaises qualités, le tabac fut reçu en France avec enthousiasme, quand notre ambassadeur à Lisbonne, Monsieur Nicot, l'eut rapporté de cette ville et offert à la fameuse Catherine de Médicis.* » (*Histoire descriptive et pittoresque de Saint-Domingue*, M. de Marlès, 1850).

Dès 1531, les Espagnols commencèrent son exploitation commerciale, soit une cinquantaine d'années avant que la culture du tabac ne démarre à Cuba. Le 26 août 1606, Philippe III d'Espagne interdit toutefois pour dix ans la culture du tabac dans les colonies du Nouveau Monde. Cependant, flairant l'aubaine financière, la couronne d'Espagne leva l'interdiction en 1614 et s'assura très vite le monopole de la commercialisation du tabac, transitant par la fabrique de Séville. Le premier monopole étatique du tabac était né, et, en vertu de ce monopole royal, le prix d'achat était ridiculement bas. Si bas que les paysans n'hésitaient pas à vendre leur tabac en contrebande aux corsaires et aux Français établis dans l'île d'Hispaniola. C'en était trop pour la couronne d'Espagne qui n'entendait pas être privée d'une partie de ses revenus. Elle fit volte-face et autorisa la vente de tabac aux Français, tout en se réservant le tabac de meilleure qualité. Tout d'abord considéré en France comme une plante décorative, le tabac sera popularisé par la cour de Catherine de Médicis, avant d'être interdit par Louis XIII.

Depuis, le tabac n'a jamais disparu de l'économie dominicaine. C'est toutefois la voisine Cuba qui, grâce à sa stabilité politique, commença la première à tirer profit du marché du cigare au niveau international. La première manufacture de cigares fut en effet ouverte le 2 avril 1902 par l'Allemand Richard Zollner à Cuba. Mais l'embargo américain sur les produits cubains marqua le décollage de la fabrication de cigares en République dominicaine avec, pour conséquence, l'implantation de grosses sociétés américaines.

Tri des feuilles de tabac.

© AUTHOR'S IMAGE

Fabrication de cigares.

Le cigare dominicain aujourd'hui

Le premier grand bouleversement de l'histoire cigarière fut en effet provoqué par l'onde de choc de la révolution cubaine et l'arrivée de Fidel Castro au pouvoir. De nombreux exilés cubains, chassés par les nationalisations entreprises par Castro, s'installent en République dominicaine, avec parmi eux les professionnels du tabac. Ces derniers tirèrent parti des caractéristiques climatiques et géologiques très proches des celles de Cuba pour y développer une industrie du tabac. Tant et si bien que, malgré le prestige des cigares cubains (qui continuent d'être les plus cotés), la République dominicaine en vient à dépasser Cuba en termes de volumes et de qualité, devenant le premier pays exportateur de cigares *hechos a mano* (faits main) et *hechos a máquina* (faits à la machine) de la planète au milieu des années 1990. Fidèle à ses anciens liens, l'Espagne reste le premier client de la République dominicaine et absorbe près de 80 % de ces exportations. Les Etats-Unis sont également friands des cigares dominicains : la République dominicaine est aujourd'hui le premier partenaire des Nord-Américains en matière de cigares, avant le Brésil, le Costa Rica, le Honduras et la Jamaïque. Générant plus de 600 millions de dollars de recettes par an, le marché de la fabrication et de l'exportation de cigares dominicains fait vivre 120 000 personnes.

Longtemps cubains, les cigares Davidoff sont, depuis 1989, exclusivement fabriqués en République dominicaine. La levée récente de l'embargo américain à Cuba n'a eu que peu d'impact à court terme sur la position dominante dominicaine. En effet, il faudra du temps au voisin cubain pour augmenter et diversifier son offre, améliorer son système logistique et activer un large réseau de *lobbying* afin de récupérer des parts de marché. La ville de Santiago abrite aujourd'hui plusieurs dizaines de manufactures de cigares. Légers et aromatiques, les cigares dominicains sont moins corsés que les Cubains et bénéficient d'une qualité sans faille et régulière. Trois grands groupes internationaux sont présents sur l'île : Altadis installé à La Romana, Arturo Fuente et Oettinger-Davidoff, à Santiago.

On pourra se procurer des cigares dominicains dans de nombreuses boutiques et y goûter dans certains bars, clubs, caves à cigares ou fabriques, comme par exemple à la **Tabacallera – Fabrica de Tabaco** (p.143) à Santo Domingo, **Bayahibe Fine Cigars** (p.260) à Dominicus ou **Mundo Puro** (p.306) à Las Terrenas. Pour une découverte plus approfondie du processus de fabrication, on visitera la **Fabrique de cigares La Aurora** (p.211) ou le **Centro Cultural Eduardo Leon Jimenes** (p.211) à Santiago.

La culture et la transformation du tabac

C'est principalement dans la région nord-ouest du pays qu'est cultivé le tabac dominicain, généralement par des agriculteurs travaillant leur lopin en famille. Le cigare étant un secteur qui ne tolère pas la mécanisation, après avoir été semé, le tabac est repiqué plant par plant en respectant une certaine distance entre chacun. Le plant arrive à maturité en 3 ou 4 mois. Les feuilles sont alors récoltées une par une, selon leur degré de maturité : ainsi, sur une même plante, la cueillette peut durer plusieurs semaines. Les feuilles sont mises à sécher sous un auvent pour être ensuite vendues en balles aux entreprises qui poursuivent le traitement (fermentation, écôtage, sélection…). Au sein de la fabrique, le rouleur de cigares est l'ouvrier le mieux payé (en général en fonction du nombre de cigares roulés) et son travail nourrit environ cinq personnes. Le vrai cigare est composé de feuilles naturelles, sans additif ni papier. Il est fait de feuilles entières, mêlant les variétés dans une subtile composition que le cigarier se doit de respecter scrupuleusement avant de les rouler ensemble. C'est la réussite de ce mélange qui fait la personnalité d'un bon cigare.

GÉOGRAPHIE

On attribue à Christophe Colomb l'origine du terme Hispaniola : en voyant l'île, certains paysages montagneux lui rappelèrent tant l'Espagne qu'il la nomma L'Española, qui fut ensuite latinisé en Hispaniola. L'île d'Hispaniola donc, que se partagent Haïti (sur le tiers ouest) et la République dominicaine, appartient à l'archipel des Grandes Antilles, composé de Cuba, Porto Rico et la Jamaïque. C'est la deuxième de ces îles par la taille, après Cuba, et c'est elle qui abrite le plus haut sommet de la Caraïbe : le Pico Duarte et ses 3 175 m. Terre aux reliefs variés, la République dominicaine est traversée par quatre chaînes montagneuses garnies de hauts plateaux et de jungles tropicales, mais aussi des zones arides et sèches. Bien plus qu'un simple aspect de la destination, la géographie même du pays est une raison en soi de s'y rendre : la vingtaine de parcs nationaux que compte le territoire sont des véritables spectacles naturels !

Une terre de caractère

Différentes thèses s'opposent au sujet de la formation des îles qui composent l'arc antillais. Effondrement d'une partie de l'Amérique centrale ou émergence de terres suite à des mouvements souterrains, on retiendra parmi les théories que de profondes crevasses, dont certaines avaient une activité volcanique, se sont formées au fond des mers et que l'une d'elles donna naissance à Hispaniola. Aujourd'hui, la République dominicaine partage l'île Hispaniola avec Haïti (située dans la partie occidentale). Elle en occupe les deux tiers, ce qui représente une superficie de 48 734 km², une surface sensiblement égale à celle de la Suisse. Elle possède 1 288 km de côtes, dont plus d'un tiers de plages et la frontière qui la sépare d'Haïti est longue de 275 km. Dans sa partie la plus longue, d'est en ouest, l'île s'étend sur 390 km, et 286 km du nord au sud. L'île est bordée par l'océan Atlantique au nord et la mer des Caraïbes au sud. Le canal de Mona, redouté de tous les marins pour ses forts courants et ses vents violents et imprévisibles, la sépare de Porto Rico à l'est. Terre de contrastes, l'île d'Hispaniola est la plus montagneuse des quatre îles des Grandes Antilles, abritant le plus haut sommet des Caraïbes : le Pico Duarte (3 175 m). En fait, pratiquement la moitié de l'île est occupée par quatre chaînes de montagnes. Elle abrite aussi le point le plus bas de l'archipel : le lac hypersalin Enriquillo, à 40 mètres sous le niveau de la mer, qui s'étend sur 260 km². Du fait de sa position dans l'arc antillais, Hispaniola fut surnommée « la clé d'entrée des Indes occidentales » par le roi Philippe II d'Espagne. Les Haïtiens quant à eux disent d'elle qu'elle est une mâchoire de crocodile prête à claquer sur la queue de Cuba.

Le lac Enriquillo.

Mont El Morro à Montecristi.

Le relief et la végétation du pays sont variés. La République dominicaine est traversée par quatre chaînes de montagnes, résultat d'une suite de plissements survenus durant l'ère tertiaire. La cordillère centrale, qui se déploie sur 20 km de largeur pour 100 km de longueur, prend naissance en Haïti sous le nom de massif du Nord. Elle traverse le centre du pays et s'achève dans le sud vers San Cristóbal. Le point culminant des Antilles – le Pico Duarte, 3 175 m – se trouve au centre de cette chaîne et voisine avec le pic de la Pelona (3 087 m). La chaîne possède un haut-plateau, le Valle Nuevo, à 2 200 m d'altitude, au climat froid (jusqu'à moins 8 °C en hiver). La cordillère septentrionale sépare la plaine côtière de la vallée du Cibao, parallèlement à la cordillère centrale, de Montecrisiti à El Gran Espero (province de Maria Trinidad Sanchez). Le pic Diego de Ocampo en est le point culminant à 1 229 m. La cordillère orientale, ou Sierra del Seibo, la plus courte et la moins élevée de ces chaînes, occupe la zone est de l'île. Cacao, café et citriques sont plantés sur ses flancs. La Sierra de Bahoruco, dans la région sud-ouest, domine les côtes en s'étirant sur 70 km d'un relief abrupt. Elle occupe une superficie de 2 400 km² et culmine à la Loma del Toro, à 2 367 m d'altitude. Elle est sillonnée par les fleuves Palomino, Ito, Las Damas, Bermesi, Bahoruco et Nizaito.

Signalons également la modeste Sierra de Samaná, qui, sans être une zone montagneuse à proprement parler, s'élève à quelque 600 m d'altitude et se caractérise par des reliefs plongeant à pic dans la mer et par les douces ondulations de ses collines appelées *lomas*. Le pays compte aussi une étonnante formation karstique faite de cônes et de dolines, avec des cavernes, des rivières souterraines, couverte d'une forêt humide impénétrable : le sensationnel parc national des Haïtises. Les régions du nord et du centre sont quant à elles des vallées particulièrement fertiles : la vallée du Cibao constitue ainsi le principal fournisseur de produits agricoles du pays. Des milliers de grottes ponctuent le territoire dominicain, dont des dizaines sous le niveau de la mer, pour beaucoup encore inexplorées. Il existe par ailleurs deux régions sèches en République dominicaine : la zone du sud-ouest quasi désertique, où les collines désolées se déploient à l'infini, et la région de Montecristi au nord-est, où seule une végétation chétive et souvent steppique se développe.

Aires protégées et principaux parcs

Le système national des aires protégées couvre plus de 10 % du territoire dominicain. Comme dans de nombreux pays, la faune et la flore y sont préservées, et, dans d'autres parties, les hommes cohabitent plus ou moins bien avec les espèces sauvages, parfois en grand péril d'extinction. Les aires protégées sont subdivisées en plusieurs catégories : 8 *areas de protección estricta* (aires de protection stricte) dont 6 réserves scientifiques et 2 sanctuaires de mammifères marins. La visite de ces aires est soumise à des règles strictes ; 19 *parques nacionales* (parcs nationaux), dont deux sous-marins ; 15 *reservas nacionales* (réserves nationales) ; 19 *monumentos naturales* (monuments naturels) et 25 *areas de manejo de hábitats/especies* (aires de cohabitation hommes/animaux). On retrouve dans cette dernière catégorie plusieurs des lieux particulièrement appréciés des voyageurs, dont la Laguna Cabral et la Playa las Aguilas. Ce sont des lieux de loisirs, proches de parc naturel, soumis à des réglementations spécifiques. A ces 25 aires, il faut ajouter les 6 parcs urbains de Santo Domingo, parmi lesquels on compte le Jardin botanique.

La Direction nationale des parcs est l'administration chargée de leur gestion, et c'est auprès d'elle que l'on doit solliciter une autorisation pour les visites individuelles, le mieux étant parfois de partir avec une agence. Cet organisme possède quelques brochures et des informations sur les commodités locales et les tarifs officiels. Le secrétariat d'Etat de l'environnement et des ressources naturelles possède un site Internet très bien fait qui recense tous les parcs nationaux, aires protégées et sites naturels que recèle la République dominicaine (www.ambiente.gob.do).

Mis à part les aires de cohabitation hommes/animaux, les parcs nationaux sont des zones splendides où la nature est bien généralement bien préservée, à l'image du Parque Nacional Montecristi. Situé sur la côte nord-ouest, il s'étend sur 19,3 km² et constitue un formidable promontoire maritime, célèbre pour sa forme de chameau couché. Le Parque Nalga de Maco, dans l'ouest, déploie 28 000 hectares entre les provinces d'Elias Piña et Santiago Rodiguez. Dans cette zone montagneuse, humide et relativement froide, riche en biodiversité, on pourra faire la rencontre de nombreuses espèces endémiques d'Hispaniola, dont certaines en voie d'extinction. Au cœur de la cordillère centrale, dans la région de Constanza, on trouve le Parque Nacional Jose del Carmen Ramirez, mais aussi le Parque Nacional Armando Bermudez, plus grande réserve forestière du pays et de toute l'île.

Situés sous le niveau de la mer, les 2 600 hectares du Parque Nacional Lago Enriquillo e Isla Cabritos abritent la plus grande colonie de crocodiles américains, des iguanes et des flamants roses. Dans la même zone, on trouve le Parque Nacional Jaragua, connu pour sa végétation de forêt sèche et d'épineux. On y a découvert récemment des traces de civilisations précolombiennes. C'est également en son sein que l'on trouve la Bahia de las Aguilas (Baie des Aigles), un sanctuaire de tortues carey. Les iguanes, les flamants roses et les frégates y sont protégés. Toujours dans la région sud-ouest du pays, les différences d'altitude et les reliefs abrupts du Parque Nacional Sierra de Bahoruco lui valent d'abriter une extraordinaire biodiversité et une palette d'écosystèmes. On y recense notamment plus de 50 % des orchidées dominicaines.

Au sud de la péninsule de Samanà, dans la partie nord-est de la République dominicaine, le Parque Nacional Los Haitises attire les voyageurs comme un aimant. Ce parc est un véritable dédale végétal aux fjords profonds que des forêts de mangroves et de plantes grimpantes grignotent. Il est également le lieu de vie du boa, du lamantin, de plusieurs espèces de tortues marines, du pélican et du coq d'eau. Dans le sud-est du pays, au sud d'une ligne Bayahibe-Boca de Yuma, une péninsule de 430 km² désertique et inhabitée constitue le Parque Nacional del Este, récemment rebaptisé Parque Nacional Cotubanamá. Les grottes au parois gravées de pétroglyphes taïnos en sont la principale attraction. Au large, l'île de Saona (25 km de long pour 5 km de large) est bordée de deux villages de pêcheurs (Mano Juan et Punta Catuano) et de longues plages de sable blanc justifiant une excursion à la journée.

Dans la partie nord du pays, on trouve également un certain nombre de parcs qui méritent un passage. Le Parque Historico La Isabela correspond à la zone où fut établi le tout premier comptoir espagnol (et européen) dans le Nouveau Monde, à l'ouest de Puerto Plata. Surplombant la baie de Puerto Plata, le Parque Nacional Loma Isabel de Torres se résume à une puissante colline dont on atteint le sommet par une piste difficile ou par un téléphérique. Le Parque Nacional El Choco couvre lui 78 km² s'étirant entre les contreforts de la *Cordillera Septentrional* et la façade atlantique. Il inclut deux lagunes, celle de Cabarete et celle de Goleta. Grottes, rivières et étangs souterrains en sont les principaux lieux d'intérêt.

En se rapprochant de la capitale, on débusquera le Parque Submarino La Caleta, une zone sous-marine protégée abritant un nombre impressionnant d'épaves, mais aussi le Parque Montaña La Humeadora : ce petit parc de 84 km² situé dans la province de l'Alta gracia, à 10 km de San Cristóbal, est aussi surnommé *The Smoky*. Il a été déclaré zone interdite jusqu'en 1996, en raison de son microclimat, le plus pluvieux de la République dominicaine. Enfin, bien que de petite taille (4,4 km²), le Parque Nacional Cuevas de Bourbon o del Pomier est une réserve anthropologique au nord de San Cristóbal : une véritable encyclopédie de pierres taillées, témoignages de la civilisation préhispanique taïno.

© VITALI ILIN - ISTOCKPHOTO.COM

Grotte de la péninsule de Samaná.

NATURE

Les grands mammifères, zèbres, éléphants, tigres ou girafes, qui ornent les peintures naïves de la rue, n'existent que dans l'imaginaire des Dominicains en quête de leurs lointaines racines africaines. Les gros animaux sauvages ont depuis longtemps déserté l'île. Comme celle de tout l'arc des Caraïbes, la faune dominicaine est plutôt pauvre. L'action de l'homme et l'isolement de l'île ont été à l'origine de sa raréfaction. En revanche, de nombreuses espèces endémiques sont nées de cette situation insulaire. On rencontre quelques intéressantes espèces d'animaux sauvages, dont beaucoup sont aujourd'hui protégées, comme les iguanes verts, les crocodiles d'Amérique et le hutia de Saint-Domingue, un petit rongeur herbivore. Côté flore, on trouve 8 000 espèces végétales dans le pays, dont 1 800 espèces endémiques (essentiellement des orchidées et des palmiers). Ici comme ailleurs toutefois, nombreuses sont les espèces menacées...

Faune terrestre, aérienne et marine

La fosse du lac Enriquillo est sans aucun doute l'attraction majeure de la région sud-ouest : c'est le plus grand lac salé du monde. En effet, ses eaux, qui ont un taux de salinité particulièrement élevé, sont encore plus salées que celles de la mer. Le lac, au milieu duquel flotte l'Isla Cabritos, se situe à environ 40 m au-dessous du niveau de la mer, et cette zone – le *Parque nacional Lago Enriquillo e Isla Cabritos* – constitue la réserve la plus importante au monde de crocodiles américains. Aux côtés de ces reptiles paresseux évoluent les flamants roses et deux espèces d'iguanes de roche somnolant au son du clapotis des vagues et des moteurs de bateaux. Les agoutis sont représentés par le plagidontia et le solénodon, un mammifère insectivore et nocturne, possédant un nez allongé, des oreilles rondes et une longue queue, qui peut peser jusqu'à 1 kg et qui se rencontre dans les forêts d'altitude du pays. Ces espèces sont malheureusement en voie d'extinction. Côté serpent, aucune espèce n'est venimeuse en République dominicaine. Dans la famille des reptiles, citons, à côté des crocos, les geckos que l'on croise fréquemment, ainsi que d'étonnants lézards à queue bleu électrique. La mygale, appelée *cacata*, est une araignée de bonne taille qui est plus effrayante que véritablement dangereuse et qu'on ne rencontre que dans le *campo* et dans les zones de montagnes humides. Les chauves-souris ont quant à elles colonisé massivement les nombreuses grottes du pays.

Iguane de roche au lac Enriquillo.

Les ornithologues seront ravis par la diversité de la faune avicole. De multiples espèces d'oiseaux au chant éclatant et au plumage bigarré peuplent les régions de plaine et de montagne. De nombreuses variétés tropicales cohabitent avec les oiseaux migrateurs qui viennent passer l'hiver dans les îles. 300 oiseaux ont été recensés sur les terres dominicaines (27 sont endémiques). Les parcs nationaux en protègent un certain nombre, comme des espèces de colibris, plus connus sous le nom d'oiseau-mouche, dont les battements d'ailes sont si rapides qu'ils peuvent voler sur place. Citons ici le rossignol, la perruche, la cigogne palmière, la colombe, le todier à bec étroit, la buse à queue rousse, le tyran quiquivi, le pélican et de nombreuses espèces d'échassiers. Les entomologistes, eux non plus ne seront pas déçus. En effet, les papillons et les insectes abondent dans les montagnes comme dans les vallées.

Les récifs coralliens abritent de nombreuses variétés de poissons tropicaux, tous plus colorés et plus étonnants les uns que les autres, aux formes et aux mœurs étranges : le poisson-perroquet vert et bleu grignote inlassablement les coraux ; l'épine dorsale du poisson-chirurgien bleu à queue jaune est particulièrement coupante ; le spectaculaire baliste des Caraïbes, aux couleurs somptueuses, change de couleur quand il se sent approché et raffole des oursins ; le poisson-coffre (*Lactophrys triqueter*) est couvert de plaques polygonales, protégé par sa carapace rigide ; le poisson-ballon (ou diodon) aux dents redoutables, se gonfle d'importance en aspirant de l'eau et hérisse ses nageoires quand il se sent menacé, espérant décourager ses adversaires. Prenez garde à ne pas confondre le longiligne poisson-trompette avec une algue ondulante et passez saluer le poisson-écureuil : de couleur rouge, il se rencontre dans les cavernes et ouvre de grands yeux noirs, signal attestant sa préférence pour les endroits à faible luminosité. Les poissons-anges sont aussi présents : le poisson-ange bleu, vert et jaune, le poisson-ange gris, et le poisson-ange français au corps noir bordé de jaune et irisé de fines rayures appartiennent à la même famille. Le poisson-ange royal est un des plus beaux poissons de récifs, avec sa robe à rayures phosphorescentes. Le poisson-bourse jaune se reconnaît lui à sa silhouette plate en forme de losange. Le poisson-scorpion (*Scorpaena plumieri*), hérissé d'épines venimeuses, est difficile à dénicher à cause de son camouflage et de son attitude statique sur le corail. Les gobies sont quant à eux de minuscules poissons qui se cachent dans les anfractuosités du corail. Poisson-papillon (rayé blanc et noir), poisson volant, capitaine à tête de cochon, poisson-lune, poisson-épieu, demoiselle chromis (noir avec de petites taches bleues), sergent-major (rayé jaune et noir), girelle paon (à tête bleue), bancs

Poisson-perroquet.

ondulants de carangues (bleues, noires, jaunes ou gros yeux) ou de calmars nageant gracieusement en déployant leurs tentacules, la liste est interminable… Toute cette joyeuse faune marine évolue dans le décor somptueux de récifs coralliens tapissés de gorgones-plumes (dont les branches soyeuses ondulent sous l'effet des courants), de spirographes dépliant leurs bras, d'anémones colorées et d'étoiles de mer.

Côté gros gabarits, les plus belles espèces, dont le poids peut dépasser 100 kg, naviguent en eaux profondes. Les dauphins vivent le long des zones côtières et sont les principaux représentants des mammifères marins. Les lamantins, les tortues, les careys et les baleines à bosse, qui arrivent dans les eaux chaudes de la baie de Samaná pour s'accoupler et se reproduire en hiver, sont des espèces protégées. Les raies, l'espadon, les daurades ou coryphènes casqués et le barracuda souvent solitaire abondent en eaux profondes. Les nageurs seront rassurés d'apprendre qu'il y a peu de requins, tandis que les plongeurs seront fascinés par le spectacle du ballet des marlins bleus, des tortues marines, des mérous et des barracudas. De nombreux crustacés, crabes, langoustes, homards et crevettes, ainsi que des oursins blancs et noirs aux longues épines vivent également dans les eaux dominicaines. De nombreux coquillages, dont le lambi, conque au coquillage orangé, qui servait aux Taïnos pour communiquer et se déplace par bonds successifs, mais aussi les strombes, les turritelles et les olives réticulées feront la joie des collectionneurs. Le « dollar des sables » est un oursin plat dont la coquille perforée s'échoue sur les plages.

Flore sauvage et flore domestiquée

Si la nature dominicaine est opulente, grâce à l'eau abondante des rivières et des précipitations, elle n'est jamais oppressante. On trouve environ 8 000 espèces de plantes, de fleurs et d'arbres en République dominicaine, dont 1 800 espèces endémiques, principalement des orchidées et des palmiers, soit trois fois plus qu'en Europe. Plantes locales, dont la situation insulaire favorise l'apparition, plantes pantropicales, subtropicales et paléotropicales, la nature dominicaine est riche d'une palette de couleurs éclatantes. Dans les régions montagneuses, les forêts tropicales sont riches en essences précieuses, comme l'acajou et le cèdre. Les flamboyants déploient tout au long de l'été leurs magnifiques ramures aux fleurs d'un rouge phosphorescent. Les forêts de conifères, abondantes en montagne, composent des paysages aux airs européens. Palmiers nains et fougères arborescentes croissent à profusion dans les sous-bois. Les régions arides de la République dominicaine sont quant à elles couvertes d'une végétation subtropicale de bosquets et de steppe sèche, de broussailleux, d'arbustes épineux, d'agaves et de cactus.

La mangrove pousse en abondance dans les eaux calmes et basses des lagunes, formant une impénétrable bordure côtière. Situé entre mer et terre, c'est un écosystème particulier où l'on rencontre quatre types d'arbres : les palétuviers rouges, noirs, blancs et gris. Le palétuvier rouge ou mangle rouge est l'arbre principal de la mangrove. Ses racines émergeant de l'eau forment un enchevêtrement impénétrable et lui permettent de respirer et de se fixer solidement dans le sol salé, instable et vaseux. Elle assure la protection des côtes, la purification de l'air et de l'eau, et constitue un refuge pour la faune, lieu privilégié de reproduction et d'alimentation des alevins, des larves des jeunes poissons qui profitent de la richesse en plancton du milieu. Les huîtres de palétuviers, les mollusques, les éponges se développent en colonies sur les racines de la mangle rouge. De nombreux oiseaux vivent dans les palétuviers, à l'abri des prédateurs.

La trinitaria est la fleur nationale.

Au nombre des espèces emblématiques du pays, citons ici le cocotier, un palmier originaire d'Asie du Sud-Est. L'arbre aux cent usages atteint la région des Antilles par le biais de noix protégées par une épaisse écorce très résistante, poussées par les courants marins. Cet arbre est une véritable bénédiction pour les locaux. Sa noix nourrit et soigne, ses palmes sont tressées en paniers, en chapeaux, en cordes, en matelas, en toits, ses troncs servent de poutres. Le frangipanier, arbre trapu à feuilles caduques, est également une espèce connue en République dominicaine : il dresse ses fleurs en plumet au bout de ses rameaux. La Rose de Bayahibe est endémique de la côte Est et est devenue la fleur nationale de la République dominicaine en 2011 : elle figure sur les billets de banque et sur les timbres postaux. Le bananier est essentiel lui aussi. Connue depuis le début du XVIe siècle, la banane se décline en trois variétés principales : la très grosse banane, appelée plantain ; la petite banane (ou banane-pomme) qui ne se rencontre que sur les marchés locaux ; et la banane courante, que l'on retrouve sur nos marchés européens.

Les plantes domestiques, fruits et légumes, sont elles aussi légion. Si le manioc, la goyave, le tabac, le coton, le poivron et l'ananas étaient cultivés dans l'île bien avant l'arrivée des Espagnols, de nombreuses plantes tropicales ont été introduites par les colons. La canne à sucre est originaire de Nouvelle-Guinée. Elle a voyagé en Orient, en Espagne et aux Canaries avant de s'imposer dans les îles des Caraïbes au XVe siècle. Sur 15 mois, la canne se multiplie à partir de boutures, puis développe deux types de racines : les unes pour se nourrir d'eau et de sels minéraux, les autres pour fixer la tige. Puis la hampe florale commence à grandir. Avant la coupe, *la zafra*, on brûle rapidement la canne pour éclaircir le feuillage et tuer les parasites. Chaque bouture produit une touffe de 5 à 20 tiges qui peuvent atteindre 4 m de hauteur. Les plantations de canne à sucre s'étendent à l'infini dans les plaines du nord et de l'est.

Les fleurs tropicales sont partout présentes. Les orchidées constituent une famille importante de la flore dominicaine, comptant à elles seules plus de 300 variétés aux riches couleurs et aux formes délicates. Beaucoup d'entre elles sont protégées, et seules sont autorisées à l'exportation les orchidées portant un certificat attestant que la variété n'est pas en voie d'extinction. Partout fleurit le bougainvillé, connu localement sous le nom de *trinitaria*, fleur nationale et symbole de la guerre de Restauration.

Hibiscus et héliconias poussent à l'état sauvage. Anthurium, pomme d'eau, liane orchidée, oiseau de paradis, jasmin, grappes rouges de l'alpinia, vert et jaune des massifs de croton, épis rigides du balisier… Toutes les fleurs tropicales ornementales poussent à foison.

Une nature menacée

▶ **Parmi les animaux en danger, citons la cotica**, petit oiseau qui mesure de 28 à 31 cm et possède un plumage vert brillant appelé en créole *cotorra verde*. Son front est blanc et ses joues sont piquetées de taches noires. Son ventre est rouge et sa queue parsemée de quelques plumes également rouges. Habitant les forêts, et d'une manière générale les endroits riches en fruits, elle fait son nid dans les troncs secs. Pendant la nidification, elle se révèle très courageuse et défend jalousement son territoire. La cotica a une capacité étonnante à reproduire le langage humain, au point d'être devenue la mascotte nationale. Peu farouche, elle se domestique très facilement, et on la retrouve en cage dans les jardins des particuliers et des hôtels. Derrière ses grilles, elle joue un rôle d'animal familier charmant et décoratif. Son succès a bien failli causer sa perte et l'extinction de l'espèce qui est aujourd'hui protégée.

▶ **Le hutia,** qui appartient à la famille des Capromyidae, est une espèce de petit rongeur herbivore en danger d'extinction. Autrefois abondants dans les îles, les hutias furent décimés par le déboisement, la chasse et l'introduction du bétail et des animaux domestiques tels que le chien. Le hutia se nourrit de fruits et, à l'occasion, ne dédaigne pas un petit reptile qui passe à proximité de ses mâchoires. Il vit pendant une douzaine d'années et connaît une vie sociale active. Il s'organise en groupe et pratique volontiers un toilettage commun, avant l'accouplement.

▶ **Le solenodon** appartient quant à lui à la famille des Solenodontidae. Insectivore nocturne, il possède des dents pointues et une salive venimeuse. Il ressemble à une musaraigne, mais en plus grand, avec un os dans le museau, qu'il a très long. Mesurant près de 70 centimètres de long du museau à la queue, les solenodons ont la réputation d'être irascibles. Les mangoustes, les chiens et les chats, introduits sur l'île pour chasser les rats, ont pratiquement éradiqué l'espèce

▶ **Le lamantin,** autrefois abondant aux embouchures de rivières, est aujourd'hui en voie de disparition. Cet énorme mammifère marin est herbivore et « broute » les algues, d'où son surnom de vache de mer. Ici, il est simplement appelé *manati*, et vit dans les endroits peu profonds. Adulte, il atteint jusqu'à 3 m et peut peser jusqu'à 500 kg. Une de ses particularités est d'être polyphyodonte, c'est-à-dire que ses dents se renouvellent tout au long de sa vie. Ce phénomène est courant chez les reptiles et les

© HAILSHADOW - ISTOCKPHOTO.COM

Le hutia, une espèce menacée.

poissons, mais très rare chez les mammifères. Sans prédateur naturel, le manati est pourtant gravement menacé par la pollution, la pêche, les moteurs de bateaux et surtout le refroidissement des eaux… La colonisation des côtes dominicaines a pratiquement éradiqué l'espèce. Il en reste néanmoins quelques beaux spécimens sur la côte de Barahona ainsi que dans le nord du pays, dans une réserve naturelle près de Punta Rucia où vous pourrez les observer. Avec leur chant qui ressemble à une douce complainte et les mamelles des femelles placées sous leurs nageoires, les lamantins seraient, dit-on, à l'origine du mythe des sirènes.

▶ **Côté flore**, le pays a décidé de protéger quelques-unes de ses essences. En Haïti, la déforestation a pris des allures de catastrophe nationale, et le pays souffre durement de la désertification qui s'ensuit. Sensibles au sort de ce pays mitoyen, les autorités dominicaines encadrent très étroitement la taille des arbres dans toute la République. Non contentes d'attribuer les permis de coupe au compte-gouttes, les autorités demandent de replanter des arbres de la même espèce dans des espaces réglementés. Le nombre varie selon l'espèce, ainsi pour tout palmier abattu il faut en replanter dix, pour un flamboyant le tarif est de cinq. Quant aux essences précieuses comme le cèdre, l'acajou ou le roble, leur coupe est formellement interdite par décret présidentiel.

De nombreux facteurs – comme le tourisme qui pèse un poids considérable sur les ressources naturelles, l'insularité du pays, sa dépendance vis-à-vis de l'écosystème, les investissements étrangers importants, le contre-exemple d'Haïti – pèsent désormais de tout leur poids sur la conscience écologique de la République dominicaine et devraient contribuer à la sauvegarde de sa biodiversité.

CLIMAT

Comme ses voisines des Caraïbes, la République dominicaine possède un climat de type subtropical humide, tempéré en altitude. Hispaniola étant située entre le tropique du Cancer et l'Equateur, les vents du bord de mer et les alizés du nord-est adoucissent agréablement la chaleur, si bien qu'elle est rarement étouffante. Partageant le même hémisphère que l'Europe, les variations climatiques auxquelles est soumise la République dominicaine sont sensiblement similaires... avec 15°C de plus ! La température moyenne est de 25°C avec de faibles variations tout au long de l'année, tandis que la température de l'eau est agréable en toute saison, oscillant entre 26 et 27 °C en hiver, 29 et 31°C en été. Malgré cette chaleur au beau fixe, saison sèche et saison hivernale rythment l'année dominicaine, avec deux épisodes pluvieux par an, dont une correspond à la saison des cyclones. Petit portrait climatique des deux tiers est de l'île.

Les saisons dominicaines

En République dominicaine, on distingue une saison d'été, qui correspond à la saison dite humide, qui court généralement du mois de mai au mois de septembre, et une saison hivernale, qui correspond à la saison sèche. Lors de la saison d'été, les températures maximales sont généralement atteintes au mois d'août, avec un pic frôlant les 35 °C, tandis que le mois le plus « frais » est celui de janvier, au cœur de la saison sèche, avec des températures stagnant autour du 20 °C. Toutefois, ces variations demeurent assez subtiles, le thermomètre affichant une température moyenne située autour de 25 °C toute l'année, rendue tout à fait agréable grâce aux alizées, vents frais venus du nord-est.

A prendre en compte également, la grande humidité qui règne sous ses latitudes. Le taux d'humidité de l'air varie en effet de 65 % à 80 %. Autant la partie occidentale du pays, et plus spécifiquement la côte nord-ouest, est particulièrement sèche, autant la région orientale de la République dominicaine s'avère nettement plus humide. Le pays étant traversé par trois cordillères, les différences d'altitude s'y traduisent par d'importantes variations des températures qui peuvent même, de manière exceptionnelle, atteindre des valeurs négatives dans les montagnes, notamment passés les 3 000 mètres d'altitude.

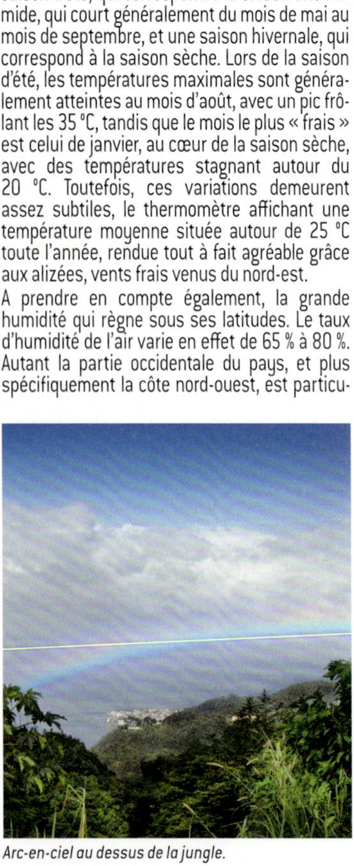

© FRIZZANTINE - ISTOCKPHOTO.COM

Arc-en-ciel au dessus de la jungle.

Enfin, le dernier phénomène climatique à prendre en compte ici est celui de la saison des pluies, qui sont au nombre de deux en République dominicaine : l'une, plus prononcée, court du début de l'été (c'est-à-dire du mois de mai) jusqu'au mois de juillet et parfois jusqu'à août, l'autre, plus discrète, s'étire généralement entre les mois d'octobre et de décembre. Cette seconde saison des pluies, caractérisée par de belles journées ensoleillées ponctuées de fortes averses en fin de journée, correspond plus ou moins à la saison des cyclones dans la zone caraïbe.

D'un point de vue touristique, deux saisons ont la faveur des touristes : de la mi-décembre à mars et de juillet à août, avec une nette préférence pour la première. La Semaine sainte avant Pâques est elle aussi très prisée. Bien évidemment, les tarifs des hôteliers et des loueurs de voitures en tiennent compte. En basse saison en revanche, une baisse d'environ 20 à 25 % sur les tarifs est de rigueur. Et vous pouvez négocier ! Autres évènements à ne pas négliger : la fête du carnaval (27 février), la Semana Santa (avril) et la grande procession pour la fête de la Vierge de Altagracia, mère spirituelle du peuple dominicain, qui a lieu à Higüey le 21 janvier.

David, Georges, Jane, Noël, Irma...

De bien jolis noms pour de violents phénomènes parfois meurtriers... L'île se situe en effet au carrefour des cyclones qui viennent de l'Atlantique et de l'arc antillais et qui menacent toute

Passage d'un ouragan.

la zone caraïbe entre juillet et octobre, période dite cyclonique. C'est Hurakan, dieu guatémaltèque, qui donna son nom à un phénomène auquel les autochtones étaient familiers. Christophe Colomb lui-même eut à essuyer les conséquences d'un ouragan lors de son premier voyage de retour, en février 1493. Ce fut d'ailleurs le premier cyclone répertorié dans l'histoire, vocable grec signifiant « enroulement de serpent » utilisé pour la première fois en 1876 par Henry Paddington, alors président de la Cour maritime de Calcutta. Pour ce qui est de l'appellation des cyclones eux-mêmes, c'est l'US Weather Bureau de Washington qui décida qu'ils seraient baptisés d'un prénom alternativement masculin et féminin selon leur ordre de formation et dans l'ordre alphabétique. Ainsi Charlie succède à Betty, lui-même précédé d'Allen. La zone caraïbe essuie de deux à une vingtaine de cyclones chaque année, avec une moyenne de sept phénomènes par période cyclonique. La République dominicaine n'a pas été épargnée par les cyclones puisque le pays a été dévasté deux fois : par David en 1970 puis par Georges en octobre 1998. L'impressionnant ouragan Irma de septembre 2017 n'a pas causé de dommages trop conséquents en République dominicaine, contrairement à certaines îles voisines des Antilles.

La formation du cyclone commence par l'apparition de vents au niveau de la ceinture équatoriale, à proximité des côtes africaines. Entraînés par la force de rotation de la Terre, les vents atteignent une zone de basses pressions puis prennent une virulence proportionnelle à leur avancée. Ils peuvent atteindre des vitesses de plus de 250 km/h et une envergure de 90 à 1 600 km. Dans ce qu'on appelle l'œil du cyclone, au centre de la dépression, c'est le calme absolu. A l'extérieur de l'œil en revanche, pluies, vagues et marées peuvent prendre de gigantesques proportions... Chaque formation venteuse est suivie par le Centre national des cyclones de Miami, à l'aide de radars, de satellites et d'avions. A la moindre alerte, le centre avertit toute la zone caraïbe. Toutefois, malgré tous les efforts scientifiques, le phénomène du cyclone reste mystérieux et impossible à prévoir. C'est pourquoi leur progression est suivie en temps réel, et des dispositions sont prises au fur et à mesure de leur évolution.

Le phénomène comporte plusieurs stades rigoureusement classifiés. La perturbation tropicale est la première phase : si les vents ne sont pas violents, de petits tourbillons peuvent survenir, ainsi que de fortes averses. Dans les Caraïbes, ce type de phénomène est fréquent durant les mois d'été. Lors d'une dépression tropicale, le système de basses pressions s'est suffisamment développé pour que les vents atteignent des vitesses allant jusqu'à 63 km/h, accompagnés de pluies importantes. L'étape supérieure est nommée orage tropical : tout comme les pluies, les vents se font plus violents, avec des vitesses comprises entre 63 et 117 km/h. Le stade ultime est celui du cyclone. À cette étape, les vents dépassent les 118 km/h (Allen a connu des pointes à 230 km/h ; 297 km/h pour Irma, avec des rafales à 360 km/h!). Des pluies torrentielles et des raz-de-marée accompagnent le phénomène. En cas d'alerte cyclonique, sachez que les mesures de prévention sont parfaitement au point dans les hôtels et sur les sites touristiques. Parmi les cyclones qui ont récemment touché le pays, on se souvient encore de Georges qui a ravagé une partie de l'île en octobre 1998. Jane a balayé la péninsule de Samaná en octobre 2005, et Noël en 2007.

ENVIRONNEMENT

La situation géographique du pays, son climat et son insularité ont contribué à façonner des paysages de toute beauté, associés à une biodiversité remarquable. Les milieux naturels sont cependant fragiles et soumis à de nombreuses pressions anthropiques, comme l'exploitation des mines d'or, la culture de la canne à sucre, ou encore le tourisme. L'activité des mines induit déforestation et contamination des cours d'eau, tandis que l'agriculture industrielle participe à l'assèchement des rivières, la pollution des milieux et la perte de la biodiversité. Le changement climatique en cours a quant à lui pour effet une plus grande fréquence et l'intensité des phénomènes extrêmes et accroît la vulnérabilité du territoire. Face à cette situation, des actions concrètes ont vu le jour, comme le développement des énergies renouvelables et de l'agroécologie. Le pays possède également des parcs nationaux, qui allient protection des écosystèmes et accueil des visiteurs.

Parcs nationaux

Le pays dispose de plusieurs outils de protection des milieux naturels parmi lesquels les 9 parcs nationaux présents sur son territoire. On citera notamment :

- **Parc national de Cotubanamá (anciennement Parque Nacional Del Este) :** situé au sud-est de l'île, il protège un territoire marin (**îles de Catalina** et **Saona**) et terrestre. Classé au patrimoine de l'Unesco et riche en biodiversité, le parc abrite l'un des symboles du pays : la rose de Bayahíbe.
- **Parc national Jaragua :** situé au sud-ouest du pays et classé réserve de biosphère par l'Unesco, il abrite des milieux extrêmement variés tels que forêts sèches, lagunes ou plages.
- **Parc national de Los Haitises** : situé au nord-est du pays, il est réputé pour ses paysages marins de toute beauté, dont la presqu'île de Samaná, ses grottes et mangroves, mais aussi ses baleines à bosse que l'on peut observer une partie de l'année.

Un territoire soumis aux risques naturels et aux pressions anthropiques

L'agriculture industrielle – notamment la monoculture de canne à sucre – contribue à la dégradation et la pollution des milieux naturels, mais aussi à l'assèchement des cours d'eau. L'exploitation de mines d'or génère également de nombreux impacts environnementaux, notamment déboisements et contamination au cyanure des eaux. La déforestation du pays est une question préoccupante, car elle participe au déclin de la biodiversité, à la diminution des stockages de carbone, ainsi qu'à l'érosion des sols. Le changement climatique induit quant à lui une plus grande fréquence et intensité des événements extrêmes, tels que cyclones, inondations ou sécheresses.

Des initiatives en faveur de la transition écologique

La République dominicaine a mis en place des actions pour sortir de sa dépendance aux énergies fossiles importées, par le développement d'énergies renouvelables (biomasse, éolien, solaire) qui représentaient en 2022 plus de 20 % du mix énergétique du pays. Le gouvernement dominicain annonce d'ailleurs pouvoir être en mesure d'augmenter cette proportion jusqu'à 44 % à l'horizon 2030 (affaire à suivre). Incontestablement, des initiatives en matière d'agroécologie ont fleuri sur le territoire, à l'image de coopératives agricoles qui organisent des formations gratuites, notamment à destination de femmes. Des collectifs de paysans ont aussi réussi en 2017 à faire retirer un projet de loi sur l'utilisation de semences OGM et l'interdiction pour les paysans d'utiliser leurs propres graines. Les cultures biologiques se développent également dans le pays (banane, canne à sucre, chocolat).

L'invasion des sargasses ou le symbole de la pollution planétaire

Les plages de l'île sont confrontées périodiquement à l'échouage de sargasses. La prolifération de ces algues brunes génère, outre des répercussions économiques, des impacts environnementaux et des risques sanitaires. Ce phénomène serait lié à l'agriculture intensive en Amazonie. La déforestation massive et l'utilisation intensive d'intrants – phosphates et nitrates – génèrent un lessivage des sols, dont les effluents se retrouvent dans le fleuve puis dans l'océan, où ils créent les conditions favorables au développement des sargasses. Les courants entraînent ensuite les algues jusqu'en mer des Caraïbes. Face à cette situation, des barrages flottants sont installés au large des plages.

Voyager autrement

Le tourisme est lui aussi associé à des impacts environnementaux. Il est cependant possible de limiter son empreinte écologique, en privilégiant les mobilités douces, un usage raisonné des ressources, ou encore une démarche « zéro déchet ». Consommer local et résider chez l'habitant est aussi une façon de voyager autrement. On pensera également à des alternatives aux crèmes solaires à filtre chimique, qui ont des effets délétères pour le milieu marin.

HISTOIRE

Si l'histoire documentée de la République dominicaine commence avec la découverte du Nouveau Monde par Christophe Colomb en 1492, celle de l'île elle-même, nommée « Quisqueya » par ses premiers habitants, est bien plus ancienne. On sait toutefois peu de choses sur les Taïnos, population indigène qui fut presque intégralement décimée par les vagues de colonisation successives. Une fois l'annexion de la Couronne Espagnole effective, les choses se précipitent, et l'épopée que vécut cet immense bout de terre est intrinsèquement mêlée à celle de la colonisation des Caraïbes et de l'Amérique. L'évolution de Saint-Domingue fut et est profondément liée au destin de sa voisine aussi, Haïti. De la première colonie du Nouveau Monde à la terrible dictature de Trujillo au XXe siècle, en passant par les guerres et déclarations d'indépendances, voici l'histoire aussi tourmentée que passionnante de la République dominicaine.

3000 AV. J.-C

L'histoire de la République dominicaine est d'abord celle d'une île indienne appelée Quisqueya, « la mère de toutes les terres » en langue taïno. On sait relativement peu de choses sur les habitants originels de l'île, et ce que l'on sait nous vient de quelques récits faits par les moines et les colons.

© VLADMILKOV - ISTOCKPHOTO.COM

Gravures rupestres à La Altagracia.

DE 500 À 900

La population indigène qui vivait dans l'île à l'arrivée des Espagnols s'élevait à 2 millions de personnes suivant les données de l'UNESCO, seulement 600 000 suivant différentes autres sources, et était composée de groupes d'aborigènes, les Arawaks, venus des forêts tropicales du Venezuela. Ces Arawaks, devenus Taïnos, seront appelés Indiens par les Espagnols, convaincus d'être arrivés aux Indes.

22 NOVEMBRE 1493

Première colonie espagnole au Nouveau Monde

La conquête a pour objectif de rapporter de l'or, de l'argent, des pierres précieuses et de nouvelles espèces végétales à l'Espagne, de contrôler politiquement les territoires du Nouveau Monde et de convertir les Indiens au catholicisme. Española, appelée plus tard Hispaniola, apparaît rapidement comme l'endroit idéal pour établir la première colonie espagnole, d'autant plus qu'aux dires des indigènes l'or abonde dans l'île. Les débris de la *Santa María* naufragée serviront à construire sur la côte nord le premier fort, baptisé fort de la Nativité (La Navidad). En repartant pour l'Espagne, Colomb laissera trente-neuf hommes. Dix mois plus tard, le 22 novembre 1493, il est de retour. Le grand amiral ne trouve plus aucune trace de ses hommes autour du fort dévasté. Des expéditions de représailles sont alors lancées contre les Indiens.

© L. PRANG & CO., BOSTON - WIKIMEDIA COMMONS

Christophe Colomb arrive en Amérique.

2 JANVIER 1494

Deuxième tentative de colonie

Suite au fiasco, Colomb va chercher à établir une nouvelle colonie dans une baie, à l'est de l'ancien fort de la Nativité, toujours sur la côte nord. Le lieu choisi semble prometteur : une large rivière se jetant dans une vaste baie – un port naturel en somme –, un haut plateau jouissant d'une vue dégagée sur une bonne partie de l'intérieure du territoire… Bien que l'insalubrité de la côte rende la construction difficile, la ville de La Isabela, ainsi nommée en l'honneur de la reine d'Espagne, voit le jour le 2 janvier 1494 (à l'ouest de l'actuel Puerto Plata).

© THOMAS GRAU - SHUTTERSTOCK.COM

« Casa de colon » à La Isabela.

1494-1496 Les conquistadors en quête d'or ont découvert les gisements des montagnes et de la plaine du Cibao. De l'or il y en a, et de quoi attiser toutes les convoitises. Sans cesse plus exigeants, les Espagnols font pression sur les indigènes pour découvrir d'autres lieux plus riches en or. Les Indiens refusant de collaborer sont emprisonnés à La Isabela puis exécutés par les colons pour servir d'exemple. Cet épisode sonne le glas des bonnes relations entre conquérants et indigènes.

1496 La Isabela, première colonie permanente du Nouveau Monde, est abandonnée au profit de La Nueva Isabela. Elle est fondée en 1496 au sud de l'île, à l'embouchure du fleuve Ozama, par Bartolomeo Colomb, frère cadet de Christophe Colomb.

1499 Jalousé, critiqué pour son administration, Christophe Colomb perd peu à peu de son crédit auprès des Rois Catholiques. Exacerbées par les rivalités, intrigues et rébellions se succèdent dans la petite colonie. La cour d'Espagne est au cœur de ces intrigues, et les médisances trouvent un écho auprès du roi Ferdinand, qui n'a jamais été très favorable au Génois. Colomb se voit privé de son titre de gouverneur du Nouveau Monde au profit de François de Bobadilla, un gentilhomme pauvre, intéressé, ambitieux et d'un naturel très violent. Il devient gouverneur des nouveaux territoires d'Amérique en 1499 et fait arrêter Colomb. Il entame immédiatement un procès au cours duquel Colomb est accusé de mauvaise administration, de détournements de soldes, de guerres illégitimes… Bobadilla fait renvoyer l'amiral en Espagne avec ses frères. Ils arriveront fers aux pieds, tels des criminels. Devant la pression de l'opinion publique, les Rois Catholiques désavouent Bobadilla et décident d'abandonner toute poursuite contre le grand amiral qui repart pour Hispaniola.

Fondation de Santo Domingo

1502 En 1502, La Nueva Isabela est anéantie par un cyclone. Santo Domingo de Guzmán voit alors le jour sur la rive ouest du même fleuve. La future capitale de la République dominicaine est baptisée en l'honneur du saint espagnol Santo Domingo de Gúzman (1170-1221), fondateur en son temps de l'ordre dominicain. Bobadilla, remplacé par Nicolás de Ovando en 1502, perd la vie en mer la même année. Lors de son voyage retour vers l'Espagne son bateau et dix-huit autres sont pris dans un ouragan et coulent juste après avoir quitté Santo Domingo de Gúzman.

Nicolas de Ovando

1451-1511 Grand commandeur de l'ordre d'Alcantara, il est le nouveau gouverneur que choisissent Ferdinand et Isabelle pour un mandat de deux années suite au désaveu de Bobadilla. Le 13 février 1502, il embarque avec lui 2 500 colons répartis sur trente navires, la plus importante flotte ayant jamais navigué vers les Amériques. Sous sa direction, la nouvelle capitale va se développer rapidement. Il en est l'architecte : l'île devient le centre du pouvoir espagnol, le cœur du nouvel empire où sont prises toutes les décisions concernant l'exploration du Nouveau Monde. Encouragé par la Couronne d'Espagne, il ordonne la première importation dans le Nouveau Monde d'esclaves africains pour les mettre au travail dans les champs de canne à sucre. Également, la force de travail des indigènes est utilisée pour la production de nourriture et pour l'extraction minière, d'or principalement. Sous son gouvernement, la reine Isabelle autorise par un décret, le 20 décembre 1503, la répartition des Indiens entre les colons espagnols : c'est le début de l'Encomienda, système colonial d'esclavage et d'évangélisation espagnol dans le Nouveau Monde. Nicolás de Ovando applique ce décret de manière cruelle et décime une bonne partie de la population des Taïnos – dont la célèbre cacique Anacaona –, peu encline à se soumettre.

1503-1504

Pendant ce temps, Christophe Colomb poursuit ses expéditions, éloigné de l'administration de la colonie par les Rois Catholiques. En septembre 1504, Colomb repart pour l'Espagne, il ne reviendra plus dans le Nouveau Monde qu'il a découvert. À son arrivée au port de San Lucar, il apprend la disparition d'Isabelle, décédée le 9 novembre. Il a perdu avec elle sa seule alliée. Malgré ses efforts, il ne retrouvera pas sa charge de vice-roi et mourra en disgrâce.

1508

Le pays est baptisé île de Santo Domingo (Saint-Domingue) par décision du roi Ferdinand. Son nom de Quisqueya, ou « mère de toutes les terres » en taïno, est abandonné.

Statue taïno.

1509

En 1509, Diego Colomb, le fils de l'amiral, succède à Nicolás de Ovando. Le nouveau gouverneur général perd vite le titre de vice-roi des Indes et Ferdinand, le souverain espagnol désormais seul au pouvoir, va limiter ses pouvoirs.

1511

Le sermon de 1511

Ce célèbre sermon fut prononcé par Antonio de Montesinos, un prêtre dominicain de l'île d'Hispaniola qui a précédé Bartolomé de Las Casas dans la défense des droits des Indiens d'Amérique dans l'empire espagnol. Montesinos y dénonce les injustices dont il a été témoin avec ce discours : « la voix qui crie dans le désert de cette île, c'est moi, et je vous dis que vous êtes tous en état de péché mortel à cause de votre cruauté envers une race innocente. Ces gens ne sont-ils pas hommes ? N'ont-ils pas une âme ? ».

27 DÉCEMBRE 1512

Touché par le rapport de Montesinos, le roi décide de réunir une assemblée de théologiens et de juristes dont le travail est à l'origine des lois de Burgos (27 décembre 1512) qui réduisent le travail forcé des indigènes à neuf mois par an et contraignent les *encomenderos* à évangéliser les Indiens.

1474-1566

Bartolomé de Las Casas

Ce prête dominicain missionnaire, à la fois écrivain et historien, fit partie du convoi de peuplement de Nicolás de Ovando de 1502. Fervent défenseur des droits des Amérindiens, ses efforts combinés à ceux d'Antonio de Montesinos mènent à l'adoption des lois de Burgos (1512), en faveur de la protection des population indigènes. Ces lois toutefois arrivent trop tard et ne peuvent enrayer le phénomène de disparition des Indiens. Il restera connu comme l'historien de la découverte des Amériques.

Gravure représentant Bartolomé de la Casas.

1516 En 1516 le premier moulin de canne à sucre du Nouveau Monde est édifié sur Hispaniola. Dès lors, la nécessité d'une main-d'œuvre abondante va se faire plus pressante. Le génocide de la population indigène oblige les Espagnols à rechercher une autre source de main-d'œuvre, on se tourne vers les Indiens Caraïbes, mais sans succès. Commence alors l'importation massive, qui durera deux décennies, d'esclaves africains, principalement originaires d'Afrique de l'Ouest.

1522

Premières révoltes d'esclaves

Les premières révoltes d'esclaves du Nouveau Monde éclatent. En 1522, des esclaves wolofs travaillant dans une plantation d'Hispaniola se soulèvent et parviennent à s'échapper dans les montagnes. C'est le début des communautés marronnes en Amérique, également appelées groupes cimarrons, qui vont peu à peu gagner de l'importance et représenter un danger pour les colons circulant hors de leurs plantations.

1540 Les années 1540 marquent le début de la piraterie dans la mer des Caraïbes : anglais, hollandais et français sillonnent les mers et attaquent, entre autres, les navires de la Couronne espagnole.

1561

La concurrence d'autres colonies se fait rude

Les nouveaux territoires américains, comme le Brésil, sont riches et deviennent vite de gros producteurs de sucre. L'exode des colons s'accentue. Hispaniola n'est bientôt plus qu'une escale sur la route de territoires plus prospères. En 1561, La Havane devient le port d'attache officiel des flottes mercantiles espagnoles, signant la fin de l'industrie sucrière d'Hispaniola.

1564 Les villes de l'intérieur de l'île sont ravagées par un puissant séisme en 1564 : Santiago de los Caballeros et Concepción de La Vega sont détruites.

JANVIER-FÉVRIER 1586

Du 11 janvier au 10 février 1586, l'Anglais Francis Drake organise la mise à sac de la capitale, pour la libération de laquelle il exige une énorme rançon, que l'Espagne paiera.

1655

Occupation française

Malgré l'absence d'or, l'île subsiste grâce au commerce de bois, de sucre, de tabac, de coton et de gingembre. Mais le souverain espagnol réglemente fermement le commerce avec les autres puissances européennes, ruinant petit à petit l'économie déjà vacillante depuis un siècle de l'île. C'est le moment choisi par la France pour essayer de grignoter l'hégémonie espagnole. Les Français débarquent sur l'île de la Tortue, à quelques encâblures de la côte nord, et sur toute la partie ouest de Saint-Domingue, à partir de 1655. Malgré cette occupation illégale, les Français placent Bertrand d'Ogeron de La Bouëre au poste de gouverneur.

1697

En 1697, l'Espagne reconnaît l'occupation française. Le traité de Ryswick officialise son contrôle de la partie occidentale de l'île, qui devient la colonie française de Saint-Domingue. La partie orientale de l'île reste possession espagnole sous le nom de Audienca Española de Santo Domingo.

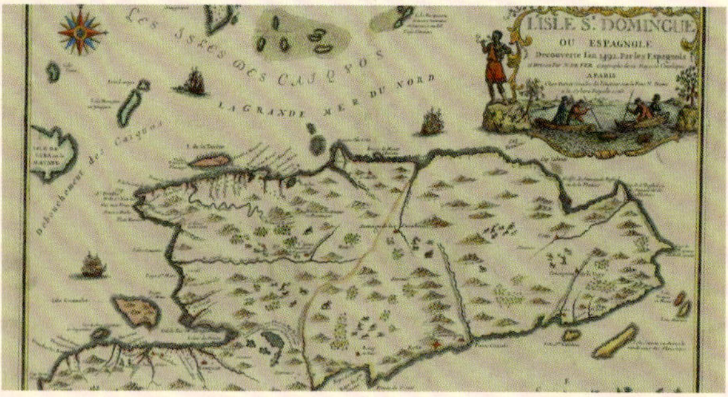

© JOHN CARTER BROWN LIBRARY - WIKIMEDIA COMMONS

Carte d'Hispaniola en 1723.

3 JUIN 1777

Le 3 juin 1777, le traité d'Aranjuez fixera les frontières entre les deux colonies.

1791

Début de la révolution haïtienne

L'histoire de l'île va être désormais liée à celle de la Révolution française, et 1791 marque le début de l'insurrection des esclaves dirigée par Toussaint Louverture. La révolte éclate le 23 août 1791.

1795

Toussaint Louverture, un ancien esclave devenu le chef du mouvement insurrectionnel, choisit son camp. Allié aux Français, il chasse Anglais et Espagnols au terme d'une lutte sanglante. Il devient gouverneur de la partie occidentale en 1795 après l'avoir pacifiée. Cette même année s'ouvre l'ère de la France : le traité de Bâle rattache la partie espagnole de l'île à la France, qui possède alors la plus riche colonie européenne du Nouveau Monde avec 500 000 esclaves pour 30 000 colons.

1801 En 1801, Toussaint Louverture fait adopter une nouvelle constitution, contre l'avis de Napoléon. La France envoie des troupes pour reprendre le contrôle, mais l'expédition tourne à la déroute et les pertes en hommes sont énormes.

© PRACHAYA ROEKDEETHAWEESAB - SHUTTERSTOCK.COM

Toussaint Louverture.

1802 L'année suivante, en 1802, Toussaint Louverture, dont le mode de gouvernement est jugé trop autonomiste, est fait prisonnier et amené à Paris où il mourra un an plus tard. La partie orientale de l'île redevient espagnole.

1ER JANVIER 1804 La république d'Haïti est proclamée le 1er janvier 1804. Haïti est le premier pays à se libérer du colonialisme. Un ancien esclave, Jean-Jacques Dessalines, en devint l'empereur.

Victoire espagnole sur Haïti et España Boba

1809 En 1805, les armées haïtiennes envahissent la partie orientale de l'île redevenue espagnole. Mais la bataille de Palo Hincado, en 1809, marque la victoire des armées espagnoles, aidées de la marine britannique, sur les Haïtiens. Suit une brève période de semi-indépendance, connue sous le nom de La España Boba, au cours de laquelle la métropole abandonne progressivement sa colonie.

4 NOVEMBRE 1821 Cette période prend fin avec la déclaration d'indépendance de José Nuñez Cacéres, le 4 novembre 1821, et la naissance de l'Etat Indépendant d'Haïti Espagnol le 10 décembre.

JANVIER 1822 Cette indépendance est toutefois éphémère, car, en janvier 1822, la jeune République est de nouveau annexée par les troupes haïtiennes du président Jean-Pierre Boyer, qui déclare l'île une et indivisible. Elle restera sous domination haïtienne pendant vingt-deux ans, jusqu'en 1844.

27 FÉVRIER 1844

Indépendance de la République dominicaine

L'île est définitivement séparée en deux parties. L'indépendance est déclarée à la Porte du Condé, et la partie ouest prend le nom de République dominicaine le 27 février 1844. Les trois pères de la patrie, Juan Pablo Duarte, Francisco del Rosario Sanchez et Ramón Matias Mella, ont réussi à libérer le pays de la domination haïtienne grâce à l'efficacité de leur société secrète, la Trinitaria.

La Puerta del Conde.

9 JUIN 1844

Duarte, aidé de plusieurs militaires de haut grade, sera élu président de la République le 9 juin 1844, mais les rivalités politiques apparaissent très vite. Le général Santana, appuyé par l'armée, marche sur la capitale et s'empare du pouvoir. Le 22 août 1844, Duarte est destitué et s'exile au Venezuela.

Juan Pablo Duarte.

1861

La lutte pour le pouvoir opposera pendant les vingt-cinq années suivantes les généraux Pedro Santana et Buenaventura Báez. En mars 1861, face aux volontés expansionnistes d'Haïti et sur la demande du président dominicain Pedro Santana, le pays redevient une colonie espagnole pour quatre années. Une nouvelle rébellion éclate contre cette domination.

Guerre de la Restauration

16 AOÛT 1863 Dans les montagnes de Capotillo, la restauration de la République est proclamée le 16 août 1863. La guerre de la Restauration a commencé, menée par le général Gregorio Luperón. Elle durera un peu plus d'un an et demi et se terminera par la déroute des armées espagnoles en 1865.

Deuxième République

FÉVRIER 1865 La Deuxième République est née. Mais la nouvelle indépendance est encore fragile. A tel point qu'en 1869 le président Báez propose l'annexion de son pays à son grand et puissant voisin, les Etats-Unis d'Amérique. Le Sénat américain refuse l'offre.

1884-1899 La dictature du président Ulises Heureaux ensanglante le pays de 1884 jusqu'à son assassinat à Moca en 1899.

1905 Banqueroute nationale. Les Etats-Unis prennent le contrôle des finances nationales en 1907.

1916-1924 En 1916, le débarquement des *marines* américains préfigure la mainmise des Etats-Unis sur le pays. L'économie est totalement réorientée selon les besoins spécifiques des Etats-Unis. De puissantes compagnies américaines s'implantent, annexant les productions agricoles et minières.

1924 La IIe République naît avec l'élection d'Horacio Vásquez en 1924. Il gouvernera jusqu'en 1930, date à laquelle il est chassé du pouvoir par un coup d'Etat.

Trujillo au pouvoir

11 AVRIL 1930 « Son Excellence le généralissime docteur Rafael Leonidas Trujillo Molina, Honorable Président de la République, Bienfaiteur de la Patrie et Reconstructeur de l'Indépendance Financière », c'est tout simplement la formule officielle qui désigne le nouveau dictateur arrivé au pouvoir grâce au coup d'Etat militaire du 11 avril 1930. Général et chef de l'armée dominicaine, Trujillo évince le premier président de la République, librement élu en 1924, Horacio Vásquez. Mégalomane absolu, il établit l'une des dictatures les plus tyranniques et les plus répressives de l'Amérique latine, qui durera une trentaine d'années.

1937 Pour lutter contre l'émigration haïtienne, l'assassinat de près de 20 000 Haïtiens est perpétré en 1937.

1952 Hector Trujillo, frère du dictateur, est élu à la présidence de la République. Mais cette élection n'est qu'une façade et Hector n'est qu'un prête-nom, Rafael Leonidas Trujillo Molina continuant de tirer les ficelles en coulisses.

AOÛT 1960 En août 1960, Joaquín Balaguer, ancien secrétaire d'Etat, remplace Hector Trujillo, le frère du dictateur, à la présidence de la République.

30 MAI 1961

Un complot ourdi par de nombreux anciens collaborateurs, militaires et politiques mettra fin au règne du tyran Trujillo qui manipule dans l'ombre ses présidents fantoches : le généralissime Rafael Trujillo meurt assassiné, criblé de balles dans sa voiture sur la route de San Cristóbal, dans des circonstances jamais totalement élucidées la nuit du 30 mai 1961.

DÉCEMBRE 1962

La révolution cubaine bat alors son plein et l'influence de cette proche voisine se fait sentir dans la vie politique et sociale dominicaine. Après l'intermède Balaguer, Juan Bosch Gavino, le leader du Parti révolutionnaire dominicain, d'obédience socialiste, arrive au pouvoir en 1962, au terme d'un exil de vingt-cinq années. L'année suivante, il est renversé par l'armée et l'extrême-droite.

24 AVRIL 1965

Le 24 avril 1965, alors qu'un soulèvement de masse appuyée par des groupes de gauche désorganise les milieux gouvernementaux, une armée populaire bat l'armée de Wessin y Wessin, qui demande l'aide des Etats-Unis. Ceux-ci décident d'intervenir, échaudés par l'exemple cubain et la menace communiste qui se profile.

AVRIL-SEPTEMBRE 1965

La dernière intervention américaine a lieu fin mai 1965. 40 000 soldats occupent l'île sous prétexte de protéger leurs ressortissants.

1966-1978

En 1966, les élections ramènent au pouvoir Joaquín Balaguer. Il y restera jusqu'en 1978, prônant une politique pro-américaine, anticommuniste, autoritaire et répressive, ayant pour but de revitaliser l'économie.

1906-2002

Joaquín Balaguer

Né à Navarrete, avocat, poète, politicien, ancien ministre de Trujillo, il a terminé son huitième mandat consécutif en 1996. Fondateur du PRSC (Parti réformiste social-chrétien), il obtint son doctorat de droit à la Sorbonne au début des années 1930. Ecrivain prolifique, il fut professeur à l'Ecole normale, avocat, ambassadeur, ministre. Il était président de la République quand survint l'assassinat de Trujillo, est revenu au pouvoir en 1966 et s'y est maintenu pendant plus de dix ans. Il est à nouveau élu président en 1986 et en 1990. Malgré son grand âge, il fut réélu pour deux ans à la présidentielle de mai 1994. Il meurt le 14 juillet 2002 à 95 ans.

1978

Election de l'opposant Antonio Guzman, du Parti Révolutionnaire Dominicain (PRD) à la présidence de la République.

JUIN 1979

Deux cyclones dévastent l'île.

1982

Salvador José Blanco, du PRD, succède à Antonio Guzman.

TRUJILLO [1891-1961]
UNE DICTATURE DOMINICAINE

Né en 1891, Rafael Trujillo Molina, militaire de formation, monte en grade à une vitesse folle et parvient à renverser, en 1930, le président dominicain en place Horacio Vásquez. Profondément anticommuniste et ultra-conservateur, il instaure alors un parti unique – le Parti Dominicain – et ses positions radicales lui assurent le soutien des Etats-Unis, de l'armée, de l'Eglise et de la bourgeoisie dominicaine. Dès lors, le pays va vivre des heures bien sombres, s'engouffrant dans l'une des plus féroces dictatures qu'ait connues l'Amérique du Sud... Culte de la personnalité, meurtres, xénophobie exacerbée (Trujillo fait massacrer des dizaines de milliers d'immigrants haïtiens en 1937), corruption... Pendant plus de trois décennies, le pays vit dans l'ombre et dans la peur de « Son Excellence le généralissime docteur Rafael Leonidas Trujillo Molina ».

Les origines d'un tyran

« Le tronc de l'arbre généalogique de Trujillo est bien connu ; deux personnages y figurent : l'un est un militaire espagnol, l'autre est un marquis français. Tous deux furent des conquistadores qui arrivèrent en Amérique portant la cape, l'épée et le panache, une croix sur la poitrine ». C'est par ces mots que commence la biographie officielle de Trujillo... Son grand-père paternel était un officier de la police secrète espagnole pendant les quatre années où la République dominicaine fut annexée à l'Espagne (de 1861 à 1865). En 1865, il partit pour Cuba où il devint le chef de la police de La Havane. Il l'était toujours lorsque les patriotes cubains libérèrent l'île en 1898. Il repartit alors pour l'Espagne, laissant son fils José dans la ville de San Cristóbal, fils qu'il avait eu en 1865 d'une fille de famille créole, Silveria Valdez. Le grand-père maternel de Trujillo, Pedro Molina, était quant à lui dominicain. Il épousa une fille d'Haïtiens qui engendra Julia Molina en 1865. José Trujillo et Julia Molina se marièrent en 1885. Ils eurent quatre filles et sept fils, dont Rafael Leonidas.

Vers 16 ans, celui-ci obtint son premier travail comme télégraphiste. Sa carrière militaire est fulgurante. En janvier 1919, il obtient de servir pour le gouvernement militaire américain. En décembre 1921, il sort de l'école militaire de La Haina avec son diplôme d'officier en poche. En 1922, il est promu capitaine, en 1924 commandant, et en 1925 il est nommé colonel et chef de la police par le président Horacio Vásquez, dont il prendra la place en 1930 à la suite d'un coup d'Etat, origine de son épopée despotique.

Une dictature sans compromis

Bien qu'il ne fut officiellement président de la République dominicaine qu'à deux reprises – entre 1930 et 1938, puis à nouveau entre 1942 et 1952 –, dans les faits, il exerça un pouvoir sans partage sur le pays durant 31 ans. Il le dirigera en effet d'une main de fer, éliminant toute opposition politique réelle. Sous son règne, le nombre de personnes assassinées, arrêtées arbitrairement et torturées se comptent en dizaines de milliers. Trujillo profita de ce pouvoir sans partage pour se forger une fortune colossale grâce à l'acquisition par la menace ou la contrainte de nombreuses propriétés, et fit main basse sur la quasi-totalité des entreprises du pays, mines, raffineries de sucre, scieries... A sa mort, sa fortune sera estimée à quelque 800 millions de dollars !

Ses méthodes de gouvernement s'appuient sur l'armée et la police, tandis que les *calies*, membres de son réseau personnel d'indicateurs, sèment la terreur dans toute la population. Peu à peu, toutes les libertés individuelles disparaissent et l'opposition politique est muselée, voire liquidée. Comme tous les dictateurs, Trujillo entretient le culte de sa personnalité. Il fait de l'île sa propriété privée, la parsème de deux mille statues à sa gloire et rebaptise la capitale Ciudad Trujillo. Il impose les initiales de son auguste nom à l'usage du seul et unique parti politique : le RLTM pour Rectitude, Liberté, Travail, Moralité. Les documents officiels sont datés de l'année de l'ère Trujillo. Pour que le peuple sache que sa lignée ne s'éteindra pas, il nomme également son fils de quatre ans colonel de l'armée. Malgré ces pratiques despotiques, le bilan de son règne ne sera pas complètement négatif : le commerce extérieur étant florissant, la dette extérieure américaine est remboursée et les infrastructures du pays. Mais ce n'est pas suffisant pour faire taire les voix qui s'élèvent contre lui.

Longtemps soutenu par les Etats-Unis pour son aversion du communisme, il refusera plusieurs fois de se retirer pacifiquement du pouvoir, à la demande du voisin américain. Ces derniers décident alors de laisser les opposants au régime agir. Le 30 mai 1961, sur la route reliant Saint-Domingue à San Cristóbal, la voiture de Trujillo tombe dans une embuscade où il mourra le corps criblé de plusieurs balles.

1992

Inauguration du Faro a Colón (Phare à Colomb), à Santo Domingo, pour commémorer le 500e anniversaire de la découverte de l'Amérique par Colomb.

© TERKALINKA - SHUTTERSTOCK.COM

Faro a Colón.

1994

Âgé de 89 ans et pratiquement aveugle, Balaguer, après avoir annoncé le 25 février 1993 qu'il ne briguerait pas un septième mandat, revient sur ses déclarations et est réélu président en 1994 au nom du PRSC. Toutefois, les résultats électoraux sont largement contestés par les partis d'opposition, et le président Balaguer est discrédité aux yeux de l'opinion internationale. En effet, le candidat Peña Gómez était largement en tête des premières estimations quand une panne d'électricité nationale modifia les résultats du dépouillement électoral. Pour apaiser la grogne internationale et la violence mal contenue dans le pays, un accord fut trouvé, laissant la présidence à Balaguer pendant deux années et fixant des élections exceptionnelles en 1996.

1996

Victoire de Leonel Fernández Reyna, du Parti de la libération (PLD), aux élections présidentielles, contre Peña Gómez.

MAI 2004

Retour de Leonel Fernández en 2004, qui sera encore une fois réélu en 2008 avec 53,83 % des voix, contre le candidat du Parti révolutionnaire dominicain Miguel Vargas Maldonado.

JANVIER 2010

Adoption de la nouvelle Constitution retirant la limitation du nombre de mandat pour le président de la République, alignant les dates des élections législatives sur celles des présidentielles et prohibant totalement l'IVG.

12 JANVIER 2010

Bien que le séisme qui a ravagé Haïti n'ait pas directement affecté la République dominicaine, il a rapproché les deux nations jusqu'alors à couteaux tirés d'un point de vue diplomatique.

20 MAI 2012

Election de Danilo Medina à la présidence de la République, dès le premier tour, avec 51,2 % des votes devant Hipólito Mejía (président de 2000 à 2004). Lors de son mandat plusieurs grands chantiers sont effectués, notamment en termes d'infrastructures routières.

2013

Au niveau de la politique extérieure, la loi limitant l'immigration haïtienne votée en 2013 a suscité de vives critiques de la part de la communauté internationale. Le changement de la loi régulant l'obtention de la nationalité dominicaine a dépossédé des milliers d'Haïtiens de leurs papiers, et fait de nombreux apatrides.

15 MAI 2016

Réélection de Danilo Medina à la présidence de la République dès le premier tour avec 61,8 % des votes devant Luis Abinader (35 %).

16 AOÛT 2020

L'homme d'affaire d'origine libanaise Luis Abinader, membre du parti de gauche modérée PRD, est élu président de la République dominicaine. Il a effectué sa première visite diplomatique le 2 janvier 2021 à Porto Rico, lors de la prestation de serment du nouveau gouverneur Pedro Pierluisi.

FÉVRIER 2022

Le président lance la construction d'un mur de 160 km à la frontière entre la République dominicaine et Haïti afin de contrôler l'immigration illégale. Selon les prévisions, ce mur devrait être prêt d'ici la fin de l'année 2022. Il s'agit là d'une mesure politique cohérente venant du nouveau président qui depuis le début de son mandat fait de l'immigration clandestine l'un des ses chevaux de bataille. Sur les 10,5 millions de personnes habitants la République dominicaine, 500 000 sont des immigrés Haïtiens, dans leur immense majorité arrivés clandestinement pour fuir les conditions de vie difficile de leur pays d'origine. Et depuis l'assassinat du président Haïtien Jovenel Moïse en juillet 2021, la crise sociale et économique dans laquelle était empêtrée le pays n'a fait que s'accentuer, intensifiant les migrations vers le voisin dominicain. Si Luis Abinader estime que ce mur profitera aux deux populations (contrôle des trafics mafieux), ce n'est pas l'avis des associations de défense de migrants qui dénonce une mesure xénophobe et raciste. Une affaire à suivre.

6 JUIN 2022

Le ministre de l'Environnement dominicain Orlando Jorge Mera est tué par balle dans son bureau. D'après l'enquête de police, l'homme responsable de cet assassinat était un homme d'affaire proche du ministre qui était opposé à la politique de ce dernier.

TOP 10

PERSONNAGES HISTORIQUES

Ces dix personnalités ont marqué l'histoire de la République dominicaine, chacune à leur manière. Outre l'historien Bartolomé de las Casas, le gouverneur Nicolás de Ovando ou Joaquín Balaguer, président à répétions de la seconde moitié du siècle passé, ceux ici cités méritent de l'être pour le rôle qu'ils jouèrent dans l'épopée dominicaine.

FRANCISCO DE BOBADILLA

Gouverneur des nouveaux territoires d'Amérique qui succéda à Christophe Colomb. Son mandat fut bref (2 ans) et impopulaire.

ANACAONA

Célèbre cacique taïno d'une région au nord d'Hispaniola réputée pour sa beauté, elle fut trahie et pendue par Nicolás de Ovando.

© NEVESHKIN NIKOLAY - SHUTTERSTOCK.COM

FRANCIS DRAKE

De mi-janvier à mi-février 1586, le célèbre pirate anglais s'empara de la ville de Santo Domingo, qu'il libéra contre une petite fortune.

© MORPHART CREATION - SHUTTERSTOCK.COM

DANILO MEDINA

Président de 2012 à 2020, en développant le secteur du tourisme notamment, il a fait reculer la pauvreté dans le pays.

TOUSSAINT LOUVERTURE

Ancien esclave, guide l'insurrection haïtienne en 1791. Il aida la France à reconquérir l'île, revendiquée par l'Espagne et l'Angleterre.

NASTASIC - ISTOCKPHOTO.COM

JUAN PABLO DUARTE

Artisan de la libération du pays de la domination haïtienne en 1844, Duarte est l'un des pères fondateurs de la patrie dominicaine.

© JOHAN10 - ISTOCKPHOTO.COM

BERTRAND D'OGERON DE LA BOUËRE

Officier et administrateur colonial français, il fut gouverneur de l'île de la Tortue, en Haïti, entre 1665 et 1668.

CHRISTOPHE COLOMB

Le navigateur génois découvrit l'île le 6 décembre 1492 au cours de son premier voyage vers « les Indes » et la baptisa *Española*.

© TRAVELER1116 - ISTOCKPHOTO.COM

ISABELLE LA CATHOLIQUE

Reine de Castille et León de 1474 à sa mort (1504), elle joua un rôle prépondérant dans l'organisation de la société coloniale.

© GERMAN VIZULIS - SHUTTERSTOCK.COM

TRUJILLO

Surnommé *El Jefe*, il institua l'une des plus sévères dictatures sud-américaines, qui dura 30 ans de 1930 à 1961.

© TRAVELER1116 - ISTOCKPHOTO.COM

LES ENJEUX ACTUELS

Malgré un bilan plutôt positif du président sortant Danilo Medina, la République dominicaine continue d'être confrontée à des difficultés variées. Économiquement, elle reste très dépendante des États-Unis ainsi que d'un nombre encore trop restreint de secteurs. La corruption également demeure un fléau difficile à éradiquer dans les sphères de pouvoir, entretenant par voie de conséquence des inégalités sociales persistantes. L'actuel président Luis Abinader, élu à l'été 2020 - c'est à dire en pleine pandémie mondiale de Covid-19 - a réussi à relancer le tourisme plus rapidement que la majorité des pays de la zone. Parallèlement, le pays continue d'entretenir des relations hostiles à l'égard de son voisin haïtien, Abinader étant allé jusqu'à lancer en février 2022 la construction d'une barrière le long de la frontière. Heureusement, le tourisme, malgré la pandémie, continue d'assurer un revenu stable à la République dominicaine.

Nouveau président, mêmes défis

La volonté du gouvernement de l'ex-président Danilo Medina était de faire passer d'importantes réformes structurelles depuis longtemps identifiées, et dont la mise en œuvre sans cesse retardée n'était devenue que trop urgente. Bien que Medina ait réussi à fournir une stabilité économique au pays et même une croissance sans précédent (en moyenne 6 % par an entre 2014 et 2019, une croissance dont les classes les plus défavorisées n'ont pas vraiment profité), l'économie est encore trop concentrée autour de quelques secteurs (tourisme, zones franches et ferronickel) et très dépendante des États-Unis ainsi que des importations d'hydrocarbures. De plus, la croissance dominicaine est à prendre avec des pincettes : elle demeure vulnérable en ce sens que l'accroissement de la demande repose moins sur des gains réels de productivité que sur de l'endettement et une baisse de l'épargne. Les défis qui attendaient le nouveau président Luis Abinader – candidat de l'opposition qui mit fin à l'été 2020 à seize ans de règne ininterrompu du Parti de la libération dominicaine (PLD) – sont nombreux.

Les recettes fiscales de l'Etat pour commencer qui restent faibles en comparaison des pays développés. Les activités des zones franches sont dans le viseur d'Abinader : après des années de baisse, ces zones franches occupent une place majeure dans l'économie dominicaine (un peu moins de 60 % des exportations et 1er employeur avec 10 % de la population active). Debut juillet, l'ouverture de deux nouvelles zones franches était annoncée : l'une à Espaillat, l'autre à La Isabela. Ces deux parcs devraient permettre de créer plus de 2 700 emplois et d'apporter plusieurs millions de dollars par an au pays.

Autre chantier : le redressement du secteur électrique, qui souffre d'un grave déséquilibre financier à cause des contraintes de la distribution, du coût important d'entretien et de modernisation des réseaux, et du difficile recouvrement des factures (un tiers de l'électricité – très chère – serait détournée). Le secteur électrique continue d'être un important frein à la rationalisation des dépenses publiques.

La lutte contre la corruption et la surveillance du système bancaire local enfin, échaudé après le scandale de la faillite de Baninter, est un autre sujet sensible auquel le nouveau président a du se confronter.

© LVALIN - SHUTTERSTOCK.COM

L'ex-président Danilo Medina en 2014.

Selon le rapport 2020 de Transparency International, la République dominicaine se classe 137e sur 180 en termes de corruption. Mais en octobre 2021, le nom du président apparait dans le scandale des Pandora Papers : l'homme est soupçonné d'évasion fiscale...

Les partenaires économiques de la République dominicaine

L'économie, en 2022, reste très dépendante des États-Unis (54 % des exportations et plus de 50 % des importations) : c'est le partenaire commercial principal de la République dominicaine, et chaque année un peu plus. L'économie dominicaine est donc largement tributaire de la santé du marché américain. Viennent ensuite la Chine, fait nouveau, le Mexique, le Canada et le Brésil, ainsi que les autres pays d'Amérique latine, notamment le Venezuela. L'Europe, en particulier la Suisse, l'Espagne et la France, effectue aussi quelques échanges avec la République dominicaine. Base arrière pour la reconstruction d'Haïti qui dope la croissance économique, le voisin frontalier est dorénavant le 2e client de la République dominicaine (plus de 10 % de ses exportations en 2022).

Les investissements étrangers ont vécu une forte croissance des années 1990 à 2001, avec plus de 1 200 millions de dollars cette même année. Les capitaux ont, à la suite de la récession économique de 2003, massivement fui l'île, aggravant la situation financière déjà critique. L'accord de libre-échange entre la République dominicaine et les pays de l'Amérique centrale (CAFTA-DR), mis en place en mars 2007, a boosté les investissements directs étrangers et les exportations, et a permis une meilleure intégration régionale du pays et la baisse du prix de plusieurs milliers de produits dont les droits de douanes ont été réduits de 20 % (produits alimentaires de grande consommation). Le pays est aujourd'hui le principal moteur de l'investissement direct étranger reçu par les pays de la zone caraïbe. Les principaux secteurs concernés sont l'extraction de matières premières, l'industrie et le tourisme.

Des relations difficiles avec le voisin Haïti

Membre de l'Association des États de la Caraïbe (AEC), la République dominicaine a également établi à partir de 1998 des relations diplomatiques avec Cuba. Décidée à élargir son réseau diplomatique, elle ouvre de nouvelles ambassades en Inde, en Egypte, au Qatar, en Russie ou encore en Afrique du Sud. Si les États-Unis restent le premier partenaire, la République dominicaine cherche désormais à jouer un rôle dans la région. Elle organise depuis plusieurs années de nombreux sommets internationaux.

Malgré les relations houleuses avec Haïti résultant de la pression migratoire notamment, les trafics de drogue, les heurts entre commerçants et autorités dans la zone frontière, elle a fait preuve de solidarité lors du séisme qui a frappé sa voisine en janvier 2010. Malheureusement la situation s'est depuis gravement détériorée notamment après que la justice dominicaine a déclaré fin 2013 que les descendants d'immigrés perdaient leur nationalité dominicaine, privant de papiers des dizaines de milliers d'enfants et petits-enfants d'Haïtiens partis travailler dans les exploitations agricoles locales au cours du XXe siècle. Suite aux réactions houleuses générées par cette loi, en mai 2014, le congrès a adopté une nouvelle loi pour rétablir le droit du sol aux enfants nés dans le pays sans papiers et enregistrés à l'Etat civil dominicain. Mais Amnesty International estime que très peu de personnes ont bénéficié de cette loi (9 000 personnes environ) du fait qu'il est très difficile pour beaucoup d'obtenir des actes de naissance officiels (que ce soit du côté dominicain ou haïtien). Depuis 2015, de très nombreux Haïtiens ont été déportés vers leur pays d'origine et plus de 70 000 auraient quitté le pays de manière volontaire par peur du climat délétère qui règne à leur encontre (manifestations, lynchages, etc.).

En 2016 l'ex-président Danilo Medina réaffirme sa volonté de continuer la même politique de régulation stricte de l'immigration. Il a ainsi déclaré à l'ONU qu'aucun pays étranger ne pourrait influencer les lois migratoires de la République dominicaine. En 2022, le nouveau président dominicain Luis Abinader va encore plus loin en lançant la construction d'une barrière tout le long de la frontière dominicano-haïtenne : 160 km de mur !

Place du tourisme dans le paysage dominicain

Bien que la République dominicaine soit connue comme exportatrice de sucre, de café et de tabac, le secteur des services, et notamment celui du tourisme, a dépassé l'agriculture en tant qu'employeur. Le pays est celui qui attire le plus de touristes de toute la zone caribéenne, soit près de 16 % de l'ensemble des touristes voyageant dans cette partie du monde, pour des recettes s'élevant à 7,6 milliards de dollars américains en 2018 (contre 7,1 l'année précédente). 6,5 millions de touristes étrangers se sont rendus en République dominicaine en 2018, augmentant encore par rapport à 2017, et lors du premier trimestre 2019, le pays avait enregistré une augmentation de 4,6 % du nombre de visiteurs par rapport à la même époque l'année précédente, soit 1 876 144 voyageurs.

Resort sur la plage de Bavaro à Punta Cana.

Côté répartitions nationales pour ce premier trimestre, 65,1 % sont venus d'Amérique du Nord (40,9 % des États-Unis), 21,6 % d'Europe, 10,4 % d'Amérique du Sud, 2,6 % d'Amérique centrale et des Caraïbes et 0,3 % d'Asie et du reste du monde. Les Français se sont hissés début 2019 au premier rang en termes de voyageurs européens, suivis par les Russes puis par les Allemands. Le tourisme représente actuellement la principale source de devises du pays. De gros investissements ont été consentis dans ce domaine par les gouvernements successifs et de nombreuses mesures de nature à favoriser les investissements privés ont été mises en œuvre. Le secteur du tourisme continue donc de progresser et de développer de nouvelles perspectives positives notamment dans le domaine de l'écotourisme. En revanche les hôtels « all inclusive » malgré tous leurs attraits, confort et praticité présentent des inconvénients pour le pays, avec une répartition des richesses inégale. On note également le problème du tourisme sexuel : certains voyages tout compris incluant également un service « de compagnie ». Indépendamment de cela, le secteur semble toutefois amorcer une phase de diversification de son offre, ajoutant de nouveaux itinéraires culturels et écologiques au nord et au sud-ouest. Touchée elle aussi par l'épidémie de Covid-19, la République dominicaine a réagi rapidement grâce à toute une batterie de restrictions qui se sont avérées efficaces. Si bien qu'à l'hiver 2020, les frontières étaient à nouveau ouvertes aux touristes étrangers et les mesures restrictives assouplies, afin de relancer l'activité touristique, essentielle au pays. Également, tous les visiteurs arrivant en avion et séjournant dans un hôtel se voient offrir une couverture santé gratuite le temps de leur séjour, leur assurant une prise en charge gratuite en cas de contamination. Par ailleurs, du 6 au 9 mai 2021, sur invitation de l'Organisation Mondiale du Tourisme (OMT), se sont réunis à Punta Cana les ministres du Tourisme d'une quinzaine de pays de la zone des Amériques afin d'établir un plan de relance touristique post-Covid harmonisée. La République dominicaine s'est vue à cette occasion félicitée par l'OMT pour sa gestion de la crise vis-à-vis des visiteurs étrangers. A l'issue de cette réunion a été signée la Déclaration de Punta Cana, établissant que le tourisme est une priorité économique absolue pour les Amériques, demandant aux gouvernements de faire preuve de soutien envers les entreprises du secteur, et soulignant l'importance de rétablir un lien de confiance avec les voyageurs.

ARCHITECTURE

Les somptueux paysages de la République dominicaine servent d'écrin à un patrimoine architectural unique, témoin de l'histoire aussi riche que mouvementée de ce pays vibrant et coloré. Les Tainos, les premiers habitants de l'île, y ont laissé d'impressionnantes peintures rupestres. Les colons espagnols, eux, y ont établi toute une série de premières aux Amériques : 1re forteresse, 1re cathédrale, 1re université, 1er hôpital et surtout 1res cités planifiées... Un héritage foisonnant qui a valu au cœur historique de Saint-Domingue d'être classé au Patrimoine mondial de l'UNESCO. Le XIXe siècle, lui, s'est fait éclectique, avant de céder la place au modernisme monumental de l'ère Trujillo. Victime du tourisme de masse et de la bétonisation de son littoral depuis les années 80, la République dominicaine tente aujourd'hui de trouver un juste équilibre, misant notamment sur la préservation de son patrimoine. D'étonnantes découvertes vous attendent !

Habitat originel et traditionnel

La République dominicaine abrite de fascinants sites archéologiques, témoins de la présence des Indiens Tainos, les habitants originels de l'île. Il s'agit, pour la plupart, de grottes sur les parois desquelles vous pourrez observer un art rupestre alternant entre peinture, gravure et sculpture, révélant une maîtrise parfaite de la couleur et de la lumière. Images sacrées et formes géométriques cohabitent dans des scènes visant à édifier autant qu'à éduquer. La Cueva de las Maravillas (p.245), aujourd'hui aménagée en musée, est l'un des sites immanquables pour comprendre cette riche culture préhispanique. Là, vous en apprendrez davantage notamment sur l'habitat tainos. Les villages, organisés autour d'une place centrale, se composaient de huttes, dont les plus courantes étaient les *bohios*. De forme circulaire, ces huttes étaient faites en bois de palme et surmontées d'un toit de chaume. A l'intérieur étaient suspendus des hamacs de coton. Si les Tainos ont quasiment disparu de l'île, leur vision d'un habitat simple et en harmonie avec la nature a perduré à travers les siècles. Les habitations rurales de la République dominicaine en sont les directes héritières. La structure de ces maisons est faite en lattes de bois de palme, le toit est aussi de chaume – même si la tôle ondulée remplace de plus en plus les matériaux naturels – et l'intérieur se compose d'une pièce principale où sont installés les hamacs. Ces maisons se composent également d'un espace en façade protégé par un auvent et d'une arrière-cour où se trouve la cuisine, même si dans les maisons les plus modernes, cette dernière est souvent intégrée à la structure principale. Les couleurs vives, typiquement caribéennes, qui habillent ces maisons traditionnelles offrent un saisissant contraste avec la verdoyante nature alentour. Ne manquez pas les maisons colorées des très pittoresques villages de Las Terrenas, Los Patos, La Otra Banda ou Mano Juan. Dépaysement garanti !

La Cueva de las Maravillas.

© CZEKMA13 - ISTOCKPHOTO.COM

La forteresse Ozama à Santo-Domingo.

Héritage colonial

La Zone Coloniale de Saint-Domingue est la mère de toutes les cités coloniales des Amériques, son modèle ayant été repris sur tout le continent. La ville coloniale se caractérise par un plan en damier dont les rues pavées et rectilignes convergent vers la *Plaza Mayor* ou *Parque Central*. Entouré d'arcades, cet espace central regroupe tous les pouvoirs. Cette cohérence du plan est renforcée par l'homogénéité des édifices qui ne dépassent pas un ou deux étages. De pierre, de brique ou de pisé pour les plus modestes, on les reconnaît à leurs tuiles de toit rouges. Ces maisons coloniales, auxquelles on accède par des portes massives surmontées d'arcatures cintrées, sont centrées autour d'un patio intérieur entouré d'arcades et souvent décoré de carreaux de céramiques ou azulejos, tandis que fenêtres, balcons et galeries s'ornent de ferronneries savamment travaillées. En parallèle, l'architecture coloniale doit se faire également défensive. Le Parc de l'Indépendance à Saint-Domingue conserve des vestiges de la muraille et de l'ancien fossé défensif, mais les témoins les plus étonnants de cette puissance militaire restent bien sûr la Fortaleza Ozama (p.118), première forteresse des Amériques, qui impressionne par ses épais murs crénelés et sa *Torre del Homenaje*, donjon au cœur de l'édifice ; et l'Alcazar de Colon (p.115) à la puissante silhouette de calcaire corallien, typique de la République dominicaine. En dehors de Saint-Domingue, ne manquez pas non plus la Fortaleza San Luis à Santiago et la Fortaleza San Felipe à Puerto Plata (p.200), toutes deux édifiées sur des sites stratégiques et protégeant de très beaux cœurs historiques. En parallèle de cette puissance militaire, le pouvoir colonial impose également sa puissance religieuse, à grand renfort de couvents et églises. Si les premiers édifices ont des allures de forteresses –à l'image de l'église Santa Barbara de Saint-Domingue –, ils se parent rapidement des styles en vogue en Espagne. Le style isabélin – mêlant gothique flamboyant et premiers éléments Renaissance dans une richesse décorative toute à la gloire des Rois Catholiques – et la Renaissance plateresque – dont le nom fait référence à une abondante ornementation finement travaillée rappelant le travail de l'orfèvre (*platero*) – se lisent dans de nombreux édifices, dont la Cathédrale Santa-Maria-La-Menor de Saint-Domingue. L'influence mauresque se lit, elle, dans les superbes voûtes nervurées et la polychromie de pierre et de brique de l'église Nostra Senora de Las Mercedes notamment, tandis que colonnes torses et retables tout en dorures illustrent le foisonnant baroque dans de nombreuses églises. Après les pouvoirs militaires et religieux vient le pouvoir civil, celui de la cité et des grandes familles. Parmi ses plus beaux témoins à Saint-Domingue, notons : l'Hôtel de Ville, avec ses imposantes arcades en pierre ; la Casa de la Moneda (p.117) et son massif portail plateresque ; la Casa del Tostado (p.117) et sa fenêtre géminée, unique exemple de ce type dans les Caraïbes ; ou bien encore la Casa del Cordon (p.117), la toute première maison particulière des Amériques au beau portail sculpté. Enfin, ne manquez pas les sites historiques des premières exploitations sucrières, moins connus, mais tout aussi révélateurs du système colonial. Vous pourrez y observer des moulins « trapiche » (moulins actionnés par la force animale) ou hydrauliques destinés à extraire les sucs de la canne à sucre. Ces moulins faisaient partie de vastes exploitations comprenant différents bâtiments techniques (chaufferie, purgerie, entrepôts), des infrastructures d'adduction d'eau, mais aussi des églises et des habitations. Parmi les plus riches, notons le site de Boca de Nigua, l'Ingenio de Diego Caballero et l'Ingenio de Engombe.

De l'éclectisme au monumentalisme

Au tournant du XXe siècle, la République dominicaine connaît un nouvel essor qui se traduit, en architecture, par un étonnant éclectisme. Les édifices entourant le Parque Duarte (p.212) à Santiago en sont de bons exemples. Remarquez notamment la Cathédrale aux lignes néo-classiques et l'Hôtel de Ville aux belles galeries à arcades. C'est à cette époque que les *Plaza Mayor* se dotent de kiosques, statues et mobiliers urbains dont on admire les belles décorations ciselées de bois et de fer forgé (frises, dentelles, lambrequins). Des éléments que l'on retrouve dans les demeures que se font construire les grandes fortunes, qui privilégient le style *Gingerbread*, ou l'éclectisme aux

DÉCOUVRIR

couleurs caribéennes. Jalousies, persiennes, galeries entourant les demeures ou balcons ornant les façades, structures de bois colorées et toits de zinc caractérisent ces demeures dont on peut voir de très beaux exemples à Puerto Plata et Montecristi. Sous l'ère Trujillo, l'architecture se fait monumentale. Saint-Domingue est rebaptisée *Ciudad Trujillo* et le despote y fait ériger de grands obélisques célébrant sa puissance. Trujillo revisite également l'histoire via une architecture mémorielle grandiloquente, à l'image du **Monument des Héros de la Restauration** (p.211), dont la silhouette tout en marbre blanc s'élève à 67 m de hauteur. C'est à l'architecte italien Guido d'Alessandro Lombardi qu'il confie la mission de réaliser le **Palacio Nacional** (p.122), mastodonte néoclassique dont la coupole culmine à 34 m de haut. En parallèle, Trujillo se fait construire de nombreuses demeures personnelles, à l'image du Castillo El Cerro à San Cristobal, palais de béton dont les lignes évoquent l'Art déco et plus spécifiquement le style Paquebot. Une avancée vers le modernisme qui se concrétise avec les réalisations de Guillermo Gonzalez Sanchez, à qui l'on doit notamment l'Hôtel Jaragua à Saint-Domingue, symbole d'un rationalisme fonctionnaliste. Mais la plus étonnante représentante du modernisme en République dominicaine est, sans conteste, la Basilique Notre-Dame de la Haute-Grâce à Higüey. Construite de 1954 à 1971, elle étonne et détonne avec ses arches massives en béton armé s'élevant à plus de 80 m de haut… mais répond pleinement au cahier des charges qui spécifiait que l'édifice devait impérativement résister aux cyclones !

Architecture contemporaine

Dans les années 1980, les grands groupes hôteliers internationaux lancent la mode des gigantesques *resorts all inclusive* qui poussent comme des champignons le long du littoral dominicain. Punta Cana en possède la plus forte concentration. A côté de ce tourisme de masse s'est également développé un tourisme de « milliardaires » dont les fortunes colossales ont financé de véritables délires architecturaux. Casa del Campo, « ghetto » des riches et célèbres mêlant complexes hôteliers et villas de luxe, abrite ainsi le surréaliste site de Altos de Chavon, soit la reconstitution d'un village où se côtoient un amphithéâtre romain, une église sicilienne, un village artisanal, un musée archéologique et des galeries d'art. Une atmosphère improbable que l'on retrouve au Castillo del Mundo King à Sosua. Imaginé par l'artiste allemand Rolf Schultz, ce musée, entre château baroque, ruine médiévale et demeure colorée caribéenne, est indescriptible ! Les commémorations des 500 ans de la découverte de l'Amérique se sont également accompagnées d'édifices pour le moins surprenants, au premier rang desquels le Phare de Colomb à Saint-Domingue. Avec ses 230 m de long et ses 70 m de haut s'étageant sur 5 niveaux, ce colosse de béton suit un plan en croix, dont le centre abrite… le coffre renfermant les restes de Christophe Colomb ! En parallèle, la capitale ne cesse de croître, abritant pas moins de 30 % de la population du pays. Malheureusement la plupart des habitants résident dans des bidonvilles se situant en zones inondables, zones directement menacées par le réchauffement climatique… tout comme les plages qui ne cessent de rétrécir. Pour contrer ces menaces, des initiatives d'écotourisme voient le jour, comme à La Ciénaga, où l'ambassade de France a lancé le projet Guana Aventuras basé sur un tourisme vert et durable. Certains complexes hôteliers tentent également de faire une place plus importante à l'architecture traditionnelle en multipliant notamment les bungalows en matières naturelles, ou en revisitant les styles passés plus adaptés au climat, à l'image de la chambre d'hôtes Peninsula House. Imaginée par l'architecte Serge Robin, elle reprend les codes des grandes maisons coloniales avec ses terrasses et galeries, son patio central et ses superbes décors en bois. D'autres au contraire font le choix de l'innovation, comme l'agence VASHO qui a imaginé la RD House à Jarabacoa. Pour limiter l'impact sur l'environnement, les architectes ont littéralement inséré la maison dans la falaise, utilisant l'inertie thermique pour limiter la consommation d'énergie, tout en végétalisant les espaces extérieurs. En parallèle, la République dominicaine a entamé un vaste programme de préservation de son patrimoine. Une manière de protéger son authenticité et de prouver qu'elle a bien plus à offrir qu'il n'y paraît !

Le Palacio Nacional de Saint-Domingue.

BEAUX-ARTS

À l'image de sa nature généreuse, la République dominicaine stimule la créativité de ses plasticiens. La peinture, grande favorite des moyens d'expression caraïbéens, bat au rythme de la musique et se pare d'une palette aussi chatoyante que la gastronomie locale. Deux grandes tendances se distinguent dans l'histoire picturale locale : les traditionalistes au regard naïf et coloré, et les novateurs qui font cavaliers solitaires. Que l'art s'épanouisse dans la rue, dans les centres d'art ou dans les ateliers de l'île tropicale, il trouve toujours sa place et son public. La plupart des artistes dominicains ont séjourné et parfois étudié en France, aux États-Unis ou en Amérique latine. Certains, comme Cándido Bidó, rapportent leur savoir sur leur île natale. D'autres poursuivent leur carrière à l'étranger, sans toutefois se détourner de l'influence dominicaine. Qui voudrait chasser de son imaginaire ces paysages idylliques ?

Origines

Bien avant l'arrivée de Christophe Colomb, les Taïnos menaient une vie pacifique. Leurs multiples talents s'étendaient des techniques agricoles, à la sculpture, la céramique et la peinture corporelle. De ce peuple animiste, il nous reste des sculptures sur bois et des idoles ou « cemis », destinées à abriter les esprits. Deux lieux à privilégier : dans la capitale, le **Museo del Hombre Dominicano** (p.121) et à La Romana, le **Museo Arqueológico Regional Altos de Chavón** (p.250). Autres vestiges taïnos à admirer, des pétroglyphes tracés dans des cavernes du territoire dont à Samaná, Bayahibe, San Cristóbal et Enriquillo.

L'hospitalité de la République dominicaine a favorisé la variété des apports au fil des siècles. Juives, africaines, japonaises, espagnoles, orientales, des communautés extrêmement diverses ont participé à l'éclectisme qui est devenu la signature de la culture dominicaine. L'art, de même que l'artisanat, est le premier témoin de cette mixité. Un peu par tradition, la principale source d'inspiration des artistes dominicains demeure l'environnement. Dans le choix des matériaux d'origine naturelle ou le recours aux couleurs éclatantes, on retrouve une tranche de la vie dominicaine chez la plupart des artistes.

L'héritage des Indiens Taïnos survit à travers les motifs inspirés de leur mythologie. Parmi les plus courants, la tortue symbolise le féminin, tandis que le bec d'oiseau désigne le masculin. Le travail du bois développé par les premiers

Idole taïno en bois.

© AUTHOR'S IMAGE

Peintures naïves dominicaines.

Indiens a également traversé les siècles. Peu à peu, les artistes espagnols ont à leur tour influé sur l'art de la sculpture locale. Les œuvres taillées dans des écorces précieuses, conservées à la Galerie des Saints de Palos de Bonao, ne sont pas sans évoquer le style espagnol du XVIe siècle. En peinture, l'influence africaine se ressent nettement dans la palette colorée typique de l'art dominicain.

La peinture au quotidien

Solidement ancrée dans la culture populaire de l'île, la peinture s'impose comme un art de vivre. Loin des galeries, elle envahit les rues, les étals des boutiques artisanales, les façades, déployant ses tonalités éclatantes et sa fantasmagorie sur le territoire. Messages politiques, portraits végétalisés ou figures animales, l'art fait partie du paysage. Dans les demeures bourgeoises ou dans les cases créoles les plus modestes, les murs s'égaient de tableaux aux thématiques variées, et une maison ne serait pas tout à fait dominicaine sans peinture.

La peinture de la rue, en vente un peu partout pour des sommes parfois dérisoires, se rapproche par certains égards de la peinture naïve haïtienne. Elles partagent certains thèmes (marché, vie quotidienne, scènes villageoises, animaux…), la facture simple et les tons vifs. En parallèle, une peinture dominicaine de qualité se rencontre dans les galeries, les musées, à Calle El Conde ou encore dans la maison victorienne transformée en Casa de Arte (p.172), dans le centre historique de Santiago. Le Centro Cultural León Jimenes (p.211) à Santiago, qui axe sa programmation sur l'histoire et la culture dominicaine, réserve d'ailleurs une salle aux arts visuels locaux.

Dès le XIXe siècle, quelques talents se sont écartés de la tradition pour se forger un style personnel. Dans ce but, certains ont fait le choix de se former à l'étranger. Le pays compte quelques maîtres parmi les plus respectés de l'Amérique latine. Cándido Bidó s'impose comme le plus populaire, même hors des frontières.

De la tradition au modernisme

Le premier nom à retenir, parmi les peintres nés en République dominicaine, est Théodore Chassériau (1819-1856). Ce disciple d'Ingres, dont l'œuvre se situe entre le classicisme et le romantisme, naît à El Limón, dans la province de Samaná. Artiste précoce, il exécute à l'âge de 15 ans le portrait de Prosper Marihalt qui fait de lui e plus jeune artiste entré au musée du Louvre. À 20 ans, il décide de s'exiler. Il parfait son art à Rome, à Alger puis à Paris où il décède à l'âge de 37 ans, trop tôt mais déjà acclamé.

Les paysages réalistes avaient la faveur des premiers artistes, parfois autodidactes, comme Abelardo Piñeyro, né à Saint-Domingue en 1862. Pharmacien de métier, il s'adonne à la peinture et à la musique, et compose de magnifiques natures mortes dans une veine naturaliste qui fourmille de détails. Son contemporain Luis Desangles (1861-1940) s'initie aux côtés de Léon Cordero. Décidé à faire carrière, il se spécialise dans le portrait et les scènes patriotiques, et orne plusieurs églises de ses œuvres. Bien que né de parents français, on le considère comme le premier maître historique de la peinture dominicaine.

DÉCOUVRIR

De nombreux artistes passent par son atelier de Saint-Domingue, la Casa-Taller : Rodríguez Urdaneta, Leopoldo Navarro, Adolfo García Obregón, Arquímedes de la Concha, Carlos Ramírez Guerra, Manuel Buñols Medina pour n'en citer que quelques-uns. Autre apport essentiel de Luis Desangles, le costumbrismo ou art traditionaliste, qui se veut le reflet des us et coutumes.
Pionnier de la sculpture dominicaine moderne, Abelardo Rodríguez Urdaneta (1870-1933) est issu de l'atelier de Dejangles. Il ajoute par la suite la photographie, la gravure, la musique, le dessin et la peinture à ses compétences. Il réalise de nombreux bustes à connotation politique.
Dans le domaine de la peinture dominicaine, le grand fondateur de l'école moderne est sans doute Jaime Colson (1901-1975). Il a déployé dans son œuvre une grande variété de styles, influencé par ses nombreux voyages. Après des études à l'académie de peinture San Fernando à Madrid, il perfectionne son art auprès des maîtres catalans du début du siècle. Il vit à Paris dans les années 1920, où sa peinture s'inspire du cubisme sous l'influence de Picasso, de Braque et de Léger. Entre 1934 et 1938, il travaille au Mexique et se rapproche des muralistes, Diego Rivera et Siqueiros. Influencé par de multiples courants artistiques, il est le peintre de l'universalité. Equilibre des compositions, intérêt pour les figures humaines et pureté des formes révèlent son tempérament. Il fonde le Grupo Los Cuatro avec Gausachs, Hernández Ortega et Clara Ledesma.

La relève

Dans sa lignée, Celeste Woss y Gil (1891-1985) est connue pour ses nus féminins qui allient le modernisme de Colson au réalisme européen. Après un long exil, elle revient à Saint-Domingue en 1931 et ouvre une école d'art, l'Academia de Pintura y Dibujo, d'où sortira le peintre Gilberto Hernández Ortega.
En hommage au collectif de Colson, Cándido Bidó constitue le Grupo Los Tres (1963–1965) avec Lepe (Leopoldo Pérez). Peintre né en 1936 à Bonao, Cándido Bidó quitte l'école et gagne sa vie comme cireur de chaussures. Admis à l'Ecole des Beaux-Arts de Saint-Domingue, il y devient professeur en 1962. Exposé dans toute l'Amérique latine (Cuba, Colombie, Panamá), en Espagne (Madrid), en Amérique du Nord (Washington) et au Kenya (Nairobi), il ouvre à Saint-Domingue sa propre école de peinture, désormais transférée à Bonao, sa ville d'origine. Devenu le Centre culturel Cándido Bidó de Bonao, le lieu est indiqué par de grandes fresques murales à l'entrée. De l'expressionnisme aux collages, des effets de matière aux explorations de couleur, il définit un style aisément identifiable. Il met en scène différents aspects de la vie dominicaine à travers le thème de la femme et des enfants, ainsi que des animaux familiers. Son chromatisme violent (dominante de bleu, de rouge, d'orange et de jaune), ses formes et ses thèmes sont une expression forte de la réalité dominicaine. Il réalise l'habillage d'un des deux obélisques du Malecón et décède en mars 2011 ; à noter, une **galerie** (p.144) continue de représenter ses œuvres (5, calle Docteur Baez, dans le quartier Gazcue de Saint-Domingue).
Peintre, diplomate et critique d'art, Darío Suro García Godoy voit le jour en 1918 à La Vega. Entre 1943 et 1947, il vit à Mexico où il côtoie Diego Rivera. Ses œuvres énergiques et expressives sont exposées en Europe et aux Etats-Unis dans de nombreuses galeries.
Le Museo Bellapart (p.125), fort d'une collection remontant au XIXe siècle, se présente comme le premier musée privé d'arts plastiques dominicains.

De nos jours

Des artistes aux cheminements variés entretiennent le dynamisme de l'art dominicain. Le peintre Silvano Lora (1931-2003) pratique le collage et l'assemblage de matières. Il a longtemps vécu en France et a réalisé une immense fresque de mosaïque à la mémoire de Trujillo, à l'endroit où celui-ci fut assassiné, à la sortie de Santo Domingo, à 5 km en direction de San Cristóbal, ville d'origine du dictateur.
A sa suite, Charlie Simon, né en 1962 à Villa Altagracia, d'un métissage dominicano-haïtien, participe très tôt à des manifestations d'arts plastiques. Il étudie à l'académie d'Altos de Chavón, sous la direction de Felix Polanco. Il trouve son inspiration dans la culture afro-caribéenne et l'héritage taïno ; les tons de terre et d'ocre qu'il affectionne constituent un univers très personnel qui valorise la symbolique taïno. Charlie accueille le public dans son atelier de la Casa de los Artistas, à Las Terrenas, au 142 de la Calle Carmen.
Côté photo, Domingo Batista, né en 1946, entame sa carrière de photographe au sein du groupe Jueves 68. Il. L'artiste, qui se définit comme un poète photographe, ambitionne de témoigner des changements climatiques et traite d'harmonie de la nature. Co-auteur des livres El Color del camino et Color dominicano, il participe aussi à des réalisations audiovisuelles. Son œuvre a été récompensée par de nombreuses distinctions, dont le premier prix décerné par American Photo Magazine pour son Pêcheur dominicain.
Représentatif de l'essor de l'art dominicain à l'étranger, Walkind Rodriguez, né en 1978 à Saint-Domingue, s'intéresse très jeune au dessin. Il participe en 2003 à la Biennale Nationale des arts visuels de sa ville natale puis expose à la galerie Lyle O'Reitzel. Désormais, ses performances associent céramique, photographie, musique et danse. L'artiste incarne toute la diversité de la culture afro-caribéenne.

MUSIQUES ET SCÈNES

Outre ses paysages, s'il y a bien un aspect qui fait la réputation de la République dominicaine dans le monde, c'est sa musique. C'est elle qui transmet la sensualité de l'île, sa chaleur, sa bonne humeur. Il n'y qu'à écouter quelques notes de merengue - véritable pilier de l'identité dominicaine classé depuis 2016 au patrimoine immatériel de l'Unesco – pour saisir quelque chose sur l'île qu'aucun mot ne saurait décrire aussi bien. Idem pour la bachata, l'autre produit musical typique du pays, qui raconte la passion amoureuse façon Saint-Domingue. Enfin, rien de mieux que le mélange hispano-africain confluant dans les musiques traditionnelles pour résumer l'histoire de l'endroit, entre colonisation espagnole et tragédie de l'esclavage. Définitivement la musique dominicaine est la meilleure carte de visite de l'île ainsi que son meilleur guide.

Les musiques traditionnelles et populaires

Qui dit musique dominicaine dit forcément merengue et bachata. La première, le merengue, est la reine des danses du pays, un pilier de l'identité nationale connu de tous les Dominicains, quelle que soit leur classe sociale, pratiqué dans le monde entier et classé depuis 2016 au patrimoine immatériel de l'UNESCO. Bien que ses origines soient mal connues – les points de vue divergent – on décèle dans le merengue des influences hispano-africaines et on situe sa naissance dans la région du Cibao. À partir des années 1960, la danse est devenue une partie intégrante du genre, notamment grâce à Johnny Ventura, l'icône nationale, qui a également incorporé des influences américaines comme le rock and roll. Hormis ce cador, il est bon d'avoir écouté Wilfrido Vargas, le compositeur qui a fait connaître le genre hors des frontières dominicaines et Sergio Vargas, grand nom de l'âge d'or du merengue. Les connaisseurs comme les néophytes pris d'une envie de danser se rendront vers la fin du mois de juillet au Festival de merengue de Santo Domingo, plongée dans la culture merengue ainsi qu'au Festival de merengue et rythmes caribéens de Puerto Plata fin septembre proposant concerts et démonstrations de danses. Autrement, à l'année on danse régulièrement le merengue à El Sartén (p.146), petit bar latino de la zone coloniale de la capitale, ou à The Cave, l'une des boîtes de nuit les plus populaires de Santo Domingo.

La danse est un élément essentiel dans la vie quotidienne des Dominicains.

© ALEKSANDR RYBALKO - SHUTTERSTOCK.COM

Musicien de rue lors du carnaval.

L'autre rythme emblématique de l'île c'est la bachata. Mélange de boléro, d'influences africaines et de merengue, cha-cha-cha ou tango, la bachata a été popularisée entre les années 1960 et surtout 1980 par des compositeurs comme Luis Dias, puis Juan Luis Guerra et Victor Victor dans les années 1990. Ce sont ces derniers qui ont modernisé et offert une image plus urbaine à cette musique d'origine rurale. Pour danser la bachata, on trouve difficilement meilleure occasion que le Festival de bachata, se tenant fin janvier à Boca Chica et Santo Domingo, où groupes, DJ et, évidemment, danseurs et danseuses se relaient pendant 10 jours. Autrement, à l'année le **Parada 77** (p.141) est un bar de la zone coloniale où toutes les classes sociales se retrouvent pour danser la bachata, et le **Cacique bar** (p.223), le temple de la bachata de La Vega.

Passés ces deux genres phares, il existe une pléthore de genres sur lesquels les Dominicains adorent danser comme la *mangulina*, version créole de la valse, le *pambiche*, une danse dérivée du merengue, plus lente que ce dernier, le *pri pri*, musique populaire et paysanne, originaire de Villa Mella ou encore le *carabine*, native du sud, qui se pratique en groupe et en cercle, mêlant à la fois chorégraphie européenne et rythmes africains. Elle est considérée comme un ancêtre du merengue. Il existe aussi des danses plus cérémonielles, comme le *palo* (ou *atabales*) très répandue sur le territoire et jouée lors des cérémonies religieuses. Apparenté au palo, on trouve également les *salves*, chants d'appel et réponse utilisant la *güira*, le fameux grattoir métallique, et ayant lieu lors de pèlerinages et de fêtes dédiées aux saints vaudous.

Autrement, le Carnaval offre un beau panorama sur les musiques traditionnelles. Cette fête très populaire où se mélangent traditions espagnoles, foi chrétienne et rites africains se décline dans toutes les régions du pays dans une débauche de rythmes effrénés, de musiques entêtantes et de défilés.

Les musiques actuelles

Les Dominicains adorent le rock et ils le doivent beaucoup à un seul homme : Luis Díaz (1952-2009). Ce fameux guitariste est surnommé le « *Padre del Rock Dominicano* », le « père du rock dominicain », car c'est lui et son groupe Transporte Urbano, qui ont initié le mouvement dans les années 1980. Inspiré par le rock britannique et américain, ce petit cousin dominicain a développé une voix propre avec le temps, porté par une ribambelle de groupes hyper populaires comme Toque Profundo, gros cartons des années 1990, Rita Indiana y los Misterios, qui mélange merengue et rock, Vicente Garcia, star du groupe Calor Urbano et des succès récents tels que Bocatabu.

Autre énorme courant dominicain : le *dembow*. Dans les années 1990, le *reggaeton*, rythme portoricain, débarque en République dominicaine. Ici, le genre trouve très vite ses marques, gagne rapidement en popularité et se transforme petit à petit, en *dembow*, forme de reggaeton plus dépouillée dont le rythme s'apparente à celui du dancehall jamaïcain. Le genre est un incontournable de la jeunesse dominicaine, les vedettes du genre – comme El Alfa, Lirico en la Casa ou Chimbala – pouvant réunir un public dantesque.

Il y a en République dominicaine, une longue tradition d'expérimentation musicale. Les artistes locaux aiment essayer, oser, mélanger les rythmes locaux avec des sons étrangers. Ainsi, la scène underground dominicaine ne désemplit pas, génération après génération, aujourd'hui portée par des groupes comme Mula qui mixe merengue, *dembow*, bachata et électro ; La Napa qui convoque poésie, hip-hop et rythmes afro-caribéens ; Carolina Camacho qui intègre dans ses albums des éléments de bachata, gagá et reggaetón ; Isaac Hernández qui explore ses racines afro-dominicaines via le jazz ; Diego Raposo, qui fait se rencontrer musique électronique et couleurs dominicaines ou encore La Marimba, qui joue jazz, R&B et merengue à l'accordéon, la güira et la guitare. N'oublions surtout pas le passionnant Kelman Duran producteur dominico-américain d'« *ambient reggaetón* ».

Parmi les scènes dominicaines réputées pour leurs affiches, citons **Jalao** (p.147), sur la Parques centrale de Santo Domingo, à la fois restaurant, boutique, bar et nouveau haut lieu de concerts de la capitale. N'oublions pas non plus l'**Anfiteatro de Puerto Plata** (p.205), amphithéâtre en plein air face à la mer accueillant tout au long de l'année de nombreux spectacles et concerts d'artistes nationaux et internationaux. Son design et sa capacité de 7 000 personnes en font l'un des lieux les plus grands et les plus modernes des Caraïbes.

LITTÉRATURE

Une petite île coupée en deux. D'un côté Haïti où se parle le français, de l'autre la République dominicaine où se pratique l'espagnol. Si les deux faces de cette même pièce ne semblent pas vraiment communiquer d'un point de vue littéraire, l'histoire de leurs écrivains reste un témoignage précieux de leur passé et de leurs multiples influences. Sans doute trop souvent assimilée à ses décors de cartes postales, la République dominicaine a ainsi beaucoup à offrir et à transmettre. Construite sur le souvenir des Indiens décimés, elle mit longtemps à reconnaître l'apport culturel des populations dont elle avait forcé l'arrivée, et tout autant de temps à s'affranchir des modèles occidentaux. Bien que le XXe siècle se soit montré particulièrement difficile, aujourd'hui une nouvelle génération ne demande qu'à faire entendre sa créativité et son enthousiasme bien au-delà des mers. À nous de prêter l'oreille à cette revigorante et lointaine petite musique.

Une langue toujours vivante

Il est émouvant de constater que nous utilisons au quotidien, sans y penser, des mots issus d'une langue morte, celle que parlaient les Taïnos que Christophe Colomb rencontra lors de son arrivée sur l'île - qu'il surnomma Hispaniola quand il y débarqua en 1492 -, et qui lui réservèrent un bon accueil comme le révèle son journal de bord publié aux éditions La Découverte. Victimes des maladies occidentales venues par la mer, de l'esclavage - déjà -, et des terribles indiens Caraïbes anthropophages, les Taïnos furent rapidement décimés. Jusqu'à preuve du contraire, ils n'ont pas laissé d'écrits conséquents, nous restent pourtant des mots aussi courants que « canoë », « patate » ou « barbecue » directement hérités de leur langue après une transition par l'espagnol, un métissage qui se retrouve aussi dans les populations. Cette période de colonisation a fait l'objet de chroniques, notamment celles de l'Espagnol Gonzalo Fernández de Oviedo y Valdès - *La Historia general de las Indias* (Séville, 1535) - qui à défaut d'être totalement objectives sur les actions et motivations de son peuple se montrent intéressantes d'un point de vue ethnologique. Ainsi investie, Saint-Domingue devint le point de ralliement de la culture occidentale de ce côté-ci de l'océan Atlantique, et le point de départ de sa diffusion, comme le confirment l'édification d'une cathédrale et le fait que le pouvoir espagnol y siégeait. Ce Nouveau Monde en construction inspira bien évidemment les colons aspirants écrivains, mais la qualité littéraire de leurs écrits ne leur permit pas toujours de marquer l'histoire, il faut dès lors attendre le XVIIIe siècle pour que véritablement un nom émerge, celui de Antonio Sánchez de Valverde, prêtre catholique né sur l'île. Sa description du territoire, de sa géographie, mais aussi de ses habitants et de son économie restent précieuses. Déplorant l'abandon dont souffre Saint-Domingue, il rédige *Idea del valor de la Isla Española y utilidades, que de ella puede sacar su monarquía* (1785). Esprit brillant, il faut néanmoins éclairer ses réflexions, ses « solutions » et son rapport à l'esclavage qui s'est intensifié dès le XVIe siècle avec le triste commerce d'Africains, à la lumière d'une époque et au fait que son propre métissage ait pu l'interroger quant à son rapport aux puissants. Toujours est-il que sa liberté de ton lors de ses sermons lui vaudra les foudres de l'Eglise qui le condamnera à ce qui ressemblait fort bien à un exil.

La longue émancipation

En 1791 débute la révolte des esclaves qui aboutira au contrôle de la totalité de l'île par les Français suite à la paix signée entre ces derniers et Toussaint Louverture. Un texte, signé Jean-Paul Pillet mais dont on doute qu'il s'agisse de son vrai nom, évoque cette période charnière : *Mon Odyssée*, édité par la Société française d'étude du dix-huitième siècle et disponible en impression à la demande. Le début du XIXe siècle sera entaché de luttes de pouvoir. L'indépendance d'Haïti est déclarée en 1804, celle de la République dominicaine le sera très exactement 40 ans plus tard. L'esprit patriotique - affirmation d'une identité propre après des années de lutte - entre en résonance avec le courant romantique. L'un des plus célèbres représentants de ce mouvement est Félix María del Monte (1819-1899), auteur du premier hymne dominicain, cofondateur du journal littéraire *El Dominicano* et poète émérite (*Las Virgenes de Galindo*, 1885) dont la réputation trouve écho jusqu'à Paris. Dramaturge, il écrit également une *zarzuela* (pièce chantée), *Ozema o la Joven Indiana*, symbolisant une tendance alors en plein effervescence, l'indianisme ou indigénisme.

Cette volonté de bâtir une mémoire historique et collective en la faisant reposer sur la figure de l'Indien, qui alors incarne la liberté fantasmée, peut sembler étonnante dans un pays où les Indiens ont disparu dès les premières heures de la colonisation, elle ne contribue en tout cas pas à prendre en compte la réalité des différences ethniques de ceux qui composent la société. Quoi qu'il en soit, un roman typique de ce courant est *Enriquillo* - que Manuel de Jesús Galván publie dans sa version complète en 1882 - qui campe le courage d'un chef Taïno s'opposant à la conquête espagnole. Devenu un grand classique, cet ouvrage n'est malheureusement pas disponible en français.

La littérature s'étoffe et se diversifie, en suivant par exemple le courant moderniste sur les traces de Fabio Fiallo, ou de celles d'Altagracia Saviñon, qui connut une bien triste fin, et de Osvaldo Bazil Leiva, proche du chilien Rubén Darío. Cependant, la publication en 1921 d'un *Manifiesto Postumista* rédigé par Andrés Avelino annonce une révolution poétique principalement portée par Domingo Moreno Jimenes (1894-1985). La volonté y est affirmée de se départir des modèles étrangers, tout autant d'ailleurs que d'une métrique trop restrictive, et de se consacrer à l'exploration sociale et culturelle dominicaine. Cela aura-t-il un impact sur la vocation de Manuel del Cabral (1907-1999) ? L'histoire ne le dit pas mais, de fait, ce dernier va explorer différentes pistes, notamment celle de la poésie afro-antillaise dans *Trópico negro* (1942).

Dans un autre style, plus proche de l'épopée populaire, son *Compadre Mon*, paru en 1943, est toujours sur toutes les lèvres. La même année est lancée une revue, *La Poesía sorprendida*, qui suit à nouveau les sources européennes en termes de préoccupations esthétiques. Si l'expérimentation surréaliste inspire les intervenants - citons par exemple Franklin Mieses Burgos ou encore Mariano Lebrón Saviñón -, la prise d'engagement reste malgré tout mesurée, le pays subissant depuis quelques années déjà le joug de la dictature de Trujillo, et le siècle se promettant d'être complexe bien après la chute de celle-ci. C'est pourtant du milieu politique qu'émergera un romancier d'importance, Juan Bosch (1909-2001), qui par deux fois occupera la fonction présidentielle en 1962 et 1963. Son œuvre se consacre elle aussi à son pays, ses essais, biographies, nouvelles et pièces influençant jusqu'à Gabriel García Márquez, prix Nobel 1982. Malgré l'instabilité qui semble prégnante, la République dominicaine assiste à une vraie démocratisation de la littérature, parfois sous des formes musicales qui séduisent les foules. Les générations qui se succèdent depuis les années 1960 développent et affinent leur patte : Arambilet, Aurora Arias, Rita Indiana, Jael Uribe, Junot Diaz, Pedro Antonio Valdez…

Statue de Christophe Colomb dans le parc de Colón.

TOP 10

LECTURE

Bien que la littérature dominicaine soit peu traduite – mais que d'autant plus s'apprécient les éditeurs qui portent la voix d'une nouvelle génération – le pays ne cesse d'inspirer les écrivains étrangers. Plus spécifiquement, les essais ou romans historiques démontrent la volonté d'explorer un si lourd passé.

LA BRÈVE ET MERVEILLEUSE VIE D'OSCAR WAO

Portrait tragicomique d'un gamin souffre-douleur qui s'invente un monde, et fantaisie littéraire renversante !
Junot Díaz, éditions 10-18.

LA FÊTE AU BOUC

© FOLIO

Pourquoi une jeune avocate new-yorkaise revient-elle à Saint-Domingue alors sous le joug de la dictature de Trujillo ?
Mario Vargas Llosa, éditions Folio.

L'ÎLE SOUS LA MER

© LE LIVRE DE POCHE

En 1770, Tété n'a que 9 ans quand elle est achetée comme esclave. Puis viendront l'amour et la fuite, et peut-être l'impossible émancipation.
Isabel Allende, éditions Le Livre de Poche.

LES PASSAGERS DU VENT

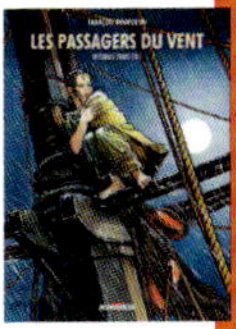

© ÉDITIONS DELCOURT, 2014 — BOURGEON

Fuyant la France en ce XVIIIe siècle, Isa prendra la mer et découvrira l'inhumanité du commerce triangulaire.
François Bourgeon, éditions Delcourt.

LES DÉRACINÉS

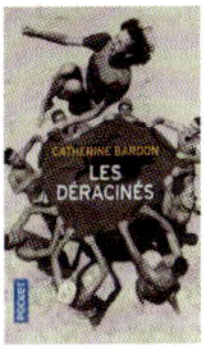

© POCKET

Ils ont fui l'Autriche et l'antisémitisme de 1939 pour la Suisse, et doivent désormais rejoindre la République dominicaine. Qu'arrivera-t-il à ce couple amoureux ?
Catherine Bardon, éditions Pocket.

LA PRISONNIÈRE DES SARGASSES

© L'IMAGINAIRE GALLIMARD

Il aura fallu 9 ans à l'auteure pour écrire ce bouleversant récit qui pleure la solitude des femmes et la démence comme unique salut.
Jean Rhys, éditions L'Imaginaire Gallimard.

LES TROIS SŒURS DU DICTATEUR

© LE ROUERGUE

Inspiré de l'histoire vraie des trois sœurs Mirabel assassinées le 25 novembre 1960, un conte plein de courage.
Élise Fontenaille, éditions du Rouergue.

TOUSSAINT LOUVERTURE

© FLAMMARION

Son histoire et son combat semblent intimement liés à Haïti, mais dans le huis clos d'une île, tout est bien plus complexe.
Sudhir Hazareesingh, éditions Flammarion.

LA DÉCOUVERTE DE L'AMÉRIQUE

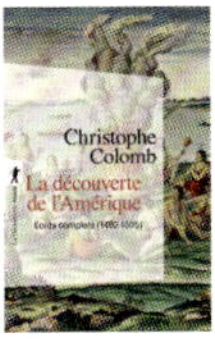

© LA DÉCOUVERTE

Tout le monde connaît le nom du navigateur, mais combien ont pris le temps de découvrir ses écrits qui s'avèrent éminemment passionnants !
Christophe Colomb, éditions La Découverte.

LES TENTACULES

© RUE DE L'ÉCHIQUIER

Voyage dans le temps, cri écologique et politique, un livre inclassable par une auteure qui refuse toutes les compromissions.
Rita Indiana, éditions Rue de l'échiquier.

A L'ÉCRAN

Le cinéma fait son entrée en République dominicaine en août 1900 dans la ville de Puerto Plata. C'est dans le théâtre Curiel que les films des frères Lumière furent montrés, grâce à l'industriel Francesco Grecco qui en faisait la démonstration dans les Caraïbes. Dans la préhistoire cinématographique du cinéma dominicain, les travaux du photographe Francisco Palau font date. En 1922, il tourne avec ses coscénaristes Tuto Baez et Juan Fonseca le premier film dominicain *La Légende de la Vierge de la Altagracia* selon un texte de l'historien Bernardo Pichardo. Le film muet en noir et blanc de onze minutes est sorti le 16 février 1923. Du côté des acteurs et actrices dominicains, María Montez est sans conteste LA figure hollywoodienne caribéenne des années 1940 à 1950. Elle tourna notamment dans *Les Mille et Une Nuits* de John Rawlins qui la révéla en 1942, et donna son nom à l'aéroport de Santa Cruz de Barahona.

Cinéma et dictature

Pendant les trente années que durera la dictature (1930-1961), le cinéma sera utilisé à des fins de propagande. Le son fut d'ailleurs utilisé pour la première fois en 1930 pour un film d'actualité concernant le dictateur Trujillo (1891-1961).

C'est en 1953 que le cinéaste Rafael Augusto Sanchez Sanlley (Pupito) fonde la première compagnie cinématographique locale, Cine Dominicano, avec laquelle il produit divers documentaires. Ceux-ci abordent le problème de la misère du peuple à cette époque, bien loin de l'opulence de la famille de Trujillo. Cette entreprise est sévèrement réprimée par le dictateur qui ordonne son démantèlement.

Après la fin du régime dictatorial, le dramaturge et homme politique Franklin Domínguez tourne le premier long-métrage dominicain *La Silla* (1963) qui dénonce les horreurs des dernières années, avec un seul acteur : Camillo Carrau.

René Fortunato, tout au long de sa carrière, a documenté l'histoire artistique dominicaine : en 1985 *Tras las huellas de Palau* (*Dans les pas de Palau*), célébrant le pionnier du cinéma local, mais aussi politique avec, de 1991 à 1996, la trilogie *Trujillo : el poder del jefe*, et dernièrement, en 2009 *Juan Bosch : Presidente en la frontera imperial*.

L'histoire politique continue d'être traitée aujourd'hui au cinéma puisqu'en 2009 est sorti un film sur l'ère Trujillo et le tragique destin des sœurs Mirabal qui s'opposèrent à lui : *Trópico de Sangre*, de Juan Delacer. L'actrice Michelle Rodriguez américaine d'origine dominicano-portoricaine joue le rôle principal.

Films étrangers en République dominicaine

Le pays a servi de décor à de très nombreux films, dont certains grands classiques du cinéma mondial. En 1974, les scènes du *Parrain II* de Francis Ford Coppola, censées se dérouler à Cuba, ont en fait été tournées dans la zone coloniale de Saint-Domingue. La fameuse scène se déroulant sur une terrasse de La Havane a elle été tournée à l'hôtel Embajador, à l'ouest de la ville. En 1979, Coppola décide de revenir en République dominicaine pour tourner certaines scènes du mythique *Apocalypse Now*, aux alentours du fleuve Chavón, à La Romana. À nouveau en 1985, La Romana accueille un tournage, celui de *Rambo II* de George Pan Cosmatos. Plus récemment, on peut citer *Pirates des Caraïbes : la malédiction du Black Pearl* (2003) par Gore Verbinski, *Raisons d'État* (2006) de Robert de Niro, *Miami Vice* (2006) de Michael Mann avec Colin Farrell et Jamie Foxx, mais encore *xXx : Reactivated* (2017) de DJ Caruso avec Vin Diesel. Plus récemment, c'est le film *Le Secret de la cité perdue* (*The Lost City*), sorti en 2022 et avec en acteurs stars Sandra Bullock et Brad Pitt, qui a presque intégralement été tourné en République dominicaine (Samana, Juan Dolio et Santo Domingo notamment).

Réalisateurs dominicains contemporains

Une production dominicaine a fait fureur, il s'agit de la comédie *Sanky Panky*, du réalisateur José Enrique Pintor Pinky. Ce film, qui retrace les tribulations de jeunes Dominicains en quête de faveurs des touristes, bat tous les records de fréquentation à sa sortie début 2007. Un deuxième opus sort en 2013, suivi de *Sanky Panky 3*, sorti en 2018.

Côté festival international, José María Cabral s'est fait remarquer en devenant le premier réalisateur dominicain à avoir été sélectionné au festival Sundance avec son film *Carpinteros* en 2017 – qui raconte l'histoire d'amour d'un nouveau venu dans une prison dominicaine.

Figure contemporaine engagée du cinéma dominicain, saluée par la critique, Laetitia Tonos est la première femme à percer dans le milieu. Ses films *La hija natural* (Love child) (2011), *Cristo Rey* (2013), ou *Mis 500 locos* (A state of madness) (2020) aborde l'identité et l'histoire caribéenne dans sa complexité.

POPULATION

Difficile de connaître avec exactitude le nombre d'habitants en République dominicaine. En 2022, on estimait que la population dépassait les 10 millions d'habitants, dont 28 % ont moins de 14 ans pour un âge moyen de 27,3 ans. Cette population est majoritairement urbaine et la capitale compte environ 3 millions d'habitants. L'espérance de vie y est de 69,7 ans pour les hommes et de 73,1 ans pour les femmes, tandis que le taux d'analphabétisme à l'échelle nationale est de 6 %, mais atteint les 30 % dans les contrées rurales les plus pauvres. De très fortes inégalités subsistent au sein de la population : alors qu'un dixième seulement de celle-ci jouit de la moitié du revenu du pays, 30,5 % des Dominicains vivent en dessous du seuil de pauvreté national et de nombreux habitants des zones rurales ne disposent pas encore d'accès à l'eau. Voici un bref portrait de la population dominicaine, composant avec ses voisins haïtiens.

Composition de la population, diaspora et langue

La population indienne primitive de l'île a disparu dès les premières heures de la colonisation. Colons européens, et surtout espagnols, puis esclaves importés d'Afrique, enfin immigrants asiatiques sont à l'origine de l'actuelle population. Aujourd'hui, la République dominicaine est certainement la plus métissée des Caraïbes. Plus de 84 % des habitants de l'île ont une origine africaine, mais ces racines sont généralement niées par les Dominicains malgré les nombreuses survivances culturelles africaines. Les métis constituent l'essentiel de la population (70 %), les noirs 16 % et les blancs 14 %. Ce brassage ethnique s'explique par les deux occupations haïtiennes qu'a subi le pays au cours de son histoire. La différenciation sociale, qui résulte le plus souvent des différences raciales, est par conséquent moins marquée en République dominicaine que dans les pays voisins. La création d'un système éducatif moderne et le développement économique du pays ont cependant quelque peu gommé les disparités sociales autrefois beaucoup plus marquées. Une classe moyenne importante s'est constituée et représente aujourd'hui le gros de la population. Malgré tout, l'exode rural est important et a favorisé le développement de quartiers pauvres aux abords des plus grandes villes.

Il existe une diaspora dominicaine d'environ 3 millions de personnes dont deux tiers vivent aux Etats-Unis, et le tiers restant à Porto Rico, dans les Antilles et, dans une moindre mesure, en Europe, principalement en Espagne. Les émigrés américains, appelés *Dominican York*, sont facilement reconnaissables, car, de retour sur leur île, ils arborent fièrement les attributs et la panoplie de la *subculture* des ghettos hispano-américains : tennis énormes et délacées, bermudas larges pour les plus jeunes ; or et diamants, chaînes, bagues et bracelets pour ceux qui ont fait fortune. Pour donner l'illusion de cette réussite nord-américaine, certains n'hésitent pas à louer des bijoux voyants pour la durée de leurs vacances au pays, afin d'épater amis et famille. On les a même surnommés les *cadenous*, du mot *cadena* (« chaîne » en français) !

Côté langue, l'espagnol dominicain a pris quelques libertés entre influences créoles et castillan académique. Les Dominicains affectionnent les diminutifs, ignorent volontiers les « n » et les « s » ainsi que la règle de la concordance des temps, et n'hésitent pas à introduire de nombreux anglicismes dans le langage quotidien. De plus, les Dominicains ont tendance à parler vite et à « chanter » la langue, ce qui n'en facilite pas la compréhension. Mais pas de panique, si les Dominicains sont bavards, ils savent aussi prendre le temps de communiquer et de se faire comprendre.

Joueurs de dominos.

© MARIO DE MOYA F - SHUTTERSTOCK.COM

Récolte dans un champ de canne à sucre.

Notons au passage que l'héritage linguistique taïno est encore bien vivant de nos jours. Nous utilisons toujours de nombreux vocables hérités de la langue précolombienne, tant en espagnol qu'en français. Quelques exemples parmi tant d'autres : *Anana* (ananas), *barbacoa* (barbecue), *caribe* (Caraïbes), *Kaiman* (caïman), *guyaba* (goyave), *huracan* (ouragan), *iguana* (iguane), *hamaca* (hamac), *maiz* (maïs), *piragua* (pirogue), *tabaco* (tabac)...

Immigration haïtienne

Nul ne sait combien d'Haïtiens résident en République dominicaine. Les constants désordres politiques et sociaux du pays voisin ont généré une immigration haïtienne importante et incontrôlée à travers les frontières poreuses qui séparent les deux pays. Et, depuis le séisme de janvier 2010, l'immigration, bien que contenue, a encore augmenté. Les Haïtiens constituent aussi pour leur plus riche voisine une main-d'œuvre bon marché qui ne demande qu'à passer la frontière. Le recrutement massif de *braceros* haïtiens pour couper la canne à sucre dominicaine a commencé au début du XXe siècle, durant l'occupation américaine des deux républiques d'Hispaniola. Ces vingt-cinq dernières années, le nombre de migrants qui traversent clandestinement la frontière entre les deux pays a fortement augmenté.

En vertu d'accords entre les deux pays, les coupeurs de canne et ouvriers agricoles haïtiens arrivent en nombre dans les grandes exploitations lors de la récolte, la *zafra*, mais ne repartent pas systématiquement en Haïti une fois le travail terminé. Ceux qui restent voient leurs enfants naître sur le territoire dominicain, d'où la difficulté pour les autorités de les renvoyer sur leur moitié d'île. Entassée dans des *bateyes*, des villages sommaires et souvent insalubres, une population (qu'on estime entre 500 000 et 1,5 million d'Haïtiens) survit misérablement dans une situation plus ou moins légale. Les *bateyes*, principalement présents dans les régions de plantations de canne à sucre, sont socialement organisés. Installant commerces et écoles, les habitants y ont reproduit l'organisation sociale des villages haïtiens, important avec eux médecines et croyances traditionnelles. Le déclin de l'industrie sucrière, à partir des années 1980, a encore aggravé la misère dans les *bateyes*, qui constituent une véritable épine dans le pied du gouvernement dominicain.

En 2013, la Cour suprême de République dominicaine a statué que les personnes nées de parents entrés sur le territoire illégalement ne recevraient plus la citoyenneté dominicaine. La décision s'applique de manière rétroactive à toutes les personnes nées après 1929. Ainsi, des centaines de milliers d'Haïtiens se sont retrouvés privés de leur citoyenneté dominicaine et ont été déportés en Haïti, alors que beaucoup n'y avaient jamais mis les pieds. Seules 10 000 personnes environ ont réussi à obtenir leur document. Cette difficulté à l'obtenir s'explique par la nécessité de fournir les certificats de naissance émis en Haïti et en République dominicaine. La conséquence étant la création de centaines de milliers d'apatrides, ce qu'interdisent formellement les accords internationaux en matière de droits de l'Homme. Largement critiqué par de nombreuses institutions internationales, le gouvernement de Danilo Medina est resté inflexible sur sa position et a continué les déportations. Le nouveau président dominicain, Luis Abinader, élu en juillet 2020, a lancé quant à lui la construction d'un mur de 160 km sur toute la longueur de la frontière haïtienne en février 2022.

LES TAÏNOS
UN PEUPLE DISPARU

Dans sa correspondance avec les rois d'Espagne, Christophe Colomb décrit ainsi les hommes qu'il vient de rencontrer sur l'île d'Española et qu'il nomme alors les Indiens : « *J'ai déjà vu trois de mes hommes à terre mettre en fuite une foule d'Indiens. Ils ne possèdent pas d'armes et vont tout nus. Ce sont des gens pleins d'humanité et sans méchanceté aucune. Ils aiment leur prochain comme eux-mêmes et ils ont une façon de parler qui est la plus douce du monde, toujours aimablement et avec le sourire.* ». On sait peu de choses des Taïnos, descendants d'Arawaks et habitants originels d'Hispaniola qu'eux-mêmes nommaient *Quisqueya*, « la mère de toutes les terres », avant l'arrivée des colons, que ceux-ci décimèrent en quelques décennies. Les estimations d'alors veulent que leur population fût comprise entre 600 000 et millions de personnes. Ce que nous savons de leurs us et coutumes nous vient des récits de moines et de colons.

Première rencontre

Parmi ces moines missionnaires, Bartolomé de Las Casas fut l'un de ceux qui compila le plus de données concernant cette civilisation (en plus d'en être un fervent défenseur), alors la plus développée des Antilles et dont la culture exercera beaucoup d'influence sur les autres cultures précolombiennes des Antilles. Cinq *cacicazgos*, ou royaumes taïnos, se partageaient l'île. Chacun était gouverné par un cacique, le grand chef, qui avait le privilège de la polygamie. La cacique Anacoana, réputée être la femme la plus belle et la plus habile de l'île assistera au génocide de sa tribu, ordonné par Nicolas de Ovando en 1503.

La société taïno

Les Taïnos habitaient dans des villages, où l'on rencontrait deux types d'habitats distincts. Le *bohío*, une habitation circulaire, et le *caney*, beaucoup plus grand et de forme rectangulaire, où le cacique et sa famille logeaient. Ces villages comportaient de grandes places cérémonielles, les *bateyes*. Ils vivaient de la pêche, de la cueillette et surtout d'une agriculture sur brûlis : les prairies étaient incendiées, la cendre était mêlée à la terre et les graines semées. Ils cultivaient ainsi le maïs, semé à la pleine lune, le potiron, le manioc, dont ils extrayaient le redoutable cyanure, mais aussi la patate douce, l'arachide, l'ananas, le piment, le haricot, la cacahuète, la coloquinte, le tabac et le coton, avec lequel ils tissaient les hamacs et le *nawa*, espèce de tablier et unique pièce de vêtement des hommes et des femmes. Leur méthode de chasse était elle aussi sommaire, mais efficace : ils incendiaient des parcelles de terre après y avoir rabattu le gibier qu'ils convoitaient. Il leur suffisait ensuite de ramasser les animaux brûlés. Pour attraper les oiseaux, ils enduisaient de résine les branches des arbres dans lesquels ils attiraient leurs proies en imitant le cri des oiseaux.

Les Taïnos ne possédaient pas d'écriture, ni de signes qui en tenaient lieu. Leur histoire se transmettait oralement via des récits chantés. Ils disposaient d'un calendrier lunaire, appréciaient la musique et la danse et pratiquaient le jeu traditionnel de la pelote, le jeu du *batos*, une balle faite d'une pâte de racines et d'herbes bouillies, qui ne pouvait être touchée qu'avec la tête, les épaules, les fesses, les hanches et surtout les genoux. Sculpteurs et potiers habiles, ils travaillaient le bois et la pierre, les transformant en ustensiles, et fabriquaient des céramiques et des sculptures très élaborées, notamment des représentations divines.

Le divin et la mort chez les Taïnos

Dans la société taïno, l'art occupait une place essentielle. Le symbolisme et l'abstraction figurative de ces œuvres de pierre, de coquillages, d'os et de bois montrent la conception taïno du monde mythologique. Les objets sont majoritairement des *cemis* (amulettes), des bancs cérémoniels et des ustensiles à usage religieux. C'est autour du culte des Zemis (tout à la fois des dieux, des ancêtres et des esprits) que la religion taïno était centrée. Deux dieux principaux se partagent l'hégémonie des divinités taïno : Yúcahu, le dieu de la mer et du manioc, et Atabey, mère de Yúcahu, déesse des eaux douces et de la fertilité.

Les rites funéraires étaient quant à eux bien établis, les femmes enveloppaient les cadavres dans de larges bandes de coton, puis elles les descendaient dans des fosses profondes avec les objets que le défunt avait le plus aimés. Le cadavre était assis sur un banc, et l'on recouvrait la fosse d'un toit de branchages et de feuillages que l'on chargeait de terre. Les funérailles du cacique, le chef, duraient de quinze à vingt jours. Avant de l'ensevelir, on vidait le cacique de ses parties molles qui étaient séchées au feu et enfermées dans des urnes. On obligeait parfois une ou plusieurs de ses femmes à s'enterrer avec lui et on distribuait à la population le reste de ses effets.

SOCIÉTÉ

La vie sociale dominicaine est structurée autour de la famille, notion qui en République dominicaine s'interprète au sens large. Elle est en général recomposée, nombreuse et à ramifications multiples, car les divorces et les remariages sont monnaie courante. Mariés et séparés très jeunes, les Dominicains ont en général beaucoup d'enfants, et très tôt. La contraception étant peu pratiquée et l'IVG interdite, les enfants naturels sont nombreux. La femme dominicaine – qui l'est dès 15 ans – a dès lors un rôle essentiel dans la société. On survolera ici divers aspects de la société dominicaine, de son système éducatif aux prestations sociales fournies par l'Etat, ou encore la position du pays en matière de droits de l'homme et d'homosexualité. Également, bien que la République dominicaine soit une destination sûre, un bref état des lieux des rapports du pays à la prostitution, aux drogues et à la corruption est nécessaire.

Famille et place de la femme

Dans la vie sociale dominicaine, les femmes ont un rôle prépondérant. Comme dans la plupart des pays du monde, la femme dominicaine a très longtemps été cantonnée au rôle de mère au foyer en charge de l'éducation et des tâches ménagères. Bien que ce modèle perdure dans certaines franges de la société, depuis les années 1990 les cartes ont tendance à être rebattues. Ainsi, bien que la plus grande part active de la population continue d'être masculine, il n'en va pas de même dans le domaine universitaire : les femmes représentent plus des deux tiers de la population diplômée, principalement en médecine, droit et éducation. Dans la sphère politique, les choses évoluent également. Sans pour autant permettre d'atteindre une parité absolue dans les organes de gouvernance, une loi votée en 2010 a établi des quotas sur le nombre de candidates minimum que doit présenter chaque parti lors une élection. Un premier pas vers la parité.

Il convient de rappeler ici que l'avortement est une pratique strictement prohibée en République dominicaine - et ce même en cas de viol depuis une réforme du code pénal de décembre 2015 - et passible de peines de prison pour la femme ainsi que pour le corps médical impliqué dans l'opération. Malgré la pression des associations pour le droit des femmes, la très influente Eglise catholique a remporté la bataille, ce qui a permis d'intégrer dans la Constitution du pays l'interdiction formelle de l'IVG. L'avortement étant considéré comme un crime, il est pratiqué

Folklore local à Punta Cana.

Retour de pêche à Punta Cana.

DÉCOUVRIR

de manière clandestine – dans des conditions d'hygiène souvent déplorables –, tuant plusieurs milliers de femmes chaque année. On estime à 80 000 le nombre d'avortements illégaux annuels, un quart étant pratiqués sur des femmes de moins de 20 ans.

Comme dans toute l'Amérique latine, les 15 ans d'une jeune fille constituent une fête familiale, quasiment une initiation à laquelle toute enfant se prépare dès son plus jeune âge. Cette tradition est héritée des célébrations rituelles indiennes de la puberté qui marquaient les responsabilités maternelles pour la jeune fille et guerrières pour le garçon. Pourtant la tradition s'est perpétuée pour les seules représentantes du sexe féminin et ne connaît pas d'équivalent pour les garçons. Ainsi, à 15 ans, les filles dominicaines entrent dans la vie adulte au terme d'une grande fête qui ne manque pas d'éclat. La robe blanche et longue est choisie avec soin, les faire-part envoyés à tout ce que la famille compte de relations et les préparatifs mobilisent la famille de longs mois à l'avance. Puis vient le moment de la *Fiesta de quince años* qui débute par une messe, suivie de séances photo, et enfin une grande réception mondaine. C'est généralement dans les salons des grands hôtels ou dans les maisons de famille que la soirée de célébration a lieu. Comme au cours d'un mariage, le père ouvre solennellement le bal avec la *quinceañera* qui est désormais une fille à marier.

Éducation et protection sociale

Le système éducatif dominicain, gratuit jusqu'à 14 ans, s'organise en trois cycles : le premier, optionnel, est celui de l'*educación inicial*, pour les enfants de 2 à 6 ans ; le deuxième, obligatoire, est celui de l'*educación básica* (6 à 14 ans) ; le troisième, optionnel, celui de l'*educación media* (14 à 18 ans). Si l'université publique est également gratuite et accueille la majeure partie des étudiants – l'*Universidad Autónoma de Santo Domingo*, la plus ancienne d'Amérique latine (1538) concentre à elle seule plus de 40 % des effectifs estudiantins –, les résultats du pays sont parmi les plus mauvais au monde. Il faut dire que le budget alloué à l'éducation a toujours été le plus bas de la région. Les choses tendent toutefois à changer depuis une dizaine d'années grâce à de nouvelles subventions injectées dans le système éducatif. En 2020, le taux d'analphabétisme en République, dominicaine était de 6,2 %, et jusqu'à 30 % dans les contrées rurales les plus pauvres.

Côté protection sociale, la République dominicaine dispose d'une sécurité sociale publique depuis 1948. Elle est gratuite et universelle, et cohabite avec un système privé qui est généralement utilisé par les classes les plus aisées. Environ 55 % de la population ne possède qu'une couverture publique. Améliorer l'accès à la santé pour l'ensemble de la population constitue l'un des principaux défis du pays. En ce qui concerne la retraite, les Dominicains assignés au régime général doivent travailler au moins 30 ans ou avoir plus de 60 ans pour y prétendre. S'il existe différentes aides gouvernementales pour les personnes les plus défavorisées, aucune aide spécifiquement dédiée aux chômeurs n'a été prévue.

Droits de l'homme et homosexualité

Le pays est signataire des sept organismes dépendant de la Charte des Droits de l'Homme et du Citoyen. Cependant, la Commission interaméricaine des Droits de l'Homme s'est depuis 2010 opposée à la loi de l'Etat dominicain portant sur le changement des règles d'attribution de la nationalité dominicaine. Cette loi étant rétroactive, des dizaines de milliers de personnes ayant obtenu la nationalité dominicaine par le passé s'en sont retrouvées déchues, et en particulier des Haïtiens. Nombre de ces Haïtiens étant nés sur le territoire dominicain, ils ne possèdent pas non plus de nationalité haïtienne, ce qui fait d'eux des apatrides. Or la promulgation d'une loi ayant pour conséquence la création d'apatrides est formellement interdite par les règles internationales. A ce jour, le président Luis Abinader (élu à l'été 2020) est resté inflexible aux pressions extérieures et n'est pas revenu sur cette loi.

A la différence de certains de ses voisins caribéens, la République dominicaine ne possède pas de lois discriminantes envers la population LGBT. Globalement, l'indifférence est de mise, dans les grandes villes plus que dans les campagnes. Cependant, de nombreuses discriminations à l'embauche ou au logement sont encore reportées dans ce pays qui reste sous forte influence de l'Eglise catholique. Une marche gay est organisée chaque année début juillet à Santo Domingo, et depuis peu également à Santiago de Los Caballeros et à La Vega. Lors des élections législatives de mai 2016, le candidat Deivis Ventura a été le premier candidat ouvertement homosexuel à se présenter pour un poste au Congrès.

Prostitution, drogue et corruption

La République dominicaine est considérée comme un pays relativement sûr. Les zones les plus visitées sont sécurisées, en plus de la police nationale et de l'armée, par la police touristique (CESTUR), et les zones rurales sont sans grand danger. Il convient toutefois de respecter quelques précautions d'usage qui sont de l'ordre du bon sens dans un pays inconnu : ne pas marcher seul la nuit, éviter les signes extérieurs de richesse, s'informer avant de s'aventurer dans un quartier éloigné d'un centre touristique...

Particulièrement développée dans les zones touristiques, la prostitution est une pratique courante en République dominicaine. C'est de fait une activité lucrative pour bon nombre de jeunes femmes et hommes. Les femmes sont nommées « professionnelles » : elles chassent les clients à l'entrée des salons de massage ou dans les discothèques à grand renfort de « *Mi amor !* ». Mais certaines étudiantes ou mères de famille aussi vendent leurs charmes de façon occasionnelle pour quelques milliers de pesos. Si vous êtes un homme voyageant seul, il y a fort à parier que vous dussiez en éconduire plus d'une lors de votre séjour. Les voyageuses recevront également les avances des « Sanki Panki », nom donné aux gigolos, officiant généralement sur les plages des zones balnéaires. Inutile de préciser qu'avec un taux de sida élevé, ceux qui s'adonnent aux plaisirs de la chair, qu'ils soient tarifés ou non, sont fortement encouragés à prendre leurs précautions. Le tourisme sexuel ayant fortement entaché la réputation du pays, celui-ci a pris ces dernières années (notamment sur Boca Chica) des mesures de lutte afin d'éradiquer les réseaux de prostitution clandestins, notamment de pédophilie. *Caminante*, une association de Boca Chica, s'occupe de venir en aide aux victimes de ce marché obscur.

Concernant les drogues, et il y en a, sachez que la simple possession de stupéfiants peut être passible d'une peine de 6 mois de prison ferme ! Le pays est en effet devenu l'une des plaques tournantes de la cocaïne au début des années 2000. Cela s'explique par la difficulté rencontrée par les cartels colombiens à faire transiter leur marchandise jusqu'aux Etats-Unis via le Mexique, les forçant à trouver une nouvelle zone de transit. Diverses raisons appuient le choix de la République dominicaine : un très grand nombre de vols et de bateaux entrant et sortant grâce au tourisme, les multiples nationalités visitant chaque année le pays (permettent aux trafiquants de passer inaperçus), mais aussi l'importante diaspora dominicaine présente aux Etats-Unis (qui permet de recevoir les chargements plus facilement). Cet état de fait a eu pour conséquence une augmentation alarmante de la consommation de cocaïne dans le pays mais aussi du nombre de ressortissants européens à purger une peine derrière les barreaux dominicains pour avoir tenté de faire la « mule », c'est-à-dire de sortir de la drogue du pays contre quelques milliers d'euros !

La corruption est un autre point noir du pays. Historiquement, la République dominicaine est un pays qui a souvent connu une corruption importante, avec pour point d'orgue l'ère du dictateur Trujillo. Et c'est bien pour enrayer ce phénomène structurel que le gouvernement de Danilo Medina a mis en place en 2010 le programme IPAC (*Iniciativa Participativa Anti-Corrupción*). Ce dernier a connu quelques succès en matière de bonne gouvernance et de transparence mais le problème reste toujours actuel. Les pots-de-vin pour l'attribution de marchés restent monnaie courante. Le rapport 2020 de *Transparency International* place la République dominicaine à la 137e place sur 180 pays étudiés en termes de corruption.

RELIGIONS

Depuis la toute première messe donnée dans le Nouveau Monde, le 6 janvier 1494, et à travers des vagues successives d'évangélisation, la République dominicaine s'est transformée en terre profondément catholique. De nos jours, l'autorité de l'Eglise est toujours extrêmement importante et pèse de tout son poids sur les décisions des gouvernements qui se succèdent, allant jusqu'à faire inscrire dans la constitution dominicaine « le crime d'avortement » en 2010. Les fêtes patronales, joyeuses et souvent arrosées de rhum, rythment le passage de l'année, avec quelques points d'orgue comme la Semana Santa (semaine de Pâques). Si une trentaine d'autres églises et sectes ont leurs adeptes en République dominicaine, le vaudou, bien que moins prégnant que chez le voisin haïtien, exerce très certainement une plus grande influence encore sur la population. Occupants spirituels originels d'Hispaniola, les divinités taïnos persistent elles aussi.

Prégnance du catholicisme

En République dominicaine, la liberté de culte est un droit constitutionnel. La religion catholique romaine est omniprésente depuis la colonisation et l'évangélisation qui s'ensuivit. De tradition catholique espagnole, l'Eglise jouit d'une grande autorité morale. Par l'intermédiaire de Francisco Ozoria Acosta (successeur depuis 2016 du cardinal Nicolas de Jesús López Rodriguez), primat d'Amérique et archevêque métropolitain de Saint-Domingue, elle va jusqu'à intervenir dans le domaine politique en organisant le dialogue entre les partis et les divers partenaires sociaux et économiques. Il y a quelque temps, elle fit même pression sur les pouvoirs publics pour faire inclure à la Constitution le « crime d'avortement ». Le gouvernement dominicain céda en janvier 2010, et modifia même en 2015 le Code pénal : depuis cette date, l'avortement – même suite à un viol – est strictement prohibé, et celles qui s'y adonnent ainsi que le personnel médical pratiquant l'opération sont passibles de prison.

Côté célébrations, le calendrier des fêtes religieuses est très chargé. Le culte de la Vierge, particulièrement populaire, se manifeste par deux célébrations majeures, celle de la Vierge de Altagracia (21 janvier) et celle de la Vierge de las Mercedes (24 septembre), marquées par de grandes processions, notamment à Higüey et à La Vega. Pendant la *Semana Santa* (Semaine sainte, qui correspond à la semaine de Pâques), le pays est à l'arrêt. Chacun prend des vacances et les plages sont bondées. À cette période, tout est prétexte à faire la fête et l'ambiance est électrique. Mises à part ces grandes fêtes religieuses, la tradition des fêtes patronales est toujours très vive dans le pays. Célébrées pour fêter le saint patron du moindre village, chaque fête est différente et affiche des couleurs qui lui sont propres.

Intérieur de la Basilique d'Altagracia à Higüey.

© PASTUSHKOV ROMAN - SHUTTERSTOCK.COM

Statuette représentant Yocahuma, déesse taïno de la lune.

Les émigrés, ceux qui sont partis à la ville, reviennent en famille pour participer à la liesse collective. Tout d'abord, il y a les messes auxquelles tout un chacun se doit d'être présent. Puis tout s'emballe : concerts des orphéons municipaux, bals populaires, kiosques de boissons sponsorisés par les grandes marques d'alcools locaux où bière et rhum coulent à flots, orchestres de merengue et de bachata déchaînés, manèges forains pour les plus petits, combats de coqs où l'on pariera plus que de coutume, feux d'artifice et pétards.

Par ailleurs, comme dans toutes les Caraïbes, d'innombrables églises se côtoient, parfois fantaisistes, issues des églises et des sectes protestantes nord-américaines. Les églises adventistes, évangéliques, pentecôtistes et autres sont très nombreuses et les cultes les plus variés cohabitent dans la plus grande tolérance. On dénombre ainsi plus d'une trentaine d'églises ou de sectes d'obédiences diverses aux noms bien souvent folkloriques. Egalement, les origines africaines de la population et l'influence du voisin haïtien ont maintenu vivaces les rites du vaudou, hérités de lointaines pratiques du Bénin. Ainsi, le vaudou coexiste avec la religion catholique.

Vaudou africain et théologie Taïno

Les racines profondes du culte vaudou se retrouvent au Bénin et au Togo. Dans la langue parlée au Bénin, *vodun* signifie « puissance invisible, redoutable et mystérieuse ayant capacité d'intervenir à tout moment dans la société des humains ». Puissance que les hommes essaient de concilier afin d'améliorer leur quotidien. Dès le XVIe siècle, la déportation vers le Nouveau Monde de millions d'esclaves noirs a entraîné la reconstitution dans les Amériques, avec certaines transformations, de croyances et de pratiques africaines. Sous des formes et des appellations diverses, le syncrétisme de religions et de rites africains des diverses tribus déportées a donné naissance aux religions afro-caraïbes : le candombe au Brésil, la santería à Cuba, l'obeayisme en Jamaïque, le shango à Trinidad et le vaudou dans l'île d'Hispaniola.

Le vaudou constituait une menace pour les colons français, dont l'emprise sur les esclaves se trouvait amoindrie. Malgré toutes les persécutions, pendaisons, emprisonnements, punitions par le fouet, le vaudou a survécu au passage des siècles pour rester très actif dans l'île, en particulier en Haïti. Ils s'appellent Papa Legba (l'un des plus importants, car il assure la communication avec le monde invisible), Baron Samdi, Ogou Feray, Ezili ou la Grande Brigitte. Ce sont des Lwas (prononcé « loa »), les esprits du vaudou. Leur société est un modèle pour les humains : ils dictent leurs actes, les favorisent ou les punissent. Chacun de ces esprits est en liaison avec un domaine précis de la nature : air, terre, mer ou feu. Ils assurent le lien entre l'homme et la nature divine, entre les vivants et les morts, le temporel et le surnaturel. Ces divinités se manifestent au cours de cérémonies : en parvenant à un état de transe induit par la musique, certains des participants sont « chevauchés » par un Lwa, ce dernier utilisant le corps de celui qu'il « chevauche » pour communiquer et rendre service à ceux qui les honorent. Les étrangers de passage sur l'île sont rarement les bienvenus lors de ces cérémonies. Le vaudou est toutefois toujours très pratiqué en République dominicaine parmi les populations d'origine africaine, et plus particulièrement dans la région de Samaná.

Les Taïnos, avant l'arrivée des colons, avaient eux aussi leur propre système de croyance : leur religion était centrée autour du culte des Zemís, (tout à la fois des dieux, des ancêtres et des esprits). Deux dieux principaux se partagent l'hégémonie des divinités taïno : Yúcahu, le dieu de la mer et du manioc, et Atabey, mère de Yúcahu, déesse des eaux douces et de la fertilité. La culture des Taïnos étant orale, les informations qui nous sont parvenues sont issues du point de vue de l'homme colonisateur et évangélisateur. Seuls l'artisanat et la peinture taïno constituent des témoignages directs. Zemís, Yúcahu et Atabey mis à part, les principales divinités des Taïnos sont : Boinayel et Márohu, les dieux jumeaux de la pluie et du beau temps ; Coaybay, dieu de la terre des morts ; Opiyelguabirán, dieu mi-chien mi-humain qui veille sur les morts ; Guabancex, déesse des tempêtes ; Yocahuma, la déesse lune ; et Cemi Boinayel, dieu de la pluie.

QUE RAPPORTER ?

L'artisanat dominicain est bien développé, à tel point que ses marchés fleurissent dans tous les lieux touristiques. On trouvera aussi bien des articles de vannerie, de poterie et de céramique que des peintures colorées, souvent inspirées de l'art naïf haïtien. Terre tropicale, la République dominicaine est aussi réputée pour diverses productions de qualité : rhum, café, cacao, huile de coco et tabac font en effet sa renommée. Les bijoux aussi sont particulièrement présents dans les boutiques et sur les étals de marché. C'est que le pays abrite des gisements de deux pierres très spécifiques : le larimar, pierre endémique du pays, et l'ambre. Attention : même si vous êtes atteint par le virus du merengue ou de la bachata, évitez d'acheter des CDs dans la rue, ce sont souvent des copies de mauvaise qualité. Voici un petit florilège de produits et autres objets que l'on peut rapporter en souvenir.

Artisanat

La vannerie, jonc et palmier avec tressage de chapeaux, de corbeilles et de paniers, perpétue des traditions artisanales anciennes. La poterie et la céramique sont elles aussi très présentes, avec notamment des reproductions de statues taïnos en terre cuite. Parmi les objets représentatifs de la culture locale, les poupées Limé, figurines de céramique au visage sans traits symbolisant le métissage du pays et portant des vêtements traditionnels, sont originaires de Moca et de Santiago. Les poteries décoratives (vases, luminaires) sont aussi très prisées quoique lourdes à rapporter ! Le bois est sculpté pour donner des pilons (sud-est de la capitale), des ustensiles de cuisine ou des sculptures de style afro-caribéen. L'acajou est beaucoup utilisé, mais, les essences rares étant protégées, cette activité artisanale est moins productive qu'elle ne l'est en Haïti. La peinture est également très présente sur tous les marchés artisanaux. Plus que d'œuvres d'art, il faut ici parler d'artisanat, car il s'agit de peintures de la rue exécutées en grand nombre. Son inspiration est naïve, d'origine haïtienne. Vous pourrez également trouver des œuvres uniques d'artistes plus réputés, notamment dans les boutiques de Las Terrenas, Punta Cana, Santo-Domingo ou de Bayahibe. Dans la région de La Vega (région Centre), on pourra également faire l'achat de masques faits à la main, produits pendant la période du carnaval.

Last but not least, la fabrication de cigares concentre une bonne part de l'activité agricole et artisanale dominicaine. Les terres fertiles de la République dominicaine sont en effet, tout comme à Cuba, idéales pour la culture d'un tabac de qualité. De fait, le pays est le premier fabricant de cigares haut de gamme au monde ! Afin de profiter des meilleurs tarifs tout en évitant les contrefaçons, on se rendra directement dans les fabriques officielles.

© SIR PENGALLAN - ICONOTEC

Peintures naïves au marché de Santo Domingo.

© EVANNOVOSTRO - SHUTTERSTOCK.COM

Bijoux en pierre de larimar.

Panier gourmand

Côté consommables, caraïbe oblige, on trouve quelques douceurs tropicales de très bonne qualité comme la vanille mais aussi le rhum bien sûr ! Orgueil national, le spiritueux qu'on obtient à partir de la canne à sucre cultivée sur le territoire a bonne presse à l'international. Autant consommé que la bière nationale Presidente, le rhum dominicain connaît plusieurs qualités et plusieurs marques, les plus connues et courantes étant Barcelo et Brugal. Moins cher que chez nous, préférez du 12 ans d'âge, qui vaut souvent nos XO. Pour rester dans le domaine liquide, en plus du très bon café que l'on produit sur le territoire, signalons ici la Mamajuana, digestif dominicain typique élaboré à partir de rhum, de vin rouge et de miel macérant dans une bouteille préalablement remplie d'écorces et d'herbes du pays. Réputée médicinale, cette liqueur aurait des vertus digestives et aphrodisiaques. Le plus simple est encore d'acheter une bouteille de Mamajuana ne contenant que les épices et écorces pour la remplir plus tard des liquides nécessaires. On en trouve partout dans le pays.

La République dominicaine dispose également de milliers d'hectares dédiés à la culture de cocotiers destinés à la fabrication d'huile de coco. Très ancienne activité artisanale dans le pays, elle se pratique partout, et en particulier du côté de l'île de Saona et de Bayahibe. Ses bienfaits sont nombreux : l'huile de coco hydrate et répare notoirement peau et cheveux secs. C'est aussi un bon ingrédient pour la cuisine et un excellent… anti-moustique ! Les cacaoyers sont légion aussi, permettant de produire un cacao bio de très bonne qualité, exporté de par le monde. On pourra en trouver sous différentes formes dans les marchés et supermarchés, mais aussi directement chez les producteurs.

Ambre et Larimar

Larimar. Découvert dans le sud-ouest de la République dominicaine en 1916 par le prêtre Miguel Domingo Fuertes de Lorenre, le larimar est une pierre semi-précieuse, et plus précisément une pectolite bleue. Se voyant refuser l'autorisation de l'exploiter, la pierre reste dans l'ombre jusqu'à sa redécouverte par Miguel Méndel en 1974. C'est ce dernier qui la baptisa « larimar », contraction du nom de sa fille Larissa et du mot *mar* (« mer » en espagnol), l'ayant découverte en bord de mer. En République dominicaine, cette pierre est associée aux sentiments, et même à l'amour, si bien qu'il est de coutume d'en offrir lors des mariages. Mais on lui prête également d'autres vertus : celle que l'on surnomme turquoise dominicaine est en effet réputée pour apporter calme, harmonie et joie de vivre, chassant colère et irritabilité. D'autres encore assurent qu'elle permet de développer la compassion et qu'elle aurait des effets bénéfiques sur la gorge et la tête. Finement taillée et parfois intégrée à des bijoux, on la trouve dans de nombreux magasins de souvenirs de l'île, mais c'est dans la région de Bahoruco et de Barahona que les ateliers de taille sont installés en plus grand nombre. C'est là qu'il faut se rendre pour faire les meilleures affaires !

Ambre. La République dominicaine dispose également de très importantes réserves d'ambre : on en extrait plusieurs milliers de tonnes par an. L'origine de cette pierre semi-précieuse d'origine végétale (la seule au monde avec le jais) remonterait à 48 millions d'années. Appelée « pierre de sève » par les Romains, *elektron* par les Grecs et *bernstein* (pierre ardente) par les Allemands, l'ambre tire son nom de l'arabe *anbar* qui signifie « résine fossilisée ». Cette résine végétale est en effet une photographie du passé : elle est le témoin scientifique des transformations et des mutations qu'a connues la Terre sur plusieurs dizaines de millions d'années. Directement liée aux conditions climatiques spécifiques du pays, la palette de tons de l'ambre dominicain est la plus large du monde : on y décèle des lignes blanches, rouges, noires, jaunes, opale, vertes, bleues, pourpres, dorées et transparentes. Aujourd'hui, l'ambre est l'une des matières les plus travaillées par les artisans dominicains. Mais attention : cette pierre est facilement contrefaite et il arrive fréquemment qu'un touriste naïf paye un beau collier de plastique au prix de la résine millénaire. L'amateur éclairé préfèrera donc les magasins officiels et les bijoux accompagnés de leur certificat d'origine.

SPORTS ET LOISIRS

Une fois n'est pas coutume, c'est le base-ball qui est en République dominicaine le grand sport national, le jeu qui déchaîne véritablement les passions. Sinon, entre d'interminables parties de dominos, des paris endiablés devant un combat de coqs ou une folle nuit à bouger sur de la *bachata* ou du *merengue*, les Dominicains aiment profiter de l'exceptionnelle nature de leur pays. Avec des spots de kitesurf et de windsurf mondialement connus, de belles sorties plongée, des superbes mouillages, de la pêche au gros et évidemment tous les sports nautiques imaginables (jet-ski, ski nautique, wakeboard, bouées tractées, parachute ascensionnel, etc.), le littoral offre une foule de possibilités. Tandis que sur terre, on trouve des *greens* de golf à la réputation internationale, le plus haut sommet des Caraïbes ou encore de nombreuses autres randonnées, spots de canyoning, d'escalade… Bref, pas le temps de s'ennuyer !

Le base-ball, LE sport national

Le base-ball (*béisbol* ou pelota) est le sport national par excellence, suivi avec ferveur par tout un peuple. Importé des Etats-Unis au XIXe siècle, c'est le sport qui mobilise la jeunesse dominicaine. Tous les villages ont leur *play*, le terrain de base-ball, et assister à un match vous plonge vraiment dans une ambiance locale et authentique ! Le pays est l'un des plus passionnés au monde et exporte de nombreux joueurs professionnels aux Etats-Unis, au Japon et au Mexique. Parmi les légendes dominicaines, on peut citer le célèbre Sammy Sosa, mais aussi Pedro Martinez, David Ortiz, Robinson Canó, José Reyes, Juan Marichal ou Bartolo Colón. Le championnat dominicain se tient d'octobre à février.

La Mecque du kitesurf et du windsurf

La République dominicaine possède incontestablement, et aux dires des plus grands spécialistes, l'un des meilleurs spots au monde pour ces deux sports de glisse qui ont fait de nombreux adeptes locaux et internationaux. Au cœur de la côte nord, Cabarete s'est taillé une solide réputation. Le vent y est constant et régulier toute l'année (entre 20 et 25 nœuds), la plage immense, les récifs coralliens sont loin de la surface et les vagues oscillent entre 1 et 2 mètres. Les centres de windsurf et de kitesurf se succèdent en rangs serrés sur les immenses plages jumelles de Cabarete et de Kite Beach. Les amateurs accourent de tous les coins du monde, Etats-Unis, Canada, Brésil, Europe, pour s'initier ou pour se confronter et exécuter des figures toujours plus spectaculaires. Des championnats internationaux s'y déroulent régulièrement et l'instance internationale du kitesurf, IKO, y a établi son siège.

Une belle destination pêche

S'il existe une saison pour la chasse au pigeon et au canard, c'est surtout la pêche que l'on pratique en République dominicaine. Et c'est en toute saison que vous pourrez pêcher le marlin bleu, le mérou, la dorade et l'espadon. C'est à Cumayasa, à Cabeza de Toro, à Boca de Yuma, à La Romana, à Palmar de Ocoa, à Barahona, à Montecristi et à Samaná que se trouvent les endroits les plus poissonneux. De nombreux tournois de pêche, fort populaires, se déroulent à Cabeza de Toro et à Boca de Yuma. La République dominicaine est, à l'égal des pays voisins, un lieu privilégié pour la pêche au gros. Plusieurs tournois nationaux et internationaux ont lieu dans tout le pays, attirant des embarcations de toutes les Caraïbes. Les principaux points d'embarquement se trouvent à La Romana, à Boca Chica, à Rio San Juan, à Samaná et à Montecristi.

Quelques spots de plongée sous-marine

Si la République dominicaine n'est pas aussi réputée que certaines de ses voisines pour ses fonds sous-marins, elle n'en offre pas moins de belles possibilités de découvertes. La côte sud-est réputée pour les nombreux galions qui ont sombré dans ses eaux.

© SIR PENGALLAN - ICONOTEC

Planche à voile à Cabarete.

Parcours de golf à Punta Cana.

Malheureusement, il est interdit de plonger dans ce type d'épaves qui sont en général très profondément englouties. Récifs coralliens plats ou vallonnés, grottes, tombants offrent de belles perspectives. On y voit perroquets, poissons-papillons, ange, barracudas, murènes et tortues. Voire des raies aigles, sur Saona et Catalina, de belles bêtes avec tarpons et requins-nourrices jusqu'aux pointes noires et requins-taureaux pour les plus chanceux… et aventureux. En règle générale, on rejoint les sites de plongée assez rapidement, en 30 minutes maximum. De nombreuses écoles de plongée, toutes certifiées Padi, s'égrènent le long des plages touristiques. En revanche, peu d'infrastructures de secours : il n'existe qu'un seul caisson hyperbare dans tout le pays.

Sur terre, randonnées et sports extrêmes

Sur des dizaines de kilomètres, des paysages magnifiques raviront les marcheurs les plus chevronnés. A tout seigneur, tout honneur, on commencera l'ascension du Pico Duarte, la plus haute montagne des Caraïbes qui culmine à 3 087 mètres. Tout aussi intéressante, la vallée du Tetero vaut la randonnée. Les moins intrépides et les débutants iront se frotter à la 80, à Constanza, la Loma Quita Espuela, dans la province Duarte, à Las Laderas del Hoyo de Pelempito dans la Sierra de Bahoruco, ou au versant d'El Morro, à Montecristi.

Escalade - canyoning - rafting. Les meilleurs sites d'escalade sur roche sont les montagnes escarpées de playa Frontón, à Samaná, et de Conde de Mana à San Cristóbal. Pour une escalade en rappel, une descente de montagne ou de murs verticaux à l'aide de câbles, il faudra vous rendre à Rancho Baiguate, à Jarabacoa. Pour les plus entraînés, adeptes de pentes glissantes et de cascades, rendez-vous à El Limón ou à Jimenoa. Le canyoning et le rafting entre les roches escarpées et les dénivelés se pratiquent également dans la zone de Jarabacoa, où le Rancho Baiguate a construit une sorte de sanctuaire pour la pratique de quasiment tous les sports extrêmes de montagne.

Spéléologie. Il y a plus de 400 grottes à visiter en République dominicaine, les plus connues se trouvent au parc national Los Haitises. Les plus sportifs exploreront la grotte de Fun-Fun, à Hato Mayor, avec ses 20 mètres de descente en rappel, et plus bas, une rivière souterraine.

Des parcours de golf parmi les plus somptueux du monde

Enfin, c'est l'une des destinations parmi les plus prisées pour la pratique du golf. La République dominicaine s'est imposée au rythme des constructions de grands hôtels comme une destination incontournable pour les voyages golfiques, au cœur des Caraïbes. Sa végétation luxuriante et préservée, ses *fairways* magnifiques, et les prix pratiqués de ses hôtels ont séduit les amateurs. Ouverts toute l'année et sans limitation de handicaps, sauf en cas de tournois, les parcours de golf (une vingtaine de terrains) ponctuent le pays, et notamment ses côtes, d'étapes sportives pour les golfeurs. Dans le nord à Playa Dorada, à Cabrera, à Samaná, en bord de mer, à Juan Dolio, à Bavaro et à Punta Cana, à la Romana, dans les montagnes de Jarabacoa, dessinés par les plus grands spécialistes, approuvés par des légendes tels que Jack Nicklaus, Tom Fazio et Nick Faldo, les parcours déroulent leurs *fairways* ondulants, leurs immenses bunkers et leurs plans d'eau dans des écrins de verdure piquetés de cocotiers, sur fond de mer des Caraïbes aux reflets bleu turquoise. La République dominicaine se targue de posséder l'une des plus belles offres de toute l'Amérique latine et de satisfaire les amateurs les plus exigeants de la petite balle blanche.

GASTRONOMIE

Située en plein cœur des Antilles, la République dominicaine offre un savoureux brassage culinaire. Espagne, Afrique, France, Amérique latine, Moyen-Orient s'entremêlent pour donner une gastronomie originale aux saveurs diverses. Colorée, pleine de vie, exotique, rustique, la cuisine dominicaine est moins épicée que celle de certains de ses voisins et elle préfère cannelle, muscade, girofle, poivre et laurier aux féroces piments antillais. Si elle est parfois moins sophistiquée que la cuisine créole de Guadeloupe ou de Cuba, la gastronomie locale fait un usage généreux et savoureux de nombreux légumes, de céréales, de viande – dont le poulet et le porc, particulièrement appréciés – ainsi que les poissons et autres fruits de mer consommés avec une certaine modestie. Les desserts expriment également ce goût pour la simplicité, souvent servis avec un excellent café, sans oublier un rhum peu connu, car consommé localement, mais de qualité.

Histoire et produits

Lorsqu'en 1492 Colomb découvre Hispaniola, les Taïnos peuplaient toute l'île. Cette terre fertile – supposément riche en or – attisa l'avidité des premiers colons. L'esclavage et les maladies importées tuèrent la quasi-totalité de leur population. L'alimentation taïno était pauvre en viande, l'île comptant très peu de gros mammifères, et les locaux se contentaient de gibier – petits mammifères, oiseaux, reptiles – ainsi que de produits de la mer et de légumes : manioc, patate douce, maïs, haricots. Les plats taïnos les plus connus – toujours consommés de nos jours – sont le *casabe* (galette de manioc) et le *guanime* (proche du tamale mexicain, à base de purée de maïs enveloppée dans des feuilles de maïs et cuite à la vapeur). Les Européens importeront dans les Antilles de nombreux animaux : cochons, poulets, bœufs, chèvres, moutons, chevaux, ainsi que des plantes comme le blé, la canne à sucre, les bananes, le riz, les agrumes ou encore le café. Les influences espagnoles dans la cuisine dominicaine sont notables, bien que d'autres colons européens convoitaient l'île d'Hispaniola comme les Anglais et surtout les Français qui fondèrent la colonie d'Haïti. Lorsque les Espagnols eurent pratiquement décimé toute la population taïno, ils se tournèrent vers l'Afrique pour reconstituer la main-d'œuvre dans leur plantation. Dès 1501 un bateau négrier ramena les premiers esclaves sur l'île. Parmi les plats dominicains d'origine africaine les plus connus on citera le mangú, une purée de banane plantain qui trouve ses origines dans le fufu d'Afrique de l'Ouest. Avec l'abolition de l'esclavage au XIXe siècle, les grands propriétaires terriens de l'île firent venir des ouvriers chinois pour travailler dans les fermes. Une tendance qui s'accéléra sous l'occupation américaine de l'île entre 1916 et 1924. Des plats comme le chofan – version dominicaine du riz frit chinois au porc et aux légumes – sont prisés. C'est à cette même période que des spécialités venues de Cuba et de Puerto Rico se popularisent.

DÉCOUVRIR

© FSTOPLIGHT - ISTOCKPHOTO.COM

Galettes de casabe, à base de manioc (yuca).

© SGAFOTOSTUDIO - ISTOCKPHOTO.COM

Sancocho.

Les ouvriers agricoles et commerçants venus du Moyen-Orient dans les années 1900 apportèrent avec eux de nombreuses recettes à base de riz, de fruits et de légumes secs, le tout assaisonné d'une foule d'épices. Les kipes ou quipes sont la version dominicaine du « kibbeh », des croquettes de boulgour farcies de viande (ici de bœuf, alors qu'au Liban on utilise plutôt de l'agneau).

Grâce à son climat tropical humide, la gamme de fruits et de légumes est vaste : banane plantain, riz, haricots rouges ou noirs, mais aussi avocat, patate douce, gombos, aubergine, poivron, giraumon (courge), potiron, tomate, etc. Sans oublier les innombrables fruits tels l'ananas, la goyave, la mangue, la papaye, diverses espèces d'agrumes, et bien sûr le corossol, un fruit vert, bosselé, à la pulpe blanche très sucrée. On sabre les noix de coco pour en savourer la chair après s'être désaltéré de l'eau de coco (agua de coco), à moins de préférer du jugo de caña de azúcar directement extrait en pressant la canne à sucre.

Si le bœuf demeure rare, le poulet, le porc et le cabri sont appréciés. Poissons et les fruits de mer ne sont pas des mets courants sur l'île. Le développement massif du tourisme est en train de révolutionner ces produits : espadons, thons, rougets, dorades, mais aussi crevettes, langoustes et crabes sont mis à l'honneur sur les tables de l'île. Le lambi, sorti de son gros coquillage orangé, est moins courant, mais fort prisé, notamment par les locaux.

Les classiques de la cuisine dominicaine

On commencera le repas par un petit-déjeuner copieux avec un *tres golpes*, un plat d'œufs frits, de salami dominicano grillé et de queso de freír, un fromage à mi-chemin entre feta et mozzarella, que l'on fait frire et de purée de banane plantain (mangú). Les *pasteles en hojas* sont des pâtés de banane plantain, de viande et de légumes cuits dans une feuille de bananier. On retrouve quelques en-cas savoureux comme l'empanada (feuilleté garni de viande, d'œufs ou de légumes) ou les *tostones* (des bananes plantain frites), à manger sur le pouce. L'asopao est une soupe épaisse de riz, de légumes et de viande.

La bandera est le plat national censé représenter le drapeau du pays. Il se compose de riz, de viande en sauce (généralement du poulet) et de haricots rouges. Le poulet est très populaire et on le retrouve sous forme de ragoût comme le *pollo guisado*, un poulet dans une sauce tomate au vin blanc avec des poivrons et des olives. La recette du *chivo guisado picante*, similaire, se prépare avec de la viande de chèvre et on y ajoute du piment. Le *chenchén*, typique du sud du pays, est un plat de chèvre en sauce accompagnée de morceaux de maïs bouilli avec des épices.

Côté porc citons le *puerco en puya ou puerco asado*, un cochon entier grillé ou encore le mondongo, des tripes à la mode dominicaine. Le buche e perico est un ragoût de maïs et de lard fumé tandis que les chicharrones sont des morceaux de couenne de porc frits jusqu'à devenir soufflés et croquants comme des chips. Sans oublier le sancocho ou prieto, un ragoût pouvant contenir jusqu'à sept types de viande différents (côtes de porc, poitrine de porc, cuisses de poulet, etc.) et des légumes assortis. Enfin le chimichurri burger n'a rien à voir avec la sauce chimichurri que l'on retrouve en Argentine. C'est un hamburger avec un steak haché généreusement épicé (origan, ail, persil, piment, etc.) que l'on sert dans un petit pain avec des tomates, de la laitue, du chou râpé et de la salsa golf (proche d'une sauce cocktail à base de mayonnaise et de ketchup). Toujours servi avec une bière glacée.

On retrouve aussi des plats plus complets comme les *niños envueltos* ou chou farci ou encore le *pastelón de plátano maduro*, un gratin semblable à des lasagnes, mais où les pâtes auraient été remplacées par de la banane plantain. Très commun le moro est un riz avec des haricots rouges ou d'autres types de féculents. Les *chulitos* sont des croquettes de manioc avec une farce de viande hachée. Enfin le locrio est une adaptation dominicaine de la paella avec diverses viandes (côtes de porc, salami, poulet, etc.).
Si le poisson n'est pas forcément aussi populaire que la viande – ce qui peut sembler paradoxal pour une île – on prépare quelques recettes savoureuses comme le pescado con coco, un poisson en sauce au lait de coco, plat typique de Samanà ou le cangrejo guisado, un crabe mariné aux herbes, cuisiné en sauce.

Desserts et café

La pâtisserie dominicaine met à l'honneur gâteaux et entremets, comme le classique *bizcocho dominicano* qui se compose d'une recette de gâteau de base avec de la vanille et des zestes de citron vert que l'on fourre de confiture d'ananas puis que l'on nappe d'une meringue. Il prend différentes formes, et la meringue est parfois colorée. L'*arepa dominicana* est un gâteau spongieux à la semoule de maïs et à la noix de coco avec des raisins secs. La recette est très différente des *arepas* vénézuélienne et colombienne qui ressembleraient plus à des pains pita fourrés d'une garniture salée à base de viande.
Citons également quelques entremets comme l'*habichuelas con dulce*, une crème onctueuse à base de haricots rouges, cannelle, muscade, lait de coco, lait évaporé, le tout décoré de fruits secs. Ou encore le *jalea de batata*, un pudding crémeux de patates douces cuit lentement avec des épices, du sucre, du lait et du lait de coco. On vous proposera parfois de l'*almibar de frutas*, c'est-à-dire des fruits cuits au sirop, même si les excellents fruits frais du pays ne donnent pas nécessairement envie d'en manger en conserve.
Le *dulce de coco tierno* est une sorte de compote de noix de coco râpée avec du lait, du sucre et de la cannelle, alors que le *dulce de leche en tabla* est l'équivalent local du caramel mou. On ajoutera également les *canquiñas* ou sucres d'orge, ainsi que les *palitos* de coco, des sucettes de noix de coco râpées cuites avec du lait concentré. Une fois cuits, ils sont roulés en petites boules et enrobés d'un sirop à base de sucre, de sirop de maïs et de colorant alimentaire rouge.
Le café fut introduit en République dominicaine en 1715 et depuis l'île cultive cette plante avec un grand savoir-faire. L'arabica représente la quasi-totalité de la production nationale. Les locaux aiment donc beaucoup le café, souvent assez corsé même si on peut aussi le commander allongé (café *americano*).

Alcools

Comme dans le reste des Antilles, le rhum tient une place essentielle dans la culture dominicaine, l'île ayant été l'une de premières zones de plantations de la canne à sucre dans le Nouveau Monde. Quatre marques se disputent âprement le marché : Brugal, Barcelo, Matusalem et Bermudez. Le rhum se décline en plusieurs tons : brun classique et fort en goût, añejo vieilli en fût et à consommer sec, blanc sec et léger, idéal pour préparer toute la palette des cocktails exotiques parmi les plus simples – cuba libre (rhum allongé de cola) ou santo libre (rhum additionné de limonade avec une rondelle de citron vert et beaucoup de glace). Tous les cocktails à base de rhum – rhum punch, banana-mama, planteur, mojito, daiquiri, etc. feront votre bonheur, même si le plus célèbre reste la piña colada (jus d'ananas, lait de coco et rhum).
Tout comme le rhum, la bière est une institution. Elle se boit bien fraîche, parfois glacée. Les marques nationales sont Quisqueya, Bohemia et Presidente, cette dernière tenant sans conteste le haut du pavé. C'est la marque de bière la plus consommée en République dominicaine, tellement populaire que l'on ne commande pas une Présidente, mais directement une fria, comprendre « une glacée ». Côté vins, il n'y a pas de production vinicole locale. En revanche, on trouve de bons vins chiliens, argentins, italiens, français et espagnols. Pour ceux qui aimeraient un cocktail sans alcool, ils siroteront un morir soñando – comprendre « mourir en rêvant » – un cocktail à base de lait, de jus d'orange, de vanille et de sucre de canne.

© MARIO DE MOYA F - ISTOCKPHOTO.COM

Habichuelas con dulce.

AGENDA

Les festivités et évènements de la République dominicaine sont nombreux, et ses habitants aiment faire la fête ! La plus importante célébration dominicaine est à n'en point douter le grand carnaval du 27 février, date fixe correspondant à la bataille d'indépendance du pays (février 1944). Mais les autres carnavals sont bien plus nombreux encore : leurs dates correspondent soit à la célébration de fêtes patriotiques (bataille d'indépendance du 27 février, donc, et bataille de la restauration de la République du 16 août), soit à celle de fêtes patronales (en l'hommage d'un saint ou d'une sainte). Une même ville peut donc connaître jusqu'à quatre carnavals par an ! Par exemple, la ville d'Azua célèbre le 19 mars de chaque année la bataille d'Azua. A ces carnavals s'ajoutent la Semana Santa (Pâques), immense fête religieuse qui paralyse tout le pays pendant une semaine, et des festivals de musique, de merengue et de jazz notamment.

FÊTE DE LA ALTAGRACIA

HIGÜEY

Grand pèlerinage à Higüey.
Tous les 21 janvier.

Très tôt après sa fondation en 1502, la ville d'Higüey devint un lieu de culte important. On y célèbre *la Vírgen de la Altagracia,* patronne du pays connue pour ses nombreux miracles, mère protectrice et spirituelle des Dominicains. Encore aujourd'hui, la ville est un centre de pèlerinage important : le 21 janvier, 3 000 fidèles se recueillent dans le nouveau lieu de culte de la Nuestra Señora de la *Altagracia* (Notre-Dame d'Altagracia). Une grande célébration à l'occasion de laquelle on pourra presque palper la ferveur religieuse des Dominicains.

MASTER OF THE OCEAN

PLAYA ENCUENTRO

www.masteroftheocean.com

Fin février.

Compétition internationale annuelle de surf, windsurf, kitesurf et stand-up paddle. Une bonne occasion de voir à l'œuvre les meilleurs *riders* du pays, voire du monde. La compétition se déroule sur la plage Encuentro. Plus de 32 pays (17 langues) participent à l'événement : le champion sera celui qui saura se montrer le meilleur à la fois en surf, kitesurf, planche à voile, et paddle. L'événement se déroule sur 5 jours et se conclut par un festival électro sur la plage. Consultez le site internet pour connaître les dates exactes de chaque édition.

CARNAVAL EN LA REPÚBLICA DOMINICANA

Le 27 février.

La fête nationale est l'expression de l'identité dominicaine et la fête la plus importante ! On assiste à une liesse populaire dans tout le pays en mémoire du jour de l'indépendance, le 27 février 1944. Toutes les classes de la société y participent et chaque ville possède ses coutumes. Le carnaval est une fête populaire très mobilisatrice en République dominicaine. Dans la capitale, c'est sur l'avenue de bord de mer (Malecón) qu'il faudra se rendre pour assister au défilé.

SEMANA SANTA

La semaine précédant le lundi de Pâques (fin mars ou début avril selon les années).

Pendant la *Semana Santa,* la semaine précédant le lundi de Pâques, le pays s'arrête de vivre et... fait la fête ! On ne trouve plus une chambre d'hôtel de longues semaines à l'avance sur la côte, plus une voiture à louer, et le pays affiche complet. C'est la folie dans les lieux touristiques, sur les plages, dans la rue, dans les discothèques, le jour comme la nuit. Au milieu des festivités, du jeudi minuit au vendredi minuit, la musique s'arrête partout dans le pays avant de reprendre dans un vacarme étourdissant jusqu'au dimanche soir. Une célébration impressionnante !

FESTIVAL DE MERENGUE

SANTO DOMINGO

Fin juillet, à Saint-Domingue.

Le mois de juillet réserve son lot de célébrations lui aussi : les rues de la capitale de la République dominicaine se transforment en autant de pistes de danse à ciel ouvert ! Le Festival du Merengue anime tous les Dominicains de 7 à 77 ns, chacun donnant le meilleur de lui-même pour honorer la danse dans le plus pur style dominicain. Pendant une semaine, des concerts sont assurés partout, ainsi que toutes sortes d'animations plus festives les unes que les autres. Marchés, étals de nourriture typiques, musique et danse à gogo !

CARNAVAL

Le 16 août.

Le 16 août, comme lors de la fête nationale du 27 février, costumes et chars envahissent les rues de tout le pays en mémoire de la bataille de la restauration de la République, le 16 août 1960. Les célébrations les plus importantes ont lieu à Santiago de los Caballeros, San Pedro de Macoris, La Vega et Santo Domingo. L'ambiance y est électrique et la fête bat son plein ce jour-là, à grand renfort de merengue, de bière et de rhum ! N'hésitez pas à vous renseigner sur le défilé si vous êtes de passage en République dominicaine à cette époque de l'année.

FESTIVAL PRESIDENTE

SANTO DOMINGO

3 jours au mois d'août ou au mois d'octobre.

Ancien Festival de la Musique latine, il a depuis pris le nom de son principal sponsor : Festival Presidente. De grands noms de la musique latine et internationale – Enrique Iglesias, Ricky Martin et Justin Timberlake étaient présents pour l'édition 2017 – s'y produisent plusieurs jours durant à Saint-Domingue. Attention, le festival n'a pas lieu chaque année (a priori tous les deux ans), vérifier sur www.presidente.com.do. Un festival à ne surtout pas manquer si par hasard vos dates de voyages coïncident avec celles de la tenue du festival.

FÊTES PATRONALES DE AZUA DE COMPOSTELLE

Le 8 septembre à Azua de Compostelle.

Lors des fêtes patronales de Azua de Compostelle, foires, musique, danses et alcool sont de la partie en l'honneur de Nuestra Señora de los Remedios, patronne de la ville. Les animations sont nombreuses : courses d'ânes, ***Baile de los Enmascarados*** (connue également comme « danse du ruban », les danseurs ayant la vue cachée par un ruban) et cavalcade des « diables » dans les rues. Des célébrations religieuses sont également assurées. Ici comme à Bani en novembre ou dans tout le pays pendant la Semana Santa, la température monte très vite !

Carnaval de Santo Domingo.

LE CARNAVAL

LA FÊTE À LA SAUCE DOMINICAINE

Contrairement à la plupart des pays où le carnaval n'a pas lieu à une date fixe – car indexée sur le calendrier chrétien –, la République dominicaine célèbre son carnaval le jour de la fête nationale, qui est l'expression de l'identité dominicaine et la fête la plus importante en mémoire du jour de l'indépendance, le 27 février 1844. Mais le 16 août est également un moment de ferveur nationale, tandis que les fêtes patronales justifient des carnavals plus locaux mais non moins flamboyants.

Un carnaval aux personnages nombreux

Le premier carnaval dominicain a été célébré en février 1520 à la Vega Vieja, en l'honneur de Bartolomeo de las Casas, prêtre missionnaire qui visitait la région. Puis, au cours de la période coloniale, on avait coutume de célébrer de nombreux carnavals. Des documents historiques nous ont également appris que, dès 1795, un grand carnaval était célébré à Santiago de los Caballeros à l'occasion de la fête patronale. Aujourd'hui, les dates du carnaval coïncident avec l'anniversaire du jour de l'indépendance nationale, le 27 février, et celui de la restauration de la République, le 16 août. Le carnaval est avant tout une fête populaire où l'improvisation collective joue un grand rôle : toutes les classes de la société y participent et l'atmosphère de fête qui règne dans tout le pays y trouve son apothéose. Masques et costumes sont au rendez-vous, faisant écho à des coutumes puisant leurs racines aussi bien du côté de l'Afrique que de l'Espagne. C'est en observant les *comparsas*, ces troupes masquées défilant dans les rues (tradition carnavalesque importée à la fin du XXe siècle par les propriétaires espagnols chassés de Cuba) que l'on prendra la mesure de la variété de différences culturelles qui composent l'ADN dominicain. Chaque ville possède ses traditions bien établies, avec ses masques, ses costumes, ses musiques et ses personnages.

Au hit-parade des personnages carnavalesques, on trouve les *Africanos*, les *Indios*, les *Ali Baba*, les *Diablos Cojuelos* (« diables cornus »), les *Poules*, les *Se Me Muere Rebeca*, les *coqs* et les *caïmans*. Parmi les figures les plus emblématiques du carnaval dominicain, on retrouve le Roi Calife, un poète vêtu d'un frac et d'un chapeau noir. Il critique en vers les hommes politiques et les personnages publics et c'est lui qui ouvre le grand défilé officiel du carnaval. Les diables cornus sont quant à eux l'emblème du carnaval et l'âme de la fête. Selon la légende populaire, ils représentent les esprits du mal. Ils portent des masques avec de grandes cornes et d'énormes dents pointues, et poursuivent le public en faisant mine de le frapper avec des vessies de vaches. Roba la Poule est une autre figure emblématique : il s'agit d'un homme déguisé en femme arborant une poitrine démesurée. Il représente une poule quémandant de la nourriture pour ses petits. Pendant le défilé, il demande des confiseries au public.

Les carnavals les plus importants

En plus des grands carnavals nationaux du 27 février et du 16 août, les dates des carnavals correspondent à la célébration de fêtes patronales, tenues en l'hommage du saint (ou sainte) protecteur de la ville. Une même ville peut ainsi connaître jusqu'à trois carnavals par an ! Par exemple, la ville d'Azua célèbre le 19 mars de chaque année la bataille d'Azua. Les carnavals les plus célèbres sont toutefois ceux de Santo Domingo, de San Pedro de Macoris, San Fernando de Monte Cristi, Samaná et La Vega.

Le carnaval de Santo Domingo se célébrait à l'origine sur le Condé. Mais la construction du Malecón, l'avenue de bord de mer, a supplanté le vieux Condé, et aujourd'hui y défilent les meilleures *comparsas* du pays. Il se termine par une parade de gala haute en couleur sur le Malecón. A San Pedro de Macoris, les *guyolas* défilent avec des costumes décorés de petits miroirs au son des tambours rustiques. Défilent également les Cocolos, des descendants des anciens esclaves dont la tradition de « théâtre dansé afro-anglais » est inscrite au patrimoine immatériel de l'Unesco. La tradition du théâtre dansé Cocolo est née au milieu du XIXe siècle parmi les immigrés britanniques des Caraïbes venus chercher du travail en République dominicaine. Mêlant la musique et la danse, cette tradition s'inspire stylistiquement des sources africaines, qu'elle enrichit d'éléments européens, notamment bibliques.

A Montecristi, la lutte entre civils non déguisés et *toros* masqués et armés d'un fouet se déroule chaque dimanche du mois de février dans les rues. A Samaná, les diables sortent chaque dimanche de février armés de fouets et de vessies, accompagnés de la Mort, un personnage terrifiant. Le carnaval de La Vega est l'un des plus vieux du pays. Les diables cornus, aux cornes ornées de piquants, fouettent les spectateurs de manière ininterrompue.

FESTIVAL DE MERENGUE

PUERTO PLATA

A Puerto Plata fin septembre.

Si vous voyagez à Puerto Plata fin septembre/début octobre, vous pourrez profiter de l'amusant festival de merengue. La promenade devient le lieu idéal pour déguster des plats chauds et de la bière dans les stands aménagés pour l'occasion. Tout cela accompagné de défilés, démonstrations de danse – parfois très *caliente* –, de spectacles et de foires. On aura aussi à cette occasion la possibilité d'en apprendre davantage sur le merengue, des expositions en relatant l'histoire étant assurées. Exposition des travaux d'artistes locaux également.

FESTIVAL DE JAZZ DE RÉPUBLIQUE DOMINICAINE

CABARETE

drjazzfestival.com

Sur la plage de Cabarete. En novembre.

Initié dans les années 1990, ce festival de jazz a avec les années acquis une excellente réputation sur la scène mondiale. Des artistes de renommée internationale s'y sont déjà produits comme Chuck Mangione, David Sanchez, Ray Baretto et Nestor Torres. Les concerts se déroulent sur la plage de Cabarete et sont totalement gratuits. Généralement, les artistes invités se produisent à Santiago de los Caballeros et à Puerto Plata avant de se rendre dans la zone de Cabarete-Sosúa.

FESTICAFÉ

POLO MAGNETICO

✆ +1 829 719 3603

Fin octobre.

Située à plus de 700 mètres au-dessus du niveau de la mer, Polo Magnetico, municipalité des hautes terres, est connue pour sa production de café biologique, bénéficiant des conditions de sol et de climat parfaites pour créer un mélange riche et sombre exporté à l'étranger. Le premier week-end de juin marque la fin de la récolte du café. Les ouvriers agricoles de la région de Bahoruco et des alentours célèbrent cet événement depuis 2004 le dernier week-end d'octobre par une grande fête où l'on s'amuse et danse en buvant beaucoup, beaucoup, BEAUCOUP de café !

FÊTES PATRONALES DE BANI

BANI

Le 21 novembre à Bani.

Si le 21 novembre est le véritable jour de la célébration religieuse de la sainte patronne de la ville de Bani, la Vierge Nuestra Señora de Regla, les festivités commencent de fait une dizaine de jours plus tôt, autour du 10/11 novembre.

Dans une ambiance digne de la Semana Santa, le village s'arrête de travailler et fait la fête. Musique à se déchirer les tympans, alcool coulant à flots... le plus souvent dans la joie et la bonne humeur. L'ultime célébration se tient le 21, sur la place Joaquín Sergio Inchaustegui, face à l'église.

Récolte du café.

PASSEPORT

SANTO DOMINGO ET SA RÉGION

Située à l'embouchure de la rivière Ozama, sur la mer des Caraïbes, la capitale du pays tient son nom de saint Dominique de Guzmán, fondateur de l'ordre dominicain. Elle a été fondée le 4 août 1496, jour où l'on fêtait le saint à l'époque, même si elle fut baptisée dans un premier temps Nueva Isabela, en hommage à la reine Isabelle de Castille. Elle prendra le nom de Santo Domingo de Gúzman après avoir été détruite par un cyclone en 1502. Sachez aussi que Domenico était le prénom du père de Christophe Colomb et des frères de ce dernier. Entre 1936 et 1961, la ville portera également le nom de Ciudad Trujillo en référence au dictateur Rafael Trujillo qui dirigea le pays à cette époque. La région est la plus moderne, la plus urbanisée qui ne manque pas d'attractions, mais c'est en la quittant et en allant vers les plages isolées, les forêts sauvages et les sommets déserts que vous approcherez d'une autre vérité du pays.

Santo Domingo et sa région
MONTE PLATA
Monte Plata
Yamasá
Los Botados
Villa Altagracia
Parque Nacional Montaña La Humeadora
San Francisco
Bayaguana
PERAVIA
Sabana Larga
La Ciénaga
Presa de Jigüey
AZUA
Sabana Yegua
AZUA
Estebanía
Las Charcas
SAN JOSÉ DE OCOA
LOS CACAOS
Presa de Aguacate
La Cuchilla
Pedro Brand
SANTO DOMINGO
La Victoria
Medina
Los Alcarrizos
Santo Domingo Norte
Santo Domingo Oeste
Guerra
Parque Nacional Sierra de Martín García
LAS SALINAS
Pueblo Viejo
Bahía de Ocoa
Punta Vigía
Parque Nacional La Barbacoa
Presa de Valdesia
Cambita
El Carril
DISTRITO NACIONAL
SANTO DOMINGO
SAN CRISTÓBAL
SAN CRISTÓBAL
Bahía de Las Calderas
Palmar de Ocoa
Sabana Buey
Villa Fundación
BANÍ
El Carretón
Yaguate
Nigua
Parque Nacional Litoral Sur de Santo Domingo
La Caleta
Gautier
Punta Salinas
Matanzas
Sombrero
Pizzarete
Paya
Santana
Punta Najayo
Parque Nacional Submarino la Caleta
Andrés
BOCA CHICA
Nizao
Sabana Grande de Palenque
Aeropuerto Internacional Las Américas - Dr. José Francisco Peña Gómez
Bahía de Andrés
MAR CARIBE
Autoroute
Routes principales
Routes secondaires
Routes départementales
Limite de pays
Limite de département
Ville
20 KM

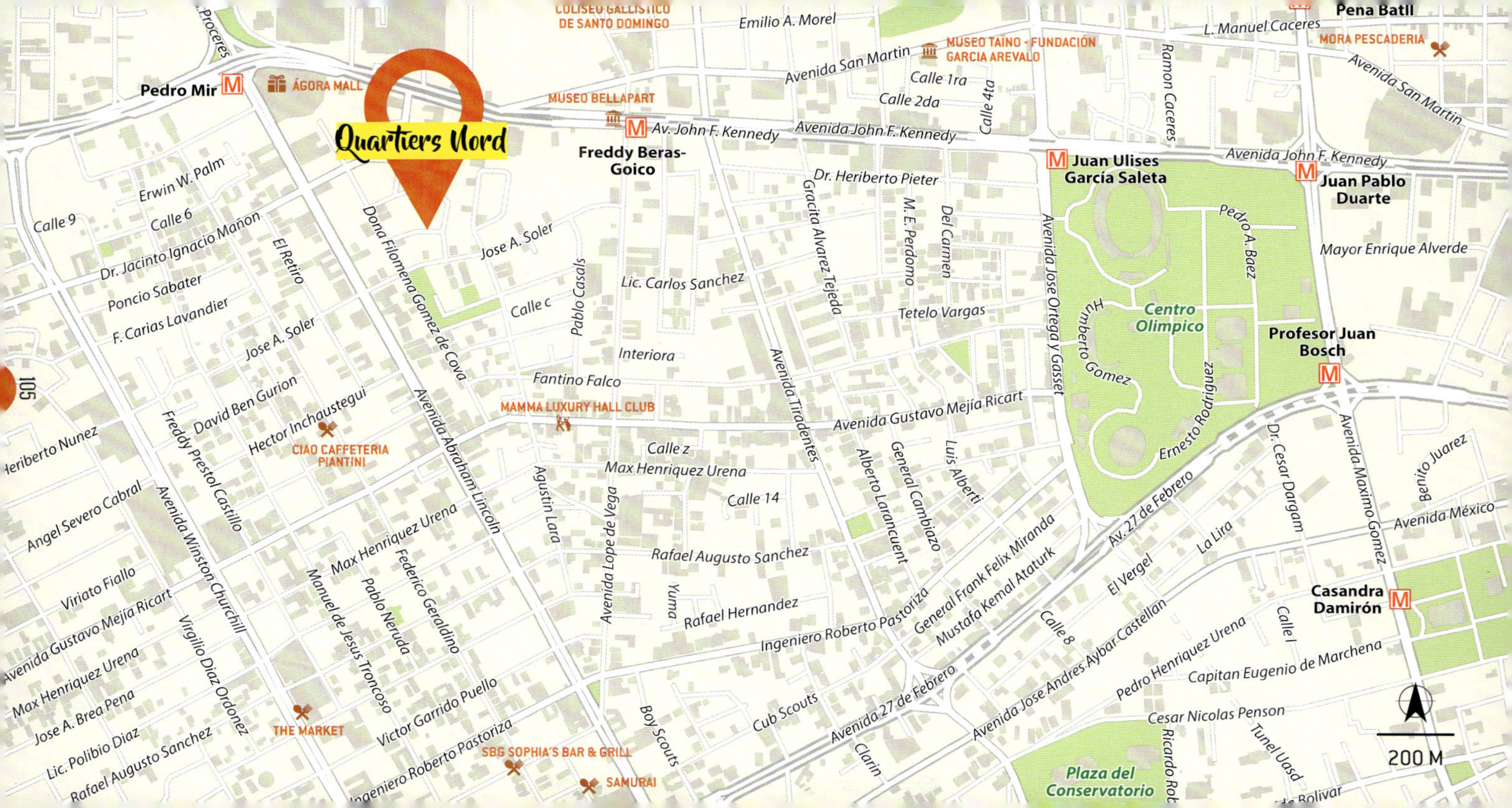
Quartiers Nord
Pedro Mir
ÁGORA MALL
Próceres
COLISEO GALLISTICO DE SANTO DOMINGO
MUSEO BELLAPART
Av. John F. Kennedy
Freddy Beras-Goico
Emilio A. Morel
Avenida San Martin
MUSEO TAINO - FUNDACIÓN GARCIA AREVALO
Calle 1ra
Calle 2da
Calle 4ta
Avenida John F. Kennedy
Ramon Caceres
L. Manuel Caceres
Pena Batll
MORA PESCADERIA
Avenida San Martin
Juan Ulises García Saleta
Juan Pablo Duarte
Mayor Enrique Alverde
Pedro A. Baez
Centro Olimpico
Humberto Gomez
Ernesto Rodriguez
Profesor Juan Bosch
Avenida Jose Ortega y Gasset
Dr. Heriberto Pieter
Gracita Alvarez Tejeda
M. E. Perdomo
Del Carmen
Tetelo Vargas
Lic. Carlos Sanchez
Erwin W. Palm
Calle 9
Calle 6
Dr. Jacinto Ignacio Mañon
Poncio Sabater
F. Carias Lavandier
Jose A. Soler
El Retiro
Dona Filomena Gomez de Cova
Jose A. Soler
Calle c
Pablo Casals
Interiora
Fantino Falco
MAMMA LUXURY HALL CLUB
Avenida Gustavo Mejía Ricart
Avenida Tiradentes
Calle z
Max Henriquez Urena
Calle 14
Alberto Larancuent
General Cambiazo
Luis Alberti
David Ben Gurion
Hector Inchaustegui
CIAO CAFFETERIA PIANTINI
Heriberto Nunez
Freddy Prestol Castillo
Angel Severo Cabral
Avenida Winston Churchill
Avenida Abraham Lincoln
Agustin Lara
Avenida Lope de Vega
Rafael Augusto Sanchez
Yuma
Rafael Hernandez
Ingeniero Roberto Pastoriza
General Frank Felix Miranda
Mustafa Kemal Ataturk
Av. 27 de Febrero
El Vergel
La Lira
Dr. Cesar Dargam
Avenida Maximo Gomez
Benito Juarez
Avenida México
Casandra Damirón
Calle I
Calle 8
Avenida Jose Andres Aybar Castellan
Pedro Henriquez Urena
Capitan Eugenio de Marchena
Cesar Nicolas Penson
Tunel Uasd
Bolivar
Ricardo Rob
Plaza del Conservatorio
200 M
Avenida 27 de Febrero
Cub Scouts
Clarin
Boy Scouts
Max Henriquez Urena
Federico Geraldino
Pablo Neruda
Manuel de Jesus Troncoso
Victor Garrido Puello
Ingeniero Roberto Pastoriza
SBG SOPHIA'S BAR & GRILL
SAMURAI
THE MARKET
Viriato Fiallo
Avenida Gustavo Mejía Ricart
Max Henriquez Urena
Jose A. Brea Pena
Lic. Polibio Diaz
Rafael Augusto Sanchez
Virgilio Diaz Ordonez

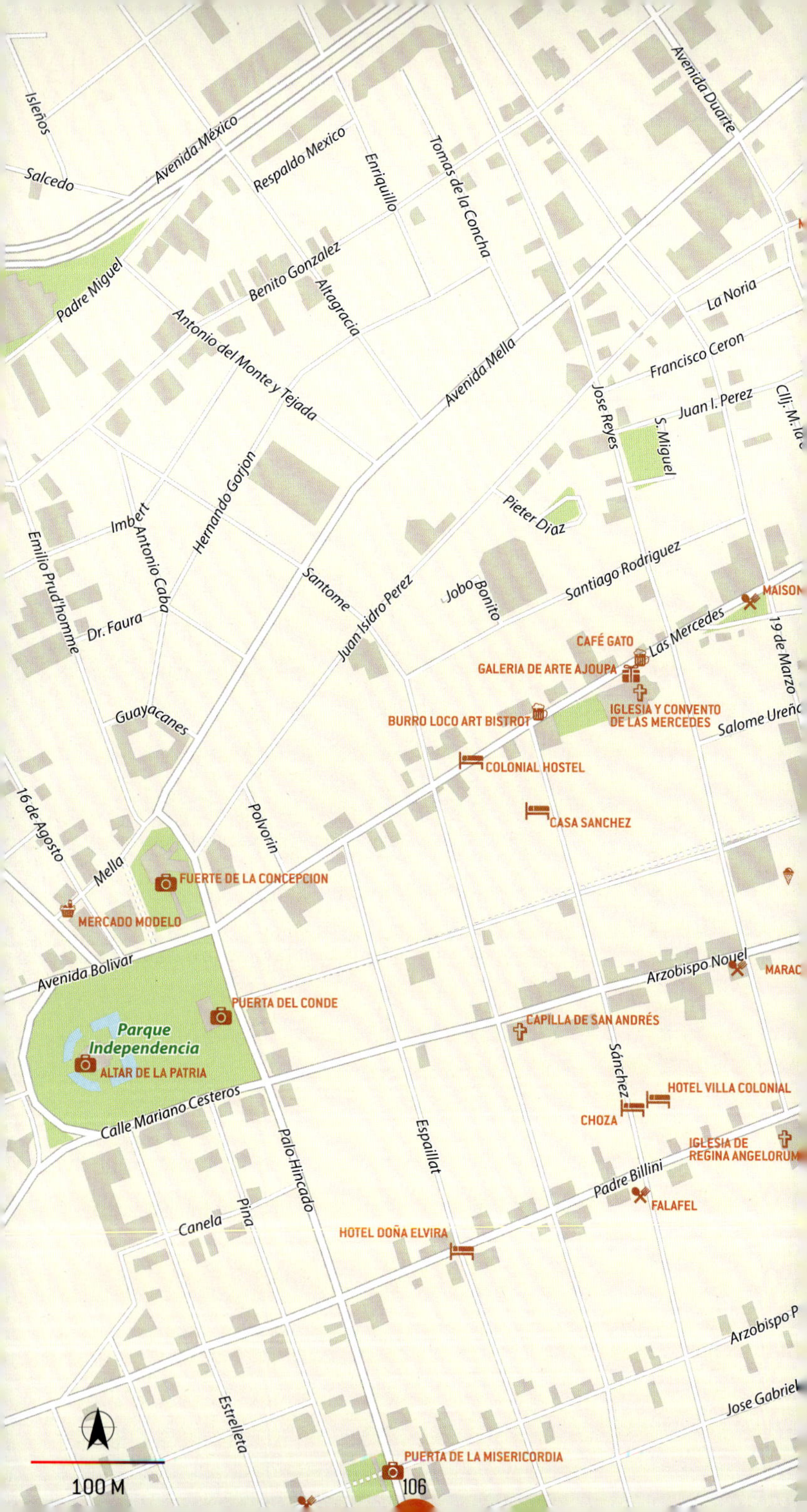
Isleños
Salcedo
Avenida México
Respaldo Mexico
Enriquillo
Tomas de la Concha
Avenida Duarte
Padre Miguel
Benito Gonzalez
Altagracia
Antonio del Monte y Tejada
Avenida Mella
La Noria
Francisco Ceron
Jose Reyes
Juan I. Perez
S. Miguel
Clij. M. la C
Pieter D'az
Imbert
Antonio Caba
Hernando Gorjon
Emilio Prud'homme
Santome
Juan Isidro Perez
Jobo
Bonito
Santiago Rodriguez
MAISON
Dr. Faura
Las Mercedes
19 de Marzo
CAFÉ GATO
GALERIA DE ARTE AJOUPA
IGLESIA Y CONVENTO DE LAS MERCEDES
BURRO LOCO ART BISTROT
Salome Ureña
Guayacanes
COLONIAL HOSTEL
CASA SANCHEZ
16 de Agosto
Polvorin
Mella
FUERTE DE LA CONCEPCION
MERCADO MODELO
Avenida Bolivar
Arzobispo Nouel
MARAC
PUERTA DEL CONDE
Parque Independencia
CAPILLA DE SAN ANDRÉS
ALTAR DE LA PATRIA
Sánchez
HOTEL VILLA COLONIAL
Calle Mariano Cesteros
CHOZA
Palo Hincado
Espaillat
IGLESIA DE REGINA ANGELORUM
Padre Billini
FALAFEL
Canela
Pina
HOTEL DOÑA ELVIRA
Arzobispo P
Estrelleta
Jose Gabriel
PUERTA DE LA MISERICORDIA
100 M

ISLAND LIFE HOSTEL
Vicente C. Duarte
AMBER WORLD MUSEUM
Colón
CASA DE JUAN PABLO DUARTE
Restauración
PLAZA DE ESPAÑA
ALCÁZAR DE COLÓN
PARADA 77
E SAN FRANCISCO
GRAND HOTEL EUROPA
COMER COLONIAL
PAT'E PALO
PUERTA SAN DIEGO
Emiliano Tejera
CASA DEL CORDON
MUSEO DE LAS CASAS REALES
Río Ozama
Avenida del Puerto
Isabel la Católica
CAPILLA DE NUESTRA SEÑORA DE LOS REMEDIOS
Las Mercedes
Arzobispo Meriño
CASA DE LOS JESUITAS
N NICOLAS DE BARI
PANTEÓN NACIONAL
RESTAURANTE 1502
HODELPA - NICOLÁS DE OVANDO
HODELPA CARIBE COLONIAL
FLOR ÁMBAR GIFT SHOP
General Luperon
MOSQUITO BOUTIQUE HOTEL ZONA COLONIAL
ADLA
EL MERCADO COLONIAL - MERCADO ARTESANIA ALOYSIE
BUCHE PERICO
HOTEL CONDE DE PEÑALBA
JALAO
SEGAZONA
PAPGATERIA
Duarte
El Conde Peatonal
CHU CHU COLONIAL
Las Damas
NOVUS PLAZA HODELPA
CATEDRAL SANTA MARÍA LA MENOR PRIMADA DE AMÉRICA
MESÓN DE BARI
CAFETERA
FORTALEZA OZAMA
ONNO'S
Pellerano Alfau
MORICETTE
EL SARTÉN
Padre Billini
Hostos
EL PATIO CULINARIO
ILE AU TRESOR ATELIER
EL BEATERIO
CASA NAEMIE GUEST HOUSE
PARQUE DUARTE
IGLESIA ET CONVENTO DE SANTA CLARA
IGLESIA DEL CONVENTO DE SANTO DOMINGO
TAPAO
PORTES 9
MUSEO DEL LARIMAR
IGLESIA DE NUESTRA SEÑORA DEL CARMEN
ASA DEL XVI
Macoris
OTEL
Zone coloniale et Malecón
SISTENCIA
Paseo Presidente Billini
Mer Caraïbe
MONUMENTO A FRAY ANTON DE MONTESINOS

PAGES

On trouve dans les environs directs de Santo Domingo quelques localités qui méritent le déplacement : San Cristóbal, doit son nom à la forteresse érigée sur l'ordre de Christophe Colomb sur les rives du fleuve Haina ; Bani, ville agricole réputée pour son dulce de leche et ses confiseries locales à base de lait de chèvre et de sucre, mais aussi pour sa petite église dédiée à Nuestra Señora de Regla ; la minuscule bourgade de Punta Salinas, qui vit loin de toute agitation touristique et qui s'anime surtout le week-end, quand les citadins envahissent la plage ; et enfin Azua de Compostelle, où l'on se rend le 8 septembre pour sa fête patronale en l'honneur de Nuestra Señora de los Remedios, mais aussi pour goûter à sa spécialité locale, un fromage de chèvre de tradition espagnole qui se consomme avec une galette de manioc (casabe).

Vieille de plus d'un demi-millénaire, la ville d'Azua de Compostelle eut une histoire quelque peu agitée : elle fut en effet détruite à trois reprises au cours du XIXe siècle. C'est aujourd'hui une ville portuaire dédiée à l'importation et à l'exportation de marchandises. Elle est également réputée pour son fromage de chèvre espagnol et sa fête patronale, célébrée le 8 septembre.

© EUGENIA VELASCO - SHUTTERSTOCK.COM

Las Salinas.

SANTO DOMINGO

© HOLGER METTE

Des fils électriques entrelacés au-dessus des trottoirs aux enseignes colorées surdimensionnées, des petits commerces de rue à la foule qui se presse, tout concourt à donner un sentiment de frénésie. Santo Domingo est une ville débordante de vie, épuisante, où se bousculent mille sollicitations : petits cireurs de chaussures, vendeurs ambulants de fruits, de journaux, d'accessoires automobiles et téléphoniques, guides touristiques amateurs, qui vous assaillent à chaque carrefour : « *Diario ! Flores ! Maní ! Mangos !* ». Une ville exubérante où la rue est un feu d'artifice de couleurs : couleurs des métissages, couleurs des vêtements, couleurs des maisons basses, couleurs des voitures, couleurs du ciel… Mais, derrière ce bouillonnement, vous découvrirez vite le charme de la capitale de la République dominicaine, fait de langueur tropicale, de rires, de joie de vivre et de nuits festives au rythme du merengue.

SE REPÉRER SE DÉPLACER

Tout autour du Parque Enriquillo s'agglutinent les *guaguas* (mini bus) qui desservent tout le pays pour des prix plus modiques que les grandes compagnies, mais dans des conditions de confort parfois précaires. Les départs s'effectuent le plus souvent quand le véhicule affiche complet. Pour quitter Santo Domingo en voiture, n'oubliez pas de vous munir de pièces de monnaie, car il vous faudra payer 30 pesos pour sortir de l'agglomération de la capitale. En passant par les caisses automatiques « Cambio exacto », cela vous évitera de faire la queue, parfois longue. La ligne 1 du métro fonctionne sur 16 stations du nord au sud. La ligne 2 dessert 18 stations de l'ouest au nord-est. Le taxi est également une option à considérer. Une fois dans la zone coloniale, vous vous déplacerez essentiellement à pied... ou à vélo ! Les deux-roues fleurissent en effet. Deux agences recommandées ici : Zona Bici et Sunny Bike Rental.

AEROPUERTO DR JOAQUIN BALAGUER (LA ISABELA)

El Higüero
✆ +1 809 947 2225
www.aerodom.com
Compter 35 US$ et 30 minutes en taxi.

Ce petit aéroport moderne situé au nord de la ville dessert les lignes intérieures : des vols d'affaires et de tourisme partent tous les jours vers les principales villes du pays. L'aéroport Dr Joaquin Balaguer permet d'effectuer également des vols internationaux, mais seulement pour les Antilles. Attention, en voiture la route pour s'y rendre n'est pas bien signalée. N'hésitez pas à demander votre chemin, les locaux vous indiqueront alors comment y parvenir.

AEROPUERTO LAS AMÉRICAS

Situé à 25 km à l'est de la ville.
✆ +1 809 947 2225
www.aerodom.com
Compter 40 US$ en taxi jusqu'à la zone coloniale (30 minutes si la circulation est fluide).

L'aéroport principal de la capitale, très semblable aux grands aéroports internationaux, est situé au bord de la mer des Caraïbes. Pour vous rendre au centre-ville : taxi, bus (irréguliers et peu pratiques car ils s'arrêtent au bout de l'avenue Las Américas et ne vont donc pas jusqu'à la zone coloniale), ou VTC si vous disposez d'un accès internet. A votre départ il n'y a pas de taxe de sortie si votre séjour a été inférieur à 31 jours. Si vous restez de 1 à 3 mois, vous devrez payer 2 500 $ supplémentaires, 4 000 $ de 3 à 9 mois, et 5 000 $ de 9 mois à 1 an.

AUTOBUSES METRO

Angle des avenues Winston Churchill et Pratts
✆ +1 809 227 0101
www.metroserviciosturisticos.com
Devis sur demande.

Depuis plus de 30 ans, cette compagnie de bus dessert Santiago, Puerto Plata, Sosúa et Casa de Campo. Possibilité de réserver l'intégralité d'un bus (capacité de 58, 54 ou 16 passagers) ou de demander des prestations particulières lors de tournée musicale par exemple. Le site internet des Autobuses Metro délivre toutes les informations nécessaires pour un voyage réussi : horaires des bus, info trafic, réservation en ligne... Les lignes de bus circulent régulièrement et les bus sont confortables. Trajet en toute quiétude assurée.

CARIBE TOURS

Angle des avenues 27 de Febrero et Navarro
✆ +1 809 221 4422
www.caribetours.com.do

La compagnie Caribe Tours dessert tous les centres touristiques et les villes importantes du pays, avec des liaisons très fréquentes. Vous pouvez consulter les horaires, l'état de circulation des bus, et réserver vos billets sur le site Internet (il est parfois un peu difficile de réserver un trajet au départ d'une autre ville que Santo Domingo, ainsi dans le sens inverse, rendez-vous à un comptoir de la compagnie en gare routière). Caribe Tours est le moyen le plus sûr, le plus économique et assez confortable pour voyager dans l'île.

QUARTIERS

La capitale s'étire le long de la mer des Caraïbes et déborde de ses barrières naturelles (fleuve Ozama à l'est, fleuve Haina à l'ouest et Isabela au nord). Comme dans toute architecture de ville espagnole, les *barrios* sont quadrillés par des artères principales qui se croisent à angle droit. Une bonne astuce pour se repérer consiste à mémoriser les grandes rues à l'aide desquelles les Dominicains localisent les adresses. C'est alors très simple : la Churchill, la Lincoln, la Maximo Gómez, la Duarte traversent la ville du nord au sud ; le Malecón, la Independencia, la Bolivar, la Mexico, la 27 de Febrero et la Kennedy la découpent d'est en ouest, la *esquina* faisant les angles de chacune. Les distances sont longues à Santo Domingo et, pour le moindre déplacement, il est nécessaire de prendre un taxi, de voyager en transport en commun, ou de prendre le métro climatisé. Les embouteillages sont le lot quotidien des habitants de la capitale.

Zone coloniale et Malecón

La zone coloniale qui s'est dernièrement refait une beauté est le quartier touristique par excellence. Pourtant, elle ne se limite pas aux simples touristes et la partie historique n'est pas un parc d'attractions : on y vit aussi. Les *colmados* de la zone coloniale ne désemplissent pas le soir et chacun vient, au gré de ses habitudes, boire une bière, un rhum ou un café. Les lieux ont leurs histoires, des histoires qui survivent au temps et qui vivent leur présent en partageant aujourd'hui avec l'étranger de passage la nostalgie du passé, des conversations ou de simples rires, pour le meilleur et pour le pire... Sur la place Colomb, on croise des taxis trop chers, des guides pas toujours officiels, mais, dans le Condé, à la Cafetera, on rencontre encore les intellectuels dominicains venus échanger ou simplement déguster un café maison... La zone coloniale, musée à ciel ouvert, abrite aussi des lieux de vie conviviaux, notamment la grande majorité de l'offre hôtelière et gastronomique ; c'est donc l'option idéale pour suivre les pas des premiers conquistadors. Et sur ses rives, en regardant l'horizon ondoyant, vous pourrez songer aux premières caravelles...

Le sud-ouest de Saint-Domingue est plutôt riche. Y sont regroupés les sièges de certaines entreprises, les ministères, les universités les plus connues, ainsi que les grands hôtels et les casinos. Le Malécon, qui correspond sur les cartes à l'avenue George-Washington, longe tout le front de mer en direction de l'ouest. Le soir, les ribambelles d'enfants, les rires, la musique traditionnelle ou les retransmissions de *béisbol* rythment la vie, entre amis, en amoureux ou en famille. On aime s'y balader, manger, jouer et profiter ainsi de la fraîcheur, avec le bruit des vagues comme musique de fond. Le parc Mirador del Sur permet également de trouver un peu de fraîcheur et d'ombre, alors que les riches Dominicains s'achètent des appartements très luxueux à proximité. Quelques places commerçantes émaillent le centre de cette zone, mais c'est surtout la place de la Culture (Plaza de la Cultura) et ses musées qui retient l'attention.

Dans la zone coloniale de Santo Domingo.

© DANIELGIL - SHUTTERSTOCK.COM

Vue sur Malecón.

Quartiers au nord et à l'est

Quartiers Nord. Santo Domingo est une ville en perpétuelle expansion et, bien sûr, le seul espace dont elle dispose vraiment pour continuer à s'étendre se trouve au nord de la zone coloniale. C'est donc une zone très variée, à la fois commerçante, résidentielle et quartier d'affaires. Dans la partie ouest de cette zone jusqu'aux rives du fleuve Ozama s'étirent des *barrios*, des quartiers populaires, pauvres et défavorisés. Puis, en se rapprochant du centre-ville, on pénètre des zones marchandes, avec des restaurants chics, de grands centres commerciaux, le tout entrecoupé de grands immeubles ou de quartiers résidentiels composés de pavillons.

Plus au nord, on trouve le jardin botanique, poumon vert de Santo Domingo où il fait bon se prélasser, découvrir les orchidées endémiques de l'île ou faire un jogging avec les cadres de la bonne société dominicaine au petit matin... Un peu plus loin, c'est le zoo national et, encore plus au nord, les résidences chic et chères comme Arroyo Hondo, un peu du rêve américain aux frontières de la ville...

© SIR PENGALLAN - ICONOTEC

Bidonvilles dans un quartier populaire de Santo Domingo.

A l'Est du fleuve Ozama, place à un tableau dominicain par excellence : ça grouille, c'est coloré, musical, bruyant, animé... En bref, des rues pleines de vie, où la classe populaire dominicaine trouve ses quartiers, mais pas seulement... L'aquarium, une plage, la marina, des balades, de grands bars à l'américaine où l'on diffuse du *beisbol*, de petits *colmados* et de bonnes *empanadas* comme de discrètes *cabañas* pour des amours infidèles, voilà quelque peu l'ambiance de ce quartier chaleureux.

On y trouve aussi le seul endroit de la ville où l'on puisse se baigner, la Caleta, où l'on plonge depuis des galions échoués, où l'on cherche les amandes fraîches sur la roche aiguisée et le sable poussiéreux...

On y trouve aussi le phare Colomb et son musée. Pour ceux qui préfèrent rester au frais à découvrir les lacs souterrains des Los Tres Ojos, la faune et les peintures rupestres y valent le spectacle.

GUAGUA

Parque Independencia et Parque Enriquillo

Prix en fonction du trajet souhaité, de la distance et du nombre de bagages.

Les *guaguas* sont de petits bus de transport public, avec des prix très abordables et une ambiance tout à fait typique, qui desservent tout le pays. Les départs se font en général depuis la station du parc Independencia à Santo Domingo, ou du parc Enriquillo. Selon les prix et les horaires, vous pouvez avoir ou non la climatisation, ce qui est fort appréciable si le trajet choisi est long… A noter que si vos bagages prennent une place assise, on vous fera payer la place ! Pour des trajets au plus près du quotidien des habitants.

ADLA

155 Calle Isabel la Católica

✆ +1 809 602 0112

www.adaa-rd.com

Ouvert tous les jours de 8h30 à 13h et de 14h30 à 19h. Compter de 50 US$ à 90 US$ par jour selon le type de véhicule.

Adla est une agence française, tenue par une équipe francophone. On vous propose ici la location de véhicules avec un faible kilométrage, de différentes capacités. Forfaits de toutes durées, service de mise à disposition personnalisé, à l'aéroport ou à l'hôtel, tarifs dégressifs en fonction de la durée de location. Le réseau Adla compte trois agences dans le pays, à Santo Domingo, Punta Cana et Las Terrenas. Quelle que soit l'heure de livraison souhaitée, l'agence vous livrera sans aucun problème. Il ne reste plus qu'à vous souhaiter bonne route.

EUROPCAR

354 calle Independencia

✆ +1 809 6882121

www.europcar.com

Ouvert tous les jours de 7h à 22h.

Franchise de l'enseigne internationale, Europcar Santo Domingo propose à la location des véhicules de tous types, berlines de diverses capacités et 4x4, en excellent état et très bien entretenus avec assurances et services annexes. Les tarifs sont dégressifs selon la durée de location. Possibilité de *drop off* dans une autre agence de l'enseigne, par exemple à l'aéroport Las Americas, ou les autres aéroports du pays. Accueil et service impeccables. Au volant d'un véhicule Europcar, vous partirez sur les routes du pays en toute sécurité.

HOPE RENT A CAR

A 3 km de l'aéroport de Las Americas

✆ +1 809 549 8566

www.hoperentacar.com

Ouvert tous les jours de 8h à 20h. Location de trois jours minimum, à partir de 150 US$.

Cette entreprise loue une cinquantaine de voitures : des berlines aux véhicules 4x4 tout-terrain, récents pour la plupart et bien entretenus. Depuis presque 30 ans, Hope Rent a Car offre un service personnalisé avec service de réception à l'aéroport ou à votre hôtel gratuitement, et fera pour vous les démarches si vous voulez passer la frontière avec Haïti. La société dispose d'une antenne à Santiago et à Boca Chica ; vous avez aussi la possibilité de laisser le véhicule en un point quelconque du pays moyennant un supplément.

METRO

www.metrosantodomingo.com

60 $ la carte rechargeable et 35 $ le trajet. Circule tous les jours de 6h à 22h30.

Deux lignes fonctionnent actuellement. La ligne 1 dessert 16 stations, soit 14 km entre Centro de los Heroes (au sud) et Mama Tingo (au nord). La ligne 2 dessert 14 stations, soit 10 km entre Maria Montez à l'ouest et Eduardo Brito au nord-est. Les stations sont reconnaissables avec leur grand « M » bleu en majuscule. Le métro transporte jusqu'à 300 000 passagers par jour.

▶ **De nouvelles lignes sont en projet** pour les prochaines années. Trois entreprises françaises ont remporté les appels d'offres : Alstom, Thalès et Siemens, et le groupement CIM/TSO.

ZONA BICI

217 Arzobispo Merino

✆ +1809793 9939

www.zonabicird.com

7 US$ pour 1h, 13 US$ pour 2h, 19 US$ la demi-journée. Tours guidés 1 750 $/personne (1h30).

Un loueur de vélos désormais bien installé dans le paysage de Santo Domingo (et désormais à Puerto Plata). L'agence dispose d'une centaine de vélos permettent de sillonner les vieilles rues pavées et souvent piétonnes de la zone coloniale. De couleur bleu clair et adaptés aux familles (avec petits vélos pour les enfants), ces véhicules tout-terrain sont un excellent moyen de parcourir la première capitale du Nouveau Monde et de jouer les conquistadores pacifiques à bicyclette. Le prix de la location est dégressif en fonction du temps. Suivez la page Instagram !

À VOIR / À FAIRE

Capitale oblige, Santo Domingo regorge d'activités, de musées, de monuments historiques dont les nombreuses maisons-musées des héros de l'Indépendance, ou encore d'agréables parcs pour trouver un coin de verdure au sein de la ville. Parmi les immanquables, il faut se balader dans la zone coloniale à pied et visiter l'Alcazar de Colón et le musée de Las Casas Reales, flâner dans le jardin botanique à la recherche d'espèces endémiques, s'asseoir sur un banc face à la cathédrale et regarder les artistes peindre, prendre un verre le soir sur la place d'Espagne face à l'Alcazar, aller danser le merengue, si possible lors du festival en juillet, ou encore faire une balade le soir sur le Malecón, à la dominicaine.

Plusieurs tours-opérateurs proposent des visites guidées de la ville ou à travers le pays. Idéal pour se plonger dans la culture dominicaine (histoire, gastronomie, patrimoine...), mais aussi de vivre de belles excursions.

OFFICE DE TOURISME

103 Calle Isabel la Católica
✆ +1 809 686 3858
www.godominicanrepublic.com
Ouvert de 8h30 à 15h du lundi au vendredi.

Ce bureau officiel d'informations touristiques dispose de cartes sur tout le pays. N'hésitez pas à aller en chercher, car vous n'en aurez pas forcément avec votre voiture de location, plus qu'utile si vous n'avez pas accès à un GPS. Par ailleurs, le site internet « Go Dominican Republic » est une mine d'informations pour parcourir le pays et découvrir la capitale Santo Domingo. N'hésitez pas à y jeter un coup d'œil. Une version en Français est proposée. Il ne nous reste plus qu'à vous souhaiter un bon voyage à travers le pays.

LEOPARDO TOURS

561 Calle Francisco Prats Ramírez
✆ +1 809 227 2448

C'est l'un des tour-opérateurs parmi les plus expérimentés de la République dominicaine. Fausto et son ami de plus de 30 ans, René, ont travaillé dans les plus grandes agences réceptives avant de fonder ensemble leur tour-opérateur. Ils parlent parfaitement le français et sont à même d'organiser tous les nombreux circuits possibles qu'offre la République dominicaine. Plusieurs bureaux répartis sur tout le territoire permettent réactivité et services sur mesure. L'agence peut s'occuper du simple transfert en auto jusqu'au voyage en bus pour un groupe.

CHU CHU COLONIAL ★★

60 Calle El Conde
✆ +1 809 685 2970
www.grayline.com
Ouvert tous les jours de 9h à 17h, de 10h à 18h le dimanche (départ toutes les heures). 12 US$ adulte et 7 US$ enfant.

Découvrez 500 ans d'histoire à bord de ce petit train. La visite dure 45 minutes et comprend 33 points d'intérêt majeur, de la forteresse Ozama à la maison de Christophe Colomb, en passant par l'église Mercedes. Vous serez incollable, grâce à une bande audio en 6 langues (français évidemment inclus !), sur l'histoire de la zone coloniale inscrite au Patrimoine mondial de l'humanité. Une façon originale et complète de découvrir la zone coloniale. Un bon moment à partager en famille. Accueil et accompagnement chaleureux. Et Chu Chu !

KAHKOW EXPERIENCE ★★★

112 Calle Las Damas
✆ +1 809 547 2166
www.cacaotour.com
Ouvert du lundi au samedi de 10h à 19h et de 11h à 19h le dimanche. Tour à 928 $ (enfant 464 $).

Une visite de 40 minutes environ pour les gourmands. De manière très ludique et interactive, vous découvrirez tous les processus de fabrication du chocolat ! Présentation de tous les protagonistes du chocolat, de sa découverte par Christophe Colomb à son utilisation aujourd'hui. Tout commence par un théâtre où on vous présentera en français l'histoire du cacao. Vous le dégusterez dans sa forme originale, puis apprendrez comment fermente et sèche le cacao. Des cours de cuisine sont possibles (3 250 $/2h) ou la fabrication de son propre savon au chocolat (464 $) !

ALCÁZAR DE COLÓN ★★★

Plaza de España

✆ +1 809 682 4750

Ouvert du mardi au samedi de 9h à 17h, et le dimanche de 9h à 16h.

Entrée + audioguide : 100 $ adulte, 20 $ enfant.

Le palais, situé à l'extrémité de l'esplanade que forme la Plaza España, surplombe de son austère façade le fleuve Ozama. Il a été construit entre 1511 et 1514 sur le modèle d'un édifice similaire situé à Salamanque en Espagne. Il fut le premier palais fortifié construit par le colonisateur espagnol, et l'unique résidence connue d'un membre de la famille Colomb. Pour prendre en charge cette construction monumentale, un architecte, dont l'identité a été oubliée, est venu tout spécialement d'Espagne. 1 500 indigènes ont été enrôlés sur ce chantier et ont construit cet édifice à partir de roches coralliennes arrachées aux rives du fleuve Ozama, avec pour seuls outils le marteau, le ciseau et la scie. Le style du bâtiment est principalement gothique et arabe avec quelques caractéristiques issues de la Renaissance, comme les arcades. Prouesse technique, la construction des 55 pièces (seules 22 existent toujours aujourd'hui) et des 72 portes et fenêtres de l'Alcazar s'est faite sans un seul clou. Durant son grand pillage de 1586, le pirate anglais Francis Drake est soupçonné d'avoir dérobé la plupart des objets de valeur du palais. L'édifice fut par la suite abandonné au fil des siècles et tomba rapidement en ruines. Des preuves existent que ce lieu, autrefois emblème de la puissance espagnole, fut utilisé pour enfermer le bétail au XVIIIe siècle. Ce n'est qu'en 1870 qu'il fut déclaré monument national pour préserver ses ruines. Sa rénovation eut lieu entre 1955 et 1957 sur ordre du gouvernement dominicain.

ALTAR DE LA PATRIA ★★

Au bout de l'avenue del Conde, cet autel de la patrie est situé sur l'une des plus anciennes places de la capitale. Les restes des trois pères de la patrie (Juan Pablo Duarte, Francisco del Rosario Sánchez et Matías Ramón Mella) y reposent dans un immense mausolée de marbre blanc dont la porte principale est marquée de l'écusson national. À l'intérieur, trois statues impressionnantes, d'une dizaine de mètres de hauteur, représentent les héros nationaux. Elles sont l'œuvre du sculpteur italien Arrighini. Un monument à visiter.

AMBASSADE DE FRANCE À SANTO DOMINGO ★★

42 edificio Corporativo 2015 - Piso 17

✆ +1 809 695 4300

www.ambafrance.org.do

Facilement repérable grâce à son drapeau bleu, blanc, rouge qui flotte sur sa façade, cette maison abrite aujourd'hui l'ambassade de France. Rénovée en 1917, la maison a accueilli la Banque nationale de Santo Domingo. En 1932, c'est le cadastre qui s'y installe et, de 1950 à 1978, c'est la Direction générale des impôts. En 1978, elle a été prêtée à la France par le gouvernement dominicain pour une période de 50 ans. L'influence gothique est perceptible.

Alcazar de Colón.

AMBER WORLD MUSEUM ★

452 Calle Arzobispo Meriño
✆ +1 809 682 3309
www.amberworldmuseum.com
Ouvert de 9h à 18h du lundi au samedi, le dimanche de 9h30 à 15h. Entrée : 100 $.

Accueil francophone dans ce musée qui fait aussi atelier et boutique ! Vous pourrez admirer à l'Amber World Museum les plus belles et les plus grosses pierres d'ambre et de larimar de tout le pays. Ces pierres seront ensuite transformées dans l'atelier du musée : tout ce que vous pourrez acheter dans la boutique a en effet été fabriqué dans l'atelier. La visite guidée dure environ 45 minutes. Un musée très intéressant, que ce soit dans les objets exposés ou l'ambiance générale du musée. Les grands comme les petits apprécieront. Espace café sur place.

BARRIO CHINO ★

Avenida Duarte

Un quartier chinois dans les Caraïbes ? Et oui ! Il y a entre 30 000 et 50 000 descendants chinois dans la capitale, et depuis 2004, ils ont leur propre quartier. Un mini Chinatown de 4 patés de maison le long de l'avenue Duarte, entre les avenues Mella et Mexico, à quelques encablures du centre colonial. On y retrouve l'animation habituelle des quartiers chinois : une dizaine de laveries et boutiques alimentaires ainsi qu'une dizaine de restaurants plus ou moins authentiques proposant canards laqués, wok de fruits de mer et autres spécialités cantonaises.

CALLE ATARAZANA ★★

C'est une longue et imposante enfilade de bâtiments blancs, tous mitoyens. Cette enfilade a été réalisée au début du XVI siècle pour abriter l'administration des douanes et de l'arsenal. Cet ensemble constitue une véritable curiosité architecturale, et il n'en existe pas de semblable en Amérique. Restaurée en 1972, l'Atarazana abrite aujourd'hui des galeries d'art, des bars, des restaurants et des boutiques. C'est un point de passage incontournable pour quiconque visite Santo Domingo, et vous ne devriez pas faire exception...

CAPILLA DE NUESTRA SEÑORA DE LOS REMEDIOS ★★

Angle des rues Mercedes et las Damas

C'est là qu'ont été célébrés les tout premiers offices religieux de la capitale, avant que la cathédrale ne soit édifiée. Elle a ensuite été utilisée comme chapelle privée par les Davila, une éminente famille de la colonie espagnole. La chapelle de brique à une travée simple, surmontée d'un campanile à trois arches, date du début du XVIe siècle et a été restaurée au XIXe siècle. Dans la chapelle, le corps de Don Juan Alejandro Acosta, un héros de la résistance contre Haïti, repose.

CAPILLA DE SAN ANDRÉS ★★

Angle des rues Santomé et Arzobispo Nouel
Ouverte seulement le matin.
Compter 100 $ l'entrée.

La chapelle, datant de 1562, faisait partie de l'hôpital du même nom, où l'on soignait les Indiens, le second construit dans la zone coloniale et le premier en tant qu'hôpital de charité. A l'intérieur se trouve le plus beau retable de la ville. De style baroque, taillé dans l'acajou, il représente le Christ de San Andres, auquel on attribue des pouvoirs miraculeux. Cela constitue un précieux témoignage du patrimoine culturel du pays, mais aussi des Caraïbes. Une visite intéressante qui mérite assurément un petit coup d'œil.

CASA DE JUAN PABLO DUARTE ★★

Angle des rues Isabel la Catolica et Celestino Duarte
✆ +1 809 687 1436
Ouvert du mardi au dimanche de 9h à 17h.
Entrée 10 $.

C'est dans cette demeure de proportions modestes qu'est né Juan Pablo Duarte, le 26 janvier 1813, héros de la guerre d'indépendance. Issu d'une famille aisée de commerçants espagnols, il développe très jeune une âme de patriote. Il intègre la garde nationale haïtienne et participe à la Réforme et au nouveau gouvernement haïtien qui en résulte. Persécuté par les autorités haïtiennes, il s'embarque pour le Venezuela, d'où il poursuit la lutte pour la cause de l'indépendance.

CASA DE LA MONEDA ★

358 Calle Arzobispo Meriño

✆ +1 809 277 2215

Comme tous les édifices coloniaux, la Casa de la Moneda (car elle était située en face de l'endroit où l'on frappait les pièces de monnaie) a été édifiée au XVIe siècle, en 1540. C'est un bel exemple de l'architecture civile de cette époque. Son portail de style plateresque à cinq médaillons est superbe. D'ailleurs elle est aussi appelée « Casa de los Cinco Medallones ». Cette maison abrite depuis 1972 le Musée numismatique qui ne présente pas d'intérêt majeur. Elle a été rénovée à plusieurs reprises, en gardant son style d'origine.

CASA DE NICOLAS DE OVANDO ★★★

55-57 Calle las Damas

C'est aujourd'hui le fleuron du groupe hôtelier Accor.

Les trois maisons qui composent le palais ont été construites par Nicolás de Ovando, fondateur de la ville, durant la première décennie du XVIe siècle, période pendant laquelle le gouverneur général vivait à Santo Domingo. La longue et basse façade est fidèle au style gothique austère de l'époque. Les maisons ont été rattachées à la maison des Davila au numéro 57 de la rue lors de leur restauration, et transformées en hôtel de tourisme en 1974 par le gouvernement dominicain.

CASA DE LAS GARGOLAS ★★

6 Calle Mercedes

C'est l'édifice le plus célèbre de la rue. On dit que les six gargouilles zoomorphes qui ornent sa façade sont typiques du Moyen-Age ! Elles servaient autant à écouler l'eau de pluie qu'à protéger l'édifice des influences néfastes. Elles auraient appartenu initialement à la cathédrale. Cet édifice fut le siège de l'université de Santiago de La Paz. L'hymne national y fut exécuté pour la première fois le 17 août 1883. La maison communique avec les maisons voisines par des corridors intérieurs. Un édifice très intéressant à découvrir.

CASA DE TOSTADO ★★

Angle des rues Meriño et Padre Billini

✆ +1 809 689 5000

Ouvert du lundi au samedi de 9h à 16h.

Entrée 100 $.

Construite au début du XVIe siècle, cette bâtisse de deux niveaux fut la demeure de l'écrivain Francisco del Tostado, un compagnon de Nicolás de Ovando, qui mourut sous les boulets de canon tirés par les troupes de Francis Drake. Construite en pierre, la Casa de Tostado possède sur sa façade nord une fenêtre gothique géminée remarquable. Plus tard, elle abrita le palais archiépiscopal. Transformée aujourd'hui en musée de la Famille dominicaine, elle témoigne des coutumes domestiques et des modes de vie de l'île au XIXe siècle.

CASA DE LOS JESUITAS ★★

Angle des rues Mercedes et las Damas

C'est une des plus vieilles bâtisses de la ville construite par ordre de Nicolás de Ovando (qui en demanda au total quinze). Simple, d'aspect colonial propre à l'époque, la Casa de los Jesuitas possède un intérieur de style mauresque. L'université du Gorjon y fut transférée sous la tutelle des Jésuites jusqu'à leur expulsion en 1767. Elle fut alors habitée par quelques familles du coin avant d'appartenir à l'Etat. L'église accolée, aujourd'hui panthéon national pour certains héros de la résistance, fut construite à partir de 1714 et terminée en 1755.

CASA DEL CORDON ★★

Angle des rues Emiliano Tejera et Isabel la Catolica

Erigée en 1503 sur l'ordre de don Francisco de Garay, c'est la première maison construite en pierre à Santo Domingo. Compagnon de voyage du premier périple de Christophe Colomb, Francisco de Garay était le premier notaire de l'île, avant de devenir gouverneur de la Jamaïque. La maison doit son nom au cordon de l'ordre des franciscains, sculpté sur la façade, ornement fréquemment utilisé dans l'architecture espagnole du XVIe siècle. L'édifice est aujourd'hui devenu un centre culturel parrainé par la Banque populaire dominicaine.

CASA DEL TAPAO ★

Angle des rues Padre Billini et du 19 Mars

Cet édifice de deux niveaux fut construit en 1554 par le duc de Rivera dont l'écu surmonte la porte de l'entrée principale. La demeure doit son nom à un étrange personnage qui l'habita et qui se masquait en permanence le visage. Les légendes disent que c'était le frère jumeau d'un roi espagnol ou un lépreux défiguré. Il se dit aussi que des prisonniers en provenance du Mexique furent enfermés ici et ne montrèrent jamais leur visage pour ne pas être reconnus. Le bâtiment est utilisé aujourd'hui pour des événements culturels ou des expositions artistiques.

CASA RODRIGO DE BASTIDAS ★★

3 Calle Las Damas

Ouvert du mardi au vendredi de 9h à 17h et le week-end de 10h à 18h.

L'édifice abrite aujourd'hui le musée Trampolino, destiné aux enfants. On pourra jeter un coup d'œil curieux pour découvrir le jardin intérieur. L'archevêque Rodrigo de Bastidas, fondateur de la ville de Coro, la première capitale du Venezuela, et de Santa Marta en Colombie, y élut domicile au XVIe siècle. Son fils, qui portait le même nom que lui, fut archevêque de San Juan de Puerto Rico. La maison, voisine de la forteresse Ozama, qui possède un admirable jardin ombragé par de grands arbres et cerné d'une profonde galerie, fut un temps hôpital militaire.

FORTALEZA OZAMA ★★

Calle las Damas

Visite de 9h à 17h du mardi au dimanche.
Compter 70 $ l'entrée avec l'accès au Museo de Armas.

Edifiée entre 1502 et 1507 sur l'ordre de Nicolás de Ovando pour protéger la ville des attaques des pirates, c'est la plus ancienne construction militaire du Nouveau Monde. Elle est si rassurante qu'au temps de la colonie, on l'appelait la Fuerza. En son centre, se trouve la Torre del Homenaje, massive tour médiévale datant de 1503, haute de plus de 18 m. De son sommet, la vue sur le fleuve et sur la ville est superbe. Le système défensif de la forteresse est complété par une série de fortins. Pendant la dictature de Trujillo, la forteresse servit de prison.

CATEDRAL SANTA MARÍA LA MENOR PRIMADA DE AMÉRICA ★★★

Parque Colon ✆ +1 809 682 3848

Ouverte tous les jours de 9h à 16h.
Entrée gratuite. Pas de short, minijupe ou épaules découvertes.

Longeant la Plaza Colón, en plein cœur de la zone coloniale, la Catedral Santa María la menor Primada de América est la plus ancienne cathédrale des Amériques. Diego Colomb en a posé la première pierre en 1514, sous le regard attentif de l'architecte Alonso Rodriguez et de treize spécialistes, spécialement mandatés par le roi d'Espagne. Mais en fait, il réalisera ce monument à Mexico. En 1519, l'évêque Alejandro Geraldini, constatant que la cathédrale n'était encore qu'une ébauche, réactive sa construction en posant symboliquement une nouvelle première pierre le 25 mars 1521. Le chantier s'est poursuivi jusqu'en 1540, mais le clocher n'a jamais été achevé. En 1546, le pape Paul II la consacre cathédrale métropolitaine et première cathédrale des Indes, lui donnant ainsi autorité sur toutes les églises du Nouveau Monde. Lors du sac de la ville, en 1586, Francis Drake y a installé son quartier général. Elle a abrité les restes de Christophe Colomb, dans un mausolée de marbre, jusqu'à leur transfert au phare de Colomb en 1992.

L'ensemble, d'aspect massif, a été construit avec des pierres du récif corallien. C'est un mélange de styles roman, gothique et Renaissance. La façade de pierre corallienne dorée est un bel exemple de l'architecture espagnole de la Renaissance. On y voit le blason impérial de Charles V ainsi que les bustes de Saint Pierre et de Saint Paul notamment.

On accède à la cathédrale par trois portes : l'une donne sur la place Colón, la deuxième, faisant face à la place de los Curas, est appelée « porte du Pardon », tandis que la troisième est la porte centrale. Deux de ces portes sont de style gothique alors que la troisième appartient au courant plateresque (style architectural de transition entre l'art gothique et la Renaissance). Sur la façade on peut distinguer des blasons et emblèmes de la famille royale espagnole, au côté de bustes d'évangélistes. L'intérieur, au sol fait de brique, nous plonge en plein XVIe siècle grâce à la présence de nombreux tableaux, vitraux, objets et mobiliers d'époque. La basilique possède une longueur de 54 m pour une largeur de 23 m, et la plus grande hauteur du sol à la voûte atteint 16 m. Alors qu'il n'y en avait aucune dans le projet initial, la cathédrale possède aujourd'hui quatorze petites chapelles toutes différentes les unes des autres. Exemple : la crypte des archevêques. L'autel principal, en acajou, date de 1684. Les vitraux sont l'œuvre de l'artiste dominicain José Rincón Mora.

Catedral Santa Maria la Menor Primada de America.

EL MALECÓN ★★

Cette immense artère longe la mer des Caraïbes de la zone coloniale jusqu'aux extérieurs de la ville sur une distance de 15 km. Sur les plans, elle porte le nom d'Avenida George Washington (et comprend le Paseo Presidente Billini au sud de la zone coloniale), mais pour les Dominicains, c'est le Malecón. Deux obélisques y ont été dressés au temps de Trujillo. Le premier appelé « *La Hembra* » (« femelle » en raison de ses deux colonnes) célébrait le remboursement de la dette extérieure du pays ; il marque le début de la ville coloniale et le commencement des remparts qui protégeaient autrefois la ville espagnole. Le second obélisque, appelé « *El barón* » (« mâle » car composé d'une seule colonne !), érigé en 1936, célébrait le premier anniversaire du nouveau nom de la ville, Ciudad Trujillo. C'est dans la partie centrale du Malecón, c'est-à-dire entre la ville coloniale et l'avenue Lincoln, que déambulent *a la tarde* les familles et les amoureux. C'est là qu'il faut se rendre pour jouer au cerf-volant et profiter de l'ambiance nocturne des bars, des glaciers, des restaurants, des cinémas et des discothèques. Attention, il y a peu de zones d'ombre, le soleil tape fort !

C'est sur le Malecón que les *comparsas* défilent lors des carnavals de la capitale au son des rythmes créoles et des tambours africains au mois de juillet. Des estrades sont dressées tout le long de la mer, des orchestres s'y produisent tous les soirs, les comptoirs à boissons envahissent les rues où la foule ne cesse de danser et de boire jusqu'au petit matin.

FUERTE DE LA CONCEPCION ★★

Située tout au bout de la Calle Mercedes, cette place stratégique des plus importantes était un maillon de la grande chaîne des garnisons et des forts militaires construits à des fins défensives dans le courant du XVIIe siècle par l'ingénieur militaire italien J. B. Ruggero. Le fort de la conception se trouve dans la limite de la zone coloniale, à côté du parc de l'Indépendance. Il est constitué entièrement de pierre et servit de gare de tramway au XIXe siècle. Un monument que vous ne manquerez pas de découvrir lors de votre visite à Santo Domingo.

HOSPITAL SAN NICOLAS DE BARI ★★

Angles des rues Hostos et Luperón

Du premier hôpital d'Amérique, construit entre 1503 et 1508 par Nicolás de Ovando, en hommage à saint Nicolas de Bari, le saint patron des prêtres, il ne reste aujourd'hui que des ruines. Mais quelles ruines ! L'établissement, qui fonctionna jusqu'à sa démolition pour des raisons de sécurité au début du siècle dernier, abritait la première chapelle consacrée à la Vierge de Altagracia, protectrice des Dominicains. A proximité, l'église de Nuestra Señora de la Altagracia (XIXe siècle).

IGLESIA DE NUESTRA SEÑORA DEL CARMEN ★★

Angle des rues Sanchez et Arzobispo Nouel

L'église de Nuestra Señora del Carmen est l'une des plus petites de la zone coloniale. La chapelle fut bâtie au XVIIIe siècle (à partir de 1729). Son atrium, appelé la Plazoleta de la Trinitaria, servit de lieu de réunion aux patriotes dominicains qui mirent fin à la domination haïtienne. Face à l'église, au numéro 255, une plaque de marbre a été placée sur la façade de la maison où fut fondée la Trinitaria, société secrète à l'origine de l'indépendance du pays.

IGLESIA DEL CONVENTO DE SANTO DOMINGO ★★

Angle des rues Hostos et Padre Billini

Ouvert le matin. Compter 100 $ l'entrée.

L'église et le couvent furent construits vers 1510 par les missionnaires de l'ordre de Santo Domingo. En 1538, le couvent devenait le siège originel de la première université du Nouveau Monde. Il prit le nom de Saint-Thomas-d'Aquin, et porte aujourd'hui celui d'université autonome de Santo Domingo. C'est là aussi que fut délivré le fameux sermon de frère Antonio de Montesino (« Je suis la voix qui clame dans le désert »), qui réclamait un traitement plus humain pour les indigènes.

IGLESIA DE REGINA ANGELORUM ★★

Angle des rues José Reyes et Padre Billini

Ouverte le matin. Compter 100 $ l'entrée.

Bâtie au XVIe siècle, en 1564, l'église appartient au monastère des religieuses dominicaines qui demeurèrent dans le pays jusqu'au début du XIXe siècle. Elle est d'ailleurs connue pour être la première église moniale du pays. La façade de cette solide construction est de style plateresque mâtiné d'éléments baroques. À l'intérieur, le chœur est surmonté de poutres en bois. Les deux premières poétesses du Nouveau Monde, Sor Leonor de Ovando et Elvira de Mendoza, y ont vécu.

IGLESIA ET CONVENTO DE SANTA CLARA ★★

Angle des rues Billini et Isabela la Catolica

Construit en 1522, initialement dédié à Santa Ana, le couvent fut le premier à abriter des religieuses, des clarisses, à Santo Domingo et dans le Nouveau Monde, avant leur départ pour La Havane en 1796. L'église abrite la tombe de don Rodrigo Pimentel, patron du couvent. Homme à l'esprit pratique, il utilisait le couvent pour y loger ses maîtresses, dit la légende. Aujourd'hui, dans le bâtiment profané, se trouve une école. Un ensemble architectural à visiter.

IGLESIA DE SANTA BARBARA ★★

Angle des rues Isabel la Catolica et Gabino Puello

Seules subsistent les ruines de l'église bâtie au XVIe siècle, détruite par un cyclone en 1591 puis reconstruite. Célèbre pour avoir été édifiée sur les carrières de pierres qui servaient à la construction des monuments de l'époque coloniale, l'église de Santa Barbara a vu le baptême de Juan Pablo Duarte, héros de la guerre d'Indépendance. La façade est de style espagnol colonial avec une tendance baroque. On remarquera à l'intérieur de beaux retables baroques. Du jardin, on jouit d'une belle vue panoramique sur la ville coloniale.

IGLESIA Y CONVENTO DE LAS MERCEDES ★★

Angle des rues José Reyes et Mercedes

Construite en 1530 en l'honneur de la Vierge Marie, cette église est particulièrement sobre. Elle abrite une loge maçonnique et une institution de l'Eglise catholique, cohabitation unique au monde. C'est aujourd'hui le siège de l'Académie d'histoire dominicaine. A l'extérieur, vous observerez un arbre centenaire sur la place de l'église et une fontaine. L'ensemble est toujours debout et a survécu aux attaques humaines et météorologiques à travers les siècles.

MONASTERIO DE SAN FRANCISCO ★★

Angle des rues Emiliano Tejera et Hostos
Ouvert tous les jours de 10h à 17h.
Entrée gratuite.

Il ne reste plus, là encore, que quelques ruines du premier monastère du Nouveau Monde, construit en 1512 par les moines de l'ordre de Saint-François. L'ancien puits de San Francisco ainsi qu'un réservoir où l'on stockait l'eau au profit des habitants de la ville existent encore. L'emplacement de la tombe d'Alonso de Ojeda, l'un des plus intrépides capitaines des conquistadors, est encore visible sous la voûte en ruine. Manifestations culturelles et concerts le dimanche soir.

MONUMENTO A FRAY A NTON DE MONTESINOS ★

Paseo Presidente Billini

Ce monument rend hommage à Antonio de Montesinos, prêtre dominicain premier défenseur des peuples indiens d'Amérique dans l'empire espagnol. Offerte par le Mexique en 1982, la structure de bronze et de calcaire représente le prêtre prononçant son fameux sermon du 21 décembre 1511 contre les injustices subies par les Indiens. Il menaça même d'excommunication et refusa les sacrements aux grands propriétaires terriens qui réduisaient les Indiens en esclavage dans les mines et les champs.

MUSEO DE LAS CASAS REALES ★★

✆ +1 809 682 4202
Ouvert du mardi au dimanche de 10h à 18h.
Compter 100 $ l'entrée avec audioguide en français.

Bien avant d'être transformés en musée, ces deux imposants palais étaient le siège des principales institutions royales. Ils abritaient la capitainerie générale (la première Cour de justice du Nouveau Monde ayant autorité sur toutes les cours d'Amérique) ainsi que la Trésorerie royale et l'Audience royale, créée en 1513 avant d'être transférée à Cuba le 12 décembre 1799, après la signature du traité de Bâle qui cédait la partie ouest de l'île à la France. La construction de l'ensemble prit fin en 1520. Sur la façade sud donnant sur la rue Mercedes se trouvait le seul blason connu de la reine Jeanne de Castille, mère de Charles-Quint. Le blason est aujourd'hui exposé au musée. L'ensemble a été restauré en 1967. L'entrée se fait par la façade principale du bâtiment. Elle est ornée des blasons de l'empereur Charles Ier d'Espagne, de ceux de l'île d'Hispaniola et de celui de la ville de Santo Domingo, accordé par privilège royal le 7 décembre 1508.

Le musée expose des trésors retrouvés dans les eaux dominicaines et retrace l'histoire des débuts de la Conquête jusqu'en 1821, date de la première indépendance. Toute la période espagnole de l'île défile sous forme d'objets, de cartes, d'armes... Curiosité intéressante, un magnifique cabinet d'apothicaire, où les pots de céramique pour les différentes herbes médicinales sont exposés dans un alignement rigoureux. Des expositions temporaires s'y tiennent régulièrement. L'ensemble vaut largement la peine de s'y attarder.

MUSEO DEL HOMBRE DOMINICANO ★★★

Plaza de la Cultura
✆ +1 809 687 3622
Ouvert du lundi au samedi de 9h à 17h (fermé le mercredi) et jusqu'à 16h le dimanche.
Entrée : 100 $.

Ce musée ouvert en 1973, présente un panorama très complet de la culture dominicaine, de la préhistoire à nos jours. Une partie importante des salles d'exposition est consacrée aux populations indigènes de l'île. Une magnifique collection d'art taïno est présentée : céramiques, urnes, trigonolithes et *cemis*, spatules vomitives, sièges cérémoniels (*duho*). Une importante section est consacrée à la période de la Conquête, ainsi qu'au syncrétisme religieux et au carnaval.

MUSEO DEL LARIMAR ★

54 Calle Isablel La Catolica
✆ + 1 809 682 3309
Lundi-samedi 9h-18h, dimanche 9h30-15h.
Entrée libre.

Ce musée explique l'origine de la pierre bleue indigène également appelée turquoise dominicaine. Elle se trouve depuis des millénaires uniquement autour de la ville de Barahona, dans le sud-ouest du pays. Unique au monde par sa couleur et sa composition chimique, cette pierre possède un spectre de couleurs du bleu marine à l'azur céleste. Au-delà de l'intérêt géologique de cette rareté, la pierre est devenue un support pour les artisans fabricants de bijoux. La sortie passe par le magasin qui propose ce qu'il se fait de mieux dans la taille de la pierre.

Parque Duarte dans la vieille partie de Santo Domingo.

MUSEO MEMORIAL DE LA RESISTENCIA DOMINICANA ★★

210 Calle Arzobispo Meriño
✆ +1 809 563 3463
www.museodelaresistencia.com
Ouvert du mardi au dimanche, de 9h30 à 18h. Entrée 150 $ avec audio-guide et 25 $ pour les étudiants.

Ce musée réunit des documents intéressants sur les différentes périodes de dictature militaire qu'a connues la République dominicaine, la plus longue étant celle de Rafael Leonidas Trujillo entre 1930 et 1961. La visite vous plongera au cœur de la lutte pour l'indépendance, au travers d'expositions permanentes (présentation de la dictature et chronologie des événements liés à l'indépendance) et temporaires. Une visite très intéressante et ludique.

PANTEÓN NACIONAL ★★

Calle las Damas
Ouvert tous les jours de 8h à 18h. Entrée gratuite. Port du short ou de la minijupe interdit.

Cette ancienne église jésuite, construite entre 1714 et 1746 a subi une série de transformations et des destinations diverses : entrepôt de tabac, séminaire, et enfin théâtre en 1860. Du théâtre au panthéon, il n'y avait qu'un pas, franchi en 1955. L'édifice abrite depuis cette date les dépouilles des héros de l'histoire dominicaine, et en particulier de la guerre d'Indépendance, comme les frères Puello et Maria Trinidad Sanchez. On ne s'étonnera pas d'apprendre que les grilles de l'étage supérieur proviendraient d'une prison nazie.

PALACIO NACIONAL ★★

32 Calle Delgado

Tout en longueur, le palais national surgit sur trois étages dans un pur style néoclassique. Comme s'il n'était pas assez imposant, il a été surmonté d'un dôme de 18 m de rayon. Construit à partir de 1944 sur ordre de Trujillo et inauguré en 1947, le palais national est le siège du pouvoir exécutif : on y trouve les bureaux du gouvernement, mais pas pour autant la résidence officielle du président. Le style néoclassique du palais est l'œuvre de l'architecte italien Guido D'Alessandro.La chapelle présidentielle présente le même style.

PARQUE DUARTE ★★

Angle des rues Duarte et Padre Billini

Le Parque Duarte est orné en son centre d'un buste de Juan Pablo Duarte, un héros de la guerre d'Indépendance. A cet endroit même eurent lieu des pendaisons célèbres, dont celle de la cacica Anacaona, reine de Jaragua, accusée par Nicolás de Ovando d'être à l'origine d'une insurrection. Cette exécution fut suivie, en 1586, par la pendaison d'un certain nombre de religieux, lors de la mise à sac de la ville par Francis Drake. La place fut aussi le théâtre de corridas et de fêtes religieuses populaires. Elle est également fréquentée par la communauté LGBTQI+.

PARQUE COLÓN ★★★

Sur le côté de la cathédrale.

Le parc Colón invite au repos à l'ombre de ses arbres. En son centre, une statue en bronze et en granit, sculptée par le Français E. Gilbert et érigée en 1887, représente Christophe Colomb dans une attitude volontaire et conquérante, tandis que la cacica Anacaona écrit sur son socle. Anacaona, réputée pour être la femme la plus belle et la plus talentueuse de l'île, succéda à son frère, le cacique Bohechio. Elle assista, impuissante, au génocide de sa tribu commis en 1503 sur l'ordre du moine Nicolás de Ovando, gouverneur de l'île. Cet épisode de l'histoire dominicaine est connu comme « la Furie de Jaragua ». Le parc représentait à l'origine le centre de la ville coloniale. Aujourd'hui, il est envahi de marchands de souvenirs, de stands de boissons, de cireurs de chaussures et de guides à l'affût du touriste. C'est à partir du parc Colón que commence l'artère commerciale et piétonne El Condé.

Sur le côté oriental de la place, le palais de Borgella. Le côté nord est bordé par la Casa del Abogado. Sur le côté sud, la vieille prison de la ville, appelée « maison des médaillons » car les bustes des pères de la patrie, en médaillons, ornent sa façade, servit de siège au pouvoir législatif à partir de 1844. Elle abrite aujourd'hui le musée de la cathédrale. Sur son flanc droit se dresse la résidence de l'archevêché. La façade ouest comprend le bâtiment Vivaque, ancien hôtel de ville de Santo Domingo, édifice du XVIe siècle restauré en 1904-1905 par l'architecte Osvaldo Báez. C'est aujourd'hui le siège de la banque des Travailleurs.

PARQUE MIRADOR DEL SUR ★★

Avenida Mirador Sur

Une bouffée de verdure qui s'étire sur 7 km de longueur. Le premier parc écologique de Santo Domingo, l'un des plus grands espaces verts de la ville. Les Dominicains y pratiquent le jogging et la bicyclette en fin de journée, les amoureux y flânent le soir venu. Agrémenté de sculptures, de fontaines, d'un lac artificiel, pourvu de bars et de cafétérias, le parc est une halte reposante que l'on n'a pas fini de parcourir. De l'avenue Mirador del Sur, on a une jolie vue panoramique sur la partie ouest de la ville. Alors, inspirez et expirez sans plus tarder.

PLAZA DE ESPAÑA ★★

En son centre se dresse la statue de Nicolás de Ovando, architecte de la ville et troisième gouverneur après Colomb et Bobadilla. L'œuvre est du sculpteur espagnol Juan de Vaquero. Le fondateur de Santo Domingo tient dans ses mains le compas qu'il utilisait pour son travail, ainsi que le bâton de gouverneur. De cet endroit, on jouit d'une belle vue panoramique en particulier sur le phare de Colón. Le soir, dans le charme discret de ses éclairages, la place avec l'Alcazar Colon et tous les bars-restaurants prend une dimension magique.

Plaza de España.

PLAZA DE LA CULTURA ★★

Angle des rues Cesar Nicolás Pinsón et Gomez

Ce grand parc se trouve à la frange d'un quartier résidentiel et de la zone universitaire. Le complexe comprend les principaux musées de la capitale : le musée de l'Homme dominicain, le musée d'Art moderne, le musée d'Histoire naturelle, le musée d'Histoire et de Géographie, ainsi que le Théâtre national et la cinémathèque (www.cinemateca.gob.do, séances du mardi au vendredi à 19h30 et le week-end à 17h et 19h30). Vous l'aurez compris, ici, la culture est à l'honneur et ce, pour notre plus grand plaisir d'en apprendre plus sur le pays.

PUERTA DE LA MISERICORDIA ★★

Angle des rues Arzobispo Portes et Hincado

C'était l'un des accès à la ville par la terre, construit en 1543 dans le style d'une porte fortifiée médiévale. A cet endroit, Francisco del Rosario Sanchez, Ramon Matias Mella, et un groupe de patriotes commencèrent la lutte d'indépendance contre Haïti, le 27 février 1844. La porte conserve sur le côté ouest les vestiges des deux petits bastions qui la complétaient. Elle doit son nom à une petite chapelle bâtie à proximité, en 1842, où les habitants allaient implorer la miséricorde.

PUERTA SAN DIEGO ★★

Angle Emiliano Tejera
et Plaza de España

© PAPA BRAVO - SHUTTERSTOCK.COM

Construite entre 1540 et 1555, c'est l'unique porte décorée de la ville. Elle en ouvrait l'accès au port. C'est par là que les marchandises et les voyageurs pénétraient dans la ville fortifiée. La porte est d'ailleurs également appellée *Puerta de la Mar*. A l'arrière se dresse le fort de San Diego, dont la structure à deux niveaux s'avançait dans les eaux du fleuve Ozama et qui a connu plusieurs destructions et reconstructions. La Calle de las Damas, qui domine la porte San Diego, offre à cet endroit une très belle vue sur le fleuve et l'Alcazar.

PUERTA DEL CONDE ★★

Datant du XVIIe siècle, baptisée à l'origine bastion San Genaro, la puerta del Conde fait partie de la muraille fortifiée qui entourait la ville. C'est l'un des plus grands symboles de la ville. La porte est ainsi appelée en l'honneur du comte de Peñalba, gouverneur de l'île, qui défendit la ville contre les Anglais en 1655. Ses deux solides tours carrées sont reliées par une arche en pierre. Ce fut le site des premiers actes d'indépendance de la République. Aujourd'hui la Puerta del Conde est l'une des entrées principales du Parc de l'Indépendance.

TEATRO NACIONAL EDUARDO BRITO ★★

Le théâtre national a été inauguré en 1973 par le président Joaquín Balaguer. Devant l'imposant édifice de marbre et d'acajou, les statues des trois grands écrivains de l'âge d'or de la littérature espagnole (Lope de Vega, Tirso de Molina et Calderón de la Barca) montent la garde. Dans l'entrée, ce sont celles d'Eduardo Brito, grand baryton dominicain, et de Ludwig van Beethoven qui saluent les spectateurs. La salle principale de représentation peut accueillir 1 589 personnes.

ACUARIO NACIONAL ★★

Avenida de España
✆ +1 809 766 1709
Ouvert tous les jours sauf le lundi, de 9h30 à 17h30. Compter 150 $ l'entrée.

Construit en 1991, cet aquarium donne une bonne idée de la faune sous-marine locale. Les tortues et les requins y évoluent dans des bassins reliés par des allées à ciel ouvert. Malheureusement, les explications ne sont pas traduites. Evitez le week-end, encombré de familles. La cafétéria se trouve dans un beau jardin qui donne sur la mer. A proximité de l'Aquarium, de l'autre côté de la route, un centre aquatique avec toboggans, piscine à vagues et jeux d'eaux. On peut y louer de grosses bouées gonflables pour se propulser dans les descentes et les chutes d'eau.

LOS TRES OJOS ★★★

Avenida de Las Americas
Ouvert tous les jours, sauf le lundi, de 9h à 17h30. Entrée : 100 $. Compter 45 minutes de visite.

Cette immense grotte à ciel ouvert, à laquelle on accède par un escalier de pierre de 350 marches, est envahie de stalactites, de stalagmites et de chauves-souris. On y trouve également trois étangs (d'où son nom), le premier, el Ojo de Azufre rempli d'eau sulfureuse, le second, el Ojo de las Damas, d'eau salée, le troisième, el Ojo de la Cañuela, d'eau douce. Les travaux d'aménagement du site ont été exécutés sur ordre de Trujillo. Un passeur vous fera accéder au dernier des étangs grâce à un bac de fortune, pour la modique somme de 25 pesos.

JARDÍN BOTÁNICO NACIONAL ★★

279 Avenida Republica de Colombia
✆ +1 809 385 2611
Ouvert tous les jours de 8h à 16h. Entrée : 50 $ adultes, 40 $ enfants (transport en petit train compris).

Le Jardin botanique étant voisin du zoo, la visite des deux parcs peut se faire simultanément. Ce jardin, dédié au docteur Rafaël Moscoso Puello, célèbre botaniste dominicain et fondateur de l'Institut botanique, est le plus étendu des Caraïbes. On peut le visiter en petit train, en calèche ou à pied. Vous y trouverez de très nombreuses espèces de la flore tropicale, dont certaines sont aujourd'hui préservées. Ne manquez ni le jardin japonais, ni le jardin des orchidées, ni le pavillon des broméliacées. Cafétéria bienvenue une fois la visite terminée.

MUSEO BELLAPART ★★

Avenida John F. Kennedy
✆ +1 809 541 7721
www.museobellapart.com
Ouvert du lundi au vendredi de 9h à 18h, et le samedi de 8h à 12h. Entrée gratuite.

Ce musée d'arts plastiques est né d'une initiative privée. Il expose une riche collection de peintures et de sculptures d'artistes nationaux des XIXe et XXe siècles. L'exposition met en exergue les différents courants picturaux qui ont marqué cette période. Trois peintres contemporains sont particulièrement à l'honneur : Jaime Colson, Yordi Morel et Dario Suro. Une visite passionnante qui vous plongera dans la culture artistique de cette époque. N'hésitez pas à y faire un tour, d'autant que l'entrée est gratuite. Accueil sympathique.

Los Tres Ojos.

LA DÉPOUILLE DE CHRISTOPHE COLOMB

Et si le tombeau monumental de la cathédrale de Séville n'abritait pas réellement les restes de l'illustre navigateur génois ? C'est en tout cas la thèse défendue par la République dominicaine, étayée par des éléments non négligeables. Le Faro a Colón, à Santo Domingo, serait donc le lieu de conservation de la véritable urne funéraire de Christophe Colomb.

Celui-ci souhaitait reposer à Santo Domingo, berceau du Nouveau Monde qu'il avait offert à la Couronne d'Espagne. Il mourut à Valladolid le 20 mars 1506. D'ailleurs, en combinant l'utilisation d'un géo-radar et des fouilles, des scientifiques sont parvenus, en 2022, à localiser avec précision la toute première sépulture du navigateur, dans une chapelle de l'ancien couvent désormais disparu de Saint-François de Valladolid. Puis sa dépouille demeura à Séville jusqu'à ce que doña Maria de Tolède, veuve de son fils, la rapatriât avec elle à Santo Domingo lors de son quatrième voyage. En 1586, durant le sac de Santo Domingo par Francis Drake, l'évêque de la ville ordonna que soit effacée toute inscription permettant d'identifier les tombes que contenait la cathédrale. Il voulait ainsi éviter toute profanation des sépultures par les pirates anglais.

Lorsqu'en 1785 la France obtint la souveraineté de l'île grâce au traité de Bâle, Cuba, devenue la représentante des autorités espagnoles dans le Nouveau Monde, réclama les restes de Colomb qui étaient placés sous l'autel principal. C'est donc une urne trouvée à cet endroit qu'emportèrent les émissaires espagnols. Lors des travaux de restauration de la cathédrale, en 1877, le père Francisco Javier Billini trouva une urne de plomb portant l'inscription « L'illustre baron don Cristobal Colón, premier amiral de l'Amérique ». On découvrit que cette inscription avait été gravée à Valladolid avant le transfert de l'urne à Séville. Le 10 septembre 1877, les autorités ecclésiastiques, militaires et civiles officialisaient cette découverte à Santo Domingo. L'urne fut conservée dans un mausolée de marbre blanc dans la cathédrale, jusqu'à son transfert dans le Faro a Colón, en 1992. Telle est la version dominicaine de l'histoire.

La version espagnole maintient, elle, que l'urne fut transportée à Cuba d'où elle regagna Séville en 1899. Pour l'Espagne, le tombeau de l'amiral se trouve bien au sein de la cathédrale de Séville et peut se visiter aujourd'hui. En 2006, des analyses ADN des vestiges contenus dans la tombe ont confirmé l'authenticité des restes, relançant de plus belle la polémique avec la République dominicaine.

MUSEO TAÏNO - FUNDACIÓN GARCIA AREVALO ★

279 Avenida San Martin
✆ +1 809 620 7777
Ouvert du lundi au vendredi, de 9h à 17h. Entrée gratuite, mais sur rendez-vous uniquement. Enfants non admis.

Cette fondation, fruit de la collaboration de scientifiques et d'entreprises, développe des programmes au profit de l'archéologie nationale. L'exposition hébergée dans les locaux de l'entreprise Pepsi-Cola propose une très riche collection couvrant les périodes paléo-indiennes méso-indiennes et taïno. On remarquera notamment de nombreux objets domestiques et cérémoniels comme des amulettes, des ornements corporels, des céramiques et des objets servant au rite de la *cohoba*.

PARQUE MIRADOR DEL ESTE ★

Avenida Estados Unidos
Ouvert tous les jours de 6h à 18h.

L'un des poumons de Santo Domingo. Le parc Mirador Del Este est le lieu privilégié des sportifs pour ses grands espaces et ses nombreux terrains de tennis, basketball ou baseball. Vous y observerez ainsi les Dominicains se défier avec bienveillance à l'un de ces sports de balle. Les familles s'y pressent également pour pique-niquer au milieu de la végétation tropicale, notamment les week-ends. Encore un tableau de la vie quotidienne des locaux. Malheureusement, comme souvent, l'entretien du parc laisse à désirer depuis quelques années.

PARQUE ZOOLÓGICO NACIONAL ★

Avenida de la Vega Real
✆ +1 809 562 3149
www.zoodom.gov.do
Ouvert du mardi au dimanche de 9h à 17h. 100 $ pour les adultes et 60 $ pour les enfants.

Le parc s'étend sur 10 km² et il faut porter à son crédit le soin évident de reconstituer l'habitat naturel des animaux. Ici, pas de cages ni de grilles. Cependant, faute de moyens, le zoo s'appauvrit et ne constitue pas une visite inoubliable. Ornithologues amateurs, ne manquez pas la grande volière où l'on peut admirer toutes sortes d'oiseaux rares au plumage bigarré. Peut s'avérer intéressant si vous venez en famille pour faire découvrir une partie de la faune aux enfants...

FARO A COLÓN ★★★

Avenida Faro a Colón
✆ +1 809 591 1492

Ouvert du mardi au dimanche de 9h à 17h. Entrée 100 $. Les alentours peuvent être mal fréquentés, ne vous éloignez pas.

Cet immense édifice de béton gris est le monument le plus récent et sans doute le moins attirant de la capitale. Son illumination et sa bénédiction par le pape ont cependant constitué le point culminant de la célébration, en 1992, du 500e anniversaire de la découverte du Nouveau Monde. L'édifice se dresse sur une colline au centre du parc Mirador del Este, dans la partie orientale de la ville, à l'endroit même de sa fondation initiale en 1496.

Le projet de construire un monument pour honorer la mémoire du grand amiral remonte à 1852. L'historien dominicain Antonio del Monte y Tejeda lança l'idée d'ériger un édifice colossal à l'emplacement de la première ville d'Amérique, La Isabela. La collaboration et la participation financière de tous les pays du continent américain ainsi que celle des capitales européennes étaient évidemment requises. Le projet initial envisageait une statue de la dimension du Colosse de Rhodes, embrassant entre ses deux bras les deux continents américains. En novembre 1927, l'Union panaméricaine (actuellement OEA : Organisation des Etats américains), décida d'un concours international pour l'édification du phare. Près de 450 projets furent déposés par 1 926 architectes de 44 nationalités. Les dix meilleurs furent sélectionnés en avril 1929 et exposés au palais des Arts de Madrid. Le 17 octobre 1931, un jury international, réuni à l'école nationale des Beaux-Arts de Rio de Janeiro, choisissait le projet de l'architecte anglais J.-L. Gleave : une croix gigantesque et de forme allongée, posée sur le sol, symbolisant l'évangélisation et le progrès. La nuit, le phare offrirait un spectacle féerique : deux grands rayons de couleur rouge sang formant la croix de Colomb seraient enserrés dans la croix blanche du progrès. La croix se refléterait dans le ciel, comme suspendue au-dessus de la ville.

Le projet a été réalisé en béton armé, sur la colline où s'élevait la cité originelle de Santo Domingo. La construction a commencé le 14 avril 1948, puis fut interrompue. Elle n'a repris qu'en 1987. L'inauguration a eu finalement lieu le 6 octobre 1992. Le monument aura officiellement coûté 135 millions de pesos, mais beaucoup plus selon les Dominicains.

Le Faro a Colón correspond exactement au projet : l'édifice imposant (310 m de longueur, 44 m de largeur et 33 m de hauteur) abrite en son centre la dépouille de Christophe Colomb, dans le mausolée de marbre blanc, désormais gardé par un incessant ballet de marins.

Un musée retrace toute l'histoire du monument. Un autre évoque la période de la Conquête et de la colonisation.

© MINISTÈRE DU TOURISME DE LA RÉPUBLIQUE DOMINICAINE

SE LOGER

La plupart des hôtels de grand luxe se trouvent dans la partie moderne de la ville pour cause de manque d'espace et de contraintes architecturales. En effet, gratte-ciel, jardins, piscines et casinos n'ont pu trouver leur place dans la ville coloniale. Mais si vous voulez allier luxe, histoire et authenticité, la zone coloniale réserve quelques belles surprises. Elle propose un grand choix d'hébergements, de l'auberge de jeunesse à l'hôtel grand luxe, en passant par le charmant boutique-hôtel à taille humaine. Elle est relativement peu étendue : quel que soit votre choix, vous serez ainsi toujours proche des principaux lieux de visite. Les hôtels des grandes chaînes internationales ont élu domicile au sud-ouest de la zone coloniale, sur le Malecón et dans le quartier de Gazcue. La grande majorité des hôtels de la zone est de confort modeste, pour des petits budgets ou pour des nuits coquines (*las cabañas*)...

APART HOTEL PLAZA DEL SOL €

Avenida José Contreras, 25A
✆ +1 809 686 2614
www.hotelplazadelsolsantodomingo.com
Compter 55 US$ pour une chambre standard et 70 US$ pour une suite. Wifi.

Idéalement placé entre la zone coloniale, la nouvelle ville et le Malecon, cet hôtel familial situé à 10 minutes à pied d'un arrêt de métro compte 28 chambres modernes avec cuisine ; aucune ne mesure moins de 30 m^2. Vous pourrez vous approvisionner au supermarché juste à côté ou simplement en appelant un *colmado* depuis votre chambre. Le service est impeccable et fort sympathique, du personnel de l'accueil au gardien de nuit. L'entretien est lui aussi irréprochable.

CASA DE HUESPED LAS MERCEDES €

208 Calle Luperon
✆ +1 809 688 1709
A partir de 25 US$ pour une chambre double.

Située en face de la place Maria Trinidad Sanchez, cette discrète maison coloniale du XVIe siècle (l'une des plus anciennes de la ville) abrite un *bed & breakfast* fort sympathique de six chambres. Le style est dominicain tout comme l'accueil très chaleureux des propriétaires. Les chambres sont confortables, avec air conditionné et réfrigérateur. Le petit déjeuner est servi à une grande table commune. La maison dispose d'un agréable patio accueillant des arbres fruitiers.

LA CHOZA €

165 Calle Sanchez
✆ +1 809 962 2254
A partir de 20 US$ pour un lit en dortoir, 25 US$ pour une chambre simple et de 30 US$ pour une double.

Tenu par un sympathique couple dominico-australien, cette auberge de jeunesse écoresponsable fera le bonheur des voyageurs recherchant une atmosphère décontractée. Le jardin, avec sa petite piscine dominée par une sculpture taïno est un véritable havre de paix, agréable et coloré. Les chambres sont simples, bien tenues et joliment décorées ; toutes n'ont pas la climatisation. Francesca et Peter vous aideront à planifier vos visites, avec cartes et petits conseils à l'appui ! Cuisine commune pour préparer vos propres repas et café à disposition.

COLONIAL HOSTEL €

301 Calle Las Mercedes
✆ +1 809 221 3316
20 US$ pour un lit en dortoir, 30-35 US$ pour une chambre (salle de bain partagée ou privée). Petit déjeuner inclus.

Ouverte fin 2015, cette auberge de jeunesse est une excellente option pour les petits budgets, notamment pour les personnes désirant cuisiner leurs propres repas. Elle se compose de 2 dortoirs et de 7 chambres privatives, tous simples mais fonctionnels. A noter, les salles de bains d'un très bon standing pour ce type d'établissement. Deux cuisines modernes et tout équipées, une zone commune et une petite terrasse complètent cet hôtel situé dans le nord de la zone coloniale. Accueil sympathique et ambiance adaptée aux jeunes *backpackers*.

HOTEL LA RESIDENCIA €

62 Calle Danae
✆ +1 809 412 7298
Chambre double à 25 US$ avec ventilateur et 30 US$ avec climatisation sans petit déjeuner.

A la charnière du quartier de Gazcue et de la ville coloniale, ce petit hôtel familial et sans prétention propose une trentaine de chambres bien tenues avec ventilateur ou air conditionné (indispensable au vu des fortes températures sous cette latitude...), réfrigérateur et télévision. La Residencia dispose d'une petite terrasse à l'entrée avec une cafeteria bien pratique. C'est ici que vous pourrez prendre un bon petit déjeuner et vous nourrir d'une cuisine simple tout au long de la journée. Accueil sympathique et service agréable.

ISLAND LIFE HOSTEL €

356 Calle Isabel La Catolica ✆ +1 829 981 5800
www.islandlifebackpackershostel.com
Dortoir à partir de 16 US$, chambre privée à partir de 47 US$ (deux chambres avec clim), petit-déjeuner inclus.

Cette auberge de jeunesse compile toutes les qualités du repaire rêvé du voyageur à petit budget : patio avec barbecue, bain bouillonnant et hamacs, cuisine commune, machine à laver le linge et bar dont les tarifs sont adaptés à sa clientèle jeune et indépendante. Sans parler de l'accueil chaleureux ! Chaque lit de dortoir dispose de sa prise électrique, de son petit ventilateur (deux chambres sont équipées de climatisation) et de sa veilleuse pour les lecteurs. Quelques activités (danse et cuisine) sont proposées. Une adresse référence pour les petits budgets.

LA ALDEA €€

124 Calle sanchez
✆ +1 829 707 6226
www.laaldea124.com
Chambre double 60 US$, petit déjeuner inclus.

Bonne option d'hébergement pour les personnes à la recherche de calme sans rogner sur l'ambiance de qualité. Franky, le propriétaire francophone, vous propose 8 chambres - rénovées en 2019 - décorées sobrement mais bien équipées avec literie de qualité, salle de bains, luminosité... Le restaurant du rez-de-chaussée propose une excellente cuisine à base de poisson (sur place ou à emporter sous vide). Grâce à son accueil en français, un séjour à La Aldea vous permettra de vous faire des contacts à votre arrivée et de planifier votre séjour.

APPART-HOTEL PLAZA COLONIAL €€

Angle des rues Julio Verne et Louisa Ozema Pellerano ✆ +1 809 687 9111
www.plazacolonial.com.do
55 US$ la chambre double, 60 US$ le studio pour 2 personnes, et 120 US$ la suite de 4 personnes. Petit déjeuner compris.

Très bien situé, juste derrière le parc de l'Independencia, cet appart-hôtel est une option idéale si vous restez longtemps dans la capitale ou si vous voyagez en famille. Au choix : une soixantaine de chambres (télévision câblée, téléphone) ou d'appartements jusqu'à 5 personnes (deux chambres, cuisine, salon), piscine, restaurant de cuisine dominicaine et internationale, room-service et change, parking, jardin, et accueil fort sympathique. Wi-fi.

CASA NAEMIE GUEST HOUSE €€

11 Calle Isabel la Católica
✆ +1 809 689 2215
www.casanaemie.com
De 35 US$ à 100 US$ pour une chambre simple, et de 65 US$ à 120 US$ pour une chambre double. Petit déjeuner compris.

Au cœur de la zone coloniale, la Casa Naemie propose onze chambres charmantes. Préférez les chambres à l'étage, plus lumineuses que celles du rez-de-chaussée. Confortables, superbement aménagées, elles comportent TV câblée, air conditionné, ventilateur et Wi-Fi. Le petit déjeuner buffet est servi au bar ou en terrasse. La suite jouit d'une terrasse privative pour se détendre en toute intimité ou se faire servir le petit déjeuner. Le personnel très accueillant est composé en majeure partie d'Haïtiens qui parlent un français impeccable !

CASA SANCHEZ €€

260 Calle Sanchez
✆ +1 809 682 7321
www.casasanchezhotel.com
Chambre double à partir 95 US$, suite 4 personnes avec cuisine intégrée à partir de 120 US$. Petit déjeuner compris.

La dizaine de chambres de l'hôtel s'organisent autour d'un patio central en partie ombragé où se trouve une jolie piscine. Côté détente, le second étage propose un solarium doté d'un bain bouillonnant et d'un joli bar en bois sombre. Les chambres sont spacieuses, élégamment décorées et tout confort. Certaines plus grandes (jusqu'à 4 personnes) ont leur propre cuisine tout équipée. L'un des points forts de l'établissement est son copieux petit déjeuner servi à la carte au bord de la piscine. Une adresse cosy et centrale, en plein centre historique.

HODELPA - NICOLÁS DE OVANDO €€€

Calle las Damas ✆ +1 809 685 9955
www.hodelpa.com/nicolas-de-ovando
Chambre double à partir de 240 US$, petit déjeuner inclus. Possibilité de réduction en réservant sur Internet.

Les 94 chambres et suites de différentes catégories offrent une décoration latine raffinée et sont extrêmement confortables. L'incroyable et opulent petit déjeuner buffet servi dans le patio est une excellente entrée en matière pour démarrer la journée avant de piquer une tête dans la piscine, encadrée d'un luxuriant jardin tropical et donnant sur le fleuve. Restaurant gastronomique (1502), bar au bord de la piscine, salle de fitness, un billard, un *room service* jusqu'à 23h et parking.

GRAND HOTEL EUROPA €€

Angle des rues Arzobispo Meriño et Tejera
✆ +1 809 285 0005
www.granhoteleuropa.com
A partir de 70 US$ HT la double en basse saison, petit déjeuner inclus. Possibilité de réductions via Internet.

Construit dans les années 1930, refait à neuf dans un style moderne en 2021, cet hôtel bénéficie d'un emplacement de choix à 300 mètres de la place principale de la ville. L'hôtel Europa abrite deux sections (l'une moderne et l'autre nettement plus coloniale) entre lesquelles sont réparties 90 chambres et suites confortables et spacieuses (avec un balcon pour celles donnant sur la rue). L'hôtel possède par ailleurs une vaste terrasse en *rooftop* (on y sert le petit déjeuner et des cocktails le soir) offrant une belle vue sur la ville.

LA CASONA DORADA €€

255 Calle Independencia
(angle de calle Osvaldo Báez)
✆ +1 809 221 3535
www.lacasonadorada.com
A partir de 80 US$ pour une chambre double, petit déjeuner inclus.

Ce bel hôtel est situé dans l'ancienne maison du président Báez. Il compte 75 chambres confortables et bien décorées bien qu'un peu exiguës. La piscine de l'établissement, entourée de transats, est agréable, néanmoins le calme est relatif, car l'avenue est très passante. Également, signalons que les sportifs apprécieront la salle de fitness (très bien équipée avec du matériel de qualité). L'hôtel dispose par ailleurs d'un bar-restaurant qui sert une cuisine dominicaine et internationale. Accueil sympathique pour cette adresse centrale.

HODELPA CARIBE COLONIAL €€

159 Calle Isabel la Católica
✆ +1 809 688 7799 - www.hodelpa.com
A partir de 70 US$ pour une chambre simple et de 85 US$ à 150 US$ pour une double. Petit déjeuner inclus.

Difficile d'être plus central ! Cet hôtel de quatre étages (et équipé d'un ascenseur) dispose d'une cinquantaine de chambres classiques, dont certaines thématiques, tout confort et décorées avec goût. On trouve également un restaurant proposant une cuisine internationale plutôt bonne ainsi qu'un espace bar pour boire un verre. Signalons aussi la terrasse avec solarium au sommet de l'édifice (sans grand charme), le parking et le service de laverie. L'Hodelpa Caribe Colonial est un bon compromis entre confort et fonctionnalité. Accueil professionnel et disponible.

EL BEATERIO €€

8 Calle Duarte
✆ +1 809 687 8657
www.elbeaterio.com
Compter 95 US$ la chambre simple, 110 US$ la double, 140 US$ la triple et 170 US$ la quadruple. Petit déjeuner inclus.

La dizaine de petites chambres (11 pour être exact) du Beaterio donne sur un patio fleuri. Elles sont à la fois sobres et coquettes dans un style colonial classique, et disposent de tout le confort moderne. On prend le petit déjeuner de type buffet aux accords d'une douce musique, dans une salle intérieure qui fleure bon les siècles d'histoire. Les hôtes disposent d'une petite bibliothèque et peuvent prendre un verre dans le vaste salon convivial. Une excellente adresse dans cette catégorie, où il est recommandé de réserver.

HOLIDAY INN €€

856 Avenida Abraham Lincoln
✆ +1 809 621 0000
Compter 130 US$ la chambre double le week-end et 190 US$ en semaine. Petit déjeuner inclus.

Au cœur du centre ville, au nord-ouest de la zone coloniale, cet hôtel récent permet de se plonger directement dans la vie dominicaine. Confortable, avec un service de qualité, l'Holiday Inn possède une piscine, un centre de fitness, un sauna, un bar-lounge, un *business center* et un café. Il se situe par ailleurs à deux pas des centres commerciaux, à égale distance entre le jardin botanique et le parc Mirador del Sur et à seulement quelques minutes de taxi du stade de la ville pour les amateurs de sport. Accueil professionnel.

FOCUS

HÔTEL NICOLÁS DE OVANDO

UNE DES BÂTISSES HISTORIQUES DU NOUVEAU MONDE

Piloté par la chaîne Hodelpa, l'hôtel 5 étoiles Nicolás de Ovando n'est pas une auberge comme les autres ! La bâtisse hébergea en effet l'un des tout premiers gouverneurs espagnols du Nouveau Monde : Nicolás de Ovando. Revenons sur le parcours unique d'un personnage historique et intéressons-nous à sa prestigieuse résidence coloniale !

La vie d'un gouverneur

Issu de la noblesse, Nicolás de Ovando (1451-1511) intègre dès son adolescence l'ordre militaire d'Alcántara. Pieux, réputé juste et prudent, il est fait Chevalier de cet ordre et en vient à le diriger. Puis il est choisi par la reine Isabelle de Castille au poste de gouverneur des Indes occidentales. L'homme embarque le 13 février 1502 avec 2 500 colons sur une flotte de trente navires, la plus grande n'ayant alors jamais rallié le Nouveau Monde ! Rapidement, il fait face à des révoltes indigènes, qu'il réprime durement, puis fait venir des esclaves d'origine africaine, jetant les bases d'une économie prospère (canne à sucre et exploitation minière). L'homme quittera l'île en 1509 pour mourir deux ans plus tard à Madrid.

Une demeure de prestige

Construite sur la calle Las Damas en 1502, la même année que celle de l'arrivée du gouverneur (c'est d'ailleurs le nom du restaurant de l'hôtel : 1502), la Casa Nicolás de Ovando est également connue sous les appellations de Casa de la Virreina et de Casa de los Cañones. Il s'agit d'un manoir à la façade austère faite de pierres locales et doté d'un portail de style gothique isabelin (unique en Amérique) et de cinq fenêtres en pierre ciselée. La construction se distingue également par son immense patio intérieur donnant sur la rivière Ozama (accueillant désormais le jardin tropical et la piscine de l'hôtel) et les massifs plafonds en bois d'acajou des pièces du rez-de-chaussée. Bref, un petit bijou vieux d'un demi-millénaire !

HODELPA - NICOLÁS DE OVANDO

Calle las Damas
✆ +1 809 685 9955
www.hodelpa.com/nicolas-de-ovando

HOSTAL RIAZOR €€

457 Calle Independencia
✆ +1 809 685 5566
www.hotelriazorsantodomingo.com
A partir de 55 US$ pour une chambre double, petit déjeuner compris.

Voici un petit hôtel bien situé, non loin de la ville coloniale. Le Riazor propose une cinquantaine de chambres réparties sur quatre étages. Les chambres, confortables et ne manquant de rien, affichent un style très dominicain. Un petit parking, très appréciable si vous voyagez en voiture, complète l'offre de l'établissement. N'oublions pas de mentionner le restaurant Riazor, situé juste à côté de l'hôtel, qui propose une cuisine dominicaine et internationale plutôt savoureuse. Réception ouverte 24h/24 et accueil très professionnel.

HOTEL BOUTIQUE PALACIO €€

106 Calle Duarte
✆ +1 809 682 4730
www.hotel-palacio.com
Chambre double entre 90 et 170 US$, petit déjeuner compris. Promotions sur le site Internet. Parking couvert.

Les 45 chambres et suites du Palacio sont décorées avec goût et extrêmement confortables. Quatre des cinq suites offrent en plus un bain bouillonnant et sont équipées d'ordinateur. Demander la chambre 113 si l'on souhaite dormir à l'ombre d'un puits du XVIIe siècle ou la 136 avec terrasse privative. Une piscine sur le toit terrasse est encadrée de chaises longues. Il convient également de signaler ici la présence d'un sauna (supplément de 15 US$) et d'un gymnase. Le petit déjeuner en buffet se prend dans le patio ou en salle climatisée.

HOTEL CONDE DE PEÑALBA €€

Calle el Conde (Esquina Arzobispo Meriño)
✆ +1 809 688 7121
www.condepenalba.com
Chambre simple de 65 à 85 US$, 100 US$ pour une chambre double. Petit déjeuner inclus.

Petit hôtel de style moderne, le Conde de Penalba offre une vingtaine de chambres et suites confortables. Son emplacement très central et stratégique (juste en face de la cathédrale) en fait un établissement de choix pour séjourner à Santo Domingo. Le restaurant et le bar de l'hôtel, au rez-de-chaussée, ne désemplissent pas ; l'endroit est donc plutôt animé et bruyant. Peut-être un poil cher pour sa catégorie : le Conde de Penalba hôtel vend principalement son emplacement privilégié. Accueil professionnel et plutôt agréable.

HOTEL DOÑA ELVIRA €€

207 Calle Padre Billini
✆ +1 809 221 7415
www.dona-elvira.com
Chambre simple à partir de 70 US$, chambre double à partir de 95 US$, petit déjeuner inclus.

Ce petit hôtel de charme porte le nom d'Elvira de Mendoza, une des premières poétesses du Nouveau Monde, qui finança la construction de l'église voisine. Il s'abrite dans un édifice du XVIe siècle. Les 12 chambres, toutes différentes, encadrent une piscine abritée par un immense manguier et, sur le toit, on trouve un bain bouillonnant, parfait pour se détendre après une journée de balade dans la zone coloniale. Service de restauration légère le midi et le soir sur demande. Accueil sympathique et disponible. Une adresse au bon rapport qualité-prix.

HOTEL NAPOLITANO €€

51 George Washington ✆ +1 809 687 1131
www.napolitano.com.do
La chambre double avec petit déjeuner est à 100 US$ et la suite à 200 US$. Offres sur Internet.

L'hôtel compte 65 chambres modernes, avec air conditionné et télévision câblée, qui surplombent la mer des Caraïbes. Une piscine en terrasse et un spa permettent de se détendre. Le vendredi et le samedi à partir de 20h30, dans la cafétéria-restaurant donnant sur la piscine, l'animation musicale est prisée par une clientèle dominicaine. Discothèque ouverte dès 22h les vendredis et samedis et casino.

▸ **Bon plan** : De 8h à 19h, il est possible d'obtenir un *day pass* pour 1 650 $ qui comprend l'accès à la piscine pour toute la journée et un repas au restaurant.

HOTEL SAN-MARCO €€

752 Calle Santiago
✆ +1 809 686 2876
www.hotelsanmarcord.com
De 55 à 100 US$ la chambre double.

Cette ancienne maison coloniale a été réaménagée dans les années 1950 pour être transformée en hôtel de 26 chambres. La décoration, tout comme la superficie, est différente dans chaque chambre, il ne faut pas hésiter à se renseigner avant. TV, climatisation, coffre-fort et minibar sont installés dans toutes les chambres. Dans le patio, petit restaurant, piscine, ainsi qu'un mini-jardin viennent agrémenter les lieux. Le petit déjeuner est inclus dans le prix très raisonnable de l'hôtel. Une adresse idéale pour découvrir la ville, loin du tumulte du parc central.

HOTEL VILLA COLONIAL €€

157 Calle Sanchez
✆ +1 809 221 1049
www.villacolonial.net
A partir de 130 US$ la chambre simple, 160 US$ la chambre double, petit déjeuner inclus.

Hôtel de charme conçu et tenu par un couple franco-dominicain. Il propose 11 chambres sur deux niveaux, chacune décorée d'un tableau du peintre dominicain José Cestero, et chacune dans sa tonalité. Élégantes, modernes et dotées de lit à baldaquin, elles donnent sur une longue galerie carrelée de mosaïques qui débouche elle-même sur une petite piscine agrémentée de chaises longues. Deux suites possèdent leur terrasse privative. Le jardin avec sa luxuriante végétation tropicale est un havre de paix. Accueil chaleureux et petit déjeuner incroyable.

MAISON GAUTREAUX €€

8 Calle Félix Mariano Lluberes
✆ +1 809 412 7838
www.maisongautreaux.net
Compter 30 US$ pour une chambre simple, 45 US$ pour une double et 65 US$ pour une triple, avec le petit déjeuner.

Excellent emplacement pour cet hôtel familial, à la frontière entre ville coloniale et ville moderne. On se sent tout de suite chez soi dans cette grande demeure conviviale. Juan Gabriel vous accueille à la dominicaine dans l'ancienne maison de famille. Les 22 chambres sont simples et bien tenues. Vous pourrez vous détendre après votre journée de visite à la terrasse de l'étage qui dispose d'un bain bouillonnant. Accueil sympathique et personnel disponible. Une adresse au bon rapport qualité-prix. Réduction à partir de 7 nuits.

MOSQUITO BOUTIQUE HOTEL ZONA COLONIAL €€

266 Calle Arzobispo Meriño
✆ +1 809 723 5533
www.mosquitohotelzonacolonial.com
16 chambres de 105 US$ HT.

Cet hôtel ne manque pas de charme. A 300 mètres de la place principale, le style architectural colonial vieux de 450 ans vient se mélanger à une touche de modernité propre au Mosquito Boutique Hotel. Un très bon point de chute pour découvrir la capitale. Impossible de ne pas évoquer ici le bar tendance, situé au rez-de-chaussée de l'établissement, ainsi que son restaurant péruvien. Accueil sympathique et disponible. Une adresse au bon rapport qualité-prix.

NOVUS PLAZA HODELPA €€

Calle Hostos / Calle El Conde
✆ +1 809 688 5500
www.hodelpa.com/novus-plaza
A partir de 75 US$ la chambre double, petit déjeuner inclus.

Le Novus Plaza, du groupe Hodelpa, a l'avantage de se situer au cœur de l'action : donnant sur la Calle Conde, artère piétonne principale de la zone coloniale, il se trouve à une cinquantaine de pas du Parque Colon. Côté installations, on a ici affaire à des chambres confortables et résolument modernes, répondant aux critères de l'hôtellerie internationale. Le personnel est très aimable et l'on y prend un bon petit déjeuner en buffet, idéal pour démarrer la journée du bon pied. Wifi, parking gratuit et salle de fitness complètent l'offre de séjour.

PORTES 9 €€

9 Calle Arzobispo Portes
✆ +1 849 943 2039
Compter 50 US$ la chambre simple et à partir de 75 US$ la double, petit déjeuner inclus.

Le Portes 9 est un ravissant hôtel doté de 8 chambres, situé sur une jolie place calme du sud de la ville coloniale. Un lobby accueillant aux lignes épurées et aux tons méditerranéens vous mènera à des chambres coquettes, spacieuses et bien équipées. Le personnel polyglotte est très attentif et serviable. On apprécie par ailleurs la petite terrasse sur le toit, équipée d'un bain bouillonnant, ainsi que le petit déjeuner, copieux et varié. Un établissement recommandé, au très bon rapport qualité-localisation-prix. Pensez à réserver à l'avance !

BARCELÓ €€€

Angle des rues Maximo-Gomez et 27-de-Febrero
✆ +1 809 563 5000
www.barcelo.com
La chambre double à partir de 100 US$ avec petit déjeuner. Réductions sur le site Internet.

Situé au cœur du centre des affaires, dans un quartier central, cet hôtel est moderne et offre des prestations de grande qualité. Vous avez le choix entre 216 chambres et quelques suites très confortables.Toutes sont équipées d'une literie de qualité et de toutes les commodités habituelles (AC, TV, minibar, etc.). L'hôtel Barcelo est doté d'une piscine agréable et d'un bain bouillonnant sur la terrasse, d'un gymnase doté principalement de vélos elliptiques et petits haltères, d'un spa, de bars et d'un restaurant japonais réputé.

BILLINI HOTEL €€€

256 Calle Padre Billini
✆ +1 809 338 40 40
www.billinihotel.com
Prix des chambres entre 150 US$ (standard) et 600 US$ (suite), petit déjeuner inclus. Parking.

Installé dans une ancienne demeure monacale du début du XVIe siècle, le Billini Hôtel compte parmi les meilleurs hôtels de luxe du pays. Il possède 24 chambres disposées sur 3 étages. Toutes les chambres, à la fois high-tech et sobres, ont leur personnalité : vieilles pierres visibles et déco type « explorateurs » de jadis leur donnent un réel cachet. Très bonne literie et balcons privés (coup de cœur pour les chambres 107 et 215). Signalons la piscine donnant sur le couvent juste en face, la jolie cour végétale intérieure, le restaurant, le gymnase et le spa !

CASA DEL XVI €€€

252 Calle Padre Bilini
✆ +1 809 688 4061
www.casasdelxvi.com
Chambres à partir de 250 US$.
Les meilleurs prix sont sur leur site Internet.

Dans un style colonial et inspiré de l'histoire et de la culture de la destination, chaque maison restaurée avec talent offre un univers distinct et les chambres offrent un confort luxueux. La décoration intérieure distribue salons, bibliothèques, piscines privées pour 4 habitations. Petit déjeuner inclus servi à la carte dans le patio de chaque maison particulière. Services d'un majordome privé. Communication avec la réception via un smartphone (avec la 4G, bien pratique pour vos sorties en ville) mis à disposition durant votre séjour. Restaurant.

CROWNE PLAZA €€€

218 Calle George Washington
✆ +1 809 221 0000
www.crowneplaza.com/santodomingo
Compter de 130 à 300 US$ pour une chambre double avec petit déjeuner selon la saison.

Elevant fièrement sa tour moderne face à la mer des Caraïbes, cet hôtel au lobby démesuré répond à tous les standards de la chaîne hôtelière internationale. Il possède pas loin de 200 chambres réparties sur quinze étages, une piscine extérieure, un spa, une salle de fitness, un bain bouillonnant, deux bars, un café, une boutique de souvenirs ainsi qu'un casino. Les chambres du Crowne Plaza, à la décoration moderne, sont bien équipées, et nombre d'entre elles offrent une vue imprenable sur la mer. Accueil professionnel et disponible.

OCCIDENTAL EL EMBAJADOR €€€

65 Avenida Sarasota
✆ +1 809 221 2131 - www.barcelo.com
Chambre double standard à partir de 200 US$, petit déjeuner inclus.

Situé dans un quartier résidentiel, le plus vieux des hôtels modernes de la capitale a été construit pendant l'ère de Trujillo en 1955. Etablissement emblématique de Saint-Domingue, l'Occidental El Embajador accueille régulièrement hommes politiques et chanteurs autour de sa superbe piscine arborée. Il conserve un aspect classique dans son architecture. Il propose 245 chambres et suites de grand confort, des courts de tennis, une salle de sport, deux restaurants, un bar à vins, une discothèque et un casino. Accueil professionnel.

REAL INTERCONTINENTAL SANTO DOMINGO €€€

Av. Winston Churchill esq. Porfirio Herrera
✆ +1 809 683 6060
A partir de 250 US$ la chambre standard.

Situé au cœur du quartier d'affaires du nouveau centre de Saint-Domingue et à 6,5 km de la zone coloniale, cet hôtel flambant neuf propose trois restaurants concepts uniques, deux bars et un superbe spa. La tour de l'Intercontinental est l'une des plus hautes de la capitale et vous pourrez profiter de la vue dominante sur la ville depuis la piscine à débordement qui fait le tour du 3e étage ou directement depuis une des chambres (nous vous conseillons celles des derniers étages).

RENAISSANCE JARAGUA €€€

367 Calle George Washington
✆ +1 809 221 2222
www.marriott.com
Chambre double à partir de 150 US$, suite à partir de 250 US$.

L'hôtel appartient à la chaîne Marriott et bénéficie d'un emplacement stratégique avec vue sur la mer des Caraïbes et proximité du centre colonial. Ce complexe de 355 chambres est vaste : il comprend bars, restaurants, piscine et casino ouvert 24h/24 (!). Cet hôtel, où ont été tournées des scènes du film *Havana* de Sydney Pollack en 1991, est le lieu de séjour dans la capitale des personnalités officielles. Il offre un service tout à fait digne de sa catégorie. Aucun raté sur un séjour dans cet hôtel, mais les tarifs sont plus élevés. Bon accueil.

SE RÉGALER

On trouve tous les types de cuisines à Santo Domingo : en dehors de la cuisine nationale, les gastronomies les plus prisées par les Dominicains sont la cuisine méditerranéenne, l'espagnole, la française et l'italienne qui s'accommodent très bien des produits locaux. Des tables élégantes aux gargotes de quartier, des buffets internationaux des hôtels de luxe aux cuisines du monde, de la cuisine familiale aux créations « nouvelle vague », chaque appétit rencontrera menu à son goût. Le quartier chinois (au nord de la rue Duarte) déborde de restaurants bon marché. Les restaurants des zones nord et sud-ouest, éloignés des grands centres d'intérêt touristiques, sont fréquentés aussi bien par une clientèle d'affaires que par les Dominicains. Ceux de la zone coloniale toujours animés. Une enfilade de restaurants sympathiques se suivent sur La Atarazana. Les terrasses, donnant sur la Plaza España et l'Alcazar de Colón, sont agréables le soir.

Le sancocho est une sorte de pot-au-feu.

ADRIAN TROPICAL €

Avenida George Washington
✆ +1 809 565 9236
www.adriantropical.com
Ouvert tous les jours 7h-2h.
Repas à partir de 10 US$.

Cette chaîne de restaurants dominicains très prisés doit son nom à celui du fils du propriétaire. La meilleure adresse est celle du Malecón, avec sa terrasse dominant la mer. On peut également manger en salle climatisée. Le restaurant ne sert que des spécialités de cuisine traditionnelle, croquettes de poulet, *ceviche*, cocktail de crevettes, *mofongo, cocido, sancocho, chivo guisado, tostones, guineos, moro*, bref toute la gastronomie locale est présente. Belle carte de vins et de jus de fruits tropicaux. L'ambiance est très locale, bruyante et bon enfant.

BARRA PAYAN €

140 Calle 30 de Marzo
✆ +1 809 689 6654
Ouvert 7j/7 : dim-jeu 6h-22h et ven-sam 24h/24.
Sandwichs : 165 $. Jus de fruits frais : 70 $.

Le Barra Payan est une institution, une légende, un lieu de vie et de rencontre. On ne vient pas à Saint-Domingue sans goûter une fois à ses jus de fruit pressé et à ses sandwichs (on conseille le Payan Especial, composé de porc émietté, de jambon et de deux sortes de fromage). Une biographie en espagnol est sortie sur son propriétaire : comment, en partant de rien, il est devenu très riche en créant le Barra Payan. Le lieu ne désemplit pas, ne ferme pas la nuit, on s'y entasse autour du comptoir pour manger, mais on peut, bien sûr, commander à emporter.

BUCHE PERICO €€

53 Calle El Conde
✆ +1 809 475 6451
www.bucheperico.com
Ouvert en semaine de midi à 23h30,
dès 9h le week-end. Environ 500 $ le plat.

Le Buche Perico cache bien son jeu. Ne pas se fier à la façade extérieure, elle abrite en fait un magnifique jardin tropical aux murs végétaux parcourus de petites cascades : un véritable havre de paix rafraîchi par les hélices du ventilateur au plafond. C'est dans ce cadre à la fois moderne et colonial que l'on se repaît de quelques plats dominicains et européens élaborés en toute simplicité. Le personnel est très aimable, les tarifs plutôt honnêtes pour la zone, et les repas sont à l'occasion égayés par des représentations de danse ou de musique.

CAFE LA MORICETTE €

251 El Conde ✆ +1 809 682 3173
Ouvert tous les jours de 8h à 20h.

Tenu par Christophe et Stéphanie, le café La Moricette (ancien Paco Cabana), est le repaire des Français installés à Saint-Domingue et propose les meilleurs croissants et pains au chocolat de la zone coloniale (un boulanger français est derrière les fourneaux). Parfait pour un petit déjeuner à la française, une pause salée (croque-monsieur, sandwich), un jus ou un smoothie, mais aussi pour l'apéro sur la terrasse en observant l'animation de la rue. Nul doute que vous trouverez un locuteur francophone si vous en ressentez le besoin.

CHINO DE MARISCOS €

38 Avenida Sarasota
✆ 809 532 8350
Ouvert tous les jours de 12h à 23h.
Plat 150-200 $.

Au cœur du quartier des affaires se cache très discrètement (regarder la grande pancarte très rétro le long de l'avenue Sarasota pour le trouver) le meilleur restaurant chinois de la ville. Le chef est cantonais et la cuisine est réputée pour ses fruits de mer. Le dimanche, les grandes familles bourgeoises se retrouvent dans cette grande salle à manger pour déguster un menu de calamars à la cantonnaise, soupe de crabes... Tout n'est pas sur la carte. Les Chinois ont une carte à eux. N'hésitez pas à regarder dans leurs assiettes et à demander la même chose.

D COMER COLONIAL €

C. Isabel La Católic
✆ +1 809 682 1218
Lun-sam 9h-15h. Plat à 250 $.

Voici une adresse qui ravira les voyageurs à petit budget mais pas dépourvus d'appétit ! Le D Comer est une petite cantine dominicaine sans prétention plébiscitée par les habitants de la capitale. Après un franc succès dans l'ouest de la ville, l'enseigne a ouvert une table en plein centre colonial pour notre plus grand plaisir. On cuisine ici des plats simples et très copieux, on ne peut plus locaux : salades, riz et autres viandes sont au menu. Des tarifs quatre fois moins élevés qu'ailleurs, une salle propre et une équipe très agréable. Coup de cœur !

EL CONDE €

Calle el Conde ✆ +1 809 682 6944
www.condepenalba.com
Ouvert tous les jours de 7h à minuit, jusqu'à 1h vendredi et samedi. Compter 360 $ le sandwich et 600 $ le repas.

Idéalement situé sur le Parque Colón, c'est le rendez-vous de fin de journée par excellence. A partir de 17h, les tables en terrasse y sont très convoitées pour l'apéritif. On y observe l'animation de la place, ballet des petits cireurs de chaussures, propositions des vendeurs de tickets de loterie, sollicitations des marchands ambulants, musiciens... Parfait aussi pour une petite halte, un léger rafraîchissement ou un déjeuner pour ponctuer la visite de la ville coloniale. Restauration rapide, salades et sandwichs, plats dominicains simples, mojito et pina colada.

EL CONUCO €€

152 Calle Casimiro de Moya
✆ +1 809 686 0129
www.elconuco.com.do
Ouvert tous les jours de 11h30 à minuit. Compter 400 $ à 900 $ pour un plat.

Ici, on mange en plein air au sein d'une grande maison typique des campagnes dominicaines, servis par des garçons en costume de *campesinos*. Côté animation, des spectacles de danse et de chants dominicains égayeront votre repas de l'entrée au dessert ! Ce restaurant, à l'origine l'un des préférés des Dominicains, est devenu un rendez-vous très touristique. La formule buffet du déjeuner, très copieuse, permet de goûter à toutes les spécialités dominicaines. Il n'en reste pas moins une excellente adresse pour découvrir la cuisine et la musique dominicaine du Cibao.

EL MESON DE LA CAVA €€

1 Mirador del Sur
✆ +1 809 533 2818
www.elmesondelacava.com
Ouvert tous les jours de midi à minuit. Compter de 750 $ à 1 800 $ pour un plat.

On accède, par un escalier en colimaçon, au restaurant qui se trouve dans une étonnante enfilade de grottes côtières modelées par les vagues, à 25 m au-dessous du niveau du sol. La cuisine est classique (calamars frits, tacos, salades variées...) et bonne, le décor et le service sophistiqués, mais l'ambiance musicale (orchestre et danse) un peu impersonnelle. C'est néanmoins l'un des *musts* touristiques. El Meson de la Cava propose aussi des menus et des repas spéciaux le dimanche, une intéressante carte des vins et un service attentionné.

EL PALMITO GOURMET €€

Calle Arzobispo Portes
✆ +1 809 221 5777
Ouvert de midi à minuit tous les jours. Plats à partir de 400 $.

Un excellent choix si vous voulez prendre votre temps et profiter de la cuisine dominicaine et *criolla*. Au nombre des spécialités de la carte, on retiendra la ***sorpresa de pechuga de pollo*** (blanc de poulet farci avec des bananes vertes et du fromage), les crevettes ***a la plancha*** ou le ***sancocho*** gourmet. En dessert, essayez le flan à la noix de cajou, une création maison, arrosez le tout de vins français ou chiliens servis au verre. Le décor est intime (seulement une demi-douzaine de tables élégamment dressées), et le service attentif et impeccable.

EL PATIO CULINARIO €

52 Padre Billini / Isabel La Católica
✆ +1 829 645 6666
Mar-dim 18h-minuit (2h vendredi et samedi) et dès 14h le week-end. Compter 1 000 $ le repas complet.

Surfant sur la vague des food-trucks, El Patio Culinario est une oasis de tranquillité installée dans une petite cour en plein air. Quelques tables, deux food-trucks, un restaurant et un bar à cocktails, on aura l'embarras du choix : quatre menus proposant une gamme très variée de préparations allant de la côte de bœuf grillée aux fruits de mer en sauce, sans oublier salades, ceviches et autres poissons façon dominicaine. Une ambiance mixte où l'on croise aussi bien des étudiants du coin que des visiteurs de passage. Service aimable et souriant.

FALAFEL €

352 Calle Sanchez esq. Calle Billini
✆ +1 809 688 9714
Mer-dim 12h-22h (23h ven-sam). Compter 800/1 000 $ le repas.

LE restaurant moyen-oriental de Saint-Domingue. Accueil avec musique orientale, salle intérieure un brin vieillote et souvent déserte, l'attraction étant le magnifique patio ouvert sur deux étages. Outre le menu, garni de falafels savoureux, kebabs, hummus (incontournable) et autres chawarma on aime l'ambiance des lieux. Sirotez un jus de chinola frais ou une limonana à l'ombre des feuilles de bananiers géants, ou en soirée un cocktail maison. On recommande la formule « pintchos » qui permet de goûter à toutes les spécialités, en petites portions. Service rapide.

MAISON KREYOL €€

Calle Mercedes 255
✆ +1 809 237 7062
www.maisonkreyol.com
Ouvert tous les jours de midi à 23h. Repas familial traditionnel le samedi. Plat 400-950 $.

Véritable petite ambassade de la cuisine haïtienne, la Maison Kreyol propose une escale gourmande savoureusement épicée. L'équipe, francophone, se fera un plaisir de vous fournir quelques clefs d'orientation du menu : bouillon « Tèt Kabrit », filet de tilapia au fromage, crevettes ou lambi à la créole, poisson gros sel… Le tout accompagné de la rafraîchissante bière nationale Prestige, avant de terminer sur quelques lampées de rhum Barbancourt. Un grand buffet est servi tous les mercredis. Service attentionné. Hautement recommandée.

MARACA €€

C. Arzobispo Nouel, 202
✆ +1 829 345 0789
www.maracamenu.com
Tous les jours midi-minuit (1h vendredi et samedi). Plat 500-1 000 $.

Si le Maraca a ouvert ses élégantes portes de bois ciselé début 2020, son succès ne semble pas s'essouffler. Lové dans un coin du vieux centre colonial, l'établissement s'avère chic tout en restant accessible : haut plafond, sols de marbre clair, impressionnant bar de bois sombre subtilement illuminé évoquant un luxueux wagon de l'Orient Express version caraïbe... Ce décor de bon goût se retrouve dans la présentation des assiettes, colorées et équilibrées, qu'il s'agisse d'un ceviche, d'un riz braisé ou de tapas. Cocktails subtils et belle ambiance musicale.

MESÓN DE BARI €€

302 Calle Hostos
✆ +1 809 689 5546
Ouvert tous les jours de midi à minuit.
Compter entre 650 $ et 1 000 $ le repas.

Ce restaurant, tenu par la même famille dominicaine depuis 60 ans, surprend par ses murs recouverts de tableaux de nombreux artistes locaux dont la plupart sont à la vente. Le résultat est une exposition permanente de peintures des meilleurs talents du pays. Les artistes de la zone coloniale s'y retrouvent autour d'une Presidente bien fraiche au comptoir ou d'un plat de *cangrejo guisado*, leur spécialité, une sorte de daube d'émincé de crabe créole. Amateurs de desserts, on vous conseille le *dulce de coco* ! Service de qualité et ambiance conviviale.

ÑAM ÑAM KOREAN SNACK €

Avenue Winston Churchill
✆ +1 809 472 0273
Lun-sam 11h30-22h30.
Autour de 10 US$.

Si vous aimez la gastronomie coréenne, c'est sans aucun doute l'une des meilleures adresses de Santo Domingo. On y mange pour pas cher et l'association des produits frais dominicains comme le poisson avec le savoir-faire de la cuisine coréenne est un excellent mariage. On apprécie le buffet proposé à l'heure du déjeuner et le service souriant, discret et disponible. Ambiance conviviale, à l'image des restaurants « buffet à volonté », bien que ce ne soit pas le concept de l'endroit. Pour découvrir ou redécouvrir la cuisine coréenne.

RESTAURANTE 1502 €€

Calle las Damas
✆ +1 809 685 9955
www.hodelpa.com/nicolas-de-ovando
Ouvert tous les jours de midi à 22h.
Entre 500 $ et 1 300 $ le plat.

Situé au sein du superbe patio de l'hôtel Nicolas de Ovando, on y trouve des plats raffinés et créatifs accompagnés d'un service impeccable. Dans ce cadre exceptionnel et élégant, on vous servira une cuisine internationale aux accents français et dominicains. Le risotto de crevettes est une des spécialités de la maison ; délicieuse. Vous aurez le choix entre la salle climatisée, le patio ombragé ou le bord de la piscine pour déguster votre repas. Egalement quelques boissons rafraîchissantes. Une bonne adresse pour un repas en toute quiétude.

VILLAR HERMANOS €

312 Avenida Independencia
✆ +1 809 652 1433
www.villarhermanos.com
Ouvert tous les jours de 7h à 23h.
Compter entre 400 et 650 $.

Toutes sortes de viennoiseries et de pâtisseries appétissantes sont disposées derrière le comptoir transparent. Chez Villar Hermanos on peut y prendre le petit déjeuner ou y manger sur le pouce le midi comme le soir, ou encore emporter un plat du jour. Plat recommandé ici ? Le poisson sauce coco. Cet établissement est très fréquenté par les Dominicains qui travaillent dans le coin. Une adresse pratique, excellente et économique. Sans oublier de mentionner l'accueil souriant des employés et la possibilité d'acheter du pain de bonne qualité.

CIAO CAFFETERIA PIANTINI €

Calle Federico Geraldino, angle Calle Hector Inchaustegui
✆ +1 809 227 7766
www.instagram.com/CiaoCaffetteria
Ouvert tous les jours de 7h à 19h30. Compter 500 $ le petit déjeuner complet et 750 $ le plat.

Ce petit café-restaurant-boulangerie élégant propose des croissants, sandwichs et tartes pour les plus pressés, mais sert également une cuisine italienne, dominicaine et des crêpes midi et soir. Au déjeuner, ce sont surtout les hommes d'affaires du quartier qui s'y rendent, alors que le reste de la journée on y trouve une population jeune et branchée. La petite terrasse ombragée extérieure est idéale pour un café ou un verre de vin, sur fond de musique *lounge*. Presse locale à disposition si vous voulez vous enquérir des nouvelles fraîches du pays.

MORA PESCADERIA €

22 Summer Wells
✆ +1 809 262 0271
Ouvert de 7h à minuit.

Folklore 100 % dominicain assuré dans cette vaste cantine dédiée aux poissons et fruits de mer. Le Mora Pescaderia ne propose pas de menu, mais un comptoir qui présente les spécialités du jour : salade de poulpes ou de conchas, poissons marinés (qui seront ensuite frits), crevettes à l'ail… autant de mets alléchants, servis en portions généreuses. La salle est souvent pleine à craquer, ce qui assure un poisson toujours frais ! On accompagnera les plats de bonnes bières fraîches, d'un verre de vin ou d'un jus de fruits. Service réussi.

RIVERSIDE PIZZA €

Calle Miguel Barceló
✆ +1 809 536 1212
www.facebook.com/riversidecr
Ouvert de 11h à 23h sauf le mardi. 10 US$.

Ouverte au printemps 2022, cette pizzeria flambant neuve a l'avantage d'être accessible à pied depuis le centre colonial de Santo Domingo. Autre atout : sa terrasse donnant sur la rivière Ozama et donc sur la ville coloniale, avec un petit espace vert s'étirant juste derrière elle. Côté déco, c'est le bois clair qui prédomine, tandis qu'en cuisine on s'active pour servir des pizzas aux recettes variées et somme toute très réussies. Service très souriant (et anglophone si nécessaire). Une nouvelle adresse sans prétention qui commence une belle carrière.

SAMURAI €€€

57 Calle del Seminario
✆ +1 809 565 1621
www.instagram.com/samuraird
Ouvert du mardi au dimanche de midi à 23h. A partir de 1 300 $ le repas.

Avis aux amateurs de cuisine japonaise traditionnelle ! Les quatre chefs sont d'authentiques Nippons, les produits sont importés (grande sélection de sakés) et on peut même manger au sein d'un *zashiki* (salon traditionnel fermé), une expérience originale et authentique, même ici, en pleine République dominicaine. Tenu par la même famille depuis plus de 25 ans, la clientèle y est exclusive. On aime observer les chefs préparer les mets sous nos yeux et déjeuner en terrasse dans le jardin japonais. Réservation recommandée. Belle adresse.

SBG SOPHIA'S BAR & GRILL €€

9 Paseo de los Locutores
✆ +1 809 620 1001
www.sbg.com.do
Ouvert tous les jours de midi à 23h (jusqu'à 2h jeu-sam). Compter de 1 000 $ à 1 300 $ pour un repas.

Pour beaucoup la meilleure table de Santo Domingo. Très fréquenté des familles aisées et célébrités dominicaines, SBG (Sophia's Bar & Grill) fascine autant par sa décoration que sa cuisine internationale des plus inventives. A l'intérieur, les antiquités côtoient le mobilier design dans une fusion de détails. Les grands sofas et l'atmosphère font que l'on se sent très vite chez soi. Côté cuisine, les spécialités de la maison sont le *risotto de chivo* (risotto de chèvre) et le *rock shrimp tempura*. Terrasse ombragée à l'extérieur. Réservation conseillée.

THE MARKET €€

Av. Winston Churchill
✆ +1 809 683 6060
Ouvert tous les jours de 6h à 23h. Environ 20 US$ le repas complet, 30 US$ le buffet.

Une adresse élégante où le service est impeccable. On vient à The Market à n'importe quelle heure de la journée pour déguster quelques bons petits plats réalisés avec soin : viandes et poissons, salades et pâtes, pizzas et burgers, mais large choix de préparations au buffet. Les desserts sont délicieusement copieux, tout comme les plats. On s'installe sur les banquettes des tables en bois alignées, ou à l'une des tables rondes pour 4-5 personnes. Excellent rapport qualité-prix et service à la hauteur dans ce lieu où l'affluence baisse rarement.

FAIRE UNE PAUSE

Il est particulièrement sympathique de prendre un verre dans la zone coloniale. Non seulement on se trouve loin de la frénésie du Malecón, mais les monuments y sont merveilleusement mis en valeur par un astucieux jeu d'éclairage. En face de l'Alcazar, place d'Espagne, tous les bars de l'Atarazana sont agréables. Le Condé possède également d'accueillantes terrasses. Aujourd'hui, la mode est aux bars branchés qui affichent complet jusque tard dans la nuit : Jalao, place Colón, en est un très bon exemple. La Calle Hostos regorge de bars branchés dont le nom change souvent. En l'arpentant, vous identifierez facilement les lieux tendance. Il est de toute façon agréable de se balader en soirée dans la zone coloniale. Partout, en regardant bien, vous trouverez de nouveaux lieux (ceux-ci ont tendance à fermer et à ouvrir en moins de temps qu'il ne faut pour le dire). Entrez, rencontrez, goûtez aux charmes de la zone coloniale !

BURRO LOCO ART BISTROT

321 Calle Mercedes

✆ 829 548 7047

Ouvert les mardis et mercredis de 18h à minuit et du jeudi au dimanche de 18h à 4h. Fermé le lundi.

L'idée de Joann, le propriétaire, était de faire un espace ouvert et différent des autres. Pari réussi. D'aileurs, on se croirait plutôt à Berlin Est que dans les Caraïbes. C'est toute la bohème locale, artistes et musiciens qui s'y donnent rendez-vous tous les soirs. Plusieurs salles en enfilade avec des illustrations pop art sur tous les murs. Le week-end, DJ et chanteurs s'installent sur la terrasse couverte jusque tard dans la nuit. *Finger food*, pizzas, pâtes et plats dominicains servis toute la nuit. Une adresse plus que sympathique.

LA CAFETERA

253 Calle el Conde

✆ +1 809 682 7114

Ouvert tous les jours de 7h à 22h.

Compter 200 $ pour un petit déjeuner, 170 $ pour un sandwich et 70 $ pour un café.

La façade étroite de La Cafetera ouvre sur un grand comptoir tout en longueur. Debout ou assis, buvez quelques gouttes d'un *cafecito* bien corsé, qui n'a rien à envier à ses illustres confrères italiens. Les pales des ventilateurs brassent l'odeur enivrante de la torréfaction. Un petit plaisir, qui ne vous coûtera qu'une poignée de pesos, parmi les vieux habitués de l'endroit. On peut aussi y acheter du café en vrac, y grignoter salé ou sucré, y jouer aux échecs ou admirer les expositions temporaires d'artistes locaux. Une ambiance hors du temps...

CAFÉ GATO

301 Calle Las Mercedes

✆ +1 809 221 1396

www.instagram.com/elcafegato

Ouvert de 10h à 19h. Compter 200 $ le café.

Ce petit local de la zone coloniale a longtemps été un bar alternatif orienté musique électronique (le Nina's). C'est desormais un café coquet très joli aux tons terre et ocre foncé, où l'on déguste d'excellents cafés, mais pas seulement. Le Café Gato propose aussi de très bons jus de fruits frais faits sur le moment (gingembre-menthe par exemple) ainsi que des petits sandwichs tout simples mais frais ! Ah ! Le plus important : le café Gato est un local qui accueille... des chats. Lors de notre passage, Chika, Mila, Nina et Nino se la coulaient douce ici.

CASA DEL RON

204 Calle Arzobispo Meriño

✆ + 1 809 920 3935

www.sugarcanelacasadelron.com

Tous les jours 16h30-minuit (2h vendredi et samedi). Cocktail environ 350 $.

Prenez place sur la terrasse *rooftop* de ce bar qui offre une vue splendide sur la cathédrale, et sirotez le cocktail de votre choix. La Casa del Ron dispose en effet d'une grande carte de cocktails à base de sucre de canne ou de rhum, la spécialité de la maison. A vous les excellents mojitos, caïpirinhas, sangrias ou rhums dominicains au verre. Et si le rhum ne vous tente pas, optez pour du vin, un cocktail sans rhum ou un café. Egalement de bonnes tapas à partager ou un plateau de fromages. Une excellente adresse pour un savoureux début de soirée.

ONNO'S

157 Calle Hostos
✆ +1 809 689 1183
www.onnosbar.com
Ouvert du mercredi au dimanche de 17h à 2/3h. Happy Hour de 19h à 21h.

Le Onno's est un bar-club très fréquenté par la jeunesse de Santo Domingo, comme par les voyageurs de passage. C'est ici le reggaeton qui prédomine, des DJ se succèdent pour ambiancer les lieux. On s'installe à l'intérieur ou dans la cour à l'arrière, et l'on sirote un cocktail ou une bière bien fraîche. Également des snacks pour les petites faims, comme des *tacos*, mini *burritos*, *fish & chips* ou burgers. Belle ambiance rencontres assurées. Service dynamique et souriant. De bonnes fins de journées et soirées en perspective (soirée électro le mercredi).

ORFEBRE CAFÉ

C. Restauración 102
✆ +1 809 792 1091
www.facebook.com/orfebrecafe
Tlj 8h-18h (minuit ven-sam).

C'est dans le nord de la zone coloniale que l'on débusque cet excellent coffee shop urbain et plutôt tendance. Amateurs de café fraîchement moulu, l'Orfebre Café est votre prochaine étape ! C'est en effet avec des mains d'orfèvre que l'on prépare *café solo*, café au lait et cappuccino, sans parler des nombreuses déclinaisons possibles. Belle salle de service, lumineuse, et équipe de service experte et agréable. Notons enfin que quelques plats snacks peuvent être préparés ici. Une bonne escale pour prendre des forces lors de la visite du centre !

PARADA 77

255 Calle Isabel la Catolica
✆ +1 809 221 7880
Ouvert tous les soirs de 19h à 2h et jusqu'à 3h le week-end.

Bienvenue au Parada 77, un bar à la devanture verte et terrasse découverte à l'extérieur. A l'intérieur, les murs sont couverts de graffiti. Place ici à une ambiance plutôt bohème qui dure jusque tard dans la nuit le week-end, principalement le samedi. On y diffuse beaucoup de *merengue* et l'on discute entre amis et nouvelles connaissances. Le tout, un verre de sangria à la main, une bière ou un cocktail. Prix abordables. Pas de tenue correcte exigée, mais il est préférable de faire un effort. Service dynamique et souriant. Top !

LA RESISTENCIA

Calle José Gabriel García, 203
✆ +1 809 756 6339
Ouvert de 18h à 6h.

Installé à un coin de rue, à un bloc du bord de mer, la Resistencia c'est le bar qui ferme le plus tard dans la zone coloniale, attirant les fêtards pas fatigués ! Mais rien ne vous obligé à y aller en pleine nuit : dès la tombée de la nuit le lieu s'égaie. La décoration éclectique, faite de bric et de broc, vaut bien le détour, au moins autant que son ambiance locale, parfois loufoque. La Resistencia est aussi un haut-lieu LGBT de la capitale ! Bref, un site qui a tout l'air d'un bar clandestin, authentique, avec piste de danse, bar et patio !

SEGAZONA

54 Calle el Conde
✆ +1 809 685 4440
Ouvert à partir de 8h tous les jours sauf le dimanche (9h30) et jusqu'à 1h du matin en semaine et 3h le week-end.

Une excellente adresse pour les amateurs d'espressos. Le service commence dès le matin avec les petits déjeuners, pour se poursuivre tout au long de la journée et jusqu'à tard le soir. Service de restauration simple mais varié. On peut y prendre un verre en terrasse à toute heure ou paresser dans un sofa à l'intérieur. L'*Happy Hour* se déroule tous les jours de 17h à 20h, et jusqu'à minuit le lundi. La qualité du service n'est en revanche pas toujours à la hauteur. En fin de semaine, un DJ vient mixer de la musique électronique.

YOGEN FRÜZ

Calle El Conde
✆ +1 809 566 5860
www.yogenfruz.com
Ouvert tous les jours de 9h à 23h, à partir de 100 $ le pot.

Voici l'adresse qui va faire fondre de plaisir les gourmands ! Le concept est simple, efficace et fantastique : choisissez dans la vitrine une combinaison de fruits congelés, mangue/cerise/pêche, myrtilles/banane, ananas/fruits de la passion... Ils seront ensuite mixés avec du yaourt glacé (vous pouvez choisir avec ou sans sucre) sous vos yeux. Saupoudrez de granola, de pépites de chocolat ou de miettes de coco, payez 100 pesos et le tour est joué ! Bonne nouvelle : vous trouverez des enseignes de la chaîne à travers toute la République dominicaine.

(SE) FAIRE PLAISIR

Santo Domingo est très bien pourvue en magasins de toutes sortes souvent situés dans les zones commerciales en sortie de ville. Les grandes enseignes internationales sont présentes et les grandes surfaces attirent les foules dans leurs galeries commerciales. Mais ici se mélangent également tous les objets d'artisanat, les cigares, l'alcool, les produits alimentaires de la région, la musique, du textile, des bijoux... un peu moins chers que dans la zone d'artisanat touristique de la zone coloniale située au cœur de la ville. Nous vous recommandons de faire attention aux « guides » qui se proposent de vous assister dans vos achats, car ils perçoivent une commission s'ils vous emmènent dans un magasin d'artisanat.

Difficile de repartir de République dominicaine sans une bouteille de rhum ou de *mamajuana* (rhum parfumé à la cannelle et au gingembre censé guérir tous les maux), une boîte de cigares, ou un pendentif de larimar ou d'ambre.

ÁGORA MALL

Avenida John F. Kennedy à l'angle avec Avenida Abraham Lincoln
✆ +1 809 363 2323
http://agora.com.do
Ouvert tous les jours de 10h à 21h, le samedi à partir de 9h.

Voici le premier centre commercial des Caraïbes créé sous des normes écologiques strictes reconnues par le *US Green Building Council*. Les marques présentées à l'Agora Mall sont généralement haut de gamme, mais l'on y trouve également les magasins internationaux classiques des centres commerciaux. A noter que tous les samedis se tient un marché artisanal de produits 100 % dominicains. L'occasion de dénicher des produits locaux et de, qui sait, rapporter quelques souvenirs locaux dans la valise, pour soi ou pour offrir à ses proches.

COLOMBUS PLAZA

206 Calle Arzobispo Meriño
✆ +1 809 689 0565
Ouvert du lundi au samedi, de 9h à 18h.

Face à la cathédrale, la boutique qui se déploie sur deux niveaux tient plus du centre commercial climatisé et est orchestrée par un ballet de vendeurs. On y trouve tout l'arsenal des souvenirs dominicains : du rhum, des cigares, des bijoux d'ambre et de larimar, des sculptures et peintures d'artistes dominicains et haïtiens (la qualité varie ici d'une œuvre à l'autre...). Le tout, dans une ambiance un peu impersonnelle. Egalement des restaurants pour une pause déjeuner avant ou après vos possibles achats et souvenirs à rapporter dans vos bagages.

EL MERCADO COLONIAL - MERCADO ARTESANIA ALOYSIE

152 Calle Isabel la Católica
✆ +1 809 686 8331
Ouvert tous les jours de 9h à 19h.

Dans cette immense boutique, composée de plusieurs salles thématiques traversant en enfilade le pâté de maisons, vous trouverez tout ce que l'artisanat local dominicain et haïtien compte de merveilles, des objets en bois, en tôle peinte, des céramiques, des bijoux de toutes sortes, de la peinture à foison, des T-shirts et des vêtements de plage, paréos locaux... Une cave à cigares climatisée attend les amateurs, ainsi qu'un bar. Bref, c'est idéal pour un shopping de dernière minute.

FELIPE AND CO

105 Calle el Conde
✆ +1 809 689 5812
Ouvert du lundi au samedi de 9h à 20h30, et de 10h à 18h le dimanche. Accueil francophone.

Cette grande boutique colorée et chaleureuse tient plus de la galerie que du magasin. Elle présente une large collection d'artisanat, principalement dominicain et haïtien. Côté peinture, Felipe a sélectionné de nombreux tableaux originaux. Au choix : des répliques des *cemis* (divinités taïnos), des céramiques néotaïnos, des tôles peintes et de l'art naïf originaire d'Haïti, des œuvres de jeunes peintres et sculpteurs dominicains. Côté bijoux, les incontournables bijoux en ambre et en larimar, mais aussi des créations à base de graines locales et de coquillages.

FLOR ÁMBAR GIFT SHOP

44 Calle las Damas
✆ +1 809 687 3793
Ouvert de 9h à 18h tous les jours.

Située au cœur de la ville coloniale, cette jolie boutique de souvenirs propose une bonne sélection de la production locale : sculptures de pierre et de bois, artisanat de métal haïtien, certains objets plus originaux (fossiles, corail noir…), des répliques de vieilles cartes de l'île, des ouvrages sur le pays, et aussi des peintures originales de peintres haïtiens ou dominicains (Luis Oviedo ou Lefranc). Egalement une sélection de livres sur le pays. Ne pas manquer de glisser un coup d'œil admiratif à la caisse enregistreuse originale datant de 1900.

BLUE MALL

Angle des avenues Winston Churchill et Mejía Ricart
✆ +1 809 955 3000
www.bluemall.com.do
Ouvert du lundi au samedi de 10h à 21h et le dimanche de 11h à 20h.

Rien de très original concernant le Blue Mall. Il s'agit tout simplement d'un centre commercial moderne qui abrite les plus grandes marques européennes, comme Louis Vuitton, Cartier, Façonnable, l'Occitane et bien d'autres... Mais aussi des marques internationales et quelques restaurants pour déjeuner. Egalement des toilettes et un accès Wi-Fi. Ainsi que services bancaires et téléphoniques. Parking. Pour les personnes en manque de grand centre commercial ou pour faire une pause au frais si les températures extérieures sont trop chaudes.

MUNDO ARTESANAL

Angle des rues Duarte et el Conde
✆ +1 809 688 3889
Ouvert de 9h à 19h du lundi au samedi.

Cette boutique d'artisanat est composée de *corners* où des artisans locaux exposent leurs créations, des objets exclusifs et originaux. On trouve des souvenirs de tous styles, des bijoux d'ambre et de larimar bien sûr, mais aussi des céramiques décoratives ou utilitaires, des peintures, des objets de décoration... sans oublier les produits de bouche, liqueurs, confitures de fruits exotiques, cigares... Un petit bar permet de faire une pause autour d'un café ou d'un jus de fruit tropical. Demandez à visiter le musée (gratuit) au fond du magasin !

CALLES MELLA Y DUARTE

Il s'agit des rues populaires les plus commerçantes de la ville coloniale : une véritable caverne d'Ali Baba ! Des centaines de lianes de fils électriques entremêlés pendent le long de gigantesques enseignes multicolores. Et comme les Dominicains ne savent pas vivre sans musique, le vacarme incessant du *merengue* se mêle au bruit des moteurs et des klaxons. On y trouve de tout : vêtements, chaussures, textiles, produits de beauté, articles de sport, produits alimentaires, téléphones… à des prix fort compétitifs. La Duarte marque le début du quartier chinois.

TABACALLERA - FABRICA DE TABACO

109 Calle El Conde
✆ +1 809 685 6425
Ouvert du lundi au samedi de 9h à 19h, et de 10h à 15h le dimanche.

C'est l'une des meilleures adresses de la capitale pour acheter des cigares ! Les ateliers de cette affaire de famille se trouvent du côté de Santiago et fabriquent la marque Caoba, avec le type de tabac Criollo. Plusieurs coffrets cadeaux vous sont proposés, ils sont classés par âge et par boisson qui accompagne le cigare (rhum ou cognac). On trouve également tous les accessoires du fumeur. Vous pourrez visiter un petit atelier qui vous donnera un aperçu du processus de fabrication.

IKEA

Angle des avenues John F. Kennedy et Lincoln
✆ +1 809 567 4532
www.ikea.com.do
Ouvert du lundi au vendredi de 11h à 21h, le samedi de 10h à 22h, le dimanche de 10h à 20h.

Le premier IKEA des Amériques s'est installé à Saint Domingue sur le modèle exact des magasins européens de la griffe suédoise... Il est immense et fait la fierté de la capitale ! Comme tous les autres Ikéa, le magasin dominicain est bleu et jaune et, comme dans tous les autres Ikéa, vous marchez des kilomètres entre les rayons. La bonne adresse – et la seule dans la capitale – si vous voulez manger suédois... Deux autres adresses de l'enseigne désormais à Santiago et à Bávaro. Le plus : les magasins Ikéa de la République Dominicaine sont ouverts tous les jours.

MERCADO MODELO

Avenida Mella

C'est le principal marché d'artisanat de la capitale ! Il fut inauguré le 24 octobre 1942, date de l'anniversaire de Trujillo, qui en ordonna la construction. L'architecture, très moderne pour l'époque, bénéficiait d'un système d'éclairage naturel dispensé par les ouvertures du toit. Jusqu'en 1963, on y vendait exclusivement de la viande et des produits agricoles. Aujourd'hui, de nombreuses boutiques d'artisanat se sont installées au premier niveau tandis que les produits agricoles ont été relégués aux abords immédiats du marché.

D'LILI

255 Calle Arzobispo Meriño

✆ +1 809 686 2479

Ouvert du mardi au samedi de 10h à 18h.

Pas de carte bancaire.

Une boutique où le bon goût et la qualité règnent en maîtres. Vous trouverez ici le chapeau Panama, importé directement d'Equateur, la célèbre chemise en lin « Chacabana » reconnaissable à ses quatre poches et ses coutures verticales. Une dégustation de rhum de 15 ans d'âge (le Tesoro) vous sera offerte pour toute visite de la boutique. Les articles sont choisis avec soin : ils sont tous faits à la main et participent à la valorisation du pays. Des jupes, des pantalons et des robes en lin aux boutons de nacre, aux coupes parfaites. Egalement des bijoux.

LA ALPARGATERIA

59 Calle Salome Urena

✆ +1 809 221 3158

Tous les jours 10h-18h30 (14h le dimanche).

Si le lieu fut pendant quelques années un bar branché où la jeunesse dorée dominicaine se retrouvait pour partager des tapas au beau milieu de la boutique de chaussures manufacturées, le café a désormais fermé ! Mais pas la boutique d'*alpargatas* ! Il s'agit de chaussures ficelées à la main de manière traditionnelle (qui ont donné son nom au lieu). A l'intérieur, on trouve une grande salle meublée d'objets recyclés et un beau patio extérieur coloré au sein d'un jardin de palmiers. Une très bonne et pour le moins originale idée cadeau !

CÁNDIDO BIDÓ

5 Calle Doctor Báez

✆ +1 809 685 5310

Ouvert du lundi au vendredi de 9h à 17h.

Cette galerie, tenue par la veuve du peintre décédé en mars 2011, expose ses œuvres, tableaux et sérigraphies. Pour ceux qui n'ont pas prévu de budget pour les tableaux, on y trouve des livres sur l'artiste, des affiches et des reproductions à des prix modérés. Cándido Bidó, né à Bonao en 1936, avait pour thèmes favoris la représentation de la femme dominicaine, du couple, de la maternité..., le tout dans un style coloré et plein de formes. Ce fut d'ailleurs le premier artiste dominicain à être exposé en France. Une belle visite dans cette galerie.

L'ILE AU TRESOR ATELIER

17 Calle Isabel La Católica

✆ +1 829 915 1413

Tous les jours 8h30-17h30.

Patrick, grossiste français expert en larimar, dessine et fabrique des bijoux depuis longtemps au cœur de la capitale dominicaine. Les pierres locales (larimar et ambre) lui inspirent des créations uniques et originales qui prennent la forme de bagues, pendentifs, bracelets, colliers, avec des montures en or ou en argent. Des figurines d'ambre peuvent aussi être réalisées sur commande. Vente en gros ou au détail à qui sait repérer le bon filon ! Une adresse qui vaut le détour ne serait-ce que pour le plaisir des yeux, au mieux pour un souvenir.

GALERIA DE ARTE AJOUPA

255 Calle Las Mercedes

✆ +1 809 864 3298

www.artmajeur.com

Horaires d'ouverture variables.

Fritzner Cedon, un artiste haïtien installé depuis de nombreuses années à Saint-Domingue, a ouvert ce petit espace, au cœur de la zone coloniale, pour promouvoir la peinture de ses amis peintres haïtiens ou dominicains. Ici, la peinture est de bonne qualité et les œuvres présentées diversifiées. Outre les tableaux, on trouve chez lui des sculptures traditionnelles haïtiennes en tôle peinte. Un petit bar permet d'échanger ses impressions sur les œuvres exposées. Une jolie boutique que les amateurs d'art du monde apprécieront.

BOUGER & BULLER

Pourquoi ne pas profiter d'un passage dans la capitale pour prendre soin de vous ? Plusieurs adresses très recommandables de Santo Domingo méritent qu'on leur prête attention, comme le salon-boutique Lisbeth, le salon de beauté de Laurent Guyot ou encore le salon nommé The Alexandra. Tous proposent des services variées ayant pour objectif votre bien-être et votre beauté, le tout avec le sourire et à tarifs très abordables : épilations, pédicure, manucure, maquillage, massages et atelier de coiffure. Dans un registre plus sportif, on pourra s'essayer à la danse nationale en se rendant au studio de danse de Cindy Sosa. Une manière originale de s'immerger dans la culture dominicaine, en échangeant avec les locaux en même temps qu'en dépensant de l'énergie ! Le studio de danse référencé ici est l'une des adresses potentielles. En discutant avec les locaux, vous découvrirez certainement d'autres adresses très bonnes.

EL ESTUDIO DE DANZA BY CINDY SOSA

Calle Santiago 356
✆ +1 809 695 8000
www.facebook.com/elestudiodedanzabycs
estudiodedanzacs@gmail.com
Tarifs sur demande (par téléphone).

C'est à deux pas du Palais National de Santo Domingo, à quelques cuadras à l'ouest du centre colonial, que l'on trouve cet atelier de danse assez réputé. Si le studio de Cindy Sosa travaille plus spécifiquement avec des résidents, il est également possible de prendre des cours de manière plus ponctuelle lors d'un passage en ville. Quel que soit votre niveau, vous apprendrez ici, à la source, les rudiments de la bachata (ou perfectionnerez vos connaissances). Saborrr !

SALON BOUTIQUE LISBETH

Calle El Conde
✆ + 1 809 689 9186
Ouvert du lundi au samedi de 10h à 19h, jusqu'à 14h30 le dimanche. Pédicure : 200 $, épilation demi-jambe : 700 $.

Les filles ici prennent soin de vous avec une attention toute bienveillante : coiffure, épilation, manucure, pédicure... le salon Boutique Lisbeth réalise presque tous les soins de beauté désirés. Un lieu idéal s'il vous faut vous refaire une beauté durant vos vacances et votre passage à Santo Dominigo, mais aussi pour passer un agréable moment de détente (même si l'épilation fait évidemment plutôt mal...) Un espace dans la boutique propose aussi une sélection de vêtements *flashy*. Une sympathique adresse où l'accueil est souriant.

LAURENT GUYOT

209 Calle Arzobispo Meriño
✆ +1 809 333 7926
Ouverture du lundi au samedi de 9h à 18h.

Ce salon de beauté, situé stratégiquement dans la zone coloniale, propose différents soins de beauté. Vous franchirez la porte du salon pour des massages (40 US$ les 40 minutes), des soins visage (de 34 à 80 US$), des manucures et pédicures (10 US$), entre autres réjouissances. Le salon Laurent Guyot réalise aussi des prestations de maquillage et des épilations (10 US$ les demi-jambes). Une adresse pour prendre soin de soi, car même en vacances, cela est autorisé. Le tout à des tarifs tout doux et un service attentionné et souriant.

THE ALEXANDRA SALÓN

152 calle duarte esq. salome Ureña
✆ +1 809 682 4844
Du lundi au samedi de 7h30 à 19h, le dimanche de 8h à 15h30. Manucure : 150 $, pédicure : 200 $.

Un salon sympathique pour se refaire une beauté durant vos vacances et votre passage à la capitale. Au menu : épilations, pédicure, manucure, maquillage, massages, atelier de coiffure avec de magnifiques tresses plaquées, idéales pour les cheveux sensibles à l'humidité. Le salon Alexandra vous recevra dans une ambiance très locale fort appréciable pour découvrir un autre aspect de la culture et vie quotidienne dominicaine. On apprécie par ailleurs les prix attractifs. N'hésitez pas à franchir les portes du salon et à en profiter.

SORTIR

Santo Domingo jouit d'une vie nocturne trépidante. Pas une rue du quartier colonial sans qu'un rythme entraînant ne s'échappe, pas un quartier sans que les *comedores* ne deviennent des lieux festifs au son du merengue et au goût de rhum et de cigare dominicain. Terrasses, restaurants, bars, discothèques et casinos se disputent habitants et touristes qui se mélangent joyeusement dans une allégresse communicative. Vous remarquerez que les Dominicains prêtent une attention particulière aux tenues vestimentaires du soir. L'élégance semble être de mise parmi toutes les générations, comme un code qu'il convient de respecter. Nous vous déconseillons de sortir le soir dans un établissement huppé en short et baskets, on ne vous refusera peut-être pas, mais ce serait à l'évidence considéré comme un manque de respect. L'offre nocturne a tendance à évoluer vite dans la capitale. Aussi, signalons ici le Local 3 et le Blue Live, en vogue en 2022 !

SANTO DOMINGO

ATARAZANA 9

9 Calle Atarazana

Ouvert tous les soirs à partir de 18h.

Face à l'Alcazar de Colón, ce bar discothèque porte le nom de son adresse. A l'intérieur, on y découvre un décor soigné et sophistiqué, mais surtout un grand bar pour commander une boisson fraîche avec ou sans alcool avant de se lancer sur la piste de danse. Cette dernière se trouve dans une salle à l'étage où l'on n'hésitera pas à se déhancher sur des musiques traditionnelles. Ainsi, vous entendrez du *merengue* et de la *bachata* encore et encore, tout au long de la soirée. Ambiance détendue et chaleureuse. Service au bar plutôt rapide.

EUPHORIA BAR & LOUNGE

15 Avenida Venezuela

✆ +1 809 718 7784

Ouvert tous les jours de 22h à 7h du matin.

C'est la plus sophistiquée des boîtes de la zone. Ambiance locale et sons latinos diffusés jusqu'au petit matin ! Ici la fête bat son plein toute la nuit et les rencontres avec locaux et touristes sont agréables. Faites cependant un effort vestimentaire, car en République dominicaine l'apparence compte en boîte de nuit (surtout pour pouvoir entrer !). Ne venez pas en short et tongs, vous serez refusé à coup sûr. On sert également à l'Euphoria de délicieux cocktails (avec ou sans alcool) et des bières fraîches. Bonne soirée !

EL SARTÉN

153 Calle Hostos

✆ +1 809 689 6788

Ouvert du mercredi au dimanche de 19h à 3h (minuit le dimanche).

Petit bar latino de la zone coloniale, le Sartén s'adresse à tous les danseurs salsa, son cubano, merengue et chacha. On y vient pour se déhancher et apprendre si besoin les pas de ces danses traditionnelles jusqu'à 3h du matin. Pour se désaltérer d'excellents cocktails et bières. Le tout se déroule dans une évidente bonne ambiance. N'hésitez pas à consulter la page Facebook de l'établissement, car ils organisent de nombreux événements annexes, comme des soirées karaoké en milieu de semaine. Une adresse pleine de dynamisme des Caraïbes.

MAMMA LUXURY HALL CLUB

75 Gustavo Mejia Ricart

✆ +1 829 569 6785

Ouvert du mercredi au dimanche de 21h à 1h et jusqu'à 3h du jeudi au samedi.

LA boîte de nuit de la jeunesse dorée (et branchée) de Santo Domingo, c'est bien elle. Une fois à l'intérieur du Mamma Luxury Hall Club place à des jeux de lumière, gogos, multiples boules à facettes au plafond... Le tout ambiancé par les meilleurs DJ nationaux qui vous feront danser jusqu'au petit matin. Attention à votre tenue vestimentaire, short et tongs interdits, comme c'est l'exigence de nombreux clubs en République dominicaine. Le club tient sa page Facebook régulièrement à jour, annonçant les DJ et événements à venir.

CACIBA ROCK & ROLL BAR

C. Mercedes 319
✆ +1 809 436 7300
Installé dans le nord de la zone coloniale, le Caciba ravira les amateurs de rock n' roll mais pas seulement. L'ambiance y est particulièrement relax et on se sent très vite comme à la maison, ce qui est très agréable. Les rencontres - aussi bien avec les locaux, les expatriés que les voyageurs - y sont facile et les cocktails, simples, sont fait avec amour ! A noter qu'on trouve aussi un patio intérieur où il est autorisé de fumer. Bref, un petit bar nocturne bien dans son jus où il est toujours agréable de faire une escale de 10 minutes… ou de quelques heures.

PALACIO DEL CINE

Av. Winston Churchill 8
✆ +1 809 255 0921
www.palaciodelcine.com.do
Envie de se faire une petite toile tout en profitant de la climatisation ? Et pourquoi pas. Si la capitale compte plusieurs cinémas, la Palacio del Cine a l'avantage de se situé au cœur du fameux Blue Mall, l'immense galerie commerciale de Santo Domingo. Certes, la sélection de film proposé est assez uniforme et largement nord-américaine, mais l'ambiance est plutôt sympa. C'est aussi une bonne manière de vivre un peu comme un local lors de votre passage de la capitale. Les plus en forme poursuivront la nuit dans la discothèque - huppée - du Blue Mall.

CASA DE TEATRO

110 Calle Arzobispo Meriño
✆ +1 809 689 3430
www.casadeteatro.org
Ouvert tous les soirs sauf le dimanche.
Compter 400 $ pour grignoter et boire un verre.
Malgré son nom, la Casa de Teatro est bien plus qu'un théâtre, c'est plutôt un centre culturel où s'exposent de jeunes artistes. Le soir, on y prend un verre, on mange sur le pouce en écoutant les groupes musicaux et les chanteurs qui s'y produisent plusieurs fois par semaine (à partir de 22h). Des expositions et des débats sont également organisés régulièrement. C'est une façon on ne peut plus agréable de baigner dans l'histoire de la ville et d'en approcher au mieux la culture. Le maître des lieux, Freddy Ginebra, est chaleureux. Consultez le programme !

TEATRO NACIONAL EDUARDO BRITO

Av. Máximo Gómez 35
✆ +1 809 687 3191
www.teatronacional.gob.do
Consultez le programme sur le site internet.
Situé sur l'avenue Máximo Gómez, le Théâtre National dominicain est le creuset des arts vivants du pays. Le bâtiment, dont la construction fut décidée par le président Joaquín Balaguer en 1970 (c'est l'architecte Teófilo Carbonel qui pris le chantier en main et inaugura le site trois ans plus tard), est imposant. Si la majorité des représentations qui y sont proposé sont locales, tous les arts de la scène sont représentés : danse, musique, théâtre et opéra. Demandez le programme !

JALAO

103 Calle Condé
✆ +1 809 689 9509
www.jalao.do
Ouvert tous les jours de 18h à 2h (dès midi le week-end). On y mange très bien autour de 800 $.
Jalao est tout à la fois un restaurant, une boutique, un bar et un haut lieu de concerts de la capitale. Joliment décoré avec tout l'artisanat que l'on peut trouver sur l'île, il ne désemplit pas depuis son ouverture en 2016. Une programmation d'artistes et de groupes nationaux est régulièrement mise à jour. On peut y passer toute la soirée, de l'apéritif au bar, puis dîner jusqu'à l'ambiance musicale et festive qui se poursuit jusqu'à sa fermeture vers 2h du matin. Toute la jeunesse dominicaine et les touristes se mélangent dans une belle fraternité musicale.

CASINO DE L'HOTEL JARAGUA

367 Avenida George Washington
✆ +1 809 221 2222
Ouvert tous les jours 24h/24.
Ce casino est ouvert à n'importe quelle heure du jour et de la nuit ! Il a servi de décor au film *Havana*, avec Robert Redford. On vous demandera évidemment votre carte d'identité pour entrer. Machines à sous, roulette, Black Jack… tous les classiques du casino sont proposés ici. Service de boissons également. Une tenue correcte est exigée. Attention, comme tous jeux d'argent, jouez avec modération ! L'endroit est aussi recommandé pour danser le merengue en fin de semaine !

SAN CRISTÓBAL

A 28 km à l'ouest de Santo Domingo. La route qui relie San Cristóbal à la capitale est en excellent état. A la sortie de Santo Domingo, vous ne manquerez pas la grande fresque à la mémoire du « bienfaiteur de la patrie » Trujillo, né ici en 1892, réalisée par Silvano Lora. La ville de San Cristóbal doit son nom à la forteresse érigée sur l'ordre de Christophe Colomb sur les rives du fleuve Haina. C'est là que, dès les débuts de la colonisation, démarra l'exploitation des mines d'or alluviales qui alimentèrent les caisses des Rois Catholiques. C'est à San Cristóbal qu'a été signée la première Constitution de la République dominicaine, le 6 novembre 1844.

CUEVAS DEL POMIER ★★

A 9 km de la ville.
Prendre la route pour La Toma et au village El Cacaito, tourner à gauche et suivre le panneau.
Ouvert de 8h à 17h tous les jours.

Découverte en 1851 par un consul britannique, cette formation géologique composée d'une cinquantaine de grottes offre un témoignage de l'art rupestre taïno. Plus de 6 000 pétroglyphes y représentent des poissons, des reptiles, des figures humaines. Les grottes, classées au patrimoine mondial de l'Unesco, abritent de grandes colonies de chauves-souris et auraient été un lieu de vénération pour les Taïnos qui y effectuaient des rites. La richesse inouïe des œuvres rupestres couvrant les parois de ces grottes fait de la zone la capitale préhistorique des Antilles.

BALNEARIO LA TOMA ★

Prendre l'avenida Constitución et suivre le panneau « La Toma ».
✆ +1 809 634 9998
Ouvert tous les jours de 8h à 18h. Entrée 50 $.

Sur la même route que la maison d'acajou, voici la piscine naturelle d'eau douce qu'utilisait à l'époque le dictateur Trujillo. Transformé en espace de baignade ludique, avec toboggans et coin détente, la Toma est un lieu privilégié par les habitants de San Cristobal et des environs. Ses eaux plutôt fraîches sont appréciées lors des fortes chaleurs, c'est-à-dire presque toute l'année.Egalement une aire de jeux et des points de vente de nourriture et boissons. Des animations et des concerts sont par ailleurs régulièrement organisés.

IGLESIA NUESTRA SEÑORA DE LA CONSOLACIÓN ★

Avenida de la Constitución.

Cette église, construite en 1949 à la demande et avec le financement de Trujillo, a été construite par l'architecte français Henry Gazón Bona. Nuestra Senora de la Consolacion fut un cadeau du dictateur à sa ville natale. Le temple est orné dans sa nef centrale de peintures murales du célèbre peintre-muraliste espagnol José Vela Zanetti. L'ensemble a malheureusement été détruit en 1979 par le cyclone David, de sinistre mémoire, et reconstruit depuis.

CASA DE CAOBA ★

Sur les hauteurs de la ville.
Se visite uniquement en semaine, de 8h à 18h.

Pour les curieux de l'époque Trujillo, la maison de campagne du dictateur, autrefois toute revêtue d'acajou à l'intérieur (d'où son nom maison d'acajou), contient une importante collection d'objets lui ayant appartenu. On la trouve à quelques kilomètres de la ville, au bout d'une piste caillouteuse qui devrait être restaurée. Pour s'y rendre, en effet, il vous faudra prendre la direction de La Toma et, à l'aqueduc, tourner à gauche. Une visite non prioritaire lors de votre voyage, mais qui peut s'organiser tout en explorant les environs.

IGLESIA PADRE AYALA ★

Calle Padre Ayala

L'église a été construite au XIXe siècle, face au lieu de naissance de Trujillo. Elle devait recevoir les dépouilles des membres de sa famille. L'église a été baptisée en hommage au Padre Ayala, prêtre né à La Vega en 1789. Il fut fait prisonnier par l'Haïtien Dessalines en 1805, participe aux combats de la Reconquête en 1809, puis trouve sa voie en entrant dans les ordres en 1815. C'est à lui que l'on doit la construction du Sagrado Corazón de Jesús, qu'il entama en 1828 pour terminer une dizaine d'années plus tard. Il mourra en 1879, à 90 ans.

PALACIO DEL CERRO ★

Calle Luperón

Ce palais de six étages, construit sur ordre de Trujillo sur une colline dominant la ville dans les années 1930, est un bâtiment massif de béton, sans charme particulier. Sa construction fut confiée à l'ingénieur Henry Gazón. Le dictateur n'a jamais occupé les lieux, mais il a fait réaliser des murs décorés des fresques du célèbre peintre espagnol José Vela Zanetti (1913-1999). Le palais fut transformé en hôtel dans les années 1970 puis laissé à l'abandon à la fin des années 1990, avant que des rénovations ne soient entreprises.

PALACIO MUNICIPAL ★

Calle General Cabral.

Le bâtiment qui abrite le siège de la mairie de San Cristóbal, a été inauguré en 1937. Facilement reconnaissable grâce à la petite tour – au somment de laquelle trône une horloge – flanquée d'un édifice à un étage, il a été entièrement construit en béton armé, dans un style architectural d'inspiration baroque-victorien, typique du début du siècle passé. En raison de sa conception et de ce qu'il représente dans l'architecture dominicaine, il a été déclaré « Patrimoine culturel de la République dominicaine ». Une construction qui mérite un coup d'œil rapide.

PASO FINO €

119 Avenida Constitución

✆ +1 809 528 4220

Ouvert tous les jours de 11h à 22h.
Compter de 400 à 600 $.

Le restaurant possède une terrasse ainsi qu'un intérieur sobre et plutôt agréable pour déjeuner ou dîner. On y sert des plats créoles, bons et copieux. Au menu : poisson et riz, viande et légumes, assiettes à partager... un assez large choix qui satisfera tous les appétits et envies. Boissons avec ou sans alcool pour accompagner le repas. Le soir vous aurez peut-être l'opportunité de manger au son d'une musique en *live*. Le Paso Fino de San Cristobal est bien situé et l'ambiance conviviale. Service attentionné. Une sympathique adresse.

PASTELERIA CHICHITA

58 Calle Gral Leger

✆ +1 809 528 3012

Ouvert tous les jours de 7h30 à minuit.

Depuis plusieurs générations, on vient chez Chichita se régaler de pâtisseries arrosées de délicieux jus de fruits frais, ou accompagnées d'un café « coup de fouet » pour bien démarrer ou poursuivre la journée. Sans oublier de goûter la spécialité de la maison, un pâté de viande et sa purée de banane cuits dans une feuille de bananier. Une spécialité quasi inconnue en Europe que l'on prendra plaisir à découvrir. Possibilité de manger sur place ou à emporter. Ici, ambiance locale et animée. Service souriant. Une adresse à visiter.

ABORDAGE

Calle Maximo Gomez

✆ +1 809 528 1992

www.abordage.com

Ouvert du lundi au vendredi de 8h à 18h, sur rendez-vous.

Le bel atelier de Denis Cartier, un Français, produit 2 000 maquettes de bateaux par an. La visite est passionnante et gratuite... Les reproductions très réalistes de La Santa Maria, la Niña, la Pinta ont cédé la place aux demi-coques et aux maquettes de bateaux en série limitée et « sur mesure », comme celle des challengers de la Coupe de l'America. La création d'une maquette est un artisanat délicat qui demande une parfaite maîtrise de toutes les phases de fabrication. Chaque bateau demande entre 40 et 500 heures de fabrication.

MERCADO MODELO

Route de Bani

Ouvert tous les jours.

Effervescence et produits en tout genre, telle est l'image du Mercado Modelo de San Cristobal. Vous y trouverez sur les étals et dans les boutiques des légumes, des fruits tropicaux, des vêtements de qualité plus ou moins bonne, divers accessoires, des CD pour se remémorer les années où ces objets musicaux étaient en vogue mais aussi pour dénicher, qui sait, des chants et mélodies inconnus (ou trop peu) en France. Pour s'imprégner de l'ambiance d'un marché couvert dominicain. Passez-y faire un tour, même si ce Mercado est moins important que celui de la capitale.

BANI

A 66 km à l'ouest de Santo Domingo, Bani est la capitale de la province de Peravia. Son nom, signifie « abondance d'eau », il lui a été donné en l'honneur du cacique taïno Bani, adjoint de Caonabo. La région est riche : ses principales ressources agricoles sont la canne à sucre, le café, les bananes, ainsi qu'une variété rare et très prisée de mangue rouge dont le goût intense vous poursuit tout autant que la satisfaction de n'avoir pas de fil coincé entre les dents. On y produit du sel en abondance, et les marais salants donnent aux paysages un aspect un peu désolé.

Fondée le 3 mars 1664 par l'espagnol Manuel de Azlor y Urries, la ville ne fut officialisée qu'en 1764. Elle a la réputation d'être l'une des plus prospères du pays. Elle est en effet coquette et bien entretenue. Maximo Gómez, libérateur de Cuba et compagnon d'armes de José Martí, y a vu le jour le 18 novembre 1836.

Bani ne présente pas d'intérêt touristique majeur. Elle mérite un arrêt pour ses spécialités de *dulce de leche*, confiseries locales à base de lait de chèvre et de sucre. Les forcenés de visites culturelles découvriront Nuestra Señora de Regla, une petite église simple et rustique. On visitera éventuellement le musée municipal, dans la rue éponyme qui expose à partir de reproductions quelques scènes piquantes de la vie de Maximo Gómez.

OCOABAY

Carretera Hatillo - Palmar de Ocoa, km 6
✆ +1 829 745 0036
www.ocoabay.com
Nous vous conseillons de réserver à l'avance.

Seul et unique vignoble du pays, l'OcoaBay ouvre ses portes aux visiteurs désireux d'en apprendre plus sur le processus de fabrication du très bon vin local mais aussi sur les cultures maraîchères propres au climat de la zone. Champs de cultures, vignes, splendide salon de dégustation avec vue sur la baie, l'OcoaBay dispose également d'un restaurant proposant des assiettes de tapas de qualité (fromage et jambon cru), à accompagner naturellement des vins de la maison. Piscine à débordement. Un lieu unique. Parfaite escale entre la capitale et Barahona ! On aime.

HOTEL DPRAVIA €€

32 Calle Maximo Gomez
A partir de 55 US$. Petit déjeuner en supplément.

Le D'Pravia est un hôtel de type Ibis qui délivre toutes les prestations attendues de ce genre de chaîne hôtelière. Les chambres sont modernes et propres, équipées de la télévision, d'un minibar, d'une salle de bains avec douche ou baignoire et surtout d'eau chaude, d'une connexion Wi-Fi, et d'une vue sur ville ou montagne. Elles sont assez grandes et lumineuses. Au choix : lits jumeaux ou doubles. Possibilité de louer un petit studio disposant d'un espace cuisine. Bar, réception 24h/24, parking gratuit. Accueil sympathique et disponible.

Las Salinas.

LAS SALINAS ★★★

La route de 20 km menant de Bani au village de pêcheurs de Las Salinas est en bon état. C'est, après la base militaire de Las Calderas, la base navale la plus importante du pays. Vous continuez sur cette route bordée, d'un côté, par les dunes de sable du parc de Las Dunas et de l'autre, par la baie de Las Calderas et ses eaux huileuses parfois rosâtres et mauves, pendant 4 km.

Le bus fera demi-tour au bout du village à côté de l'église et vous déposera. Une plus petite route, moins entretenue, conduit aux marais salants et aux installations de séchage d'un autre temps ; plus loin, on trouve la plage de sable gris avec quelques maisons et barques.

HOTEL LAS SALINAS €€

Puerto Hermoso
✆ +1 809 310 8141
Compter entre 65 US$ et 90 US$ la chambre double.

Le bâtiment donne directement sur la mer. Le restaurant est construit en terrasse au-dessus de la petite piscine, et un embarcadère de bois avance dans la mer, se terminant par un kiosque, également en bois. Les 29 chambres (avec salle de bains et air conditionné) sont charmantes. Si l'endroit est agréable, les week-ends sont bruyants et bondés il est préférable de réserver, ou d'aller ailleurs si vous cherchez du calme. Possibilité de location de planches et de balades en bateau autour de la baie. Accueil serviable et disponible.

LAS DUNAS €

Puerto Hermoso
Ouvert tous les jours de 10h à 20h.
Compter entre 450 et 750 $.

Un petit restaurant simple et bien tenu, en face de l'hôtel Las Salinas. Il propose des salades assez généreuses (légumes ou poulet), mais aussi des plats très simples du type pâtes au poulet ou aux crevettes, un plat du jour servi avec du riz blanc, de copieuses assiettes à base de bœuf ou de porc, mais aussi des spécialités de poissons et de crustacés, village de pêcheurs oblige. Une adresse locale jouant la carte de la simplicité, à tarif très doux. Parfait pour reprendre des forces tout en côtoyant la population de San Cristobal.

AZUA DE COMPOSTELLE

Fondée en 1504 par Diego Velásquez, le conquérant de Cuba, la ville obtint son blason d'armes, le 7 décembre 1508. Hernán Cortez y vécut en exerçant le métier de notaire, avant de partir conquérir le Mexique. La ville connut l'honneur d'être élevée au rang de province en 1845. Sa destinée lui valut d'être détruite par le feu à trois reprises. C'est Jean-Jacques Dessalines qui, le premier, voulut qu'on la brûle durant l'invasion haïtienne de 1805. Puis, le chef haïtien Charles Herald récidiva lors de sa défaite contre l'armée dominicaine, le 19 mars 1844, à l'issue de la bataille de San José. Enfin, le président haïtien Faustino Soulouque ordonna sa destruction par le feu après la défaite d'El Numero, en 1849.

Le vieux port de Azua servait, comme celui de Santo Domingo, à l'exportation et à l'importation de marchandises ; c'est de là qu'en 1798 les restes de Christophe Colomb seraient partis pour leur exil à La Havane, lors de l'occupation du pays par la France. A l'entrée de la ville, une statue honore la mémoire du cacique Enriquillo, le chef taïno le plus vénéré, qui résista longtemps à l'envahisseur espagnol, avant de mourir le 27 septembre 1535.

- **La spécialité locale** est le fromage de chèvre de tradition espagnole qui se consomme avec une galette de manioc (*casabe*).
- **La fête patronale** a lieu le 8 septembre, en l'honneur de Nuestra Señora de los Remedios.

EL PUEBLO VIEJO DE AZUA ★

Il s'agit des vestiges de l'ancienne ville, situés à 10 km au sud d'Azua. La tradition orale veut que les restes du cacique Enriquillo aient été ensevelis dans l'église coloniale de Santa María de Azua. El Pueblo Viejo de Azua est toujours habité (environ 5 000 habitants) et sa population ne cesse d'ailleurs de croître. Mais c'est dans la nouvelle Azua que se concentrent les principales activités, évidemment. Un passage qui n'a pas de grand intérêt mais qui peut s'avérer une halte sur votre route et découverte de la République dominicaine.

PARQUE CENTRAL ★

Le parque central d'Azua est entouré de coquettes maisons de bois à arcades. Au centre, une petite gloriette jaune ajoute une note de gaieté à l'ensemble. Sur le côté, les couleurs jaunes et blanches de l'église lui répondent. En face du parc central, le Campo Santo est un cimetière typique d'une petite localité dominicaine. Ne manquez pas de le parcourir. Le parque central se veut le lieu de rencontre et de détente des habitants. Un petit havre de paix où l'on pourrait rester des heures à lire, écrire et flâner tout simplement.

ALTOS DE LA CAOBITA ECOLODGE €€

Calle principal / desvío por el camino de playa Uvero

✆ +1 809 729 9566

Tarifs sur demande.

Altos de la Caobita, situé à mi-chemin entre la capitale et Barahona, est inscrit dans une démarche écologique. C'est ainsi des panneaux solaires qui fournissent l'essentiel de l'énergie du lodge. Disposant de plusieurs espaces communs (coin piscine, espace détente, restaurant), le lodge est en mesure de proposer des petites maisons indépendantes avec vue sur la baie tout comme de très bonnes options de *glamping* (tipis, tentes familiales, etc.). Original et engagé. Très bonne étape !

COMEDOR DILONE €

7 Avenida Francisco del Rosario Sanchez

✆ + 1 809 521 3431

Ouvert tous les jours midi et soir.
Plats à partir de 180 $.

Dans un assez grand espace, à la décoration sobre, le Comedor Dilone propose une bonne cuisine locale. Rien de particulier à préciser sur le lieu, si ce n'est que c'est l'un des plus acceptables restaurants pour prendre son déjeuner ou son dîner. Beaucoup de plats de viande et poisson en sauce, par portions généreuses. Des boissons fraîches et cafés pour accompagner le tout. Ambiance parfois calme, parfois animée selon les jours d'affluence (week-end en tête) et dominicaine. Accueil sympathique et service attentionné. A tester.

FRANCIA €

Calle Duarte

✆ +1 809 521 2900

Ouvert tous les jours midi et soir.
Plats à partir de 250 $.

Ce restaurant vous accueille tout sourire dans une salle au style dominicain fort coloré, en rouge et vert, ou rouge et beige selon l'humeur des propriétaires du lieu. Le Francia vous propose des spécialités de fruits de mer et de poissons, mais pas de plats français comme pourrait l'indiquer son nom... Les portions sont généreuses et les plats généralement servis comme une tablée que l'on se partage entre convives. De bonnes boissons fraîches pour accompagner le repas. Service de qualité et ambiance conviviale. Une bonne adresse.

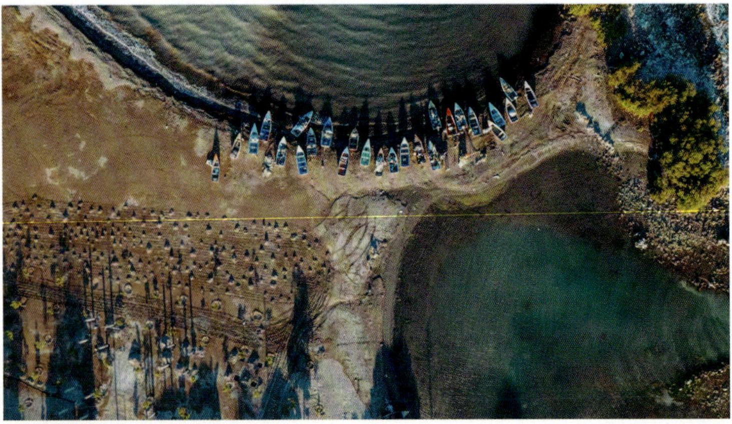

Azua de Compostelle.

SUD-OUEST

La côte sud-ouest et la région d'Enriquillo en particulier embrasse les provinces de Barahona, Bahoruco, Independencia et Pedernales. Cette région, propice à l'écotourisme, s'est dotée d'une réserve de biosphère. Il est possible d'y observer des iguanes, des crocodiles, des flamants roses et bien d'autres espèces sauvages, mais aussi plus de 150 espèces d'orchidées, de champignons, de cactées, d'hibiscus sauvages, de palmiers, d'arbres à pain… Les infrastructures touristiques sont encore rares, mais les amateurs d'authenticité n'y verront que des avantages. Du joli village La Descubierta, avec le lac Enriquillo juste en face, au Cabo Rojo, où une communauté de pêcheurs vous embarquera pour la plus belle plage du pays, la Bahia de las Aguilas, en passant par la lagune d'Oviedo, plus grande réserve d'eau salée du pays et sanctuaire écologique, le sud-ouest constitue l'une des régions les plus sauvages du pays.

Sud-Ouest
SAN JUAN DE LA MAGUANA
SAN JUAN
El Cercado
Vallejuelo
Hondo Valle
Yaque del Sur
Sierra de Neiba
LA DESCUBIERTA
LOS RÍOS
Postrer Río
Galván
JIMANÍ ★★
NEIBA ★★
BAHORUCO
EL ARROYO
LAGO ENRIQUILLO ★★
Tamayo
Duvergé
Laguna Rincón
Palo Alto
Bahía de Neiba
INDEPENDENCIA
CABRAL
LAS SALINAS ★★★
BARAHONA ★★
Sierra de Bahoruco
Mencía
POLO ★★
1630
Bahoruco
JUAN ESTEB
BARAHONA
La Ciénaga
PEDERNALES
SAN RAFAEL ★★
Playa San Rafael
PARAÍSO ★★
PEDERNALES
LOS PATOS ★★
Playa Los Patos
CABO
CABO ROJO
ENRIQUILLO ★★
BAHÍA DE LAS AGUILAS ★★★
Oviedo
Cabo Falso
PARQUE NACIONAL ★★
DE JARAGUA
Laguna Oviedo
C. de la Beata
Cabo Beata
ISLA BEATA
C. de Alto Velo
Altitud (en metros)
1000
500
200
15 KM

PAGES

●● AUTOUR DU LAC ENRIQUILLO

Près de la frontière avec Haïti, le lac Enriquillo, le plus grand lac salé des Caraïbes, constitue avec Isla Cabritos un parc national où l'on peut observer au milieu des cactus des crocodiles américains, des iguanes géants, des flamants roses. Le tour du Lac (76 km ponctués de nombreuses escales) mérite une journée sur un parcours de 76 km ponctué de nombreux arrêts sur des sites touristiques.

Situé 40 mètres sous le niveau de la mer et quatre fois plus salé que la mer des Caraïbes, le plus grand lac salé des Antilles ($265\ m^2$) est cerné de paysages arides et abrite en son centre la Isla Cabritos. Dans ce paysage qui rappelle l'Afrique prospère, la plus grande colonie de crocodiles américains au monde, mais aussi une soixantaine d'espèces d'oiseaux, dont les splendides flamants roses.

●● LE LITTORAL SUD-OUEST

Cette région est la zone la plus isolée de la République dominicaine. Au sud du lac Enriquillo, les paysages splendides sont ponctués de quelques localités au charme typique, à l'image de Barahona. On viendra ici pour le calme et la puissante nature de la Bahia de las Aguilas et du parc de Jaragua. Quelques lodges d'écotourisme fleurissent dans la région depuis peu.

Si l'on cherche un éden sur Terre, la Baie des Aigles en a toutes les caractéristiques : 9 km d'une sensationnelle plage totalement vierge. Son accès peu aisé limite grandement le nombre de visiteurs. Au hameau de Las Cuevas, les pêcheurs s'abritent dans des caves creusées dans les parois rocheuses. On se nourrit ici de langouste et de lambi. Bienvenue au paradis.

PARQUE NACIONAL LAGO ENRIQUILLO E ISLA CABRITOS ★★

C'est le plus grand lac salé des Antilles, déclaré parc naturel, avec ses 265 m² de superficie cernés de paysages arides, et l'Isla Cabritos, au milieu. On se croirait en Afrique ! Trois fois plus salé que la mer des Caraïbes, il se situe à 40 m au-dessous du niveau de la mer. Le soleil intense et le sel blanchissent ici le bois jusqu'à le rendre immaculé. Le lac abrite la plus grande colonie de crocodiles américains, des iguanes et des flamants roses. Phénomène étrange : une montée des eaux a été observée par les scientifiques. Elle serait due à une brèche dans la faille tectonique située juste en dessous qui provoqua le séisme en Haïti en 2010.

Trois îles occupent le centre du lac : Isla Cabritos, Isla Barbarita et Islita. La plus grande des trois, Isla Cabritos (24 km², 12 km de longueur sur 2,5 km dans sa partie la plus large), est également un parc national et sa faune et sa flore y sont protégées. C'est de nos jours, la plus grande réserve au monde de crocodiles américains, une espèce en voie de disparition qui compte environ 400 individus. On y trouve aussi plus de 60 espèces d'oiseaux, parmi lesquels des flamants roses, et 106 espèces de plantes. Il est conseillé de se rendre sur l'île très tôt le matin pour pouvoir observer les animaux, qui se cachent du soleil à partir de 11h.

© BATECHENKOFF - SHUTTERSTOCK.COM

Parque Nacional Lago Enriquillo E Isla Cabritos.

Pratique

L'embarcadère pour l'île Cabritos se trouve à 3 km avant le village de La Descubierta. Vous emprunterez un petit sentier ombragé pour accéder au bord du lac. A l'entrée, on vous demandera d'acquitter un droit d'entrée de 50 $. Les trajets en barque sont assurés le matin. Il faut compter environ 3 500 $ (guide + bateau que vous pourrez partager avec les voyageurs présents sur place). Venir tôt. Au cours d'une marche de 2 km sous un soleil de plomb, le guide vous emmènera à la rencontre des crocodiles, des iguanes et des flamants roses. L'endroit est fascinant de désolation, avec sa végétation pauvre de cactées et sa sécheresse extrême. Sachez que le lac sert de décor naturel au tournage de nombreux spots publicitaires. Au retour, vous aurez droit à une baignade vivifiante dans la piscine naturelle d'eau sulfureuse.

Le retour vers Barahona peut s'effectuer par la rive sud du lac Enriquillo, ce qui permet d'avoir une vision complète de ce site contrasté. Cette côte est en effet particulièrement sèche et désolée. Les rives du lac sont désertes et les amoncellements de sel ne permettent pas la culture. On traverse La Zurza, célèbre pour son balnearío d'eaux sulfureuses réputées pour revitaliser l'organisme. Après Duvergé, le village de Galiste La Lista se signale à l'attention par son artisanat spécifique. Toute la population locale est mobilisée pour la fabrication de chaises et de fauteuils de toutes tailles et de tous styles, jusqu'au mobilier de poupée. Une haie de chaises encadre la route et les prix se discutent ferme. Le retour se fait par Cabral, puis Barahona.

L'excursion autour du lac Enriquillo se fait en une journée. Si on veut visiter le lac et Isla Cabritos, il faut partir tôt le matin. On peut faire le tour du lac en allant jusqu'au poste frontière de Jimani. L'itinéraire proposé passe d'abord par la rive nord, fertile et ponctuée de petits villages charmants et de nombreux balnearíos. On revient vers Barahona par la rive sud du lac, région aride quasi déserte, et seulement hantée par les cactus. Pour cette excursion, on vous recommande de passer par une agence (Ecotour organise des excursions sur toute la journée par exemple). Les ressources des gardes du parc sont très aléatoires (pas d'essence pour le bateau, moteur en panne…). Il est donc préférable de passer par un opérateur qui aura tout prévu. De juin à novembre, c'est la saison des cyclones (à éviter donc !). Un centre d'information vous attend à l'entrée du parc.

POLO MAGNETICO

Les passionnés de l'étrange et de ses énigmes scientifiques pourront faire là une expérience des plus troublantes. Pour cela, taillez la route vers le sud, à une vingtaine de kilomètres de Cabral, et arrêtez-vous au Polo Magnetico (pôle magnétique). Un panneau vous souhaite la bienvenue. Vous pourrez alors y observer un phénomène magnétique unique qui fait remonter la pente aux véhicules quand ils sont au point mort... En réalité, il s'agit d'un simple effet d'optique ! La petite municipalité, cernée de montagnes, est également connue pour sa production de café bio. Un festival célébrant la récolte a lieu chaque année au début du mois de juin.

NEIBA ★★

La route de la rive nord du lac passe par le *balnearío* de Boca de Cachón et le village de Neiba. Elle traverse les voies ferrées qui desservent d'interminables champs de canne à sucre. Lors de la période de récolte de la canne à sucre (*zafra*), vous verrez peut-être les coupeurs de canne haïtiens courbés sur leur machette et les bœufs tirant des chariots qui se remplissent avant de déverser leur chargement dans les wagons. Le village de Neiba possède son *balnearío*, Las Barias, dont les eaux fraîches attirent les baigneurs locaux. Un (modeste) hôtel-restaurant, le Babey, accueille les visiteurs.

CABRAL

A une quinzaine de kilomètres de Barahona, ce coquet petit village aux maisons colorées est célèbre pour sa lagune, une vaste réserve naturelle particulièrement riche en gibier à plume. C'est d'ailleurs la plus grande lagune d'eau douce du pays et un rendez-vous de chasseurs, très fréquenté en période d'hiver. Cabral possède par ailleurs une solide tradition carnavalesque. Une fois par an, les *cachuas*, des hommes déguisés en effrayants diables à cornes, déboulent en hurlant le long des rues, du Vendredi saint au lundi de Pâques. Citons enfin la grande curiosité du coin : l'énigmatique pôle magnétique situé a 19 km au sud du village.

LA DESCUBIERTA

La Descubierta est connue pour son *balnearío,* Las Marias, gorgé d'eau douce et fraîche (pas très entretenu !). Le son du *merengue* résonne le soir dans les bars alentour. Si vous souhaitez passer plus d'une journée à visiter le Lago Enriquillo (ce qui peut valoir le coup !), vous pourrez choisir de passer la nuit ici. Dans cette bourgade agricole endormie, comptant plusieurs bâtisses abandonnées, le tourisme s'est très peu développé, les hôtels sont donc plutôt rares et souvent modestes. Le village a pour indéniable atout sa proximité avec le lac. L'arrêt des *guaguas* (mini bus) se trouve sur l'artère principale, calle Gaston Deligne.

LAGUNA DE RINCÓN ★

A 30 minutes de Barahona
Bureau du parc ouvert 7j/7 de 8h à 18h, avec petit sentier menant aux postes d'observation nichés au bord du lac.

Entre la ville de Cabral et le pôle magnétique, au sud-ouest de l'île, cette vaste lagune - plus grande lagune d'eau douce de la République dominicaine - est un vrai paradis terrestre pour la centaine d'oiseaux qui l'habitent, dont le canard dominicain, mais aussi les flamants roses. Un site aussi beau que sauvage qui ravira les ornithologues et amateurs d'observation des oiseaux, en particulier si l'on s'intéresse à leur migration. La lagune fait partie du Parc national de Cabral, avec la Laguneta Seca et le Cerro Cristóbal.

HOTEL IGUANA €

3 Calle Padre Bellini
✆ +1 809 958 7636
Compter 1 000 $ la chambre double.

On appréciera l'ambiance familiale de ce petit hôtel traditionnel de style créole planté à l'entrée de La Descubierta. Là encore, le confort est simple, mais suffisant pour passer la nuit au nord du grand lac Enriquillo. Les chambres, très exiguës, sont relativement bien tenues. Elles sont également équipées de ventilateurs. En revanche, pas d'eau chaude dans les salles de bains, qui offrent un confort spartiate. En somme, basique, mais très bon marché. Le petit déjeuner est servi sur demande et en supplément. Accueil sympathique.

MI PEQUEÑO HOTEL €

26 Calle Padre Billini
✆ +1 809 876 5032
A partir de 900 $ en chambre double (eau + électricité).

Vous ne trouverez que peu d'options d'hébergement dans cette partie de l'île, le lieu étant très isolé. Parmi elles, ce « petit hôtel » familial d'une quinzaine de chambres sans prétention situé à La Descubierta, modeste village agricole de la province d'Independecia, lové à 240 km de la capitale. L'hôtel a pour principaux atouts son prix attractif et sa proximité avec le lac Enriquillo, grand refuge naturel peuplé d'iguanes et de nombreux crocodiles. Les chambres sont équipées de la climatisation, de l'électricité et de l'eau courante.

HOTEL TAÏNO JIMANI €

Calle 19 de Marzo
✆ +1 809 248 3139
Compter 35 US$ pour une chambre double.

A quelques encablures de la frontière haïtienne. Cet hôtel modeste au charme tropical pourrait être mieux entretenu, mais il offre un confort suffisant le temps d'une nuit ou deux passées à proximité du lago Enriquillo, plus vaste lac d'eau salée des Caraïbes. Sur place, terrasse, grande piscine, douche, climatisation (quand elle fonctionne !). Les chambres sont petites, avec un lit, et rien de plus. L'ambiance familiale y est plutôt agréable. On profitera en outre d'un restaurant de cuisine créole, très correct, mais sans plus.

EL RANCHO BRAHMANS €€

Calle Gaston Deligne
Ouvert tous les jours midi et soir.
Compter entre 500 et 900 $.

Si le restaurant El Rancho Brahmans sert une cuisine typique très bonne à base de viande braisée, de poissons et *platos combinados* (porc ou poulet accompagné de riz et légumes) et dispose d'une très grande terrasse en bordure de la rivière, évitez de vous passer par le restaurant pour monter une excursion autour du lac, l'organisation est quelque peu déficiente. Pour un peu d'aventure, rendez-vous directement sur plan d'eau. A chacun son métier ! Bonne adresse malgré tout pour ce qui est de la restauration et du panorama sur le lac.

LAS CUATRO HERMANAS €

4 C/ Tirso de Molina
✆ +1 809 248 3636
Ouvert tous les jours.

Il n'est pas forcément aisé de trouver une bonne adresse pour grignoter sur le pouce dans le quartier, mais chez Las Cuatro Hermanas (chez les « quatre sœurs » en français) les gourmands seront bien servis ! Assiettes copieuses et ambiance simple et familiale. On y mange des plats typiques dominicains, généralement à base de poulet, de porc, de bœuf ou de poisson, accompagné de riz et des légumes passés à la poêle ou frits. Une parfaite halte pour reprendre des forces sans se ruiner tout en goûtant à la vie locale de la ville.

JIMANÍ ★

Jimani est un poste frontière. A quelques kilomètres du centre se trouvent les douanes et le marché détaxé qui, comme dans sa ville jumelle du nord Dajabon, a lieu le lundi et le jeudi. L'effervescence ressemble à Haïti, avec du trafic et du marchandage sur le rhum haïtien par exemple, le Barbancourt. Depuis le séisme de 2010, cette frontière est plus fréquentée et l'atmosphère y est tendue, grouillante, boueuse ou poussiéreuse. Les convois humanitaires s'y pressent, les tap-tap (camions haïtiens peints de scènes naïves aux couleurs vives bondés de marchandises) sont légion, la route est mauvaise, et les arnaques possibles et régulières.

BARAHONA ★★

L'histoire de Barahona remonte au tout début du XIXe siècle. Des familles de négociants en bois précieux s'établirent sur les rives du fleuve Biran dès 1795, mais ce n'est qu'en 1802 que la ville fut fondée par le général haïtien Toussaint Louverture. Elle fut jadis le repaire des pirates, dont le plus connu était Roberto Cofresi, mais le cacique taïno Enriquillo, qui tint en échec les conquistadors espagnols, demeure la figure historique la plus célèbre de la région. Barahona a gardé le charme des villes créoles traditionnelles colorées dans une région où se rejoignent plages, fleuves et montagnes. Pour vous y rendre, vous pouvez recourir aux services de Caribe Tours (caribetours.com.do) : 4 bus relient chaque jour Barahona à la capitale.

Balade

Plusieurs balades et randos sont possibles à Barahona : le sentier du café, au départ de l'hôtel Rancho Platon, permet de faire la visite de producteurs locaux ; le sentier de la Vierge (1h30) démarre au niveau de l'hôtel Casa Bonita et mène à une petite cascade dans la jungle ; et le sentier Bici-Ruta, que l'on pourra emprunter à vélo (location à Casa Bonita 20 US$/2h). Renseignez-vous sur ces randonnées auprès des hôteliers, et si vous pouvez être accompagné d'un guide c'est encore mieux, les chemins n'étant pas toujours balisés. On pourra également s'adonner au canyoning en contactant Gian-Carlos (Canyoning GRD - +1 809 866 60 01).

© OBJECTIF - FOTOLIA

Les maisons colorées de Barahona.

MALECÓN DE BARAHONA ★

Avenida Enriquillo

Le Malecón s'appelle ici l'avenue Enriquillo. Comme pour tous les bords de mer, il est propice aux amoureux qui s'y promènent lentement au coucher du soleil, tout en dégustant inévitablement les fritures et les boissons qui ne manquent pas sur les petits étals. Des travaux ont été réalisés pour rénover la partie est du Malecón. Plus au sud, toujours sur l'Avenida Enriquillo, les familles aisées veillent dans leurs superbes maisons face à la mer. La plage de Barahona donne sur une lagune peu propice à la baignade, l'eau y étant stagnante.

BARAHONA NATURALEZA POR DESCUBRIR

C/ Enrique Henriquez, 25 (2ndo piso)

✆ +1 809 623 1396

Aussi connu sous le nom de « Go Barahona », le portail de l'office du tourisme régional du Sud-Ouest de la République dominicaine vous propose de découvrir différents sentiers de la région, mais aussi des visites organisées, une liste d'activités en pleine nature, ou bien des conseils et propositions sur des parcours qui vous permettront de découvrir tous les secrets de la flore et de la faune environnantes locales. Un coup de cœur pour une région unique à découvrir !

PARQUE CENTRAL ★

Comme partout ailleurs en République dominicaine, le parc central est le cœur battant de la bourgade. Poumon vert, il est planté de palmiers et encadré de jolies et pittoresques maisons en bois dépareillées de style victorien aux couleurs pastel. Parfaitement tenu, le parc abrite un kiosque (*la glorieta*), lieu de rencontre des habitants, et de nombreux bancs pour faire une agréable pause sous les arbres. La vieille poste aux comptoirs de bois mérite le détour, mais vous aurez de la chance si vous y trouvez le moindre timbre !

AÉROPORT INTERNATIONAL MARÍA-MONTEZ

✆ +1 809 524 4144

www.aerodom.com

L'aéroport de Barahona se situe à 5 km du centre-ville. Assurant plutôt des vols domestiques, il dessert Santo Domingo toute l'année, ainsi que San Juan en haute saison. Ce petit aéroport a servi quelque temps de piste d'acheminement de l'aide internationale destinée Haïti après le tremblement de terre de 2010. Le site porte le nom de la célèbre actrice dominicaine Montez (1912-1951), qui est née à Barahona. Pas de service de restauration sur place.

SUD-OUEST

LAS MAGNOLIAS €

13 Calle Anacaona
✆ +1 809 524 2244
Environ 2 300 $ la chambre double.

Cette petite maison familiale proprette et accueillante comportant une quinzaine de chambres distribuées sur deux étages, avec climatisation, salle de bains (eau froide) et télévision, a l'avantage d'être très bien située en centre-ville, tout près du parc central de Barahona et du malecón. Côté installations, ce n'est pas le grand luxe, mais l'endroit a le mérite d'être correctement tenu. On n'y propose pas de service de petit déjeuner, mais un *cafecito* au rez-de-chaussée. Wifi. Supermarché au coin de la rue. Pour une nuit, pas plus !

EL QUEMAITO €€

Juan Esteban km 10, carretera Barahona-Paraiso
✆ +1 809 514 8888
A partir de 2 500 $ pour une personne, entre 4 000 et 8 000 $ pour deux personnes. Pas de CB. Restaurant : 11h-21h.

On vous réserve un accueil francophone dans cet hôtel confortable situé en bord de mer, à quelques minutes à pied de la plage. Les vingt-sept chambres sont climatisées et certaines ont une petite terrasse avec vue sur l'horizon marin. Dans le grand jardin, sous les palmiers, vous pourrez profiter de la piscine, vous détendre en prenant un bain de soleil, boire un verre au bar restaurant, réputé pour ses spécialités créoles. Les travaux effectués en 2021-2022 ont donné un vrai coup de jeune à l'adresse. Bon rapport qualité-prix !

CASA DEL MAR LODGE €€

Carretera del Sur km 16
✆ +1 829 330 3395
www.casadelmarlodge.com
Fermé hors saison. A partir de 130 US$ la chambre double avec petit-déjeuner.

A 10 min de Barahona et 20 min de l'aéroport María Montez, cet écolodge est un petit coin de paradis caribéen posé à deux pas la plage d'El Arroyo. On y trouve quatre villas abritant en tout une vingtaine de chambres aménagées avec élégance, conçues avec des matériaux du coin présentant de belles finitions. La propriété est vaste et superbe : le jardin tropical est émaillé de palmiers et cocotiers, et on y trouve en plus des piscines, un bar et un restaurant de cuisine internationale donnant directement sur la plage. Excursions possibles au départ du lodge.

HOTEL CARIBE €€

27 Avenida Enriquillo
✆ +1 809 524 4111
www.hotelcaribe.do
A partir de 65 US$ la double avec petit déjeuner et dîner.

Cet hôtel 3 étoiles sis dans un joli petit bâtiment moderne est planté face à la mer, à environ trois minutes de la plage. Il offre une trentaine de chambres au mur bleu caribéen avec literie confortable, climatisation, salle de bains avec eau chaude, télévision et WiFi. A l'extérieur, l'hôtel est doté d'une petite terrasse pour bronzer et profiter du bain bouillonnant. Nombreux espaces pour se détendre. Le restaurant est quant à lui ouvert à l'heure du petit déjeuner et du dîner, mais la cuisine n'a ici rien d'exceptionnel. Personnel serviable.

EL LORO TUERTO €€

33 Calle Luis F. Delmonte
✆ +1 809 524 6600 - www.lorotuerto.com
9 chambres. Compter 35 US$ pour une simple et 42 US$ pour une double ; petit déjeuner à 5 US$. Wifi à la réception.

C'est sans doute le meilleur rapport qualité-prix de Barahona. Cette pension installée dans une jolie maison créole peinte en rouge et en blanc est tenue par un italien. Les installations sont propres et fonctionnelles, avec une décoration tropicale à la Robinson Crusoé. Les chambres sont bien agencées et pourvues d'une literie confortable. Eau chaude et climatisation. Cour agréable avec des hamacs pour se reposer. On vous réserve en plus un accueil chaleureux. Évitez les chambres les plus proches de la rue, plus bruyantes. Joli café au rez-de-chaussée.

HOTEL COSTA LARIMAR €€

6 Avenida Enriquillo
✆ +1 809 524 5111
www.hotelcostalarimar.com
4 500 $ la chambre pour 2 personnes avec petit déjeuner, 5 580 $ en demi-pension, et 6 650 $ en pension complète.

Construit directement sur la plage, ce joli édifice blanc de style tropical traditionnel est l'un des plus anciens de la région. Ses 108 chambres grandes et confortables (air conditionné, TV, WiFi, eau chaude) possèdent un balcon donnant soit sur la mer soit sur la montagne. Une grande piscine pour adultes et une plus petite pour les enfants, ainsi qu'un bar-restaurant (nourriture sans plus !) sont présents sur place. Vous bénéficierez également d'un accès privé à une agréable plage de sable fréquentée par les familles en fin de semaine.

Plage de Barahona.

HOTEL PLAYAZUL €€

Carretera Barahona - Paraíso km. 7
✆ +1 809 204 8010
www.playazulbarahona.com
De 75 US$ à 130 US$ pour une chambre double, avec petit déjeuner. Wifi. Héliport. Vélos à disposition.

L'emplacement magique de cet hôtel modeste, juché en haut d'une falaise, est bien là son principal atout. Il offre aussi deux accès à la petite plage de galets située en contrebas, mais d'autres plages plus agréables méritent le déplacement. L'établissement qui dispose d'une vingtaine de chambres au mobilier vétuste, déclinées en quatre catégories, mériterait un grand coup de fraîcheur, car le cadre est charmant ! Egalement une grande piscine et un restaurant mitonnant une cuisine locale faisant la part belle aux spécialités de la mer.

LA ESQUINA DE FIDEL €

Angle des rues Nuestra Señora del Rosario et DuVergé
✆ +1 809 524 1760
Ouvert tous les jours de 8h jusqu'à tard dans la nuit. Compter entre 80 $ et 200 $ le sandwich.

La devanture de l'établissement annonce la couleur : « Le meilleur sandwich de Barahona », rien que ça ! Et on peut dire que l'affluence qui règne dans ce petit kiosque tend à lui donner raison. Ici, on mange au comptoir ou sur des petites tables, et l'ambiance est 100 % locale. Longue carte de sandwichs bien entendu, mais aussi d'autres spécialités de type fast-food et d'excellents jus de fruits. Si vous êtes de passage en ville, ne manquez pas de faire une halte chez Fidel. Le restaurant s'est installé dans une maison en bois orange et jaune.

BRISAS DEL CARIBE €€

11 Avenida Enriquillo
✆ +1 809 524 2794
Ouvert tous les jours 9h-23h30. Compter entre 400 $ et 800 $.

Abrité sous un toit de palme, le meilleur restaurant de la ville est très fréquenté le midi. La cuisine est ici principalement inspirée par les produits de la mer, bien que des plats de viande ou de pâtes soient aussi présents au menu. La brise marine associée à une vue mer imprenable en fait un lieu de déjeuner au cadre très agréable. Le resto, niché dans une maison de plain-pied, est ajouré de larges baies vitrées permettant d'admirer la mer depuis la salle de service. Bon accueil et service avenant, malgré quelques longueurs.

D'SAIRY GRILL €€

C. Ntra. Sra. del Rosario, 34
✆ +1 809 924 0002
Tous les jours de 10h à 23h. Comptez 1 500 $ le repas complet.

Ouvert en 2020, le D'Sairy est une option à la fois centrale et plutôt gourmette à Barahona. Perché au deuxième étage d'un édifice bordant la place centrale du centre colonial de la ville, le restaurant à des airs de cabane de plage, mais en altitude. Déco moderne sur bois blanc, joli bar, on y vient principalement pour sa cuisine internationale et locale aussi bien préparée que présentée dans l'assiette. Certes, les tarifs sont un peu plus élevés qu'ailleurs, mais la qualité des produits est au rendez-vous. Fréquentes soirées de musique *live* en fin de semaine.

PANADERIA Y REPOSTERIA CENTRAL

Calle 30 de Mayo
✆ +1 809 524 2334
Ouvert tous les jours de 6h30 à 21h (14h dimanche). Compter 50 $ le gâteau.

Vous ne pouvez pas la manquer avec sa façade jaune et blanche. En plein centre-ville, cette boulangerie-pâtisserie permet de se ravitailler en cas de fringale ou d'envie de goûter. Il y a même quelques petites tables dans la boutique pour se poser, sinon le Parque Central n'est qu'à deux pas d'ici. Ce n'est certes pas le meilleur pain du monde, mais ça fait l'affaire pour manger sur le pouce. Les travailleurs viennent ici boire leur café, discuter, lire le journal...

REPOSTERIA YESSICA CAROLINA

26 Avenida Uruguay
✆ +1 809 524 3120
Ouvert de 8h30 à 21h.

Il faut compter 5 minutes à pied depuis le parc central pour rejoindre cette pâtisserie artisanale nichée dans un petit local à la façade vert anis. Jessica Carolina y élabore de délicieux gâteaux couverts de crème. Les gâteaux d'anniversaire et les pièces de mariage sont sa grande spécialité. Elle s'est tissé une solide réputation auprès des habitants de la ville. Si vous avez une folle envie de sucré, donc, n'hésitez pas à venir goûter ses créations. Tout est fait sur place.

MERCADO CENTRAL

Calle Colón
Ouvert toute la journée.

Mugissements de klaxons, farandole de scooters, braiments des mulets et accords de merengue, couleurs crues sous le soleil de plomb, odeurs de friture, parfums des fruits tropicaux, c'est la côte caraïbe dans toute sa splendeur, chatoyante et turbulente. Outre les fruits et légumes qui s'amassent sur le sol (venez y faire le plein de bananes !), vous trouverez tout un tas d'objets parfois insolites le long de ses allées animées et poussiéreuses : batteries de cuisine, vêtements d'occasion, bassines en plastique aux couleurs vives…

JUAN ESTEBAN

Quelques maisons de bois forment la localité de Juan Esteban que l'on rencontre à 10 kilomètres au sud de Santa Cruz de Barahona, sur la route de Paraiso, un peu avant d'arriver au village de La Ciénaga. Ne vous attendez pas à traverser un véritable village donc, mais plutôt à une route côtière bordée par la mer caraïbéenne. Les Dominicains s'y rendent pour profiter en famille de la belle plage d'El Quemaito au rivage de galets baigné par une eau translucide (une petite gargote permet de s'y restaurer les pieds dans le sable !). Quelques hôtels à taille humaine se sont par ailleurs installés le long du littoral, face à l'horizon bleuté.

PLAYA QUEMAITO ★★

On rencontre cette vaste plage de galets cernée de collines verdoyantes et d'eau turquoise à une quinzaine de kilomètres au sud de Santa Cruz de Barahona. Généralement bien entretenue, vous y trouverez un parking, des douches publiques et quelques *frituras* élaborant des assiettes de poisson frit, de crevettes ou de langoustes, à accompagner d'une Presidente bien fraîche. Un site bien agréable, idéal pour admirer le coucher de soleil face à la mer cristalline. Attention en journée, le soleil tape fort, n'oubliez pas la crème solaire !

BAHORUCO

Capitale du larimar (c'est à Bahoruco que l'on découvrit la première pierre de ce minéral !), ce grand village ne compte véritablement qu'une rue, enfilade de maisons de bois colorées en façade. Les barques de pêche sont tirées sur la plage, envahie d'enfants et d'animaux en tout genre. Si vous vous sentez l'âme d'un chasseur de trésor, vous pourrez aller piocher vous-même dans la seule mine au monde de cette pierre semi-précieuse, couleur turquoise, sur les hauteurs du village (avec l'agence Ecotour Barahona, notamment). Mais Bahoruco, c'est aussi un spot de surf populaire dans tout le pays où se tiennent des rencontres et des compétitions nationales.

RESTAURANTE LUZ €

55 Carretera Enriquillo
✆ +1 829 491 6842
Ouvert dès 8h. De 250 $ à 600 $ le plat.

Dans la rue bordant la mer. Installez-vous en terrasse à l'étage, face aux palmiers et à la mer d'un bleu azur, pour apprécier la bonne cuisine créole mitonnée par la très sympathique Luz qui tient les rênes de l'établissement. A la carte : les poissons et les fruits de mer fraîchement pêchés sont à l'honneur (poulpe, langoustes, crevettes...). La décoration colorée et tropicale typiquement caraïbéenne s'ajoute à l'ambiance familiale pour créer une atmosphère des plus plaisantes. On vous conseille de réserver car l'endroit est souvent plein.

PARAÍSO ★★

Malgré ses atouts, cette petite bourgade coquette et paisible émaillée de maisons pimpantes en bord de mer, à 40 km au sud de Santa Cruz de Barahona, reste une étape oubliée sur les routes des touristes. Elle est sise à la fin d'une jolie vallée où la montagne couronnée de nuages se dresse au-dessus de la mer des Caraïbes. Paraíso possède de jolies rivières, des forêts humides et une magnifique plage, malheureusement peu entretenue. C'est dommage, car la baie est splendide et le paysage grandiose. Au centre du bourg, un petit parc est orné du buste d'un héros national. Une étape au joli nom, agréable pour partager la culture et la vie dominicaine.

La baie de San Rafael.

SAN RAFAEL ★★

Sur le chemin de Paraiso, la route passe au-dessus de la rivière San Rafael dans un décor vert et touffu. La mer, bien qu'offrant un panorama azur époustouflant, est trop agitée pour se baigner, mais une cascade alimente un petit *balneario* fait de piscines naturelles, repérable aux voitures garées garées devant. La rivière Majagual dévale les pentes de la montagne et forme d'impressionnantes cascades et des bassins gorgés d'eau cristalline où il fait bon se délasser. Un site unique, avec la beauté de la plage d'un côté et la fraîcheur de la rivière de l'autre. Un restaurant de plage permet en outre de se restaurer d'une bonne cuisine locale.

ECOTOUR BARAHONA

Calle Enriquillo, Malecón
✆ +1 809 686 0278
www.ecotourbarahona.com

Cette agence française spécialisée dans l'écotourisme vous fera découvrir la République dominicaine et les trésors du sud-ouest de la région de manière écologique. De très nombreuses formules à la carte et des circuits adaptables en petits groupes à la journée ou sur plusieurs jours, sont proposés à destination de Bahía de Las Águilas, Lago Enriquillo, Laguna Oviedo ou encore Cachóte. La très bonne connaissance du terrain des agents vous permettra même une embardée en territoire haïtien. Accueil charmant et personnalisé, en français.

RANCHO DON CESAR €€

Carretera Paraiso Barahona
+1 809 909 7456
Autour de 100 US$ la chambre pour 2 personnes, petit déjeuner inclus.

Une adresse méconnue qui mérite le détour. Dans un cadre verdoyant et fleuri (le Rio Nizaito coule tout près !), on vous accueille avec un authentique sourire. Sur place, huit chambres spacieuses décorées avec des éléments de la région (clim, balcon, grandes salles de bains, jardin tropical et hamacs. Le restaurant, traversé par la rivière, est sublime, tout comme la piscine d'eau de source. Les produits sont locaux ; les légumes et les fruits viennent du potager et de la ferme des propriétaires. Point de départ pour de nombreuses excursions à pied ou à cheval.

LOS PATOS ★★

Ce *balneario* se trouve à 40 km de Barahona. L'endroit présente une particularité géographique curieuse : un fleuve y prend sa source et se jette dans la mer 200 mètres plus loin, créant une immense et magnifique piscine naturelle d'une eau translucide. Le *balneario* de Los Patos (*les canards* en espagnol) est célèbre dans toute la région et bien aménagé. De nombreux Dominicains y font une trempette dominicale au son du merengue distillé par les buvettes voisines. De petits restaurants au bord de la rivière permettent en prime de déguster une cuisine caribéenne dépaysante à base de poisson ou bien de poulet dans une ambiance *muy* locale.

RANCHO PLATON €€

A 7 km de la plage, en pleine forêt
+1 809 383 1836
www.ranchoplaton.com
En haute saison, 270 US$ pour une double avec petit déjeuner. Pack pour toutes les activités à 45 US$, pas de wifi.

On atteint cette superbe propriété isolée en pleine forêt en 4x4 (on vient vous chercher à Paraiso). Sur place, 9 chalets tout confort en bois avec salle de bains, clim et ventilo. Piscine avec toboggan et restaurant au cadre boisé. Notre coup de cœur : les deux chambres au sommet de l'arbre-maison, construites au milieu des branches, avec un balcon qui offre une splendide vue sur la nature intacte et la rivière. Le Rancho propose des itinéraires de randonnées à pied, des balades en camion safari, la location de chevaux ou de quads, et du canyoning... Excellent !

HOTEL VISTA SUR €

Carretera Barahona-Enrriquillo
+1 809 802 7380
A partir de 40 US$ la chambre double, sans petit déjeuner.

Face à la mer, cet hôtel récent possède une quinzaine de chambres très propres avec balcon. On le reconnaitra facilement avec sa façade jaune pâle et ses balcons aux vitres bleu azur. Le confort proposé est assez rudimentaire, mais il y a tout de même un petit réfrigérateur, la climatisation et de l'eau chaude. Pas de petit déjeuner non plus, mais un service de café, et une cafétéria de plage juste à côté qui propose de petits en-cas pour un prix modique. Terrasse sur le toit. Le lieu est tenu par une sympathique famille dominicaine.

HOTEL PIRATAS DEL CARIBE €€€

1 Calle Arzobispo Nouel +1 809 243 1140
www.hotelpiratasdelcaribe.com
De 120 US$ à 180 US$ la chambre selon la saison avec petit déjeuner.

Cette villa luxueuse de type créole ne comprend que quatre suites, très belles et spacieuses, chacune avec une terrasse de 40 m². Climatisation. Jolie décoration de style colonial. Toutes ont leur propre escalier ainsi qu'une entrée indépendante. Situé sur le Malecón de Paraíso, face à la mer des Caraïbes, l'hôtel possède une piscine au beau milieu du jardin tropical. Bar, restaurant, rien ne manque pour un confort maximum. Nombreux services sur demande (navette aéroport, massages, garde d'enfant ou encore location de voiture).

PARQUE NACIONAL DE JARAGUA ★★

A l'extrême sud-ouest du pays, en lisière de la frontière haïtienne, le Parc national de Jaragua est l'endroit rêvé pour faire de l'écotourisme hors des sentiers battus (attention route dangereuse !). Le parc est très riche en sites archéologiques précolombiens, le plus ancien datant de 2 590 avant J.-C. La faune y est aussi abondante avec plus de 130 espèces d'oiseaux (dont 10 espèces endémiques) et une réserve rare de *solenodontes* et de *jutías*, deux espèces terrestres menacées. Pour profiter au mieux de ce trésor naturel, mieux vaut passer par un guide agréé, sinon vous risquez de passer à côté de la Lagune d'Oviedo et de la Bahía de Las Águilas.

ENRIQUILLO ★★

La route du sud traverse ce petit village plus développé que les autres (vous pouvez voir les canaux d'irrigation réalisés sous la présidence de Balaguer), assoupi au bord d'une mer turquoise ourlée d'une côte rocheuse découpée, au sud-ouest du pays. Les points de vue sur la mer sont exceptionnels. Cette dernière est parfois forte et moutonne. Les quelques hôtels locaux construits au bord de la route vous offriront un confort sommaire. On y entend le murmure des remous, la nuit, et le bruit des voitures, au petit jour. La somptueuse laguna de Oviedo, située dans le Parque Nacional Jaragua, n'est plus qu'à 30 minutes de voiture en direction du sud.

BAHÍA DE LAS ÁGUILAS ★★★

Magnifique et totalement vierge sur 9 km. On peut l'atteindre en 4x4, au terme d'une piste caillouteuse en piètre état, en barque ou en marchant (1h). La poignée de pêcheurs du hameau de Las Cuevas vit dans des grottes creusées le long des parois rocheuses ou dans des cases en tôle. La pêche, notamment à la langouste et au lambi, est l'unique ressource du coin. Les rares visiteurs sont bien accueillis et se verront proposer de merveilleux coquillages nettoyés et vernis. On peut aussi louer les services d'un pêcheur pour se balader ou pêcher. Parfois, un iguane ou deux, énormes, viennent vous saluer, mais ils sont peureux. Gardez vos distances !

LAGUNA DE OVIEDO ★★

Entrée dans le parc 100 $. De 7h à 16h. Balade avec guide en barque motorisée 3 000 $.

Observez les plus beaux oiseaux aquatiques de République dominicaine ! C'est la plus grande lagune d'eaux salées du pays, elle se compose de plus de 40 îles, habitée par des hérons, des sternes, des spatules dorées, des frégates, des aigrettes, des pélicans, sans oublier des flamants roses, mais aussi des iguanes, des rhinocéros et même des alligators. Vous pouvez vous balader dans le désert de sel. De son mirador, ne manquez pas la vue panoramique éblouissante sur la lagune, encerclée d'un côté par la mer des Caraïbes, et de l'autre par la Sierra de Bahoruco.

GLAMPING CUEVA DE LAS ÁGUILAS €€

La Cueva de los Pescadores, Cabo Rojo
✆ +1 849 259 0926
cuevadelasaguilasrd.com
A partir de 3 000 $ pour 2 la nuit en tente aménagée, avec petit déjeuner.
Excursion baie de las Aguilas 5 500 $ pour 2.

Dormir sur la plage avec un minimum de confort, c'est ce que propose ce glamping écolodge installé sur le sable (lits, électricité et ventilo dans les 36 tentes). Salle de bains commune. Le panorama est à couper le souffle, la mer turquoise en toile de fond. Le resto de l'écolodge, agencé sous une vaste paillote, est bien appréciable. Excursions vers la baie de las Aguilas (ou compter 45 min à pied et 150 $ l'entrée) et plongée à réserver depuis l'écolodge. En un mot : paradisiaque !

SUD-OUEST

ISLA BEATA

Cette île déserte était jadis le refuge du légendaire pirate Cofresi. On raconte qu'il y aurait enfoui un trésor qui n'a pas encore été découvert. Isla Beata sert aujourd'hui d'abri à une race d'iguanes protégée. C'est aussi une zone de pêche occupée par quelques baraques de pêcheurs occasionnellement habitées. On y accède exclusivement en *lancha* au départ de Cueva del Cabo. C'est Christophe Colomb en personne qui fit la découverte de l'île en 1494. Une poignée de bâtiments en ruine témoignent par ailleurs de l'existence d'une ancienne prison qui fonctionna sous la dictature de Rafael Trujillo. L'île est gérée par le Parc national de Jaragua.

ECO DEL MAR €€€

Playa de la Cueva
✆ +1 829 576 7740
ecodelmar.com.do
Eco-Resort en tentes Touareg, Safari et cabanes en bois. Entre 100 et 300 US$ avec petit-déjeuner.

Pour un séjour les pieds dans le sable, face à une mer au somptueux dégradé de bleu, jetez votre dévolu sur cet écolodge posé dans un petit coin de paradis. On peut choisir de dormir en tente, de séjourner dans de confortables tentes « safari » montées sur pilotis ou encore de passer la nuit dans une jolie cabane en bois. Vous pourrez organiser vos excursions dans la splendide baie des Aguilas directement depuis l'écolodge. Une option à envisager si l'on cherche à vivre une expérience atypique dans un lieu isolé et très calme.

RANCHO TIPICO CUEVA DE LA AGUILAS €

✆ +1 849 259 0926
cuevadelasaguilasrd.com

Repas autour de 1 000 $. Ouvert tous les jours de 9h30 à 20h. Glamping à partir d'environ 3 000 $.

Un établissement qui se mérite car la route est mauvaise pour y arriver, mais vous serez récompensé de vos efforts par le cadre idyllique qui vous accueille ! Vous pourrez goûter un *bahia fongo* (purée de mangue avec du poisson, la spécialité locale) ou un *filete de meru*. De larges paillotes sont installées pour vous permettre de manger les pieds dans l'eau. Les employés vous emmènent et viennent vous rechercher en *lancha*. Vous pouvez aussi y faire du *glamping* (en tentes aménagées) !

PEDERNALES

A 335 km de Santo Domingo, à la frontière haïtienne, ce gros village au charme tropical distille une ambiance du bout du monde. Ici, les champs de café succèdent aux champs de coton, longés par une route déserte où l'on croise plus de vaches et de chevaux, de mulets, de chèvres et d'ânes que de voitures. Le moins que l'on puisse en dire, c'est que les rencontres y sont plutôt rares ! On en fera vite le tour, donc. Mais le village est un bon point de départ pour accéder aux hautes montagnes de la Sierra de Bahoruco. A Cabo Rojo, une communauté de marins s'est spécialisée dans les excursions jusqu'à la Bahia de Las Aguilas, la plus belle plage du pays !

CABO ROJO

Bout de plage isolé près de la frontière. On y accède en 4x4 par une piste qui longe l'aérodrome abandonné, construit par les gringos près de la mine de bauxite qui rougit la terre des environs. Au bout de la route, une mince frange de sable blanc borde la mer transparente. Lieu privilégié et magique : la frange côtière derrière la lagune d'Oviedo, aux eaux aux reflets d'argent. C'est là que les grandes tortues de mer viennent pondre et enfouir leurs œufs. Les oiseaux y sont nombreux, dont certaines espèces rares. On y trouve un immense cimetière de coquillages, principalement des lambis, à la taille impressionnante. Un lieu d'une rare beauté.

HOSTAL DONA CHAVA €

5 Calle Secunda, barrio Alcoa
✆ +1 809 524 0332
www.donachava.com

Chambres autour de 35/40 US$.
Wifi et petit déjeuner inclus.

Dans le centre de Pedernales, à 15 minutes à pied de la plage, cet hôtel familial au charme rustique et tropical propose une vingtaine de chambres avec ventilateur ou air conditionné. Il se situe dans une maison à la façade en partie couverte par un énorme bougainvillier rose. Décoration colorée et boisée très sympa dans les espaces communs et les chambres. Petite cour végétalisée à souhait ! Un restaurant et également un service d'excursion pour ceux qui veulent connaître la région ou traverser la frontière. Gare aux moustiques !

Bahia de Las Aguilas.

HOYO DE PELEMPITO ★★

Dans le Parque Nacional Sierra de Bahoruco, à 30 km de Pedernales, le « trou » de Pelempito est une dépression géologique intra-montagnarde enclavée dans une région sauvage à la faune et à la flore éminemment riches. Elle serait née de l'effondrement d'un gigantesque banc de corail et de la convergence de plaques tectoniques. Accidentée et montagneuse, cette région à l'orographie unique s'étend jusqu'en Haïti.

L'Hoyo de Pelempito est un refuge pour bon nombre d'espèces endémiques, dont 19 espèces d'oiseaux qui se démarquent parmi une avifaune composée d'une cinquantaine d'espèces. C'est d'ailleurs l'une des zones géographiques affichant la plus grande biodiversité en République dominicaine. Plusieurs espèces en voie d'extinction, comme le solénodon (un petit mammifère venimeux), l'iguane de Ricord, l'iguane rhinocéros et le hutia (un rongeur) y ont trouvé refuge. Les orchidées sont les espèces végétales les plus abondantes, dont 10 % d'espèces endémiques.

L'accès au site est relativement difficile (4x4 nécessaire pour les 7 derniers kilomètres !) et une partie de l'itinéraire doit s'effectuer à pied (n'oubliez pas de prévoir de l'eau). La route poussiéreuse couleur rouille, revêtue de bauxite et typique de la région du Cabo Rojo, reliant Pedernales au parc de la Sierra de Bahoruco, déroule de singuliers panoramas hérissés de forêts de pins, uniques dans le pays. Juché à 1 165 mètres d'altitude, un centre d'accueil reçoit les visiteurs, délivrant au passage une vue imprenable sur le parc de la Sierra de Bahoruco.

HOTEL EL PEDERNAL (FUNDACIPE) €

A proximité du port
✆ +1 809 524 0298
Autour de 1 300 $ la chambre double.

Tout près de la frontière et à quelques pas du port, voici un petit hôtel de facture récente qui conviendra aux visiteurs à la recherche d'une adresse économique. Il offre une quinzaine de chambres assez spacieuses distribuées autour d'une cour centrale (climatisation et eau chaude). Egalement un restaurant sans prétention sur place. N'hésitez pas à voir plusieurs chambres avant de choisir, car elles ne sont pas toutes égales. Jardin et WiFi dans les zones communes.

HOTEL MARY FEDERAL €

Avenida Libertad
✆ +1 829 982 1233
Autour de 2 850 $ la nuit.
Au resto, compter entre 250 et 350 $.

Dans le centre du village, sur l'avenue principale, cet hôtel économique dispose d'une vingtaine de chambres à la décoration minimaliste aménagées avec de solides lits en bois. Les chambres sont équipées de la climatisation ou d'un ventilateur, ainsi que de la télévision. Wifi dans tout l'hôtel. Le lieu est aussi un *comedor* typique où la maîtresse des lieux vous concoctera une bonne et copieuse cuisine locale, du poisson, parfois de la langouste à des prix très raisonnables. Terrasse aménagée au rez-de-chaussée de la maison.

HOTEL VILLAS DEL MAR €€

2 Calle Cacique Enriquillo
✆ +1 809 524 0448
Chambre double autour de 1 700 $.

Relaxant et tranquille, avec jardin, piscine et hamacs, ce petit établissement d'une vingtaine de chambres est une option intéressante pour tous ceux qui désirent séjourner à Perdernales avec un minimum de confort sans pour autant casser leur tirelire. Ce n'est pas le grand luxe, les chambres et les parties communes manquent de charme, mais le confort offert est suffisant. Petit déjeuner buffet et cuisine dominicaine correcte servis dans le restaurant de l'hôtel. Pas de WiFi dans les chambres, mais uniquement à la réception.

VISTA DE ÁGUILAS ECOLODGE €€

17 Calle 16 De Agosto - Las Flores
✆ +1 809 753 8058
vistadeaguilasecolodgerd.com
Autour de 90 US$ la chambre double.

Trônant dans un coin reculé, face à la mer des Caraïbes, ce joli écolodge propose une quinzaine de chambres très bien tenues (de 2 à 4 personnes), toutes équipées d'une salle de bains privée, d'une télé, de l'air conditionné et d'un minibar. L'hôtel lui-même dispose d'une piscine extérieure, d'une piscine couverte, d'un espace massage et d'un restaurant. C'est sans conteste l'une des meilleures options dans les environs, même si les tarifs ont quelque peu augmenté ces dernières années.

RESTAURANT JALICAR €

10 Calle Libertad
✆ +1 809 524 0350
Plats à partir d'environ 200 $.
Ouvert tous les jours de 8h à 23h.

Dans une maison créole à la façade verte et au bas plafond, sur l'avenida Libertad, à l'entrée de la ville, le restaurant Jalicar est une référence à Pedernales. Le cadre est sans prétention, on mange sur des chaises en plastique, mais les plantes et les rideaux rouges sont là pour réchauffer l'atmosphère. On y mitonne une cuisine typiquement caribéenne faisant la part belle aux produits de la mer, le tout accompagné d'un service sympathique. En semaine, le même menu est servi tous les jours. Bon rapport qualité-prix à signaler.

KING CRAB €€

Calle General Fernando Domínguez
✆ +1 809 524 0377
Ouvert tous les jours de 12h à 23h.
Compter entre 350 $ et 800 $.

A 5 minutes de la plage, à l'ouest du *malecón*. Un des restaurants les plus connus du coin. On y déguste des spécialités à base de poissons, de fruits de mer, de langouste et de crabe dans un cadre agréable. La terrasse, aménagée avec des tables et des chaises en bois, plantée sous une pergola, est entourée d'une dense végétation. Derrière les fourneaux s'échafaude une cuisine simple, locale et fraîchement préparée. L'ambiance familiale se veut décontractée. Accueil et service efficaces. Attention, pas mal de moustiques le soir !

BUCEO PEDERNALES

Scuba Diving Buceo Pedernales
✆ +1 829 635 8201
buceopedernales.com
A partir de 45 US$ la plongée, 65 US$ avec équipement complet.

Avec pas moins de 8 sites de plongée dans les alentours, le village de Pedernales est l'un des principaux spots du pays pour faire de la plongée et découvrir les fonds marins dominicains, particulièrement riches dans la région, qui préservent des coraux intacts et une faune abondante, dont bon nombre de tortues de mer. Monté par un couple d'Italiens, ce centre de plongée certifié ESA vous emmène explorer les trésors sous-marins du parc national de Jaragua et de la côte sud-ouest. Une expérience inoubliable (adapté à tous les niveaux).

Pedernales.

CÔTE NORD

C'est le paradis des surfeurs et des amoureux des plages de sable fin, entre mer et cocotiers... L'océan Atlantique baigne la côte nord, à l'ouest de laquelle se trouve la petite péninsule sur laquelle fut construit en 1540 le château San Felipe, tandis qu'à l'est s'étend Long Beach, magnifique plage de sable doré, tout récemment aménagée.

Une résine fossile, l'ambre, sécrétée par les pins du Miocène, a fait de cette région un lieu particulier, aujourd'hui connue sous le nom de côte de l'Ambre, car elle abrite l'un des plus grands gisements du monde. La canne à sucre, importée sur l'île par Christophe Colomb, fut semée pour la première fois en 1493. Dans la province de Puerto Plata, on produit et exporte du café, du cacao, du tabac, du sucre et de la viande. On produit également des liqueurs et des laitages et l'on y travaille le cuir et la peau. Toutefois, la majeure partie de la population se consacre à la pêche.

Côte Nord
Carretera principal
Carretera secundaria
Carretera importante
Límite estatal y territoiral
Límite regional
Ville
20 KM
OCÉANO ATLÁNTICO
Parque Nacional Histórico La Isabela
Bahía de Luperón
Punta Patilla
Parque Nacional Santuario de mamíferos (Banco de la Plata)
Bahía de Maimón
SAN FERNANDO DE MONTECRISTI
LA ISABELA
LUPERÓN
PUERTO PLATA
PLAYA ENCUENTRO
KITE BEACH
COFRESÍ
PLAYA DORADA
COSTAMBAR
CABARETE
COSTA DORADA
SOSÚA
PUERTO PLATA
PUNTA RUCIA
Villa Isabela
Estero Hondo
Belloso
Laguna de Mangu
Yaque del Norte
Parque Nacional Montecristi
Villa Vásquez
Castañuelas
PEPILLO SALCEDO
Las Matas de Santa Cruz
Guayubín
Villa Elisa
Hatillo Palma
La Caya
Los Hidalgos
Imbert
Guananico
Villa Montellano
Parque Nacional El Choco
Sabana de Yásica
PLAYA GRANDE
Parque Nacional Cabo Francés Viejo
Punta Sabaneta
CABRERA
RÍO SAN JUAN
Veragua
Gaspar Hernández
PLAYA MAGANTE
Parque Nacional La Gran Laguna o Perucho
La Entrada
Punta Laguna Grande
El Juncal
Payita
Joba Arriba
Jablón
Altamira
Maizal
Jicomé
El Limón
Pedro García
Jamao al Norte
ESPAILLAT
Presa de Chacuey
MONTECRISTI
Presa de Maguaca
Cana Chapetón
Laguna Salada
Navarrete
DAJABÓN
Jablón de Pueblo Nuevo
Mao
Esperanza
Amina
Palmar Arriba
Villa González
HAITÍ
Partido
SABANETA
VALVERDE
Tamboril
Blanco Arriba
DAJABÓN
El Pino
La Canela
HERMANAS MIRABAL
MARÍA TRINIDAD SANCHEZ
SANTIAGO RODRÍGUEZ
SANTIAGO
Licey al Medio
Moca
SALCEDO
NAGUA
Loma de Cabrera
Los Almácigos
Monción
Presa de Mao
El Rubio
Parque Nacional Histórico La Vega Vieja
Río Verde Arriba
El Factor
Restauración
SAN JOSÉ DE LAS MATAS
Jánico
Sabana Iglesia
SAN FRANCISCO DE MACORÍS
Villa Tapia
Parque Nacional
Parque Nacional J. Armando Bermúdez
Nalga de Maco
SANTIAGO
Presa de Bao
Presa de Tavera
El Pozo
Río Limpio
Castillo
Cenoví
DUARTE
Juncalto
Villa Riva
CORDILLERA CENTRAL
Presa de Bejucal
Hostos
Arenoso
Ranchito
ELÍAS PIÑA
Parque Nacional José del Carmen Ramírez
LA VEGA
Angelina
Agua Santa del Yuna
Jima Abajo
La Bija
JARABACOA
Fantino
La Mata
Guaraguao
Pedro Santana

PAGES

SOSÚA ★

A 240 km de Santo Domingo. Le village de Sosúa est à 16 km à l'est de Puerto Plata. La route qui sépare les deux localités n'est qu'un long couloir vert entre les champs de canne à sucre. En 1982, l'inauguration de l'aéroport de Luperón à Puerto Plata a posé la première pierre du temple du tourisme. Sosúa (qui se compose de deux localités situées chacune à une des extrémités de son immense anse aux eaux turquoise : Los Charamicos et El Batey.) est un centre touristique très populaire, souvent surpeuplé, où l'on se dissout dans le farniente, le bronzage et les fêtes à gogo. Les plages, les bars, les restaurants, les hôtels et les discothèques ne désemplissent pas. La gaieté bon enfant a cédé la place au harcèlement permanent et à la prostitution, et l'espagnol s'entend beaucoup moins que l'anglais ou l'allemand. On y mange hamburgers et club sandwichs, on y compte en dollars, mais on y danse toujours le merengue. Sur ce point, les Dominicains ne transigent pas. Vous l'aurez compris Sosúa est un peu trop touristique, et c'est dommage, car les plages y sont magnifiques.

Depuis peu, le gouvernement tente de changer la donne. En investissant notamment dans l'art pour positionner la station comme un paradis maritime multiculturel. A voir ce que l'avenir lui réserve.

▸ **Conseil lecture** : *Les Déracinés* de Catherine Bardon. Succès de librairie en 2018, cette saga raconte la fondation d'une colonie juive à Sosúa juste avant la Seconde Guerre mondiale.

CASA DE ARTE ★

Pedro Clisante

✆ +1 809 571 2442

Ouvert du lundi au vendredi de 10h à 18h, le samedi de 9h à midi, fermé le dimanche.

C'est chose faite, Sosúa possède enfin son centre d'art. Dans un souci de développer un tourisme multiculturel, le gouvernement et la ville de Sosúa ont inauguré en 2013 ce centre pluridisciplinaire. Les expositions changent régulièrement et mettent en avant les artistes contemporains dominicains.Le centre d'art annonce régulièrement les expositions et événements sur sa page Facebook, n'hésitez pas à la consulter. C'est aussi dans ce lieu que sont organisés des événements artistiques comme la journée de l'art ou de la danse.

EL MUNDO KING ★

Calle Libre

✆ +1 809 972 2057

www.instagram.com/castillomundo

Ouvert tous les jours de 9h à 20h. 300 $.

Impossible de manquer ce château, dont la construction a pris plus de 20 ans (elle n'est d'ailleurs pas tout à fait terminée), à l'architecture au croisement du Moyen Âge et de la fantaisie de son auteur. Mundo King abrite environ 800 pièces d'art : monumentales sculptures de granit et de bois plutôt inquiétantes, peintures mélangeant des éléments religieux avec des dinosaures et autres scènes apocalyptiques, le tout sur plusieurs étages. À noter : la crypte, absolument pas éclairée... frissons assurés ! Une expérience intense qui ne laisse pas indifférent.

MORINGAIA ★★

✆ +1 809 571 0640

www.moringaia.com

Ouvert en semaine de 8h à 16h.

L'initiative a débuté en 2013, lorsque Ben-Yam Barshi et son équipe se rendent dans la zone frontalière sud entre Haïti et la République dominicaine pour participer à un projet de reboisement. Ils s'aperçoivent alors que la *Moringa Oleifera* prospère ici, et que sa culture raisonnée pourrait se transformer en précieux atout pour lutter contre la malnutrition et les maladies de peau, et même se convertir en une opportunité de développement économique, en plus de participer à la reforestation de la zone. En effet, l'huile extraite des graines de moringa (ultra-riches en Oméga 9 et vitamine E) a de nombreuses propriétés, principalement en termes de traitement des affections cutanées (guérison des blessures, réduction des cicatrices, soin de diverses infections, coupures, brûlures, éruptions cutanées et problèmes fongiques, etc.). En travaillant main dans la main avec les producteurs locaux et après avoir mis sur pied une petite fabrique d'extraction d'huile, la société Moringaia voit le jour en 2015, élaborant toute une gamme de produits de très bonne qualité à base de moringa sous forme de baumes, huiles et savons. Il est possible de visiter les champs de culture de moringa, mais aussi la fabrique d'huile, et de terminer par un petit tour dans la boutique (dont on retrouve les produits dans de nombreuses boutiques de luxe de l'île, de quoi rapporter de beaux souvenirs ou cadeaux de votre voyage en République dominicaine). Pour ce faire, n'hésitez pas à contacter Ben-Yam. Une visite instructive.

MUSEO JUDIO DE SOSÚA ★★

Calle Alejo Martínez (angle de Calle Rosen)
✆ +1 809 571 1386
Ouvert du lundi au vendredi de 9h à 13h et de 14h à 16h. Compter 75 $ l'entrée.

Ce petit musée est né de l'initiative des fondateurs de la localité et de leurs descendants, à l'occasion du cinquantième anniversaire de la création de Sosúa. Il retrace l'épopée des premiers colons juifs, depuis la signature des accords d'Evian, l'organisation d'une vie collective, jusqu'à la prospérité du village. L'exposition est un témoignage unique de cette période ; elle se compose de vieilles photos d'époque, de documents et d'objets utilitaires ou personnels. Le musée est en perpétuelle évolution, car chacun l'enrichit par ses dons personnels.

PLAYA CHIQUITA

Plantée de palmiers, cette plage charmante est encadrée de deux barrières rocheuses. On y perd vite pied et les vagues sont parfois grosses. Déconseillée pour les enfants ! La plage Chiquita est moins fréquentée, et donc plus calme, que la plage principale. Les bars de plage de l'hôtel Casa Marina sont là pour étancher toutes les soifs et les petits appétits en proposant quelques denrées à grignoter. De nombreuses activités nautiques sont proposées, à commencer par le surf l'activité phare. Attention, ici le soleil tape fort, protégez-vous.

PLAYA DE SOSÚA

Elle divise la localité en deux parties : à l'ouest, le village dominicain de Los Charamicos, et à l'est, El Batey, plus développé touristiquement. Le sable est très blanc et l'eau incroyablement cristalline. Magnifique panoramique de la baie. Mais la plage est beaucoup trop peuplée d'adeptes du bronzage intensif et de sports nautiques… Difficile d'échapper aux sollicitations de toutes sortes. Il faut attendre 17h pour que le lieu retrouve son aspect paisible. Les volutes roses et orange du coucher de soleil sont alors le plus beau des spectacles.

DON ANDRES €

6 Calle Alejo Martínez
✆ 1 80 9571 3140
www.hoteldonandres.com
Compter 50 US$ pour un studio et 80 US$ l'appartement pour 4 personnes. Petit déjeuner non compris. Wifi.

Cet hôtel tenu par des Hollandais est très central et proche de la plage. Il propose onze appartements de deux chambres avec cuisine et climatisation, et 4 studios avec réfrigérateur et climatisation. Tous les logements disposent d'un mini coffre-fort. La petite piscine, agrémentée de chaises longues, manque d'espace, mais la Playa Chiquita est tout près. Tous les vendredis, un barbecue géant vous attend. Accueil souriant et disponible des propriétaires. Un excellent rapport qualité-prix pour des logements offrant un séjour tout en indépendance.

TROPIX HOTEL €

7 Camino del Libre
✆ +1 809 571 2291
www.tropixhotel.com
Selon la saison, compter 35/45 US$ pour une chambre simple, 40/50 US$ la double.

L'une des rares options petit budget de Sosúa, notamment pour les groupes. Les chambres et appartements sont disposés autour d'une piscine et de son grand jardin tropical. Les chambres sont simples, mais propres et accueillantes avec toutes leurs couleurs. Une cuisine commune est à disposition (avec du café en libre-service, un très bon point pour ceux qui ont besoin de leur dose de caféine quotidienne), pratique quand le plus grand supermarché de la ville se trouve à 2 min à pied. Enfin, on aime se relaxer dans les hamacs à l'ombre du grand manguier.

CASA MARINA REEF €€

Calle Alejo Martínez
✆ +1 809 571 3535
www.casamarinabeachhotel.com
Compter de 100 US$ à 130 US$ la chambre double en formule tout-inclus selon la saison.

Ce complexe hôtelier (deux hôtels en un), donne directement sur une plage privée, une oasis de calme au sein du village. Les 350 chambres de Casa Marina Beach et les 378 du Casa Marina Reef sont confortables avec terrasse, télévision, téléphone, air conditionné. Les piscines et trois bains bouillonnants dominent la plage. Pratique la formule du tout inclus. Restaurants, bars, boutiques, discothèque, animation et agence de tourisme. Tous les services et de très nombreuses activités sur place. Ambiance familiale, internationale et conviviale, bien qu'impersonnelle.

HOTEL BOUTIQUE CASA VALERIA €€

28 Calle Dr Rosen
✆ +1 809 571 3565
www.hotelcasavaleria.com
Compter 70 US$ la double, petit déjeuner inclus. Promotions sur le site Internet.

Totalement rénové en 2015, ce boutique-hôtel est un vrai coup de cœur ! Chacune de sa vingtaine de chambres est décorée avec goût d'un mobilier moderne et élégant, et est équipée de la télévision, d'un ventilateur, d'un mini-bar, de l'air conditionné et d'un coffre-fort. Sans oublier de préciser que la literie est de qualité. Au centre du complexe se trouve un agréable patio ombragé avec une piscine. Un excellent bar-restaurant complète le tableau de cet hôtel de charme.

HOTEL EL RANCHO €€

36 Calle Dr. Rosen
✆ +1 809 571 4070
hotelelranchososua.com
A partir de 80 US$ la chambre double et 170 US$ le penthouse pour 4 personnes avec vue sur mer. Wifi.

On ne peut pas rater la façade rouge vif de cet édifice de deux étages situé sur le chemin de la plage Alicia. 21 chambres et appartements à la décoration tropicale originale avec balcon, télévision câblée, climatisation et coffre-fort. Une petite piscine avec transat, idéale pour se rafraîchir et profiter de l'extérieur, un restaurant et un gymnase complètent les installations. Un très bon rapport qualité/prix que les familles et les groupes apprécieront. L'accueil est ouvert en continu et l'équipe disponible pour que votre séjour se déroule à merveille.

NEW GARDEN €€

32 Calle Doctor Rosen
✆ +1 809 571 1557
www.hotelnewgardensosua.com
A partie de 90 US$ la chambre double.

Situé au cœur du village, c'est un édifice moderne de 40 chambres confortables avec climatisation, télévision, réfrigérateur, salle de bains élégante, Wi-Fi et parking privé. Vous aurez le choix entre lits simples ou doubles. Certaines chambres disposent d'une terrasse et donnent directement sur l'espace détente de l'établissement. En effet le New Garden ravira tous les clients grâce à son agréable piscine ombragée. Un bar et un restaurant de spécialités italiennes complètent l'offre de séjour. Accueil professionnel et souriant.

SOSUA BY THE SEA €€

Calle Bruno Phillips
✆ +1 809 571 3222
www.sosuabythesea.com
Chambre simple de 80 US$ à 110 US$, et chambre double de 120 US$ à 180 US$ avec petit déjeuner.

Fonctionnel et agréable, cet hôtel se trouve en bordure de la belle Playa Chiquita. Ses 89 chambres et appartements confortables surplombent la piscine pour certains. Elles disposent de la télévision, de lits *King size* à la literie confortable, d'un mini-frigo et du Wi-fi. Le restaurant de cuisine internationale est ouvert tous les jours. Pour les personnes désirant s'adonner à l'exploration des fonds marins, un club de plongée se trouve sur place. Accueil professionnel et disponible. Il est possible d'opter pour une formule tout inclus.

VICTORIAN HOUSE €€

1 Calle Alejo Martínez
✆ +1 809 571 4650
A partir de 70 US$ la chambre double.

Bien situé dans un coin calme, au bord de la plage, mais non loin du centre, le Victorian House partage avec le Bellamar Hotel les services de piscines et de restaurants. Cet ancien *resort* a un peu vielli mais offre toujours une vue impressionnante sur la baie de Sosúa. Les 80 chambres et appartements, dont trois magnifiques *penthouses*, sont décorées avec goût, bien équipées (télévision, literie de qualité, Wifi, air conditionné...), et possèdent pour certains une terrasse dominant la baie. Accueil professionnel et disponible.

CASA VEINTIUNO €€€

1 Calle Piano Reparto Tavares
✆ +1 829 342 8089
www.casaveintiuno.com
A partir de 180 US$ la nuit pour 2 personnes. Petit déjeuner inclus.

Un peu à l'écart du village, cette grande maison d'architecte abrite trois chambres d'hôtes élégantes, design et remplies de gadgets high-tech. On se sent vite comme chez soi en se baladant avec plaisir dans les différents espaces de la villa : salle commune lumineuse et lounge, terrasse-solarium pour bronzer, deux piscines pour se rafraîchir et un petit espace fitness pour garder la forme. Saskia et Marc sont aux petits soins pour leurs convives et assurent un service personnalisé haut de gamme. Un petit bijou de tranquillité.

SOSUA BAY RESORT €€€

1 Calle Alejo Martinez
✆ +1 809 571 4000
www.sosuabayresort.com

Selon le logement choisi, compter de 70 à 180 US$ par personne en formule tout-compris.

Cet hôtel domine la partie orientale de la baie de son architecture méditerranéenne. Construit à l'aplomb de la plage, il offre un peu moins de 200 chambres tout confort (air conditionné, TV, coffre-fort, terrasse) en formule tout-compris. On recommande les chambres avec vue somptueuse sur la mer. Un grand restaurant-buffet, trois restaurants à la carte (italien, mexicain et asiatique), des bars, de multiples activités sportives, deux piscines, un Spa, un club enfant, bref, idéal pour des vacances en famille. Le personnel francophone est particulièrement attentif.

ANDRES €

Plage de Sosua
✆ +1 809 571 3140
www.hoteldonandres.com

Ouvert tous les jours. Plats de poisson autour de 450 $, Mofongo entre 300 et 400 $.

Situé à l'extrêmité ouest de la plage, vous pourrez passer devant plusieurs fois sans le remarquer. Et quel dommage ! C'est un des seuls restaurants de la plage sans rabatteurs. Vu qu'il se situe du côté dominicain, il accueille essentiellement des familles dominicaines venues partager poissons et fruits de mer. Le restaurant n'a pas d'enseigne : il s'agit d'un immeuble blanc, avec une grande cuisine ouverte sur la plage, et quelques tables à l'extérieur. Ici, le poisson est roi, grillé ou frit, en Mofongo aux poulpes ou aux crevettes, ou encore en paëlla.

CAPTAIN BAILEE RESTAURANT €

Calle Dr Alejo Martinez
✆ +1 809 571 3085

Ouvert tous les jours de 8h à minuit. Compter entre 300 $ et 600 $ le plat.

Tex-mex, pizzas, grillades, spécialités dominicaines et internationales composent la carte de cette adorable paillote, protégée des gens qui passent, et au service sympathique. On apprécie s'installer à l'une des tables de la grande terrasse du Captain Bailee et de se désaltérer d'une boisson fraîche avant de passer au plat. Du lundi au samedi, on y sert un buffet dominicain le midi de type *self-service*. Un excellent rapport qualité/prix pour de savoureux moments.

BAIA LOUNGE €€

5 Calle Bruno Phillip
✆ +1 84 9816 2436

Ouvert tous les jours du petit déjeuner au dîner. Formule déjeuner de 250 à 500 $. Plats de 500 à 950 $.

Au sein du luxueux complexe immobilier Ocean Club, la Baia Lounge vous accueille entre la piscine et la mer, avec une vue à couper le souffle. Les spécialités méditerranéennes font honneur au poisson sous toutes ses formes : carpaccio, ceviche, sushi... Nous recommandons particulièrement le carpaccio de poulpe et conche à la mangue. Un délice. Possibilité de déjeuner au bord de la piscine, et même sur la plage. Une belle adresse, qui rappellerait plus Saint-Tropez ou Capri que Sosúa. Moment de luxe garanti et service sans conteste professionnel et soigné.

Survol de Sosua.

CASA VEINTIUNO €€

1 Calle Piano Reparto Tavares
✆ +1 829 342 8089
www.casaveintiuno.com

Comptez 1 500 $ par personne pour un repas complet. Ouvert du mercredi au dimanche de 18h à 22h. Chiens acceptés.

Charmant bar-restaurant en terrasse (dans le boutique-hôtel du même nom), autour d'une piscine, ambiance *lounge* et un peu à l'écart du centre-ville et de son agitation. La cuisine, d'inspiration méditerranéenne, est ouverte et vous pourrez voir en direct le chef confectionner votre plat : pâtes fraîches, poissons et surtout fruits de mer. Tout est frais ! On recommande le trio de thon et les raviolis ananas/crème brûlée en dessert, un régal. Accueil francophone. De janvier à mars un chef étranger, invité, cuisine des repas plus élaborés.

MOSHA'S REGGAE LOUNGE €€

Plage
✆ +1 809 571 1966

Ouvert tous les jours.
Autour de 500 $ la salade, 650 $ le jerk chicken.

Peut-être une des meilleures adresses de Sosúa, en tout cas la plus originale. Installé en bord de plage, à l'ombre d'une appréciable végétation, le Mosha's Reggae Lounge propose rien de moins qu'un voyage en Jamaïque. Tout y est : une ambiance relax, du bon reggae, une déco façon Kingston, un accueil chaleureux et surtout de l'excellente cuisine jamaïcaine, préparée avec amour et présentée avec soin. Assiettes végétariennes, jerk chicken, currys, poissons en sauces, à agrémenter de smoothies et autres jus tropicaux. One love.

OSTERIA TOSCANA €€

Pedro Clisante
✆ +1 82 9861 5670

Ouvert tous les jours de 11h à 23h.
Plats entre 400 $ et 850 $.

Sans aucun doute le meilleur restaurant italien de la région. Le cadre d'abord est agréable avec son petit patio ombragé à l'écart des foules touristiques. Ici, le poisson est à l'honneur ainsi que les spécialités toscanes : pâtes, pizzas, bonnes pièces de viande accompagnées de frites ou légumes... On recommande le poisson du jour (rôti) ainsi que les linguini à la langouste. Un vrai régal et des portions généreuses ! Le tout dans une ambiance chaleureuse et un service aux petits oignons. Certains soirs, le repas est accompagné de musique en *live*.

WATERFRONT RESTAURANT €€

1 Calle Doctor Rosen
✆ +1 809 571 3024 - www.playaalicia.com

Ouvert tous les jours de 8h à 22h.
Compter 1 000 $ à 1 500 $ le repas.

Situé au bout d'une impasse, ce restaurant offre une magnifique vue sur la playa Alicia, la mer et la montagne, et bénéficie d'un grand calme tout en étant très proche du centre-ville. Vous y mangerez une cuisine internationale et des fruits de mer, ainsi que quelques bons desserts, comme une part de gâteau au chocolat. Le Waterfront est idéal pour admirer le coucher de soleil en sirotant un cocktail. A noter : une bonne connexion Wifi et l'accès adapté aux personnes handicapées. Bonne ambiance et service souriant. Le tout à des prix abordables.

JOLLY ROGER BAR & GRILL

11 Calle Pedro Clisante
✆ +1 82 9299 0753
www.jollyrogersosua.com

Ouvert tous les jours de 10h à minuit et jusqu'à 3h le week-end. Compter 300 $ le hamburger et 200 $ la salade.

Bienvenue dans le repère de pirate du Jolly Roger ! Décoration travaillée pour ce bar-restaurant qui propose cocktails et un menu typique de pub (nachos, hamburgers, sandwichs, etc.). D'excellentes bières fraîches également. La semaine est rythmée par les très nombreux événements organisés par les propriétaires canadiens, Patty et Kelly : concours de fléchettes, bingo, marché aux puces, quiz... Une partie des fonds collectés lors de ces soirées est reversée à des œuvres caritatives locales. Ici, l'ambiance ne s'arrête jamais.

NORTHERN COAST DIVING

5,8 Calle Pedro Clisante
✆ +1 829 270 8783
www.northerncoastdiving.com

De 8h à 18h. Cours PADI open water (450 US$), plongée et apnée sur Puerto Plata, Sosua, Cabarete et Cabrera.

L'école de plongée la plus sérieuse de Sosua et sa région. Vous serez accueilli par Michael et son équipe de plongeurs internationaux (anglais, italien, américain, espagnol...). Tous types de formules sont proposés sur mesure, en fonction de votre niveau (d'un baptême au divemaster) autour des 20 sites de plongée de Sosua mais également à Cayo Arena (Punta Rucia). L'école est certifiée 5 star Padi. Fabuleuse expédition de plusieurs jours à Monte Christi, découverte d'un gigantesque site de plongée. Contactez-les pour plus d'information.

PLAYA ENCUENTRO

Cette plage est l'un des principaux spots de surf de la côte nord et des Antilles avec des rouleaux moyens de 2,50 m, mais pouvant aller jusqu'à 3,50 m. Ses vagues sont accessibles à tous les niveaux. D'ailleurs, toutes les écoles de surf donnent leurs cours en cet endroit (le petit centre accueillant les locaux des écoles et loueurs de matériel a été refait en 2018). Quelques hébergements non loin de la mer, et possibilité de louer du matériel sur la plage. En février, le Master of Ocean regroupe des compétitions de surf, kitesurf, windsurf et stand-up paddle, une bonne occasion de voir évoluer les meilleurs pratiquants de ces disciplines.

100% PAN

100 Calle los Cocos

Ouvert de 8h à 16h (sauf lun-mar).
Baguette 55 $. Pain au chocolat 150 $.
Pain à la banane 200 $.

100% Pan demeure incontestablement la meilleure boulangerie du coin. Sur place ou à emporter, on y sert de bons produits de boulangerie, fabriqués à base de produits locaux, sans additifs ni conservateurs. Parmi les produits phares : baguette, pain intégral, pain au chocolat, croissant, pain aux raisins, muffins, pain à la banane. Mais aussi des croissants garnis, sucrés ou salé, ou encore des empanadas. Egalement des boissons (café, thé, chocolat, jus de fruits...). Un endroit parfait pour prendre son petit déjeuner. Service aimable.

SURFBREAK CABARETE €€

Playa Encuentro ✆ +1 829 921 4080
www.surfbreakcabarete.com

Chambre double avec petit déjeuner 50 à 240 US$. Nombreuses formules (hébergement + surf, activités...) sont proposées.

Romario, Dominicain d'origine québécoise, a repris la maison d'hôte de sa grand-mère pour y créer une véritable retraite surf et yoga, en pleine nature, à quelques mètres de la plage d'Encuentro. Vous vous sentirez comme à la maison. Certaines chambres ont l'air conditionné, d'autres un ventilateur. Au programme : yoga studio, cours de surf et nombreuses activités dans la région (kayak, motocross, canyoning, balade à cheval, etc.). Romario est une mine d'informations sur Cabarete et se fera un plaisir de vous concocter un séjour sur mesure. Deux piscines sur place.

PAUHANA SURF SCHOOL AND BOARD RENTAL

Playa Encuentro
✆ +1 809 669 0811
www.pauhanasurfcamp.com

20 à 25 US$ location de planche 1 jour, de 55 à 70 US$ les 3 jours, de 125 à 150 US$ la semaine. Cours privé 45 US$.

A l'écart des autres écoles (sur la gauche quand vous arrivez sur la plage), Pauhana est installée ici depuis belle lurette. La jeune équipe de surfeurs et professeurs certifiés est amicale, et se fera un plaisir de vous initier ou de vous perfectionner à l'art délicat de la glisse. Possibilité d'être logé au Hook Cabarete B&B. Prenez contact avec l'équipe qui vous renseignera. Ambiance dynamique et accueil chaleureux. Progression en surf quel que soit votre niveau !

BONSAI POKE €

Calle los Cocos

Ouvert de 11h à 19h.
Compter 450-500 $ le poke bowl.

La ferveur du *poke bowl* s'est transportée jusqu'ici. Cette spécialité hawaïenne est principalement composée de cubes de poisson marinés dans une sauce à base de soja, présentés dans un bol garni de riz vinaigré et de légumes (avocat, tomates, carottes, edamame...). Les seules limites restent l'imagination. Le Bonsai Poke propose à la carte des versions avec thon et crevettes, mais aussi une version viande ou végétarienne. On adore aussi les *dumplings* à la carte, spécialité cette fois chinoise, faits d'une garniture entourée de pâte, le tout cuit à la vapeur.

WAVE SOUL

C. los Cocos, 130
✆ +1 809 880 0012
www.wavesoulretreats.com

Pack « kite & yoga » (7 nuits) : 1 500 US$.
Pack « surf & yoga » (7 nuits) : 1 300 US$.

Si le couple argentin formé par Juan et Agustina est installé à Cabarete depuis des années, ce n'est que depuis 2022 que leur club Wave Soul propose de véritables retraites combinant surf, kitesurf et yoga ! Autant dire une cure de jouvence... et d'adrénaline ! Pendant une semaine, les participants occupent leurs journées sur la plage d'Encuentro, bien au calme, dans une ambiance « comme à la maison ». Chambres avec AC ou ventilateur, jardin tropical doté d'une piscine pour se rafraîchir, bonne ambiance... Tout y est. N'oubliez pas votre produit anti-moustique !

KITE BEACH

Juste avant d'arriver à Cabarete, le bout ouest de la baie, Punta Goleta a été rebaptisée Kite Beach, avec la volonté bien claire d'établir une zone réservée aux *kiters*, afin que ceux-ci n'envahissent pas la plage des windsurfeurs. Jusqu'à la Playa Encuentro, le lieu est idéal pour ce sport grâce à la barrière de corail à 300 m de la plage et aux vents constants d'environ 17 à 25 nœuds soufflant de biais en venant de la mer. C'est là que se concentrent les écoles de kitesurf et les hôtels qui accueillent les adeptes de cette nouvelle glisse. Deux bars se partagent la vie nocturne ; pour plus d'animation, il faudra se rendre quelques kilomètres plus loin sur Cabarete.

KITE BEACH HOTEL €€

Carretera Principal
✆ +1 809 571 0878
www.kitebeachhotel.com
60 US$ la chambre double, 100 US$ le studio (2 personnes), 140 US$ l'appartement (3 personnes). Petit déjeuner inclus.

A la sortie du village en direction de Sosúa, les quatre petits édifices de trois niveaux de l'hôtel forment une allée jusqu'à la mer. Une quarantaine de chambres et suites fonctionnelles avec bain, télévision câblée, téléphone, balcon, ventilateur, et certaines avec air conditionné qui est fort agréable lorsque la température est élevée. Le Kite Beach Hôtel dispose également d'une petite piscine avec transats et d'un bar-restaurant sur la plage. Comme son nom le laissait supposer, vous y trouverez une école de kitesurf avec location de matériel.

GIPSY RANCH €

Calle Principal
✆ +1 809 907 9742
Compter 20 US$ par personne pour un lit et 45 US$ pour un studio avec kitchenette. Petit déjeuner 5 US$, repas 10 US$.

Plusieurs formules au choix au Gipsy Ranch : des chambres simples, des studios avec kitchenette, et une grande maison avec une cuisine équipée, une salle de bains et trois grandes chambres (capacité maximale de 12 personnes). Dans le jardin, il y a un coin barbecue pour les hôtes, une petite piscine et... des chiens, quelques poules et des lapins, suprenant au premier abord, mais l'on s'y fait rapidement et on apprécie la présence animale. Accueil familial, possibilité d'excursions à cheval (le nouveau ranch se situe en face sur la plage). Wifi.

KITE CLUB CAFE

Punta Goleta
✆ +1 829 678 6485
Ouvert tous les jours de 8h à 19/20h. Compter 500 $ le plat.

Dans ce petit jardin face à la mer, le Kite Club Café propose des petits déjeuners et une cuisine simple de type snack en journée (burgers, ***wraps***, ***tacos***) et de type indonésienne le soir. En effet, Wulan, indonésienne, est aux fourneaux et prépare des petits plats exquis. Installé au bord de la plage, savourant un brownie maison accompagné d'un smoothie bien frais, voilà un moment de détente assuré. Pour les plus fêtards, ne ratez pas les soirées *full moon* (chaque soir de pleine lune) où un grand feu est allumé sur la plage. Ambiance assurément chaleureuse.

EXTREME HOTEL €€

Carretera Sosua Cabarete 10.5 km
✆ +1 809 571 0330
www.extremehotels.com
Chambre (toutes les chambres ont deux lits doubles) 60 US$ la nuit avec un minimum de 2 nuits. 350 US$ la semaine.

L' Extreme hotel s'adresse aux voyageurs individuels sportifs. Il dispose d'un yoga loft (cours de yoga tous les matins), d'un véritable centre de cirque, d'une salle de fitness, d'une grande piscine et d'un centre de kitesurf. L'hôtel se veut aussi écoresponsable et fonctionne exclusivement à l'énergie solaire. A l'arrière, une ferme de permaculture permet de cultiver différents légumes et une quantité impressionnante de menthe qui sert au restaurant et au bar. Les 22 chambres, toutes identiques et sans charme particulier, sont situées dans l'immeuble principal.

KITE CLUB CABARETE

Punta Goleta
✆ +1 809 571 9748
www.kiteclubcabarete.com
Formule débutant de 3 jours (3h/jour) à partir de 495 US$, formule hebdomadaire à partir de 700 US$.

Après avoir baroudé les principaux spots de kitesurf dans le monde, John a décidé de quitter son Angleterre natale pour ouvrir cette école sur la plage de Kite Beach. Le Kite Club Cabarete est l'un des premiers clubs ouverts sur le continent américain, mais surtout le plus ancien de Cabarete, ce qui lui assure une légitimité et expérience certaines. Le club propose des cours pour tous les niveaux avec des instructeurs certifiés IKO (dont certains parlent le français), et la location de matériel agréé. Possibilité également de pratiquer le stand-up paddle.

CABARETE ★★★★

Le village de Cabarete a toujours été un petit village de pêcheurs, mais aujourd'hui, il est entièrement dédié au tourisme et s'articule de part et d'autre de la route Principale, en bordure de plage. Ses infrastructures touristiques se déploient de part et d'autre de la route qui longe la côte, rendue un peu dangereuse par la circulation incessante. Bénéficiant de vents forts et de vagues qui se font parfois impressionnantes, Cabarete est classé parmi les dix meilleurs spots du monde pour le windsurf et le kitesurf. Ici, peu de couleur locale, mais une vraie ambiance de fête à la fois sportive et internationale. Tout est possible sur ces quelque 3 km de plages de sable blond bordées de cocotiers : les activités et les possibilités d'hébergement foisonnent.

Pour vous repérer, sachez qu'ici on ne mélange pas les religions : la partie ouest de la plage, vers Punta Goleta est désormais appelée Kite Beach et est réservée... aux kitesurfeurs, tandis que la partie centrale reste le domaine des windsurfeurs.

Cabarete possède également son rythme de vie. Le matin est traditionnellement réservé à la pratique des sports terrestres (tennis, VTT...) ou de glisse qui ne nécessitent pas de vent (ski nautique, wake-board) ou encore à une grasse matinée de récupération après les fiestas nocturnes, tandis que l'après-midi est consacré aux activités aquatiques sur mer.

EL CHOCO NATIONAL PARK Y LAS CUEVAS ★★

Au centre de Cabarete,
prendre la Callejon de la Loma pendant 1 km.
✆ +1 809 984 9823
Visite des grottes tous les jours de 9h à 16h.
Entrée : 900 $.

L'excursion dure environ 2 heures et s'effectue à pied à travers la campagne et la forêt tropicale (prévoir de quoi boire). Vous découvrirez six grottes. Jadis, des Indiens troglodytes vivaient là. Une fois l'émotion passée, vous jetterez un coup d'œil sur quelques objets et céramiques taïnos exposés dans une grotte pompeusement appelée musée, visiterez une ferme dominicaine et ferez peut-être une halte baignade dans une rivière aux eaux fraîches ou dans une des grottes.

INSPIRE DR

Calle #1 Parque Nacional El Choco
✆ + 1 849 869 1980
https://inspiredr.org

Inspire DR est une école associative qui s'occupe de proposer des activités diverses et variées aux enfants locaux défavorisés. Ils ont ainsi accès à des cours d'informatique, de langue, de natation, de menuiserie... Grand avantage, les touristes sont invités à animer bénévolement les ateliers selon leurs compétences. Un système d'échange contre un logement temporaire et des heures dans le centre social peut aussi être envisagé ! Une belle initiative qui permet de rencontrer au plus près les locaux et de se rendre compte des enjeux sociaux.

FREDDY TOURS

Calle Principal
✆ +1 809 571 0829
Tarif : 70 US$ pour la « Paradise island », balade à cheval de 2h30 sur la plage à 45 US$.

Cette agence propose toutes sortes d'excursions dans les environs : à cheval, en quads, sorties de pêche en haute mer, rafting dans les montagnes, jeep-safari pour découvrir la campagne dominicaine. On peut également partir à la découverte de la côte sud (île de Saona) ou du centre historique de Santo Domingo (attention réveil matinal). N'hésitez pas à y passer, on vous concoctera des tours sur mesure ; vous indiquerez alors vos préférences et niveau sportif afin que la sortie soit la plus adaptée à votre profil et les souvenirs mémorables.

CARIBE SURF HOTEL €

Calle de la Punta
✆ +1 809 571 0788
La chambre double est à partir de 35 US$. Petit déjeuner 6 US$. Pour le studio compter de 50 US$ à 90 US$.

A 50 m de la plage, ce charmant petit hôtel se trouve dans un cadre verdoyant et tranquille. L'atmosphère est amicale, et les 20 chambres sont confortables et bien équipées (coffre-fort, terrasse, ventilateur). Un studio *penthouse* avec son immense terrasse et l'air conditionné domine l'édifice. On peut lézarder dans les chaises longues autour de la piscine et prendre un verre au bar-restaurant. L'hôtel organise des transferts à l'aéroport sur demande. Un séjour dans un cadre agréable et familial, le *must* pour les amoureux de la glisse qui aiment le calme...

EL CASTILLO €

Calle española

✆ + 1 849 330 6640

Dortoir 600 $. Chambre privée 1 200 $.

Pour les petits budgets et les voyageurs de style *backpacker*, voici une option d'hébergement de qualité. Cette auberge de jeunesse accueille les voyageurs dans des dortoirs de 6 à 9 personnes maximum, mais aussi dans des dortoirs réservés aux femmes pour plus d'intimité (jusqu'à 4 personnes). Egalement des chambres privées. Chaque résident a accès à des casiers pour ranger ses affaires en toute sécurité. El Castillo est équipé de ventilateurs et dispose d'un service de blanchisserie. Piscine, superbe ambiance, activités tous les jours et *pizza party* le mardi.

HOTEL ALEGRIA €

Callejon de los Perez

✆ +1 809 571 0455

www.hotel-alegria.com

De 40 à 65 US$ la chambre double.
Studio à partir de 55 US$, appartement (4 personnes) à partir de 95 US$.

14 logements (chambres, studios et appartements) pour ce petit hôtel familial installé sur la partie est du la plage de Cabarete. Certaines chambres disposent d'un balcon donnant sur l'océan et les studios et appartements sont spacieux et bien tenus. Le lieu est également équipé d'un roof-top avec bain à remous, deck d'observation et espace pour faire de l'exercice, ainsi que d'un agréable café-lounge ouvert pour le petit-déjeuner et le déjeuner, de 8h à 14h (fermé le mercredi). Une base arrière économique et confortable pour profiter des attraits de la plage.

HOTEL KAOBA €

Calle Principal

✆ +1 809 571 0300

www.kaoba.com

Compter de 30 US$ à 75 US$ pour la chambre double selon la saison. Pas de petit déjeuner. Clim en sus.

Trois catégories. Economique : 25 bungalows de style tropical dans la luxuriance d'un jardin accueillant. Chaque bungalow, avec salle de bains, terrasse, réfrigérateur, téléphone et coffre-fort, est assez grand pour trois personnes. Confort : 16 chambres et 15 studios (kitchenette et terrasse avec vue sur la lagune, télévision, accès Internet, coffre-fort). Luxe : 13 chambres avec balcon dans le bâtiment principal et donnant sur le jardin intérieur, air conditionné, télévision câblée, Wi-Fi, kitchenette. La piscine et la pataugeoire enfant sont au cœur du jardin.

EL MAGNIFICO €€

Calle del Cementario

✆ +1 809 571 0868

www.hotelmagnifico.com

Chambre double à partir de 60 US$, sans petit déjeuner. A partir de 150 US$ l'appartement de 2 chambres.

Des chambres de différentes capacités sont proposées au El Magnifico : du studio au *penthouse* en passant par des appartements de 2 et 3 chambres avec climatisation et terrasse ou balcon. La décoration de l'établissement et des logements est superbe, le jardin tropical invite à la méditation, et la piscine ainsi que les 2 bains bouillonnants sont très agréables. De quoi passer un bon séjour au calme, juste à côté de la plage et du centre-ville. L'établissement est tenu par Gérard, un Québécois francophone qui vous accueille avec le sourire.

FRONT LOOP CABARETE €€

Calle principal

✆ +1 809 571 0848

Connu aussi sous le nom « le Reef ».
Appartements de 2 à 4 personnes de 130 à 180 US$. Petit déjeuner non inclus.

Du mobilier aux lignes épurées, un confort chaleureux et familial, un espace pratique et des services à la demande vous feront passer un agréable séjour. Tous les appartements du Front Loop, sauf un, ont vue sur la mer. Vous profiterez également de la piscine à débordement avec bains à remous et d'aménagements bien étudiés pour les kitesurfeurs et les windsurfeurs. L'école Nathalie Simon et le Front Loop Café, qui appartiennent aux mêmes propriétaires, juste en-dessous du complexe, font partie des endroits incontournables de Cabarete.

HOOKED CABARETE SURF & KITE CAMP €€

Calle los Cocos, 120

✆ +1 809 935 9221

www.hookedcabarete.com

Appartements équipés de cuisine.
Occupation simple à 61 US$, double à 84 US$.

A deux pas de Playa Encuentro et à 5 km de Kite Beach, le Hooked Cabarete a bonne presse parmi les surfeurs et kitesurfeurs de Cabarete. Les appartements (1 à 4 pers.) sont fonctionnels et tout équipés : cuisine, eau potable, douche, wifi, terrasse privée avec hamac et climatisation en option. Accès au jardin doté d'une piscine, d'un barbecue, d'une plateforme dédiée au yoga et d'une *snack-line*. En plus des cours de surf et de kitesurf, le Hooked propose de très nombreuses activités.

NATURA CABANA €€

5 Paseo del Sol
✆ +1 809 571 1507
www.naturacabana.com
Compter 150 US$ pour une chambre simple, 220 US$ pour une double, et 300 US$ pour une triple, avec petit déjeuner.

Une adresse éco-tropicale discrète, située dans le complexe résidentiel de Perla Marina, entre Sosúa et Cabarete. La propriété donne directement sur la plage. Elle propose une douzaine de bungalows inspirés d'Asie Orientale, chacun richement décoré de meubles et éléments d'artisanat unique glanés aux quatre coins du monde par la propriétaire des lieux. Spa (bains de boue, sels marins, massages et piscine), temple de yoga, un jardin botanique et deux très bons restaurants le tout dans une ambiance à la fois intime et élégante.

VILLA TAÏNA €€

Calle Principal
✆ +1 809 571 0722
www.villataina.com
Chambre double de 90 à 189 US$ HT.
Petit déjeuner 8 $. Restaurant sur la plage ouvert au public.

Très bon rapport qualité/ prix pour cet hôtel familial, de taille humaine et extrêmement bien situé ! Disposant toutes d'un balcon, on préférera les chambres "oceanview" donnant sur la piscine et la mer, tant pour la vue que pour le calme. Les pieds dans le sable ou sur la terrasse, le bar-restaurant Serenade accueille toutes les faims dès midi (happy hours de 5 à 7). Centre de soins pour le corps et activités nautiques disponibles sur place. L'idéal pour profiter un maximum de votre séjour et des services que propose la ville !

VIVA WYNDHAM TANGERINE €€

Calle Principal
✆ +1 809 571 0402
A partir de 120 US$ par nuit et par chambre en formule tout inclus.

314 chambres et suites familiales, tout confort et bien équipées (dont certaines dotées de jolies touches colorées), vous plongent dans l'ambiance sportive et surf du Viva Wyndham Tangerine. En Formule « tout compris », vous disposez de trois restaurants (buffet, italien, mexicain), deux bars dont un ouvert 24h/24, d'une grande piscine (refaite à neuf en septembre 2022), et d'une panoplie d'activités pour un séjour réussi. On peut réserver tout type d'excursions au départ de l'hôtel. Pour une clientèle familiale ou sportive. Un must !

GREENLAND BUBBLE GLAMPING €€€

1 Calle El Tropezón
✆ +1 809 819 8195
www.greenlandbubble.com
Entre 260 et 340 US$ HT. Repas à 35 US$.

Fraîchement ouvert en janvier 2020, le Greenland Bubble Glamping propose 7 unités de bulles *glamping* de luxe disposées dans un cadre bucolique. Chaque bulle possède son propre petit jardin personnel, vous laissant alors l'intimité nécessaire. Vous profiterez du barbecue sur place et d'un petit déjeuner complet. Dans le domaine, on croise lapins, oies, canards, cochons, poules, iguanes, ânes et vaches, une vraie petite fermette de luxe. Réservez bien à l'avance !

ONE CLICK CABARETE €€

Calle principal ✆ +1 809 975 1510
www.oneclickcabarete.com
Location courte et longue durée.
Vente immobilière. Service francophone.

One Click, c'est LA bonne adresse pour qui cherche l'autonomie et l'intimité. L'agence, pilotée par Tamara, qui est francophone et d'origine française, dispose d'un catalogue de logements triés sur le volet. Sur la zone Cabarete et ses environs, on aura ainsi le choix parmi une sélection d'une trentaine d'appartements et de quelques villas. Tous les logements sont parfaitement équipés, disposant presque tous d'un accès piscine, d'une terrasse et d'un bon signal wifi. Idéal pour les longs séjours (ménage inclus). Capacité : 2 à 12 personnes.

CÔTE NORD

Plage de Cabarete.

MILLENNIUM RESORT AND SPA €€€

Calle principal
✆ +1 809 571 0407
www.millenniumcabarete.com
Studio de 120 à 150 US$, appartement 2/3 chambres de 300 à 650 US$, selon la saison et la vue. Deux nuits minimum.

Le Millennium Resort & Spa se situe à l'entrée de Cabarete. Le centre-ville et les commerces se trouvent à seulement 10 minutes à pied. Dans une architecture très moderne, l'établissement, tout de blanc vêtu, est sans aucun doute l'un des plus confortables de Cabarete. Mi-hôtel, mi-appartement de luxe, les 53 chambres réparties sur 4 étages sont particulièrement spacieuses et bien aménagées. Spa, petit gymnase, restaurant qui sert petit déjeuner et cuisine italienne, bar.

VELERO BEACH RESORT €€€

Calle La Punta
✆ +1 809 571 9727
www.velerobeach.com
De 100 à 170 US$ la chambre double et de 250 à 380 US$ la suite selon la saison. Petit déjeuner inclus.

Magnifique hôtel d'un luxe discret et de bon goût situé à la sortie est de Cabarete dans un coin calme. Les cinquante-huit chambres du Velero Beach Resort avec balcon ou terrasse ont toutes la vue sur l'océan et l'air conditionné. Les chambres confortables et bien équipées encadrent une charmante petite piscine à débordement face à la plage. Un équipement qui ravira tous les clients pour se détendre et se rafraîchir. Le bar-restaurant propose une cuisine dominicaine et internationale. Accueil professionnel et disponible. Agréable séjour en perspective.

L'AGENCE REAL ESTATE €€

Plaza Ocean Dream
✆ +1 809 571 09 99
www.agencerd.com
Ouvert du lundi au vendredi de 9h30 à 13h et de 14h à 17h30, le samedi matin de 9h30 à 12h.

Cette agence propose un très grand choix de logements de qualité au centre de la baie de Cabarete, dans des résidences caribéennes de bon standing : du simple studio au *penthouse* de 5 chambres en front de mer. Les propriétés sont toutes situées à proximité du village. En plus d'un service de location sur mesure, l'équipe de l'agence met tout en œuvre pour agrémenter votre séjour en offrant de nombreuses prestations (location de voiture, baby-sitting, chef cuisinier, massages…) ainsi qu'un large choix d'activités sportives et d'excursions.

ALMENDRA RESIDENCIAL €

26 Calle Bahia
✆ +1 829 930 6660
Entre 35 US$ et 45 US$ la chambre. Forfait à 500 US$ le mois.

Les chambres de l'Almendra Residencial sont d'un style moderne avec un bon mobilier et surtout très spacieuses. Elles sont équipées d'une terrasse ou d'un balcon, de la climatisation ou de ventilateurs. Vous vous trouvez ici dans le quartier Pro-Cab, calme, étendu et sécurisé à 10 minutes à pied de la plage et du centre. Vous disposerez d'une kitchenette équipée, de deux belles piscines pour vous détendre et vous rafraîchir, d'un grand bain à remous, et d'un parking. Accueil souriant, serviable et disponible. Un rapport qualité-prix très compétitif.

SEA HORSE RANCH €€€

Route 5, Carretera Principal
✆ +1 809 571 3880
https://sea-horse-ranch.com
120 maisons dans une résidence gérée par le Ranch. Entre 700 US$ et 1500 US$ (jusqu'à 10 personnes pour certaines).

Avec près de 250 hectares et différents types de villas de luxe, c'est l'endroit rêvé pour se retrouver en intimité ou entre amis. Toutes les villas sont différentes les unes des autres, et plus spectaculaires les unes que les autres ! En plus de la location, des services additionnels comme la possibilité de commander un chef, la location d'un véhicule, prendre des cours de tennis, faire des excursions à cheval... Confort, sécurité et tranquillité ne manquent pas de sens au Sea Horse. Deux plages privées, restaurant avec une vue à 180° au-dessus de la mer.

VILLAS AGUA DULCE €€€

Carretera El Choco, km 6
✆ +1 809 757 5195
www.villasaguadulce.com
Comptez entre 1 000 US$ et 3 000 US$ la semaine en fonction de l'équipement pour des villas de 1 à 4 chambres.

Complexe de villas de luxe à l'architecture moderne et à la décoration chic et épurée, situées sur les hauteurs de Cabarete, avec vue imprenable à 180 degrés sur la côte Nord, à louer pour une nuit ou plusieurs semaines. A la recherche de tranquillité et d'hébergement haut de gamme dans des villas tout confort avec piscine et bain bouillonnant, n'hésitez pas à contacter Christophe et Sandrine (francophones) qui s'occupent également sur commande de vous organiser votre séjour : aménagement, babysitting, ainsi que vos sorties et excursions.

CABARETE COFFEE COMPANY €

Punta Goleta, 5
✆ +1 809 571 0919
Tous les jours de 7h à 15h. Café 25/200 $.

Café solidaire, le Cabarete Coffee Company est la vitrine gourmette de l'association Mariposa DR Foundation, structure basée à Cabarete luttant contre la pauvreté et faisant la promotion de l'éducation et de l'autonomisation des jeunes filles. Ici, on boit un délicieux café issu des cultures biologiques locales, fraîchement torréfié, proposé chaud ou froid selon une bonne dizaine de recettes. Au menu également de délicieux smoothies tropicaux et des jus de fruits frais. La totalité des bénéfices faits par l'échoppe (goodies inclus) est reversée à l'asso !

FRONT LOOP CABARETE €

Sur la plage de Cabarete
✆ +1 809 571 0848
www.frontloopcabarete.com
Ouvert tous les jours de 10h à 22h. Compter entre 300 $ et 500 $ le plat. Happy Hours de 17h à 18h30.

C'est un restaurant les pieds dans le sable et ouvert sur la mer, qui offre également des espaces de détente piscine et bains à remous. Le midi, restaurez-vous tout en regardant les prouesses des *riders* juste devant vous. Le soir, venez en famille et laissez-vous tenter par les *piña coladas*, *mojitos* et *banana mamas* en *happy hours*. Leurs club sandwich, fajitas et jus de fruits frais sont très appréciés. Une très bonne adresse à l'excellent rapport qualité-prix sur la plage la plus sportive de la côte nord. Accueil francophone. Propose également des appartements.

GORDITO'S FRESH MEX €

Calle Principal
✆ +1 829 844 3434
12h-19h. Fermé mardi et mercredi. Compter 100 $ le taco simple, 300 $ le burrito et 360 $ le bowl.

C'est l'un des meilleurs rapports qualité-prix de Cabarete pour se restaurer dès la fin de matinée. On se bouscule dans ce restaurant mexicain de cuisine rapide aux tables peintes aux couleurs du pays du *sombrero*. Les tacos, burritos et les *bowls* sont personnalisables. Idéal pour les végétariens qui auront un grand choix de plats. La grande spécialité du Gordito's Fresh Mex est le *mambo fish taco* (taco de dorade), un délice. Petite terrasse devant le restaurant. Service dynamique et rapide comme l'état d'esprit du restaurant.

WILSON'S - LA BOCA €

✆ +1 809 667 1960
Aller-retour en barque depuis le parking pour traverser la lagune. Ouvert tous les jours de 10h à 18h.

Voici un restaurant de fruits de mer tout simple mais qui, comme toute bonne chose, se mérite. C'est le cas ici, chez Wilson et son humble paillotte, sur la lagune de Cabarete. Une longue route en terre vous amène à l'entrée de la lagune. Une petite barque la traverse en 5 minutes pour accéder de l'autre côté. Ici pas de menu : vous avez le choix entre crabes, poissons du jour ou des langoustines (pêchées directement dans la lagune) à l'ail. Les connaisseurs viennent de loin, car c'est excellent, pas cher et pas du tout touristique.

CÔTE NORD

LE BISTRO €€

Paseo Don Chiche

✆ +1 809 868 0595

Ouvert tous les soirs sauf le dimanche de 12h à 22h. Compter 1 000/1 500 $ le repas.

Stéphane et Amel vous accueillent dans la bonne humeur dans ce petit bistro typiquement français. La fresque murale ne dément pas : on se croit ici à Montmartre, sous les tropiques. Les grandes spécialités françaises sont à l'honneur (blanquette de veau, calamars à la provençale, soupe à l'oignon, salade de chèvre chaud) avec également des plats typiques de différentes régions de France : fondue bourguignonne, plateau de charcuteries et cuisson à la pierre chaude (prévenir 48h avant, 3-4 personnes minimum). Belle carte de vins.

LA CASITA DE PAPI €€

Sur la plage de Cabarete

✆ +1 809 571 9244

Ouvert du mardi au dimanche de 11h à 23h. Compter 1 500 $ le repas.

Ce bungalow de bois au joli décor créole rustique, construit directement sur le sable, abrite l'une des meilleures tables de Cabarete. On dîne à la lueur des bougies sur la plage ou dans la case créole chaleureuse. Parmi les spécialités maison, la langouste *a la plancha con salsa al papi* est un incontournable. A midi, on peut opter pour une salade de lambi ou le succulent *ceviche* de dorade et de crevettes. La plage située en face du restaurant est aménagée avec quelques chaises longues qui permettent au visiteur de se prélasser en prenant un jus de fruits frais.

BLISS €€

Callejon de la Loma

✆ +1 809 571 9721

www.activecabarete.com/bliss

Ouvert de 18h à 22h, fermé le mercredi. Comptez 1 500 $ le repas sans le vin.

Pour beaucoup le meilleur restaurant de Cabarete. Le cadre surprend par son raffinement. Vous déjeunerez autour d'une piscine et d'un jardin tropical, ambiance hacienda chic... L'accueil et le service y sont irréprochables et le chef fait honneur à la cuisine méditerranéenne, tout simplement succulent ! Produits de la mer, produits de la terre, tout est bon pour passer un excellent moment. Très belle carte de vin avec un joli descriptif pour chacun. Dès que vous franchirez la porte, vous serez transportés hors du temps. Un vrai décor de film !

SWAI €€

Calle 3

✆ +1849 590 1252

Mar-dim 18h-23h. Entre 400 et 1 000 $ le plat.

Voici un tout nouveau restaurant dans « El callejon ». Le Swai est spécialisé dans les poissons et fruits de mer. On y sert de très belles portions au goût aussi succulent que l'assiette le laissait penser ! Nous vous conseillons de prendre 3 ou 4 entrées pour deux personnes (*ceviche*, soupe de poisson façon thaï, burrata fraîche...). Sinon, laissez-vous tenter par l'un des plats « signature » de la maison, comme le filet de poisson duquel le restaurant tire son nom (*swai*). Pour déguster local, vous opterez pour le très bon cocktail de *mamajuana*.

LA CABANA €€

✆ +1849 880 2023

Ouvert tous les jours sauf le mardi de 11h à 15h. Dimanche de 9h à 14h. Plat 400/800 $, smoothies 300 $.

Menu très équilibré, la *parmigiana* d'aubergines est à tomber par terre. La Cabana propose également de superbes salades. On s'installe à une terrasse surélevée, face à la mer pour prendre son repas ou simplement boire un café... Une vue à couper le souffle ! Vous aurez le plaisir d'entendre de la musique en *live* pendant le brunch du dimanche. Nous vous conseillons néanmoins d'éviter les jours avec du vent. Vente de peintures d'artistes *street art* locaux dans le restaurant. Accueil chaleureux et service de qualité. Une bonne adresse.

DRIFTER €€€

Sur la plage de Cabarete

✆ +1 809 702 2312

Tous les jours 10h30-00h30. De 700 $ à 1 000 $ l'assiette à partager, pizza de 650 $ à 1 000 $, cocktail dès 450 $.

Juste derrière la boutique spécialisée dans le surfwear et le matériel technique (Carib Wind), vous trouverez ce restaurant de plus en plus en vogue à Cabarete. Il propose une cuisine italo-méditerranéenne, un grill pour les *churrascos* et un plat du jour de poisson selon arrivage. En plus de cela, le Drifter a pour concept celui d'un bar-apéritif à cocktails où l'on se partage les plats entre amis. La qualité est à la hauteur des prix un peu élevés. Musique *live* samedi, DJ jeudi et vendredi. Le dimanche place à une « Day Party » où l'ambiance est plus *chill*.

LAX

Sur la plage de Cabarete
✆ +1 829 745 8800
Ouvert tous les jours de 10h à 2h du matin, 3h en fin de semaine.

Voici un incontournable de la plage de Cabarete qui ne désemplit pas du matin au soir. Dans une ambiance *lounge*, une clientèle éclectique se côtoie les pieds dans le sable. Un DJ anime les lieux pour la jet-set locale, et de nombreuses soirées à thèmes sont organisées toute l'année. Le soir, le Lax est l'un des bars parmi les plus animés de la plage. De toute façon, presque toutes les animations se passent le long de la mer, sous les étoiles. Pour des soirées endiablées au très bon état d'esprit, et ce, jusqu'au bout de la nuit !

MOJITO BAR

Plage de Cabarete
✆ +1 809 571 9327
Ouvert tous les jours de 11h jusqu'à 23h et minuit le week-end. Mojito à 200 $. Plats du jour entre 200 et 500 $.

Ce restaurant-bar-club se spécialise, comme son nom l'indique, en mojitos, au prix imbattable de 100 pesos en happy hours. Ici, place à une ambiance *caliente* tous les soirs où Dominicains et touristes se mélangent aux rythmes de salsa, *bachata* et électro. L'*Happy Hour* s'étend de 16h à 20h. Côté cuisine, le menu est principalement composé de *picadas* et de sandwichs, dont une liste de choix sans gluten. Des portions assez généreuses qui raviront toutes les faims, installés dans un splendide cadre. Accueil chaleureux et service au top !

VAGAMUNDO COFFEE & WAFFLES

Carretera Principal
✆ +1 809 739 3081
vagamundocoffee.com
Ouvert du lundi au samedi de 7h à 17h, le dimanche de 9h à 15h. Waffle de 125 à 400 $.

Voici une très bonne option pour le petit déjeuner, mais pas que... Le Vagamundo propose une large sélection de cafés, thés et infusions, ainsi que quelques jus, à accompagner de délicieuses assiettes de gaufres et bowls déclinées selon une quinzaine de recettes. C'est par ailleurs le rendez-vous des travailleurs nomades et des hipsters : la connexion internet est rapide ! Vous pourrez rester autant de temps que nécessaire, sans besoin de consommer régulièrement pour rester.

NECTAR RESTAURANT €€

Calle principal
✆ +1 829 649 2803
www.nectarcabarete.com
Ouvert tous les jours de 9h à 23h sauf le lundi. Entre 500 $ et 900 $ le plat. Happy hour : 15h-18h.

Quel bonheur de trouver dans les assiettes du Nectar petites pousses et légumes du jardin ! La grande majorité des produits, d'une impressionnante variété, sont de saison et proviennent d'une parcelle que les propriétaires exploitent. Au menu ? Une cuisine rafraichissante et saine, d'influence asiatique, à base de légumes crus ou cuits : pad thaï, ceviches, tartares, currys et sashimis ! On apprécie par ailleurs la vue sur la baie depuis la terrasse qui surplombe la plage. Belle sélection de vins internationaux. Un lieu élégant qui convient à tout type de public.

© NECTAR

© NECTAR

CÔTE NORD

CARIB WIND

Calle Principal
✆ +1 809 5710560
www.caribwind.com
Ouvert du lundi au samedi de 9h à 21h.

Adresse incontournable à l'entrée de Cabarete (en venant de Rio San Juan), tenue par une Québécoise et son mari, champion de laser, un dériveur solitaire (c'est-à-dire petit bateau à voile pour une personne). On trouve dans la boutique le matériel des professionnels de la voile, mais également des Lycra, des shorts, des maillots, des sacs de voyage des marques Dakine, Billabong et Roxy pour toute la famille, accessoires de mode, de surf, de paddle et de kitesurf. De quoi être bien équipé pour profiter de l'océan et des multiples sports nautiques.

THE BEACH BOX BOUTIQUE

5 Paseo Don Chiche
✆ +1 809 571 0673
Ouvert tous les jours de 9h à 20h.

C'est Myriam qui vous accueille ici, en français, et qui vous aidera à trouver le maillot de votre goût et dans lequel vous vous sentirez bien. La boutique ne manque pas de belles pièces (les dernières collections des meilleures marques de bikinis sont en magasin), fantaisistes ou plus sobres. Quoi qu'il en soit, la qualité est au rendez-vous. Vous aurez par ailleurs également le choix parmi une belle sélection d'accessoires de plages - bijoux, sacs, paréos, sandales - pour compléter le tableau. A vous la confiance sur la place !

FRED JOYAS

Paseo Don Chiche
✆ +1 809 571 0673
Ouvert tous les jours de 9h à 21h.

Situé dans un petit passage piéton qui mène à la plage, Fred Joyas est une jolie boutique pour faire de petits cadeaux, ou tout simplement se faire plaisir pendant le voyage. Frédérique propose une belle sélection de bijoux originaux en argent (on aime bien le dollar des sables) pour hommes et femmes, de petits meubles, ainsi que des peintures originales. Elle vous accueille avec le sourire et se tient à disposition pour vous renseigner et vous permettre de repartir avec un souvenir qui fera assurément plaisir à qui le recevra...

321 TAKE OFF

Pro-Cab
✆ +1 809 963 7873
Cours privés. Location surf.
Excursions en stand-up paddle 50 US$ pour 3h.

Les instructeurs du 321 Take Off enseignent tous les types de sports d'eau, dont la natation. Dans un esprit *roots* tout en restant très professionnelle, cette adresse séduira les amoureux de glisse ! L'école des *riders*, comme ils l'appellent, propose aussi des excursions à la journée alliant surf le matin, stand-up paddle repos dans un lagon pour le repas (bien que cela demande de l'équilibre...) et kitesurf l'après-midi. Le tout avec un service de transport qui vous dépose et vous reprend au point de départ et d'arrivée. Bonne ambiance assurée !

KANA RAPAI ART STUDIO

Calle Principale
✆ +1 809 852 0757
Ouvert tous les jours de 10h à 20h.

Kana Rapai : de l'imagination et de la fantaisie. Grande variété de bijoux, porte-clés, bagues, bracelets, colliers. Les créations possèdent un style unique et une touche personnalisée qui les distinguent. Elles sont confectionnées dans l'atelier de la boutique. Le recyclage comme un art : tous les objets, cadeaux, portefeuilles, porte-monnaie... sont fabriqués avec des matériaux recyclés, ainsi, tout en préservant l'environnement, l'équipe leur donne une nouvelle vie. Accueil chaleureux. Pour des cadeaux originaux à des prix compétitifs.

DIVE CABARETE

Calle Principal
✆ +1 809 915 9135
www.divecabarete.com
Lun-sam 8h à 16h30. 85 US$ le baptême de plongée et 460 US$ pour passer son niveau (3 ou 4 jours).

Certifié PADI, le centre du Dive Cabarete a été repris par Jane et Chris, un couple d'Anglais très compétent qui s'emploie à développer la plongée dans ce temple du surf, ce qui n'est pas une mince affaire ! C'est d'ailleurs la seule adresse qui se consacre exclusivement à la découverte des fonds sous-marins du secteur. Vous pourrez passer des heures à discuter avec ces passionnés qui vous feront découvrir des spots exceptionnels. Une excellente adresse, pour les débutants comme pour les plus expérimentés. Egalement des sorties snorkelling.

FEDUJAZZ

✆ +1 809 571 9350

https://drjazzfestival.com/

Cette fondation, qui existe depuis 2015, propose des cours de musique aux enfants défavorisés du coin pour leur donner l'opportunité de s'épanouir, voire même de leur trouver une vocation. Si vous le souhaitez, il est possible de s'engager en tant que bénévole en remplissant le formulaire sur le site Internet de l'ONG. La fondation organise par ailleurs le festival de jazz (début novembre) qui est l'un des plus grands événements culturel et musical des Caraïbes. Il se déroule dans plusieurs villes comme Santiago, Cabarete ou Puerto Plata.

PROKITE

✆ + 1 809 609 2338

www.prokitecabarete.com

Cours privés : 2 jours - 3 h - 210 US$.
Location 1 session : 85 US$.
Location supervisée : 1h pour 40 US$.

Le Prokite est le seul club de la plage dont le gérant est Français (il vient du Nord de la France). Outre son atout francophone, c'est un des clubs les plus sérieux de la région qui vous permettra d'apprendre et d'évoluer rapidement. Matériel dernier cri, *talky-walky* intégré au casque pour communiquer facilement, horaires flexibles, le club propose 3 différentes formules : les cours privés, les locations avec supervision (accompagnement, mise en place, et assistance), la location pure. La CB et les paiements en ligne sont acceptés.

IGUANA MAMA

Calle Principal

✆ +1 809 571 0908

www.iguanamama.com

Ouvert de 9h à 17h. Rando VTT et croisière sur la rivière Yasica : de 35 à 75 US$. Canyoning à partir de 89 US$.

Cette dynamique agence située au centre de Cabarete propose de multiples excursions, notamment en VTT. Pour découvrir la région, on recommande l'excursion aux cascades, la randonnée dans le parc tout proche d'El Choco, ou la visite du mont Isabel de Torres à Puerto Plata. On pourra également partir à la rencontre des baleines de Samaná (de mi janvier à fin mars), à la pêche au gros, faire du rafting et des balades à cheval. Les plus courageux pourront tenter l'ascension du Pico Duarte, le plus haut sommet de la Caraïbe (3 100 m) ou des raids VTT.

RANCHO LUISA Y TOMMY

Veragua

✆ +1 809 986 1984

Compter 60 US$ pour les longues balades (3h avec déjeuner) et 40 US$ pour les balades plus courtes avec collation.

Balade à cheval dans le *campo* dominicain en compagnie de Tommy, un jeune ranchero qui a repris depuis peu l'affaire familiale. Il propose pour les petits, dès 4 ans, et les plus grands, la visite d'un village typique, des montagnes, une baignade rafraichissante dans un cours d'eau magnifique et l'immersion dans la culture dominicaine avec une halte déjeuner. Les paysages sont splendides et reposants et l'ambiance extrêmement conviviale. Par ailleurs, on apprécie l'accueil francophone. Une belle expérience à partager en famille ou entre amis.

KAYAK RIVER ADVENTURES

Angle des rues Choco et Principal

✆ +1 829 305 6883

www.kayakriveradventures.com

Compter 70 US$ la demi-journée de kayak sur la rivière Yasica, et 90 US$ la journée sur la rivière Jamao (avec repas).

Nul besoin d'être un spécialiste en kayak pour faire ces excursions à travers les plus beaux et les plus sauvages paysages de la côte nord. Vous pourrez, avec cette « éco-aventure » de quatre heures, profiter des eaux cristallines de la rivière Jamao, déjeuner chez l'habitant à l'ombre d'un grand arbre, nager en eaux calmes et vous faire quelques petites frayeurs en ramant dans les rapides. Ils proposent aussi du canyoning, tout aussi exceptionnel. Vous serez en compagnie de vrais professionnels expérimentés, ce qui n'est pas toujours le cas à Cabarete !

VELA WINDSURF

Calle Principal

✆ +1 809 571 0805

www.dare2fly.com

50 US$ pour 3h de cours en planche à voile.
95 US$ pour 1h de cours en wingfoil.
Logement et transport possibles.

Ecole de planche à voile depuis 1999, l'une des premières écoles de Cabarete. Audrey Meyers, la directrice de l'école de windsurf, met l'accent sur le professionnalisme et la personnalisation. C'est la seule à proposer du *wingfoil*. Il est important de savoir que vous n'irez pas dans l'eau avant la troisième leçon pour des raisons de sécurité. Le Club dispose du matériel le plus complet de Cabarete, et sans cesse renouvelé. Vous pourrez également acheter des planches d'occasion en excellent état. Propose aussi des cours de Fitness coaching.

VOYVOY BAR

www.voyvoycabarete.com

Ouvert tous les jours de 7h30 à 3h du matin. Environ 250-400 $ burrito et tacos.

Bienvenue au Voyvoy Bar où l'ambiance s'anime tous les jours en fin de journée. Toute la semaine sont proposées des soirées à thème : karaoké le lundi, musique *live* le dimanche entre 17h et 22h, ou encore soirées reggae ou réservées aux femmes. Le tout, les pieds dans le sable où l'on savoure de très bons *tacos* et *burritos*. Possibilité de prendre un petit déjeuner jusqu'à 15h. *Happy hour* de 17h à 19h. Ambiance jeune et dynamique. Service souriant. Le Voyvoy Bar vous fera passer de très bonnes soirées, jusqu'au milieu de la nuit.

CUEVA DE LAS GOLONDRINAS ★

Playa Caletón

On atteint en bateau cette grande grotte naturelle qu'une colonie d'hirondelles a choisie pour demeure. Elle porte d'ailleurs le nom de ces oiseaux, *golondrinas* signifiant « hirondelles » en espagnol. La grotte s'atteint en seulement cinq minutes en bateau depuis Rio San Juan. Accompagné de votre capitaine, vous admirerez sa composition rocheuse tout en flottant sur une eau cristalline. A la sortie de la Cueva de las Golondrinas n'hésitez pas à nager dans la piscine naturelle turquoise et douce. Une balade en complément de la Laguna Gri Gri.

PLAYA MAGANTE

A 10 km après Gaspar Hernandez et à 15 km avant Río San Juan, on traverse le village de la Yagua. Une piste sur la gauche conduit à Playa Maguante. Attention ! Il faut être vigilant pour ne pas rater cet embranchement mal signalé. Au bout de la piste de 2 km s'étend une plage encore vierge, mais qui ne le restera plus très longtemps. Quelques originaux ont commencé à coloniser l'endroit, ils ont fait des émules et, petit à petit, les touristes commencent à venir pour savourer la tranquillité de cette plage encore sauvage.

RÍO SAN JUAN

Río San Juan, ses maisons créoles bigarrées, ses criques sauvages aux eaux translucides, ses magnifiques plages blanches, ses couchers de soleil flamboyants, sans doute les plus beaux du littoral nord-est, et sa population accueillante sont autant de raisons de vous y arrêter. Calme bourgade côtière, la ville vit principalement de l'élevage des vaches, des chevaux, des produits laitiers et de la pêche. La vie s'y déroule au ralenti. Le petit centre-ville est plein d'un charme tout provincial et l'on se sent tout de suite à l'aise dans ce bourg sans prétention. Ajoutons la proximité de plages exceptionnellement belles et l'accès à la laguna Gri Gri.

LAGUNA GRI GRI ★★

Laguna Gri Gri

✆ +1 809 589 2277

Compter 1 500 $ pour un bateau qui peut accueillir jusqu'à 10 personnes.

© IRÈNE ALASTRUEY - AUTHOR'S IMAGE

L'excursion à travers la lagune Gri Gri dure environ une heure. Le bateau glisse lentement dans un réseau de canaux peu profonds, au milieu d'une forêt de palétuviers très dense. Le décor est féerique et d'une beauté à couper le souffle. On conseille de faire cette excursion tôt le matin, car c'est à cette heure que les oiseaux sont au rendez-vous. Après la visite de la grotte aux Hirondelles, vous vous baignerez dans les eaux limpides de la plage Caletón. Une agréable sortie alternant entre effort physique, admiration et détente.

PLAYA CALETÓN ★★

Sur cette exquise petite baie bordée d'eaux vertes et transparentes, ombragée par des amandiers au feuillage abondant, ont été tournés de nombreux spots publicitaires. Les bateaux d'excursions s'y arrêtent pour la baignade après avoir parcouru la lagune Gri Gri.

On peut l'atteindre également par la route, 3 km après Río San Juan. On y parvient après 10 minutes de marche. Là, à même le sable, quelques restaurants sommairement équipés de tables et de bancs de bois attendent le visiteur pour lui offrir poissons grillés, salades et jus de fruits…

LAS PUERTAS DEL PARAISO €€

La Novilla

✆ +1 809 729 9746

1 600/1 800 $ par personne avec petit déjeuner, le week-end, selon la saison. Wi-fi. Moustiquaires.

Vous trouverez ici calme et repos… à deux minutes en voiture du centre du village. Sept jolis et spacieux bungalows, tous avec un thème différent, sont disposés autour d'une belle piscine et de son restaurant attenant. La literie de bonne qualité et les bungalows bien aérés vous assureront un sommeil de qualité dans cet environnement luxuriant. Lisbeth est française d'origine et a fait le tour du monde. Aussi, vous ne vous lasserez pas de ses histoires. A noter le jardin de jeux pour enfants et le terrain de pétanque pour les amateurs.

BAHIA BLANCA €

Calle Gaston F. Deligne

✆ +1 809 589 2563

Compter 30 US$ pour une chambre double. Wifi gratuit.

Surplombant le front de mer, entre deux petites plages de rêve, la playa Caleton et la playa Grande, ce joli bâtiment tout blanc est bâti sur une éminence rocheuse et domine la mer. Ses 21 chambres simples, mais joliment meublées, se répartissent sur trois niveaux. Chaque étage bénéficie d'une grande terrasse conviviale d'où l'on jouit d'une belle vue sur l'océan. Le restaurant sert les petits déjeuners et les dîners. L'hôtel s'occupe des réservations pour les excursions et les activités. Attention toutefois, cet hôtel aurait besoin d'une rénovation profonde.

VILLA LA PUNTILLA €€€

Domaine Vista Linda

✆ +33 6 20 42 04 21 - www.lapuntilla.eu

Villa pour 4 personnes. 200 € la nuit en semaine, 220 € pendant le week-end (3 nuits minimum) et 1 400 € la semaine.

C'est au cœur du domaine sécurisé de Vista Linda que l'on trouve cette jolie villa, moderne et élégante, dominant superbement la vallée de Rio San Juan. La demeure elle-même affiche un style contemporain : l'étage supérieur abrite un salon d'appoint convertible en chambre ainsi que deux identiques et lumineuses suites doubles. Au rez-de-chaussée se déploie un vaste salon-salle à manger flanqué d'une cuisine tout équipée. Terrasse et piscine à débordement. Parking privé, service de ménage et de restauration sur demande. Un petit bijou dans un écrin de sérénité.

HÔTEL RESTAURANT VISTA LINDA LODGES ET VILLAS €€

Province Maria Trinidad Sanchez Bejuo Alambre

✆ +1 809 424 5249

Ecolodge Safaris : 45 US$ avec petit déjeuner. Villa pour 4 personnes : 90 US$ la nuit. Spa et restaurant.

Situé sur les hauteurs de Rio San Juan, Vista Linda offre différents hébergements : des villas (2 à 4 personnes) avec salon, cuisine et terrasse. Des Lodge Safari de luxe (2 personnes), de véritables tentes Safari, avec une terrasse privative. Des villas contemporaines de grand confort (4 à 8 personnes) avec piscine et vue imprenable sur la baie. L'équipe est à votre écoute et à votre disposition pour organiser toutes sortes d'activités dans la région.

CAFÉ DE PARIS €

Calle Sanchez

✆ +1 829 384 4728

Ouvert tous les jours de 8h à 20h30. Petit déjeuner : 200 $, pâtes ou pizzas : 350 $.

Quel spectacle que de manger à côté de la célèbre Laguna Gri Gri et de voir les habitants s'y retrouver au bord pour prendre un verre et sauter joyeusement dans l'eau. A l'intérieur, vous profiterez de l'écran géant qui diffuse tous les grands événements sportifs. Vient ensuite le moment de manger un des bons plats qui s'affichent à la carte. Que ce soit pour un plat européen ou typiquement dominicain, tous les produits sont frais et à des prix raisonnables. Conseil : allez-y à midi pour y manger le plat du jour, qui est toujours issu du marché local du matin.

LA CASONA €

Calle Duarte
✆ +1 829 967 5900
Ouvert tous les jours de 9h à 21h.
Empanada dès 80 $ et plat dès 500 $.

Tenu par deux sœurs, l'établissement propose une cuisine dominicaine typique. Dans une ambiance familiale, on s'installe sur les grandes tables posées devant la vitrine qui fait aussi office de bar, ou en terrasse, pour avaler des *empenadas* de crabe, de crevettes ou de poulet. Tout au long de la journée, les plats rapides et boissons fraîches ou chaudes se succèdent. La Casona est un lieu de rassemblement des Dominicains. Ambiance chaleureuse et service attentionné et souriant. Une adresse à tester au moins une fois lors de votre séjour ici.

ESTRELLA €

Calle Duarte
✆ +1 80 9589 2303
Ouvert tous les jours du petit déjeuner au soir.
Petit déjeuner continental pour 200 $.
Environ 800 $ le repas complet.

Stéphane vous accueille du matin au soir à l'Estrella. Commencez, au choix, par le délicieux petit déjeuner continental ou le typique francais, gourmand à souhait... Le pain est fait maison dans la boulangerie adjacente, ainsi que les croissants et les pains au chocolat, un régal que de retrouver quelque peu le goût de la boulangerie française. Pour les repas, vous pourrez savourer des produits frais sous la paillote typique à la dominicaine dans une ambiance détendue et bon enfant. Ce restaurant reste une adresse sûre de la ville.

RESTAURANT DE LAS PUERTAS DEL PARAISO €€

La Novilla
✆ +1 809 729 9746
www.laspuertasdelparaiso.e-monsite.com
Tous les jours. Plats de 300 $ à 750 $.

Dans le jardin luxuriant qui entoure la piscine, vous pourrez manger à l'une des meilleures tables de la région. Pâtes, poissons ou langoustes... tout est frais et bien préparé ! Au menu : mérou en papillote aux fruits de la passion, filet de dorade à la vanille, soupe de poisson, steak tartare, poisson cuit à la plancha... les plats sont soignés et délicieux. Une belle carte des vins. Voici une valeur sûre. Le lieu étant victime de son succès, pensez à réserver le week-end.

PLAYA GRANDE

A 10 km de Río San Juan, c'est sans doute l'une des plus belles plages du pays. En tout cas, c'est la plus grandiose. D'ailleurs, on vient tout spécialement la visiter, et même de très loin ! Les restaurants, les bars et les musiciens se regroupent sur la partie centrale de la plage, particulièrement en haute saison et pendant les fins de semaine. Fort heureusement, la frange de sable s'étend sur plusieurs kilomètres et l'on peut très facilement s'isoler. L'eau est d'un bleu et d'une transparence incroyables, le sable est doré à souhait. Attention cependant, la mer devient vite profonde et il est recommandé de prendre garde aux courants et aux vagues.

Playa Grande.

CARRIBEAN VILLAGE €€

1 Avenida Solmar, Col Centro
✆ +1 809 582 1170
De 75 US$ à 130 US$ par personne selon la saison.

Les 300 chambres et suites (avec terrasse, télévision câblée et téléphone) très accueillantes affichent un décor de style mexicain et sont réparties dans cinq bâtiments, eux-mêmes disséminés dans une vaste propriété. Le complexe se déploie à l'ouest de la plage et est situé à proximité de la Marina, où vous pourrez pratiquer la plongée sous-marine. Ici aussi, la formule en vigueur est celle du club de vacances tout compris. Une immense piscine, un club de plage, des activités sportives, quatre restaurants, une discothèque, un club d'enfants...

CABRERA

Ce n'est pas le coin le plus attirant pour les voyageurs car il est pratiquement inconnu et dépourvu de structures touristiques. Cette petite localité, fondée en 1891 par des pêcheurs et des fermiers, possède juste à proximité de son centre des plages paradisiaques et encore vierges. On peut les explorer en ayant soin de se faire indiquer le chemin. La route qui longe la mer entre Cabrera et Nagua est bordée de magnifiques paysages. Si les plages sont mal indiquées, toute la côte en est émaillée, alors n'hésitez pas à faire un petit détour (Playa Diamante est l'une des plus belles).

NAGUA

A 180 km de Santo Domingo, Nagua, capitale de la province Maria Trinidad Sanchez, ne présente pas d'intérêt du point de vue touristique. C'est avant tout un centre d'échanges commerciaux et la ville n'a pas de véritable plage, on parle ici plutôt de rivage urbanisé. Au-delà, en direction de Samaná, la route est magnifique. Entre mer et forêts de cocotiers, elle suit la côte sur une dizaine de kilomètres. Pas de risque de déshydratation, les enfants proposent des noix de coco, *coco frio*, tout au long du chemin. Pour l'instant le coin reste sauvage, mais l'invasion touristique guette...

EL MALECON B&B HOTEL €€

2 Calle Emilia Eusebio
✆ +1 809 467 7801
A partir de 70 US$ la chambre double, petit-déjeuner inclus. 10 US$ par personne supplémentaire.

A un jet de pierre de l'océan se trouve cette belle demeure au style d'inspiration colonial, abritant quelques chambres cosy et confortables. Elles sont équipées de l'air conditionné, la télévision, une literie de qualité et pour certaines d'une baignoire. On se sent vite comme à la maison, surtout avec la décoration colorée, mais sobre et l'accueil chaleureux. On s'installe sur les petits bancs en terrasse et l'on se détend. Egalement un service de restauration et un varié petit déjeuner. Une adresse au bon rapport qualité-prix.

HOTEL SINAI €

97 Calle Sanchez
✆ +1 809 584 2284
www.hotelsinai.com.do
Chambre double dès 60 US$. Petit déjeuner compris.

Situé dans le centre, le plus vieil hôtel de la ville (construit en 1942 !) a fait peau neuve et offre désormais 40 chambres refaites et bien tenues avec salle de bains, ventilateur, air conditionné et télévision. Attention, certaines chambres n'ont pas de fenêtre extérieure, évitez-les, car elles manquent alors de luminosité. Au rez-de-chaussée, le restaurant sert les petits déjeuners et des repas de cuisine dominicaine classique. Piscine entourée de transats pour se détendre et se rafraîchir. Accueil sympathique et disponible.

EL BABUNUCO €€

4 Camino del Saltadero
✆ +1 829 338 8707
Ouvert tous les jours sauf le mardi de midi à 22h. Compter entre 300 $ et 800 $ le plat.

Un lieu enchanteur, une décoration imaginative, de douces saveurs servies dans une ambiance tranquille, joviale et musicale, autant de bons points qui donnent envie de se rendre au El Babunuco pour se restaurer ou boire un verre. Vous pouvez réserver les plats de votre convenance que le chef exécutera pour vous. On aime la présentation des assiettes et les quantités assez généreuses. Pour aller plus loin et rester dans l'ambiance dominicaine, dégustation de cigares faits maison pour les amateurs avertis. Une adresse à visiter.

PLAYA LOS GRINGOS €

Ouvert au déjeuner. Plat de poisson entre 250 $ et 500 $. Bien demander le prix avant pour éviter les petites arnaques.

A la sortie de la ville, cette belle plage sauvage accueille quelques échoppes qui vous prépareront du poisson ou des crevettes grillées. Evidemment, le poisson est d'une fraîcheur remarquable, mais c'est surtout le cadre, les pieds dans l'eau, qui vaut le détour. Nous ne cesserons néanmoins de le répéter : demandez bien le prix avant de commander et être servi car il n'est pas rare, malheureusement, que les prix soient gonflés en sachant que vous vous trouvez en vacances dans le coin. Sinon, un bon repas dans un cadre idyllique.

SAN FERNANDO DE MONTECRISTI - MONTECRISTI ★★

A 270 km de Santo Domingo et à 137 km de Puerto Plata (vers l'ouest). A mesure que l'on approche de Montecristi, l'air se fait de plus en plus sec, la végétation luxuriante cède peu à peu la place à un paysage désertique, où les cactus et les épineux, dont le fameux *cambrón* (un arbuste originaire d'Afrique dont on fait le charbon végétal), remplacent la luxuriance des plantes tropicales. Montecristi, capitale de province, de son vrai nom San Fernando de Montecristi, est réputée pour son ensoleillement maximum, plus de 300 jours de soleil par an, et pour l'extrême sécheresse de la région, qui ne connaît que 10 jours de pluie par an en moyenne.

Lors de son second voyage, et alors qu'il longeait les côtes de l'actuelle Montecristi, Christophe Colomb envisagea la possibilité d'y construire la première ville du Nouveau Monde, avant de se décider pour une zone plus orientale. La ville de Montecristi ne fut fondée qu'en 1533 par Juan de Bolanos, accompagné d'une soixantaine de familles originaires des Canaries. Il fallait en effet absolument tirer parti de son formidable port naturel. La ville fut détruite en 1606, pour n'être réhabitée qu'à la fin du XVIIe siècle.

Montecristi connut sa période la plus prospère dans les dernières décennies du XIXe siècle et au début du XXe, à l'époque de l'implantation de la Grenada Fruit Company, où son port était utilisé pour l'exportation vers l'Europe des produits agricoles, bananes plantain et des bois précieux. De cette période datent ses édifices du plus pur style victorien.

Une indicible atmosphère de désuétude et de nostalgie plane sur cette bourgade, où la vie se déroule au ralenti sous un soleil écrasant. La ville attire peu de visiteurs, car elle se trouve à l'écart des itinéraires touristiques classiques. L'anse de Montecristi est cependant réputée pour être un excellent spot de planche à voile, peut-être même meilleur que celui de Cabarete, avec un vent plus fort, rabattant sur la plage, et une mer sans vague. Mais les infrastructures sont rares, et les véliplanchistes aussi.

CASA MUSEO DE MAXIMO GOMEZ ★

29 Calle Mella

Semaine : 8h-12h et 14h-17h, sam 8h-17h sans interruption, dim 8h-12h. Entrée libre.

Le 1er avril 1895, Maximo Gómez Báez et José Martí, le héros de l'indépendance cubaine, y signaient le manifeste de Montecristi par lequel le Dominicain promettait son aide à la lutte pour l'indépendance de Cuba. La vieille maison de bois grise a été transformée en un intéressant musée. Quelques documents et objets de l'époque nous permettent d'imaginer la vie quotidienne d'une famille de la petite bourgeoisie dominicaine du XIXe siècle. On y trouve aussi des fac-similés du traité.

CAYOS SIETE HERMANOS ★

Pour s'y rendre, il faut demander aux pêcheurs et évidemment négocier le prix.

Situé au-delà de la barrière de corail, le groupe des sept îlots, serrés les uns contre les autres comme sept frères (d'où leur nom), servit de refuge à de nombreux corsaires et pirates. Il est possible d'y camper en demandant une autorisation à la capitainerie du port. Les tortues marines y viennent pondre leurs œufs entre les mois de novembre et de février. Les plages sont nombreuses, plutôt étroites et de sable noir. La plus spectaculaire est la plage du Morro qui ressemble plus à Etretat qu'à la traditionnelle plage tropicale.

EL RELOJ ★

Angle des avenues Duarte et San Fernando

L'horloge, orgueil de la ville, qui trône au milieu du parc central de San Fernando, face à l'église, fut achetée à la France en 1895, grâce aux cotisations des bourgeois locaux. Elle vous fera penser, dans sa structure, à la tour Eiffel, et cela se comprend puisque cette horloge fut conçue par Gustave Eiffel lui-même et construite par le célèbre horloger Paul Garnier. Ce dernier, artisan de génie, fut membre de la Société des ingénieurs civils au XIXe siècle. L'horloge de Montecristi fonctionne toujours avec son mécanisme d'origine.

LAGOS SALGADOS-LACS SALÉS ★★

Montecristi est la première région de salines de l'île, avant même Bani et Azua. Les bassins rectangulaires qui s'étendent à la sortie de la ville en direction de la mer sont particulièrement beaux le soir, à la tombée du jour, quand ils prennent une belle couleur rose sous les derniers rayons du soleil couchant. Au petit matin, le spectacle est aussi joli. Bon à savoir : la quasi-totalité du sel consommé dans le pays y est produite par évaporation d'eau de mer.

PARQUE NACIONAL MORRO MORENO ★★

A Montecristi, près de la frontière haïtienne.

Ce promontoire rocheux fut baptisé ainsi par le grand amiral qui lui trouva une forme de dromadaire couché. Récemment déclaré parc national, le Morro fait l'objet d'une opération de reboisement. Après avoir emprunté une piste caillouteuse, il faut prendre un sentier qui mène à la cime en trente minutes de marche. Du sommet, le spectacle est grandiose. Autour du Morro sont plantées dix croix blanches symbolisant les Dix Commandements. Prévoir une bombe antimoustiques.

VILLA DOÑA EMILIA - ANCIEN PALAIS DE JUSTICE ★

Conçue en France et montée ici en 1895, cette vieille maison coloniale en bois a jadis été le lieu de résidence de la famille Rodríguez Jiménez. L'état dominicain en a par la suite fait l'acquisition pour la convertir en siège du Palais de Justice de Montecristi, office que la Villa a rempli jusqu'en 1990. Abandonnée pendant de longues années, elle a fait l'objet de profondes restaurations. Le projet final est d'en faire une Casa de Cultura, accueillant une école des Beaux-Arts.

CHIC HOTEL €

44 Calle Benito Monción
✆ +1 809 579 2316
www.chichotel.net
Compter de 35 US$ à 45 US$.

En plein centre-ville, dans un quartier animé et parfois même bruyant, c'est l'hôtel le plus élégant de Montecristi, mais la décoration reste sobre, ou un peu austère pour certains. Il reçoit souvent des groupes ainsi que les équipes sportives locales. La quarantaine de chambres de différentes capacités disposent toutes d'une salle de bains et de l'air conditionné. Un service de restauration se trouve sur place : le restaurant Brisa propose divers sandwiches, plats de la mer, riz, soupes, salades... L'accès au wifi fonctionne bien. Accueil réussi.

DON GASPAR €

21 Calle Jimenez
✆ +1 809 733 0708
www.dongasparhotel.com
A partir de 45 US$ pour une chambre double.

Les 15 chambres ont leur propre salle de bains et un ventilateur. L'hôtel, simple et propre, est situé en centre-ville. Il est souvent plein les week-ends et il a l'avantage, pour ceux qui ne peuvent se passer de télévision, d'offrir les chaînes cablées... Internet est disponible et le petit déjeuner inclus. Le personnel, accueillant, parle également anglais. Des tarifs sont proposés à la semaine pour ceux qui désirent un pied-à-terre. Le Don Gaspard propose également de se restaurer en fin de journée (bonne cuisine créole), ou de boire un verre au bar.

HOTEL LOS JARDINES DEL ATLANTICO €€

26 Calle San Fernando
✆ +1 809 853 0040
A partir de 70 US$ la chambre double.

L'hôtel, en bord de mer, se compose de 4 chambres-bungalows avec une salle de douche très spacieuse. Les chambres sont impeccables et équipées d'un ventilateur. Vous pourrez profiter d'un grand espace transformé en jardin autour des bungalows. Une belle piscine et un bain bouillonnant au sein du jardin pour une détente maximale. Vous pourrez déguster votre petit déjeuner sur place si vous en faites la demande. Service Internet. Parking surveillé la nuit par un gardien.

CAYO ARENA €

Playa Juan de Bolaños
✆ +1 809 579 3145
www.cayoarena.com
Compter de 100 à 125 US$ l'appartement pour 4 personnes (2 chambres).

L'Appart-Hôtel Cayo Arena propose douze appartements de deux chambres avec cuisine bien équipée, dans un petit édifice moderne proche de la mer. Il est souvent plein en fin de semaine, pensez donc bien à réserver à l'avance. Une piscine est à disposition des clients, ainsi qu'un service de restauration. Le personnel, accueillant, vous aidera à organiser des excursions sur le *cayo* ou dans le parc naturel aux abords de Montecristi, si vous le souhaitez. Parking gratuit, accès Internet, réception ouverte 24h/24. Bon rapport qualité-prix.

COCO MAR €

Calle San Fernando
✆ +1 809 579 3354
Ouvert tous les jours de 8h à 22h.
Plats entre 300 et 600 $.

Incontestablement, le Coco Mar s'avère le restaurant le plus agréable de Montecristi, en face de la mer. On y sert une cuisine maritime simple, sans prétention, et très bon enfant avec de nombreux jus de fruits à la carte. Les portions sont plutôt généreuses, vous sortirez de table rassasié. Au menu, : poisson frais, pâtes, mais aussi l'inévitable spécialité dominicaine, l'*arroz y pollo*... Le tout, les pieds dans l'eau ! Service impeccable, souriant et disponible. Prenez donc place sur la terrasse ombragée et savourez le repas en admirant la vue.

KITE BUEN HOMBRE

✆ +1 829 521 2367
www.kitebuenhombre.net
Journée 3h de cours de kitesurf : 222 US$.
Semaine logement + cours : à partir de 1 440 US$.
Bungalow : dès 65 US$.

La plage de Buen Hombre se trouve dans l'une des zones les plus venteuses de l'île. C'est donc le paradis pour pratiquer du kitesurfing. Que vous soyez débutant ou confirmé, l'équipe de Kite Buen Hombre vous acceuille avec dynamisme et sourire pour une merveilleuse expérience de ce sport nautique. Au choix : cours individuels, location de planche, séjour tout compris dans l'un des bungalows adjacents... Mais aussi location de kayaks, moto et quads pour explorer les environs. Prenez contact par mail ; on vous indiquera la formule la plus adaptée à vos envies.

PUNTA RUCIA ★★★

Si vous êtes amateur de belles plages quasi désertes et de nature luxuriante, voici un endroit à découvrir d'urgence ! Ce petit village de pêcheurs borde la baie avec indolence ; les barques de pêche aux couleurs vives se balancent nonchalamment au rythme des vagues, et les pêcheurs paressent dans leurs hamacs sous les palmiers au retour de mer. Quelques enfants arpentent la plage en arborant fièrement leur harpon où se trouvent des poissons fraîchement pêchés qu'ils vendront aux petits *comedores* locaux. La plage immaculée, frangée de palmiers, s'étend voluptueusement sur des kilomètres avant de buter sur une forêt de mangrove profonde de 8 km.

CIUDAD MANATÍ ★

En repartant de Punta Rucia, suivre le panneau et prendre sur la gauche de la route ; le suivre jusqu'au bout.
250 $ l'entrée pour une visite guidée de 45 min environ.

Peu de personnes le savent, même parmi les Dominicains, mais le pays abrite sur sa côte nord une colonie de *manatis*, mieux connu par les francophones sous le nom de lamantins. Ce mammifère mesurant de 3 à 4 mètres et pouvant peser jusqu'à 300 kilos a en effet élu domicile dans un estuaire entouré de mangroves à l'est de Punta Rucia. Pacifique, il a bien failli disparaître : longtemps chassé par les communautés locales, il n'en restait plus que 10 en 1996. C'est à ce moment que les autorités ont décidé de protéger la zone en créant un sanctuaire protégé dédié à la protection du lamantin. L'un des aboutissements de ce projet est l'ouverture en 2013 du centre d'information Ciudad Manatí. Ici, des guides locaux vous diront tout sur le lamantin et son habitat au cours d'une visite guidée à travers les mangroves, dont on vous présentera les différents types. Le clou du spectacle étant le mirador depuis lequel vous pourrez observer cet animal venir respirer à la surface. Selon les guides, vous avez plus de 90 % de chance d'en apercevoir ! De nos jours, ce sont plus d'une cinquantaine de représentants de l'espèce qui peuplent ces eaux. Un bel exemple de réussite de protection animale et de tourisme responsable.

▶ **A visiter : la Finca la Protectora**. Une fermette agricole et artisanale qui produit du café, des avocats et du cacao, entre autres. Elle est accessible en quad ou en 4x4. Possibilité également de dormir sur place (assez sommaire). Magnifique découverte d'un lieu écoresponsable au cœur d'une nature luxuriante.

CÔTE NORD

CAYO ARENA ★★

Cayo Arena, de son nom originel Cayo Paraíso, est une visite incontournable de la côte nord. Situé à 20 min de bateau de Punta Rucia, il s'agit d'un petit banc de sable isolé au milieu de la mer des Caraïbes, protégé par une barrière de corail. Sa taille varie selon les marées ; il est conseillé de s'y rendre à marée basse, quand l'île est plus grande et la plage plus belle. Sur la plage, 2 toits de canne sont installés pour faire un peu d'ombre. L'eau alentour est calme, turquoise et cristalline, et les fonds marins spectaculaires. L'appellation de *Paraíso* n'aura jamais été tant justifiée ! A l'aide d'un masque (généralement fourni avec le transport), on admire le ballet perpétuel des poissons tropicaux dans une explosion de couleurs. Les coraux ne sont pas en reste, formant une véritable forêt sous-marine dont la diversité émerveille. Ces derniers sont (pour le moment) dans un bon état de conservation, mais l'augmentation croissante du nombre de visiteurs n'augure rien de bon pour le futur. Car en saison haute, ce sont jusqu'à 500 personnes qui s'entassent sur cet îlot à peine plus grand qu'un terrain de tennis. Notre conseil : dormez à Punta Rucia et négociez pour partir tôt le matin, vous aurez ainsi l'île et ses fonds marins pour vous tout seul, et la sensation pour quelques heures d'avoir atteint le paradis.

▶ **L'association de pêcheurs Astrapuca** (+1 809 931 8626) propose des tours pour Cayo Arena (1 000 pesos/personne - minimum 3 personnes). Sortie d'environ 2h avec tour des mangroves et arrêt snorkeling.

PLAYA LA ENSEÑADA ★

Playa la enseñada

Un kilomètre avant d'arriver au village, la plage de La Enseñada déploie sa baie magnifique, avec son lagon aux eaux turquoise transparentes et peu profondes, barrière de corail oblige. La plage est immense. On peut s'isoler et se baigner sans crainte d'être gêné par ses voisins. Si vous le leur demandez gentiment, pour quelques dizaines de pesos, les pêcheurs vous grilleront du poisson, un régal alors que l'on profite de la plage ! Le week-end, la plage s'anime. Les *pick-up* déversent des familles venues pique-niquer au son du merengue et de la salsa.

CORALES €

Calle Principal ✆ +1 829 882 3522

www.coralespuntarusia.com

Compter 70 US$ la chambre pour 2 personnes, petit déjeuner inclus, gratuit pour les enfants de moins de 10 ans. Wifi.

Cet hôtel de 8 chambres offre un excellent confort pour la zone. Le bâtiment principal ne présente aucun charme, mais les chambres sont spacieuses, décorées à l'aide de coquillages de la région, avec air conditionné. On vous conseille les chambres les plus en hauteur depuis lesquelles vous aurez une vue imprenable. Pour le côté écologique, sachez que l'électricité provient de panneaux solaires installés sur le toit. Enfin, si vous êtes déjà un plongeur confirmé, René vous mènera avec plaisir à la découverte des magnifiques fonds marins de la région.

VILLAS CARACOLES €€

1 Carr. Sánchez

✆ +1 809 860 4667

Entre 60 US$ et 100 US$ le chalet. Petit déjeuner non inclus.

Villas Caracoles est un domaine de 2 400 m² installé près de la plage qui vous propose de passer une nuit bercée par les vagues. Trois bungalows, modestes, mais entièrement équipés (cuisine, chambre, salle de bains, wifi, télévision, barbecue...) et propres, avec terrasse offrant une jolie vue sur le front de mer vous accueillent. Au choix ainsi : la Gorgona, l'Almeja ou la Reina. Accueil sympathique pour vous remettre les clés et de bons conseils pour visiter les environs. On vous aidera notamment à organiser des sorties de pêche de fond et au gros.

HOTEL LA VILLA ROSA €€€

Calle Principale
✆ +1 809 801 8160
80 US$ le bungalow pour deux.

Une grande maison rose bonbon et ses toits de chaume, un accès direct à la plage sur le sable de laquelle est servi chaque matin un copieux petit déjeuner, des bungalows tout simples encadrant une petite piscine... Voilà en quelques mots ce que vous trouverez à la Villa Rosa. Pas du grand luxe, mais l'accueil chaleureux pour ne pas dire familial, de la patronne Janine, qui tient son affaire avec passion et sourire. Une option simple où l'on se sent vite comme à la maison et que l'on quitte à regret ! Balancez-vous doucement dans un rocking-chair, face à la mer...

PUNTA RUCIA LODGE €€€

Calle Principal
✆ +1 849 858 8400
www.puntarucialodge.com
Bungalow à partir de 200 US$ (demi-pension). Non-résidents : day pass 45 US$ (piscine et déjeuner). Promos sur Internet.

Un petit coin de paradis sur la plage de Punta Rucia créé par Jean-François, expatrié français. Il a conçu cet hôtel de bungalows dans le respect de la nature environnante, face à la mer. C'est une adresse unique, qui allie le confort d'un petit resort couleurs caraïbes à l'authenticité de la destination. L'hôtel dispose aussi d'une belle grande piscine, d'une plage semi-privative, d'un ponton idéal pour profiter du coucher du soleil et d'un excellent restaurant. Possibilité de demi-pension et de pension complète. Stand-up paddle et kayak, Spa, barbecue le samedi.

VILLA NADINE €€€

✆ +1 829 835 7686
www.villanadine.com

La Villa Nadine retiendra l'attention des groupes et familles cherchant une villa privée de bord de mer et bien au calme. Certes, l'édifice n'affiche aucun charme particulier si ce n'est les couleurs gaies des peintures qui le recouvrent, mais il a l'avantage de sa position : sur la plage ! Equipée d'une piscine, d'une terrasse sur le toit, d'une cuisine complète, du wifi, d'un parking et de quatre chambres équipées de lits king-size, la villa Nadine peut accueillir jusqu'à 10 personnes. Possibilité de monter des excursions dans les alentours.

LINO PIZZA €

Calle Principal
✆ +1 809 704 3045
Ouvert tous les jours de 16h30 à 22h (dès midi le week-end).

Ce petit local au bord de l'eau, tout en simplicité, est tenu par un Italien, Lino. On y mange de très bonnes pizzas aux saveurs uniques et sur l'inspiration du pizzaïolo. Les pizzas sont accompagnées de jus naturels, tout aussi délicieux et rafraîchissants. Ouvert en fin de journée, voici un lieu incontestablement chaleureux pour se restaurer. Des spécialités de la mer et des Caraïbes se trouvent également à la carte. Service impeccable et souriant. Quand la musique résonne, on ne résiste pas à quelques déhanchements sur la piste de danse improvisée.

RESTAURANTS DE LA PLAGE DE ENSENADA €

Ouvert au déjeuner. Poissons à partir de 350 $.

Une trentaine d'échoppes et de restaurants longent la fabuleuse plage d'Ensenada. Sur fond de salsa ou merengue, choisissez votre spot (chez Teo, la Dueña Elsa ou au Diana Barbecue par exemple) et le poisson que vous désirez manger (frit, à la plancha, ou en papillote avec une sauce créole). Un conseil de qualité : plus vous arriverez tôt, plus le poisson sera frais. Le week-end, les nombreuses familles dominicaines s'y pressent. Typique, charmant et pas cher.

PUNTA RUCIA LODGE RESTAURANT €€

Calle Principal
✆ +1 849 858 8400
www.puntarucialodge.com
Restaurant ouvert tous les jours pour le déjeuner et le dîner. Compter 750 $ le plat. Petit déjeuner à 500 $.

Installé au bord de la piscine de l'hôtel Punta Rucia Lodge, ce restaurant bénéficie d'un cadre idyllique, avec vue sur la mer turquoise des Caraïbes. Au menu : des spécialités de poisson bien sûr, mais aussi des plats de viandes et d'autres spécialités proposées en fonction de l'humeur du chef. Les produits sont bons et frais. Le tout pour un excellent rapport qualité-prix. Service souriant et attentionné. Pour des déjeuners et dîners qui raviront tous les appétits.

LA ISABELA ★

La Isabela, première colonie permanente européenne en Amérique après le premier échec de la colonie de La Navidad (l'actuelle plage du môle Saint-Nicolas à Haïti), fut fondée le 10 décembre 1493 par Christophe Colomb et baptisée La Isabela en l'honneur d'Isabelle la Catholique. La cité qui devait devenir capitale fut vite abandonnée pour cause de faibles ressources en eau potable, d'épidémies et de difficultés de mouillage pour les navires. Dès 1496, la ville de Nueva Isabela est fondée sur la côte sud de l'île de Quisqueya. Cette dernière est ravagée par un cyclone en 1502 et vite reconstruite sur l'autre rive du fleuve (Saint-Domingue).

Édifice religieux à La Isabela.

PARQUE NACIONAL DE LA ISABELA ★★

Route Imbert-Luperón ✆ +1 809 498 3534
www.nuestropatrimonio.gob.do
Accès au site : 100 $. Ouvert de 8h à 17h.
Fermé lors de la mise à jour de ce guide : appelez avant de vous y rendre.

C'est en ce lieu, en 1493, que Christophe Colomb érigea la première colonie européenne du Nouveau Monde. La communauté de 1 500 hommes, composée d'artisans, d'agriculteurs, d'éleveurs, de moines, résista près de 5 ans dans cette place fortifiée aux différentes calamités et à l'hostilité des Indiens, avant de disparaître. Un musée regroupant plusieurs objets trouvés lors de fouilles archéologiques, retrace la vie quotidienne de ces premiers colons.

Les ruines de cette première ville du Nouveau Monde sont regroupées autour de deux zones. La zone militaire, connue sous le nom de Castillo, marque l'emplacement des bâtiments anciens en pierre. La zone d'habitation abritait la première génération de population civile, dont les maisons étaient provisoirement bâties en matériaux plus fragiles.

Dans la première zone, parmi d'autres vestiges, figurent ceux de la demeure du grand amiral Christophe Colomb, un édifice de deux étages bâti au bord des rochers et dont la tour mirador surplombait la ville. Quelques pierres signalent l'emplacement de la première église, où le père Bernardo Boyl célébra la toute première messe du Nouveau Monde, le 6 janvier 1494. C'est là que furent créés, le 24 avril de la même année, le premier hôtel de ville, sous la présidence de Giacomo Colomb, frère de Christophe, ainsi que le premier tribunal de justice. Puis vinrent le port et ses entrepôts.

Construite pour commémorer l'établissement des conquistadors, une église fut inaugurée par les souverains espagnols.

TEMPLO LAS AMÉRICAS - SANTUARIO JESUCRISTO ✝

Le Templo Las Américas de La Isabela, également appelé Santuario de Jesucristo Evangelizador (sanctuaire de Jésus-Christ l'évangélisateur), est l'une des toutes premières églises catholiques à avoir été érigée dans le Nouveau Monde. De taille modeste, ce que l'on peut en voir aujourd'hui est une reconstruction effectuée sur les ruines du temple original. On en fera la visite aussi bien pour sa valeur historique que pour les quelques très belles reliques qui y sont exposées.

FRICOLANDIA

El castillo
Ouvert tous les jours de 9h à 19h. 700 $ l'accès, gratuit pour les enfants (- de 10 ans).
1 100 $ le déjeuner-buffet.

Voici un petit paradis tropical à 3 km de La Isabella. Pour y accéder, il faut se diriger vers Luperón, et tourner immédiatement à droite au parc archéologique de La Isabela. Le mur blanc et l'hippocampe marquent l'arrivée à Fricolandia. L'entrée inclut l'accès à la plage et aux douches ainsi que l'usage du barbecue. Face à l'océan Atlantique, les visiteurs s'installent dans les bungalows ouverts, ou tout autour, en profitant des bars, d'un déjeuner buffet, et se baignent dans ce cadre idyllique. Possibilité de faire du jet-ski. En juillet, c'est un lieu de fête.

CÔTE NORD

LUPERÓN ★★

A 45 km de Puerto Plata. Luperón doit son nom au héros de la guerre de Restauration, le général métis Gregorio Luperón qui fut président de la République en 1880. La route depuis Puerto Plata est belle. Le village à l'architecture de style victorien, dont le port est niché au fond d'une baie profonde abritée par un dédale de mangroves, a été le théâtre d'un débarquement de patriotes ayant pris les armes contre la dictature de Trujillo, en 1959. Le groupe de neuf hommes venus de Cuba débarqua à Estero Hondo et sur la plage de Maimón pour lancer une guérilla contre le régime du dictateur. Les pêcheurs apprécieront ses eaux très poissonneuses.

LUPERÓN BEACH RESORT €€

Sur la plage
✆ +1 809 571 8303

Compter en saison basse au moins 100 US$ pour une chambre standard pour deux personnes.

L'hôtel est situé dans une crique charmante, à moins d'une heure de l'aéroport de Puerto Plata. Il est convivial et isolé avec tout le confort des *resorts* que l'on peut trouver sur l'île. Les chambres sont lumineuses, disposent de l'air conditionné et de la télévision. Parking sur place et accès à la plage. De nombreuses excursions et quelques activités comme la planche à voile sont également proposées. Une halte intéressante pour les amoureux de tranquillité. Accueil professionnel comme l'on peut s'y attendre d'un hôtel de cette catégorie.

COSTAMBAR

Cette zone, plus résidentielle que touristique, est située à 5 km à l'ouest de Puerto Plata. Les riches Santiagueros y ont leur résidence secondaire. Le lieu est également devenu la banlieue dorée de Puerto Plata. Des boutiques, quelques restaurants, un terrain de golf 9-trous, une agence (Country World Adventure Park) qui propose des activités d'aventure comme du quad, de la tyrolienne ou de la randonnée, voilà toutes les ressources de Costambar.

La plage est agréable, ombragée par les amandiers et protégée par un récif de corail. Elle est plus calme que les autres plages des alentours, voire même plus propre. Détente et repos garantis.

OLA DEL MAR €€

6 Calle Guarocuya
✆ +1 809 876 7105

Compter 350 US$ la semaine pour un appartement de deux personnes. 65 US$ la nuit. 800 US$ le mois. Parking.

Les appartements sont situés à l'intérieur de la communauté fermée de Costambar, à l'entrée de Puerto Plata et a deux minutes de marche de la plage. Ils disposent de salle de bains, d'électricité, de la télévision, du gaz et du wifi. Ils sont lumineux et assez grands. Dans l'enceinte de la résidence : supermarché, bar, boulangerie, coiffeur, restaurant, golf, terrain de tennis. Possibilité d'engager un cuisinier durant votre séjour ou encore une nounou pour garder les enfants. Une option au bon rapport qualité-prix. Accueil sympathique.

THE ANCHOR RESTAURANT €

C/ Almirante
✆ +1 829 970 6542

Ouvert midi et soir, fermé dimanche. Sandwich à partir de 100 $, plat principal entre 200 et 300 $.

Petite table dominicaine toute simple et pas chère tenue par le sympathique Marlon. Au menu : salades, plats de poisson et poulet accompagnés de petits légumes. Les assiettes sont bien présentées malgré la simplicité du lieu, ce qui n'est pas antagoniste. De bonnes boissons rafraîchissantes et une ambiance chaleureuse. Un brunch est proposé le dimanche matin. Le restaurant The Anchor tient sa page Facebook à jour. Il peut arriver que les horaires changent, ce qui est souvent signalé sur Facebook. Une adresse sympathique à Costambar.

SAM'S BAR & GRILL

21 Playa Real
✆ +1 809 837 6845

Ouvert du mardi au samedi 11h-20h et dimanche 9h-16h. Compter 400 $ le plat de pâtes et 180 $ le cocktail.

Ce bar de Puerto Plata très connu des expatriés a déménagé en 2015 à Costambar. On peut y grignoter un sandwich, se partager une assiette de nachos, y manger une salade, et bien entendu y boire une bière bien fraîche ou un jus de fruits désaltérant. Egalement quelques plats maritimes, comme du poisson pané, ou des *ribs* pour les amateurs. Les portions sont assez généreuses. L'établissement loue également des chambres à l'étage (hôtel Castilla). Bonne ambiance et accueil chaleureux. Nul doute que vous tomberez sur des compatriotes au Sam's Bar & Grill.

CÔTE NORD

COFRESÍ

C'est le fameux pirate Cofresi qui a donné son nom à la localité dans laquelle il serait enterré. C'est une petite bourgade en forme d'anse, dont la plage est bordée de cocotiers, elle se trouve à 5 km à l'ouest de Puerto Plata. La vue sur la baie est superbe, mais la mer n'est pas ici d'une propreté irréprochable, en particulier à cause des petites échoppes de boissons et de sandwichs qui envahissent la plage de Cofresi, principalement fréquentée par des Dominicains.

On peut y louer des appartements ou des maisons pour de longs séjours si l'on recherche le calme absolu, car les prix sont particulièrement compétitifs ici.

CHRIS ET MADY'S €€

Sur la plage
✆ +1 809 970 7502
Ouvert tous les jours de 8h à 23h.
Compter entre 10 et 15 US$ l'assiette, autour de 30 US$ pour un plat de langoustes.

Une grande paillote sertie d'un jardin de pelouse verte, face à la mer, tel est l'agréable cadre du restaurant de Chris et Mady. On y sert une cuisine internationale sans surprise, aux saveurs néanmoins goûteuses. Les amateurs de langoustes seront ravis. Sans oublier de commander une bière fraîche, fort appréciable quand la température est élevée. Service souriant et attentionné. Chris et Mady louent aussi des chambres : une chambre double (80 US$), deux suites pour 4 personnes (120 US$) et deux studios avec kitchenette pour 2 personnes (50 US$).

LOS TRES COCOS €€

La Roka Cofresi
✆ +1 809 970 7627
Ouvert tous les jours sauf mardi de 17h à 23h30.
Réservation conseillée en haute saison et les week-ends.

Ambiance calme et chaleureuse pour cette adresse aux dimensions réduites. On est accueilli sous la paillote tropicale de Los Tres Cocos avec le sourire par le chef autrichien et sa femme, l'un comme l'autre ne manquant pas de professionnalisme, avant de jeter un œil à la belle carte des vins. Côté plats, tout est frais et délicieux, de l'entrée au dessert. On appréciera par exemple les lasagnes au saumon, la pièce de viande et ses pommes de terre ou le plat pour les végétariens à base de riz et légumes. Pas de mauvais choix ici. Belle adresse.

OCEAN WORLD ADVENTURE PARK

Playa Cofresí
✆ +1 809 291 1000
www.oceanworld.net
Ouvert tous les jours de 9h à 18h.
Day pass : 3 000 $ adulte (repas et spectacle). 4 000 $ baignade dauphins.

Outre un centre de spectacles et de loisirs aquatiques, ce complexe compte une marina de 100 emplacements, un restaurant, une discothèque et un casino. Ce vaste parc marin et animalier propose, au travers de différents programmes, des rencontres avec les dauphins, les lions de mer et les requins. La visite des aquariums peuplés de raies, de requins et d'autres poissons tropicaux démarre l'excursion. On peut d'ailleurs pratiquer le *snorkeling* dans un aquarium. Un couple de tigres paresse dans un immense enclos et se laisse photographier à l'heure des repas. D'immenses volières permettent d'approcher des oiseaux exotiques, perroquets et toucans.

▸ **Quatre programmes principaux sont proposés :** la rencontre avec les dauphins, la nage avec les dauphins, la rencontre avec les lions de mer et la rencontre avec les raies manta et les requins, ainsi que des programmes combinés. Pour ceux qui ne seraient pas tentés par un contact direct avec les animaux, l'observation simple est également proposée. Des spectacles aquatiques ponctuent la journée.

Le programme de rencontre consiste en une séance d'approche et de caresses, à demi immergé jusqu'à la taille sur une plate-forme flottante dans un bassin délimité par des pontons où évoluent les dauphins. Le programme de nage avec les dauphins permet d'évoluer dans un grand bassin avec les mammifères. Différentes approches sont organisées, sous la houlette d'un dresseur et rien n'est laissé au hasard. Le clou du programme est le *foot pushing* qui permet au nageur de se faire propulser dans l'eau par deux dauphins qui le poussent en prenant appui sur ses plantes de pieds, sensations garanties. Un lagon tropical artificiel est également à la disposition des plongeurs armés de masques et de tubas qui découvriront poissons et récifs. Enfin, des aires de repos, une plage artificielle avec chaises longues et piscines avec cascades, permettent au visiteur de se remettre de ses émotions. Des séances de photographie ponctuent l'aventure ; les photos qui sont tirées en express sont proposées aux visiteurs à l'issue du programme choisi en de multiples formats (tarifs élevés). Les réservations sont obligatoires.

▸ **Ocean World Casino.** Ouvert tous les jours de 19h à 4h du matin. L'édifice de quatre étages, qui domine la marina et les infrastructures marines, compte un casino, un élégant restaurant gourmet (Ocean World Bistro), des espaces bars et une discothèque dernier cri, ouverte à partir de 22h30.

PUERTO PLATA ★★★

Puerto Plata, surnommée « la Fiancée de l'Atlantique », a pris son essor en 1978. Bordée par l'océan roulant ses vagues le long du Malecón, la ville présente l'harmonie caractéristique de ses coquettes maisons coloniales de style victorien. Les édifices de l'époque coloniale sont nombreux et, pour la plupart, bien restaurés, tout comme le centre-ville, les places, les rues. Depuis le Malecón, lorsqu'on remonte vers la mairie, il est agréable de parcourir des rues propres, bien entretenues, dans une ambiance de nonchalance tropicale et de croiser sur sa route de larges sourires amicaux. Plage à 5 minutes du centre-ville, à l'extrémité est du Malecón.

AMBER MUSEUM ★★

13 Beller
✆ +1 809 586 2848
www.ambermuseum.com
Ouvert de 9h à 17h (12h samedi), fermé dimanche. Tour guidé, pourboire bienvenu. Boutique sur place.

Longtemps installé dans une splendide maison coloniale de calle Beller, le musée de l'ambre a tout fraichement changé d'adresse et de concept. Si sa précédente version ressemblait plus à un museum d'histoire naturelle, il est désormais question de faire vivre l'expérience d'un mineur au visiteur. C'est donc la reconstitution d'un tunnel (vaguement convaincante) qui nous accueille et mène jusqu'à un atelier de taille de bijoux. Si vous souhaitez visiter de véritables mines, c'est possible, à 1h30 de Puerto Plata (sur demande).

CATEDRAL SAN FELIPE APÓSTOL ✝ ★

Calle José del Carmen Ariza

En bordure du parc central, ses tours blanches et la simplicité de son architecture donnent à cette cathédrale un petit air provincial. Datant de 1956, elle a remplacé l'église originelle (XVIe siècle) en bois détruite par un incendie en 1863, provoqué intentionnellement par les « Restaurateurs ». La construction de l'actuelle cathédrale démarra en 1929 sous l'égide de l'architecte Tancredo Aybar Castellanos. L'édifice religieux flanqué de deux tours est d'inspiration Art déco.

ESTRELLA AVENIDA ATELIER D'ARTISANAT EN CUIR ★

Calle Separacion
Esquina 12 de julio-Juan Bosh
✆ +1 829 720 5911
Ouvert de 9h à 17h.

Cette boutique propose divers accessoires en cuir, solides et finement travaillés. En parcourant le petit espace on choisit parmi sacs et besaces, portefeuilles, sandales, tongs, ceintures et bien d'autres choses encore, l'objet en cuir que l'on souhaite pour soi ou à offrir au retour de vacances. Il est possible de demander la confection d'un accessoire sur mesure, mais cela prend évidemment du temps. A voir avec la gérante. Néanmoins, le choix est assez vaste.

FARO DE PUERTO PLATA ★

Parque San Felipe

Le phare est emblématique de la région. Ce monument imposant fut fabriqué à partir de fer fondu par la Robert Hills and Sons, à la demande du gouvernement provisoire de Gregorio Luperón. Allumé pour la première fois le 9 septembre 1879, il mesure 24 m de hauteur et s'élève à environ 50 m au-dessus du niveau de la mer. A l'intérieur court un escalier en colimaçon. Sa visite présente aujourd'hui peu d'intérêt sauf pour le très beau panorama qui s'offre à nos yeux... A ses pieds s'étend le nouvel Anfiteatro de Puerto Plata, théâtre en plein air inauguré en 2016.

FORTALEZA SAN FELIPE ★★

Avenida General Gregorio Luperón
✆ +1 809 330 8876
Classé monument national. Ouvert de 9h à 17h, sauf le dimanche. Entrée : 40 $.

Edifice carré et imposant, composé d'une muraille encadrant une tour centrale ronde et crénelée. Sa position stratégique lui permettait de défendre efficacement l'entrée du port contre les attaques des pirates. C'est le seul bâtiment de Puerto Plata datant du XVIe siècle. La forteresse servit de cour de justice puis de prison militaire à plusieurs reprises, et notamment de 1930 à 1961, sous la dictature de Trujillo. A l'intérieur se tient un petit musée militaire ; on peut y voir la cellule de Juan Pablo Duarte, père de la patrie, qui y fut détenu en août 1844..

© MTCURADO - ISTOCKPHOTO

Centre historique de Puerto Plata.

MALECÓN ★★

Avenida General Gregorio Luperón

L'avenue Malecón, qui porte le nom d'Avenida General Gregorio Luperón, longe l'océan sur une longueur de 4 km. La promenade est agréable et bien entretenue : on y croise rollers, vélos et sportifs émérites en famille ou entre amis, profitant de la belle piste cyclable. Le Malecón s'anime le soir et en fin de semaine dans la partie correspondant au centre-ville. Vous vous en rendrez compte au fumet des nombreux stands de *frituras* et *chimichurris* qui l'envahissent. Mais la plage n'est malheureusement pas très belle, et la mer est polluée.

PARQUE CENTRAL ★

Centre névralgique de la ville, c'est le lieu de rendez-vous par excellence. Sa jolie gloriette octogonale verte et blanche à galeries de deux niveaux est une exacte réplique de l'originale datant d'une époque pas si lointaine (1880) où des orchestres municipaux animaient les dimanches. On y trouve les traditionnels cireurs de chaussures, les vendeurs de billets de loterie, les *motoconchos*, les vendeurs de boissons, de fruits, de *chulamia* (beignet de yucca, spécialité de la région)...Tout autour du parc, des édifices de pur style victorien montent la garde.

MERCADO ★★

Calle Villa Nueva

Tous les jours jusqu'à 17h.

Le marché d'artisanat, le Mercado Nuevo, s'abrite dans une structure de béton à l'architecture résolument moderne et agressive. Les stands proposent toute la production locale en matière de sculpture, de peinture, de vannerie, de textile et d'articles consommables, cigares, rhum... A l'écart, se tient le marché traditionnel avec ses étals colorés et abondamment fournis en fruits et légumes, abrités sous des parapluies ou de grandes bâches de plastique. On y pèse les produits sur des balances de fortune, les petits restaurants font salle comble.

PASO DE LOS HIDALGOS ★

« El Paso de los Hidalgos » est la première route terrestre construite par les conquistadors. Cette route entre La Isabela et Fort Santo Tomás de Jánico aurait été tracée en l'honneur de l'amiral Christophe Colomb et des premiers enfants de la noblesse espagnole qui auraient arpenté les lieux en mars 1494. La zone de Los Hidalgos est surnommée « Terre des coquelicots », fleur que l'on retrouve dans tout l'environnement. Renommée pour son caractère romantique, elle est célébrée chaque année en avril. C'est une période propice pour les déclarations d'amour.

TÉLÉPHÉRIQUE ET LOMA ISABEL DE TORRES ★★

Avenida Isabel de Torres
✆ +1 809 970 0501
Téléphérique ouvert tous les jours de 8h30 à 17h. Entrée : 580 $, tarif réduit pour les enfants de 5 à 10 ans.

Un téléphérique (sensations fortes garanties), inauguré en 1975, facilite l'ascension de cette haute colline – la Loma Isabel de Torres, au statut de parc national – qui se dresse, telle une sentinelle, au-dessus de Puerto Plata. C'est en raison de sa hauteur (la colline culmine à pas loin de 900 mètres d'altitude) et du large panorama auquel elle donne accès que Trujillo décida ici de la construction d'une forteresse. En postant des sentinelles ici, la ville était ainsi protégée, ou tout du moins en mesure de répliquer si une attaque par la mer venait à avoir lieu. De fait, bien que le sommet (où l'on trouve une cafétéria) soit souvent prisonnier des nuages, le mirador est aujourd'hui devenu une attraction touristique à part entière : le panorama sur la ville et sur l'ensemble de la baie est saisissant ! Trônant au-dessus de la coupole de cette forteresse, la statue d'un Christ rédempteur, plus modeste que son homologue du Pain de Sucre à Rio de Janeiro au Brésil, veille sur la ville. L'autre intérêt de la Loma Isabel de Torres, c'est son jardin botanique. C'est à l'ingénieur Benjamín Paewonsky que l'on doit cette création complète, datant de 1973. On suit des sentiers bordés par pas loin de 600 espèces végétales locales (594 arbres et fleurs exactement) tout en découvrant la reconstitution d'un habitat taïno traditionnel. Une visite recommandée, qui permettra en outre de faire le plein de fraîcheur quand au cœur de la ville la chaleur devient étouffante.

PORT AMBER COVE

Carr. Navarrete Puerto plata
✆ +1 829 735 0272
www.ambercove.com

Carnival Corporation a ouvert, fin 2015, un nouveau port pour bateaux de croisière Amber Cover, dans la baie de Maimon à Puerto Plata. Ce nouveau port peut accueillir simultanément deux bateaux transportant jusqu'à 4 000 passagers chacun. 65 millions de dollars ont été investis par Carnival dans ce projet qui a contribué à créer 800 emplois directs. C'est à ce jour le plus grand port de croisière de République dominicaine qui en compte 5. C'est une volonté du gouvernement dominicain afin de développer le tourisme dans la région.

ZONA BICI

C. San Felipe
✆ +1 849 630 5234
www.zonabicird.com
Tous les jours de 9h à 19h. Dès 400 $/h. Demi-journée dès 1 000 $, journée dès 1 500 $.

Après avoir envahi la zone coloniale de Santo Domingo, l'agence Zona Bici met à présent ses solides bicyclettes bleues à disposition pour visiter le vieux centre et le bord de mer de Puerto Plata. Plusieurs types de véhicules et des visites guidées. Parmi les points d'intérêt principaux, citons la calle Felipe (la fameuses rue aux parapluies), le paseo de Doña Blanca (personnage aussi célèbre que controversé qui participa à la création de Punta Cana), le paseo Malosa (ruelle commerçante) mais aussi la Puntilla et la Fortaleza.

ATELIER BRUGAL ★★

Avenida Luís Ginebra
✆ +1 809 261 1888
Ouvert du lundi au vendredi de 8h à midi et de 13h à 16h. 5 US$ la visite.

Il ne s'agit malheureusement pas de la visite d'une distillerie, mais de celle d'un atelier d'embouteillage spécialement aménagé à cet effet. Une galerie surplombe la salle où quelques employés surveillent la mise en bouteille automatisée du rhum et son conditionnement en carton. La visite (versions multilingues) présente notamment l'histoire de la marque Brugal. Hormis cela, pas d'intérêt particulier, si ce n'est le verre de daiquiri qui vous est offert en préalable à vos achats. Bon accueil cependant de toute l'équipe, heureuse de vous faire visiter.

HOTEL MONTESILVA €

Angle des avenues Luís Ginebra et Estancia
✆ +1 809 320 0205
1 200 $ environ pour une chambre double avec petit déjeuner.

Ce petit hôtel charmant se trouve au calme, un peu à l'écart du plein centre-ville. Le Montesilva est surtout fréquenté par des touristes dominicains, ce qui en fait un bon point pour ceux et celles d'entre vous en recherche d'authenticité. Les 7 chambres sont correctes, avec air conditionné et télévision. Une petite piscine pour se détendre, avec transats ou tables, vous attend dès votre arrivée et tout au long de votre séjour. L'ensemble de l'établissement est bien tenu et propre. Pas de service de restauration. Accueil sympathique et disponible.

TUBAGUA PLANTATION ECO LODGE €

Puerto Plata Rt 25 Carretera Turística Gregorio Luperón
✆ +1 809 696 6932
www.tubagua.com
De 65 à 115 US$ la nuit en occupation double selon le type d'hébergement. Repas en supplément.

Coup de cœur pour ce bout de paradis sauvage. Le gîte est rural et rustique, avec des vues inoubliables depuis le restaurant ou la piscine sur la baie de Puerto Plata. Seul écolodge du coin, il compte une trentaine de couchages répartis dans des dortoirs, cabanes individuelles et trois maisonnettes spacieuses avec WC privés et cabane de douche à l'arrière. Le domaine compte près de 5 ha, avec plusieurs sentiers de randonnée, une salle à manger panoramique et une cuisine bien équipée.

HÔTEL EL PALACIO €€

14 Calle Prof Juan Bosch
✆ + 1 809 261 0942
www.hotelelpalacio.com
Entre 2 500 $ et 4 500 $ selon la chambre. Petit déjeuner en supplément : 350/550 $. Transfert aéroport possible.

Cet hôtel se trouve dans l'un des bâtiments historiques de Puerto Plata et à une dizaine de minutes à pied du centre-ville. Les chambres sont propres et confortables, bien équipées avec penderie en bois, literie de qualité, salle de bains à la décoration soignée, télévision, air conditionné, wi-fi… Le petit déjeuner en supplément est bien garni et idéal pour démarrer la journée du bon pied. Le patio et la terrasse extérieure invitent à la détente, tout comme la piscine *rooftop* avec jolie vue sur la ville. Accueil souriant et disponible.

RUNNERS ADVENTURES

Plaza el Doral, Av. Manolo Tavarez Justo
✆ +1 809 320 1061
www.runnersadventures.com
Tarifs sur Internet et promotions.

© RUNNERS ADVENTURES PUERTO PLATA

Runners Adventures, spécialiste des excursions outdoor en République dominicaine, propose une belle gamme d'activités dans la région de Puerto Plata (Cabarete, Sosua, Cofresi et Playa Dorada) : excursion en catamaran VIP à Cayo Arena, tour de Puerto Plata, sortie vers les chutes d'eau de Damajagua, zipline, buggy et monkeyland.. Il y en a pour toutes les envies et conditions physiques. Rendez-vous sur le site Internet pour choisir votre excursion et la réserver. L'équipe vous accompagnera avec professionnalisme et bonne humeur. Une agence sûre et sérieuse.

IBEROSTAR COSTA DORADA ALL INCLUSIVE €€

Carretera Luperon, km 4
www.iberostar.com

Cet Iberostar est l'un des six hôtels de la chaîne présents sur le territoire dominicain. La bonne nouvelle c'est que tous sont hyper écologiques et activement engagés dans la protection de l'environnement. Par exemple, on ne trouve rien en plastique dans l'hôtel. La nourriture est issue d'une économie circulaire et largement écoresponsable et des ateliers (plantation d'arbres) sont organisés. Pour le reste, chic et confort sont au rendez-vous. Plus d'infos sur le site internet !

SENATOR RESORT ET SPA €€€

Carr. Navarrete Puerto plata ✆ +1 809 320 40 00
www.senatorpuertoplatasparesort.com
Chambre double entre 120 US$ et 180 US$ selon la saison, tout compris. Nombre minimum de nuits parfois requis.

L'hôtel Senator jouit d'une belle situation, adossé à une colline et posé juste au bord de la mer, et son aile ouest dispose d'un mirador donnant sur la baie : un lieu spectaculaire à l'heure du coucher du soleil ! Fonctionnant en toute autonomie, l'hôtel dispose, entre autres, de plusieurs boutiques et restaurants (dont un buffet à volonté), d'une pizzeria, d'une piscine, d'un spa et d'une salle de spectacle à la programmation riche et variée ! Les chambres sont quant à elles jolies et dotées d'une literie confortable. Un *all-inclusive* qui se démarque.

CÔTE NORD

AGUACEROS BAR & GRILL €

32 Malecón
✆ +1 809 586 2796
Ouvert tous les jours à partir de 9h.
Compter 650 $.

Un restaurant à la mode, bien connu des locaux et apprécié des touristes, tout proche de l'océan. A l'Aguaceros Bar & Grill on y sert des burgers à l'américaine ou à la mexicaine, des pièces de viande avec frites, des salades, des nachos à partager… Le tout dans un cadre simple à la décoration sobre et épurée. On peut aussi y prendre un verre avant de se rendre à la discothèque toute proche. N'oublions pas les bons jus de fruits et les quelques desserts. Ambiance conviviale, service souriant et disponible. Une adresse à tester.

BIG LEE'S BEACH BAR & GRILL €

Avenida General Gregorio Luperón
✆ +1 829 868 0017
www.bigleesbeachbar.com
Ouvert tous les jours de 11h à 18h30.
Petit-déjeuner à 195 $, hot-dog à 125 $, combo burger-frites de 250 à 375 $.

Ouvert en 2011 par Big Lee, un retraité venu de Chicago, le Big Lee's Beach Bar & Grill est une charmante cabane tropicale les pieds dans le sable. Big Lee et son équipe vous accueillent à bras ouverts avec le sourire pour vous faire passer un bon repas à toute heure de la journée. On y sert fish & chips, burgers et hot-dogs dans une ambiance relax. Ce Bar & Grill constitue par ailleurs une bonne option pour le petit déjeuner tout comme pour l'apéro !

EL AREPAZO VENEZOLANO €

Calle Profesor Juan Bosch
✆ +1 809 320 0986
Ouvert tous les jours 8h-22h (dim 14h-22h).
On mange très bien pour 150/200 $.

Petite échoppe vénézuélienne sans prétention. A l'Arepazo Venezolano on y mange de très bonnes arepas, empanadas, tequenos et autres spécialités du Venezuela, ou le plat du jour. En dessert, place à de la banana flambée bien sucrée, une coupe de glace ou une part de gâteau au chocolat. Le tout à des prix totalement bas. Les petits budgets et les grands appétits seront ainsi plus que satisfaits. N'oublions pas les boissons fraîches pour accompagner les plats. Ambiance chaleureuse et service dynamique dans la bonne humeur. On aime !

EL PATIO DE FRIDA €

C. Profesor Juan bosch, 30
✆ +1 809 502 8597
www.facebook.com/elpatiodefridard
Mar-ven 18h-23h, week-end 13h-23h.

Hommage à Frida Kahlo et au Mexique, ce nouveau restaurant de Puerto Plata a de beaux jours devant lui ! Contemporain, *arty* (jetez donc un œil à la magnifique fresque à l'intérieur du restaurant) et gourmet, El Patio de Frida propose une version colorée et pleine de saveurs des grands classiques de la cuisine mexicaine. Présentation soignée, aliments triés sur le volet, atmosphère relax et service très professionnel, c'est à n'en point douter l'adresse à tester lors d'un passage à Puerto Plata. Au bout du fameux Paseo Doña Blanca !

JAMVI'S €€

Malecón
✆ +1 809 320 7265
Ouvert tous les jours de 11h à 1h.
Compter entre 600 $ et 1 000 $.

Une très jolie terrasse sous un toit de cana, noyée dans la verdure, qui domine le Malecón, voilà le cadre du Jamvi's restaurant. On y sert principalement des pizzas et une cuisine internationale dans une ambiance simple et bon enfant. Quelques spécialités dominicaines sont aussi proposées à la carte. Chacun trouvera le plat qui lui donne envie. Sans oublier les boissons rafraîchissantes et l'accueil chaleureux des propriétaires. Les enfants auront l'occasion de s'occuper dans l'aire de jeux. Une option de restauration à petit prix.

KAFFE €€

42 Calle Profesor Juan Bosch
✆ +1 809 261 3440
Ouvert du mardi au dimanche de 8h30 à 22h45.
350-500 $ le plat principal.

Ouvert en 2014 dans une maison coloniale située à deux pas de la place centrale, Kaffe offre la possibilité, en plus d'accompagner son petit déjeuner d'un excellent café, de goûter à quelques plats internationaux simples et bien faits dans la vaste arrière-cour tropicale de la demeure, ou bien dans l'une des nombreuses pièces au charme suranné que comptent le rez-de-chaussée et le premier étage. Bonne option pour un mojito également. Sans oublier l'alléchante carte des smoothies, bien frais et fruités. Service souriant et ambiance conviviale.

SKINA BAR & RESTAURANT

Calle 12 de Julio

✆ +1 809 979 1950

Ouvert tous les jours sauf mardi de midi à minuit. Compter 700 $ le plat.

Dans un cadre enchanteur, la terrasse ombragée et boisée, invite à la détente et à la dégustation. La carte des boissons est variée, les cocktails sont délicieux et rafraîchissants. La carte est raffinée et propose des menus internationaux et typiques avec des spécialités de fruits de mer. Également des pièces de viande accompagnées de riz ou de frites maison. Les portions sont assez généreuses et l'on y passe un agréable moment. Le Skina Bar & Restaurant est une excellente table à Puerto Plata. Le tout à prix raisonnables et avec un service impeccable.

ANFITEATRO DE PUERTO PLATA

Parque San Felipe

Inauguré en avril 2017 par l'ancien président dominicain Danilo Medina et le ministre du Tourisme, cet amphithéâtre grec en plein air face à la mer accueille tout au long de l'année de nombreux spectacles et concerts d'artistes nationaux et internationaux. Il est entouré du fort de Fortaleza et du parc La Puntilla. Son design et sa capacité de 7 000 personnes (5 000 en gradins et 2 000 sur les espaces verts alentours) en fait l'un des plus grands et des plus modernes des Caraïbes.

PLAYA DORADA

Ce très important complexe touristique se trouve à 4 km à l'est de Puerto Plata. Plusieurs chaînes hôtelières internationales s'y sont implantées et la quinzaine d'hôtels et de resorts, tous d'un excellent standing, totalisent plus de 4 500 chambres et proposent de très nombreuses activités, de la pêche au gros aux cours de mérengué.

Restaurants, bars et discothèques, casinos sont légion et vous n'aurez que l'embarras du choix. Ici, peu d'authenticité, mais une atmosphère de vacances. La plage de Playa Dorada est belle et protégée par des récifs coralliens. Chaque hôtel a aménagé son bout de plage où l'on peut pratiquer tous les sports nautiques.

BLUE JACKTAR €€

Playa Dorada

✆ +1 809 320 3800

www.bluejacktar.com

A partir de 140 US$ par personne et par nuit. Promotions pour les réservations en ligne. Petit déjeuner inclus.

L'hôtel Blue Jacktar, classique, élégant et bien agencé, donne directement sur la plage. Vous profiterez ainsi de l'espace privé pour les clients. Les 500 chambres sont très confortables et lumineuses (terrasse ou balcon, climatisation, télévision, literie de qualité, mini-réfrigérateur, téléphone...). De nombreuses activités et animations sont à votre disposition, ainsi que les 4 restaurants (1 buffet et 3 à la carte), les bars et le casino. Piscine. Ambiance informelle et agréable. Une belle option pour un séjour de qualité.

GRAND PARADISE PLAYA DORADA €€

332 Playa Dorada

✆ +1 888 774 0040

www.grandparadiseplayadorada.com

A partir de 140 US$ la chambre double en formule tout-inclus.

Le complexe compte 425 chambres de différentes catégories qui s'organisent en village, au bord de la plage. Confort (télévision câblée, air conditionné, terrasse) et calme. Deux restaurants à la carte, le Michelangelo et l'Eden Grill, et un buffet, une immense piscine, une plage bien aménagée, des activités sportives et une animation digne de nos plus célèbres clubs de vacances. La boîte de nuit, Crazy Moon, et le casino sont très fréquentés en fin de semaine. Miniclub de 4 à 12 ans.

HOTEL BE LIVE GRAND MARIEN €€

Carretera Luperón

✆ +1 809 320 1515

www.belivehotels.com

La formule all inclusive est à partir de 160 US$ pour deux.

Voilà un hôtel en formule tout inclus de très bon niveau. Il compte 332 chambres et suites de différentes catégories, vastes et confortables (réfrigérateur, service de cafetière, sèche-cheveux, coffre...), donnant sur l'océan ou sur les jardins. Bémol sur l'insonorisation. Restaurants, bars, piscine, activités multiples, club enfants... Le personnel n'est malheureusement pas toujours très accueillant et les marchands ambulants sur les plages peuvent peser sur la quiétude désirée.

CASA COLONIAL BEACH & SPA €€€

✆ +1 809 320 3232
www.casacolonialhotel.com

De 220 US$ à 1 500 US$ la nuit pour 2 personnes. Cet hôtel n'offre pas de formule tout-inclus.

Très luxueux et subtilement décoré, il compte seulement 50 chambres et suites contemporaines très raffinées, décorées dans un style épuré de beige et de blanc. Elles sont abritées dans un édifice de deux niveaux qui se perd dans un jardin tropical en bord de plage. Deux restaurants dont le Lucia, un grand bar intérieur, une piscine en hauteur qui domine la plage, des bains bouillonnants, un Spa sophistiqué, une plage aménagée complètent les services de l'hôtel.

GRAN VENTANA BEACH RESORT €€€

✆ +1 866 376 7831
www.vhhr.com

A partir de 260 US$ la chambre double, en formule tout-inclus. 50 % de réduction pour les enfants de 2 à 12 ans.

Cet hôtel est l'un des plus élégants des tout-inclus du complexe de Playa Dorada. La décoration de style méditerranéen est chaleureuse et raffinée, tout comme l'ambiance générale. Les 506 chambres et suites sont spacieuses et fort bien aménagées (air conditionné, téléphone, télévision câblée, balcon). Les 4 restaurants proposent une cuisine de qualité, variée et savoureuse (buffet et restaurants thématiques à la carte). La plage est bien aménagée et propose de nombreuses activités.

LUCIA €€€

Hôtel Casa Colonial
✆ +1 809 320 3232
www.casacolonialhotel.com

Ouvert tous les jours de 18h30 à 23h. Compter entre 60 et 75 US$ le repas. Réservation conseillée.

C'est la table la plus exclusive de Playa Dorada dans l'exceptionnel hôtel-spa Casa Colonial. Un restaurant raffiné au décor actuel très soigné, élégant et sobre, qui propose une cuisine fusion de très haute qualité, entre Asie et Caraïbes, avec des racines italiennes. Une belle carte de vins viendra compléter un charmant dîner dans ce rendez-vous de la jet-set locale, qui offre une vue superbe sur la lagune. Grand choix de cafés haut de gamme. Dans le même hôtel, une autre table gastronomique, un peu moins sophitiquée : la Véranda.

PLAYA DORADA PLAZA

Ouvert tous les jours de 8h à 23h.

Le Playa Dorada Plaza est un grand centre commercial de deux niveaux. Vous y trouverez toutes sortes de boutiques de vêtements, des bijouteries, des épiceries, des bars, un cinéma multisalles, une banque, une pharmacie et des agences d'excursions… A noter, La Casa del Puro, une boutique de cigares au service agréable, qui propose plus de 400 sortes des meilleurs crus disponibles au monde, à des tarifs tout à fait corrects. Si vous souhaitez envoyer du courrier vers l'Europe, le centre commercial abrite également une boîte aux lettres.

VIVA WYNDHAM V HEAVENS

✆ +1 809 261 8699
www.wyndhamhotels.com

A partir de 130 US$ par nuit et par personne en formule tout inclus.

Pour trouver ce très joli resort de bord de mer en formule all inclusive de la chaîne Viva Wyndham, rendez-vous à Playa Dorada, à l'entrée est de Puerto Plata. Le resort, adults-only, bordé d'une jolie végétation luxuriante, propose trois catégories de chambres : chambre Bliss (lit king size), chambre Nirvana (4 personnes), ou suite Amnesia, toutes bien équipées et confortables. On prend plaisir à flâner sur la plage, autant qu'à se rendre au gymnase, au spa ou au théâtre ! Nombreuses options de restauration, dont un beach-bar. Très belle adresse !

GOLF

✆ +1 809 320 4262
www.playadoradagolf.com

Ouvert tous les jours. Green fee de 50 US$ pour le 9-trous et de 75 US$ pour le 18-trous. 15 US$ la location de clubs.

Dessiné par Robert Trent Jones en 1978, le parcours intéresse tous les golfeurs, quel que soit leur niveau. Il compte un petit lac intérieur et un trou en bord de mer. Parmi les options : 9, 18 ou 36 trous. Des leçons pour tous les niveaux, débutants et confirmés sont proposées sur réservation (tarifs sur le site Internet). Pour manger un bout, deux restaurants. Pour se divertir en dehors des parcours de golf, une salle de jeux. Une boutique. Le golf de Playa Dorada est donc accessible à tous, contredisant la croyance que le golf n'est réservé qu'à une élite.

CENTRE

C'est le jardin de la République dominicaine. On accède au cœur du pays et à la région de Cibao en empruntant l'escalier des trois cordillères qui culminent à 3 175 mètres avec le Pico Duarte, propice à de nombreuses randonnées (l'ascension complète est réservée aux plus aguerris d'entre vous ayant suivi une bonne préparation physique en amont). Ces Alpes dominicaines sont également un véritable grenier agricole.

Le centre abrite plusieurs grandes villes qu'il faut découvrir. Située dans la vallée du Cibao à la terre fertile, la province de Santiago de Los Caballeros est une région agricole, mais c'est aussi le centre industriel du pays. Sa capitale est la deuxième ville la plus importante du pays. Elle est connue dans le monde entier pour ses plantations de tabac et pour sa longue tradition liée à la culture, à la récolte, à la transformation et au commerce du tabac haut de gamme et particulièrement en cigares de luxe.

Centre
Autopista de peaje
Carretera principal
Carretera secundaria
Carretera importante
Límite estatal y territorial
Límite regional
Ville
PEPILLO SALCEDO
Castañuelas
Villa Vásquez
Villa Elisa
Hatillo Palma
La Caya
Los Hidalgos
Guananico
Altamira
Montellano
Las Matas de Santa Cruz
Guayubín
Jablón
Maizal
Jicomé
MONTECRISTI
Yaque del Norte
Laguna Salada
El Limón
Pedro García
Jamao al Norte
Veragua
Sabana de Yásica
Gaspar Hernández
Presa de Chacuey
Presa de Maguaca
Cana Chapetón
Jablón de Pueblo Nuevo
Navarrete
Esperanza
Amina
Palmar Arriba
Joba Arriba
PUERTO PLATA
Parque Nacional El Choco
ESPAILLAT
DAJABÓN
Partido
MAO
VALVERDE
Villa González
Tamboril
Blanco Arriba
SABANETA
La Canela
DAJABÓN
El Pino
SANTIAGO RODRÍGUEZ
MONCIÓN
SANTIAGO
Licey al Medio
MOCA
HERMANAS MIRABAL
SALCEDO
Loma de Cabrera
Los Almácigos
Presa de Mao
El Rubio
Parque Nacional Histórico La Vega Vieja
SAN FRANCISCO DE MACORÍS
SAN JOSÉ DE LAS MATAS
Janico
Sabana Iglesia
Presa de Bao
Presa de Tavera
Río Verde Arriba
Villa Tapia
Restauración
Parque Nacional J. Armando Bermúdez
SANTIAGO
DUARTE
El Pozo
Río Limpio
Parque Nacional Nalga de Maco
Juncalto
LA VEGA
Cenoví
Arenoso
Las Coles
Ranchito
Hostos
Villa Riva
Agua Santa del Yuna
HAITÍ
ELÍAS PIÑA
CORDILLERA CENTRAL
Presa de Bejucal
Jima Abajo
Angelina
La Bija
Guaraguao
PARQUE NACIONAL JOSÉ DEL CARMEN RAMÍREZ
Pedro Santana
Pico Duarte 3175 m
JARABACOA
Fantino
La Mata
Bánica
Sabana del Puerto
Presa de Rincón
COTUÍ
La Cueva
Maiagual
Presa de Hatillo
SAN JUAN
Presa Sabaneta
Cevicos
SABANETA
SÁNCHEZ RAMÍREZ
CONSTANZA
BONAO
Maimón
Sabana Grande de Boyá
ELÍAS PIÑA
Matayaya
Las Matas de Farfán
Sabina
Sonador
Presa del Alto Yuna
Piedra Blanca
Pedro Corto
Juan de Herrera
Peralvillo
Don Juan
MONTE PLATA
El Llano
MONSEÑOR NOUEL
SAN JUAN
Bohechío
Guayabal
El Puerto
Juan Adrián
YAMASÁ
Monte Plata
Hondo Valle
El Cercado
Parque Nacional Montaña La Humeadora
San Francisco
Padre Las Casas
Rancho Arriba
Los Botados
Parque Nacional Sierra de Neiba
Vallejuelo
PERAVIA
Villa Altagracia
SANTO DOMINGO
20 KM

PAGES

Le versant nord de la cordillère centrale dominicaine est parsemé de villes et villages se dédiant principalement à l'agriculture. Les paysages aux reliefs prononcés s'avèrent fertiles et verdoyants, à La Vega notamment, dont la vallée est surnommée le « jardin des Antilles ». C'est dans cette région aussi que l'on trouve la deuxième ville du pays, la vibrante et lascive Santiago de los Caballeros.

Au sud de la cordillère centrale du pays, une vaste zone verdoyante et montagneuse s'étire jusqu'au littoral sud. C'est ici que l'on trouve le Parque Nacional José del Carmen Ramirez, ses conifères et ses pins créoles, mais surtout le plus haut sommet des Antilles : le Pico Duarte. la bourgade de Jarabacoa mérite une halte aussi, centre de l'écotourisme dominicain, tout comme Constanza, zone de tourisme de montagne plutôt huppée.

Si la nature est généreuse comme dans le reste de la cordillère, les reliefs tout comme le climat sont plutôt doux dans la région de Jarabacoa. Si bien que la zone s'est peu à peu convertie en centre d'écotourisme et de tourisme actif. On s'adonne aussi bien au rafting, au canyoning qu'au VTT et à la randonnée au cœur de forêts de sapins.

Les mordus de nature et de randonnée se rendront ici pour effectuer la sportive ascension du Pico Duarte, plus haut sommet de la Caraïbe ! Pour atteindre les 3 175 mètres dominant l'île, comptez 2 à 3 jours et une bonne dose de motivation. La beauté des paysages changeant est saisissante.

SANTIAGO DE LOS CABALLEROS ★★

Bienvenue à Santiago de los Caballeros qui signifie en français Saint-Jacques des Chevaliers. La deuxième ville de la République dominicaine se niche au cœur de la vallée du Cibao, qui représente le triptyque gagnant du pays : berceau du *merengue*, du rhum et du tabac. Santiago de los Caballeros est à 166 km de Santo Domingo, à 61 km de Puerto Plata. On y arrive par l'autoroute Duarte après avoir traversé la magnifique plaine vallonnée du Cibao, nom taïno signifiant « altitude et montagnes ». Santiago est le centre industriel du pays et la deuxième ville de la République dominicaine. C'est une ville prospère d'environ 500 000 habitants. Elle est la capitale du rhum et du cigare !

Fidèle à ses traditions, Santiago est célèbre pour son carnaval des mois de février et d'août. Il faut y voir les cohortes de *lechones* (déguisements de porcs) représentant le diable ; leurs déguisements multicolores parsemés de petits morceaux de miroirs et de décorations sont surmontés de masques en papier mâché dont les cornes permettent d'identifier les deux groupes traditionnellement rivaux, les Pepines et les Joya. Mais Santiago est aussi le berceau du *merengue*, de Monte Adentro. Il se danse au son de la *guira*, cet instrument en forme de râpe que l'on gratte avec un frottoir, accompagnée du tambour et de l'accordéon, et est interprété par des trios appelés *pericos ripiaos*. L'activité intense de Santiago ne cesse jamais malgré la chaleur de ses rues étroites où les cris des vendeurs ambulants qui encombrent les trottoirs rivalisent avec le bruit de la circulation. Cependant, ne vous fatiguez pas trop le jour, car les nuits vous réservent bien des surprises. En effet, Santiago est réputée pour sa vie nocturne intense, où les rencontres s'organisent autour des nombreux bars. D'ailleurs les clubs, les cinémas et les discothèques ne ferment souvent qu'au petit matin.

La ville est belle et riche en édifices coloniaux de style victorien. Pour la visiter, il est possible de louer les services d'un taxi pour quelques heures ou une calèche à partir du parque Duarte ou du parque central. Il est recommandé de négocier le prix de la course avant le départ.

Carnaval de Santiago.

Histoire. En 1504, fidèle à ses habitudes, le grand amiral Colomb ordonna la construction d'une forteresse sur les rives du fleuve Yaque del Norte afin de protéger les mines d'or de la région. Une première colonie de cultivateurs espagnols s'y établit, composée de 30 chevaliers qui lui donnèrent son nom : Santiago de los Treinta Caballeros. La ville originelle fut construite dans une zone connue sous le nom de Jacagua, à quelque 6 km de sa situation actuelle. En 1507, le roi Ferdinand le Catholique lui concéda le titre de ville. Elle ne devait connaître qu'une brève existence, car, en 1562, un violent tremblement de terre la détruisit ainsi que les villes de La Concepción et de La Vega Real.

Reconstruite en 1563 sur son emplacement actuel, Santiago a joué un rôle important tout au long de l'histoire dominicaine. Brûlée par l'armée haïtienne lors de sa retraite de l'ancienne colonie espagnole en 1804, elle prit part à la guerre d'Indépendance en 1844, devint temporairement la capitale du pays en 1857 et participa à la guerre de restauration de la République, entre 1863 et 1865. Elle méritait bien qu'on y proclamât la restauration de la République, ce qui fut fait le 4 septembre 1863.

Destinée ou héritage politique, la ville a fourni à la République un grand nombre de ses présidents. Son emplacement au cœur du riche et fertile Cibao lui confère une importance économique capitale : production agricole (café et canne à sucre), exploitations minières et forestières et élevage de bovins. Ses grandes industries restent cependant le tabac, le sucre et le rhum. De quoi rendre les hommes heureux… D'autant plus que la ville abrite l'une des zones franches les plus importantes du pays. Mais ne croyez pas qu'on se contente d'y produire du tabac et du rhum, Santiago assure également la relève intellectuelle du pays grâce à ses deux grandes universités : l'université technologique de Santiago et l'université catholique Madre y Maestra.

CATEDRAL SANTIAGO APÓSTOL EL MAYOR ★★

Calle 30 de Marzo
✆ +1 809 582 2094
Ouvert tous les jours de 8h à 21h.

Construite au XIXe siècle (de 1868 à 1895) dans un mélange de styles gothique et néoclassique, la cathédrale Santiago Apostol El Mayor possède un autel d'acajou ainsi que de très beaux vitraux réalisés par l'artiste dominicain Rincón Mora. Et comme les Dominicains ne craignent pas la contradiction, la tombe du tyran Ulises Heureaux s'avère être voisine avec celles de nombreux héros de la guerre de Restauration ! L'un des plus imposants bâtiments du pays.

CENTRO CULTURAL EDUARDO LEON JIMENES ★★★

146 Avenida 27 de Febrero
✆ +1 809 582 2315
www.centroleon.org.do
Ouvert tous les jours, sauf le lundi, de 10h à 19h.
Entrée : 150 $.

La vocation du centre, qui se veut l'un des plus modernes des Caraïbes, est une sensibilisation à l'art et à la culture dominicaine. Outre les expositions temporaires, trois expositions permanentes permettent de s'imprégner de l'âme dominicaine. Il ne faut pas non plus oublier les jardins et la reproduction de l'authentique fabrique de cigares Jimenez...

Les parcours sont très didactiques et ludiques, et toutes les techniques modernes facilitent les approches. « Signes d'identité » propose une exposition d'anthropologie sensiblement équivalente à celle du musée de l'Homme dominicain de Saint-Domingue, avec la présence de témoignages de toutes les cultures ayant forgé la culture dominicaine ; on verra notamment une large collection d'objets de la culture taïno, de belles pièces récupérées des galions espagnols échoués dans les eaux dominicaines, une approche des origines africaines, du syncrétisme religieux et de la vie quotidienne au XIXe siècle. « Genèse et Trajectoire » (deuxième niveau) est une exposition d'arts plastiques contemporains : sont présents quelques grands maîtres de la peinture dominicaine dont Jaime Colson. La famille Jiménez est mise à l'honneur dans l'exposition « Empreinte et Mémoire » (deuxième niveau de l'édifice réplique de La Aurora) qui retrace le trajet de cette véritable dynastie du tabac de 1903 à 2003 au travers de documents et de photos, de l'achat des premiers terrains à l'internationalisation de ses produits.

FABRIQUE DE CIGARES LA AURORA ★★★

Zona Franca Tamboril
✆ +1 809 575 1903
www.laaurora.com.do
Visite gratuite (30 minutes) du lundi au vendredi de 8h à 17h avec des guides francophones.

Fondée par Eduardo León, la manufacture existe depuis 1903. Le groupe industriel, l'un des plus importants du pays, fabrique aujourd'hui des cigares sous les marques La Aurora et León Jimenez, des cigarettes réservées à la consommation nationale, et des bières. Vous visiterez ici une reconstitution des ateliers, la société ayant déménagé dans la banlieue de Santiago. La visite est intéressante et se termine sans surprise dans la boutique où les prix sont attractifs.

JARDÍN BOTÁNICO DE SANTIAGO

Avenida del Botánico Dr. José de Jesús Jiménez Almonte,1
✆ +1 809 489 2400
www.botanicodesantiago.com

Également connu sous le nom de parc Eugenio de Jesús Marcano, le jardin botanique de Santiago de los Caballeros est un espace tout entier dédié à la préservation de la variété des essences naturelles de la région. Véritable parc à thème, y sont présentées, à travers diverses sections que l'on traverse à pied ou à vélo (une piste cyclable fait le tour complet du jardin), les espèces botaniques les plus emblématiques de la vallée du Cibao. Les locaux aiment venir y pique-niquer.

MONUMENTO A LOS HÉROES DE LA RESTAURACIÓN ★★

Avenida Monumental
Ouvert tous les jours, sauf le lundi, de 9h à 17h.
Entrée : 60 $.

Symbole de la ville de Santiago, planté au centre d'une esplanade fleurie, sur une colline à la périphérie du centre-ville, il fut érigé dans les années 1940 comme monument à la Paix de Trujillo. C'est une structure de marbre blanc de 67 m de hauteur surmontée d'une colonne. L'intérieur comprend quatre niveaux abritant une série de petits musées sans réel intérêt. De son sommet (qu'on atteint à pied ou en ascenseur), on découvre une vue superbe de Santiago et de la vallée du Cibao.

PALACIO CONSISTORIAL ★

Calle del Sol
✆ +1 809 971 2033

Le Palacio Consistorial fut construit au XIXe siècle pour abriter l'hôtel de ville. Il se trouve à proximité du Parque Nacional, lieu de vie et de passage de la population locale. Le Palais est aujourd'hui le centre culturel de la ville avec un musée (gratuit) qui retrace l'histoire de Santiago au travers notamment de photos datant de la fin du XIXe, début du XXe siècle. Malheureusement il est peu fourni, néanmoins vous y observerez une exposition sur les costumes du fameux carnaval. Depuis l'étage, belle vue sur une partie de la ville.

PARQUE DUARTE ★

Parque Duarte

Cœur battant de la ville, c'est le rendez-vous des Santiagueros, le point de départ des taxis et des calèches, le lieu de travail des petits cireurs de chaussures et des vendeurs de billets de loterie. On peut y passer des heures à se reposer à l'ombre de grands arbres tout en observant l'agitation alentour. Au centre, le traditionnel kiosque ombragé de style victorien et tout autour de jolies maisons en bois. Un parc emblématique qui constituera un point de passage obligé, tout comme le parque central et la calle Benito Monción.

DISTILLERIE DE RHUM BERMUDEZ ★★

Avenida Bermudez
✆ +1 809 276 1852

Se renseigner auprès de l'office de tourisme.

L'un des premiers compagnons de Christophe Colomb lors de ses voyages vers le Nouveau Monde s'appelait Don Diego Bermúdez, c'est lui qui aurait apporté la canne à sucre, ingrédient de base dans le traitement de rhum. Des siècles plus tard, la maison porte toujours son nom, et fabrique l'une des trois plus grandes marques de rhum du pays. Il est possible de visiter la distillerie et, bien entendu, de repartir avec les nombreux produits du magasin. Intéressant.

HOTEL COLONIAL €

109-113 Calle Salvador Cucurullo
✆ +1 809 247 3122

Compter autour de 700 $ pour une chambre sans petit déjeuner.

Les chambres, réparties sur trois édifices voisins, sont sans aucun charme et assez petites, mais très propres (avec télévision, eau chaude, certaines avec air conditionné) et bien situées dans le centre. L'option de l'hôtel Colonial comme hébergement est idéale uniquement quand on doit passer une nuit à Santiago. Juste à côté, le même propriétaire possède le Colonial Deluxe, plus confortable... mais plus cher ! Néanmoins, l'accueil est agréable et tous les points d'intérêt de la ville se trouve à proximité, ainsi les voyageurs à pied apprécieront.

W HOSTAL SANTIAGO GUESTHOUSE & BACKPACKERS €

C/ de Sol, 13 ✆ +1 809 847 4556
www.whostal.com

A partir de 30 US$ la chambre double, 13 US$ le lit en dortoir. Pas de petit déjeuner. Réception ouverte 24h/24.

Ce petit hostel ouvert au printemps 2018 est idéalement situé pour les voyageurs à pied. Il dispose de chambres doubles privées (avec lits jumeaux ou doubles) et de dortoirs bien tenus (pour 6 personnes), d'un blanc immaculé. C'est propre, simple et pas cher. Wifi et air conditionné dans l'entièreté du bâtiment. Accueil disponible à tout moment de la journée. Ambiance agréable d'une auberge de jeunesse. Bonne option pour les backpackers et les petits budgets.

CAMP DAVID RANCH €€

A 20 min de Santiago.
Prendre la route en direction de La Cumbre.
✆ +1 809 276 6400
www.campdavidranch.com

Compter 130 US$ la chambre double, petit déjeuner compris.

La vue panoramique sur la montagne environnante et sur la région du Cibao est de toute beauté. En tout, le Camp David Ranch dispose de 18 chambres avec salle de bains, balcon, climatisation, télévision et wifi. Le propriétaire a une âme de collectionneur puisqu'il a racheté une quantité impressionnante de Jeeps et de voitures particulières ayant appartenu au dictateur Trujillo. Il a ainsi pu ouvrir un petit musée d'automobiles anciennes. Pour les repas, un restaurant de cuisine dominicaine classique avec une belle cave à vins.

Fabrication des cigares.

HODELPA CENTRO PLAZA €€

54 Calle Mella
✆ +1 809 583 6666
www.hodelpa.com
Compter à partir de 100 US$ la chambre double, avec petit déjeuner. Parking.

En plein centre-ville, dans la zone la plus animée, mais aussi la plus bruyante. L'Hodelpa Centro Plaza se trouvait être l'hôtel le plus luxueux de la ville avant la construction du Gran Almirante. Les 72 chambres sont confortables et bien équipées avec l'air conditionné, la télévision câblée, le téléphone... Un restaurant au dernier étage avec vue panoramique sur la ville vous accueille pour déguster une cuisine locale et internationale. Petite salle de gym et casino ouvert jusqu'à 4h du matin pour les addicts. Petit déjeuner très complet de type buffet.

MATUM HOTEL & CASINO €€

1 Avenida Las Carreras
✆ +1 809 581 3107
www.matum-hotel-casino.com
Compter 65 US$ la chambre double, avec petit déjeuner.

Un peu excentré, cet hôtel, situé sur une large artère passagère, est bruyant. Les chambres et suites, disposées autour d'un patio intérieur, sont cependant spacieuses, propres et confortables. Elles sont équipées de lits simples ou doubles au choix, de l'air conditionné, d'un mini bar, d'un réfrigérateur et d'une literie de qualité. Il n'y a cependant pas de télévision pour ceux qui l'auraient souhaité. Sur place, une sympathique piscine entourée de transats et un casino pour les plus joueurs d'entre vous. Accueil professionnel.

PLATINO HOTEL & CASINO €€

Av. Estrella Sadhala
✆ +1 809 724 7576
www.hotelplatinord.com
A partir de 70 US$ le chambre double, petit déjeuner inclus.

Cinq standings – de la chambre *executive* à la suite – pour cet hôtel très bien tenu et assez peu cher au vu des prestations offertes : une literie confortable dans des chambres sobrement décorées et grandes, un minibar, l'air conditionné, un service de laverie sur demande, l'accès à internet... Le Platino Hotel dispose par ailleurs d'un casino pour jouer jusqu'au bout de la nuit (avec modération !). Une équipe d'accueil aux petits oignons se tient à votre disposition tout au long de votre séjour. Très bon petit déjeuner varié.

HODELPA GRAN ALMIRANTE €€€

Avenida Etrella Sadhala ✆ +1 809 580 1992
www.hodelpa.com/gran-almirante
Chambre double à partir de 150 US$, suite junior 250 US$ et suite présidentielle 350 US$.

L'hôtel le plus luxueux de la ville compte 150 chambres qui ont toutes le wi-fi gratuit. Elles sont spacieuses, lumineuses et bien équipées : literie de qualité, air conditionné, télévision, mini réfrigérateur... Hommes d'affaires et clientèle internationale profitent de la piscine sur le toit avec vue sur les montagnes environnantes. L'établissement possède également un grand restaurant qui sert une cuisine internationale et un casino (jouer avec modération). Parking. Accueil professionnel et service de qualité à l'image du standing de l'hôtel.

EL CASTILLO INTEGRAL €

Av. 27 de Febrero, Galeria Eternia
✆ +1 809 583 7510
Ouvert du lundi au vendredi de 10h à 19h et le samedi de 10h à 16h. Fermé le dimanche. Compter 400 $ pour un plat.

Amis végétariens, et tous ceux aimant manger sain et équilibré, ce lieu est fait pour vous ! Au fond d'une petite galerie commerciale se trouve ce joli café-restaurant proposant des plats à base d'aliments frais et organiques. Chaque jour, différentes options de plats créatifs et délicieux (en plus d'être copieux) sont proposés. Pour accompagner votre repas, de nombreux *smoothies* sont à la carte. Une boutique de produits alimentaires sains et biologiques complète cette adresse qui vaut le détour. Accueil et service souriants.

KUKARAMACARA €

7 Avenida Francia
✆ + 1 809 241 3143
Tlj 10h-1h. Compter entre 780 $ et 1 000 $ le repas.

Ambiance et décor Far West au Kukara Macara, un peu dans le genre des Buffalo Grill français, avec en bonus le personnel déguisé en tenue d'époque. Voici un restaurant familial proposant des soupes, des salades, des sushis, des pâtes, des steaks grillés à toutes les sauces, du poisson et des langoustes. Un menu, vous l'aurez compris, très diversifié qui devrait satisfaire toutes les envies. Dépaysement assuré, un lieu qui fera le bonheur des enfants. Accueil chaleureux et service réussi. Un bon rapport qualité-prix à tester.

EL TABLON LATINO €€

12 Calle del Sol

✆ +1 809 581 3813

Ouvert tous les jours de midi à 23h (plus tard le week-end). Compter 1 000 $ le repas.

Ce restaurant fait partie des tables branchées de Santiago. On ne peut que souligner la décoration soignée, au moins autant que la présentation des assiettes. Tout au long de la journée, on se rend ici pour picorer quelques savoureuses tapas en terrasse, accompagnées d'un élégant cocktail ou verre de, vin, à moins qu'on ne préfère la petite salle de service, moderne et chic. Les plats de résistance sont excellents, les alléchants desserts au top. El Tablon Latino délivre un agréable service professionnel et disponible. Une très bonne option.

NOAH €€

4 Calle del Sol

✆ +1 809 971 0550

Ouvert tous les jours de midi à minuit et jusqu'à 1h le week-end. Compter 750 $ le plat et 1 250 $ le repas.

Noah est l'un des restaurants les plus en vogue pour les classes supérieures de Santiago. La salle principale est élégante, la grande terrasse a vue sur le monument aux héros de la *Restauración*. La carte est une fusion de différentes cuisines internationales (péruvienne, thaïlandaise, créole, etc.) et sert également des pizzas cuites au feu de bois. Les deux spécialités de la maison se nomme le *Cerdo Noah* et le *Monfongo de guinea*. Vente de cigares au comptoir. Noah est une petite chaîne de restaurants que l'on retrouve dans plusieurs grandes villes du pays.

PEZ DORADO €€

43 Calle del Sol

✆ +1 809 582 2518

https://pezdorado.business.site

Ouvert tous les jours de 11h à 18h.
Compter 1 200/1 500 $ le repas.

Effort vestimentaire pour l'occasion, car ici le cadre est chic et tous les serveurs sont en costume et nœud papillon. Vous serez frappé par la lumière tamisée et la climatisation dès l'entrée, puis vous vous habituerez vite à cette ambiance feutrée en compagnie d'une clientèle d'hommes d'affaires, de familles, ou de couples en quête de romantisme qui se réunissent ici depuis 1964. La carte est la hauteur avec des langoustes, des poissons et des fruits de mer cuisinés avec soin, mais aussi une cuisine internationale, chinoise, et créole dominicaine.

CRONOPIO - CAFÉ CON LIBROS

Benito Monción, 35A

✆ +1 809 880 3111

www.instagram.com/cronopiocafe

Ouvert du mercredi au lundi de 11h à 23h.

Tenu par un jeune et sympathique couple dominicain, ce cosy café littéraire se trouve dans une petite artère piétonne du centre-ville de Santiago. On y mange sainement et pour pas cher, et les rencontres se font facilement autour d'une bière artisanale en fin de journée. A la carte, cafés, cappuccinos, café frappé, thés, smoothies frais et sucrés, tapas, bagel, panini, pizza… Egalement un service de brunch et des plats végétariens. Une belle adresse.

LA PIÑA TA' DULCE

37 Benito Moncion

✆ +1 849 459 0333

La Piña ta' Dulce est un lieu nocturne et alternatif où de nombreux évènements culturels se tiennent : concerts, performances artistiques, lectures de poèmes... il y en a pour tous les goûts et découvertes de styles. Consultez la page Facebook du lieu pour connaître le programme à venir et les différentes heures d'ouverture selon les périodes de l'année. Ici, l'ambiance est conviviale et chaleureuse. De bons cocktails et boissons par ailleurs pour profiter au mieux de la soirée qui s'offre à vous. Passez y faire un tour sans hésiter.

PANADERIA CIBAO

96 Calle Independencia

✆ +1 809 247 6318

Ouvert du lundi au samedi de 7h à 18h.

Une institution à Santiago. Cette boulangerie de quartier créée il y a plus de 100 ans est le lieu parfait pour une pause sucrée ou salée. En vitrine et à la carte, vous aurez le choix parmi *empanadas*, muffins, gâteau à la carotte, brownie... Autant de bonnes gourmandises à déguster tout au long de la journée, accompagnées d'un café ou d'une boisson fraîche. La panaderia Cibao est l'un des endroits les plus fréquentés par les locaux qui commandent sur place ou à emporter. Une adresse de qualité à l'égal de l'ambiance et de l'accueil sympathiques.

MERCADO MODELO

Calle España

Ouvert tous les jours de 8h à 18h.

Fruits tropicaux, spécialités locales (*dulce* et rhum), objets artisanaux, vêtements… : autant de produits que vous trouverez au Mercato Modelo de Santiago. Des boutiques proposent aussi, et surtout, des bijoux d'ambre et de larimar. Toutefois, on est très loin de l'animation et du choix du Mercado Modelo de Santo Domingo. Celui de Santiago a malheureusement baissé en qualité depuis quelques années. Une visite où vous rendre malgré tout pour vous imprégner un tant soit peu d'un mercado à l'ancienne et sortir des centres commerciaux modernes.

AHI-BAR

Calle Restauracion esquina Tolentino

✆ +1 809 581 6779

www.ahi-bar.com

Ouvert du dimanche au jeudi de 16h à 2h (3h ven-sam). Cocktails à 200 $.

Ahi-Bar se divise en deux parties. La première, l'Ahi-Bar Café and Grill, est une sorte de *starter bar*, avec karaoké les jeudis et dimanches pour chauffer l'ambiance. Les plus timides d'entre vous gagneront rapidement en confiance. L'alcool y coule à flots et les premières approches pour faire connaissance débutent ici. Juste à côté se trouve l'Ahi-Bar Dance, petite discothèque à l'ambiance *caliente* où se précipite la jeunesse de Santiago, pour danser salsa, *bachata* et *merengue*. Ambiance chaleureuse et joyeuse, service de qualité.

DUBAI CLUB

Calle de la Salle 1er Nivel, Modulo D-01

✆ +1 809 226 3372

Ouvert du mercredi au dimanche jusqu'à 4h du matin.

Autre ambiance et autre genre de musique. Les jeunes survoltés de la ville, amateurs de reggaeton et de techno se rendent en masse dans cette discothèque, où les DJ sont des rois et les groupes *live* des dieux. Ici, l'ambiance ne commence vraiment qu'à partir de minuit. On y boit de bonnes bières fraîches ou des cocktails préparés sous vos yeux. Service dynamique à l'image de l'ambiance du Dubai Club. Pour les fans inconditionnels de soirées où l'on ne s'arrête presque jamais et pour rencontrer la jeunesse locale principalement.

TIPICO MONTE BAR

Avenida 27 de Febrero

✆ +1 809 575 0300

www.tipicomontebar.com

Ouvert de midi à minuit.

Consommation à partir de 100 $.

Au nord de la ville, près de Las Colinas, voici un bar où l'ambiance monte progressivement à mesure que la journée se déroule. Superbe ambiance au Tipico qui est à la fois une discothèque et une salle de spectacles, car les danseurs de merengue et de bachata qui s'y rendent sont vraiment excellents. Plusieurs bons groupes musicaux se produisent ici. Certains shows sont gratuits et d'autres assez chers. Taxi ou voiture obligatoire pour s'y rendre. Service de qualité. Une adresse originale qui devrait plaire à beaucoup d'entre vous.

MONCIÓN

Peuplée d'environ 40 000 habitants, Moncíón est l'une des trois municipalités de la province de Santiago Rodriguez. Les paysages de collines boisées et de pins sont superbes. C'est la ville de la traditionnelle *casabe* (galette de manioc), base de l'alimentation indienne. En version salée ou sucrée, elle est aujourd'hui parfumée à l'ail, à la pistache ou fourrée à la confiture. On peut visiter l'unité de production artisanale Guanani au n° 85 de la rue Primera. De nombreux *balnearíos* sur les rives des fleuves Mao, Cana et Gurabo vous permettent de vous baigner. Le plan Sierra s'est donné pour objectif le reboisement de toute la région.

SABANETA

Bienvenue au pays du tabac ! A presque 250 kilomètres de la capitale Santo Domingo, Sabaneta, la capitale de la province de la région de Santiago Rodriguez, est une petite ville particulièrement calme et très peu touristique. Elle est entourée de champs de tabac, c'est l'activité principale de la cité et de la région.

Se loger

Pour se loger, les offres ne sont pas nombreuses. L'une des plus intéressantes reste l'hôtel Don Chucho qui propose 11 chambres très simples, mais plutôt confortables (avec air conditionné, télévision et salle de bains privée) et qui dispose d'une piscine.

HOTEL DON CHUCHO €

Angle des rues Restauración et Mella.
✆ +1 809 382 0344
Chambre double à partir de 600 $.
L'hôtel Don Chucho est un établissement sans grand charme, mais qui a l'avantage de disposer d'une dizaine de chambres très simples, confortables et bien tenues, et surtout disposant de l'air conditionné. Chaque chambre est également dotée d'un téléviseur et d'une salle de bain privée avec eau chaude et eau froide. On trouve également ici une piscine (avec toboggan, pour les plus petits), mais aussi une cafétéria-restaurant servant des plats typiques et pas chers, ainsi qu'une discothèque on ne peut plus locale. Parfait pour une halte d'une nuit.

PEPILLO SALCEDO

Plus à l'ouest, à la frontière haïtienne. Une grande compagnie fruitière américaine avait jeté son dévolu sur la région et créé Pepillo Salcedo. Elle y exploita jusque dans les années 1960 quelque 5 000 ha de bananeraies. Le port de Puerto Manzanilla fut construit par ses soins afin d'exporter la production bananière vers Miami. Le village sortit de terre très vite afin d'y loger le personnel de l'exploitation. Le bourg n'était que résidences élégantes, club-houses avec piscine, terrains de sport, école et boutiques.
L'affaire n'étant plus rentable, la compagnie fruitière abandonna du jour au lendemain Pepillo Salcedo à son triste sort.
Aujourd'hui, les voies ferrées rouillées ne transportent plus aucun régime de bananes vers les docks rongés par la mer, et les bateaux n'y accostent plus depuis des décennies. Les maisons se délabrent au soleil et les coquettes pelouses ont laissé la place à une végétation sauvage. Seule la piscine accueille encore les gamins du village. Pepillo Salcedo est devenu un immense musée délabré, l'un de ces villages abandonnés d'un roman de Gabriel García Márquez. Arrêt sur image, torpeur et nostalgie de jours plus fastes, tel est aujourd'hui son visage. De vagues projets envisagent de redonner vie à ce port coincé entre Haïti et la mer, mais ce ne sont que des projets…

DAJABÓN

Le nom de cette petite ville frontière est d'origine créole (*daja* signifie « poisson »). La chaleur intense est à peine tempérée par la présence de l'ancien río Dajabon, appelé aujourd'hui Río Massacre, en souvenir des massacres haïtiens de la dictature en 1937 durant lesquels presque 20 000 Haïtiens et Dominicains à la peau très noire périrent. Ce surnom populaire a été officialisé après la mort de Trujillo.
Comme toutes les villes dominicaines, Dajabon possède son parc central, son kiosque et son église, sans oublier ses nuées de petits cireurs de chaussures. Mais l'activité essentielle de la ville est centrée sur son trafic de marchandises avec sa voisine Haïti. Des jeunes gens, les bras chargés de jeans, de polos, de tennis et de toutes sortes de vêtements, sillonnent les rues en proposant leur marchandise à des prix dérisoires !
Les marchés des lundis et vendredis sont particulièrement animés puisque ce sont les jours d'ouverture de la frontière. On y voit circuler de grandes brouettes chargées de blocs de glace, des femmes coiffées de pyramides de boîtes d'œufs, des sacs de jute emplis de divers produits de consommation chargés sur les échines fatiguées de corps pliés en deux. C'est un lieu de contrebande, de marchandage, d'une forte charge émotionnelle. Lorsqu'on se perd dans le marché aux plus chaudes heures du jour, alors que les rues sont bondées, la tension ambiante peut être palpable…

Dajabon, à la frontière avec Haïti.

CENTRE

HOTEL RAYDAN €€

32 Valerio

✆ +1 809 579 7366

Chambres de 700 $ à 1 500 $.

C'est ce qui se fait de mieux dans la ville. L'hôtel Raydan est situé en plein centre-ville et à proximité de deux parcs. Il est beaucoup fréquenté par les voyageurs d'affaires et les touristes de passage. Ses chambres sont simples mais confortables, équipées de l'air conditionné, de la télévision, d'un minibar, du wifi... Le restaurant fait également partie des meilleurs de la ville. On y sert une cuisine dominicaine et internationale du matin au soir. Accueil professionnel et disponible. Une adresse au très bon rapport qualité-prix.

MOCA

En plein cœur du Cibao, Moca garde une allure de simplicité et une atmosphère bon enfant. Sa richesse provient des nombreuses ressources agricoles de la région (œufs, poulets, café, manioc). C'est ici qu'en 1899 fut assassiné le dictateur Ulisses Heureaux. Président de la République entre 1882 et 1883 et entre 1887 et 1889, il mit à mal l'économie du pays et de nombreuses révoltes finirent dans un bain de sang. Moca est ainsi surnommée la *Villa Heroica* (village des héros) en hommage aux hommes et femmes de la ville qui ont participé à la lutte pour la démocratie dans le pays. Le violoniste et pianiste Gabriel de Orbe (1888-1966) est par ailleurs né ici.

SAN JOSÉ DE LAS MATAS

La capitale de la Sierra Cibaeña est située en pleine cordillère centrale, à 38 km de Santiago. On est immédiatement séduit par l'aspect accueillant et coquet de San José de las Matas, où l'air pur et frais de la montagne repose de la touffeur de la côte. Une évidente prospérité se dégage de ses maisons pimpantes et de ses boutiques coquettes. La richesse de la ville ne lui vient ni de ses vergers (ses pommes sont réputées), ni de son artisanat traditionnel de rocking-chairs, mais bien des *remesas*, c'est-à-dire du billet vert. Chaque famille a au moins l'un de ses membres émigré aux Etats-Unis, contribuant à faire vivre ceux qui sont restés au pays.

SERENO DE LA MONTANA €€

Los Bueyes

✆ +1 829 424 7070

Bungalow autour de 3 000 $ selon saison.

Un complexe d'écotourisme très agréable. Les bungalows de Sereno de la Montana peuvent héberger 5 personnes chacun. Ils sont l'initiative de deux ONG soucieuses de développer le tourisme durable dans la province. Les bungalows sont assez rustiques mais on s'y sent bien. A côté, le ranch, avec un restaurant qui sert une cuisine dominicaine à base de produits locaux, peut accueillir des groupes ou des familles. L'endroit sert de point de départ pour de nombreuses excursions, à pied, à cheval, en vélo ou en kayak. Bon accueil et service attentionné.

VENTANA RIO LINDO €€

✆ +1 809 214 4430

12 chalets pouvant héberger jusqu'à 7 personnes. A partir de 1 000 $ par nuit pour deux. Restaurant.

Niché dans la montagne, cet ensemble de chalets est idéal pour tous les amoureux d'écotourisme, de verdure, de cascades et de rivières. Les propriétaires sont canadiens et parlent le français. Les chalets propres et confortables sont simplement décorés, mais bien équipés. La literie est de qualité. Possibilité de manger sur place, le restaurant sert une cuisine dominicaine, ainsi que des pizzas. Parking. Vue depuis les chalets sur la montagne et la rivière, offrant de beaux levers et couchers de soleil. Une adresse très agréable.

EL MOLINO DE LA CUMBRE €

Jamao norte

✆ +1 809 781 1256

Ouvert tous les jours de 11h à minuit.
A partir de 800 $ le repas.

Tenu par des Dominicains, l'établissement propose une cuisine locale classique et des rafraîchissements en tous genres. Les plats sont servis avec le sourire et la présentation des assiettes met l'eau à la bouche au premier regard. Au menu : poisson, viande, légumes, riz... recouverts de délicieuses sauces qui se marient à la perfection au plat. Sans oublier de mentionner que la vue depuis la terrasse est à couper le souffle. Une super adresse au bon rapport qualité-prix où vous rendre une fois pour un repas ou pour boire un verre.

MOFONGO MI TERRAZA €

Av Cnel. Lora Fernandez
✆ +1 809 822 1347
Ouvert tous les jours de 10h à 22h30.
A partir de 350 $ le mofongo.

Vaste cantine dominicaine, très peuplée le dimanche où l'on déguste notamment une spécialité de Porto Rico : le *mofongo*, dont l'ingrédient principal est la banane plantain. Vous serez surpris par l'immensité du plat qui se laisse pourtant manger facilement. Une ambiance typique de la République dominicaine avec un service assez rapide et souriant. Accueil chaleureux, boissons fraîches pour accompagner le plat. L'un des meilleurs restaurants à petits prix et cuisine originale que l'on trouve dans le coin. Adresse à retenir pour goûter le *mofongo*.

SAN FRANCISCO DE MACORÍS

C'est l'une des villes les plus riches du pays, à tel point qu'elle a été surnommée la ville des Mercedes-Benz. San Francisco de Macorís doit sa richesse à la culture du riz, du café et du cacao, à l'élevage, et surtout aux nombreux Dominican Yorks qui investissent les dollars gagnés aux Etats-Unis dans leur ville d'origine. Outre sa grande prospérité, la ville s'enorgueillit d'une tradition progressiste à l'origine de nombreux mouvements sociaux, grèves et revendications. Bien que cossue, mais aussi grouillante d'activité, San Francisco n'a pas de réel intérêt touristique, excepté son carnaval haut en couleur, célébré les dimanches du mois de février.

SALCEDO

Salcedo est une proprette bourgade de campagne peuplée d'agriculteurs. Son intérêt est historique puisque c'est là que vécurent les sœurs Mirabal, héroïnes de la résistance à la dictature de Trujillo. Les trois sœurs, également connues sous le nom de Mariposas (les papillons), étaient originaires du village de Ojo de Agua dans la province de Salcedo, et se sont farouchement opposées à la dictature de Trujilo en armant les insurgés et en se battant elles-mêmes contre les troupes du tyran. Elles furent toutes trois brutalement assassinées le 25 novembre 1960. La province de Salcedo a d'ailleurs été rebaptisée Hermanas Mirabal en 2007, en leur honneur.

EL SENDERO DEL CACAO ★

Hacienda La Esmeralda
✆ +1 809 547 2166
www.cacaotour.com
Ouvert du mardi au dimanche. Compter 63 US$ avec le repas du midi et 53 US$ sans le repas. Réservation obligatoire.

Un lieu de pélerinage pour les gourmands... Vous rentrez en effet sur les terres de véritables passionnés de la culture du cacao, et ce depuis 1944. Aujourd'hui, ils produisent l'un des tout meilleurs chocolats de l'île et de nombreux professionnels, comme le français Michel Cluizel par exemple, se fournissent directement chez eux. Vous découvrirez les origines d'un chocolat de qualité de façon ludique et pédagogique, depuis l'ensemencement des cacaotiers jusqu'au produit fini. Comptez environ 2h30 pour cette intéressante visite.

MUSEO HERMANAS MIRABAL

Avenida Hermanas Mirabal
✆ +1 809 587 8530
www.casamuseohermanasmirabal.com
Ouvert du mardi au vendredi de 9h à 17h, jusqu'à 18h le le week-end. Entrée : 100 $.

La dernière maison de la famille Mirabal abrite le musée à la mémoire des trois héroïnes mythiques du pays, martyres de la dictature de Trujillo. Les trois sœurs furent assassinées avec leur chauffeur sur la route entre Puerto Plata et Tenares, au retour d'une visite à leurs maris emprisonnés pour dissidence à Puerto Plata. De nombreux livres et films racontent leur histoire. Le musée présente la maison telle qu'elle était meublée à la fin des années 1960, avec les chambres de chacune des sœurs, leur garde-robe, des objets du quotidien…

CHOCOLATE JUNGLE €€

✆ +18494572251
Formule 24h à 50 US$: 3 repas + choco-thérapie + visite guidée. Version camping 35 US$.
Day pass 25 US$ (9h-16h30).

Chocolate jungle est un écolodge faisant partie d'un projet expérimental sur la culture du cacao. On pourra très bien venir le temps d'une journée pour visiter la fabrique, le terrain (piscines naturelles sur place !) et la boutique, mais aussi manger au restaurant bio et s'immerger dans une piscine de chocolat ! Si l'on ne choisit pas le *day pass* (9h-16h30), la version 24h est recommandée (de 15h à 15h le lendemain) : *tiny houses*, cabanes, *glamping* et camping au beau milieu des champs de cacao et de bambous seront votre logis. Une déconnexion instructive !

CENTRE

HOTEL LAS CAOBAS €€

Urb. Alvarez
✆ +1 809 290 5858
A partir de 55 US$ pour une chambre double. Piscine.

Un peu excentré, cet hôtel propose 50 chambres confortables. Elles sont spacieuses, équipées d'une literie de qualité (lits king size ou jumeaux), de la télévision, de l'air conditionné, d'une salle de bains, d'un mini-réfrigérateur, d'une connexion wifi... Une piscine entourée de transats vous invite à la détente et à se rafraîchir à toute heure de la journée. Les plus joueurs d'entre vous pourront se rendre au casino de l'hôtel (et jouer avec modération !). Espace bar pour boire un verre. Accueil sympathique, parking gratuit.

HOTEL LIBANO €€

17 Calle Restauración
✆ +1 809 588 2419
Chambres autour de 60 US$.

Petit hôtel de 31 chambres sans prétention équipées de l'air conditionné, de la télévision câblée, d'eau chaude. L'hôtel Libano est situé en plein cœur de la ville, ce qui lui confère une position privilégiée pour visiter la ville et son Parque Central notamment. Néanmoins la connexion Wi-Fi est assez lente, déconseillé s'il vous faut une connexion solide pour travailler ou prévoir vos itinéraires et activités. Egalement un petit bar bien tenu et qui sert quelques boissons, cocktails et petit déjeuner en supplément. Bon accueil.

COTUÍ

Cotuí est l'une des plus anciennes cités de l'île. Elle fut fondée en 1505 par Rodrigo Díaz de Trujillo et s'appelait alors Las Minas en raison des mines à ciel ouvert de zinc, de cuivre, d'argent et d'or rapidement exploitées par les colons. La région est également la réserve en riz du pays. Partout les silos à riz hérissent le paysage de leur silhouette austère. Les rizières déploient leurs champs verts le long des routes.

Cotuí est une petite cité coquette et animée, plutôt prospère. Vous pénétrerez sous une voûte glorieuse de flamboyants et, pour ne pas vous dépayser, vous trouverez le parc au centre de la ville, flanqué de son église blanche.

YAMASÁ

En quittant Santo Domingo par Villa Mella, on atteint Yamasa (un peu plus de 50 000 habitants). Son nom provient du mot *arawak* qui signifie « terre humide ». Yamasa est une étape campagnarde intéressante. La région est riche en vestiges, véritables mines pour les archéologues en quête de témoignages de la civilisation taïno, ou pour les passionnés tout simplement. C'est aussi une région qui compte de nombreux gisements d'argile de différentes couleurs. On cultive ici notamment de la canne à sucre, des bananes et des mangues. Bien que peu connu des Français, Chicho Severino, pourtant célèbre chanteur de musique *bachata*, est né à Yamasa.

GUILLÉN ARTE ETNICO CARIBEÑO ★

1 Calle la Colorada
✆ +1 809 454 7665
www.artesaniaguillen.com
Ouvert tous les jours. Visite libre.

Originaires de Yamasá, ces cinq frères et sœurs se sont fait une spécialité de la reproduction de sculptures et de céramiques taïnos. Ils ont créé un atelier qui emploie aujourd'hui une trentaine de personnes. Ils traitent la terre, puis modèlent et sculptent à la main des répliques de statuettes et d'objets taïnos avant de les cuire au feu et de les patiner. Leurs céramiques sont des reproductions d'objets rituels et de *cemis* originaux, les idoles des Taïnos.

SALTO DE SOCOA

✆ +1 849 846 5358
www.instagram.com/gonzaloesbello
50 $.

A seulement une cinquantaine de minutes de Santo Domingo on trouve cette petite merveille naturelle qu'est le Salto de Socoa (cascade de Socoa). Pour la trouver, vous devez emprunter la route qui mène au Parque Nacional Los Haitises et vous rendre dans le village de Bayaguana. Passé le portail d'entrée, vous n'aurez qu'à suivre la volée de marches qui mène au bassin et la cascade. Le lieu est très prisé par les locaux ! La nature sauvage et la forêt tropical qui entourent la cascade sont sensationnelles. N'oubliez pas votre maillot de bain !

BONAO

La ville s'est développée à partir d'un fort construit à la requête du grand amiral, au début de la Conquête en 1493. Entourée de beaux paysages et de nombreux *balnearíos*, la capitale de la province de Monseñor Nouel porte le doux surnom de « ville des Hortensias ». Le premier traité de paix d'Amérique s'y négocia entre les émissaires de Christophe Colomb et l'insurgé Francisco Roldán. Plus tard, et ce fut moins glorieux, la ville devint propriété privée d'un des frères de Trujillo qui y établit son armée personnelle. Il ne s'était pas trompé, car la région est riche de ses rizières, de son élevage bovin, de ses gisements de fer et de nickel.

FUNDACIÓN BONAO ★

Calle Mella
✆ +1 809 525 2015
Ouvert tous les jours de la semaine de 8h à 17h.

Le peintre Candido Bido, fidèle à ses origines, a créé la Fundación Bonao para la Cultura, qui gère une école d'art. Celle-ci est facilement repérable à la grande fresque qui décore l'un de ses murs. Les étudiants venus de tout le pays y apprennent la peinture, la danse, la musique et la sculpture. On peut y acheter des œuvres du maître, des sérigraphies, des affiches, des tableaux et des livres. A côté de l'école, une petite galerie vend des tableaux réalisés par les élèves. De quoi ramener de beaux souvenirs culturels à offrir ou pour soi.

TIPICO BONAO €

Autopista Duarte km 83
✆ +1 809 525 3941
Ouvert tous les jours de 7h à 20h30.

Quelle charmante découverte, le long de l'autoroute à environ 4 km au nord de la sortie pour Bonao. Vous êtes accueilli dans un véritable tipi avec un menu purement dominicain. Le *sancocho* est un des meilleurs qu'on connaisse, la soupe aux tripes ravira les friands d'abats et les croquettes en entrée (crabes, poulet, crevettes) sont exquises. Le restaurant est tout le temps plein à craquer, tous les produits, la viande comme les nombreux poissons, sont d'une fraîcheur irréprochable. Une très belle adresse pour une halte autoroutière. Parking sécurisé.

MOUNTAIN VIEW CAFE AT CASABITO €€

Carretera Casabito-Constanza kilómetro 7
✆ +1 809 753 8649
Ouvert tous les jours de 10h à 20h excepté le mardi.

Ne cherchez pas plus loin, le Mountain View Cafe est de loin la meilleure escale possible dans les environs. Depuis Bonao, il faudra emprunter une route filant vers les hauteurs, en direction de Cabasito, puis vous garer dans un des lacets de cette route. Une jolie cabane de bois, mais surtout une spectaculaire terrasse surplombant toute la vallée vous attendent. Ajoutez à cela un menu varié et excellemment bien préparé (l'assiette de viandes est parfaite pour les carnivores).

LA VEGA

A 44 km de Santiago. La vallée de La Vega Real est aussi connue sous le nom de « jardin des Antilles », c'est dire si elle est fertile, verdoyante et prospère. On y est accueilli sous la cathédrale rouge feu du feuillage des flamboyants. Comme Cotuí, La Vega est l'une des plus vieilles villes du pays (XVe siècle). Et comme l'histoire a parfois tendance à se répéter, surtout lorsqu'il s'agit de tenir fermement ses positions, la construction d'un fort en marqua l'origine.

En 1562, un tremblement de terre détruisit la ville. Ses ruines, situées au pied du mont Santo Cerro, font aujourd'hui l'objet de fouilles archéologiques. Reconstruite en 1563 sur les rives du fleuve Camu, la ville connut un important développement économique lorsqu'on construisit la ligne de chemin de fer, aujourd'hui désaffectée, La Vega-Sánchez. Ce fut la seule du pays à ne jamais transporter de voyageurs.

Aujourd'hui, La Vega se visite rapidement et son principal intérêt est le Santo Cerro. Si vous souhaitez passer une nuit dans la région, prévoyez plutôt de passer la nuit à Jarabacoa, Constanza ou Santiago.

Le carnaval vegano est célèbre pour ses masques représentant des diables ; il se déroule le 27 février. Il est possible de rencontrer les principaux créateurs de masques de carnaval à La Vega.

CENTRE

Carnaval de La Vega.

© IRENE ALASTRUEY - AUTHOR'S IMAGE

CATEDRAL DE LA INMACULADA CONCEPCIÓN ★

Parque Duarte

L'édifice moderne de béton gris aux formes arrondies ressemble plus à un montage de Lego maladroit qu'à une église. Trônant en plein centre, la cathédrale de l'Immaculée Conception (ou de La Vega comme l'appelle les locaux) détonne dans le cadre traditionnel de la ville. Sa lourdeur et son allure terne en font un objet incongru. Néanmoins, voici un monument qui ne passera pas inaperçu et que vous observerez lors de votre passage à La Vega. Elle fut construite de 1977 à 1992.

SANTO CERRO ★★

Santo Cerro

L'église, le sanctuaire national de Nuestra Señora de Las Mercedes, date du siècle dernier et fait l'objet de nombreux pèlerinages. C'est au pied de la colline Santo Cerro que se produisit le combat décisif pour la conquête de l'île. Au plus fort de cette bataille, dont l'issue était incertaine, Nuestra Señora de Las Mercedes apparut, donnant ainsi la victoire aux Espagnols contre les troupes de Guarionex. On peut voir le lieu de l'apparition de la Vierge et l'endroit où Christophe Colomb planta la croix qui lui avait été donnée à son départ de Palos par la reine.

HOTEL REY €€

3 Calle Antonio Guzman

✆ +1 829 573 9797

Compter 60 US$ pour une chambre double, sans petit déjeuner.

Les bons hôtels ne sont pas légion à La Vega, alors essayez de réserver à l'avance, et encore plus en période de carnaval (fin février) ! L'hôtel propose des chambres propres, grandes et meublées, avec tout le confort : climatisation, télévision, eau chaude et wi-fi. Toutes possèdent leur propre style, coloré. Il y a un restaurant au rez-de-chaussée qui sert une cuisine traditionnelle simple dans une grande salle. Accueil souriant et disponible. Service de qualité. L'une des plus intéressantes adresses pour un séjour à La Vega.

EL ZAGUÁN €

Avenida Pedro A. Rivera

✆ +1 809 573 5508

Ouvert tous les jours de 11h à minuit.
Plats de 350 $ à 550 $.

L'une des spécialités de la maison c'est le *mofongo*, plat typique de Porto Rico à base de banane plantain. On vient de toute la ville pour le déguster sur la terrasse couverte aux tables colorées. L'autre, ce sont les grillades de viandes, à la *parilla*. Egalement des soupes, des pâtes, du poisson mariné ou en filets. Quelques bons desserts à la coco pour terminer sur une note sucrée. Le menu est varié et il y en a donc pour tous les goûts. Ambiance chaleureuse et dominicaine. El Zaguan fait partie des bonnes tables de la La Vega.

PARADOR CORAZON DE JESUS €

Carrerera Jarabacoa

✆ 829 560 5192

www.paradorcorazondejesus.com

Ouvert tous les jours de 8h à 21h.
Plats autour de 200 $.

Sur le bord de la route en direction de Jarabacoa, ce petit troquet aux airs de western est connu dans la région pour ses *ribs,* travers de porcs fumés à la texane. Il suffit de jeter un œil à l'engin (le barbecue) et l'on s'aperçoit que c'est du sérieux. Les belles côtes sont présentées en vitrine (avec à côté du poulet fumé et quelques accompagnements dont d'excellents *tamales* en feuille de bananier). On choisit la quantité et c'est parti pour du pur bonheur. Encore faut-il, évidemment, être un fin amateur de viande... Service au top.

CACIQUE BAR

Au coin d'Avenida Pedro A. Rivera et Comandante Jiménez Moya

✆ +1 809 749 5797

Ouvert tous les jours.

Les nuits de La Vega, en semaine, sont relativement tranquilles. Mais, quand vient le week-end, une folie douce s'empare de la ville, comme le besoin imminent et dans un parfait *timing* de s'amuser. Le Cacique Bar en est une parfaite démonstration. Il se transforme en discothèque, le vendredi, et devient l'un des temples de la cité de la bachata, du merengue et de la salsa. Laissez-vous emporter par la musique et les pas de danse qui s'enchaînent dans une parfaite synchronisation, sans même vous en rendre compte. Bons cocktails et service.

JARABACOA ★★★

Jarabacoa se situe à 50 km de Santiago. Par son climat très favorable, c'est le lieu de villégiature de riches Dominicains qui assurent qu'ici on bénéficie d'un éternel printemps. A l'époque de la dictature, la région était très à la mode et les bonnes familles s'y firent construire de somptueuses maisons. C'était la destination des lunes de miel chics. Des années 1940 restent encore sur pied quelques bâtiments, dont les ruines du désuet hôtel Montana. Aujourd'hui, Jarabacoa est le centre de l'écotourisme dominicain et une ville de montagne dynamique et attachante. La région offre, outre la douceur de son climat et de son mode de vie, une large panoplie d'activités originales (rafting, canyoning, parapente, VTT, randonnée…). Une halte idéale pour vous ressourcer, si vous êtes lassé des plages de rêve. La nature est particulièrement belle et généreuse dans cette région aux reliefs doux. Au cœur des montagnes coulent des rivières gonflées d'eau, parfois tumultueuses, des cascades vertigineuses créent des piscines naturelles fraîches et accueillantes et les lacs miroitent paisiblement au cœur des forêts de sapins. À mesure que la route s'élève, le paysage se transforme, le relief devient plus tourmenté. Les sapins remplacent vite la végétation tropicale et l'air se fait plus léger.

ATELIER DE ROBERTO FLORES ★★

Carretera Jarabacoa-Constanza

Sur la route de Constanza (demander son chemin).

Le peintre a élu domicile dans une maison de campagne à la sortie de la ville. Spécialiste des fresques monumentales souvent d'inspiration religieuse, Roberto Flores exécute beaucoup de commandes officielles. Il vous fera découvrir son travail et les amateurs pourront acheter des esquisses en format réduit. Une visite intéressante en présence d'un artiste passionné et talentueux. Pour de beaux souvenirs également à ramener en cas de coup de cœur.

BALNEARIO DE LA CONFLUENCIA ★★

Avenida de la Confluencia

Parking.

Les eaux froides et chaudes des fleuves Yaque del Norte et Jimenoa se rejoignent pour former un grand lac aux remous tumultueux. Le spectacle est fascinant de puissance et d'embruns. Le samedi soir, des Dominicains viennent s'y retrouver et laissent échapper des coffres des voitures la *bachata* nationale. L'endroit devient alors une petite piste de danse improvisée. Le dimanche, l'ambiance est beaucoup plus familiale avec une possibilité de balades à cheval.

CENTRE

Montagnes autour de Jarabacoa.

Cascade d'El Salto de Baiguate.

EL SALTO DE BAIGUATE ★★

Carretera Jarabacoa-Constanza

Cette cascade a l'avantage d'être accessible par une piste carrossable avec, à son terme, une petite marche de dix minutes. Très impressionnant, El Salto de Baiguate se présente sous la forme d'une avalanche liquide d'une trentaine de mètres de hauteur, encadrée d'un amphithéâtre de verdure où les arbres fruitiers et les plantes aux vertus médicinales sont légion. La piscine naturelle est superbe. On peut aussi s'y rendre à cheval en deux heures, à moto ou en 4x4. Le Salto est aujourd'hui exploité pour l'irrigation des fermes voisines.

FABRIQUE DE CAFÉ HERMANOS RAMIREZ ★

Cafe Monte Alto, Carretera Belarminio Ramirez

✆ +1 809 574 2618

www.ramirezcoffee.com

Ouvert du lundi au samedi de 8h à 18h.
La visite guidée de l'usine est à 50 $ avec une dégustation de café.

On visite une nursery de bébés plants qui seront transplantés en montagne entre 1 200 m et 1 700 m d'altitude, dès qu'ils auront acquis la résistance suffisante pour se passer des soins des jardiniers, puis des silos de séchage naturel des graines récoltées à la main, et enfin l'usine proprement dite. La production est aujourd'hui très mécanisée. Différentes machines interviennent dans le processus, un four pour finir de sécher les grains, une machine pour écosser les graines.

EL SALTO DE JIMENOA ★★★

Jarabacoa

Accès tous les jours pour 100 $, guide inclus.
Deux routes pour 2 cascades Salto de Jimenoa 1 et Salto de Jimenoa 2.

Cette cascade se trouve à l'écart de Jarabacoa, en pleine nature. Après avoir garé votre voiture, il faut ensuite longer un torrent par un sentier escarpé sur une centaine de mètres dans une chaleur qui devient vite accablante malgré l'altitude. On perçoit d'abord un grondement sourd et pesant dans la touffeur ambiante, puis la cascade se révèle dans toute sa splendide violence. La chute d'eau s'écrase dans une large vasque naturelle, au milieu d'un site majestueux malheureusement défiguré par la centrale hydroélectrique et les aménagements touristiques.

JARABACOA MOUNTAIN HOSTEL €

2 Calle de los Pintores

✆ +1 809 574 6117

A partir de 15 US$ la nuit en dortoir, 35 US$ la chambre double privative.

Petits budgets, attention bon plan ! Molly et Rodolfo ont converti cette maison d'architecte en auberge de jeunesse moderne et conviviale. La cuisine américaine commune est tout équipée, du café et un barbecue sont à disposition toute la journée. Les chambres sont décorées avec goût, certaines ont un balcon. L'hôtel étant un peu à l'écart du centre-ville (15 min à pied), on pourra venir vous y chercher gratuitement si vous le planifiez à l'avance avec l'auberge.

SONIDO DEL YAQUE €

Carretera hacia Manabao km 10 ½
✆ +1 829 727 7413
Chambres doubles à partir de 3 000 $.

Pour vivre une expérience culturelle riche, partager un moment de vie avec les femmes de Los Calabazos, fabriquer votre propre céramique, Sonido del Yaque vous invite à passer quelques jours dans ce lieu de tourisme responsable, à 20 minutes à peine de Jarabacoa. 10 chambres avec salle de bains et eau chaude, un petit restaurant, une cuisine locale. Plusieurs visites sont programmées comme celle de communautés voisines, d'une ferme organique, du Pico Duarte. Les bénéfices sont reversés pour le développement des projets des habitants du village.

BRISAS DE LOS ALPES €€

Jarabacoa - La Vega Careterra, km 8
✆ +1 809 223 0428
www.brisasdelosalpes.com
Studio 2 personnes : 70 US$ sans petit déjeuner.
Chalet 6 personnes : 160 US$.
Villa 8 à 9 personnes : 300 US$.

Surprenant, et pourtant vrai : on retrouve ici quelque chose de l'atmosphère des Alpes : chalets en bois d'architecture suisse, ombre et fraîcheur des conifères, odeur de la montagne… Le complexe hôtelier s'étend dans une immense propriété vallonnée et plantée de sapins. Il se compose d'une cinquantaine de chalets privés appartenant à des Européens et à des Dominicains, ainsi que de chalets abritant les appartements destinés à la location. Les installations communes (restaurant, piscine, tennis et supérette) créent une ambiance conviviale de village.

HOTEL BRISAS DEL YAQUE 2 €€

13 Calle Independencia
✆ +1 809 574 2100
Compter 2 500 $ la chambre pour 2 personnes et 4 000 $ pour 4 personnes. Petit déjeuner inclus.

Cet hôtel est situé en plein centre-ville et offre tout le confort nécessaire. Les chambres sont équipées d'un petit réfrigérateur, de la climatisation fort appréciable quand l'on sait que les températures sont rapidement élevées, de la télévision, du wifi. Certaines d'entre elles arborent une décoration style chalet de montagne. Sur place, un parking et un joli restaurant attenant… On vous fournira des renseignements à la réception pour visiter les alentours. Accueil souriant et toujours disponible. Bref, une bonne adresse !

EL RANCHO LAS GUAZARAS €€€

Carretera Manabao, km 9
✆ +1 829 630 4386 - www.mijarabacoa.com
5 villas pour 12 à 18 personnes de 275 US$ à 360 US$ la nuit. Chambre double : 40 US$, chambre quadruple : 80 US$.

Difficile en quelques lignes de résumer l'ensemble des prestations que propose El Rancho Las Guazaras, tant elles sont variées. Il y a autour des piscines, 5 villas d'une capacité allant jusqu'à 18 personnes, de grands jardins avec pelouse et entourés d'une végétation de montagne, la rivière en contrebas. Les installations sont de grande qualité, chaque villa dispose de son aire de jeux, de son barbecue, de plusieurs salles de bains, d'une cheminée… Les activités sont nombreuses et tout ce qui peut se faire dans la région est bien entendu à la carte.

JARABACOA RIVER CLUB & RESORT €€€

Carretera Jarabacoa-Manabao, km 4
✆ +1 809 574 2456
www.riverclubjarabacoa.com
Compter 3 000 $ pour une chambre simple, 4 000 $ pour une double, et 5 500 $ pour une triple, petit déjeuner inclus.

Situé dans un cadre idyllique, enjambant la rivière Yaque del Norte, cet hôtel de 45 chambres, 5 piscines et 2 restaurants est une des plus belles adresses de la région. On peut voir les groupes de rafting depuis les chambres. Ouvert en 2002, c'est l'un des premiers hôtels ayant valorisé l'écotourisme dans le pays. Les chambres mériteraient tout de même un léger rafraîchissement. L'hôtel propose toutes sortes d'activités (VTT, rafter, canyoning, randonnée) dans la région.

BRISAS DE LOS ALPES €

Jarabacoa - La Vega Careterra, km 8
✆ +1 809 223 0428
www.brisasdelosalpes.com
Ouvert tous les jours de 9h à 22h.
Compter entre 450 $ et 750 $.

La cuisine dominicaine du restaurant de l'hôtel est excellente et copieusement servie. On dîne au son des chansons locales interprétées par le guitariste sur scène. Au menu : de la viande cuite au barbecue ou du poulet grillé, mais aussi du poisson ou des salades pour les plus petites faims. Possibilité de buffet ou menu à la carte pour les groupes. Et, cerise sur le gâteau, en déjeunant l'accès à la piscine vous est autorisé, ce qui est fort appréciable. Bonne ambiance et service soigné. Une savoureuse option pour se restaurer.

DEL PARQUE GALERIA €

Parque Central
✆ +1 809 574 6749
Ouvert du lundi au samedi de 8h à 23h.
Pizza à partir de 370 $, parilla mixta pour 3 personnes à 2 000 $.

C'est un bel établissement qui surplombe la Place centrale avec une énorme mezzanine en bois. De belles et grandes pizzas sont essentiellement servies au Del Parque Galeria, mais également des plats dominicains et internationaux aux portions généreuses. La grande terrasse ouverte du rez-de-chaussée est plus destinée à l'apéritif et parfois même à quelques pas de danse endiablés... Une belle proposition de boissons fraîches ou chaudes, une ambiance conviviale, un service attentionné et réussi. Une adresse qui mérite de s'y arrêter.

SUPER CAFETERIA LA TINAJA €

37 Calle Independencia
✆ +1 809 574 2311
Ouvert tous les jours de 8h à 23h.
Compter entre 450 $ et 750 $ le plat.

C'est le point de repère de Jarabacoa. Vous entendez souvent dire « RDV à la Tinaja », en espagnol bien entendu. Ouvert sur la rue, ce café-restaurant ne désemplit pas. Le matin, travailleurs et randonneurs se retrouvent autour d'un excellent café et d'un petit déjeuner copieux, idéal pour démarrer la journée du bon pied. Le soir, c'est le rendez-vous de l'apéro. Bref, une adresse centrale et incontournable pour tous ceux qui passeront quelques jours à Jarabacoa.

FRESCO CAFE Y BISTROT €

Calle Mario Nelson Galan (angle calle Mella)
✆ +1 809 574 7744
Ouvert tous les jours de 8h à 23h.
Compter entre 250 $ et 350 $ le plat.
Petit déjeuner à partir de 85 $.

Situé dans le petit centre commercial Don Jorge, ce café-restaurant à la salle climatisée est un excellent choix pour manger des produits frais de la région avec de nombreuses options végétariennes. La carte se compose de salades, burgers, *wraps* et *fajitas*, chaque plat est cuisiné de manière saine et équilibrée (farine intégrale utilisée pour les *fajitas* par exemple). Le lieu est aussi réputé pour ses petits déjeuners tout comme pour ses *smoothies* fruités, rafraîchissants et énergisants. Bref, une très bonne alternative sur Jarabacoa !

AROMA DE LA MONTAÑA €€

Entre las montañas de Palo Blanco et Pinar Quemado
✆ + 829 452 6879
https://jamacadediosrestaurant.com
Ouvert tous les jours de 8h à 23h.
Plats entre 700 et 1 500 $.

L'Aroma de la Montaña est sans conteste l'un des restaurants au cadre le plus incroyable de la République dominicaine : une vue panoramique tournante, à 360° (Attention : la rotation n'opère que le week-end, le vendredi soir, samedi et dimanche midi). La vue est vraiment splendide. Malheureusement, c'est celle-ci que vous payez, et non ce qu'il y a dans votre assiette (où l'addition monte très vite, mais pas la qualité). Préférez venir prendre un verre de vin avant ou après le dîner, notamment pour admirer le coucher de soleil.

PUCHO'S MOFONGO €

1 Avenida de la Confluencia
✆ +1 809 574 6599
Ouvert de midi à 23h, et à partir de 10h du matin du vendredi au dimanche. Compter 450 $ le Mofongo.

C'est sur la terrasse d'un grand chalet avec vue sur les montagnes avoisinantes que Pucho vous accueille pour vous faire découvrir l'une des grandes spécialités du pays : *El Mofongo*. Il s'agit de bananes plantains vertes, frites et assaisonnées avec de l'ail, de l'huile d'olive et du porc. Vous pourrez le personnaliser à votre goût (crevettes, poulet, salami ou chorizo). Beaucoup disent qu'il s'agit du meilleur du pays ! Le cadre bucolique, la chaleur de l'accueil et la qualité des plats en font un incontournable de Jarabacoa. Concerts deux samedis par mois.

LA BAITA €€

74 Avenida Confluencia
✆ +1 829 451 0379
Ouvert tous les jours sauf mardi de 11h à 23h (coupure en semaine de 14h à 17h).
450 $ le plat de pâtes, 400 $ la pizza.

Un petit coin d'Italie au milieu de la montagne dominicaine ! Ici, on se veut authentique, de l'accueil chaleureux et personnalisé à la carte exclusivement en italien, en passant par les produits importés d'Italie. Toutes les spécialités de la Botte sont présentes au menu : pâtes, risottos, bruschettas et pizzas... Situé un peu à l'écart du centre-ville, on se retrouve au calme avec une magnifique vue sur la montagne (pour en bénéficier au maximum, on vous conseille les tables situées sur la terrasse). Belle carte des vins... italiens bien sûr !

BARAK RESTAURANT GRILL SUSHI BAR €€

28 Calle Mario N. Galan
+1 809 574 6919
Ouvert tous les jours de 11h à minuit.
Compter entre 600 et 800 $ le repas.

Service soigné et déco chic pour cette table de fusion latino-japonaise. C'est Alvaro qui reçoit, proposant de solides assiettes de sushis et de makis adaptés aux produits locaux. Mais la Barak restaurant propose également de consistants *mofongos*, l'une des spécialités du Porto Rico à base de banane plantain. Original et savoureux. Vous serez accueillis avec le sourire et prendrez votre repas dans une ambiance chaleureuse et calme à la fois. Bon rapport qualité-prix.

EL PUNTO STEAK HOUSE €€

16 Calle Independencia
+1 809 737 6753
Ouvert tous les jours de 10h à minuit.

El Punto Steakhouse, idéalement situé en plein centre de Jarabacoa, est un très bon restaurant de viandes importées et locales (mais pas que !) que l'on commande à la coupe, à manger sur place dans la jolie salle à l'ambiance tamisée après un passage sur le grill ou à emporter. A signaler également une excellente sélection de vins et de bières fraîches, ainsi que des concerts chaque samedi et certains vendredis. Une adresse recommandée au bon rapport qualité-prix. Il faut, bien entendu, aimer la viande pour choisir ce restaurant…

DE PARRILLADA €€

3 Calle Dambury Conn
+1 809 574 7656
https://de-parrillada.negocio.site
Ouvert du mardi au dimanche de midi à 22h.
Compter entre 600 $ et 1 000 $ le plat.

Le De Parraillada est un sympathique restaurant convivial qui dispose d'un petit jardinet bien agréable. La cuisine est orientée vers les grillades de poulet, de porc, de bœuf et de poisson, à consonances dominicaines. On y propose également un buffet pour se composer ses propres assiettes. Les portions des plats à la cartes sont généreuses. Egalement une bonne carte des vins et des boissons. Le service et l'accueil y sont impeccables. Une adresse qui plaira à tous les appétits, dans la mesure où vous êtes un mangeur de viande.

BAR ENTRE AMIGOS CAFÉ

182 Calle Colón
+1 80 9574 2309
Ouvert jusqu'à minuit en semaine, 2h le week-end.

L'un des endroits les plus tendance pour passer la nuit. Au Bar Entre Amigos Café, on y boit de bons cocktails avec ou sans alcool et bières fraîches. On y danse jusqu'à ce que la fatigue prenne le dessus tout en rencontrant locaux et touristes venus pour s'amuser. Et on y chante grâce à un karaoké ! Quel que soit votre niveau de chant, un bon moment garanti. Les chansons sont pour la plupart en espagnol et en anglais, de quoi vous entraîner à la prononciation par la même occasion. Service dynamique dans un lieu qui l'est tout autant.

FLYING TONY [PARAPENTE]

Paso Alto
+1 809 848 3479
www.flyindr.com
Ouvert toute l'année. Tandem : 65 US$.
Le vol de 15 minutes inclut photos et vidéos.

Tony et son équipe de 8 pilotes professionnels vous emmènent faire des virées dans les airs à Jarabacoa et tout autour du pays. Le pic Duarte et la cordillère vue de haut valent le coup d'œil ! Il organise aussi des stages d'initiation au parapente sur plusieurs jours dans la région de Jarabacoa, de quoi revenir de République dominicaine avec une compétence nouvellement acquise. L'expérience est vraiment inoubliable. Pour prolonger le plaisir, Flying Tony propose également des sorties rafting, canyoning, à cheval ou de la randonnée.

JABAVENTURA

+1 849 455 9999
Rafting à 60 $ HT de 1h30/2h par personne pour 4 pax max. Canyoning à 60 $ HT.

Les deux compagnies d'excursions de Jarabacoa ont fusionné pour former Jabaventura et proposent entre autres du rafting (descente sur le fleuve el Rio Yakue del Norte, classé catégorie 3 et 4 sur une échelle de 5, c'est-à-dire assez agité, d'une distance de 6 à 10 km), du canyoning sur le Salto Baiguate et d'autres endroits selon la période de l'année. Mais aussi du trekking sur le Pico Duarte et d'autres sentiers comme el Valle del Tetero. Pour les amateurs d'aventures assez fortes, voici votre interlocuteur de premier choix.

PARQUE NACIONAL JOSÉ DEL CARMEN RAMÍREZ ★★★

Une excursion au Pico Duarte réserve une expérience hors du commun ! L'ascension du plus haut sommet des Caraïbes, qui culmine à une altitude de 3 098 m, est éprouvante, mais inoubliable (partir bien équipé). Les variations d'altitude et de température ainsi que la difficulté de la montée par des chemins à peine tracés et pentus requièrent une excellente condition physique et une volonté de fer. La randonnée de 23 kilomètres (46 kilomètres aller-retour) s'effectue en deux à trois jours, dans un paysage changeant et majestueux, tantôt aride, tantôt noyé dans une brume mystique. Le premier jour, on couvre le trajet La Cienega-La Comparticion (2 450 m) où le centre des visiteurs fait office d'étape, et le lendemain, on rallie le pic de nuit en quelques heures. C'est dans le village de La Cienega, à une altitude de 1 100 m, distant de 55 km de Jarabacoa par Constanza, que vous achèterez le permis donnant accès au parc national, pour la modique somme de 100 pesos. Pour effectuer la randonnée dans de bonnes conditions, il est indispensable de s'assurer les services d'un guide local, les seuls habilités à ce genre de randonnée (budget quotidien : compter 200 pesos par personne, plus 300 pesos pour une mule de transport, 350 pesos pour une mule de selle, et 400 pesos pour le guide). Les randonneurs soucieux d'économiser leurs forces peuvent effectuer une partie du trajet à dos de mulet - à négocier avec les fermiers des alentours qui proposent des montures habituées à la rigueur de cette ascension.

CONSTANZA ★★

Située en pleine cordillère centrale, toute la région de Constanza bénéficie du même climat de fraîcheur apaisante qui contraste agréablement avec la touffeur des plaines. Cette ville, la plus haute de République dominicaine, a même battu le record de froid des Caraïbes avec des températures inférieures à zéro ; un record de moins 8 °C a même été enregistré en 1999 à Valle Nuevo (on peut encore voir aujourd'hui, exposés dans certaines maisons, les clichés des fleurs prises au dépourvu et congelées par un hiver beaucoup trop rigoureux). Tout pousse sans peine dans ce verger particulièrement fertile : fruits et légumes, arbres et plantes de nos contrées (pommes, poires, pêches, fraises, framboises, champignons…) et autant de variétés de fruits et de légumes exotiques qui se développent sous ces latitudes tropicales. Centre géographique de l'île, El Valle Nuevo possède une remarquable réserve de flore alpine, inattendue sous les tropiques, d'une grande valeur scientifique. Constanza est une étape de montagne déconcertante au cœur de paysages doucement vallonnés, noyés dans des forêts de sapins au pied des contreforts de la *sierra* toute proche. Avec un climat frais toute l'année et le développement de structures d'écotourisme, la région est devenue le must de la nouvelle vague du tourisme national chic. Une destination somme toute hautement exotique qui permettra de faire le plein de fraicheur entre les plages idylliques des Caraïbes au sud et celles non moins séduisantes du nord de l'île.

CENTRE

Pico Duarte.

ECOTURISMO CONSTANZA

10 Avenida Luperón
✆ +1 829 801 7199
www.ecoturismoconstanza.net

Ecoturismo Constanza propose un large éventail d'excursions. Ainsi l'équipe dynamique et attentionnée vous emmènera au Pico Duarte, dans la vallée del Tertero, dans le Parc national Valle Nuevo et bien d'autres. Certaines sorties durent de 2 à 4 heures, d'autres jusqu'à 8 heures, et les plus longues deux jours, une nuit. Le transport est bien entendu assuré, et pour certaines le repas et hébergement. Rendez-vous sur le site Internet de cette agence de voyages d'écotourisme pour découvrir les nombreuses offres et réserver l'aventure de votre choix.

LA VIRGEN DE LA ALTAGRACIA ★★

La Virgen de la Altagracia est une petite chapelle, avec à l'intérieur, une image de la Vierge peinte par le sculpteur Timo Pimentel. Les pèlerins viennent ici pour allumer une bougie, faire une demande ou pour rendre grâce. Les autres viennent admirer le paysage d'un des points de vue les plus élevés de la route de Constanza. Pour cette dernière situation, privilégiez le moment du coucher du soleil (*golden hour*) où le spectacle est absolument radieux.

HOTEL COLINAS DEL VALLE €

Calle Gaston Deligne

✆ +1 809 253 9155

Compter 1 000 pesos pour une chambre double, 1 500 pesos la chambre triple, sans petit-déjeuner.

Un peu à l'écart du centre, au calme, l'hôtel Colina del Valle est un modeste établissement sans grand charme, mis à part peut-être sa façade verte et jaune plutôt tropicale. Il dispose d'une vingtaine de chambres (16 chambres simples et 4 chambres doubles) propres et bien tenues, au confort somme toute assez correct (les salles de bain disposent de l'eau chaude). Le parking est surveillé. Une adresse que l'on considérera pour une nuit lors d'un passage par Constanza. La vue sur les montagnes est tout de même assez belle depuis l'hôtel.

HOTEL CONSTANZA €

41

✆ +1 809 539 2930

www.hotelconstanza.net

Chambre simple à partir de 1 800 $, double à partir de 2 000 $, suite 4 000 $ selon la saison. Petit déjeuner inclus.

24 bungalows familiaux de différentes capacités (jusqu'à 6 personnes) et bien équipés (réfrigérateur, télévision, salle de bains avec eau chaude) s'éparpillent dans un agréable parc. L'hôtel Constanza met à la disposition des clients différents équipements pour se détendre : une piscine, une table de ping-pong et un bar où l'on prendra un verre en fin de journée par exemple. Nous vous conseillons les chambres du haut afin de profiter de la vue sur les plaines et les montagnes environnantes. Accueil professionnel disponible. Belle adresse.

ALTO CERRO HOTEL €€

5 Calle Kennedy

✆ +1 809 530 6192

www.altocerro.com

Compter 90 US$ la chambre 2 personnes, 100 US$ pour 3 personnes et 245 US$ une villa 7 personnes. Petit déjeuner inclus.

Ce complexe compte une soixantaine de logements très confortables (literie de qualité, télévision, téléphone, balcon avec vue panoramique, *room service*), dont 34 villas indépendantes. Il y a aussi un terrain de camping et une petite épicerie pour éviter de retourner en ville. La vue est superbe et le restaurant très agréable. On y sert une cuisine dominicaine savoureuse, bien présentée, à toute heure de la journée. Accueil possible pour les groupes. On vous aidera pour organiser différentes excursions dans les alentours. Bon rapport qualité-prix.

RANCHO CONSTANZA €€

Colonia Kennedy

✆ +1 809 539 3268

www.ranchoconstanza.com

Compter environ 90 US$ la chambre double avec petit déjeuner et 120 US$ en pension complète.

Sur une gentille hauteur à l'entrée de la ville, au grand calme, un grand chalet aux allures montagnardes abrite 12 chambres coquettes et confortables et 5 villas accueillant jusqu'à 5 personnes. Chaque hébergement est propre et bien équipé avec une literie de qualité, la télévision câblée, wi-fi... Le restaurant de cuisine locale fonctionne sur réservation. Salon avec cheminée, table de ping-pong, trampoline, jeux d'enfants, jeux de société, terrains de sports, parking sans réservation, complètent les équipements du Rancho Constanza.

RANCHO GUARAGUAO €€

Direction montagne Las Neblinas

✆ +1 809 723 6688

Compter 100 US$ la nuit pour deux personnes. Restaurant, piscine, bain bouillonnant, discothèque...

Baptisé du nom du gros oiseau qui se rencontre dans la région, le Rancho est l'adresse de l'écotourisme de montagne. La propriété se déploie sur une colline à forte déclivité et égrène ses chalets jusqu'au sommet. Le Rancho propose des chalets d'une ou plusieurs chambres, de style rustique, mais tout confort, équipés de cuisine, qui surplombent toute la vallée de Constanza Le restaurant prépare une savoureuse cuisine locale et internationale (attention, les repas se prennent tôt). Multiples activités : balades à cheval, location de quads, parcours d'aventure...

VILLA PAJON €€

A 20 km de Constanza.

✆ +1 809 334 6935

www.villapajon.do

A partir de 70 US$ le lodge pour 2 personnes. Réservation indispensable de 3 nuits minimum.

Située à 2 200 m d'altitude, dans un écrin de montagnes, la propriété est une ancienne plantation florale dont les chalets de bois sont les maisons qui abritaient autrefois les employés. Parfaitement retapées et entretenues, les *sept cabañas* de différente capacité (jusqu'à 9 personnes) affichent un style résolument montagnard, avec une indispensable cheminée. Elles possèdent toutes une kitchenette et une salle de bains avec eau chaude. On s'éclaire à la lampe à pétrole dès la nuit tombée, on se blottit dans un fauteuil près de la flambée de la cheminée.

LORENZO'S €

83 Calle Luperón

✆ +1 809 539 2008

Ouvert de 8h à 23h. Fermé le lundi.
Compter 200 $ pour le plat du jour et de 200 $ à 400 $ pour un plat à la carte.

C'est l'un des meilleurs restaurants de la ville, aux spécialités créoles et internationales. On y sert également des pizzas. Si les plats se font un peu désirer, vous ne serez pas déçu par le bon rapport qualité-prix. L'accueil est cependant très sympathique et l'ambiance conviviale. Par ailleurs, nous vous mettons au défi de parvenir à finir votre assiette. Une jolie fresque murale représentant la région orne les murs du restaurant. Une adresse où vous rendre à toute heure de la journée pour déjeuner ou simplement prendre un café.

MONCARLO €€

48 Avenida Luperon

✆ +1 809 539 1312

Ouvert tous les jours de 11h à 23h.
Compter entre 400 $ et 700 $ le plat.
Pizzas à partir de 340 $. Parking.

Ouvert en 2015, ce bar-restaurant est devenu le lieu le plus chic de Constanza. On y est d'ailleurs accueilli par un lustre aux dimensions démesurées digne des palaces de la Côte d'Azur, nom à l'appui ! Le lieu est imposant et propose différents espaces (bar, restaurant, terrasse, salons privatifs), tous dans un style moderne et élégant. On y sert des spécialités internationales, des plats créoles et des pizzas. Nous vous conseillons les *pastelitos Moncarlo* en entrée, un régal ! Karaoké les mardis. Service professionnel et ambiance calme.

LA ESQUINA GASTROBAR

Av. 27 de Febrero esq. Calle Miguel Abrei

✆ +1 809 539 1711

www.laesquinard.com

Ouvert tous les jours de 16h à minuit.
100 $ la bière artisanale.

Un lieu que l'on penserait plus trouver dans un quartier branché de Madrid qu'au milieu des montagnes dominicaines ! Ouvert en 2013, ce petit chalet faisant face à l'église a pour fierté sa bière brune maison : la Ferringer. On se presse au comptoir central pour la déguster et partager quelques tapas entre amis. Sur les murs, les portraits peints de grandes figures du rock annoncent la tendance musicale du lieu. D'ailleurs, tous les mercredis, c'est concert pour le plus grand bonheur des habitués. Grand choix de bières internationales.

VAMO AL DRINK

Parque Central

Ouvert tous les jours jusqu'à minuit, le week-end jusqu'à 2h du matin.

Préparez-vous à pénétrer dans un lieu où l'ambiance ne s'arrête jamais. Au Vamo Al Drink (VMAD comme l'indique une enseigne apposée sur l'un des murs en bois qui fait le charme de l'établissement) ; on y boit des cocktails et des bières locales en terrasse, et on danse à la fraîche sur une musique assourdissante la plupart du temps jouée par un DJ. Service dynamique et souriant, ambiance animée jusqu'au milieu de la nuit. Les jours de match, le VMAD se retrouve bondé par les supporters qui encouragent leur équipe préférée. À voir.

CENTRE

SAN JOSÉ DE OCOA

Dans ce petit bourg au pied de la cordillère centrale et du fleuve Ocoa, vous rencontrerez de nombreux individus aux cheveux blonds et aux yeux verts. Ce sont les descendants des colons espagnols réfugiés dans les montagnes lors des invasions haïtiennes par voie maritime. San José de Ocoa est une bourgade prospère et principalement vouée à la culture maraîchère qui ne présente pas d'intérêt touristique majeur. Néanmoins, arrête-vous au splendide parc de la liberté qui séduit avec ses beaux jardins remplis de plantes et qui appelle à la détente. Également la maison des souvenirs du père Luis Quinn (*Casa de los Recuerdos*) qui a voué sa vie au village.

HOTEL MAGUANA €

✆ +1 809 557 2244

Compter 1 500 $ la chambre double sans petit déjeuner.

Rien ne semble avoir bougé dans cet hôtel depuis sa construction, néanmoins, il reste confortable. Ses chambres sont assez vieillottes dans le style, mais disposent de lits agréables, de l'air conditionné, de la télévision, d'une connexion Internet… Le restaurant du Maguana sert une cuisine dominicaine simple, mais assez goûteuse. Accueil plutôt chaleureux et disponible. Vous choisirez de séjourner dans cet hôtel si vous ne trouvez pas d'autre option disponible, ou pour une nuit uniquement. Un parking gratuit et vaste vous attend sur place.

HOTEL MARIÉN €

Calle Andres Pimentel

✆ +1 809 573 2933

Compter à partir de 700 $ la chambre double.

L'hôtel Marien, le plus cossu de la bourgade propose une dizaine de chambres confortables dont certaines peuvent accueillir jusqu'à 4 personnes. Elles sont équipées de la télévision, d'un ventilateur ou air conditionné et d'une literie de qualité. Il se trouve en face du parc Liberdad, proche des centres d'intérêt de la ville. Le restaurant de l'hôtel est l'un des meilleurs de la ville. On y mange une cuisine dominicaine et internationale. Avant de passer à table (ou après), vous aurez la possibilité de consommer une boisson au bar. Très bon accueil.

TAMARINDO €

26 Calle Doctor Cabral

✆ +1 809 557 7002

Compter 1 000 $ la chambre double.

L'hôtel possède quarante chambres, toutes avec air conditionné, télévision, salle de bains privée avec eau chaude, mini bar, accès internet… La décoration laisse un peu à désirer, mais les chambres sont néanmoins propres. L'établissement dispose également d'un restaurant qui allie spécialités locales et internationales. Un bar complète l'offre de l'établissement où l'on y vient pour boire un verre en fin de journée. Parking gratuit sur place. Accueil et service agréables. L'une des options d'hébergement à privilégier à San Juan.

CENTRE

SAN JUAN DE LA MAGUANA

La capitale de la province homonyme est située dans une vallée très fertile où le café pousse en abondance ainsi que le maïs, riz et bananes vertes. Dans ce gros bourg agricole qui centralise les activités de la région, les maisons victoriennes témoignent d'une prospérité encore évidente. San Juan est un centre historique de la culture taïno. On y célébrait de nombreuses cérémonies. On peut encore voir dans les environs un large cercle de terre entouré de pierres, probablement reconstitué, El Corral de los Indios, servant de lieu de rassemblement aux Indiens. Selon la légende, la reine Anacoana avait coutume de se tenir assise sur la pierre centrale.

D'ANGEL €€

3 Calle 19 de Marzo

✆ +1 809 557 4653

Compter de 1 500 $ à 3 500 $ la chambre double.

Voici un hôtel-restaurant de 33 chambres fonctionnelles équipées de la télévision câblée, d'un ventilateur ou de l'air conditionné, d'une salle de bains avec eau chaude et d'une literie assez confortable. L'accès internet se fait uniquement dans les parties communes (amené à évoluer). Le restaurant du D'Angel propose une cuisine locale et internationale très correcte. Cet établissement demeure l'option la plus confortable de la ville. Accueil par ailleurs sympathique et disponible et rapport qualité-prix impeccable. Parking.

EST

L'est du pays est bordé par les eaux insolemment turquoise de la mer des Caraïbes. Le tourisme de masse s'est très tôt développé le long de ces plages paradisiaques, bien desservies grâce à la proximité de la capitale et des aéroports internationaux de Las Américas, La Romana et Punta Cana. Des récifs coralliens protègent les magnifiques plages que l'on trouve ici et les lagons sont parfois si peu profonds que la baignade y est restreinte. De nombreuses stations balnéaires jalonnent cette côte, qui compte aussi deux villes parmi les plus importantes du pays, San Pedro de Macorís et La Romana. Plus à l'est encore, au nord de la ville de Higüey, sur une quarantaine de kilomètres, on trouve une suite ininterrompue de plages de sable blanc immaculé, bordées de cocoteraies déroulant à l'infini. Desservie très tôt par un aéroport international, la région est devenue le lieu de prédilection du *todo incluido* (tout-inclus).

EL PORTILLO
LAS TERRENAS
President Juan Bosch
International Airport (El Catey)
La Barbacoa
Cabo Sam
LAS GALERAS
SAMANÁ
La Majagua
Cruce de Rincón
Las Garitas
Majagual
SAMANÁ
SÁNCHEZ
Arroyo Barril
Honduras
Acosta
Bahía de Samana
Punta Balandro
Las Coles
Bahía de San Lorenzo
SABANA DE LA MAR
Bahía de
La Jima
Punta
Jayan
PARQUE NACIONAL
LOS HAÍTES
104
EL VALLE
MICHES
CORDILLERA ORIENTAL
Sabana Grande de Boyá
Hidalgo
Antón
Sánchez
MONTE PLATA
EL SEIBO
103
Monte Plata
Yerba Buena
Yuvina
El S
Río Boyá
Bayaguana
El Puerto
HATO MAYOR
HATO MAYOR
Mata Palacio
San Francisco
23
Guayabo Dulce
La Reforma
Los Llanos
INGENIO
CONSUELO
Guerra
La Joya
Ingenio
Quispeya
Ramón Santana
Hato Viejo
102
El Toro
ers EMBASSY
Gautier
SAN PEDRO DE MACORÍS
Parque Nacional
Submarino la Caleta
BOCA CHICA
JUAN
DOLIO
Villas
del Mar
Boca del
Soco
La Caleta
Andrés
La Maleta
SAN PEDRO
DE MACORÍS
Bahía de
Andrés
GUAYACANES
Punta
Macorís
BOCA D
CUMAYA
Las Américas Int. Airport
Dr. José Francisco Peña Gómez
20 KM

Autopista de peaje
Carretera principal
Carretera secundaria
Carretera importante
Límite estatal y territorial
Límite regional
Ville
Est
Punta Limón
Punta Nisibón
El Cedro
Las Lisas
El Barrero
104
Cañada Honda
Boca de Maimón
Lagunas de Nisibón
UVERO ALTO
Las Guamas
PLAYA MACAO
El Salado
Boca de Maimón
El Bonao
ARENA GORDA
PLAYA BAVARO
EL CORTECITO
OTRA BANDA
CABEZA DE TORO
Cabo Engaño
HIGÜEY
106
Cruce de Verón
Verón
PUNTA CANA
LA ALTAGRACIA
Nuevo Juanillo
Punta Bobadilla
El Pintado
Bejucal
Sabana de Chavón
LA ROMANA
La Piñita
Santa Cruz de Gato
Punta Espada
ALTOS DE CHAVÓN
SAN RAFAEL DEL YUMA
BOCA DE CHAVÓN
BOCA DE YUMA
BAYAHIBE
CATALINA
DOMINICUS
Cabo San Rafael
Punta El Cacheo
PARQUE NACIONAL DEL ESTE
Punta El Aljibe
ISLA CATALINITA
ISLA SAONA

PAGES

EST

PAGES

●● LE SUD DE LA BAIE DE SAMANÁ

Si l'on trouve deux localités des plus pittoresques au sud de la baie de Samaná – Sabana de la Mar et Miches – c'est bien pour faire la visite de l'époustouflant Parc national Los Haitises que l'on s'y rend. Véritable baie d'Ha Long à la sauce créole, on circule en bateau au cœur d'une forêt de mangroves abritant une faune et une flore captivantes et uniques. C'est aussi un sanctuaire de la civilisation taïno, peuple originel de l'île.

●● LA PÉNINSULE DE SAMANÁ

Ici, certains lieux se rapprochent de ce que l'on peut imaginer être le paradis ! Paradisiaque donc, la presqu'île est réputée pour ses plages intactes de sable fin et la couleur de l'eau, riche de mille nuances.

Véritable fief français, Las Terrenas est un petit village de pêcheurs plein de charme installé sur toute la longueur d'une plage de sable blanc hérissée de cocotiers. Carte postale à laquelle rien ne manque, les logements comme les restaurants sont ici de qualité sans céder au tourisme massif.

EST

BOCA CHICA

Située à 30 km de Santo Domingo et à 12 km de l'aéroport de Las Americas, la station balnéaire de Boca Chica est réputée pour être la plage dominicale des habitants de la capitale. Très tôt, le tourisme s'y est développé et Boca Chica compte de nombreuses infrastructures touristiques. Protégée par une barrière de corail qui abrite le lagon, elle est l'une des plus belles plages de l'est, et de loin la plus agréable à proximité immédiate de la capitale. Elle se compose d'anses ombragées de cocotiers et d'amandiers et de sable fin et blanc. On peut y pratiquer tous les sports nautiques : pédalo, kayak, planche à voile, ski nautique, plongée, voile...

COLONIAL TOUR AND TRAVEL

39 Calle Duarte
www.colonialtours.com.do
Ouvert du lundi au vendredi de 8h30 à 13h et de 14h30 à 17h30, et le samedi de 9h à midi.

A Boca Chica, il y a beaucoup de petites agences de tourisme peu fiables. Cette succursale de l'agence Colonial Tour and Travel, installée dans la capitale (fondée en 1993), propose tous les services d'une agence de voyages. Tours de ville, réservations aériennes et hôtelières, vols intérieurs, excursions, pas de mauvaise surprise, fiabilité et sérieux sont au rendez-vous. Vous pourrez aussi bien élaborer des circuits de plusieurs jours à travers le pays que réserver de simples excursions culturelles ou sportives sur une journée ou une demi-journée.

CASA COCO €

8 Calle Dominguez
✆ +1 809 523 4409
Dès 40 US$ la chambre double, et 60 US$ pour une chambre quadruple. Transfert aéroport de Santo-Domingo 20 US$.

Idéalement placé à deux minutes à pied du centre et en troisième ligne de la plage de Boca Chica, ce petit édifice moderne (dont le propriétaire est français et fort sympathique) abrite dix chambres climatisées, bien équipées et dotées d'une petite terrasse. L'hôtel possède en outre une agréable piscine et un restaurant. Les petits déjeuners sont copieux (non inclus) et l'ambiance familiale. Une adresse à tarif abordable parfaite pour une escale d'une ou plusieurs journées à Boca Chica, à deux pas de l'animation. Petit conseil : demandez la chambre 10 !

BE LIVE HAMACA HOTEL €€

1 Calle Duarte
✆ +1 809 523 4611
www.belivehotels.com
De 100 à 200 US$ par personne et par jour en formule tout compris selon le type de chambre ou de suite.

A l'extrémité orientale du village, au bord d'une ravissante plage privée, ce complexe est le plus grand et le plus ancien de Boca Chica, avec option côté plage ou côté jardin (plus calme). Les 691 chambres de différentes catégories sont vastes et confortables, avec télévision câblée, air conditionné, minibar et balcon. Côté jardin, les édifices sont construits autour d'une grande piscine. La décoration de style tropical est très réussie mais un peu vieillissante. Très nombreux services (salon de beauté, spa, bars, restau-snack) à disposition des clients.

GARANT & SUITES €€

9 Calle Francisco del Rosario Sanchez
✆ +1 809 523 5544
www.hotelgarant.com
De 55 à 80 US$ selon la chambre (ou suite) et la saison. Petit-déjeuner non inclus. Wifi gratuit.

Situé à 300 m de la plage, cet hôtel dispose d'une vingtaine de chambres et suites avec air conditionné et télévision câblée. Fonctionnelles et agréables, elles dominent une petite piscine. Il est possible de prendre le petit déjeuner sur place, dans une ambiance familiale et chaleureuse. Signalons également le bar-restaurant, installé dans une vaste salle très lumineuse, disposant d'une table de billard. Depuis l'été 2019, le Garant International s'est équipé de panneaux solaires. Une bonne adresse dans cette catégorie de prix.

HOSTAL BATEY BOUTIQUE €€

35 Calle Juanico García ✆ +1 809 523 5986
www.hostalbatey.com
A partir de 55 US$ la chambre double (80 US$ avec kitchenette) et 90 US$ pour quatre personnes, petit déjeuner inclus.

Ce petit hôtel, très central dans Boca Chica (au croisement de l'avenue principale de ville, la calle Duarte), propose 25 chambres simples et bien tenues à des prix raisonnables. Les chambres (doubles ou quadruples) sont équipées de toutes les commodités habituelles, et certaines disposent même d'une kitchenette pour plus d'autonomie. A signaler également, outre les œuvres d'art ici et là, la piscine et les deux bains bouillonnants, sans oublier le très bon petit resto de l'hôtel. Jolie petite cour garnie de plantes tropicales et terrasse avec vue sur mer.

NEPTUNO'S REFUGIO €€

17 Prolongación Duarte
✆ +1 809 523 9934
A partir de 60 US$ pour une chambre double, 70 US$ pour un appartement (120 US$ penthouse vue sur la mer).

L'hôtel, l'un des plus agréables et accueillants de Boca Chica, s'abrite dans un double édifice moderne, blanc et bois, coiffé d'un toit de cana ; il se trouve dans la zone calme de Boca Chica, au-delà de l'hôtel Oasis Hamaca, non loin de la plage. Il abrite 20 unités de logement (chambres et appartements) bien équipées et confortables. Sur l'arrière, un jardin intérieur et une petite piscine permettent de se détendre. Petit déjeuner (en sus) servi en terrasse par Rita, la maîtresse des lieux. Parking pratique et gardé. Le service est attentif et sympathique.

BUXEDA 2 €

17 Calle Duarte
✆ +1 809 523 4615
Ouvert tous les jours de 10h à 17h. Compter 500 $ le plat.

Ce restaurant, qui ne paye pas de mine, est une véritable institution à Boca Chica. Tenu par l'agréable Chito depuis 44 ans, il est très fréquenté par les Dominicains ou les habitants de Boca Chica, ce qui est toujours bon signe. Il se revendique la *universidad de mariscos* (l'université des fruits de mer). On confirme ! On déguste ici une belle variété de fruits de mer de poissons frais préparés en salades ou en plats chauds préparés : crevettes, langoustes, crabes et homards sont de la partie. Le tout dans une ambiance simple et populaire.

WHALA ! €€

Calle Abraham Núñez, 4
✆ +1 809 523 4511
www.whalabocachica.com
A partir de 70 US$ la chambre double en formule tout compris (chambre et repas).

Situé au cœur du village, il donne directement sur la plage. Les 225 chambres sont fonctionnelles et bien équipées (air conditionné, télévision, téléphone) réparties dans de petits édifices aux noms évocateurs qui tranchent avec les grosses bâtisses de béton. De nombreuses activités sportives sont proposées, planche à voile, tennis, bicyclette, transport gratuit à Santo Domingo 6 fois par semaine, plongée sous-marine, ski-nautique (non inclus)... Restaurants à la carte et barbecue installé sur la plage. Animation diurne et nocturne.

LUZ DE LUNA €

Calle Juan Bautista Vicini
✆ +1 809 523 5963
Ouvert tous les jours en saison. Plat de 250 $ à 500 $.

Installé depuis seulement 4 mois, ce restaurant espagnol, à deux pas de la place de Boca Chica, vient compléter une offre déjà très hétéroclite. Dans la salle intérieure ou sur la belle terrasse ombragée, on y déguste des spécialités locales comme les poissons grillés, le *Pollo Asado al Vino*, l'*Habichuela con mariscos*, mais on y vient surtout pour les nombreuses variétés de paellas. Poulet, poissons, mixtes, tout le monde y trouve son compte pour un tarif très attractif. Et les portions sont copieuses. Ce restaurant est actuellement une valeur sûre de Boca Chica.

EST

Plage de Boca chica.

MAMBROKI PIZZA €

Calle Duarte, 52

Pizza et pâtes entre 250 et 400 $.

C'est au pizzaiolo et chef Damiano, originaire de Vérone, que l'on doit les superbes pizzas et assiettes de pâtes du Mambroki, une véritable référence en ville. La spécialité de lieu ? Les pizzas à pâte fine *alla romana* (à la romaine). Pour ce qui est de la garniture, on retrouve bien évidemment les grands classiques, de la *margharita* à la *4 staggioni*, en passant par la *diavola* ou celle au fromage, mais Damiano cuisine également des pâtes sublimes. Peut-être la meilleure adresse italienne de la ville. Une parfaite option pour les petits creux (et grandes faims !).

VILLAGE ON THE BEACH €

Calle Duarte

Ouvert tous les jours de 8h à 23h30.
Compter entre 550 $ et 850 $ le plat, 250 $ pour un cocktail.

L'un des seuls établissement de Boca Chica à avoir un accès direct depuis la calle Duarte (la rue principale) jusqu'à la plage. Vous pourrez choisir de manger dans la partie rue au sein d'une ambiance caribéenne, ou bien de manger sur la plage dans une ambiance plus *lounge*. Vous pourrez aussi siroter un cocktail dans les transats installés directement sur la plage. Le propriétaire est haïtien, tout comme la plupart des employés – vous aurez ainsi droit à un accueil francophone. Simplicité, bonne humeur et cuisine typique. On aime.

PALMARES BAR RESTAURANT €

Juanico Garcia

✆ +1 809 795 4575

Tous les jours de 8h30 à 23h30.
Plat de 200 à 900 $.

Le Palmares Bar Restaurant est le bon plan en ville : c'est l'adresse bonne et pas chère des locaux et des expatriés installés à Boca Chica. Cette petite cantine dominicaine sert en effet des spécialités du pays réalisées avec savoir-faire et surtout en portions généreuses ! Le filet de bœuf (demandez du *res* !) accompagné de pommes de terre sautées est par exemple excellent ! Côté ambiance, cela dépend un peu du jour et de l'heure, mais dans l'ensemble on s'y sent bien. Parfait pour se restaurer rapidement sans se ruiner ! Un bon plan.

BOCA MARINA €€

Calle Duarte

✆ +1 809 523 6702

www.bocamarina.com.do

Ouvert tous les jours de 8h à minuit. Repas à partir de 1 000 $ et cocktails à partir de 350 $.

Le restaurant-club offre, avec son joli décor de bois et de pierres coralliennes, une ambiance *beach club* très agréable. Le ponton de bois est agrémenté de chaises longues et d'un bar avec accès à la mer. Le décor est idyllique dans cet établissement posé sur pilotis, la cuisine est bonne et l'ambiance toujours agréable. Bien pour le déjeuner comme pour le dîner. On y dégustera principalement des spécialités de la mer dans un cadre assez romantique. On conseille la *canoa de mariscos*, des fruits de mer gratinés à la mozzarella et présentés dans un demi-ananas.

PEQUEÑA SUIZA €

56 Calle Duarte

✆ +1 809 523 4619

Tous les jours de 7h à minuit (1h le week-end).
500-1 000 $ la fondue bourguignonne.

Nostalgiques de la Savoie et des vaches qui paissent à flanc de montagne, vous pourrez y déguster l'une des spécialités de la maison : la fondue. Bien évidemment, le restaurant sert aussi de la cuisine internationale et des plats de poissons et fruits de mer (langouste notamment). A ne pas louper l'excellent qualité/prix de la formule plat du jour qui inclut un plat (3 choix), une boisson et un café. En fin de repas, demandez à goûter le digestif fait maison à base de fruit de la passion, le *chinolino*. Un délice, et en plus il vous sera offert par la maison !

EL PELICANO €€

1 Calle Duarte

✆ +1 809 523 4611

Ouvert tous les jours de 11h à 23h30.
Compter 650 $ pour une salade, 800 $ pour une pizza, 1 300 $ pour un poisson.

Loin du brouhaha du village, le Pelicano offre une atmosphère calme et luxueuse. Dans une ambiance *lounge* et tendance, on se régale d'une cuisine internationale aux influences caribéennes, sur une terrasse posée sur pilotis. Si l'on paye quelque peu l'emplacement au moment de l'addition, cela reste la promesse d'une soirée romantique dans un cadre exceptionnel. En journée, vous pourrez aussi vous relaxer et bronzer sur du mobilier de plage design mis à disposition au bout de la terrasse. Une adresse un petit cran au-dessus du reste.

NEPTUNO'S €€

12 Calle Duarte
✆ +1 80 9523 4703
7j/7 11h-0h, ouverture à 10h le week-end. Repas à partir de 1 000 $, compter 400 $ pour un cocktail.

Ambiance tropézienne dans ce beach-club bercé par le son des guirlandes de coquillages agitées par la brise. Tous les dimanches, les riches familles de la capitale et les célébrités locales se retrouvent dans ce restaurant sur pilotis, sur fond de house music pour déguster de succulents poissons, sushis, *parilladas* et fruits de mer. On recommande le fameux rouget à la mode Boca Chica et la *paella marinera*. A l'étage, on trouve un bar à huîtres et tapas et un fumoir. Carte des vins exceptionnelle (plus de 1 000 références). DJ le week-end.

CARIBBEAN DIVERS

44 Calle Duarte
✆ +1 809 854 3483 - www.caribbeandivers.de
Compter 45 US$ la plongée. Tarif dégressif sur les forfaits (5 sorties pour 200 US$, 10 pour 350 US$).

Installé sur la plage de Boca Chica, non loin du restaurant Plaza Isla Bonita, Markus organise des plongées adaptées au niveau de chacun : initiations, plongées de nuit, plongées spéléologiques. Pour les plongeurs aguerris, il est également possible de louer directement du matériel. Les sites de plongée de la région sont nombreux, vous pourrez entre autres vous approcher de l'épave de l'*Ocean Spring* face à la plage Embassy. Les îles de la Saona et de Catalina sont également d'excellents spots avec des fonds très fournis. Activités et excursions variées.

TROPICAL SEA DIVERS

35 Calle Duarte
✆ +1 829 697 9522
www.tropicalseadivers.com
65 US$ le baptême, 35 US$ pour une plongée, 100 US$ 3 plongées, 160 US$ les 6 plongées. équipement inclus. PADI.

Tropical Sea Divers est une référence pour tout ce qui touche à la plongée sous-marine dans la région. Si les locaux sont basés à Boca Chica (sur la rue principale), les spots accessibles par Alexandre et son équipe sont nombreux : pas moins d'une quinzaine de sites sont en effet à découvrir non loin ! Falaises sous-marines, barrières, jardin de coraux, épaves - celle de Catuan, longue de 35 mètres et immergée à 22 mètres, est impressionnante -, faune marine variée (barracuda, murènes, raies)... Il y a de quoi faire ! Baptêmes. Accueil francophone.

EMBASSY

Cette plage magnifique, à l'origine déserte, était initialement fréquentée par les diplomates américains, d'où son nom. Ses vagues attirent toujours la communauté des surfeurs pour les jolis rouleaux qui y forment. La plage a par ailleurs été très simplement aménagée : on y trouve des chaises et des parasols à louer pour un prix modique, ainsi que des étals proposant des boissons.
Malheureusement, le développement touristique n'a pas épargné ce petit bout de côte, qui est aujourd'hui défiguré par des constructions hôtelières. Mise à part la plage elle-même, sur laquelle on prendra plaisir à faire une petite escale, rien à signaler ici.

GUAYACANES

Ce village de pêcheurs a conservé tout le charme d'une petite bourgade dominicaine alanguie en bord de mer : Guayacanes, situé à 13 kilomètres de Boca Chica et à tout juste 2 kilomètres de Juan Dolio, est l'occasion d'une halte sans prétention, agréable et parfaitement typique de cette partie de la côte. Si les possibilités de logements sont assez réduites et nettement plus rustiques que dans les villes et villages alentour, on trouvera assez facilement de quoi se bien se nourrir, et pour pas cher ! Le week-end, le village se remplit de *domingueros* qui viennent profiter de la longue plage de sable blond bordée de palmiers et aux eaux peu profondes.

LA CASA DEL PESCADOR €€

55 Calle Principal
✆ +1 809 526 2613
8h-23h. 500-1000 $ le plat.

Le restaurant La Casa del Pescador, installé directement sur la plage, est fort agréable et fréquenté aussi bien par les quelques touristes de passage que par les Dominicains. Il propose, les pieds dans le sable, une cuisine internationale simple avec des plats de pâtes aux crevettes, à la langouste, des viandes en sauce ou grillées et des poissons. La langouste à la créole (à tarif très abordable) compte parmi nos plats favoris ici, qui sont tous accompagnés de frites ou de riz. Mais la Casa del Pescador fait l'affaire pour une pause café également !

LA MADRAGUE €€

51 Calle Central
✆ +1 809 526 2124
Compter de 600 à 1 200 $ par personne.
Ouvert du mardi au dimanche de 10h à 18h30.

Voilà une excellente adresse pour faire une halte les pieds dans le sable. Le restaurant offre un service en salle ou en terrasse directement sur la plage. Les propriétaires français proposent une belle carte internationales et variée que vous pourrez accompagner d'une grande sélection de vins du monde. La spécialité est la langouste (surtout celle à la crème !), qui est toujours fraîche ! Ambiance française inspirée de la célèbre plage de St-Tropez, connue grâce à Brigitte Bardot à qui on rend largement hommage dans ce lieu paradisiaque.

RUNNERS ADVENTURES

Plaza de La Luna, local 10, Calle principal
✆ +1 829 599 7432
www.runnersadventures.com
Entre 40 et 159 US$ pour les adultes et 25 et 89 US$ pour les enfants selon l'excursion.

La bien établie agence d'excursions et tours Runners Adventures, basée dans l'est du pays, dispose d'une agence à Juan Dolio. Fondée en 1996 par Carlos Medrano sous le nom de Bavaro Runners, la volonté de l'homme était d'offrir de belles expériences aux voyageurs tout en leur faisant connaître la culture locale. Pari réussi ! Depuis la station balnéaire, elle propose plusieurs excursions très recommandables : journée à Monkeyland, sortie zip line, découverte de Santo Domingo, escapade à Bayaguana... Service pro et sûr. On aime !

JUAN DOLIO

Juan Dolio est l'une des plus anciennes stations balnéaires dominicaines. C'est en raison de sa longue plage de sable blanc, dont les eaux turquoise sont protégées par une barrière de corail, que l'endroit a été choisi comme lieu de développement touristique.
La baignade n'y est toutefois pas idéale à cause du peu de profondeur de la mer, sauf bien entendu pour les enfants. Les complexes hôteliers sans grand charme se succèdent ici. Toutefois, Juan Dolio peut constituer une halte reposante ou une étape sportive. Quelques restaurants, des bars et de nombreuses boutiques se succèdent le long des 3 km de route qui constituent le cœur de Juan Dolio.

FIOR DI LOTO €

517 Calle Principal
✆ +1 809 526 1146
www.fiordilotohotels.com
Compter 15 US$ la chambre simple, de 25 à 30 US$ la double et 40 US$ l'appartement.

A la fois hôtel, restaurant et centre de yoga ! Depuis 1991, cette charmante maison du cœur du village (à 50 m de la plage) offre une dizaine de chambres simples et accueillantes (certaines possèdent une kitchenette). Bar, gymnase, laverie, wifi et solarium, et surtout activités pour le moins originales : danses sacrées, *pranayama*, méditation, psychologie minérale, acupuncture et arts martiaux ! Le restaurant, à mi-chemin entre les mille et une nuits et le bazar indien, propose une cuisine indienne mâtinée de Caraïbe très originale.

EST

© SAATON - SHUTTERSTOCK.COM

Plage de Juan Dolio.

CORAL COSTA CARIBE €€

© +1 809 526 2244
www.coralhotels.com
A partir de 160 US$ pour une chambre double, avec la formule tout inclus.

Cet immense complexe tout inclus compte 535 chambres et suites de différentes catégories, qui donnent sur la mer ou le jardin. Côté restauration, quatre restaurants thématiques et un grand buffet sur une terrasse ouverte assurent le service, tandis que six bars s'occupent de l'ambiance. Sports et activités aquatiques multiples, centre de fitness avec sauna et bain bouillonnant, minigolf, grande piscine avec cascades, et belle plage aménagée. Les enfants ne sont pas oubliés avec un club d'enfants et une piscine spéciale. Casino et discothèque.

HODELPA EMOTIONS €€€

Calle principal
© +1 809 338 9555
www.emotionsbyhodelpa.com
A partir de 200 US$, petit déjeuner inclus.

Malgré les vastes dimensions de la propriété, l'hôtel Emotions parvient à transmettre une sensation d'intimité propre aux boutiques-hôtels. Le resort a en effet beaucoup de charme, affirmant une identité bien à lui en termes de décoration, à la fois ethnique, moderne et minimaliste. On trouve ici un bar à vin, un bar à bière, un coffee-shop, et plusieurs restaurants de très bonne facture. Les chambres sont spacieuses, confortables et pleines de bon goût, et l'hôtel dispose d'un espace *adult-only* et d'un coin VIP avec bain bouillonnant et services de haut standing.

HOTEL CASA HEMINGWAY €€€

Calle del Sol
© +1 809 526 2203
www.hotelcasahemingway.com
A partir de 150 US$, petit déjeuner inclus.

Ouvert en octobre 2016, cet hôtel de charme propose des appartements meublés (1 ou 2 chambres) à l'élégant style hacienda, donnant sur la mer. La plage est munie de chaises longues et d'un ponton de bois au bout duquel quatre paillotes sur l'eau font office de restaurant. On appréciera en outre les très bons restaurants, tout comme les nombreuses activités proposées : natation, équitation, tennis, tandis que les amateurs de golf profiteront du partenariat privilégié entre la Casa Hemingway et deux terrains de golf situés à 10 minutes de l'hôtel.

EL MESÓN ESPAÑOL €€

C/ Nueva
© +1 809 526 2666
Ouvert tous les jours de 11h à 23h.
De 300 à 600 $, selon l'appétit.

Tapas et cuisine d'Espagne pour cette adresse où l'accueil est des plus sympathique. Belles pièces des viandes, arroz, paellas et poissons à la plancha. On aura le choix de manger en extérieur, à la fraîche, ou bien dans la salle climatisée. Pensez à réserver le week-end : l'adresse est très prisée des Dominicains qui n'hésitent pas à faire le voyage ! Une très bonne adresse – peut-être l'une des meilleures dans les environs – aussi bien pour la qualité du service que pour la cuisine très bien préparée (et qui change un peu).

EL SUEÑO €€

Calle Principal
© +1 809 526 3903
Jeudi-mardi 11h-23h.
Compter entre 150 $ et 400 $ pour une entrée et entre 450 $ et 800 $ pour un plat.

Sans doute le meilleur restaurant du village. La cuisine italienne et internationale y est très bonne. L'ambiance est de bonne tenue dans un cadre de jardin agréable. On pourra aussi bien y manger de bonnes salades bien fraîches (tomates, épinards, aubergines, brocoli...), une sélection de soupes (oignons, champignons, petits légumes), des belles assiettes de pâtes bien sûr (bolognaise, carbonara, spaghettis au poulet ou aux fruits de mer, raviolis, fettuccine à la langouste) mais aussi de très bonnes viandes et des poissons grillés bien préparés.

PALADART €€

Av/ Principal, Plaza Villas Del Mar
© +1 809 526 1855
Ouvert du mardi au dimanche de 11h30 à minuit.
Compter 1 500 $ le repas complet, boissons comprises.

Spécialiste de la viande grillée, ce restaurant argentin ravira les carnivores de passage en ville. Vin rouge, tapas variées (*empanadas* et *croquetas* notamment), assiettes de pâtes assez réussies, carpaccios et petites salades viennent compléter le tableau. Si l'ambiance est relax - le bois domine partout, l'illumination est tamisée, les plantes tropicales ne manquent pas et la musique est assez bien sentie -, les tarifs sont tout de même un poil élevés, que la qualité des produits aura tôt fait de justifier. Une très bonne adresse !

EST

GUAVABERRY GOLF ET COUNTRY CLUB

55 Autopista del Este
✆ +1 809 333 4653
www.guavaberrygolf.com.do
Green fee : 110 US$. Transfert gratuit depuis les hôtels tout-inclus de Juan Dolio.

Le Guavaberry Golf & Country Club abrite le tout premier parcours de golf 18-trous qui vit le jour en République Dominicaine. Conçu par Gary Player, le parcours a été dessiné sur des coteaux en pentes douces et traverse plusieurs formations de massifs rocailleux. On trouve également ici un centre équestre, ouvert en 2004, peut-être l'un des plus complets du pays (personnel et vétérinaire qualifié). On pourra s'essayer au galop au cœur de vastes zones vierges.

NEPTUNO DIVE CENTER

Villas del Mar
✆ +1 829 578 4671
www.neptunodive.com
Compter 45 US$ la plongée, 120 US$ les trois plongées et 350 US$ les dix plongées.

Le centre propose des *packages* pour des plongées classiques dans une vingtaine de sites aux alentours, mais organise également des excursions-plongée, comme la découverte pendant une demi-journée des épaves d'Embassy, des grottes de Taina ou le parc national sous-marin de la Caleta pendant une journée entière. Possibilité de faire un baptême de plongée pour les novices, mais aussi, pour les plongeurs confirmés, de faire d'exceptionnelles plongées de nuit. N'hésitez pas à passer un coup de téléphone pour connaitre l'agenda de la semaine et l'état de la mer.

SAN PEDRO DE MACORÍS

A 70 km de Santo Domingo. Pour le visiteur de passage, San Pedro ne présente que peu d'attraits touristiques et ne mérite qu'une rapide promenade. La ville, une des plus importantes du pays, a été fondée en 1820 par des immigrants allemands, arabes, espagnols et français, pour la plupart des planteurs fuyant la nouvelle république haïtienne. Ils furent bientôt rejoints par les Espagnols qui avaient abandonné Cuba et sa guerre d'indépendance en 1870. Ouverture maritime pour la région agricole intérieure où les plantations sont nombreuses et port d'exportation de bananes plantains, San Pedro de Macorís a connu son apogée au début du XIXe siècle.

IGLESIA SAN PEDRO APÓSTOL ★

Calle Colón
Elle est censée être ouverte à partir de 8h, cependant les grilles de la façade restent souvent fermées.

L'église San Pedro Apóstol (dédiée à saint Pierre apôtre) est un bel édifice de style gothique anglais, dont les murs jaunes et blancs contrastent agréablement avec le bleu du ciel. Elle a été construite une première fois en 1915, puis reconstruite en 1930 après le passage d'un cyclone. Les vitraux sont joliment travaillés, et ses confessionnaux sont, comme le veut la tradition, en bois. Le clocher, visible de toute la ville, sert de point de repère.

MALECÓN ★

Dès les premiers rayons de soleil, la promenade du bord de mer est fréquentée par un nombre considérable de Dominicains qui viennent marcher, courir ou faire du vélo. Dans l'après-midi, amis et familles se retrouvent généralement pour profiter d'un moment de tranquillité en attendant le magnifique coucher du soleil. Une foie la nuit tombée, les citadins viennent y prendre le frais en flânant, en profitant du son des vagues. On peut y acheter de quoi boire et manger dans de nombreux *chimichurris*, stands de rue, au son des derniers merengues.

MUSEO REGIONAL DE ANTROPOLOGIA ★

Calle Central
Ouvert en semaine. Entrée gratuite.

La région de San Pedro de Macorís est investie depuis de nombreuses années par les anthropologues en quête de vestiges de l'histoire précolombienne. Le musée, créé avant tout pour les étudiants de l'Universidad Central del Este (Université Centrale de l'Est), expose depuis 1983 trois collections distinctes donnant à voir les résultats de ces recherches. Il intéressera les amateurs de civilisation taïno, mais les autres pourront sans regret oublier cette visite.

ROBBY MAR €€

35 Avenida Francisco Dominguez Charro
✆ +1 809 529 4926
Ouvert de 10h à minuit.

A l'embouchure du rio Higuamo et à proximité de la cathédrale, le restaurant Rio Mar (auquel les habitants du coin se réfèrent sous le nom de Robby Mar) est un établissement parmi les plus agréables en ville. D'aucuns diront même qu'il s'agit là de la meilleure table de San Pedro de Macoris. Réputé pour ses spécialités marines, on y mange d'excellents crabes et langoustes, mais aussi des grillades de poissons et de délicieux et généreux plateaux de fruits de mer. Si la déco est un peu passée de mode, le service est très amical. LA bonne adresse en ville !

CUMAYASA

Cumayasa est un hameau tranquille, en bordure de la rivière et tout proche de la mer. Ce modeste village, isolé au bout de la piste, est peu fréquenté par les touristes, si ce n'est pour visiter la grotte qui s'y trouve, précisément entre les fleuves Soco et Cumayasa. Elle est bien indiquée, avec une arche impressionnante à l'entrée. Cette formation géologique, formée de voûtes successives ornées de stalagmites et de stalactites millénaires, a été découverte en 1926 et baptisée la Cueva del Jagual, puis grotte des merveilles en 1949. Elle a été récemment réaménagée sur quelque 850 m de galeries avec éclairage, rampe d'accès et marches.

INGENIO CONSUELO

La ville d'Ingenio Consuelo a été construite autour de la raffinerie de sucre, qui est son unique raison d'être. Un parfum lourd et écœurant de vapeurs d'alcool flotte en permanence sur les environs. Quelques évènements rythment le vie tranquille des habitants d'Ingenio Consuelo, comme l'élection de Miss Santa Ana, tradition répétée chaque 26 juillet à l'occasion de laquelle les filles des différents quartiers participent à un concours permettant d'élire la reine de la fête patronale (célébrée elle le 26 juin, en l'honneur de la patronne de la ville Santa Ana). A signaler aussi ici les rodéos et les Guloyas, défilés de cortèges dansant et costumés.

HATO MAYOR

Nous sommes ici au plus profond des campagnes du pays, dans la capitale de la province du même nom. Hato Mayor est une grosse bourgade agricole (environ 38 000 habitants) entourée de collines verdoyantes aux douces ondulations. Il existe un centre-ville cependant, entre les rues Duarte et San Antonio, où sont situés quelques hôtels bon marché, notamment El Hato Mayor (calle Duarte) et El Centenario. Quelques *comedores*, simples et *muy típicos*, permettront de reprendre des forces, comme El Criollo ou El Centenario (au sein de l'hôtel éponyme). On pourra visiter le parc municipal de Mercedes de la Rocha, flanqué de l'église paroissiale.

LA CUEVA DE LAS MARAVILLAS ★★

Cumayasa
✆ +1 809 390 8183
Mardi-dimanche 9h-18h (dernière entrée 17h15). 300 $ (-12 ans à 100 $), guide obligatoire. La visite dure 45 minutes.

C'est le plus grand musée d'art rupestre des Antilles. Les parois de la grotte sont ornées de peintures rupestres préhispaniques. Vous verrez quelques-uns des 500 pictogrammes qui décorent les parois rocheuses, témoignage du passage des Taïnos sur les lieux, utilisés comme centre de rituels religieux et funéraires. Prévoir des chaussures fermées pour descendre les 135 marches glissantes, et une petite laine (il fait 19 degrés dans la grotte). Photos interdites !

RANCHO CUMAYASA ★

Carretera San Pedro - La Romana
✆ +1 809 710 0745
Chambre double 80 US$ avec petit déjeuner, 50 US$/personne en pension complète. Balades à cheval incluses.

Cet élevage de chevaux, qui compte quelque 120 bêtes, se situe en bordure du fleuve Cumayasa, à proximité immédiate de son embouchure. Des randonnées à cheval à travers la campagne dominicaine, au fil des plantations de *yucas* ou de légumes, ou le long de la rivière Cumayasa sont proposées. Un programme d'une journée complète avec découverte de l'île Catalina, déjeuner et balade à cheval, permet de profiter des différentes ressources de l'endroit. On démarre le matin par un départ de l'embarcadère dans un décor vert et touffu. Les barques à moteur descendent la rivière jusqu'à son embouchure, puis atteignent l'île Catalina au terme d'une traversée d'une demi-heure. Halte baignade et plongée dans les eaux turquoise, détente sur la plage au sable blanc, puis retour au ranch pour déjeuner sous le grand toit de palmes du restaurant en bordure de la rivière. A découvrir, la *mamajuana* maison. Quelques pédalos sont à la disposition des visiteurs pour sillonner les eaux vert profond du fleuve. On enchaîne avec une balade à cheval qui dure environ 1 heure 30 (réservez votre balade par téléphone un jour à l'avance). La journée se termine vers 17h. Le ranch propose en outre onze bungalows traditionnels au décor rustique d'un confort tout à fait correct.

Enfin, vous n'oublierez pas de visiter la Casita Magica de Urakan, la petite maison magique du dieu Ouragan, qui fait la fierté du propriétaire. Ici sont défiées toutes les lois de l'équilibre, on ne vous en dit pas plus… mais sachez que les effets sont pour le moins… renversants !

LA ROMANA ★★

Si la ville a été fondée vers 1502 par Juan de Esquivel, son développement date du début du siècle. Il est lié à la construction de la plus grande raffinerie de sucre du secteur privé du pays. Dans les années 1970, alors que les cours mondiaux du sucre s'effondraient, la Gulf and Western Inc., société américaine propriétaire de la raffinerie, décida d'étendre ses activités au tourisme. La Romana devint très vite une destination internationale du tourisme haut de gamme. Il n'y a guère de monuments intéressants dans cette ville de 250 000 habitants tout entière consacrée à l'industrie du tourisme et au développement de ses zones industrielles.

IGLESIA SANTA ROSA DE LIMA ✝ ★

Calle Eugenio Miranda

Faisant face au parc Juan Pablo Duarte, cette modeste église est consacrée à la sainte patronne de la ville, Santa Rosa de Lima (célébrée au mois d'août), également patronne du Pérou, du Nouveau Monde et des Philippines. La première construction avait été érigée en 1914 et n'était alors qu'un simple ermitage, gérée par le prêtre J.W. Connor. Il faudra attendre 1940 pour qu'elle soit agrandie et élevée au rang d'église. Elle possède un agréable jardin.

EST

Kayak sur la Rivière Chavón, La Romana.

PARQUE CENTRAL ★

Parque central

Le parque central de la Romana est un musée à ciel ouvert, les plus grands joueurs de base-ball dominicains y ont leur statue grandeur nature. La plupart de ces joueurs officient dans la ligue américaine et sont suivis par tout un peuple. Comme tous les parcs des centres-villes du pays, il est le centre névralgique de la vie sociale. Tout le monde s'y rencontre le soir, les stands de nourriture et de boissons s'y agglutinent en rangs serrés, les motos-taxis y attendent le client, bref, tout un chacun y passe au moins une fois par jour.

PLAYA CALETÓN ★★

La Playa El Caletón est la plage populaire des Romanenses, mais elle est loin d'avoir le charme des autres plages de la région. Il est, paraît-il, déconseillé de s'y aventurer dès que la nuit tombe. En revanche, en journée, ses bancs de sable sont envahis par les touristes et les flâneurs. Les restaurants de plage spécialisés dans les fruits de mer et poissons y sont nombreux. Une escale à envisager si vous êtes de passage prolongé à La Romana. Si toutefois vous comptez visiter d'autres plages alentour, vous pourrez faire l'économie de celle-ci.

KENAVO TROPICAL ★

118 Avenida Santa rosa

✆ +1 829 957 5210 - www.kenavotropical.com

Ouvert tous les jours de 8h à 18h.
Adulte 45 US$, et enfants jusqu'à 16 ans 25 US$. Boissons comprises.

Installez-vous, en toute sécurité, à 1,80 m de profondeur à bord d'un vaisseau semi-submersible, observatoire sous-marin climatisé et confortable. Ce navire qui ressemble à un véritable sous-marin ne descend pas en-dessous de la surface mais offre un spectacle inoubliable. Une vue imprenable sur le monde aquatique local, la faune et la flore de la célèbre « La Pared » (tombant corallien) et de l'Ile Catalina. Vous découvrirez également l'épave du fameux galion pirate du Capitaine Kidd 'Cara Merchant ' coulé en 1699 avec ses nombreux canons et ses ancres...

AÉROPORT LA ROMANA

Sur la route de Bayahibe,
à 5 km au nord de La Romana.

✆ +1 809 813 9000

www.romanaairport.com/es

L'aéroport international de poche est desservi par Blue Panorama Airlines (Milan, Rome, Vérone), Air Transat (Montréal, Québec, Toronto), Condor (Düsseldorf, Francfort, Munich), JetBlue Airways (New York), Miami Air (Miami), et Tui Airways (Londres) entre autres, pour ce qui touche aux compagnies internationales. Certains vols intérieurs permettent également de rejoindre la capitale (110 km) et d'autres coins de la République dominicaine. On peut également y louer des petits avions privés pour se déplacer à l'intérieur du pays.

THE VECCHIA CASERMA HOTEL €

Carretera La Romana-Higuey

✆ +1 809 556 6072

www.hotelcaserma.com

Plusieurs formules sont proposées en fonction de l'habitation et du temps d'occupation.
Comptez 80 US$ la nuit.

Ce charmant petit hôtel à taille humaine est apprécié par les Européens. Il baigne dans une végétation luxuriante et bénéficie de tout le confort et des équipements d'un trois-étoiles. Wifi gratuit, télévision à écran plat, restaurant italien, belle piscine extérieure et disponibilité du personnel. Trois types d'habitations sont proposés : chambre standard, suite avec balcon ou chambre supérieure. Location de voiture pour se rendre au golf et excursions pour l'île de Catalina.

HOSTAL SILVESTRE €€

2 Calle 1ra. Reparto Torres

✆ +1 809 550 2500

www.hostalsilvestre.com

Chambre double autour de 100 US$.

Cela faisait bien longtemps que les touristes et hommes d'affaires de passage attendaient un hôtel de standing à La Romana ! Eh bien, c'est chose faite grâce au talent et au goût très prononcé pour le modernisme d'un jeune Dominicain professionnel de l'événementiel à New York. Tout ce confort est en plus accessible à tous car les prix pratiqués sont ahurissants et nous espérons que ça le reste. Les chambres, luxueuses et de bon goût, sont climatisées et donnent sur une belle piscine. La discothèque attenante au complexe hôtelier est la plus prisée de La Romana.

OLIMPO €€

Calle Pedro A. Lluberes
✆ +1 809 550 7646
www.olimpohotel.com
Compter 60 US$ pour une chambre double.

Les trente chambres avec air conditionné, télévision satellite à écran plat et salles de bain privatives manquent de charme, mais l'adresse, juste à côté de l'arrêt des ***guaguas*** pour Santo Domingo, peut s'avérer pratique. On y trouve également une piscine, un restaurant de spécialités dominicaines, un parking privé (payant) et une bonne connexion internet. L'Olimpo fera l'affaire le temps d'une nuit d'escale à La Romana, d'autant plus que la réception – audacieusement décorée dans un thème grec – est ouverte à toute heure de jour et de la nuit.

LA CASITA €€

47 Calle Francisco Richiez
✆ +1 809 556 5932
Ouvert tous les jours de 17h à 23h.
Compter entre 1 500 et 2 000 $ le repas.

La Casita est à n'en point douter l'une des adresses les plus élégantes de La Romana... l'une des plus chères aussi ! Dans les nombreux espaces que compte le lieu (de la salle de service principale à la terrasse donnant sur la marina de La Romana), le décor est travaillé et l'ambiance à la fois cosy et chaleureuse. L'équipe, professionnelle et attentive, sert une cuisine méditerranéenne moderne, avec pour spécialité la généreuse paëlla à partager. De très bons plats italiens viennent compléter la carte. Belle sélection de vins internationaux.

DOM HAM €

Calle Benito Monción (angle de calle Altagracia)
✆ +1 809 550 9220
Ouvert tous les jours de 17h à minuit.
Compter entre 350 $ et 550 $ le plat.

Le Dom Ham est une adresse hautement populaire, très fréquentée par les habitants de La Romana, mais aussi par les expatriés installés en ville et par les voyageurs en quête de saveurs carnées. Impossible de manquer la grande paillote ouverte aux quatre vents, servant de salle de service principale et décorée de drapeaux du monde entier. La spécialité ici ? De solides hamburgers ! On pourra aussi goûter à de bonnes pièces de viande passées sur le grill, à accompagner d'une des 25 bières internationales que sert le lieu. Ambiance décontractée.

SHISH KABAB €€

32 Calle Castillo Marquez
✆ +1 809 556 2737
Ouvert de mardi à dimanche de 10h à 22h.
Compter 800 $ le kebab, 700 $ un plat de poisson et 150 $ un dessert.

On peut entendre les habitants de La Romana dire « si tu n'as pas mangé à Shish Kabab, tu n'es pas allé à La Romana ! ». Créé en 1969, il a été le premier restaurant de spécialités étrangères à ouvrir ses portes dans cette ville. Les murs sont ornés de photos des nombreuses personnalités nationales et internationales qui s'y sont arrêtés manger (n'hésitez pas à demander les noms au propriétaire). Le menu se partage entre plats orientaux (le ***kibe est*** un délice) et dominicains avec d'excellentes recettes de poisson. Grande terrasse extérieure, mais en bord de route.

PICA POLLO RODRIGUEZ €

2 A Calle Duarte
✆ +1 809 813 3493
www.picapollorodriguez.com
Ouvert tous les jours de 8h à 22h. Compter 600 $.

Au Pica Pollo Rodriguez, on se rend principalement pour se repaître de bonnes pièces de poulet grillées à accompagner de salades ou de frites. On aura le choix entre trois types de préparations : *fresco* (frais), *jugoso* (juteux) ou *crujiente* (croustillant). Egalement au menu quelques plats typiques de cuisine dominicaine. Le tout est assez gras, mais nourrissant. On y mange en terrasse, assis dans les traditionnelles *mesedoras*, les rocking-chairs dominicains. L'ambiance est sympathique et l'on peut poursuivre la soirée dans la discothèque au fond du jardin.

CINCO GELATO Y CAFFÈ

15 Calle Restauración
✆ +1 809 349 4303
Ouvert tous les jours de 10h à 21h, 22h en fin de semaine. Compter 170 $ la boule de glace, 300 $ les deux boules.

Un glacier qui propose des glaces faites maison, dont certaines sans gluten, ni sucres ajoutés, ni lactose. Toutes les glaces sont élaborées à partir de fruits frais locaux. Mention spéciale pour les saveurs coco, fraise, mangue et fruits de la passion. Les plus gourmands pourront déguster leur glace sur une gaufre bien chaude ! Le Cinco Gelato – qui dispose d'une boutique à Santo Domingo et Casa del Campo – fait également des *frozen yogourts* et des brownies, de très bons sandwichs, et sert des cafés italiens serrés comme au pays !

CREMA PASTELERIA

Calle Francisco Richiez, 61
✆ +1 809 813 2103
www.cremapasteleria.com
Ouvert tous les jours de 7h à 23h.

Cadre élégant et moderne pour cette pâtisserie tenue par un Américano-Dominicain. On y vient pour le petit-déjeuner ou pour un café gourmand, à n'importe quelle heure de la journée : gâteaux, tartes et autres pâtisseries toutes plus alléchantes les unes que les autres s'alignent sur le présentoir. Le Crema Pasteleria fait également restaurant, avec à la carte de très bonnes assiettes de viandes, des sandwichs et burgers très réussis, mais aussi de délicieuses salades bien fraîches et des préparations de pâtes et des risottos.

MARCHÉ

Chaque vendredi, le marché haïtien immobilise une artère juste à la sortie de la ville durant toute la journée. On y trouve toutes sortes de fripes, de chaussures et d'autres produits très bon marché dont on ne connaît pas toujours la provenance, mais que l'on suppose aisément venir des organisations internationales ou être des produits escamotés des zones franches... Quelques bonnes affaires à faire ici (n'hésitez pas à négocier, les Haïtiens comprennent votre français), en même temps que l'on profite de l'agréable et quelque peu frénétique ambiance populaire.

CASA DE CAMPO

Le nom, « la maison de campagne », tranche nettement avec la réalité d'une bâtisse paisible, car ici tout est démesuré. Le complexe hôtelier occupe une zone de 3 000 ha en bordure de la mer des Caraïbes. L'hôtel, construit d'après les plans de l'architecte américain William Cox, a été inauguré en avril 1974. Des milliers de touristes sont ici un peu isolés de tout, mais l'endroit possède ses rues, ses commerces, bref pour dépenser pas besoin de sortir. On y arrive par l'aéroport de La Romana ce qui permet de venir en République dominicaine sans avoir rien vu du pays. L'entrée dans ce complexe est réservée aux seuls et fortunés clients de l'hôtel.

ALTOS DE CHAVÓN ★

Ce village, dont la construction date de 1976, est la concrétisation du rêve de l'ancien président de la Gulf and Western Inc., Charles Bluhdorn. C'est la réplique parfaite d'une petite ville italienne du XVIe siècle. Entièrement dédié aux arts, il est administré conjointement par une fondation dominicaine privée et par une association américaine. Ses plans ont été dessinés par l'architecte dominicain José Antonio Caro, et c'est l'Italien Roberto Copa qui en a surveillé les travaux. Avec le souci d'honorer l'esprit de l'époque, les édifices et les maisons ont été construits en respectant scrupuleusement le style et les matériaux d'origine.

AMPHITHÉATRE ★★

Amphitheater's back

Voilà une reproduction parfaite d'un théâtre romain antique. Les gradins en arc de cercle peuvent accueillir jusqu'à 5 000 spectateurs et encadrent une scène à l'ancienne, cernée par un écrin de verdure quasi méditerranéenne. L'illusion est parfaite. L'amphithéâtre a été inauguré en 1982 par Franck Sinatra et Carlos Santana. Les plus grands musiciens internationaux de tous les styles s'y produisent régulièrement, de Julio Iglesias à Chick Corea. Consultez le site internet du lieu pour connaître la programmation lors de votre passage.

LA GALERIA ★

Chavon Bld

Cette galerie d'art est dédiée à la promotion de l'art dominicain. Des expositions artistiques, peintures, sculptures, photographies, d'artistes reconnus ou débutants ainsi que d'artistes locaux, résidents du village, s'y tiennent régulièrement. Particulièrement dynamique, la galerie est, avec l'amphithéâtre, le centre névralgique de la vie artistique et culturelle d'Altos de Chavón et des alentours. N'hésitez pas à passer par ici pour voir ce qui s'y trame lors d'un séjour en ville. L'édifice en lui-même est par ailleurs assez intéressant.

IGLESIA SAN ESTANISLAO ★

Tout droit sortie d'une carte postale médiévale, l'Iglesia San Estanislao, au cœur d'Altos de Chavón et surplombant le fleuve Chavón, a été consacrée en 1979 par le pape Jean-Paul II et est l'une des plus belles églises de la République dominicaine. Son joli portique abrite une statue de bois taillée à Cracovie et représentant Stanislas, patron de la Pologne. Une urne contenant les cendres du saint homme a été offerte par le pape Jean-Paul II pour en célébrer l'inauguration. Des services religieux y sont célébrés le samedi et le dimanche à 17h.

MUSEO ARQUEOLÓGICO REGIONAL ★★

Calle Casitas Campestre's

Ouvert tous les jours de 9h à 21h. Entrée gratuite.

Le musée a ouvert en 1981. C'est l'une des plus importantes sources d'informations de République dominicaine sur les Taïnos : on y admire les trouvailles résultant de plus de 40 ans de collecte et plus de 6 000 pièces découvertes dans la région de La Romana, des objets rituels ou usuels qui démontrent l'incroyable richesse culturelle des Taïnos. Le musée fait partie de la fondation culturelle de Altos de Chavón qui depuis deux décennies enrichit le panorama culturel du pays.

LA PIAZZETTA €€

Saint Stanislaus Church

✆ +1 809 523 8698

Tlj 18h-23h. Salades 10 US$, pâtes 15 à 20 US$, plats de viande 30 US$. Réservation recommandée.

Une cuisine italienne de grande qualité pour ce restaurant au cadre de *trattoria* sophistiquée donnant sur le musée régional d'archéologie. La salle de service intérieure, à la fois agréable et intime, abrite un somptueux buffet d'*antipasti* traditionnels, tandis qu'en cuisine on prépare des assiettes de *pasta* classiques et autres spécialités de viandes, que l'on arrosera de bons vins du vieux continent. A l'occasion, un trio musical entretient l'ambiance feutrée et le service est impeccable. Très bonne petite adresse hyper centrale.

CLUB ONNO'S

Amphitheater's back

✆ +1 809 523 2868

www.onnosbar.com

Ouvert tous les jours jusqu'à 3h, happy hours de 18h à 20h. Entrée gratuite.

Les enceintes de la discothèque d'Altos de Chavón alternent entre *merengue* et rock international avec une prédilection pour ce dernier, compte tenu de la clientèle essentiellement issue du complexe voisin. L'endroit est agréable, mais l'ambiance y est un peu conventionnelle. On s'amuse beaucoup plus franchement dans les discothèques locales du centre-ville de La Romana. La semaine, le club fait également restaurant : tapas dominicaines variées, hamburgers et sandwichs baguette, préparations mexicaines, assiettes de pâtes et viandes grillées.

Altos de Chavón.

BOCA DE CHAVÓN

Boca de Chavón, petit hameau de pêcheurs tranquille établi à l'embouchure du fleuve Chavón ne manque ni de charme, ni de langueur tropicale. Les rues de terre sont bordées de maisons créoles typiques aux couleurs éclatantes, d'incontournables *colmados* plus ou moins bien approvisionnés où l'on trouvera toujours une bière fraîche et des salles de billard pour se retrouver entre amis autour d'un tapis vert. A l'embouchure de la rivière, on aperçoit de nombreuses grottes naturelles habitées autrefois par les Taïnos. Des excursions sont organisées sur la rivière en petites barques à moteur. Comptez 5 km d'une bonne piste pour atteindre le bourg.

Le fleuve Chavón.

ISLA CATALINA ★★

Tout comme Saona, Isla Catalina est une merveille, on y pratique beaucoup la plongée et le snorkeling. La faune sous-marine protégée est particulièrement abondante dans les eaux cristallines de cet îlot sauvage, devenu l'un des hauts lieux de la plongée dans le pays. Les excursions sont organisées principalement par l'hôtel Casa de Campo, mais les écoles de plongée de toute la côte sud ont inscrit cette île à leur programme. Aujourd'hui, la plage est bien aménagée. Un môle attend toutes les embarcations. Des chaises longues, un petit marché artisanal, des vendeurs ambulants de rafraîchissements et de fruits qui sillonnent la plage...

BAYAHIBE ★★★

Cet adorable petit village de pêcheurs est devenu le terminal de croisières en catamarans, barques et speedboats qui foncent tous les jours sur l'île de Saona, à moins d'une heure au large. Longtemps épargné par l'agitation touristique, Bayahibe a vu arriver les grands complexes hôteliers all-inclusive : la côte est désormais ponctuée de ces grands ensembles qui déversent leurs flots de vacanciers. Bayahibe y a bien sûr perdu en authenticité et en charme, mais le village a aussi gagné en animation et en vie sociale. La plage demeure magnifique, avec sa mer turquoise calme comme un lac sur laquelle flotte une flopée de barques bigarrées.

CAVE DU PADRE NUESTRO

Calle de playita

4 US$ environ l'entrée. 35 min à pied du centre-ville pour un tour d'environ 2h.

Ici, on parcourt un sentier du parc national du Cotubanamà entre cactus, agaves *tequileros* (ceux qui servent à élaborer la tequila) et flore locale. Vous êtes vous déjà baigné dans une grotte ? Eh bien, vous aurez l'occasion de le faire sur votre chemin, au niveau de la grotte dite « Chicho » et pourrez admirer stalagmites et stalactites marines. Attention : par respect pour l'environnement local, ne touchez à rien et évitez de vous tartiner de crème solaire avant de faire un plouf ! A noter que beaucoup de chauves-souris habitent aussi cette grotte.

APART HOTEL VILLA BAYA €€

Calle El Tamarindo

✆ +1 809 833 0048

Chambre double à partir de 50 US$, 80 US$ pour le mini-appartement. Petit déjeuner non inclus.

L'un des meilleurs rapports qualité-prix de Bayahibe. Vous aurez le choix entre des chambres simples parfaitement équipées et climatisées, et un mini-appartement avec cuisine. L'hôtel, tout à fait adapté à la famille et aux couples, est à 5 minutes à pied de la plage et des clubs de plongée. Le personnel est très sympathique et donne plein de bons conseils. Pas de petit déjeuner inclus mais du café, du lait et des fruits à disposition le matin. Possibilité de transferts vers/depuis les aéroports de La Romana et de Punta Cana.

EST

LOS FLAMENCOS APARTHOTEL €€

Avenue Fuller ✆ +1 849 816 8931
www.losflamencosaparthotel.com
A partir de 140 US$ la nuit.
Située à l'entrée de Dominicus, dans un cadre immaculé de blanc, cette petite résidence appart-hôtel a fière allure. On y trouve au total une quarantaine d'appartements (60 à 80 m²) fraîchement rénovés, tous parfaitement équipés et dotés ou d'un grand balcon ou d'une terrasse. Une option laissant une large autonomie donc. Au centre de la résidence, on trouve par ailleurs une piscine et une pizzeria italienne (nationalité bien représentée aux Flamencos), conférant au tout un air de *dolce vita* ! Plage à 600 mètres. Parking. Idéal pour les longs séjours.

HOTEL BAYAHIBE €€

37 Calle Juan Brito
✆ +1 809 833 0159
www.hotelbayahibe.net
Compter 85 US$ la chambre double et 45 US$ la chambre simple avec petit déjeuner.
Situé au cœur de Bayahibe, ce petit hôtel familial propose une petite trentaine de chambres, la plupart avec balcon (préférez les chambres à l'étage, elles sont moins bruyantes) et bien équipées (salle de bains, air conditionné, ventilateur, télévision, téléphone, réfrigérateur) réparties sur deux niveaux. Le restaurant Doña Clara sert de copieux petits déjeuners ainsi que des dîners de cuisine dominicaine. On peut garer les véhicules dans un parking privé. Une bonne adresse, simple et agréable, dans la gamme confort et charme.

BAYAHIBE GUESTHOUSE €€

Calle Los Manantiales ✆ +1 829 642 6243
www.bayahibeguesthouse.com
Chambre double 50 US$, appartement double 75 US$ (triple 100 US$), penthouse double avec jacuzzi 190 US$. Parking, wifi.
6 chambres coquettes, 3 sublimes appartements et un penthouse se répartissent sur deux locations situés à 100 mètres l'une de l'autre. Les chambres sont d'un style caribéen raffiné avec climatisation, TV câblée, coffre-fort et machine à café. Le mobilier, splendide, est le résultat d'un long travail effectué par des artisans de la région. Les appartements possèdent tout l'équipement moderne nécessaire et une petite terrasse pour profiter de la brise marine. Petit plus, un téléphone est fourni à ses occupants pour pouvoir appeler les propriétaires en cas de besoin.

VILLA IGUANA €€

2, Calle Los Manantiales
✆ +1 829 546 0400
www.hotelvillaiguanbayahibe.com
Chambre double dès 50 US$, 5 personnes dès 100 US$, appartement double + réfrigérateur dès 95 US$.
Alessandro et Kirsten se plient en quatre pour toutes les demandes de leurs clients. Central et bon rapport qualité-prix, le plus de cet établissement est à n'en pas douter son toit-terrasse où vous attendent une petite piscine ainsi qu'une superbe vue sur le village. Petit déjeuner à déguster sur le toit de l'édifice, qui se transforme en lounge-bar le soir, avec une vue imprenable sur Bayahibe. Staff international, jeune et à l'écoute. Organisation d'excursions via l'agence Pro Excursions de Kirsten. Une très bonne adresse.

EST

Bayahibe.

GUAIGÜÍ BAYAHIE €€€

Entre 75 US$ et 160 US$ la nuit selon la saison. Cabanes de 2 à 5 personnes. Réservations par mail ou WhatsApp.

Guaigui est le nom du village dominicain d'où Joel est originaire. Il a fait de ses mains les six cabanes de cet éco-resort ouvert en 2020, à base de matériaux recyclés... et le résultat est bluffant ! Logement insolite, autosuffisant en énergie, doté d'une petite piscine naturelle et d'un jardin qui n'est autre que le potager ! Les récoltes de ce dernier, combinée à celle du poulailler, composent le petit déjeuner. Chaque cabane porte le nom de l'un des membres de la famille, qui vit ici-même ! Belle et prometteuse adresse !

HILTON LA ROMANA €€€

A l'entrée du village en arrivant de La Romana.
✆ +809 221 8880
www.hiltonhotels.com
A partir de 250 US$ la nuit pour une chambre double et en formule tout compris.

Cette immense et luxueuse propriété de plusieurs centaines de chambres et de suites, récemment rachetée par le groupe Hilton, se trouve à l'entrée du village. Plusieurs restaurants – du buffet aux restaurants thématiques – et bars, une discothèque, une gigantesque piscine, un bain bouillonnant, un programme d'activités complet pour tous les goûts (gymnase, sauna, tennis...). On peut rejoindre à pied le village de Bayahibe en une dizaine de minutes par la plage. Le service y est de qualité, le personnel extrêmement souriant. Hôtel *adult-only*.

TRACADERO BEACH RESORT €€€

Calle Los Corales
✆ +1 809 833 0626
www.tracaderobeachresort.com
A partir de 160 US$ la double.

Tout en gardant des dimensions humaines, cette adresse n'a rien à envier aux hôtels les plus luxueux du pays. A 2 km de Bayahibe, à Dominicus, le Marina Resort Tracadero fait office de *Little Italy* : design, restaurant, personnel, tout rappelle l'Italie. Différents types d'hébergement sont proposés, de la simple chambre à la villa sur la plage. A l'extérieur, 9 piscines d'eau de mer et une d'eau douce. Palmiers, lits à baldaquin sur le sable ou transat et parasol près de la piscine... Spa, terrain de tennis, animations le week-end (musique *live* le samedi).

RUNNERS ADVENTURE BAYAHIBE ★

Calle Fuller, Esq. Eladia, Dominicus
✆ +1 829 599 0632
www.runnersadventures.com
Compter 85 US$ par adulte et 43 US$ par enfant de moins de 12 ans, repas et boissons compris.

© RUNNERS ADVENTURES BAYAHIBE

Cette agence d'excursion *outdoor* de la zone La Romana-Bayahibe propose de très bonnes activités : tour de buggy dans la jungle et *zip line*, sortie à Monkeyland, excursion à Salto el Limón et Cayo Levantado, tour de Bayahibe, sortie shopping à La Romana... Une agence référence pour tout ce qui a trait aux excursions et autres aventures. Fondée en 1996 par Carlos Medrano pour offrir de belles expériences aux voyageurs tout en leur faisant connaître la culture locale, le pari est réussi !

BETTY BLUE €

Au niveau du grand parking, face à la mer.
✆ +1 809 833 0514
Ouvert du mercredi au dimanche de 12h à 23h. Sushis entre 250 et 300 $, et 500 $ le plat de viande ou de poisson.

En lieu et place de l'ancien Chikybu, spécialiste des sushis, se trouve à présent, depuis le printemps 2020, le Betty Blue. On y mange toujours des spécialités nippones, mais aussi de très bons plats à base de viandes et de poissons locaux, ainsi que des pizzas, déclinées selon de nombreuses et classiques recettes. Le décor est vraiment charmant : petite paillote et terrasse de bois posée à même la plage, vue sur la mer et les barques de pêcheurs. La musique n'est pas assourdissante comme dans certains bars, bref on a aimé ! Wifi.

EST

MAMA MIA €

A côté du grand parking et du Bamboo Beach
✆ +1 829 664 1694
Ouvert du lundi au samedi de 12h30 à 22h. Pâtes à partir de 300 $.

A Mama Mia, on mange italien, bien évidemment ! Les pâtes fraîches de Freda, une authentique Italienne et fine gourmet, sont un vrai régal... On aura le choix entre les grands classiques transalpins, toutes les préparations étant élaborées à partir de produits frais et de qualité, à l'image de la délicieuse assiette de *pasta* all'arrabbiata ! A noter que le restaurant propose des limonades, des jus naturels et un excellent tiramisù maison. Un rapport qualité-prix exceptionnel compte tenu des prix pratiqués pour un repas complet.

TRACADERO RESTAURANTE €€€

Avenida Los Corales ✆ +1809 8330626
www.tracaderobeachresort.com
Tous les jours 11h-minuit. Antipasto 650 $, poisson 1 200 $, viande dès 800 $, cocktails 400 $.

Posé sur la plage, ce restaurant à l'ambiance classe et intimiste propose une nourriture italienne de qualité après le verre de prosecco servi en apéritif : on se régalera d'un cocktail de gambas flambées au cognac, de ravioles aux fruits de mer et de pâtes fraîches accompagnées d'ingrédients bio italiens. A partir de 18h30, une partie du restaurant se transforme en beach-club et accueille de nombreux événements durant la saison. On vous recommande le ceviche de chinola, les tagliatelles à l'encre de seiche ou à la langouste. Une valeur sûre !

PICA POLLO MAMA ROSA €

En face de l'hôtel Villa Iguana
✆ +1 829 662 1091
Tlj 11h-23h. Compter 300 $ le plat de poisson, 600 $ la langouste et 200 $ le pica pollo.

Ici la chef c'est Mama Rosa, et ça s'entend ! *Hola mi amor* est en général la formule d'accueil de ce Pica Pollo authentique réputé pour servir le poisson le plus frais de Bayahibe ! Au menu également, de solides langoustes, mais aussi toutes les grandes spécialités dominicaines, préparées avec amour et attention et accompagnées de petits légumes, de vin ou de bière. Et de conclure par une digestive *mamajuana* ! La petite cabane de couleur propose quelques tables à l'extérieur où l'on profite de l'agréable brise marine. Une adresse très locale qui vaut le détour !

THE LOST BAR

Bayahibe Nuevo
✆ +1 829 305 1557
Ouvert du jeudi au mardi de 19h à minuit (2h le week-end).

L'établissement est tenu par un Italien et un Québécois, et ce dernier, chansonnier de son état, n'hésite pas à prendre le micro pour reprendre à merveille les plus grands succès d'Aznavour. Connu par tout le village pour son karaoké, il offre une ambiance détendue et bon enfant. Si, tous les jours, on peut se régaler de *nachos* pour éponger la caïpirinha et de délicieuses pâtes aux crevettes, le jeudi soir les clients se retrouvent autour d'un bon barbecue pour avaler des *parilladas* de viandes. Une adresse vraiment sympathique.

SAONA CAFÉ €

1 Calle La Bahia
✆ +1 80 9349 5164
www.saonacafe.com
Tous les jours 10h-minuit (2h le week-end). Burgers 150-400 $, salades 300-600 $, langouste dès 1 300 $. Cocktail 250 $.

Situé près de la mer et en plein cœur d'un village de pêcheur, le Saona Café est un petit bistro de type paillote tenu par un couple de Québécois qui vous recevront comme chez eux. C'est le lieu de rencontre des touristes, des locaux et des travailleurs de l'industrie touristique : parfait pour avoir les bonnes infos en arrivant à Bayahibe ! On vous sert en français, en anglais et en espagnol. Du petit déjeuner aux burgers, en passant par le poisson-lion, la spécialité de la maison ! Bonne bière locale, en pression. Service au bar.

COLOR CAFÉ

Av. La Laguna
✆ +1 809 978 7284
www.colorcaferd.com

Le Color Café est un projet né de l'amour de Christelle (d'origine française) pour le café dominicain. En se mettant en contact avec des producteurs de la zone de Barahona, dans les hauteurs (le café poussant entre 900 et 1 200 mètres), elle en est venue à mettre en place ce petit itinéraire pédagogique qui permet de comprendre tout le processus de l'élaboration du café. Ainsi, de la graine que l'on plante au café que l'on boit, c'est tout le parcours du café qui est expliqué de A à Z ! Boutique sur place, pour repartir avec un sachet et une tasse !

RYANNA SUN EXCURSIONS

Calle La Bahia ✆ +829 655 6730

www.ryannasun.com

Lundi-samedi 8h30-12h30 et 15h30-18h, dimanche 8h-12h30. Excursion dès 55 US$. Départ possible de Punta Cana (+20 US$).

Première agence d'excursions francophone installée sur Bayahibe. Myriam la maman et Lindsay sa fille vous feront découvrir la véritable République dominicaine en petit comité, hors des sentiers battus et loin des foules touristiques : excursions personnalisées, sur mer comme sur terre, activités hors du commun comme se jeter d'une liane dans la rivière lors du safari... Sympathiques et disponibles, elles pourront également vous guider et vous renseigner pour toute question durant votre séjour. Départs de Bayahibe-Dominicus, La Romana, Punta Cana-Bavaro.

CASA DANIEL

1 Calle Principal
✆ +1 809 833 0083 - www.casa-daniel.com
Tlj 8h-18h. Avec équipement : 1 plongée 54 US$, 6 plongées 290 US$. Journée Saona 60 US$, 1/2 journée Catalina 47 US$.

Le centre de plongée est situé au cœur du village. Certifié Padi, il propose différentes formules de plongée et des excursions : baptême d'une demi-journée, cours pour les enfants (8-12 ans), sorties plongées à l'île de Saona (2 plongées, buffet sur la plage, arrêt à la piscine naturelle et visite de la mangrove), journée plongée dans l'île de Catalina pour rencontrer les requins et pratiquer du snorkeling, plongées dans le parc national de l'Este (épave du *Saint-Georges*, bateau coulé à l'attention des plongeurs) et plongées de nuit pour les plus chevronnés.

FUNDEMAR

C/ Federico Rijo, 1
✆ +1 809 833 0481
www.fundemardr.org

Fundemar est une organisation se dédiant à à la promotion, au conseil et à la planification de l'utilisation durable des écosystèmes marins et de leurs ressources à travers la recherche, l'éducation, les politiques de conservation et la protection des mammifères marins et des récifs coralliens. Travaillant notamment sur les zones de Bayahibe et de Samana (El Valle), l'agence protège et soigne les tortues, replante le corail, nettoie les fonds marins... Il est possible de participer à ces chantiers. N'hésitez pas à contacter l'agence, par téléphone ou par mail.

PRO EXCURSIONS

Grand bâtiment à côté du grand parking, face à la mer. ✆ +1 829 659 4688
www.proexcursionsbayahibe.com
Tlj 8h-18h. Journée Saona/Catalina dès 55 US$. Journée kayak/tyroliennes 95 US$. Expédition Buggy (1/2 journée) 75 US$.

Pro Excursions, c'est une jeune équipe dynamique, internationale et francophone qui propose des expéditions plongée, snorkeling, randonnée nature ainsi que tout un tas d'autres options à la carte. Ils disposent certainement de la plus vaste flotte du coin (catamaran et bateau à moteur) pour rallier Saona et proposent des excursions terre-mer uniques et authentiques, notamment des journées safari avec kayak et descentes de tyroliennes à travers la jungle et la rivière de Chavon et des expéditions Buggy (demi-journée). Testé et recommandé !

QUETZAL EXCURSIONS

✆ +1 829 563 2153
www.quetzalexcursions.com
Excursion à la journée sur l'île de Saona 159 US$, île de Catalina : 139 US$. Repas sur les îles, prêt de masques/tubas.

Bienvenue à bord du *Quetzal*, tout simplement l'un de plus beaux bateaux de la mer des Caraïbes. Ce catamaran de luxe de 21,5 m construit en 2013 offre toutes les prestations que l'on peut attendre pour une excursion idyllique. Il est prévu pour accueillir 50 personnes, mais Bernard, son capitaine français haut en couleur, n'accepte jamais plus de 25 invités pour le confort de tous. De nombreuses surprises vous attendent : visite de la rivière Chavon et de ses incroyables faune et végétation, cabotage le long des côtes de la Romana... Equipe très sympathique !

SPEED BOAT BLUE LAGOON

✆ +1 829 222 9380
www.facebook.com/BlueLagoonSpeedBoat
1/2 journée pour 2 personnes : 100 US$ le matin, 135 US$ l'après-midi.

Le *speedboat* nommé *Blue Lagoon* vous permettra de remonter la rivière de Chavón à toute berzingue, avec arrêt dans le village dominicain de Boca de Chavón, baignade et dégustation de fruits tropicaux. L'après-midi, direction le parc national de l'Est et l'île de Saona. Vous longerez la plage Dominicus et celles, vierges, du parc, traverserez les mangroves et vous fera escale dans une piscine naturelle pour admirer les étoiles de mer et prendre un verre. Possibilité de faire du parasailing également. Un acteur du tourisme bien implanté à Bayahibe.

TROPICAL PARADISE EXCURSIONS

3 Calle la Bahia
✆ +1 829 892 9745
www.tropicalparadiseexcursions.com
Excursion « Saona Vip » dès 80 US$ (langouste incluse), safari nature 85 US$, snorkeling-découverte dès 90 US$.

L'agence Tropical Paradise Excursions vous propose notamment de partir à la découverte des îles Saona et Catalina en plongeant dans les eaux chaudes et cristallines des Caraïbes... Partez en excursion en bateau rapide pour arriver dans ce petit coin de paradis niché au cœur de la réserve naturelle du Parque del Este. Après une plongée ou une randonnée en palmes masque et tuba, un déjeuner VIP à base de langouste et de vins fins vous attend. Equipe sympathique.

SCUBA FUN

Carretera a Bayahibe, 1
✆ +1 809 833 0003
www.scubafun.info
Plongée autonome : 57 US$.
Pack 10 plongées : 398 US$. CB acceptée.
Nombreuses offres sur le site.
Accueil francophone.

Ce centre de plongée PADI est le spécialiste de la région. Il propose de nombreux sites de plongée, à 20 min de Bayahibe. Le Parque Nacional del Este, peuplé de nombreuses variétés de coraux et de poissons, se présente comme un endroit idéal pour les Open Water et Advanced, comme l'exceptionnelle grotte de Padre Nuestro (14 m profondeur et 190 m de long). Les excursions vers Isla Catalina, Peñon ou Isla Saona offrent la possibilité de combiner des plongées en compagnie des requins, coraux et d'une quantité incroyable de vie marine. Fruits, rhum, eau et sodas.

DOMINICUS ★

Après Bayahibe, la route serpente pendant trois kilomètres dans un paysage semi-désertique jusqu'au village Dominicus, mini-station touristique qui doit son nom à l'hôtel Viva Dominicus, pionnier de l'endroit. Le village touristique, qui se développe à très grande vitesse, compte désormais quelques jolies boutiques, un supermarché, des points bancaires, des restaurants et des bars, des salons de beauté, regroupés autour d'une petite rue piétonne, quelques petits hôtels indépendants, des *resorts* en formule tout-inclus, des loueurs de véhicules et de deux-roues, des agences d'excursions, un casino, et un ranch, El Paso, pour des balades à cheval.

VIVA WYNDHAM DOMINICUS BEACH €€

Playa Bayahibe ✆ +1 809 686 5658

Entre 80 US$ et 150 US$ par personne et par chambre en formule tout inclus. Tennis, yoga, Zumba, paddle et escalade.

Ce complexe formé de deux paradis tropicaux all-inclusive partageant la même plage de sable blanc. Dominicus offre des services très complets et une atmosphère véritablement unique. Le Viva Wyndham Dominicus Beach compte 670 chambres tandis que le Viva Wyndham Dominicus Palace propose 404 chambres. Toutes sont vastes, très confortables, avec vue mer ou jardin. 2 restaurants-buffets, 9 restaurants internationaux et piscines (nouvelle piscine infinie d'eau de mer !), gym et spa.

BE LIVE COLLECTION CANOA €€

Carretera Bayahibe ✆ +1 809 682 2662

www.belivehotels.com

A partir de 200 US$ pour une chambre double, tout compris (les prix augmentent fortement en saison haute).

Un peu à l'écart du village, le *resort* ouvre ses portes au seuil du parc national de l'Est, au bord d'une plage de rêve. Formule tout compris de rigueur pour cet immense village de plus de 530 chambres de différentes catégories, toutes spacieuses, très confortables et bien équipées, réparties dans de petits édifices de style caribéen de deux niveaux. Quatre restaurants (buffet international, italien, mexicain, japonais, dominicain, grill) et six bars. Nombreuses activités sportives – tennis, volley, plongée, planche à voile – et spa.

CADAQUÉS CARIBE €€

Carretera Bayahibe

✆ +1 809 237 2000

www.cadaquescaribe.com

Chambre double à partir de 120 US$, petit déjeuner en supplément. Excursion sur l'île Saona 100 US$.

Un établissement complet pour les familles qui peuvent louer ici des chambres doubles ou des appartements jusqu'à six personnes. Vous y trouverez des boutiques, une salle de jeux, un spa, un gymnase, un restaurant, un bar à vins, une piscine ainsi qu'un parc aquatique avec des jeux et un grand toboggan qui séduira sans nul doute vos enfants. Dans un autre registre, il y a également une chapelle. A signaler également, la possibilité d'organiser une excursion à la journée sur l'île de Saona, repas et matériel de snorkeling inclus.

IBEROSTAR HACIENDA DOMINICUS €€

Playa Bayahibe

✆ +1 809 686 8585

www.iberostar.com

A partir de 170 US$ la chambre double, tout compris. Moitié prix pour les enfants. Réductions sur le site Internet.

Un des hôtels les plus écoresponsables en formule tout inclus de la région proposant des centaines de chambres réparties dans huit bâtiments de style méditerranéen. On trouve en outre dans le *resort* trois restaurants proposant des repas à la carte, mais aussi six bars et trois piscines. Nombreuses animations et autres activités au sein du complexe et sur la superbe plage de sable blanc. Joli phare installé sur la plage, utilisé ici comme un bar !

WHALA ! BAYAHIBE €

Raffaele Delrio Gerente General

✆ +1 809 468 1619

www.whalabayahibe.com

A partir de 80 US$ la chambre simple avec vue mer en basse saison, elle passe à 100 US$ en pleine saison.

Sol Dominicus bénéficie d'un excellent emplacement face à la mer. Les chambres sont simples, mais très spacieuses et bien équipées. Lit king size, balcon-terrasse avec vue mer, wifi, télévision par satellite, réfrigérateur et climatisation. Récemment construit, le lieu dispose de 3 piscines (2 d'eau de mer) et est tenu par Michele, Italienne venue de la Basilicate. Le chef sarde Andrea s'occupe quant à lui des fourneaux (produits frais et savoureux assurés). Une nouvelle adresse très abordable qui ne demande qu'à être découverte.

Dominicus.

FRIDA RESTAURANTE MEXICANO €

Avenida Fuller
✆ +1 829 943 1874
www.fridarest.com
Fermé le lundi. Nachos 350 $, ceviche 380 $, burrito 400 $.

Ouvert récemment par trois sœurs mexicaines sur la route principale de Dominicus, c'est une parfaite adresse pour les petits creux ou les grandes faims. Dans le premier cas, un ou deux plats suffiront, dans le second, vous pourrez aisément commander trois voire quatre assiettes. On trouve ici les grands classiques du Mexique (*tacos*, *burritos* et *ceviche* notamment) et bien faits ! Le restaurant est coloré et l'ambiance décontractée. On recommande le Taco Loco, un classique de la maison !

LA CUEVA €€

Calle Eladia
✆ +1 929 770 9924
www.lacuevadominicus.com
Ouvert de 10h à 22h, fermé le mardi. 400 $ la pizza, 450 $ les pâtes et 700 $ pour un plat de viande.

Comme partout à Dominicus, ce sont des spécialités italiennes qui sont au menu, des bonnes pizzas bien faites, des plats de pâtes... Également à signaler des préparations de viandes très réussies, mais aussi des langoustes passées sur le grill, des linguinis au crabe ou un délicieux carpaccio de poisson frais ! Copieux et bon, on se laisse aussi tenter par la grande terrasse qui s'étale sous sa paillote. Ajoutez-y quelques bonnes bouteilles de vin, des tarifs honnêtes et un accueil toujours chaleureux et souriant, le compte y est !

BAYAHIBE FINE CIGARS

Avenida Fuller,
✆ +1 809 9814025
www.bayahibe-finecigars.com
Ouvert de 9h à 18h tous les jours, sauf le dimanche hors saison.

Une fabrique tenue par une Française qui produit ses propres marques. On saura vous conseiller et vous expliquer comment éviter les pièges à touristes. Le premier cigare maison est très doux, composé de tabac de trois ans d'âge, avec cape du Connecticut, et il existe en dix tailles. Ici, on vous expliquera en détail l'art de la fabrication des cigares, on vous montrera les *tabaqueros* à l'œuvre. Dégustation de rhum et de *mamajuana* possible dans le musée à côté. Bref, une adresse de choix pour faire ses emplettes avant de quitter le pays !

EL MUNDO GIFT SHOP

Avenida Eladia
✆ +1 809 833 0041
Ouvert du lundi au samedi de 9h à 20h et le dimanche de 9h à 13h et de 14h30 à 20h.

El Mundo Gift Shop est une grande boutique bien pratique : on y trouve de tout, mais absolument de tout ! Du paréo (mais aussi toute sorte de vêtements) à la carte postale en passant par les crèmes solaires et les briquets, des objets du quotidien aux couleurs de la République dominicaine aux bijoux créés à partir d'ambre et de larimar par des artisans de la région, sans oublier les provisions de bouche (jus de fruits frais, rhum et bouteilles de mamajuana préparées) et une sélection d'ouvrages variés. Parfait pour faire et se faire des cadeaux !

SAMSARA SPA

Plaza Castillo
✆ +1 809 919 7174
Soins à partir de 20 US$.

Dans la seule rue du village de Dominicus, entre magasins de souvenirs, artisanat local et organisateurs d'excursions, il y a beaucoup de proposition de « massages » plus ou moins sérieux. Samsara Spa est le plus conseillé pour sa propreté : 5 cabines sont proposées, avec épilation au laser ou à la cire, soins du visage, pédicure, manucure et bien entendu plusieurs types de massages effectués par un personnel qualifié. Les prix sont évidemment beaucoup moins chers que dans certains hôtels des environs, pour un service équivalent.

SAMSARA SPA

Plaza Castillo
✆ +1 809 919 7174
Soins à partir de 20 US$.
Dans la seule rue du village de Dominicus, entre magasins de souvenirs, artisanat local et organisateurs d'excursions, il y a beaucoup de proposition de « massages » plus ou moins sérieux. Samsara Spa est le plus conseillé pour sa propreté : 5 cabines sont proposées, avec épilation au laser ou à la cire, soins du visage, pédicure, manucure et bien entendu plusieurs types de massages effectués par un personnel qualifié. Les prix sont évidemment beaucoup moins chers que dans certains hôtels des environs, pour un service équivalent.

PADRE NUESTRO

✆ +1 829 520 9155
Les excursions ont lieu tous les jours sur réservation de 9h à 16h30.
Comme pour tous les parcs nationaux, l'accès au Parque Nacional del Este (ou Parque Nacional Cotubanamá) nécessite une autorisation de la Direction générale des parcs de Santo Domingo (si vous y allez seul, prévoyez une moto ou un 4x4, car la piste est en piètre état). On peut également y accéder en participant à une visite organisée par une association ou une agence comme Padre Nuestro. Cette dernière organise des visites guidées de 2h pour découvrir le parc national : sa forêt tropicale, ses papillons, ses oiseaux et ses grottes.

PARQUE NACIONAL DEL ESTE ★★

A la sortie de Dominicus, la route se transforme en piste et mène au Parque Nacional del Este (récemment rebaptisé Parque Nacional Cotubanamá), vaste de 420 km², qui abrite une flore et une faune variées, dont 144 espèces d'oiseaux (11 endémiques de la région, à l'image de la colombe couronnée). Ce parc est réputé pour être le centre archéologique le plus important de la civilisation taíno. On découvrira également la piscine naturelle qui fait l'orgueil de la région : la mer y est peu profonde et d'une couleur incroyable. C'est l'endroit que choisissent les groupes d'excursion pour faire une pause apéritive avant la traversée pour l'île Saona.

SAN RAFAEL DE YUMA ★★

Dans ce beau village typique de la campagne dominicaine, les maisonnettes de bois ont des couleurs pimpantes et les mulets tranquilles sont plus nombreux que les véhicules à moteur. A côté du parc central, on remarquera la petite église rose bonbon qui tranche joliment sur le bleu du ciel. A signaler aussi, le musée Ponce de León. Cette demeure carrée a été construite entre 1505 et 1506 par Juan Ponce de León avant qu'il ne se lance, en 1508, à la conquête de Porto Rico (*Borinquen* en langue indienne), puis, en 1513, à la découverte de la Floride. L'édifice est situé à l'écart du village, au bout d'une piste de 2 kilomètres en assez bon état.

Parque Nacional del Este.

ISLA SAONA ★★★

On vient chaque jour de tout le pays pour passer la journée sur cette perle de la côte Caraïbe et fierté des Dominicains. Isla Saona est située en face de la pointe sud-est de la République dominicaine. Elle fait partie du parc national del Este : sa faune et sa flore sont totalement protégées. Bien abritée des vents, sa lagune intérieure est un véritable refuge pour les oiseaux migrateurs, à l'abri de toutes menaces. Saona est à ce point bénie des dieux qu'elle possède le taux de mortalité le plus faible du pays. On ne trouve aucune réelle infrastructure sur l'île, les visiteurs n'y passant en général qu'une journée ou une demi-journée.

CUEVA DE BERNA ★★

Ce coin du pays est très riche en excavations naturelles qui ont autrefois abrité des Taïnos. Bien que vivant peu dans les grottes, les Indiens les utilisaient comme base pour les parties de pêche ou pour stocker du matériel. La plus célèbre de l'endroit était la maison d'un cacique dont le toit s'est écroulé. On peut encore voir d'anciennes inscriptions indiennes sur ses parois. Des enfants vous y conduiront à pied pour quelques pesos et vous proposeront des débris de poteries dont certains pourraient bien être authentiques.

BOCA DE YUMA

A l'écart de toute invasion touristique, Boca de Yuma est un havre de paix. C'est aussi un cul-de-sac, car la route récemment bitumée y achève sa course à l'embouchure du fleuve Yuma. Le village se termine par une petite falaise qui domine la mer.

Tout y est calme. Le bruit du ressac rythme la vie de la communauté de pêcheurs, tandis que les femmes paressent devant leurs portes et que les enfants jouent dans la rue déserte où chiens et cochons se chauffent au soleil dans la poussière. Le soir, tout s'anime autour du « bar-terrazza » local. La bière et le rhum se mettent à couler à flots, et les hommes jouent au billard sur des airs de *merengue*.

EL VIEJO PIRATA €€

Face à la mer, sur la droite à l'entrée du village.
✆ +1 809 780 3236
Compter entre 50 US$ et 60 US$ pour une chambre double, petit déjeuner non compris.

Ce petit hôtel – Le Vieux Pirate – fait face à la mer au cœur du village. Il propose huit chambres au décor certes un peu kitch, mais tout à fait confortables, toutes équipées d'une salle de bains basique, d'une télévision et de l'air conditionné. Signalons également un service de restauration tout à fait correct (cuisine italienne ou dominicaine au choix). Jolie piscine d'eau de mer dans le jardin tropical, avec le bleu de la mer pour ligne d'horizon. Un lieu calme et agréable, loin de la foule et des grands *resorts*. Parking.

Paradis tropical sur l'île de Saona.

© ALEX_BENDEA - ISTOCKPHOTO

Lever de soleil sur Punta Cana.

PUNTA CANA ★

Punta Cana est connue comme le pôle du développement touristique du tout-inclus en République dominicaine. Si Punta Cana est le nom généralement donné à toute la région, il n'en désigne concrètement qu'une partie. La côte se découpe en plusieurs zones : Punta Cana, Cabeza de Toro et Bavaro. Punta Cana égrène des complexes hôteliers le long d'une route qui interdit tout accès à la plage, mises à part celles, publiques, de Bibijagua et Blanca.

Tourisme

C'est ici, d'Uvero Alto au Cap Cana, dans la région de l'Altagracia, que règnent les 50 complexes hôteliers d'une taille résolument gigantesque avec 25 000 chambres, constituant autant de camps retranchés d'un tourisme exclusivement balnéaire. Près de deux millions de touristes venant du monde entier séjournent ici chaque année afin de profiter de la majesté des lieux, d'un éventail remarquable d'activités proposées, sportives, ludiques, de nombreuses et endiablées animations nocturnes, de bars musicaux, discothèques, casinos, d'une multitude de restaurants de qualité, de 12 terrains de golf. Le contact avec la population locale est relativement limité, mais les possibilités de sortir de ce vase clos existent. Pour découvrir les traditions culturelles, la réalité sociale ou quelques curiosités géographiques, la meilleure des solutions est de prévoir une excursion, à condition d'en avoir le temps puisqu'on est loin de tout. En revanche, question plages, on peut assurer sans risque qu'elles sont parmi les plus belles des Caraïbes !

CONCEPT TOURS

Plaza Bavaro Shopping Center
✆ +1 829 762 5667
www.excursions-puntacana.com
Circuit journée « La vie Dominicaine » 115 US$ (repas + boissons + transport + guide).

Spécialiste de l'Est du pays, Concept Tours est une agence pas comme les autres. Le tour star ici est la découverte d'un village traditionnel. De manière à pouvoir se mélanger plus facilement à la population, les groupes de visiteurs sont volontairement réduits. On en apprend davantage sur les modes de vie agricoles et anciens de l'intérieur du pays : visite de plantations de cacao ou de café, ateliers de fabrication d'huile de coco ou de cigares, rencontre avec les populations. Accueil francophone assuré par Jeremy. Une forme de voyage différente !

LATIKA TOURS

✆ +1 809 693 1414
www.latikatours.com
Ouvert du lundi au dimanche de 8h à 12h30 et de 13h à 19h.

Plus de 15 ans d'expérience pour Latika Tours, agence 100 % francophone qui propose une très large gamme d'excursions et toujours en groupes relativement restreints (25 pers. max) : excursions à Saona, Santo Domingo, vers les baleines de Samana, zipline, buggy, speed boat, coco bongo, pêche en mer, plongée, flyboard et circuit en coccinelle. La qualité est leur leitmotiv et ils vous prennent en charge de A à Z dès votre demande de réservation, que vous pouvez faire directement sur leur site internet. Autre atout non négligeable : pas de frais de réservation.

EST

La Marina de Punta Cana.

AÉROPORT DE PUNTA CANA

Minibus et taxis rejoignent la zone touristique.
✆ +1 809 959 2376
www.punta-cana-airport.com
Wi-fi dans l'aérogare.

L'aéroport de Punta Cana est l'aéroport international le plus fréquenté du pays ! Il est desservi par les compagnies internationales et les compagnies de charters, les lignes intérieures dominicaines et les avions-taxis qu'il est possible d'affréter. Air France et Air Caraïbes proposent des vols directs depuis et vers Paris, respectivement Charles de Gaulle et Orly. Quel que soit le complexe hôtelier où vous avez réservé, tous disposent de navettes qui viendront vous récupérer. Sinon, la location de véhicule est possible ici.

RUNNERS ADVENTURES PUNTA CANA

Carretera Punta Cana, km 2 1/2
✆ +1 829 599 0621
www.runnersadventures.com
Tous les jours 8h-18h. 90 US$ par adulte et 45 US$ pour les moins de 12 ans pour une journée complète d'activités.

Les excursions vous permettent de découvrir la flore et la faune du pays hors des complexes hôteliers. L'embarquement a lieu à votre hôtel entre 7h et 8h15, dans des camions safari. Un chauffeur expérimenté et un guide officiel vous accompagneront durant l'excursion qui se déroule tout au long de la journée. Au programme : visite d'écoles, escale dans les champs de canne à sucre, visite d'une maison typique, baignade dans la rivière Anamuya.

FOUR POINTS €€

Boulevard 1er o de Noviembre
✆ +1 809 959 6444
www.fourpointspuntacanavillage.com
A partir de 150 US$ la chambre double avec petit déjeuner. Taxi gratuit vers et depuis l'aéroport.

Cet hôtel moderne situé à proximité de l'aéroport est un des rares à ne pas offrir de formule *all inclusive* à ses clients. Plutôt destiné à un tourisme d'affaires, il conviendra à ceux souhaitant découvrir la région par eux-mêmes, l'hôtel étant à proximité de l'autoroute menant à la capitale et jusqu'à Bayahibe. Ses quelque 125 chambres sont élégantes et bien équipées. Un bar-restaurant, une terrasse, une piscine et un gymnase complètent les installations. Enfin, il suffit de traverser la rue pour accéder à Punta Cana Village.

CLUB MÉDITERRANÉE €€€

✆ +1 809 686 5500
www.clubmed.es
A partir de 800 US$ la semaine tout compris par personne (en saison basse).

Le Club Méditerranée fait figure de précurseur à Punta Cana en ayant choisi de s'installer ici en 1980 ! Ambiance décontractée et familiale (encadrement enfants à partir de 2 ans) dans un village aux couleurs créoles, situé dans un décor de rêve. Les plus de 500 chambres sont bien équipées et confortables, deux restaurants, deux bars. Des activités sportives à gogo : planche à voile, tir à l'arc, voile, yoga, beach-volley, plongée libre, cours de danse et de zumba... Spectacles et animations rythment les soirées. Un Club Med emblématique !

RIU PALACE PUNTA CANA €€€

Plage Arena Gorda
✆ +1 811 655 273 - www.riu.com
A partir de 1 250 US$ la semaine pour deux personnes, tout compris.

Cet établissement réservé exclusivement aux adultes porte bien son nom. Impressionnant palace d'un blanc immaculé, élevé au bord des flots turquoise, il se découpe majestueusement sur la forêt de Punta Cana. Grand luxe à tous les étages, tourelles et balcons, vue sur la mer, magnifiques piscines et jardins superbes, plage privée en accès direct. Bref, un paradis ouvert en août 2012 et qui est devenu un incontournable des séjours tout compris en République dominicaine… Il faudra tout de même y mettre le prix pour fouler les carrelages du palace...

THE WESTIN PUNTA CANA RESORT & CLUB €€€

Punta Cana Beach
✆ +1 809 959 2262
www.puntacana.com
La chambre double est à partir de 200 US$.
Pas de formule all inclusive.

Au sein du complexe de Punta Cana, vous trouverez le Westin Punta Cana. Autour de ses 3 piscines, de son bain bouillonnant et du bar adjacent, vous trouverez : un club de cigares et rhum, un club pour faire garder vos enfants, une salle de fitness, le Brassa Grill and Bar qui est un restaurant *lounge* sur la plage et le Anani Restaurant qui est à l'intérieur, plus intimiste. Autour de l'hôtel vous trouverez aussi deux parcours de golf, de nombreux terrains de tennis et un spa.

MAMMA LUISA €€

Galerias de Punta Cana
✆ +1 80 9959 2013
www.bartrattoriamammaluisa.com
Tlj 10h-23h (minuit le week-end).
Compter 400 $ la salade, 500 $ le plat de pâtes et 750 $ le poisson.

Un vrai décor de maison de *mamma italiana* pour ce restaurant italien alliant cuisines méditerranéenne et dominicaine. Véritable institution de la région de Punta Cana, c'est Luisa Patrovita, que tout le monde nomme la mamma, et ses deux enfants – Rossana et Joaquín – qui font tourner la boutique. Les grands classiques sont au rendez-vous : pâtes, raviolis, poisson frais, et bien entendu un délicieux tiramisu en dessert. La présentation est soignée et le service impeccable. Tous les week-ends, un groupe de jazz joue pour le dîner.

ZEN RESTAURANT & LOUNGE €€

Galerias de Punta Cana ✆ + 1 809 959 0387
Ouvert tous les jours de 17h30 à 22h et jusqu'à minuit le week-end.
Compter 600 $ le plat ou la salade.

Le Zen Restaurant & Lounge est l'un des nombreux restaurants thématiques de l'hôtel Hard Rock Café PuntaCana. En l'occurrence, il s'agit ici d'un restaurant *lounge* au style épuré qui propose des plats internationaux aux accents asiatiques. Sa terrasse est agréable autant pour y manger que pour y boire un verre le soir. Excellent service. On y vient principalement pour goûter aux sushis et d'autres plats bien faits, mais aussi pour assister au spectacle de *show cooking* assuré par le chef tous les jours après le coucher du soleil. Pour changer un peu de saveurs.

BEST DEALS BDPC PUNTA CANA €€

La Altagracia ✆ +1 829 930 8357
www.bestdealspuntacana.com
Location/vente appartements et maisons.
A partir de 100 US$/nuit. Maison familiale en haute saison : dès 1 000 US$/sem.

Una agence sérieuse proposant la location d'appartements et de maisons de moyenne et haute gamme (vente immobilière également). Des logements modernes ou même neufs sont dans le catalogue. Autant dire une très bonne alternative à Airbnb, suivi personnalisé, continu et professionnel en plus ! C'est à Romain qui vous aurez affaire, un Français qui a développé son activité en ville et vit depuis près de 20 ans à Punta Cana. Il vous orientera avec plaisir dans la région.

LA YOLA €€€

Sur la mer, Marina de Punta Cana
✆ +1 809 959 1010
Tlj 12h-22h30. Compter 20 US$ l'entrée et 50 US$ le plat. Le dimanche, buffet pour 60 US$.

Une institution à Punta Cana. Depuis plus de 15 ans, on se presse pour manger sur cette sublime terrasse en manglet sur pilotis juste au-dessus de la mer. L'ambiance y est romantique et intimiste, face à la marina, accompagnée chaque soir d'un trio de jazz. La cuisine est une explosion de saveurs avec les produits de la mer comme vedettes. Côté carte, on trouve un fort accent méditerranéen avec une touche caribéenne. On vous conseille le *ceviche Punta Cana* et les aubergines parmesanes au style caribéen. Très belle carte des vins.

LA PERLA DOMINICANA

Plaza Victoriana, Bavaro Shopping Center ✆ +1 809 804 6704

10h-19h en semaine, jusqu'à 15h samedi, fermé dimanche. Cigare 2/12 US$.

Magasin spécialisé dans la fabrication artisanale de cigares avec une production de 200 cigares par jour. Produits de qualité (tabac de 4 à 5 ans d'âge). La Perla contrôle tout le procédé de fabrication et envoie également des colis à l'étranger en cas de besoin. En boutique, c'est Jeremy, français d'origine, qui vous guidera et vous expliquera les différentes phases de fabrication, de la feuille de tabac au produit fini, mais également comment fumer un cigare, comment reconnaître les contrefaçons, comment conserver un cigare... Bref, une adresse futée !

PUNTA CAVA

Punta Cana Village
✆ +1 829 631 0552

Punta Cava se trouve à l'arrière de Punta Cana Village (petite collection de boutiques et de restaurants), juste en en face du Four Points Sheraton. C'est *the place to be* la nuit à Punta Cana ! Si le Punta Cava est un assez bon restaurant de cuisine internationale, c'est aussi une très bonne adresse nocturne : on y sert champagnes, vins internationaux et cocktails, à déguster en couple ou entre amis sur de la bonne musique et sur de confortables canapés. Le service est particulièrement attentionné. Très fréquenté en fin de semaine.

GALERIAS PUNTACANA VILLAGE

A 500 m de l'aéroport.
puntacanavillage.com
Tous les jours de 8h à 23h.

Puntacana Village se trouve à seulement deux minutes en voiture de l'aéroport international de Punta Cana et à quelques kilomètres du Puntacana Resort & Club. Il s'agit d'un centre commercial où l'on trouve de tout, avec un supermarché de belle taille et bien achalandé. Les derniers achats, comme les bouteilles de rhum, sont beaucoup moins chers qu'à l'aéroport, même avec la détaxe. On peut aussi déguster une bonne glace, en attendant d'embarquer.

CARIBBEAN LAKE PARK

✆ +1 829 5202765
www.caribbeanlakepark.com
La journée complète : 149 US$ par adultes, 80 US$ les enfants. La demi-journée : 119 US$ adultes, 69,50 US$ enfants.

Le Caribbean Lake Park est un parc d'activités et sports aquatiques flambant neuf ! Ouvert en 2021, le complexe concentre en effet une belle quantité de propositions plutôt boostées à l'adrénaline. Que vous soyez débutant, intermédiaire ou confirmé dans l'une de ces disciplines, vous aurez quoiqu'il arrive de quoi vous amuser : wake-board, fly-board, stand-up paddle... Il est également possible de se faire tracter à toute vitesse par un speed-boat, installé sur une bouée, mais aussi de faire de la tyrolienne ! Bar sportif, restaurant buffet et carte.

PARTY AT THE CAVE / IMAGINE

Av. Estados Unidos,
Antiguo Cruce Carretera Coco Loco a Friusa
✆ +1 829 838 5346
www.imaginepuntacana.com
Ouvert tous les jours de 22h30 à 3h du matin.
A partir de 10 US$.

C'est bien connu, à Punta Cana tout est possible lorsqu'il s'agit de faire la fête. Cette grotte serait une première au monde en matière de discothèque troglodyte. Ce labyrinthe souterrain se compose de plusieurs secteurs accessibles en fonction du package acheté auparavant. Plusieurs ambiances (latina, electro, disco) sont proposées pour le plus grand plaisir des noctambules qui ne dérangent jamais les voisins du dessus. Déconseillé aux claustrophobes.

CABEZA DE TORO

La zone correspondant à Cabeza de Toro est une portion de plage blanche, très jolie, aux eaux calmes, particulièrement bien adaptée à la pratique du snorkeling, mais aussi de la pêche. La plage est toutefois en grande partie bordée par de grands complexes hôteliers tout inclus bien isolés. Un petit village dominicain a néanmoins peu à peu vu le jour à proximité des hôtels. Outre ses hôtels, Cabeza de Toro compte un casino, un parc animalier, un club nautique (qui sert de point de départ aux sorties pêche et aux tournois de pêche au gros), un marinarium et quelques restaurants modestes. Le marinarium est certainement l'attraction la plus notable.

BAVARO ★★

Bavaro au petit matin est un paradis où il est possible de faire de longues balades sur une plage déserte (celles de Cortecito et Les Corales) bordée de cocotiers. Bavaro, le reste de la journée, est une enfilade de transats et de vendeurs en tout genre. Des milliers de touristes s'adonnent aux joies des vacances, il faut attendre le coucher du soleil pour avoir à nouveau un peu de sérénité. Le village de Cortecito est l'endroit qui a le plus d'âme dans cette zone. Il est certes dédié au tourisme, mais les bars et restaurants, les boutiques et *colmados* typiques en font un lieu plus authentique, comme une réponse à l'envahissement des complexes.

MARINARIUM ★★

Cabeza De Toro
✆ +1 809 468 3183
www.marinarium.com
Ouvert 7j/7. 8h30-17h. Marinarium 106 US$ (53 US$ -12 ans). Encadrement en français, boissons comprises.

Ce magnifique centre vous invite à découvrir les merveilles de la vie marine et des récifs de corail. Deux concepts différents pour aller nager avec les requins et les raies : d'abord le Marinarium et sa balade en bateau avec fond transparent, découverte de la faune et de la flore marines, snorkeling et baignade dans une piscine naturelle. La 2e option est le Reef Explorer : le bateau vous amènera à la base aquatique pour nager avec les requins et les raies, mais aussi faire du kayak et du paddle, lézarder au soleil et vous faire masser.

CANOPY ADVENTURE ★

✆ +1 809 468 4041
www.facebook.com/CanopyAdventure
Tarif : 80 US$ pour les adultes et 40 US$ pour les enfants (12 ans minimum).

Cette excursion permet de découvrir la forêt tropicale vue de haut, au moyen de passerelles d'observation suspendues entre les arbres, et d'un réseau de filins traversant les rivières. Elle se déroule dans la région des montagnes et de la rivière Anamuya. Encadrée par des guides naturalistes expérimentés, directement inspirée des canopy-tours du Costa Rica, c'est une aventure originale qui vous laissera de merveilleux souvenirs. Après un transfert de 40 min en camion safari, une explication pédagogique et un brief sur la sécurité, l'aventure commence…

EST

Boutique de cigares à Playa Bavaro.

DOLPHIN ISLAND PARK ★

✆ +1 809 221 9444

www.dolphinislandpark.com

Tlj 9h-18h. 195 US$ les 50 minutes de nage avec les dauphins (10 personnes maximum).

Nager avec les dauphins apporte des sensations uniques. Les programmes interactifs avec les mammifères marins durent environ 25 minutes. L'expérience démarre par une explication théorique sur une petite plage privée. On rejoint ensuite les plateformes et bassins, en pleine mer, au large du complexe Barcelo. Un poil tendu au départ, on se prend très vite au jeu : prendre un dauphin dans ses bras, danser, nager avec lui et même recevoir un baiser, ou jouer au ballon avec un lion de mer, autant de choses dont vous n'aviez osé rêver et qui sont au programme !

MANATI PARK ★

✆ +1 809 221 9444

www.manatipark.com

Ouvert tous les jours de 9h à 18h.

L'immense parc aménagé propose des animations remarquablement orchestrées, destinées à tous, il faut compter une demi-journée pour avoir le loisir de profiter de tout. Les animaux sont à l'honneur dans ce grand parc tropical à la végétation domestiquée. On y admirera les perroquets amazoniens au plumage flamboyant, les flamants roses aux allures graciles, les toucans, sans oublier la cotorra verde, le malicieux petit perroquet vert endémique de l'île, espèce désormais protégée, mais qui, malheureusement, fait toujours l'objet de convoitises et donc de trafic. Les crocodiles à la gueule béante se prélassent au soleil tandis que les inoffensifs iguanes déplacent lentement leur monstrueuse carcasse antédiluvienne. Les dauphins sont les vedettes d'un show marin où cabrioles, sauts périlleux et pirouettes se succèdent à un rythme d'enfer. On pourra même partager les jeux des dauphins et nager accroché à leur nageoire dorsale ! Enfin, un superbe spectacle équestre, Dancing Horses, se déroule dans la carrière. Les amazones et les cavaliers rivalisent d'élégance et d'audace, au rythme de la musique, sur de somptueux chevaux andalous et espagnols. Le spectacle, qui dure environ une heure, est un véritable hymne au cheval. Les figures exécutées proviennent de différentes écoles de dressage : pas de deux, voltige, carrousel, tandem, pirouette, reculé, cabriole, levade, pas espagnol, piaffé… Un hommage particulier est rendu à la civilisation taïno : un areito, fête populaire, est reconstitué avec danses tribales et jeux de l'époque.

MUNDO AUTENTICO

Route de Bavaro à Veron.

✆ +1 809 552 1212

Ouvert tous les jours de 9h à 18h.

Ce grand centre est dédié à l'artisanat et à la création d'origine dominicaine. Il abrite une galerie d'art qui expose les œuvres du célèbre peintre Guillermo Perez : tableaux et sérigraphies énergiques et hautes en couleur. Le coin joaillerie propose une collection de bijoux en ambre et en larimar, vendus avec certificat d'origine ; on trouve aussi une collection de vêtements, des bougies, des sculptures. Les rhums sont représentés par les marques Barcelo, Colombus, et le rhum haïtien Barbancourt. Une cave à cigares propose des marques locales.

MUNDO TAÏNO ★

✆ +1 809 466 1102

Ouvert du lundi au vendredi de 9h à 18h et le samedi de 8h à 14h. Visite guidée en français par des Haïtiens.

Une des rares sorties culturelles à faire sur le secteur de Punta Cana : cette grotte, formée pendant des millions d'années, abrite stalactites, stalagmites, pétroglyphes, et également… une colonie de chauves-souris frugivores jamaïcaines dans leur habitat naturel. Abritant il y a quelques années une discothèque, cette grotte a été transformée en musée sur l'histoire des Taïnos. Vous pourrez apprendre comment ils ont offert une généreuse hospitalité à Christophe Colomb et ses hommes au XVe siècle, et de quelle façon ils ont été exterminés en retour.

DOMINICAN SHUTTLES

Plaza las Brisas de Bavaro

✆ +1 809 931 4073

www.dominicanshuttles.com

Tarif selon la distance avec l'aéroport (devis sur Internet).

La compagnie, créée par un pilote allemand, propose de nombreuses liaisons intérieures entre les aéroports des zones touristiques du pays. Punta Cana-Santo Domingo, Las Terrenas -Santo Domingo, Punta Cana-Puerto Plata et Las Terrenas-Puerto Plata. Service de *pick-up* dans les hôtels de la zone Punta Cana-Bavaro et de navettes particulières entre les aéroports et les zones hôtelières. La compagnie propose également des avions charters pour les lignes intérieures ou pour des vols internationaux sur demande, sans oublier des excursions sur toute l'île.

EXPRESO BÁVARO

✆ +1 809 682 9670 - www.expresobavaro.com

Compter 3 heures et 400 $ pour rallier Bávaro depuis Santo Domingo. Appelez pour vous assurer des horaires.

Service de bus entre la capitale et Bávaro-Punta Cana. Les bus sont confortables et ponctuels. Peut-être la meilleure manière d'effectuer le trajet entre la capitale et la zone Bávaro-Punta Cana. Le voyage dure trois heures et les autocars sont dotés de la climatisation. Parfait si vous n'avez pas de véhicule.

- **Santo Domingo à Bávaro-Punta Cana** (la station se trouve au croisement C/ Juan Sánchez Ramírez et Av/ Máximo Gómez) : toutes les 2h à partir de 7h.
- **Bávaro-Punta Cana à Santo Domingo** (la station se trouve Cruce de Friusa) : toutes les 2h à partir de 7h.

ART VILLA DOMINICANA €

Calle Rusia (angle de calle Marcio Magiolo)

✆ +1 849 879 45 95

www.art-villa-dominicana.com

Dès 40 US$ la chambre double, 50 US$ le mini-studio avec kitchenette, 80 US$ l'appartement 4 pers. Pdj inclus.

Comme son nom l'indique, cet hôtel moderne et familial, ouvert en 2015, met l'art dominicain et international à l'honneur. Ici, pas de numéros, ce sont les noms d'artistes qui ont été attribués aux 20 chambres de l'établissement. Chacune d'entre elle possède une réplique d'un tableau du maître à laquelle s'ajoute une décoration murale s'y rapportant. Les chambres sont modernes, colorées, élégantes et tout équipées. L'attention de tout les instants de cette famille dominico-ukrainienne est très appréciée des clients. Le meilleur rapport qualité/prix de Bávaro.

BAVARO HOSTEL €

Los Corales, El Cortecito

✆ +1 809 931 6767

www.facebook.com/bavarohostel

20 US$ lit en dortoir, chambre privative dès 30 US$, appartement 80 US$. Pas de climatisation.

Une auberge de jeunesse au milieu des *resorts all inclusive* et située à quelques mètres de la plage ? Oui, c'est possible ! Le Bavaro Hostal propose des dortoirs de 4 ou 6 lits, simples mais fonctionnels, ainsi que des chambres privées et des appartements tout équipés pouvant accueillir jusqu'à 4 personnes. Une cuisine commune est ouverte à tous avec du café offert toute la journée, une salle TV pour se détendre, ainsi qu'un coin lecture. Le confort est sommaire mais en adéquation avec le prix. Un bon plan pour les petits budgets.

GAVA €

Calle Rusia, angle Calle Venezuela

✆ +1 829 206 5583

De 20 à 30 US$ pour un lit en dortoir et de 40 à 80 US$ pour une chambre privative. Pas de petit déjeuner.

C'est un peu en retrait du tumulte de Bávaro, mais à 5 min à peine de la plage, que Valentina et Andrey ont façonné cette coquette auberge de jeunesse. Ce couple russe de voyageurs, charmant et dynamique, connaissent les attentes de leurs clients petit budget. Les chambres sont colorées, confortables et très propres. Une cuisine commune ouverte à tous permet de faire quelques économies supplémentaires, et la terrasse sur le toit ainsi que le salon commun de se relaxer. Bref un lieu un lieu convivial et calme à l'opposé des resorts qui trônent non loin de là.

CHATEAU DEL MAR €€

10 Calle Marcio Veloz Maggiolo

✆ +1 809 552 0782

www.chateaudelmarhotels.com

Dès 140 US$ l'appartement 1 chambre, 220 US$ 2 chambres et 280 US$ pour 3 chambres. Petit déjeuner inclus. Parking.

Enfin un établissement haut de gamme sans formule all inclusive, et proposant un service totalement personnalisé. Les appartements de 1 à 3 chambres sont somptueux, le sol est en pierres coralliennes, le mobilier moderne et les cuisines équipées dernier cri. On se sent comme chez soi, en mieux ! Deux penthouses au dernier étage possèdent leurs terrasses et bains bouillonnant privatifs. Côté pratique, une tablette contenant de nombreuses informations sur Punta Cana est fournie à tous les occupants. Le petit déjeuner se prend sur la plage. Grande piscine.

EL CORTECITO INN €€

68 Calle Pedro Mir

✆ +1 809 552 0639

Chambre double à partir de 55 US$ avec petit déjeuner inclus.

Cet hôtel, un des plus petits de la zone, est aussi l'un des seuls à ne pas proposer de formule tout-compris.. Il compte 75 chambres, dont 55 de grande taille, abritées dans des édifices tout blancs en harmonie avec l'environnement. L'hôtel est situé au cœur du village de Cortecito, à 1 minute de la plage, et dispose de chambres au confort sommaire sur deux niveaux, qui encadrent une piscine entourée de cocotiers. L'ambiance y est résolument conviviale, petit déjeuner sous forme de buffet face à la piscine, chaises longues, parasols et bar. Parking surveillé.

EST

NH PUNTA CANA €€

El Cortecito
✆ +1 809 285 6500
www.nh-hotels.com
Compter 150 US$ la chambre double avec le petit déjeuner.

Le NH Punta Cana, hôtel ouvert en 2007, se démarque des établissements tout-inclus. Ici, vous prendrez le petit-déjeuner en formule buffet, mais ensuite vous êtes invité à découvrir par vous-même la côte des cocotiers. Les 65 chambres sont confortablement aménagées et fonctionnelles avec la climatisation, un minibar, le téléphone, le wifi, la télévision et un coffre-fort. Salle de sport, restaurant-bar, terrasse, et deux salles de réunion au rez-de-chaussée. Tous les clients ont accès à la piscine du resort Now Larimar Hotel adjacent.

TROPICAL PRINCESS €€

✆ +1 888 774 0040
www.tropicalprincess.com
Chambre double à partir de 160 US$ pour 2 personnes, tout compris.

Face à la plage, c'est un charmant hôtel à l'atmosphère familiale. C'est sans doute un des seuls à faire la synthèse entre prestations de qualité et taille humaine dans cette partie du pays. Il compte au total pas loin de 200 chambres et suites de différentes catégories, spacieuses et confortables et abritées dans plusieurs édifices modernes dominant piscine ou plage. Le club compte trois restaurants, trois bars, deux piscines. Sur la plage, magnifique à cet endroit, agrémentée de chaises longues et de parasols, le *beach club* propose un restaurant de plage.

BARCELÓ BÁVARO PALACE DELUXE €€€

Carretera Bávaro
✆ +1 809 476 7777
www.barcelopuntacana.com
Chambres à partir de 200 US$ en basse saison, tout compris.

Situé à 25 km de l'aéroport, sur une très belle plage, avec près de 800 chambres au confort moderne, ce complexe hôtelier est une véritable petite ville. 11 restaurants, 8 bars, un centre commercial, 2 piscines immenses, un parc aquatique pour les enfants, un spa, un mur d'escalade... De multiples animations sont proposées. En journée, elles sont plutôt sportives (golf, kayak, planche à voile, plongée…). La nuit, elles sont plus trépidantes avec spectacles, discothèques et casino.

HÔTEL RIU PALACE BAVARO €€€

Playa de Arena Gorda ✆ +1 809 221 2290
www.riu.com
Suite junior 230 à 300 US$, suite 285 à 400 US$. Tarifs selon la saison et le confort, et all inclusive.

Hôtel Riu à Punta Cana ouvert en 2011, qui offre de hautes prestations. Des chambres spacieuses et très modernes, avec une décoration sobre, d'une propreté irréprochable, un room service est disponible 24h/24. Un grand choix de restaurants variés à la carte ou buffet avec de la nourriture en abondance. Un personnel agréable et très présent, qui parfois parle Français. Des animations durant la journée mais également en soirée. Des piscines, des bars, un spa, un centre d'affaires. La planche à voile, l'initiation à la plongée, la voile, le kayak sont proposés.

HÔTEL RIU PALACE MACAO €€€

Playa Arena Gorda
✆ +1 809 221 71 71 - www.riu.com
Chambre double 200-380 US$, suite 310-450 US$. Tarifs selon la saison. Formule all-inclusive.

Cet hôtel a été rénové en été 2012, et offre donc une modernité sans pareil. Il donne directement sur la plage d'Arena Gorda. Les chambres sont spacieuses, avec une décoration très colorée mais épurée, sont équipées d'une TV à écran plat satellite, d'un minibar, d'air conditionné, et d'un balcon ou d'une terrasse. Un choix varié de restaurants et de bars. Des activités sportives sont organisées, ainsi que des animations en soirée. Une option à considérer pour qui souhaite un séjour confortable au cœur d'infrastructures modernes.

THE GRAND RESERVE AT PARADISUS PALMA REAL €€€

Av. Barceló
✆ +1 809 726 9600
www.melia.com
A partir de 350 US$ la nuit.

Ce resort de luxe flambant neuf signé Meliá est tout bonnement impressionnant. Les chambres, déclinées en plusieurs standing et au design boisé finement travaillé, se déploient en cercle autour d'un vaste îlot central cerné d'une piscine circulaire auquel on accède via des passerelles. Magnifique spa, nombreux bars et restaurants aux thématiques variées. Côté activités : yoga, ateliers peinture et vin, cours de danse pour petits et grands, leçons de golf, excursions...

CAPRI BEACH HOUSE €

Calle Pedro Mir
✆ +1 809 994 2020
Ouvert tous les jours de 8h à 23h.
Comptez 500 $ par personne pour une paella aux fruits de mer sur la plage.

Située devant l'hôtel sur la plage de Cortecito, cette terrasse avec vue est une bonne adresse pour un dîner romantique face à la mer. On y mange bien entendu d'excellents plateaux de fruits de mer mais les connaisseurs viennent ici déguster l'une des différentes propositions de paella locale. Malgré son emplacement, le restaurant reste abordable. Seul point négatif : une faible carte des vins qui arrive le plus souvent du Mexique. Le lieu propose également des chambres avec climatisation, somme toute assez simples et confortables.

DELICIAS DE BAVARO €

Avenida España
✆ +1 809 552 1347
www.deliciasdebavaro.com
On y mange très bien pour 350 $.

C'est l'une des cantines parmi les plus prisées de Bavaro, ici pas de chichis, on y mange des spécialités locales comme le mofondo de salami ou le poulet mariné avec du riz, sauce aux haricots rouges. Même si l'endroit est ouvert sur la route, toute proche, l'ambiance est très conviviale et le service rapide. La cuisine derrière une baie vitrée permet de voir s'affairer le personnel pendant le coup de feu du midi. Très bon rapport qualité-prix pour la zone ! Delicias de Bavaro a aussi l'avantage de rester ouverte une bonne partie de la nuit.

DON CAMARON €

Avenida Alemania
✆ +1 809 362 8690
Ouvert de 13h à 22h. Tacos 150 $.
Repas entre 200 et 400 $.

Pour ceux qui souhaitent manger bien et pas cher, le Don Camaron tombe à pic ! Il s'agit d'un petit restaurant de spécialités mexicaines, tenu par une famille mexicaine ! On retrouvera donc les grands classiques gastronomiques du Mexique, tantôt savoureusement doux, tantôt grisants et pimentés : *tacos, enchiladas, quesadillas* et autres *burritos* sont évidemment à la carte ! Les *micheladas* (bière/piment/jus de tomate/sel) et cocktails (à base de tequila et de mezcal) sont également proposés. Bon plan pour un repas rapide et nourrissant !

SOLES BAR €

Playa Bavaro
✆ +1 80 9552 0912
Ouvert de 9h à minuit. Compter 400 $ le plat, 300 $ le petit déjeuner, et 300 $ le cocktail.

Ce bar restaurant de plage propose des plats tout en simplicité et très bons. À chaque jour sa thématique : sushis le mercredi, musique *live* le jeudi, et du vendredi au dimanche des DJ se relaient sur la plage pour jouer de la musique électronique. Amis carnivores, ne ratez sous aucun prétexte la *parrillada argentina* du dimanche ! Un lieu à l'ambiance décontractée où se mêlent touristes et locaux. Lits de plage et terrain de beach-volley devant le restaurant. Parfait pour profiter de la plage tout en s'alimentant et en faisant des rencontres.

WACAMOLE €

Calle Aruba
✆ +1 829 750 1777
wacamole.restaurantsnapshot.com
Ouvert tous les jours de 11h à minuit (2h week-end). De 200 à 400 $ l'assiette de tacos, fajitas ou burritos.

Le nom le laisse largement deviner : Wacamole (pour « guacamole », prononcé avec l'accent dominicain) est un restaurant de spécialités mexicaines. L'ambiance y est décontractée et familiale, et on y mange bien, très copieusement, et pour pas cher : tacos, enchiladas et autres douceurs (attention au piment quand même !) du Mexique sauront satisfaire les appétits les plus solides. Mention spéciale pour les *quesadillas al pastor* et le *ceviche cancun*. Belle carte de cocktails (margarita et mojito se défendent bien) et promotions fréquentes.

CITRUS €€

Plaza Turquesa
✆ +1 809 455 2026
Ouvert tous les jours de midi à minuit, un peu plus tard le week-end. Compter entre 400 $ et 800 $ le plat.

Citrus, c'est l'une des tables les plus prisées par les touristes de Bávaro. Dans un décor simple mais élégant, on y mange un mélange de cuisines méditerranéenne, asiatique et caribéenne. Les plats sont délicieux et excellemment présentés. Tous les lundis, c'est *happy hour* sushis de 19h à 22h : mieux vaut arriver tôt pour avoir une table ! Enfin, les mélomanes seront ravis puisqu'un groupe y joue de la musique internationale tous les vendredis soir. L'un des meilleurs rapports qualité-prix de la région. Une adresse à découvrir.

JELLY FISH €€

Playa Bavaro
✆ +1 809 840 7684
www.jellyfishrestaurant.com
Ouvert de 10h à 23h.
Compter entre 25 US$ et60 US$ par personne.

Cette immense construction circulaire de pierres, de bois et de voiles, abrite ce qui est à la fois un restaurant, bar et club de plage. A l'étage, le bar au mobilier en rotin invite à la douceur face à une mer de rêve. La cuisine internationale est créolisée : pâtes, poissons, crustacés et fruits de mer en sont les principaux invités. La *parrillada de mariscos* (grillade de fruits de mer) est la grande spécialité de la maison. Sur la plage s'étirent de petits divans à même le sable ou de confortables hamacs pour paresser à l'ombre des cocotiers.

NOAH RESTAURANT & LOUNGE €€

Plaza Paseo San Juan
✆ +1 809 455 1060
Ouvert tous les jours de midi à minuit.
Prix moyen par personne 2 000 $.

Les restaurants se situent pour beaucoup autour des centres commerciaux, c'est dans celui de San Juan que Noah s'est ouvert il y a quelques années. Spécialisé dans la cuisine fusion, l'établissement bénéficie d'une très belle et grande terrasse, les tons gris et bois exotique sont apaisants et le personnel bilingue (espagnol-anglais), efficace et agréable. On y mange aussi bien des sushis, du canard, des crêpes aux crevettes que des steaks ou du poulet à la parmigiana. De temps à autre, des musiciens viennent pousser la chansonnette.

EL FLAMBOYAN €€€

Playa Bavaro
Ouvert tous les jours de 11h à 22h.
Compter entre 55 US$ et 75 US$ par personne.

Restaurant joliment créole, à la fois typique et cossu, avec une grande salle ouverte et une salle arrière intime et climatisée. La cuisine est internationale et dominicaine, avec des spécialités de poissons et de crustacés, et copieusement servie. Certains soirs, un pianiste ajoute une note musicale au décor. La salle arrière propose une carte plus sophistiquée dans une atmosphère nettement plus huppée. Le bar, ouvert jusqu'à 1h, est agréable à fréquenter le soir. On trouve également ici un casino, avec machines à sous et tables de jeu.

HURACÁN CAFE

Playa Bavaro
✆ +1 809 552 1046
www.huracancafe.do
Ouvert tous les jours de 9h à 23h.

Dans ce restaurant-bar-boîte en plein air, au décor chaleureux et mode, vous retrouverez tout ce que la région compte d'Européens branchés qui travaillent dans les complexes hôteliers du coin. On y goûte une cuisine italienne bien faite (pour une fois, les pizzas ne sont pas à la carte), avec les spaghettis au homard en vedette. Mais attention, démarrage des activités à une heure tardive. Le *merengue* est moins à l'honneur que la musique internationale, mais le *cuba libre* reste de rigueur. Plusieurs DJ internationaux viennent s'y produire pour mettre le feu !

ONNO'S

Calle Pedro Mir
✆ +1 809 552 0376
www.onnosbar.com
Tlj 17h-5h. Happy hour 17h-18h (cocktails) et 18h-19h (pizzas et pâtes). Pizza/burger 500 $, cocktail 250 $.

Cette chaîne de bars que l'on retrouve un peu partout dans le pays a ouvert son établissement de Cortecito en 2013. Il est devenu en peu de temps l'un des principaux lieux de fête de Bávaro. Happy hour tous les jours et soirées à thème tout au long de l'année (célibataires, Halloween, etc.). La piste de danse s'anime surtout du jeudi au dimanche aux rythmes des DJ locaux, et ce jusqu'au petit matin ! On peut également y manger quelques plats snacks très bien faits, du burger à la pizza en passant par quelques tapas mexicaines.

DOWNTOWN PUNTA CANA

Higüey, La Altagracia
✆ +1 829 521 3899
www.downtownpuntacana.com

Ce tout nouveau centre commercial de Bavaro rassemble boutiques, restaurants et bars ainsi qu'un lac artificiel permettant de pratiquer des sports de glisse, tracté par un bras mécanique. Nombreux événements organisés sur la place attenante. On y trouvera tous les commerces essentiels, aussi bien pharmacie que banques, supermarchés pour faire ses courses alimentaires et autres, points d'information touristique... Vaste parking gratuit, wifi gratuit sur toute la surface du centre commercial qui est adapté aux personnes à mobilité réduite.

EST

MI AMOR

Barcelo

✆ +1 809 446 1102

Ouvert du lundi au vendredi de 9h à 18h et le samedi de 8h à 14h. Bouteille de rhum de 8 à 25 US$ selon la taille.

Une fabrique de rhum que vous pouvez visiter au moment de la préparation des rhums arrangés, et surtout une grande boutique attenante où vous pouvez acheter des bouteilles de punch peintes. Plusieurs saveurs au choix : punch coco, ananas, banane, fruit de la passion, café, citron vert... Une bonne idée pour faire des cadeaux futés, surtout que vous n'avez pas à vous restreindre à deux bouteilles pour passer la douane car ces bouteilles peintes sont considérées comme de l'artisanat, même si la modération doit bien sûr rester de rigueur...

ADVENTURES LAND CABALLOS PUNTA CANA

Plage de Bavaro

✆ +1 809 223 8896

Tarif selon le nombre de personnes et le temps passé. Ne pas hésiter à négocier si plus de 2 personnes.

Adventures Land Caballos Punta Cana promet un moment d'exception dans son ranch installé sur la plage de Punta Cana depuis plus d'une décennie maintenant. C'est l'une des valeurs sûres pour effectuer une excursion dans des conditions optimales. Balades à pied sur la plage, à cheval pour le coucher du soleil, en Segway, ou en buggy, Adventures Land propose des solutions pour toutes les familles ou entre amis désirant découvrir le meilleur de Punta Cana.

HELIDOSA EXCURSIONS

Avenida Estados Unidos

✆ +1 809 552 6066

www.helidosaexcursions.com

Compter 90 US$ pour 10 minutes de vol et 320 US$ pour 40 minutes.

Voilà une façon bien singulière de visiter les immenses plages de Punta Cana ou l'ensemble de la République dominicaine, par les airs. Né en 1992, Hélidosa Excursion donne de la hauteur à tout point de vue. Cette expérience unique est proposée à bord d'un des quatre hélicoptères de la compagnie, les excursions durent 10, 15, 20, 30 et 40 minutes. Helidosa est devenue la plus grande compagnie du pays proposant aussi bien des vols commerciaux ou de transport des excursions sur l'île de Saona, des forfaits mariages ou d'autres déplacements professionnels.

SEAPRO PUNTA CANA

Calle Marcio Veloz Maggiolo

✆ +1 80 9552 1370

www.seaprodivers.com

Du lundi au samedi 9h-18h (17h dimanche). 2 plongées locales 135 US$.

Créé en 1991, SeaPro Divers est l'un des premiers centres de plongée et de sports nautiques en République dominicaine. Les excursions prévues sur réservation chaque jour emmènent les aventuriers de la plage de Bavaro, où se situe le centre de plongée, à Uvero Alto ou à Cabeza de Toro, mais aussi sur la côte nord, plus précisément sur les spots de Puerto Plata et Sosúa. L'encadrement est particulièrement sécurisé, les enseignants multilingues ont tous plus de 15 ans d'expérience. Les professeurs de plongée exécutent des tests de niveau tous les trois mois.

COCO BONGO

Centro Comercial Downtown Punta Cana

✆ +1 809 466 1111

www.cocobongo.com.mx

Mardi-dimanche 21h-4h. 65 à 130 US$ selon l'emplacement, boissons incluses toute la nuit pour toutes les formules.

Enseigne phare de Cancun et de Playa del Carmen au Mexique, le Coco Bongo a ouvert ses portes à Punta Cana en 2014. Chaque soir, ce sont 1800 personnes venant des *resorts* de Punta Cana et Bávaro qui se retrouvent pour y danser jusqu'au petit matin. L'originalité du lieu réside dans ses multiples spectacles qui rythment la soirée. Alliant danses, costumes, cirque et jeux pyrotechniques, ce sont de véritables performances ! Presque tous les hôtels vendent des tickets d'entrée, mais vous pouvez également les acheter directement sur leur site Internet.

ORO

Boulevard Turístico del Este, km 28

✆ +1 809 731 0099

www.oronightclub.com

Ouvert tous les soirs dès 20h, sauf dimanche et lundi.

C'est la discothèque la plus branchée des Caraïbes ! Immense, sur deux niveaux, elle accueille régulièrement les DJ les plus demandés de la planète comme Erick Morillo, Bob Sinclar, Lil John, DJ from Mars, Steve Angello... des chanteurs, des groupes et des événements réguliers. La boîte se trouve dans le Hard Rock Hotel & Casino. Tous les mercredis de 23h à minuit, l'entrée est gratuite pour les filles, et tous les jeudis sont organisées les soirées nommées « Cool Beats », pour danser jusqu'au bout de la nuit sur des rythmes internationaux tropical-électriques.

À l'ombre des palmiers de Playa Macao.

PLAYA MACAO

La plage est très belle et sauvage, mais elle ne présente pas d'intérêt particulier, ce qui ne l'empêche pas d'être un lieu privilégié d'excursions pour les hôtels de la côte. Vous ne serez donc pas surpris d'y voir débarquer certains jours, vers midi, de compactes floppées de touristes. Ici, des chevaux et des mulets attendent patiemment les passagers des autobus climatisés à l'ombre des palmiers. On peut sauter en selle pour une courte randonnée jusqu'à un prétendu cimetière indien, qui n'est rien d'autre qu'un monticule de terre où l'on n'aura, malgré les exhortations du guide local, plus aucune chance de trouver un quelconque reste de poterie.

SIVORY PUNTA CANA €€€

Playa Sivory
✆ +1 809 333 0500
www.sivorypuntacana.com
A partir de 300 US$ la nuit pour deux personnes, en formule tout compris.

Cet hôtel-boutique est un havre de paix et de raffinement. Isolé sur une plage de rêve, il offre différentes catégories de suites spacieuses au style colonial très actuel. Tout a été pensé pour le confort et le plaisir, du spa à la cave à vin qui abrite quelque 8 000 bouteilles, des équipements sans failles des suites au *room-service* 24h/24 aux trois restaurants gastronomiques, de la piscine et à la plage enchanteresse. Ici, tout n'est que luxe, calme et volupté... Comme chaque petit coin de paradis, celui-ci se paye au prix fort.

UVERO ALTO

Passées les plages de Arena Gorda et Macao, en poursuivant la route côtière en direction de Miches, on arrive à Uvero Alto. Cette plage publique est peut-être l'une des plus méconnues de la zone de Punta Cana. Presque épargnée par les resorts, elle est faite de sable blanc sur lequel il n'y a habituellement pas foule. Idéal pour s'échapper un moment de l'agitation ambiante partout ailleurs. Quelques bars et restaurants-snacks, des boutiques de souvenirs et une école de surf ouverte occasionnellement. Les quelques grands complexes ici, parmi lesquels on compte quelques-uns des plus beaux hôtels de la côte, pratiquent la formule du tout-compris.

ZOËTRY AGUA PUNTA CANA €€€

✆ +1 809 468 0000
www.zoetryresorts.com
A partir de 400 US$ la nuit pour une chambre double, en formule tout inclus.

Le Zoëtry Agua Punta Cana est un superbe hôtel très loin des classiques complexes tout inclus que l'on a l'habitude de voir à Punta Cana. Un havre de paix, de calme et de tranquillité parfaitement intégré à l'environnement naturel, absolument magnifique sur ce coin de la cote est dominicaine. Toute une palette de services est assurée, des restaurants de cuisine fine aux massages, des activités sportives ou de détente. Le grand luxe sous toutes ses formes. Les bâtisses donnent toutes sur une piscine qui parcourt l'ensemble du complexe.

OTRA BANDA

A 5 km en direction de Punta Cana, la route passe par la petite bourgade d'Otra Banda, connue pour être la cité la plus propre et la plus colorée du pays. La ville est un exemple d'architecture créole traditionnelle, et les habitants sont fiers d'entretenir leur village bigarré comme un joyau. Roses, vertes, bleues, jaunes, les maisons de bois rivalisent de tons vifs, éclatants, et de contrastes. Les fleurs et les plantes tropicales multicolores ornant les façades donnent à l'ensemble un aspect de décor naïf. Signalons le musée Taïno Cayacoa, créé par archéologue amateur, qui présente une collection de poteries et de statuettes en pierres et en os.

NUESTRA SEÑORA DE LA ALTAGRACIA ✞ ★★

Avenida Juan XXIII

Un concours international d'architecture fut lancé en 1947 pour la création d'un nouveau lieu de culte pouvant contenir 3 000 fidèles. Les résultats ont été à la hauteur des espérances… Les lauréats, deux architectes français, A.-J. Dunoyer de Segonzac et Pierre Dupré, ont posé la première pierre en 1954, puis en 1968, les magnifiques vitraux réalisés à Chartres. Enfin, le 21 janvier 1971, l'ensemble fut inauguré et déclaré cathédrale, basilique et monument national.

HIGÜEY

A 145 km de Santo Domingo, Higüey, un peu plus de 140 000 habitants, est la capitale de la province de La Altagracia. C'est par elle que vous aurez accès aux grands centres touristiques de la côte des Cocotiers, Punta Cana et Bavaro. De tradition agraire, la ville prospère grâce à son élevage et à la culture des oranges. Par ailleurs, une zone franche importante y a été créée en avril 1990. Active en dépit de la forte chaleur qui y règne, la ville ne présente pas d'intérêt particulier si ce n'est la basilique de Notre-Dame d'Altagracia, inaugurée le 21 janvier 1971 non loin de l'ancien Sanctuaire de Notre-Dame de La Altagracia, qui date lui de 1572.

HOTEL DON CARLOS 🛏 €

Calle Juan Ponce de León - Calle Sanchez

✆ +1 809 554 2344

Compter 1 800 $ pour une chambre double.

L'hôtel Don Carlos propose une cinquantaine de chambres simples et confortables, à la déco certes un peu dépassée, mais toutes équipées de télévision, réfrigérateur, salle de bains et disposant de l'air conditionné. L'hôtel possède également un bar et un restaurant où est servi un copieux et très bon petit déjeuner. Bien situé, on pourra facilement atteindre l'ensemble des points d'intérêt de Higüey depuis l'hôtel Don Carlos. Equipe très aidante et rapport qualité-prix excellent. Peut-être la meilleure affaire pour une escale rapide en ville.

IGLESIA DE SAN DIONISIO ✞ ★

Santuario San Dionisio

Cette église dédiée à San Dionisio, aussi connue sous le nom de Sanctuario de Nuestra Señora de La Altagracia (à ne pas confondre avec la basilique, beaucoup plus récente), est l'un des plus anciens temples religieux de la République dominicaine. Construit entre 1569 et 1572 dans un style typique de l'époque (une nef, un transept, une abside polygonale et une voûte en berceau), elle a subi quelques rénovations au cours des siècles. On y célèbre le 21 janvier, ici comme à la basilique, la fête de Notre-Dame d'Altagracia, protectrice des Dominicains.

EL TOPACIO 🛏 €€

Angle des rues Cambronal et Duarte

✆ +1 809 554 5892

Compter 2 500 $ la chambre double.

El Topiaco est un petit hôtel très propre et calme disposant d'un restaurant de bonne cuisine dominicaine, situé à deux pas de la basilique Notre-Dame de la Altagracia, en plein centre-ville. La clientèle est majoritairement dominicaine, ce qui permet aux voyageurs de faire des rencontres sans doute plus authentiques que dans pas mal d'endroits sur l'île. Les chambres sont simples mais disposent toutes de la climatisation, d'une télévision et d'une salle de bains avec douche. El Topiaco est une adresse parfaite pour une nuit en ville.

MICHES

Miches, environ 20 000 habitants, est une ville située dans la province d'El Seibo, située entre les pentes nord de la Cordillère orientale dominicaine et la rive sud de la baie de Samaná. La route qui rejoint la localité a été asphaltée et inaugurée en mars 2016 si bien qu'il tout à fait possible de s'y rendre facilement en voiture. Si cette route ne longe la mer que de loin, elle dessert quelques belles plages sauvages. Si vous n'avez pas de voiture, vous pouvez aussi emprunter une *guagua*. S'ouvrant doucement au tourisme, la région de Miches est propice aux excursions en bateau ou aux balades à cheval sur la plage. Quelques commerces et locations.

HOTEL SABANA DE LA MAR €

Calle Duvergé
✆ +1 809 556 7974
Compter 500 pesos pour une chambre double.
Situé à une vingtaine de minutes du parc national Los Haitises, dans un quartier tranquille, l'hôtel Sabana de La Mar n'affiche certes aucun charme particulier, mais est équipé de huit chambres fonctionnelles et propres, disposant ou de la climatisation ou d'un ventilateur. Les salles de bain, bien que propres, ne disposent pas d'eau chaude. Il est par ailleurs très facile de se garer non loin de l'hôtel, gratuitement. Une adresse que l'on choisira pour son côté pratique et pour ses tarifs très accessibles. Fait l'affaire pour une nuit.

LA LOMA €€

A la sortie du village, sur la colline.
✆ +1 809 553 5562
www.hotellalomamiches.com
Compter entre 2 200 et 3 000 $ la chambre double.
La Loma est un charmant hôtel de taille réduite tenu par un Suisse et dominant la ville, proposant une petite dizaine de chambres simples, fonctionnelles et confortables, toutes disposant d'un petit balcon ou d'une terrasse avec vue sur la mer. Le lieu est par ailleurs équipé d'une petite piscine mais aussi d'un restaurant-bar proposant des préparations tout en simplicité pour pas cher. Une adresse recommandée pour une escale dans la ville de Miches, pour ses tarifs et son emplacement assez sympa : on ne se lasse pas du panorama !

PARQUE NACIONAL LOS HAITISES ★★★

Le parc national Los Haitises, au sud de la péninsule de Samaná, est accessible par la route ou par la mer. Ce site est le sanctuaire d'une civilisation captivante et abrite une nature exubérante : une centaine de *mogotes* (collines calcaires) chargées de végétation, une forêt de mangroves, une grande variété de fleurs et une faune diversifiée. Pour le visiter, un guide est nécessaire (nombreuses agences spécialisées). Nicolas, de Flora Tours, d'origine française, est le seul guide français à avoir le diplôme dominicain de guide officiel. Au programme : faune, flore mais aussi la merveilleuse histoire du peuple qui a colonisé les grottes environnantes.

SABANA DE LA MAR ★★

A 155 km de Saint-Domingue. Quand on arrive à Sabana de la Mar, on est au bout du monde, dans un cul-de-sac. Engourdi de chaleur, le village somnole en regardant la mer, tel un gros animal. On y vit au ralenti, loin du monde, dans une atmosphère un peu désolée. Sabana de la Mar vit principalement de la pêche. Le village possède une église traditionnelle attenante au parc central. Sur les bancs, à l'ombre des grands arbres, quelques autochtones se prélassent… Les touristes sont presque inexistants à Sabana de la Mar, pour plusieurs raisons : il n'y a pas de plage, les eaux de la baie sont boueuses, et le parc national des Haïtises isole le village.

PARAÍSO CAÑO HONDO €€

Carretera Los Haitises ✆ +1 809 696 3710
www.paraisocanohondo.com
A partir de 80 US$ pour une chambre double. Prendre contact avec l'hôtel pour les réservations indispensables au séjour.
Cet hôtel totalement écologique se trouve à une dizaine de kilomètres de Sabana, en bordure du parc national. La peinture des premiers bâtiments a été réalisée grâce à des pigments naturels et à des incrustations de végétaux. Le propriétaire, un ancien architecte, Plasido, organise des excursions à pied ou à cheval dans le parc des Haïtises. La cuisine y est simple mais bonne, et l'accueil toujours des plus sympathiques. Les fins de semaine, les Dominicains investissent souvent l'hôtel et une *bachata* endiablée remplace le son de la brise dans les branchages.

PARQUE NACIONAL LOS HAITISES ★★★

Carretera Caño Hondo

Compter 1 500 $ la balade en barque (lancha). Autre option, louer les services d'un pêcheur pour 1 000 $.

Tirant son nom du mot taïno *Haiti* (zone montagneuse) en raison de sa topographie particulière, le parc de Los Haitises est un dédale de collines et d'immenses flèches de pierre calcaire frôlant les 500 mètres de haut. La zone protégée s'étire sur 208 km^2 du sud/sud-ouest de la baie de Samaná jusqu'à la baie de San Lorenzo. Le formation de cette zone naturelle singulière, jadis sous les eaux, remonte à 40 millions d'années environ (miocène) et a émergé progressivement en raison de divers mouvements tectoniques. Grâce à un taux d'humidité élevé et aux très fréquentes pluies qui le touchent, le parc a développé une végétation de type subtropicale : entre mangroves et fjords, fougères arborescentes et bambous se mêlent sauvagement aux lichens et aux orchidées.

L'intérieur des terres est parcouru par un lacis d'étroits bras de mer peu profonds où nulle embarcation ne peut s'aventurer. Une multitude d'îlots aux formes dodues et recouverts d'une végétation touffue vert tendre parsèment les eaux calmes en bordure du parc. Ces dômes et tours karstiques sont le résultat de l'érosion de formations calcaires vieilles de plusieurs millions d'années, créant une zone au relief original, véritable baie d'Ha Long version caraïbe.

De nombreuses cavernes et grottes communiquent entre elles, formant un extraordinaire réseau souterrain encore inexploré et méconnu. Les spécialistes y ont dénombré plus d'un millier de grottes dont certaines conservent sur leurs parois des pétroglyphes datant de la période précolombienne. On peut visiter la grotte de l'Ange, la grotte San Gabriel, vaste comme une cathédrale, les grottes de la Linea et de l'Arena qui contiennent des œuvres réalisées par les Indiens taïnos, qui ne vivaient pas dans des grottes, mais les utilisaient comme repaires et dépôts durant des campagnes de pêche ou de chasse.

Parmi les îles du parc, c'est sur l'île aux Oiseaux que l'on peut avoir la chance de voir passer, entre un acajou et un cèdre, pélicans, perroquets, coqs d'eau et frégates, entre autres. Quasi déserté, le parc est vierge de toute exploitation agricole ou forestière. Seule la frange côtière est ouverte aux touristes, l'intérieur devenant vite impénétrable.

▶ **Les visites** se font principalement par la voie d'eau (de Sabana de la Mar, Samaná ou Sánchez), mais aussi par voie terrestre depuis Sabana de la Mar, au prix de plusieurs heures, voire jours, de trekking. Plus d'infos au bureau du parc, à Sabana de la Mar (Parque Central - ✆ +1 809 556 7333).

© FRANKY_PICTURES

SÁNCHEZ

Coincée entre la verte montagne et la baie de Samaná, Sánchez semble avoir arrêté son horloge au début du siècle. Autrefois port actif et prospère, elle se laisse aujourd'hui porter par un rythme nonchalant. Son ancien chemin de fer, qui servait à transporter des produits agricoles, fut abandonné. Mais ses demeures victoriennes aux couleurs passées, comme l'atmosphère des rues, confèrent à la petite ville un charme indicible. L'activité principale du petit port est la pêche à la crevette. Sánchez est aussi l'un des points de départ pour le parc national des Haïtises. Une dizaine de bus par jour font la liaison avec Santo Domingo (caribetours.com.do).

SANTA BARBARA DE SAMANÁ - SAMANÁ

Chef-lieu de la province de Samaná, cette ville moderne fut en partie détruite par un incendie en 1946. Elle fut par la suite rebâtie sur ordre de Balaguer. L'observation des baleines est l'activité phare du coin, comme la visite du parc national Los Haïtises. La région attire d'ailleurs bon nombre de bateaux de croisière. D'anciens esclaves en provenance des Etats-Unis et des îles Sous-le-Vent y ont laissé en héritage des patronymes à consonance américaine, un métissage plus sombre que dans le reste du pays, ainsi que le protestantisme et de nombreuses traditions. Une dizaine de bus par jour relie Santo Domingo en 2h45 (caribetours.com.do).

AEROPUERTO INTERNACIONAL EL CATEY

Carretera Nagua Sanchez km 15
✆ +1 809 338 5888

Ce petit aéroport international, qui existe depuis 2006, se situe à 20 minutes de Las Terrenas et de Nagua par une autoroute récente qui va directement à Santo Domingo. Il accueille les vols réguliers des Etats-Unis et du Canada. Les vols d'Europe sont assurés en haute saison uniquement par Eurowings, Nordwind Airlines ou Wamos Air (pas de liaisons directes avec la France). Mieux vaut prévoir de quoi se restaurer, car peu d'options sur place et tout est hors de prix !

LA CHORCHA ★

1 Calle Teodoro Chacerreaux

Elle fait partie du plus ancien patrimoine de la ville. Cette émouvante église en bois de style victorien fut transportée pièce par pièce d'Angleterre, en 1823, pour servir de lieu de culte aux fidèles de l'Eglise méthodiste wesleyenne. Les offices ont longtemps été célébrés en anglais et son nom n'est autre qu'une transformation dominicaine du mot *church* (qui signifie « église » en anglais). En 1861, l'édifice aux influences gothiques fut transformé en hôpital. Aujourd'hui restaurée, elle abrite l'Eglise évangélique dominicaine.

Joueurs de dominos.

MERCADO ★

A l'entrée de la ville, à droite, en arrivant de Sánchez.

Le marché bat son plein tous les matins au grand air, mais il est particulièrement animé le samedi, quand les petits fermiers viennent vendre leur récolte hebdomadaire. Les paysans, le chef couvert d'un chapeau de paille, circulent à dos de mulet au milieu des motos pétaradantes, des vendeurs de fruits, de légumes, des ballots de vêtements d'occasion et de CD de mérengué et de *bachata*. La musique s'échappe en flots denses des échoppes aux toits de tôle. Ça piaille, ça crie, ça marchande à qui mieux mieux dans un joyeux brouhaha, bref, c'est typiquement dominicain…

MUSEO DE LA BALLENA ★

Malecón

✆ +1 809 538 2042

www.samana.org.do

Ouvert en semaine de 9h à 16h. Entrée : 150 $. Moins de 10 ans, gratuit.

Géré par le CESBE, une ONG qui milite pour la protection de la baie de Samaná, ce modeste centre présente une exposition sur la faune de la région, notamment les perroquets, mais surtout, les baleines ; on y verra par exemple un vrai squelette de baleine à bosse, particulièrement impressionnant (bien que la tête soit fausse !). Vous en apprendrez davantage sur la vie des baleines, leur alimentation, leur migration et les dangers qui les menacent au quotidien. Une boutique d'artisanat alimente par ailleurs les caisses de l'ONG.

PLAYA LAS FLECHAS ★★

Située à 4 km de Samana en direction de Las Galeras, cette plage a été le théâtre de la première bataille de l'histoire entre Européens et aborigènes. Les Espagnols y affrontèrent les Indiens ciguayos le 13 janvier 1493. L'escarmouche fut si intense que Christophe Colomb la signale dans son journal : « Jamais je n'avais vu voler tant de flèches » ! Si vous pensiez y faire une halte pour piquer une petite tête, sachez que le site était couvert de déchets en tous genres lors de notre dernière visite, mieux vaut aller se baigner à la plage suivante.

GUIDE WILFREDO BENJAMÍN (LOCOMONTEANDO)

✆ +1 809 865 4712

www.instagram.com/locomonteando

A partir de 30 US$/personne (+ taxi si nécessaire). 4 personnes minimum. Anglais/espagnol.

Si vous souhaitez découvrir les plus beaux secrets de la péninsule, c'est à Wilfredo que vous ferez appel, marin de formation et fin connaisseur de la flore de la région de Samana ! Habitué à travailler avec de grands groupes, Wilfredo propose aussi des randonnées pour de plus petites unités. Les options sont nombreuses : Cascada Limón ou Castaño, Playa Frontón ou Ermitaño, Cabo Cabrón... Selon la durée (30 min jusqu'à 5h), un repas peut être prévu. Bâtons de marche inclus.

MOTO MARINA TOURS ★

3 Malecón

✆ +1 809 538 2302

Tlj de 8h à 12h et de 14h à 18h. 68 US$ la journée à Los Haïtises avec le déjeuner ou pour aller voir les baleines.

Cette agence vous propose d'organiser vos excursions sur la péninsule de Samaná, et jusqu'au parc de Los Haïtises. Vous pourrez réserver une sortie jusqu'au Cayo Levantado (avec ou sans déjeuner), une balade en catamaran dans la baie de Samaná, avec halte *snorkeling* dans les eaux cristallines (déjeuner compris), ou une excursion jusqu'au parc de Los Haïtises avec visite du Cayo Levantado (déjeuner compris). La saison pour observer les baleines au large se déroule entre la mi-janvier et la fin du mois de mars. Tarifs réduits si on réserve plusieurs tours.

WHALE SAMANÁ

Malecón

✆ +1 809 538 2494

www.whalesamana.com

Accueil de 8h à 18h. Adulte 60 US$ + entrée du sanctuaire des baleines à 200 $. -12 ans 30 US$.

De mi-janvier à mi-mars, embarquez avec Kim Beddall, spécialiste des baleines, à bord du *Pura Mia*, un bateau à deux ponts pouvant recevoir jusqu'à 65 passagers. Durant 4 heures, le bateau parcourt la baie à la recherche des mammifères marins. Kim commente depuis plus de 30 ans les rencontres en plusieurs langues aidée de traducteurs. Il existe également une formule d'une journée complète avec étape au Cayo Levantado. Kim souhaite démontrer que l'observation responsable des baleines est une alternative économique viable à la chasse à la baleine.

MARINA PUERTO BAHIA

Carretera Sanchez km 5

✆ +1 809 503 6363

www.puertobahia.do

D'une capacité d'une centaine d'amarres allant de 40 à 150 pieds.

Au nord de la baie de Samaná, c'est la seule marina de la péninsule éponyme. Cette enclave luxueuse dispose d'électricité, d'approvisionnement en carburant et en eau, du wifi, et d'information sur les conditions climatiques et la navigation. La présence des autorités maritimes et gouvernementales permet de réaliser vos formalités administratives en toute tranquillité. Vous y trouverez également une supérette et un superbe hôtel de luxe : the Bannister Hotel. En agence, vous pourrez également y réserver des excursions en mer.

HOTEL ANGELITO €

Calle Francisco del Rosario Sánchez

✆ +1 80 9538 3338

A partir de 900 $.

Les petits budgets pourront jeter leur dévolu sur cet hôtel économique, sans prétention, mais correctement tenu, situé à l'ouest du passage maritime. Boutique et café se sont implantés au rez-de-chaussée de l'édifice. Chambres fraîches avec ventilateur ou climatisation (quand elle fonctionne !), frigo et télévision. Décoration ultra simple, mais literie confortable et personnel accueillant. Un peu bruyant tout de même, car l'hôtel se trouve dans une rue animée. Pas pour plus d'une nuit en revanche, car l'endroit manque de confort.

HOTEL-RESTAURANT CHINO €€

1 Calle San Juan

✆ +1 809 538 2215

A partir de 55 US$, petit déjeuner compris. TV, eau chaude, clim.

Vous profiterez d'une vue sympathique sur la baie et le port de Samaná depuis les chambres de cet hôtel modeste, mais à prix très raisonnable, posé dans le centre-ville. Il offre aux visiteurs une vingtaine de chambres spacieuses et bien équipées avec un effort à souligner dans la décoration, contrairement aux autres établissements de cette catégorie (climatisation et télévision). Demandez une chambre avec vue sur la baie. Le restaurant, ouvert midi et soir, sert en outre une cuisine internationale respectable, mais sans plus.

SAMANA SPRING €€

12 Calle Cristobal Colon

✆ +1 809 538 2946

A partir de 70 US$ la chambre double.

Sans doute la meilleure option en ville ! Ce petit hôtel moderne et propre tenu par un personnel très serviable reçoit ses convives dans une ruelle située derrière la promenade maritime. Accueil chaleureux, à deux pas du Malecón. Vous ne pourrez manquer sa façade, surtout le soir. Elle est éclairée par des néons multicolores. Sur place, une quinzaine de chambres toutes simples et au calme (avec eau chaude et WiFi qui fonctionne bien). Café et thé servi le matin (pas de petit déjeuner à proprement parler). Le petit plus : la baignoire.

HOTEL GRAN BAHIA PRINCIPE CAYACOA €€€

Loma Puerto Escondido

✆ +1 8095383131

www.bahia-principe.com

A partir d'environ 180 US$ par personne la nuit en formule tout-inclus.

Cet hôtel de luxe d'environ 300 chambres donne sur la baie de Samaná. Les chambres d'un grand confort, avec baignoire, air conditionné, téléphone, satellite, minibar, coffre-fort, offrent un service d'une très grande qualité. Spa et restaurant. Vous pouvez, bien entendu, réserver vos excursions par le biais de l'hôtel, mais elles seront toujours moins chères si vous faites l'effort de les réserver au village dans les agences de Samaná. Si vous avez les moyens, foncez !

THE BANNISTER HOTEL €€€

Carretera Sánchez km 5

✆ +1 809 503 6363

www.thebannisterhotel.com

Chambre à partir de 200 US$. Petit déjeuner inclus.

L'endroit rêvé pour une escapade très relaxante dans la douceur de vivre caribéenne : 32 chambres spacieuses et lumineuses avec balcon privé et cuisine équipée délivrent des vues splendides et calmes sur la mer ou côté montagnes. Sur place les courts de tennis, le billard, les deux piscines, le spa et l'espace fitness inspirent énergie et détente selon vos envies. Et enfin, de nombreuses excursions à réserver dans l'agence située sur place. Un véritable 5-étoiles avec vue directe sur la marina et la baie de Samanà. Excursions sur demande.

TABERNA MEDITERRANEA €

1 Malecon

✆ +1 829 994 3634

Ouvert du mardi au dimanche de 11h à 23h30. Compter 600 $ le plat.

Au beau milieu du Malecón, cette taverne d'inspiration espagnole prépare une cuisine internationale et des spécialités méditerranéennes et créoles (poisson grillé, poisson au coco, bananes frites, paellas, calamars *a la plancha*...). Des planches à partager raviront par ailleurs les groupes d'amis ou les familles, tout comme la grande terrasse extérieure surplombant la mer des Caraïbes. Accolé au restaurant, un bar appartenant aux mêmes propriétaires propose cocktails et soirées karaoké. Les prix ne sont en revanche pas donnés.

SAMANA ZIPLINE TOUR

✆ +1 829 542 3005

samanatreetopzipline.com

89 US$/pers. (Full Zipline Safari Tour avec transport et boissons). 60 US$/pers (directement à l'entrée).

Cette attraction proposée à Samana s'adresse aux familles comme aux groupes de jeunes. Il s'agit d'un parcours de 12 tyroliennes qui vous permettra de découvrir autrement ce site naturel de toute beauté. D'autres activités sont aussi prévues : balade sur la plage sauvage El Vallee, baignade dans la cascade Lulu, déjeuner sur la plage avec dégustation de produits locaux (fruits, chocolat, bananes, café et chocolat chaud et la fameuse boisson locale aphrodisiaque Mamajuana). Toutes les offres sont sur le site Internet de l'agence.

PLAZA PUEBLO PRINCIPE

Malecón

Tlj 9h-21h.

Cette enfilade de maisons colorées d'architecture victorienne se déploie face au Malecón. Elles dénotent quelque peu avec l'architecture environnante et semblent avoir été construites pour permettre aux photographes de rapporter une belle image de Samana... L'endroit abrite malgré tout quelques restaurants et locaux commerciaux, qui alternent avec des boutiques vides. Un office de tourisme (le Clúster Turístico de Samaná) y a vu le jour et permet de renseigner les touristes arrivant par bateau (et parfois en grand nombre !).

CAYO LEVANTADO

Cet îlot paradisiaque est bordé par deux plages de sable fin et immaculé (Playa Grande à gauche du débarcadère, Playa Honda à droite, accessible par un sentier fléché). Des pelouses vert tendre s'étirent jusqu'au bord de l'eau cristalline, des cocotiers de carte postale s'inclinent sur le bleu de la mer et des sentiers traversent une petite forêt tropicale de cocotiers, de lianes et de fromagers. Malgré l'afflux de touristes et bien qu'une seule moitié des plages soit accessible aux individuels (l'autre étant réservée aux clients de l'hôtel tout-inclus), le site mérite la visite. Une fois les marchands et les touristes partis, l'île retrouve son calme.

EST

Cayo Levantado est situé à quinze minutes de Samaná.

LOS CACAOS

A mi-chemin entre Samana et le village de Las Galeras, Los Cacaos servait autrefois de port d'embarquement pour les grands blocs de marbre extraits des carrières toutes proches. Le môle, dévasté par le cyclone David en 1979, n'a jamais été reconstruit. Cette amputation a privé le village de son activité, mais pas ses qualités d'hospitalité, ni ses traditions : les enfants y portent des amulettes noires censées protéger du mauvais œil et on vous contera peut être l'histoire des Ciguapas, ces femmes si belles, aux pieds tournés à l'envers, qui ne descendent des montagnes que pour voler le sel et les hommes. Le petit village de pêcheurs mérite un stop.

LA BOCA DEL DIABLO ★★★

10 km avant d'arriver à Las Galeras, prendre la route goudronnée sur la droite. Elle conduit à l'ancienne marbrerie, longeant des falaises marmoréennes se dressant sur une hauteur de 500 mètres, recouvertes d'une végétation chétive de cactus et d'épineux. Quelques chèvres accrochées à flanc de falaise cherchent une herbe rare. Le marbre gris, rose, vert et blanc était extrait de la colline dès l'époque coloniale. Il a servi à bâtir et à décorer les demeures seigneuriales des notables de l'île. La route est aussi bordée de grottes où les archéologues pourront partir en quête de restes de la civilisation taïno. Les vestiges abondent dans le coin !

© DON MAMMOSER - SHUTTERSTOCK.COM

La Boca del Diablo.

LAS GALERAS ★★★★

A l'extrémité de la péninsule, à 25 km de Samaná, Las Galeras est un authentique petit village de pêcheurs épargné par le tourisme de masse. On s'y rend par une route sensationnelle qui traverse de nombreux hameaux, tout en longeant la côte. L'anse de Playa Francesa (4 km après Samaná) est particulièrement belle, mais dangereuse. Ses eaux sont d'une limpidité parfaite. Une communauté d'étrangers, dont quelques Français, anime le tourisme local. Les nombreuses plages des environs comptent parmi les plus fabuleuses du pays. 3 bus/j relient Santo Domingo (avec Fermin Asotrapusa, 4h) et des liaisons régulières sont assurées vers Samaná (compagnie Guagua).

ACUARIO NATURAL KAIO ★★

Calle de la Playa
✆ +1 809 883 8836
Compter environ 15 US$.
Généralement deux sorties par jour.

Un aquarium pas vraiment naturel mais qu'importe… Il est né de l'initiative d'un biologiste japonais Kaio Morita, qui a créé un jardin aquatique à l'aide de rochers et a réussi à attirer une faune sous-marine très riche, avec la volonté de protéger la faune marine de la région. La balade en palmes masque tuba s'avère donc particulièrement fructueuse ! Depuis la plage, des embarcations permettent de rejoindre la réserve aquatique. Le matériel vous sera prêté sur place. Il faut compter environ deux heures d'excursion. Une sortie amusante.

PLAYA COLORADA ★

Cette petite crique de sable fin est complètement sauvage, superbe et fort peu fréquentée. Une vraie carte postale avec son sable doré mouillé par une eau cristalline d'un bleu irradiant et sa végétation tropicale. Attention, l'accès se fait par une propriété privée, le gardien vous demandera sûrement de laisser votre voiture à l'entrée et de continuer à pied (il faut compter 30 minutes si on arrive depuis Las Galeras). De grosses vagues peuvent rendre la baignade dangereuse, mais la visite vaut le détour. En plus, la plage est souvent déserte !

PLAYA FRONTON ★★★

Playa Fronton de las Galeras

Playa Fronton et sa voisine Playa Madame ne sont accessibles que par bateau ou à cheval. Comptez 25 minutes, au fil des paysages côtiers d'une beauté extraordinaire. D'impressionnantes falaises tombent à pic dans l'océan. Cocotiers, amandiers et cactus végétalisent la plage de sable fin. Playa Fronton est un très beau site de plongée avec des coraux et des poissons tropicaux. N'oubliez donc pas votre masque et votre tuba (et prévoyez des chaussures aquatiques pour vous protéger des coraux et des oursins !). Une excursion à ne pas manquer depuis Las Galeras.

© BELIPHOTOS - SHUTTERSTOCK.COM

PLAYA RINCÓN ★★

© D-VISIONS - SHUTTERSTOCK.COM

Elle est accessible en voiture via une route goudronnée (suivre les indications, à 7 km à l'extérieur du village) et visitée par le tout-venant des agences de voyages et des *resorts* des environs, et même par quelques malandrins attirés par la manne touristique (prudence !). Vous l'avez compris, avec ses kilomètres de sable et son eau transparente, elle est bien trop belle pour qu'on puisse l'avoir toute à soi. Au bout, une petite rivière permet une baignade rafraîchissante. Et puis, faites une pause dans les resto du coin proposant fruits de mer et langoustes !

PLAYITA ★

Calle de la Playa

Cette petite plage de Las Galeras n'est qu'à 5 minutes du centre-ville. Surnommée *playita* par les locaux, elle se présente sous forme d'une longue bande de sable blanc bordée de cocotiers penchés et de restaurants de plage. L'eau y est limpide et ondule doucement. Un site très joli et populaire (le week-end notamment), propice à la baignade. Possibilité de louer des chaises longues pour 150 pesos. Notons également la présence de la grotte Cueva Duarte, sur la gauche en quittant la plage. Une visite à faire en complément de la plage principale de Las Galeras.

EL CABITO €

Entre Las Galeras et Playa Madame.
Suivez Google Maps. La route est accidentée mais le chemin est bien celui-ci !
✆ +1 809 820 2263

Le restaurant est ouvert tous les jours midi à 20h. Paella entre 750 $ et 950 $.

Un lieu magique, un restaurant à la cuisine fine et une nature sans pareille, voilà ce que promet El Cabito. Il s'agit très certainement de l'un des lieux les plus exceptionnels de Las Galeras : un vrai coin de paradis. Côté assiette, la grande spécialité du lieu est espagnole : ici, on prépare de la paëlla à tomber par terre, mais aussi un excellent *calamar a la romana*, ainsi que des poissons cuits avec savoir-faire et accompagnés d'une généreuse garniture. Attention, la route n'est pas asphaltée, compter 15 minutes pour y accéder depuis Las Galeras. Signal Wifi.

HOTEL EL EDEN €

✆ +1 809 915 8616

A partir de 3 000 $ la nuit, pdj inclus.

Installé à 200 mètres de la plage, l'Hotel El Eden avec son jardin verdoyant occupe sans doute la meilleure localisation en ville tout en jouissant d'un très appréciable calme. On apprécie ses tarifs très abordables (le rapport qualité-prix est de fait assez imbattable en ville) et l'intimité offerte par les bungalows rénovés en 2021, chacun pouvant accueillir 2 à 3 personnes. On aime aussi l'accueil sympathique de France et Jean-Jacques tout comme leurs soirées à thèmes : que l'on serve couscous ou cassoulet, la convivialité est toujours au rendez-vous !

CASA EL PARAISO €€

Calle subida, La Guázuma
✆ +1 809 669 2780
www.casaelparaiso.com

Dès 150 US$ pour deux personnes.

Surplombant magnifiquement la baie de Samana, le lodge rustique-chic Casa El Paraíso est une petite merveille pour qui cherche calme et intimité sans s'éloigner trop de Las Galeras. Le lieu est composé de plusieurs bungalows surgissant de la canopée, tous faits à partir de matériaux naturels locaux et ouverts sur la baie, et tous sont équipés d'un mobilier brut et élégant ainsi que d'une literie confortable. Belle piscine à flanc de colline et nombreuses activités envisageables aux alentours. Pour une escapade rustique et romantique.

LAS GALERAS VILLAGE €€

Calle Principal, Barrio Vista Mar
✆ +1 829 479 6323
Villa (3 à 5 personnes) dès 120 US$.

Récemment ouvert, le complexe résidentiel écologique et autosuffisant Las Galeras Village accueille plusieurs villas installées au cœur d'une nature tropicale vivifiante. Ces dernières ont été conçues par l'architecte italienne Stefania Vanoglio, et affichent un design à la fois linéaire et moderne tout en s'inscrivant dans une vision écodurable du tourisme et de l'habitat. Parfaitement adapté aux familles et aux couples mais aussi à qui cherche à faire une retraite spirituelle, le lieu abrite également un très bon restaurant italien.

PLAZA LUSITANIA €€

✆ +1 809 538 0093
Compter de 40 à 80 US$ la chambre double et de 90 à 140 US$ l'appartement pour 6 pers. (+ taxes) avec petit déjeuner.

Appart-hôtel, resto et boutique d'art haïtien dans un bâtiment niché au bas de la rue principale. 10 chambres (de 2 à 4 pers.) et appartements spacieux (max 6 pers.) totalement équipés avec coin cuisine. Le tout décoré dans un style tout droit venu de Louisiane. Cependant, les installations nécessiteraient un rafraîchissement. Cour intérieure arborée et fleurie. Un service de chambre, de pressing et de restauration est proposé aux clients. Le restaurant de pizza et de pâtes est ouvert tous les soirs sauf le mardi ; les sorbets maison y sont délicieux !

CHALET TROPICAL BIO HOTEL €€

Calle La Playita
✆ +1 809 901 0738
www.chalettropical.com
A partir d'environ 80 US$ pour 2 personnes. Grande villa 270 US$ (6 pers). Excursion quad « 5 playas » dès 100 US$ pour 2.

© CASA COSON

Installé au cœur d'un jardin tropical, il s'agit ici du premier resort écoresponsable du village. Et pour une première, c'est une réussite ! Les villas sont faites d'authentiques feuilles de palme, de bois et de bambou. Les bungalows (2 à 15 personnes) sont quasiment tous équipés d'une piscine naturelle ou environnés d'un petit chemin d'eau. Tous les logements sont équipés d'une cuisine. Incroyable petit déjeuner. A 5 minutes de la plage (attention aux moustiques) !

TODO BLANCO €€

A droite avant la plage.
✆ +1 809 538 0201
www.hoteltodoblanco.com
A partir de 120 US$. Wifi, air conditionné et petit déjeuner en option.

L'hôtel se distingue par un style caraïbe victorien classique et annonce la couleur : le blanc ! En tout, on ne trouve pas plus de huit chambres spacieuses, coquettes et lumineuses, réparties dans un édifice magnifique et immaculé face à la mer. Le Todo Blanco dispose également d'un restaurant de cuisine internationale aux accents des tropiques, dont on déguste les plats les pieds dans le sable ou dans la salle de service ouverte aux quatre vents. Possibilité de monter des excursions et activités. Pour les amoureux de calme absolu et de farniente !

VILLA SERENA €€€

✆ +1 809 538 0000
www.villaserena.com
De 140 US$ à 190 US$ pour la chambre double. Petit déjeuner copieux.

Une touche de splendeur coloniale, un panorama somptueux, de l'intimité et une hospitalité sans faille, autant d'ingrédients pour un séjour de rêve ! Cet hôtel, à l'écart du reste du parc hôtelier, ne manque vraiment pas de charme avec ses 21 chambres spacieuses, sobres et élégantes mais aussi sa grande terrasse donnant sur la plage. Belle piscine installée dans un magnifique jardin tropical donnant sur la mer. Le restaurant gourmet est romantique à souhait et propose une cuisine internationale de qualité. Kayaks, vélos et matériel de plongée à disposition.

EST

LA BODEGUITA €

Calle principal

✆ +1 829 601 3536

Tous les jours 16h-22h sauf mardi.
Repas entre 500 et 1 100 $.

La Bodeguita est tout simplement l'un des restaurants les plus populaires de la ville, tenu par un couple franco-dominicain : les accueillants Xavier et Emeli. La salle de service est on ne peut plus aérée, sous son toit de palmes. L'équipe de service, sympathique et professionnelle, sert aussi bien des plats de poisson (daurade notamment), des *chofàn de pollo* (spécialité à base de poulet) ou des salades aux crevettes, bien que la spécialité ici soit le délicieux Chop Suey ! Facile à trouver, en bas de la rue principale avant la plage, la Bodeguita est à tester !

EL LANGOSTINO DE ORO €€

Centre du village

✆ +1 809 538 0219

Ouvert tous les jours de 11h à 23h.
Compter 500-700 $ le plat principal.

El Langostino de Oro était le plus vieux restaurant du village avant que son emblématique tenancière française, la charmante Denise, ne rende son tablier. Depuis, si le lieu a fait peau neuve, l'âme du lieu persiste ! Les spécialités – outre l'excellente langouste a la plancha sauce aïoli et autres fruits de mer passés au grill – se sont toutefois déplacé de l'autre côté des Alpes : on déguste en effet ici de bonnes pizzas mais aussi des risottos italiens réussi ! A noter que la pêche à la langouste est interdite de mars à juin. Une bonne adresse !

C L'AVENTURA €

A l'entrée de la ville, sur la gauche.

✆ +1 829 846 6290

Ouvert de midi à 23h.
Compter entre 500 et 1 000 $.

Sous une grande paillote ouverte sur la rue s'abrite ce restaurant sympathique qui sert des pizzas cuites au feu de bois, des pâtes et autres plats simples et copieux. On peut aussi bien y déguster de la viande, accompagnée de frites, que du poisson frais ou des fruits de mer. Au comptoir, on peut aussi faire une halte cocktail en sirotant une piña colada. L'adresse est gérée par un Français. C'est un peu le rendez-vous des expats à Las Galeras. L'ambiance détendue distille une atmosphère agréable. Une bonne option en ville.

RINCON RUBI €€

Carr. a Playa Rincón

✆ +1 829 334 6869

Plats entre 300 $ et 700 $.
Ouvert uniquement le midi.

Une cuisine caribéenne simple composée de produits frais que l'on choisit avant cuisson, des poissons, du poulpe, des langoustes grillés, et un poulet à la sauce noix de coco que l'on déguste accompagnée d'une bière bien fraîche dans un décor de rêve. L'autre restaurant de la place, sur l'extrême est, sert une cuisine similaire avec la pêche du jour. Le Rincon Rubi fait aussi hôtel, proposant des chambres spacieuses et indépendantes en pleine nature et à quelques pas de l'éblouissante playa Rincón. Une adresse au calme, à recommander.

LE BDM PLAYITA €€

Calle de playita

✆ +1 829 830 2104

https://lebdmplayita.business.site

De 17h au soir, fermé le mercredi.
Crêpes autour de 400 $. Chambre 30/60 US$.
Accessible aux fauteuils roulants.

Le BDM (Bout Du Monde) propose un fantastique tartare de thon, des plats frais et rafraichissants, mais aussi de très bons cocktails et des grillades de viandes et poissons préparées avec amour. Sabine et Elena seront vos hôtes, et ne manqueront pas de vous réserver un accueil chaleureux et amical. Situé à 100 mètres de la rue principale et non loin de la plage, le BDM possède une ambiance tellement *chill* qu'on y passerait trois fois par jour. Le lieu dispose également de 14 chambres avec jardin, barbecue et piscine. On adore !

BOULANGERIE AUX DÉLICES DE FRANCE

5 calle principal

✆ +1 809 974 2207

Mar-dim 7h-18h (15h dim).

La bien-nommée Boulangerie Aux Délices de France propose, sans surprises, quelques douceurs bien de chez nous : les pâtisseries et viennoiseries hexagonales sont préparées avec savoir-faire. C'est bien simple, c'est ici que les expatriés français viennent acheter leur pain et manger leur croissant ! Également en magasin, des charcuteries italiennes et françaises, et quelques bons fromages. La boulangerie propose aussi sandwichs, croque-monsieur et tartes. Miam !

La plage de Las Galeras.

THE RAQUEL SUNSET BAR

Plage de las Galeras
✆ +1 829 669 9485

The Raquel Sunset Bar c'est un bar sans prétention où l'on vient, comme son nom le laisse deviner, profiter du coucher du soleil. Ambiance bon enfant ici : on sirote piña colada et mojito les pieds dans le sable, sous les cocotiers, tout en disputant une partie de pétanque. C'est en effet l'avantage du lieu : il dispose de deux terrains de boules... Et ça joue ! Un endroit que l'on appréciera pour sa simplicité et où l'on aura l'occasion de faire des rencontres ! Amateurs de pétanque (ou non), vous êtes les bienvenus, de midi à minuit !

LAS GALERAS DIVERS

✆ +1 829 858 4404
www.las-galeras-divers.com
Ouvert tous les jours de 9h à 18h.
Compter 75 US$ pour un baptême, 95 US$ pour deux plongées.

Les Suisses Serge et Christine Baudat tiennent ce centre de plongée réputé depuis plusieurs années à Las Galeras. Ils vous proposent des plongées en baptême, en formation pour passer vos niveaux, ou des plongées à la carte dans les différents spots de la péninsule de Samana. Le centre est affilié PADI. On vous y réserve un accueil francophone et l'ambiance y est familiale : ici, les sorties n'excèdent pas les huit plongeurs ! Les équipes savent s'adapter à tous les niveaux et délivrent de précieux conseils. Un centre très recommandé.

JOEL & LUDI EXCURSIONS

Calle principal
✆ +1 829 916 7591
www.joelyludiexcursions.com
8h30-12h et 15h30-18h. Fermé dimanche.

Agence la plus ancienne de la ville, Joel & Ludi Excursions assure de bons et loyaux services depuis 15 ans, incontournable si l'on veut faire une activité en ville. Le produit phare est le tour en Buggy et quad sur 60 km entre terre et mer qui inclut la visite d'une mine de marbre, d'une école, la rencontre avec des petits producteurs de miel et de café, un passage à Playa Rincon et à Boca del diablo. Également : sorties pêche, catamaran ou balade en bateau pour visiter les principales plages de la ville. Seule agence qui accepte les paiements par CB.

LAS GALERAS SEA AND SUN

✆ +1 829 730 04 41
www.lasgaleras-seaandsun.com
Excursions en bateau dès 60 US$, sortie « Baleines » 55 US$, sortie buggy 170 US$ (2 pers.), pêche au gros dès 360 US$.

Tenue par Stéphane, un Français, l'agence d'excursions Las Galeras Sea and Sun propose toute une gamme d'activités essentiellement tournées vers la mer. Mettant à profit sa bonne connaissance du lieu, Stéphane propose des excursions en bateau dans les environs de Playa Fronton, mais aussi des sorties pêche au gros, d'émouvantes rencontres avec les baleines passant dans le coin. Il est également possible de prévoir des sorties en buggy. Une agence sérieuse qui porte bien son nom : la mer et le soleil sont toujours au rendez-vous.

EL VALLE ★★★

El Valle est une petite commune de pêcheurs du nord-est de la péninsule, construite autour d'une route principale filant entre deux vallées jusqu'à la jolie plage du même nom. Peu développée, elle a attiré ces dernières années l'attention de quelques ingénieux promoteurs développant une forme de tourisme intégrée à l'environnement et au mode de vie local. Il y eu d'abord le Dominican Tree House Village, puis le Unique Eco Hotel ou l'éblouissant El Valle Lodge. Vous l'aurez compris, El Valle est un petit coin de paradis idéal pour déconnecter quelques jours, entre collines, grottes, palmiers et cours d'eau. Pas de CB ici : ayez des espèces pour payer !

PLAYA EL VALLE ★★★

© LYDD.FR - SHUTTERSTOCK.COM

Cette belle et grande plage située à 7 km de Samana, alanguie sur la côte nord, a toujours échappé aux flots de touristes. Pourtant, elle est très facilement accessible. La route est en effet bitumée sur toute sa longueur depuis le printemps 2018. Le spectacle est époustouflant à l'arrivée sur la plage, paradis de sable doré et de rivages cristallins. Si vous remontez sur la gauche de la plage, vous tomberez sur une petite rivière se jetant dans la mer. Prévoyez un pique-nique en revanche si vous souhaitez vous isoler au bout de la plage. C'est désert.

GANESH HOSTEL €

✆ +1 829 751 0144

Chambre 20 US$/pax, bungalow 65/90 US$ (2 pax) et 150 US$ (5 pax). Petit déjeuner 8 US$.

C'est à la même équipe dynamique et inspirée que celle du Unique que l'on doit cet hostel, rendant accessible le paradis aux voyageurs à petit budget. Le Ganesh Hostel a été élevé à partir de matériaux locaux. Au rez-de-chaussée une salle principale avec salon et resto-bar, flanquée d'une rafraîchissante piscine entourée de plantes luxuriantes ; à l'étage, des petites unités de logement toutes simples, aérées et confortables. Depuis peu, les bungalows Shiva, en pleine nature, ont vu le jour, pour plus d'intimité ! Plage à 5 minutes à pied. On aime !

EL VALLE LODGE €€

Carretera El Valle km 1

✆ +1 809 399 4325

www.elvallelodge.com

A partir d'environ 150 US$ le logement pour deux.

Ecolodge de rêve tenu par un couple d'Argentins, parfaitement intégré à l'environnement, construit avec des matériaux naturels et locaux. Sept somptueuses cabines installées à même un cours d'eau filant avec paresse vers la mer 50 mètres en aval, un deck principal et son délicieux restaurant – la Gitana, tout y est bio et local – donnant sur une luxuriante jungle tropicale qui pourrait être aussi bien asiatique qu'africaine, des activités holistiques (yoga, méditation)... Tous les ingrédients sont là pour une retraite réparatrice.

TAINO BEACH LOFTS €€

Au bout de la route à droite,
à 100 mètres de la plage

✆ +1 849 450 3200

www.elvallecollection.com

145 US$ le loft pour deux personnes.
+ 10 US$ petit-déjeuner.

Il s'agit là de la nouvelle création de l'équipe du Unique Exotic Lodge. Après El Valle Lodge et Ganesh Hostel, voici donc trois tours se dressant au milieu de la jungle : les Taino Beach Lofts ! Reliés aux autres de logements de la vallée par des sentiers, ces lofts ont l'avantage d'être à 100 mètres de la plage. Se présentant sous forme de cubes de verre panoramiques, l'idée est ici de proposer une expérience immersive tropicale : allongé sur son lit, on observe calmement la canopée, bercé par le son des vagues au loin. Quand la jungle rencontre le confort !

EST

UNIQUE EXOTIC HOTEL €€

Carretera d'El valle, km 10

✆ +1 809 457 9173 - www.uniqueexotichotel.com

A partir de 175 US$ pour deux (avec petit déjeuner). Camping pour 50 US$ en demi-pension (20 US$ avec tente).

Ce lodge est un petit bijou dans un écrin de jungle dominicaine. Ses logements insolites beaux et spacieux, ses espaces communs joliment décorés dans un esprit marocain, sa cuisine ouverte à la végétation luxuriante, son somptueux jardin tropical, sa piscine à débordement donnant sur la vallée... L'endroit dégage beaucoup de charme et se fond parfaitement dans la nature. Chambres rustique-chic ultra confortables. Cuisine inspirée. Et un grand bungalow à deux étages posé à même la plage pour ceux qui veulent déconnecter encore un peu plus. Coup de cœur.

DOMINICAN TREE HOUSE VILLAGE €€€

A l'entrée du village

✆ +1 855 967 0715

www.dominicantreehousevillage.com

A partir de 300 US$. Activités en extra. Pas de wifi. Plage à 15 min à vélo.

Au creux d'une luxuriante vallée, vous ferez l'expérience d'une nuit en contact direct avec l'exubérante jungle caribéenne. Encore faut-il être prêt à casser sa tirelire, car les tarifs ne sont vraiment pas donnés ! Les espaces sont reliés par des ponts de bois, allant du jardin tropical garni de hamacs au coin piscine et à la vaste paillote surélevée du restau-bar. Restauration correcte. Côté activités, balades dans les montages, tour à vélo jusqu'à la plage, accrobranche...

SAMANÁ ZIPLINE

El Valle Road Near Cascada Lulu

✆ +18295423005

www.samanatreetopzipline.com

Dernière sortie à 16h. Fermé le mardi. Adultes : 60 à 89 US$. Enfants : 45 à 52 US$ selon le tour.

Ce parc à *zipline* (comprenez ici tyrolienne) est l'un des plus grands de toute la Caraïbe ! Au total, ce ne sont pas moins de 12 tyroliennes qui vous permettront de voler au-dessus de la canopée d'El Valle. A 100 mètres d'altitude, la première des lignes que vous emprunterez déroule sur plus de 300 mètres à toute berzingue (et ce n'est pas la seule) ! Côté sécurité, aucun souci à se faire : les participants sont harnachés à des doubles-harnais par lesquels passent trois câbles de sécurité. Alors ? Etes-vous prêt à prendre de la hauteur ?

EL LIMÓN ★★★

A 14 km de Las Terrenas, le petit bourg El Limón a gardé toute son authenticité, et les petits restaurants, les boutiques et les échoppes continuent leur vie paisible au bord de la route qui traverse le village. Les touristes s'y rendent pour faire l'excursion jusqu'à la spectaculaire cascade de Limón, une très belle balade à travers forêts et rivières (comptez 2 heures de marche A/R). Vous pourrez vous baigner dans les eaux fraiches et revigorantes de la cascade. Des liaisons régulières en *guagua* sont assurées depuis Las Terrenas (départs depuis le centre commercial Casa Linda). Il n'est donc pas nécessaire de passer par une agence.

RUNNERS ADVENTURES SAMANA

Carretera Samana El limon, km 8 paraje Juana Vicenta ✆ +1 829 599 0622

www.runnersadventures.com

Excursions sur une demi-journée ou une journée complète. Voir Runners Adventures Punta Cana.

© RUNNERS ADVENTURES LIMON

Partez à l'aventure avec cette sérieuse agence d'excursions outdoor et faites du *zip line* (tyrolienne), donnez à manger à des singes, rendez-vous à la chute d'eau de Limon... Vous pouvez faire la combinaison de votre choix. Une équipe sympathique se chargera de vous récupérer là où vous logez dans des camions de style Safari et fera tout pour rendre votre excursion agréable. Toujours le même conseil futé : munissez-vous de vêtements confortables, de chaussures, de votre maillot de bain, de votre appareil photo, d'écran solaire et de liquide pour les souvenirs.

EL SALTO DEL LIMÓN ★★

El Limón

2h A/R. Pas besoin de guide, mais si vous en prenez un, sachez que le pourboire sera son seul revenu. 50 pesos l'entrée.

Après avoir marché le long de sentiers étroits à travers la forêt tropicale, traversé plusieurs rivières (prévoyez un petit plouf !), grimpé de nombreux raidillons escarpés, vous serez récompensé par la découverte d'une piscine naturelle dans laquelle se déverse une cascade d'une hauteur de 50 m, entourée de grottes profondes. L'eau est pure et fraîche et le panorama sublime. La baignade bien méritée, après les efforts de l'ascension, y est divine. On peut aussi louer des chevaux dans les ranchs situés le long de la route (ça grimpe !). Partir bien chaussé.

PLAYA MORÓN ★★

Plutôt sauvage et tranquille, la plage est vraiment très belle, mais attention aux moustiques. L'accès à cette étendue paradisiaque et quasi déserte se mérite, mais le jeu en vaut largement la chandelle (on laissera a priori sa voiture environ 300 mètres avant d'arriver à la plage). Les couleurs sont magnifiques, entre le bleu intense de la mer, le doré du sable fin, le vert des cocotiers qui bordent la plage... Pas de restauration, mis à part quelques jeunes qui vendent de la piña colada. Mieux vaut donc emporter un pique-nique.

SANTI LIMÓN EXCURSIONES

A 14 km de Las Terrenas et à 24 km de Samaná.

✆ +1 829 342 9976

www.cascadalimonsamana.com

Canyoning 35 US$.

Cheval jusqu'à la cascade 22 US$. Resto le midi (350-450 $/plat). Départ depuis le village.

Ce *rancho* propose des randonnées jusqu'aux cascades (deux circuits différents) et aux plages des alentours (dont la très belle plage sauvage de Morón). Santi, un Espagnol francophone, est une figure locale. Installé de longue date à El Limon, il a monté son agence qui travaille selon une éthique bien définie : ici, pas d'enfant au travail, et on n'emploie que des chevaux appartenant à une coopérative de guides locaux. Le resto traditionnel mitonne une cuisine dominicaine (chivo, poisson au coco, crabe, lambi) avec un *sancocho* très prisé le dimanche.

LA PARADA DE MANZANA €

Carretera Principal el Limón Arroyo Surdido de Samaná

✆ +1 829 931 6964

Ouvert tous les jours de 8h à 16h.

On vous recommande chaudement une halte dans ce petit resto bien plaisant. Martin et Antonia vous accueillent dans leur auberge tropicale où une formule buffet (entrées, plats chauds et fruits) vous sera proposée. Crudités en entrée, viande ou plats à base de riz... Choix restreint. Simple et bon. A savoir : un ranch est situé à côté avec une quinzaine de chevaux pour vous emmener jusqu'à la cascade, la balade dure une bonne demi-heure. Sur le chemin, les guides vous expliquent la faune et la flore locale. Boutique d'artisanat sur site.

EL PORTILLO

A l'est de la Playa Punta Popy (la plage de kitesurfeurs). Si vous aimez vous balader sur une plage déserte, où le sable blanc, quelques palmiers et un soleil omniprésent sont au rendez-vous, celle-ci restera gravée dans votre mémoire. On y fait de superbes balades, notamment à cheval en bord de mer, particulièrement en fin de journée quand le ciel se teinte de rouge et de jaune. Quelques complexes hôteliers et de petits restaurants au cadre idyllique baignés d'embruns s'étirent le long de cette magnifique étendue de sable (vous pourrez par exemple faire une petite pause au restaurant Porto by Mosquito ou au Barcito de Carlos). A voir.

CASA DEL RÍO €€€

✆ +1 829 660 0397

Jusqu'à 6 personnes pour 3 chambres.

2 nuits minimum : 830 € (incluant 100 € de frais de service). Prix dégressif.

Le charme de cette splendide villa, plantée face à la mer, ne laisse pas indifférent. L'architecture et le mobilier tout en bois, autant que la décoration de style colonial, pensée dans les moindres détails, confèrent à la demeure une ambiance exotique dépaysante. La villa possède trois chambres ultra-confortables, équipées de la climatisation et avec chacune leur propre salle de bains. La vue imprenable sur la plage caraïbéenne va de pair avec le doux bruit des vagues. A quelques pas de la maison, enfin, la belle piscine du Beach Club est ouverte aux résidents.

LAS TERRENAS ★★★★

Les Français gèrent plus de 60 % des affaires en ville ! Hôteliers, restaurateurs et commerçants de l'Hexagone furent parmi les premiers à développer le tourisme à Las Terrenas. Avec une magnifique plage, des restaurants de plage, des barques et des cocotiers, rien ne manque à la carte postale. Beaucoup sont déjà venus en vacances, une ou plusieurs fois, avant de poser leurs valises pour de bon ! Las Terrenas et ses dizaines de kilomètres de plages de sable blanc, baignés par une eau aux reflets turquoise, bénéficient en plus d'une température idéale, protégés par un récif de corail. Au large, les îlots de Las Ballenas ponctuent l'horizon.

CASA DE LAS TERRENAS

280 Calle Principal
✆ +1 809 240 6251
www.lasterrenas-excursions.com
Parc de Los Haitises ou excursion baleine à 80 US$. Route du café à 75 US$. Mini-trek Robinson Crusoé 45 US$.

La Casa de Las Terrenas est une agence de tourisme qui propose des excursions à la carte, avec en vedette le parc des Haitises et l'observation de baleines en hiver. Grâce à un hydrophone, vous pourrez, avec un peu de chance, entendre les baleines chanter ! Aux Haitises, Stéphanie, guide francophone, vous fera naviguer entre les îlots (avec escale à Cayo Levantado), visiter la forêt tropicale, observer les oiseaux, avant la visite des grottes abritant les dernières œuvres des Indiens taïnos. Une excursion qui ne laisse pas indifférent !

ARENA TOURS

Calle Duarte, Plaza Linda
✆ +1 809 968 5474
www.arenatours-lasterrenas.com
Ouvert du lundi au samedi de 9h à 18h30. Excursions entre 35 US$ et 90 US$.

Agence tenue par les sympathiques et très à l'écoute Alain et Isabelle, qui concoctent toutes sortes d'excursions dans les alentours de la péninsule de Samaná, mais aussi dans le reste du pays, pour des petits groupes. On pourra notamment pratiquer la pêche sportive, entreprendre un jeep safari à Rincón, suivre la route du café, monter jusqu'à la cascade del Limón, l'attraction-phare demeurant toutefois la visite du parc de Los Haitises, à coupler avec celle de Caño Hondo ou avec un tour de kayak dans la mangrove. Ascension du Pico Duarte en 3 jours.

FLORA TOURS

Calle Libertad
✆ +1 829 923 2792
https://flora-tours.com
50-110 US$ selon l'excursion.

C'est l'agence référente sur Las Terrenas depuis plus de 15 ans. Reprise en 2007 par Nicolas, l'agence Flora Tours, créée par le Français Pierre Fayet, propose de nombreuses excursions (avec hydrophone notamment, pour entendre les baleines). Revenu 7 fois en vacances, la huitième fut pour s'y installer. Nicolas a étudié à l'université de Saint-Domingue pendant un an pour devenir guide officiel national du ministère du Tourisme dominicain. C'est, à ce jour, le seul Français à avoir la carte officielle de guide national dans le pays.

EST

Maisons à Las Terrenas.

HOLIDAYS RENTAL

256 Calle Principal (Calle Duarte)
✆ +1 829 240 9527
www.holidaysrental-lasterrenas.com
L-S de 8h30 à 18h. Le dimanche sur rendez-vous. Voiture et Quad à partir de 35 US$. Scooter à partir de 15 US$.

© HOLIDAYS RENTAL

Du deux-roues au 4x4 haut de gamme en passant par les quads, vous trouverez à louer tous les engins à moteur ici ! Au fil des années, l'agence a su garder son professionnalisme. Tous les véhicules sont en règle et renouvelés régulièrement. C'est l'assurance de vacances tranquilles et sans embûches. Les équipes vous accueilleront avec le sourire et en français, ce qui facilite grandement la tâche quand on ne parle pas espagnol. Bref, une agence de location très recommandée, pour la qualité des véhicules, comme pour les tarifs proposés.

PENINSULA TOURS

Calle Duarte, 258
✆ +1 829 240 9576
Parc de Los Haitises 80 US$, excursion baleine 80 US$.

Henry est dominicain et parle très bien français. Il se fait toujours une joie de faire découvrir son pays et c'est un réel bonheur que de partir en excursion avec lui. Que vous optiez pour le parc des Haitises, la cascade de Limón, la vertigineuse tyrolienne, les plages (Frontón et Rincón), une sortie en quad ou encore aller visiter les baleines, Henry ne sera jamais à court d'anecdotes et saura rajouter la petite touche qui rendra votre excursion inoubliable. Si vous pensez réserver un guide pour visiter la région, on vous recommande chaudement ses services.

AYA

Calle principal
✆ +1 809 704 3232
www.aya-rent-a-car.com
De 45 à 90 US$/jour. Formule dégressive si moyenne et/ou longue durée.

Aya possède trois agences francophones dans le pays ; à Saint-Domingue, Punta Cana et enfin à Las Terrenas, ce qui leur permet de vous louer une voiture depuis les plus importants points d'arrivée. On vous y réserve un bon accueil et on vous oriente judicieusement dans votre découverte de la région. Véhicule de qualité, en majorité des *Jeepetas* révisées régulièrement et bien entretenues, particulièrement bien adaptées au terrain. Vous bénéficierez en prime d'un service francophone, pour ne rien laisser au hasard et partir serein.

JESSIE CAR RENTAL

Calle el Carmen
✆ +1 809 909 1250
www.jessiecar.com
Scooters à partir de 20 US$ par jour. Voitures et Quads à partir de 50 US$.

Depuis plus de 20 ans, dans sa petite *casa* jaune, cette agence montée par un couple de Français propose un service de qualité et un large choix de véhicules à la location. Vous pourrez ainsi choisir entre une voiture économique ou un SUV, un quad, un scooter ou encore une moto. Ces véhicules tout-terrain sont indispensables pour découvrir la sublime péninsule de Samaná ou pourquoi pas l'île tout entière en solo, ou à plusieurs… Les véhicules peuvent être livrés sur votre lieu de résidence, à Las Terrenas, et un service assistance 7j/7 est disponible.

TERMINAL DE BUS

Calle Duarte
✆ +1 809 240 53 02
Compter 500 $ et 2h30 pour Santo Domingo.

Le nouveau terminal de bus permet de relier directement Las Terrenas à Santo Domingo grâce à la route passant au nord de la péninsule, en évitant l'habituelle correspondance à Sanchez. Le service opère également pour d'autres trajets. La compagnie Expresso assure environ 6 départs par jour pour la capitale. Compter environ 2h30 de trajet (horaires sur www.lasterrenas-live.com). La compagnie Dominican Shuttles propose aussi de nombreuses liaisons intérieures régulières et quotidiennes depuis Las Terrenas (www.dominicanshuttles.com).

EST

CASA COSON €€

Playa Cosón ✆ +1 829 3758 973
www.casacoson.com

A partir de 110 US$ la chambre double, petit déjeuner compris. Restaurant ouvert aux non-résidents.

Pour dénicher cette petite perle, direction la Playa Cosón (zone protégée), véritable carte postale de sable blanc et de palmiers. C'est face à ce tableau que la Casa Coson déroule sa verte pelouse. Derrière le bar à cocktail *casual-tropical*, la piscine et quelques kiosques offrant de l'ombre pour manger un morceau, on trouve deux bâtisses principales, blanches à l'allure coloniale, qui abritent quelques chambres simples et coquettes. Le copieux petit déjeuner est servi dans le jardin. En quelques mots : un cocon tropical bercé par le doux son des vagues...

AFREEKA BEACH HOSTEL €

Calle 27 de Febrero
✆ +1 809 375 4217
www.afreekabeachhotel.com
25 US$ en dortoir. 85 US$ la chambre double. Penthouse avec vue mer 500 US$. Petit déjeuner 6 US$.

Enfin une auberge de jeunesse en bord de mer ! 15 bungalows privés pouvant accueillir jusqu'à 4 personnes, ainsi que 3 bungalows-dortoirs. Très abordable, l'Afreeka dispose en outre de 2 restos et 1 bars avec accès direct à la plage, d'une piscine, mais aussi d'un complexe qui organise diverses activités (kitesurf, cours de danse, et un catamaran qui mouille en face de l'hostel !). Location de matériel (snorkeling et vélo) et nombreux évènements programmés tout au long de l'année. Penthouse avec vue mer. Une adresse dynamique !

ALIGIO APART-HOTEL & SPA €€

Calle 27 de Febrero
✆ +1 809 240 6755 - www.aligiohotel.com
Appartement de luxe et services d'un hôtel. Chambre à partir de 120 US$. Penthouse à partir de 270 US$.

Face à la mer et à deux pas du village. Une cinquantaine d'appartements modernes, spacieux et tout équipés, avec grande terrasse privative (bain à remous pour certains). Ils sont répartis autour de 2 piscines, dans un vaste jardin tropical. Dégustez la délicieuse cuisine du monde au bar-restaurant de la piscine, testez le hammam et les massages du spa... Vue sur mer ou sur la montagne avec en prime, un accès réservé à la plage. On y organise des événements tous les week-ends.

ALISEI €€€

Calle Francisco Alberto Caamaño Deñó
✆ +1 809 240 5555
www.aliseihotelspa.com
A partir d'environ 130 US$ la nuit en chambre double. Logements pour 2 à 6 personnes. Accessible aux fauteuils roulants.

© ALISEI

Une cinquantaine d'appartements de standing de 1, 2 ou 3 chambres avec terrasse privée, installés sur le front de mer. Le complexe est sis sur la plage Las Ballenas et dispose d'une piscine et d'un parking sécurisé. Un spa niché au milieu d'un joli jardin tropical vous permettra de vous détendre : hammam, massages ou soins du visage. Le restaurant El Loro offre une cuisine caribéenne et méditerranéenne de qualité et un délicieux buffet pour le petit déjeuner qu'on peut aller savourer sur la plage. Une des plus belles adresses de la plage !

CASA ROBINSON €

Calle Prud'Homme
✆ +1 809 240 6496
www.casarobinson.it
A partir de 1 800 $ la nuit. Wifi.

La gérante, Madame Carmen, vous accueille avec joie et bonne humeur, telle une vraie *mamma* italienne, au sein de ce petit établissement offrant une quinzaine de chambres, simples, charmantes et d'une propreté irréprochable. C'est un des meilleurs rapports qualité-prix de Las Terrenas, notamment pour l'appartement, spacieux et tout équipé. L'établissement se divise en plusieurs unités à travers un jardin paisible où les plantes et les fleurs s'affichent à profusion. Très calme et à deux pas de la plage. Que demander de plus ? On aime beaucoup !

ENJOY €

4 Mariano Vanderhorst
✆ +1 829 810 9222
www.hotelenjoy-rd.com
A partir de 50 US $ et jusqu'à 120 US $ en haute saison. Pas de petit déjeuner.

Petit hôtel avec des bungalows tenu par des Français dans un endroit calme, sur la route de Playa Bonita. Sur place, 1 bungalow d'une chambre avec cuisine équipée, 2 de deux chambres avec cuisine et 2 de deux chambres avec cuisine extérieure. On peut se rendre à pied à Playa Bonita en quelques minutes et profiter des restos en bord de plage. Les chambres sont propres, dans les tons blanc et vert. Piscine, wifi, TV et bonne humeur sont aussi au rendez-vous. Billard, ping-pong, fléchettes, soirées BBQ, une ribambelle d'activités ! Bon rapport qualité-prix.

EST

Les vacances de vos rêves à Las Terrenas, Samaná

ALIGIO
apart-hotel & spa

Face à la mer, à « Playa Popy » Las Terrenas, appartements et penthouses totalement équipés. Nous vous offrons les services d'un hôtel de luxe : 2 piscines, bar/restaurant, Spa, salle de gym...
Appartements de 1, 2, 3 et 4 chambres et Penthouses avec toit terrasse et jacuzzi privé.

www.aligiohotel.com - info@aligiohotel.com - Tel : +1 809.240.6977

Services offerts à Aligio Apart-hotel & Spa et Louisa Apart-hotel

- Réception 7/7
- Service de ménage
- Petit-déjeuner
- Cuisine équipée
- Air conditionné
- Coffre-fort
- Internet haut débit / TV par câble
- Sécurité 24/24
- Parking surveillé

LOUISA
apart - hotel
Playa Las Ballenas

À quelques pas de la magnifique plage « Playa Las Ballenas », résidence moderne de 30 appartements avec grande piscine et club de plage.
Appartements et Penthouses de 1 et 2 chambres.

info@louisahotel.com - www.louisahotel.com - Tel: +1 (809) 240-5871

LA CASA DE LI €€

Calle 30 de Marzo, Casa de li
✆ +1 809 878 6640
www.casadeli.info
A partir de 55 US$ la nuit pour deux.

Perchée à 5 minutes à pied de la plage de Las Terrenas, dans le tranquille quartier de Abra Grande, cette maison d'hôtes « éco » occupe une charmante demeure surplombant le village et la baie. Cadre fabuleux, entre le jardin, les arbres fruitiers et la vue à couper le souffle ! Idéale pour un couple ou une famille, on optera pour La Casita (3 personnes max) ou La Casa (4 personnes max), les deux maisons étant confortables, décorées avec beaucoup de goût et donnant sur la petite canopée juste en face. Un vrai petit bijou alimenté en énergie renouvelable.

PLAYA COLIBRI €€

Calle Francisco Camaño Deñó
✆ +1 809 240 6434
www.hotelplayacolibri.com
Studio pour 2 à partir de 110 US$, appartement à partir de 130 US$, villa à partir de 260 US$. Petit déjeuner inclus.

A 800 m du centre du village, juste en face de la plage, ce très joli complexe à taille humaine de style caribéen lové au cœur d'un grand jardin tropical propose une petite cinquantaine d'appartements d'une capacité maximale de 8 personnes. Bien équipés, avec cuisine et air conditionné, les studios et les appartements encadrent une jolie piscine ronde et un bain bouillonnant flanqués de chaises longues et ombragés de cocotiers. Restaurant et resto-bar à même la plage. Accueil francophone. Adresse testée et recommandée !

EL RINCON DE ABI €€

5 Calle Emilio Prudhomme
✆ +1 809 240 6639
www.el-rincon-de-abi.com
De 50 à 90 US$ pour une chambre double et 100 US$ pour une suite de 5 personnes. Petit déjeuner inclus (copieux).

Hôtel familial tenu depuis plus de 10 ans par Catherine et Arnaud, avec 10 chambres réparties sur trois édifices. Décoration originale. Un appartement de 100 m² tout équipé pour 5 personnes est aussi disponible. Cuisine équipée (cuisinière, réfrigérateur, vaisselle et barbecue) à la disposition des clients près d'une agréable piscine. Vous aurez le choix entre des chambres avec ventilateur ou air conditionné. Un bain bouillonnant a été ajouté pour le côté détente. A noter, la conscience écologique des propriétaires avec la mise en place de panneaux solaires.

HOTEL ATLANTIS €€

Playa Bonita
✆ +1 809 240 6111
www.hotel-atlantis-lasterrenas.com
Chambre double standard à partir de 150 US$. Petit déjeuner compris. Clim. WiFi.

A l'ombre des palmiers et face à la mer, se niche un joli petit hôtel blanc aux allures de maison de conte de fées. Lima, Jamaica, ou Damascus, de bien jolis noms pour ces 18 chambres et suites de charme, spacieuses et confortables. Toutes différentes, elles présentent chacune une décoration spécifique et raffinée (avec clim). Nos préférées sont la Granada, vaste, sobre et élégante, et l'Ibiza toute blanche, et pour les familles la suite Salvador qui compte trois pièces. Pas de téléphone ou de téléviseur dans les chambres, ici, la détente reprend ses droits !

HOTEL COSTA LAS BALLENAS €€

Playa Bonita ✆ +1 829 756 2253
www.hotelcostalasballenas.com
A partir de 110 US$ la chambre double, petit déjeuner 15 US$.

En bord de mer, cet hôtel rénové en 2022 possède un jardin tropical de 20 000 m² rafraîchi par les embruns avec une jolie piscine, ainsi que 32 unités de logement de différents standings, disposant toutes d'un balcon (donnant sur la piscine, les jardins ou la mer), de la clim et d'un lit *king size*. Le petit déjeuner est servi sous la grande paillote - qui accueille aussi un excellent resto - ou dans les chambres. Excursions à réserver sur place. *Last but not least*, la plage juste en face est un des meilleurs spots de surf du pays (location de planches).

PUERTO PLAZA HOTEL & SHOPS €€€

Calle Francisco Camaño Deño, 118
✆ +1 809 240 5544
www.puertoplazalasterrenas.com
3 types d'appartements, de 165 US$ à 430 US$. Bain bouillonnant dans tous les appartements. Piscine extérieure.

Prêt pour une croisière sans quitter terre ? Voici un hôtel qui ne vous laissera pas indifférent à Las Terrenas. Cet hébergement insolite en forme de bateau dispose d'appartements spacieux dans un style italien moderne. Emplacement central proche du village des Pêcheurs. Finitions haut de gamme. Certains appartements sont même équipés d'une baignoire en forme de barque sur la terrasse ou dans la chambre. Espace piscine avec bar sur le toit. On se croirait à bord d'un yacht de luxe !

OASIS HOTEL €€

Avenida Benelux
✆ +1 809 240 5420
Compter autour de 100 US$ la nuit (appartement pour deux).

Dans un joli jardin tropical à 200 m de la Playa Popi, 20 appartements pouvant accueillir jusqu'à 6 personnes se trouvent à l'écart de l'agitation et pourtant à seulement 5 minutes du centre-ville. Tous sont équipés d'une cuisine-salon, terrasse privative (TV, wifi et clim). Grande piscine au centre du jardin, ainsi qu'une piscine pour enfant, une salle de sport et des cours de gym, fitness, etc. Réception multilingue. Petit plus : les propriétaires sont de bon conseil et vous indiqueront les bons coins où profiter de la vie nocturne.

PUNTA POPY BOUTIQUE HOTEL €€

Avenida España
✆ +1 829 704 6868
www.hotelpuntapopy.com/fr
A partir de 85 US$ la nuit. Petit déjeuner complet inclus. Accessible aux personnes à mobilité réduite. Eau potable.

© PUNTA POPY BOUTIQUE HOTEL

Installé à tout juste 400 mètres de la jolie Playa Poppy, ce boutique-hôtel ne dispose que de 5 chambres, ce qui fera le bonheur de qui cherche intimité, calme et volupté tropicale ! Tout récemment construit, le lieu affiche une décoration pleine de finesse et les chambres, toutes dotées d'une terrasse privée, conviendront particulièrement bien aux couples. On appréciera également la piscine et le jardin tropical, tout comme le succulent petit déjeuner !

SAMAN BOUTIQUE HOTEL €€

Av. Abra Grande 7
✆ +1 809 240 6916
www.samanboutiquehotel.com
A partir de 110 US$ pour 2 avec petit déjeuner. Excellent resto méditerranéen (plats de 500 à 1 000 $). Parking privé.

Petite pépite fraîchement ouverte en 2020, à 2 km de la Terrenas et 700 m de la plage. L'hôtel porte le nom de l'arbre majestueux qui trône dans la cour centrale. Ambiance intime et décor très raffiné, avec des chambres habillées de bois massif (dont la majorité a été récupérée après le passage du cyclone Irma en 2017 !). Un artiste espagnol a peint certains murs avec des graffitis et des poèmes. Le *rooftop* possède un bain à remous et un agréable bar. Si vous n'avez pas la chance d'y séjourner, testez leur restaurant, un vrai régal. Un gros coup de cœur !

TAKUMA BOUTIK HOTEL €€

Calle Emilio Prudhomme
✆ +1 829 898 2928
www.takumaboutikhotel.com
Compter entre 120 et 180 US$. Petit déjeuner inclus. Clim. Piscine.

Hôtel de charme proposant neuf belles chambres et un appartement, à deux minutes à pied de la plage. Tous les hébergements, aussi douillets que chaleureux, avec terrasse indépendante, sont décorés de matériaux boisés dans un style chic, exotique et épuré. Les chambres sont distribuées autour d'une jolie piscine tout en longueur. Le petit déjeuner, bon et copieux, se déguste sur une agréable terrasse. Une nouvelle adresse à l'architecture ingénieuse et à l'excellent rapport qualité-prix. L'accueil et le service sont aux petits oignons.

LA TORTUGA €€

10 Avenida Italia
✆ +1 809 240 6566
www.hotel-la-tortuga.com
Chambre simple à partir de 50 US$, double à partir de 70 US$, triple 90 US$, quadruple 110 US$. Petit déjeuner inclus.

A 200 m de la plage, tout près de l'ancien village des pêcheurs, la Tortuga propose dix bungalows (pouvant accueillir jusqu'à cinq personnes, un grand lit et 2 ou 3 lits une place) aux couleurs pimpantes encadrant une jolie piscine à débordement, inscrite dans un vaste et calme jardin tropical. Chaque bungalow, décoré selon une thématique propre, possède une chambre et une mezzanine, un dressing, un frigo, une salle de bains et une terrasse privative. Ventilateurs dans toutes les unités et climatisation dans toutes les chambres.

VIVA WYNDHAM V SAMANA

Playa - Coson
Boulevard Turistico
✆ +1 809 240 6600
www.wyndhamhotels.com
A partir de 150 US$ par nuit et par personne en formule tout inclus.

C'est à Playa Coson que se situe le Viva Wyndham V Samana. Adossé aux collines et ouvert sur la baie, ce resort 5 étoiles adult-only a de quoi séduire ! Il vous faudra choisir l'une des trois options que proposent les 178 chambres de l'hôtel : bungalow ou chambre V avec piscine et jardin privé, chambre V avec vue sur les palmiers. On aime la belle piscine bordée de lits balinais et la pelouse face à la mer où l'on sert un petit déjeuner au buffet « Le Marché » (refait en octobre 2022). Trois restaurants et petites ou grandes escapades possibles !

SUBLIME SAMANA HOTEL & RESIDENCES €€€

Playa Cosón
✆ +1 809 240 5050
www.sublimesamana.com
A partir d'environ 250 US$ la double.

Face à la plage de Cosón, superbe et sauvage, ce splendide boutique-hôtel est probablement la plus belle adresse de la côte nord. Il dispose de 40 vastes suites-appartements et villas privées, parfaitement décorées et équipées. Egalement deux restaurants, dont le Palapas, *beach grill* sur la plage proposant la pêche du jour ou des spécialités tropicales fraîches. Grande piscine, nombreuses activités sportives, sans oublier le Coconut Whisper Spa pour se détendre à fond. Magnifique !

XELITER BALCONES DEL ATLANTICO €€€

El Portillo
✆ +1 809 240 5011
www.xeliter.com
A partir d'environ 250 US$ la nuit.

Cet hôtel de luxe récent possède toutes les commodités pour un établissement de ce rang. Il consiste en un vaste complexe fondu dans son jardin de cocotiers. La plage est à quelques pas. Sur place, on a construit 26 villas et appartements de grand standing, deux piscines extérieures et deux bassins d'hydromassage, ainsi qu'un bar-restaurant. La déco boisée fait la part belle à l'artisanat local. Une excellente adresse pour le cocooning, légèrement éloignée de l'agitation du village.

RESIDENCIA DEL PASEO €€

El Paseo de la Costanera
✆ +1 809 240 6778
www.residenciadelpaseo.com
A partir de 50 US$ (65 US$ duplex). Pas de petit déjeuner. Tarif imbattable dans sa catégorie sur le long terme.

© RESIDENCIA DEL PASEO

Située au cœur du village, à une centaine de mètres de la plage et surtout à l'entrée du célèbre paseo et de ses commerces, bâtie dans un style local (toit de palmes et style rustique), location de studios et d'appartements en duplex. Simples, au calme tout en étant dans le centre-ville, sécurisés et bien équipés (cuisine ouverte sur le salon, ménage quotidien, terrasse ou balcon, parking…), ils s'inscrivent dans un jardin tropical et encadrent la piscine et son bar. Une bonne option à tarif honnête. Prévoir de l'anti-moustique !

LOS NOMADAS VILLAS €€€

Playa Bonita
✆ +1 829 380 0020
www.lasterrenasrental.com
A partir de 250 US $ pour la lovation de villa avec 3 chambres.

Los Nomadas Villas sont d'immenses et splendides villas proposées à la location privative, installées sur la jolie Playa Bonita. C'est à Cécile, francophone, qu'il faudra vous adresser pour trouver le logement que vous cherchez. Les possibilités sont vastes : les villas, toutes hyper bien équipées (barbecue et billard) et disposant d'une piscine, abritent entre 3 et 13 chambres et sont rassemblées dans une petite résidence surveillée, synonyme de sécurité. Certaines villas ont vue sur mer. Une option de logement parfaite pour un séjour entre amis ou en famille !

EST

AIC DOMINICANA €€

Libertad © +1 809 240 6588
www.aicdominicana.com
Ouvert du lundi au vendredi de 9h à 13h et de 15h30 à 18h, et le samedi de 9h à 13h. Dispo 24h/24.

Vous souhaitez louer une villa, un appartement, ou vous avez décidé de poser vos bagages et de vous installer à Las Terrenas ? Rendez-vous chez AIC Dominicana. Laurent dirige cette agence depuis 1993. AIC propose, outre la vente de terrains, de villas et d'appartements, des locations de studios, appartements et villas. Bon conseil aussi sur les procédures d'achats fonciers. Leurs plus de 100 références, entre Saint-Domingue et las Terrenas, sont sur Airbnb. Néanmoins, favorisez un contact direct pour bénéficier d'un service personnalisé et après vente.

VIP REALTY MANAGERS €

Calle 27 de Febrero
© +1 809 240 6658
www.viprm.com
Location et achat de villas et d'appartements. Du lundi au vendredi de 9h à 13h et de 15h à 17h.

Un autre agence immobilière implantée depuis de nombreuses années à Las Terrenas. Que ce soit pour un court ou un long séjour, ses équipes sauront répondre à votre demande et vous conseiller comme il se doit. Karim s'est en effet installé dans le village il y a plus de 15 ans. L'immobilier n'a donc plus de secrets pour lui. Il a su aussi composer une équipe de spécialistes autour de lui qui s'occupent de locations, de vente, de syndic et même d'assurance ! L'agence déroule un large porte-feuille de biens disponibles à la vente ou à la location.

KOMIDA

Pas envie de sortir au restaurant ? Voici un service de livraison à domicile qui mérite d'être mentionné. Seb, un jeune Français de 31 ans, a créé une application devenue leader dans la livraison de repas à domicile à Las Terrenas. La plupart des restaurants du village y sont référencés. Vous pouvez aussi vous faire livrer vos courses du supermarché, liqueurs et boissons, tabac, produits de pharmacie, gaz, réserver un plombier, une baby-sitter, un jardinier, un service de nettoyage haute pression, etc. Un incontournable de nos jours !

AL PASITO €

Calle Carmen, 131
© +1 829 707 0999
Lundi au samedi 17h30-23h. Plats de 250 à 700 $.

Entre le centre-ville et la plage. Sabine a tenu une brasserie en France pendant de nombreuses années avant de tout vendre pour créer Al Pasito avec son fils Léo. Ils ont réussi à créer une ambiance hippie chic, un lieu bohème qui n'est pas sans rappeler les premières heures de Las Terrenas ! L'ambiance y particulièrement chaleureuse et le service sympathique. Enfin, la cuisine est à l'image du lieu, originale et bien réalisée. Conseil : laissez-vous tenter par le poulet à la sauce au curry vert, c'est un vrai délice ! Bons cocktails.

LOUISA APART-HOTEL €€

Av. Maricó © +1 809 240 5871
www.louisaaparthotel.com

Installé du côté de Playa Las Ballenas, dans un cadre on ne peut plus serein, ce petit complexe propose 32 appartements modernes et entièrement équipés, permettant de jouir d'un séjour en toute autonomie. On y trouve différents types de logements, tous disposant d'une petite terrasse individuelle. Ajoutez à cela un petit déjeuner servi en chambre ou les pieds dans l'eau, une vaste piscine avec bain bouillonnant et un restaurant sur la plage : le compte est bon ! Convivial, idéal pour les couples en quête de cocooning et ceux qui aiment faire des rencontres.

CARAÏBES HORIZONS €€

Paseo de la Costanera
+1 809 240 6411 - www.caraibeshorizons.com
Fermé le dimanche et le samedi après-midi. Locations à partir de 500 US$ au mois selon la saison.

Voici une agence immobilière très sérieuse et réputée à Las Terrenas. Elle est tenue par deux Français, Pierre Jean Gibert et Alexandre Houisse, qui connaissent la région comme leur poche. L'agence propose un accompagnement pour la vente de biens, l'achat de propriétés, mais aussi la location de maisons ou d'appartements. Les équipes sont accueillantes et très professionnelles. L'agence possède notamment de bonnes offres pour les locations de moyenne et de longue durée. Idéal si on cherche une belle villa ou un appartement confortable.

CASA AZUL €

Calle Libertad
+1 829 707 0404
De 11h30 à 22h30.
Plats autour de 400/500 $.

L'adresse idéale pour déjeuner les pieds dans le sable ! Sacha et son père ont racheté la plus vieille cabane de Las Terrenas pour en faire une des adresses incontournables du coin. Le décor est féerique, sable fin et mer caribéenne, brise marine et cocotiers... Les plats sont bons et copieux (on y élabore les meilleures pizzas, selon certains), et l'ambiance est conviviale. On mange sur le sable, sur des tables en plastique, ou bien sur la terrasse couverte, toute de bleu vêtue. Une valeur sûre pour un excellent rapport qualité-prix.

LA OLA €

Au début de Playa Ballenas, après le Pueblo de los Pescadores.
+1 829 778 1135
Ouvert de 11h à 22h30.
Compter entre 350 $ et 500 $ le plat.

C'est dans la bonne humeur, par un grand sourire communicatif, que l'on est accueilli à La Ola. La petite paillote en bois de type méditerranéen se trouve face à la mer et profite d'une délicieuse brise marine. Les produits de la mer sont à la fête, tout comme quelques spécialités bien françaises. Le menu, inscrit sur une ardoise, change régulièrement et dépend de la pêche du jour. Tout cela pour un rapport qualité/prix imbattable. Vous l'aurez compris, voici une halte très recommandée en ville.

CRÊPERIE LES BLONDS €

Puerto plaza
Tlj 9h-21h (ferme à 16h le mardi). Crêpes sucrées 140/300 $. Crêpes sarrasin 285/550 $.

C'est à deux amis français que l'on doit cette crêperie de Las Terrenas. L'histoire de l'enseigne commence dans un *food truck* de Santo Domingo. A cette époque, l'un des deux amis, Marseillais, avait coutume d'appeler son associé Victor « hey blond ! ». Tant et si bien que le terme est resté ! Le restaurant a été ouvert sous les bons auspices et les conseils du chef étoilé vendéen Valentin Morice. Et le résultat est impeccable ! Quelques suggestions ? Côté salé, essayez la Paulette ou la Valentina. Côté sucré, la Manzanita ! Cidre breton et bonne ambiance !

PACO-MER €

Adossé au cimetière, côté plage.
De 11h à 23h30 (coupure 16h-18h30).
Repas complet autour de 1 000 $.

Excellente adresse, les pieds dans le sable et face à une mer resplendissante. La devise de la maison : « Las Terrenas, comme il y a 40 ans » ! Derrière les fourneaux, Sarah, une chef talentueuse qui travaille depuis cette petite cabane face à la mer et au milieu des bateaux de pêcheurs. Sa cuisine est délicieuse, fraîche et d'inspiration latine. Assiettes colorées, avec une spécialité, le poisson cru, qui s'affiche sur l'ardoise. Un passage obligé lors de votre séjour à Las Terrenas. Meilleure piña colada du village ! Jose et Cantuta sont au service !

PIZZA RAFFAELE €

27 de Febrero
✆ +1 829 791 2222
Mar-ven 17h-22h30 et 12h-14h30 le week-end.
Entre 200 et 550 $ la pizza.

Si vous atterrissez ici, c'est peut-être parce qu'un local vous a conseillé l'endroit ! Cette pizzeria napolitaine est une référence en ville. Il faut dire que ses pizzas à la pâte fine très digestes (c'est l'un des arguments de vente de la pizzeria et l'expérience le confirme !) composées avec des ingrédients frais sont délicieuses. Et en plus, elles sont cuites au feu de bois, ce qui fait toute la différence. La grande spécialité, c'est la *pizza napoletana* que le chef Raffaele enfourne sous sa paillote et qui se déguste sur le pouce.

LA CAVE A VIN €€

Paseo de la Costanera
✆ +1 829 591 4793
7h-16h30 (fermé dimanche).
Planche à partager 800/1 300 $ (3/4 personnes), bouteille 1 000 $, verre 200 $.

Installée au centre du Paseo de la Costanera, La Cave à vin a changé de patrons et propose de délicieux petits produits gourmands. C'est Pascal et Myriam, originaires de France, qui vous proposent leurs produits bistronomiques à prix doux. Le menu change tous les jours selon les arrivages et les légumes de saison. Très belle cave de bons vins, c'est un rendez-vous des amis pour un apéritif décalé (les amateurs de jeux de cartes sont aussi les bienvenus). Une carte innovante et rafraîchissante. Vous pouvez y aller les yeux fermés !

RESTAURANT LUIS €

Playa Coson
✆ +1 829 601 8772
Tlj de 11h à 18h. Environ 500 $ le poisson pour une personne, selon le poids.

Sur la plage, dégustez poissons, langoustes, poulpes, crevettes, selon les prises du jour. Luis, un Dominicain amoureux de la solitude, tient table à Cosón pour le déjeuner depuis de longues années. Pas d'adresse, pas de téléphone, seulement quelques tables dressées dans le sable au bout de la plage. Vous choisissez ce que vous allez manger, on vous le pèse, ce qui déterminera le prix de votre repas, le tout dans la tradition dominicaine la plus classique. Puis c'est parti pour une grillade au feu de bois. Les accompagnements, au choix, sont gratuits. Super.

LA DOLCE VITA €€

Calle 27 de febrero
✆ +1 809 240 5069
Ouvert tous les jours de 11h à minuit.
Compter 700/800 $ le plat.

Voici un bon restaurant de cuisine italienne qui se démarque dans le paysage culinaire de la région. La communauté italienne s'y retrouve très souvent (un gage de qualité ?), mais les touristes et les résidents locaux viennent aussi goûter aux joies de cette goûteuse cuisine méditerranéenne. On vient ici avant tout pour se délecter des plats de pâtes (elles sont fabriquées maison et vraiment excellentes !). Au risque d'être déçu, vous ne trouverez pas de pizzas ici. C'est une *trattoria*, au sens le plus strict du terme. Vaut le détour.

ZU CEVICHE AND GRILL €

Calle 27th February
✆ +1 809 207 4068
Tous les jours 12-22h.

Le Zu Ceviche and Grill propose une cuisine à mi-chemin entre les spécialités dominicaines et des saveurs plus espagnoles. Ce sont toutefois les préparations de poissons crus (enfin, cuits dans le citron/citron vert) qui font l'unanimité : le ceviche ici est roi ! Il faut dire que le restaurant est littéralement collé au marché aux poissons. Autant dire qu'il est difficile de faire plus frais ! Côté ambiance, elle est plutôt décontractée, à tendance surfer/hippie. N'hésitez pas à faire la discussion à Alex, le sympathique proprio !

EL LUGAR €€

Ave 27 de Febrero
✆ +1 849 248 2580
www.ellugarlasterrenas.com
Tous les jours sauf mardi à partir de midi.
Compter un peu plus de 1 000 $ le repas.

Vous vous sentirez très vite chez vous dans ce restaurant branché qui propose aussi les meilleurs cocktails de Las Terrenas. Bruno, Bruxellois d'origine, aux nombreuses vies passées vous accueillera en prime avec le sourire. La spécialité de la maison, c'est la viande, certifiée Black Angus et cuite au feu de bois. A la carte, tout est excellent, de la salade de bœuf Thai, au ceviche de dorade, en passant par la cazuela de la mer au beurre blanc... Mention spéciale pour la mousse au chocolat du chef ! Une excellente adresse.

EST

GET THE GRINGO BURGER €€

C. 27 de febrero

✆ +1 829 848 0377

Mer-dim 12-21h. Burger frites à 525 $. Mojito 250 $. Espèces uniquement.

Connu et reconnu comme étant la meilleure adresse pour manger des burgers en ville, le Get The Gringo Burger satisfait les appétits les plus carnassiers ! Installé au niveau de la Playa Popy, juste en face de l'auberge de jeunesse de l'Afreeka, le restaurant étend sa paillote sans prétention, juste au bord de l'eau et se plie en quatre pour le plus grand plaisir des clients ! Que l'on soit assis en terrasse ou accoudé au bar, on passe ici un bon moment en croquant des préparations nord-américaines réussies. Une suggestion ? Le Jack Daniel.

KALISTE €€

27 de Febrero

✆ +1 809 240 6647

Tlj 11h-22h. Compter entre 400 et 700 $.

On y mange une cuisine particulièrement raffinée aux saveurs internationales, mais aux produits frais et locaux. Dorade au curry et crevettes façon thaïe, poissons grillés, viande, salades de saison, sandwiches, etc., la carte est particulièrement étoffée. Kaliste veut dire « la plus belle », nom qui aurait été donné à la Corse dans l'Antiquité. Valérie, comme beaucoup de Français, a trouvé ici, dès 2004, une vie particulièrement équilibrée entre plage paradisiaque, soleil et bonne humeur toute l'année. Bon accueil. Décor élégant.

EL LORO €€

Playa Las Ballenas

✆ +1 809 240 5555

www.aliseihotelspa.com/restaurant

Tous les jours de 7h à 23h sans interruption. Snack de 400 à 500 $, pâtes à 700 $, poissons et viandes à 800 $.

© EL LORO

Ce restaurant de cuisine méditerranéenne et caribéenne, sur fond de musique lounge, possède un agréable bar au décor soigné, moderne et très épuré. Le service est possible directement sur la plage ou bien au beau milieu du jardin de l'hôtel Alisei et au bord de la piscine. La cuisine est inventive et superbement présentée. Une délicieuse adresse, un peu à l'écart de l'agitation du centre. Au sein du *beach bar* s'organisent des soirées DJ et musique *live* le week-end. Un rendez-vous à ne pas manquer pour animer ses soirées à Las Terrenas.

O'GRILL €€

Av 27 de Febrero

✆ +1 809 240 5606

Tlj 11h-23h. Compter environ 850 $ le plat de viande ou de poisson.

De grandes tables en bois conviviales et un joli bar abrité sous son toit de cana, l'endroit est sympathique et propose l'une des meilleures viandes de Las Terrenas. On y sert une cuisine du jour, salades composées, grillades de viandes (ne manquez pas le cochon du dimanche, cuit à la broche, en saison !) et de poissons, avec même une fondue bourguignonne. Une note plus élégante et intime le soir, où le restaurant joue avec les lumières douces. Une très bonne adresse avec un service de qualité. Possibilité de manger sur la plage, les pieds dans le sable.

PACO CABANA €€

Calle Libertad - face à la mer

✆ +1 809 2405301

Ouvert tous les jours sauf le lundi de 10h à 23h. Compter 1 000 $.

Cet établissement propose une ambiance lounge sur une magnifique terrasse en bord de mer. En parfaite harmonie avec la nature, la décoration se veut ethnique et sobre : le blanc pur et la force du bois en constituent les principaux éléments. Tout à la fois bar et restaurant, le Paco Cabana est un bel endroit pour se détendre et se régaler d'une cuisine inventive. On joue avec les saveurs des produits locaux et des épices, et ose des mélanges inédits, tel le filet de capitaine à la mangue poêlée et son chutney d'oignons. Belle carte de vins. Accueil en français.

EST

PORTO BY MOSQUITO €€

El Portillo
✆ +18299329837
www.portobymosquito.com
De 11h à 23h. Grand plat de tapas à partager à 1 500 $, bowl tataki, poulpe et ceviche de 500 à 900 $.

A l'écart du centre-ville, le cadre est enchanteur, tout de bois et de coquillages. Cave à vin d'exception, cuisine locale et péruvienne, inventive et fraîche à base de poissons et fruits de mer du jour combinés avec de belles variations de salades et autres petites assiettes élégamment présentées. Le lieu fait également bar de plage en journée, et nous ne saurions que vous recommander la caïpirinha du chef, à siroter sur un transat ou assis sur un confortable fauteuil de plage face aux flots tranquilles de la plage exclusive d'El Portillo.

TRES CARAVELLE €€

Ave 27 de Febrero
✆ +1 809 917 6639
Ouvert tous les jours de 17h à 23h. Compter entre 700 et 1 200 $ le plat.

Sans aucun doute, une des meilleures tables de Las Terrenas. Ce beau restaurant italien met l'accent sur la mer. La vaste salle de service est très élégante - hommage aux trois caravelles à bord desquelles Christophe Colomb et son équipage découvrit Hispaniola, mêlant art tribal et fresques maritimes -, tandis que côté assiette, on trouve une belle carte qui fait honneur au poisson, mais propose aussi d'excellentes grillades et d'autres plats plus novateurs comme l'excellent oeuf-cocotte à la crème d'oursin. Pensez à réserver, c'est souvent plein !

RESTAURANT ATLANTIS €€

Playa Bonita
✆ +1 809 240 6111
www.hotel-atlantis-lasterrenas.com
Service petit déjeuner de 8h à 10h, déjeuner de midi à 15h, et dîner de 19h30 à 22h. Compter de 450 à 1 100 $ le plat.

Gérard Prystasz, ex-Chef du Palais de l'Élysée, vous propose une cuisine française adaptée aux produits locaux. Résultat : une cuisine exquise, variée et riche en saveurs comme en témoignent les propositions de cuisse de poulet farcie à la langouste, les goujonnettes de daurade aux fruits de la passion et les nombreux desserts gourmands dont un sabayon de fruits frais. Le tout est arrosé d'un bon vin et servi soit en intérieur soit en terrasse dans un petit jardin ombragé. Un classique à découvrir dans un cadre aussi soigné qu'élégant.

LA VELA BLANCA €€

Francisco Alberto Caamaño Deñó
✆ +1 829 633 2004
Plats autour de 850 $. 250 à 300 $ le verre, 1 300 $ la bouteille.

C'est le rendez-vous des Français et des amateurs de pétanque ! L'endroit est en effet équipé de trois terrains de boules et il y règne une atmosphère sympathique, les pieds dans le sable… Au coucher du soleil, Thierry se charge d'animer la soirée en faisant danser ses convives sur des rythmes autres que le *merengue* et la *batchata*. Pour l'anecdote, Thierry a travaillé 10 ans chez Pernod Ricard avant de poser ses valises ici. Côté cuisine, il propose entre autres des huîtres du bassin d'Arcachon mais aussi une excellente cassolette de poisson !

SERGIO B €€

Pueblo de los pescadores
✆ +1 829 601 5453
Menu sushi mixte 930 $. Cassolette de la mer 780 $. Paella 800 $. Tataki 1 080 $. CB acceptée.

Laissez-vous surprendre par le décor inspiré du monde aquatique et les remarquables spécialités culinaires de ce restaurant de cuisine fusion méditerranéenne et japonaise. Certes, les prix y sont un peu plus élevés qu'ailleurs, mais la qualité est au rendez-vous. On pourra aussi bien commander un menu de sushi mixte qu'une exquise cassolette de la mer au parmesan (à tester !) ou encore un filet mignon à l'ananas arrosé de sauce au miel et servi avec du gingembre, une paella ou un tataki. Le propriétaire, Sergio, sera aux petits soins pour vous servir !

XO €€

3 Avenida Libertad
✆ +1 809 240 9571
Ouvert tous les jours de 11h à 23h, jusqu'à minuit le samedi.

Décor à la fois chic et épuré, ambiance décontractée et cuisine savoureuse font la réussite de cette table réputée. Ghislaine et Thierry servent des spécialités de la mer, comme la cassolette, le tataki de thon ou les excellents petits crabes farcis, ainsi qu'un trio de mini-hamburgers à l'oignon caramélisé, quelques bons plats de pâtes et de ravioles. Belle carte des vins, petits desserts bien préparés et beaux couchers de soleil, cocktail en main ! Le vendredi soir (20h30), une chanteuse vient animer le repas (réservation conseillée).

BARRIO LATINO

Calle Libertad / Paseo de la Costanera
✆ +1 809 240 6367
Ouvert tous les jours de 7h30 à 22h30. Compter entre 250 et 500 $.

Une brasserie à la française tenue par Frédéric avec des plats du jour et une carte classique, salades, sandwichs ou pizzas. Terrasse agréable et très colorée où l'on peut prendre un petit déjeuner, mais c'est plutôt pour siroter un apéritif en fin de journée que l'on s'y rend. En effet, quand la nuit approche, le bar se remplit dans une joyeuse ambiance et les rencontres se font. Retransmission en direct de tous les événements sportifs français (football, rugby, etc.). Suivez la programmation des soirées sur les réseaux sociaux !

BOULANGERIE FRANÇAISE

Plaza Taïna
✆ +1 809 240 6751
Ouvert tous les jours de 7h à 19h30.

Poussez la porte de cette boulangerie à la française pour retrouver le plaisir de tremper votre croissant dans le café du matin ! Pains, viennoiseries, gâteaux, sandwiches, quiches et de délicieuses omelettes complètes sont présentés en vitrine. Vous pourrez aussi vous attabler sur les quelques tables installées en terrasse, en plein cœur du village, dès l'heure du petit déjeuner ou le temps d'une pause sucrée au moment du goûter. La Boulangerie Française est très fréquentée par les nombreux habitants français de Las Terrenas.

CALYPSO BAR

Calle Principal (Duarte)
✆ +1 809 240 9514
De 350 à 500 $ le plat du jour.

On vous recommande ce petit bar certes bruyant mais sympa à l'excellent rapport qualité-prix, chose de plus en plus rare à Las Terrenas. Sans prétention, mais en toute décontraction, les cocktails y sont servis avec le sourire. Egalement une partie restaurant. L'endroit est tenu par une Française, Sabrina, qui a su faire de son bar-restaurant l'un des repaires préférés des *frenchies* de Las Terrenas. Quelques exemples de plats du jour : crêpes salées, hamburgers, poulet thaï, moules frites, choucroute, bœuf bourguignon, tartiflette au reblochon...

RESTAURANT CASA COSON €€

Playa Coson
✆ +1 829 375 8973
www.casacoson.com
Pizza/pâtes/salade dès 500 $, spécialités poissons 500-1 500 $. Location de paddle à proximité.

© CASA COSON

Tout récemment reprise par une nouvelle équipe, la jolie Casa Coson et son restaurant valent bien la visite ! Si l'on vient ici pour goûter à une gastronomie au croisement de la méditerranée et des spécialités dominicaines (sensationnelles préparations à base de poisson et fruits de mer notamment), on pourra également savourer quelques pizzas très réussies. Plus qu'un resto, on a ici affaire à un *beach-bar* très *hype* : de la journée chaise longue face à mer ou bain à remous, on passe aux soirées thématiques et cocktails ! Parfait pour changer de décor, au calme !

EL MOSQUITO ART BAR

Pueblo De Los Pescadores
✆ +1 809 877 2844
www.elmosquitobar.com
Ouvert tous les jours de 18h à 2h, jusqu'à 4h vendredi et samedi.

Impossible pour qui passe par Las Terrenas de manquer le Mosquito Art Bar : à la nuit tombée, c'est tout simplement le bar le plus rempli du village de pêcheur. Il faut dire que Véronique, la tenancière française, a plus d'un tour dans son sac pour faire vivre les nuits du petit village : DJ de qualité, décoration exotique et lumières tamisées, équipe de service agréable, cocktails de pro élaborés à partir de liqueurs finement choisies, expo temporaires d'art, nombreux événements... Un in-con-tour-nable ! Passez sur le *roof-top* : il en jette !

EL MOSQUITO BEACH BAR

Juste avant l'hôtel Balcones del Atlantico
✆ +1 809 877 2844
Ouvert tous les jours dès 11h30.

Juste avant d'arriver à l'hôtel Balcones del Atlantico, on trouve ce bar-resto très tendance, les pieds dans l'eau, qui n'est pas sans rappeler la mode tropézienne des bars de plage à la belle époque. On s'affale sur l'élégant mobilier de plage à l'ombre des cocotiers en sirotant un cocktail finement préparé, on picore quelques tapas fraîchement sorties de la cuisine, tout en appréciant le spectacle du coucher de soleil. Le week-end et parfois en semaine, des soirées DJ sont organisées, faisant alors monter la température de quelques degrés !

PASEO DE LA COSTANERA

Angle des rues Duarte et El Portillo
Boutiques généralement fermées le dimanche.

Ce « passage », qui se déploie sur deux niveaux, avec ses nombreuses boutiques, ses bars, ses restaurants, sa brasserie avec plat du jour ou encore sa Maison de la Presse française est le centre névralgique du shopping à Las Terrenas. Et ne soyez pas surpris, tous les commerçants y parlent français ! Il y a même une pharmacie francophone en cas de petits bobos, un centre médical, un bureau de change et sans doute encore de nombreuses boutiques à venir, car certaines boutiques ferment et d'autres n'ont pas encore trouvé preneur.

MUNDO PURO

Calle Principal - en face de la boulangerie française
✆ +1 829 341 7852
Ouvert du lundi au samedi de 9h à 20h et les dimanches matin.

Fabrique de cigares et galerie d'art. Marco, qui a vécu 11 ans à Cuba, en est le propriétaire français. En fin connaisseur, il est de très bon conseil. Son expertise et sa bonhomie ont fait sa réputation. Vous trouverez ses créations, mais également une sélection des meilleurs cigares dominicains (fabrication en direct sur place) et cubains ainsi que des rhums vieux d'exception. Marco propose également une belle collection d'objets artisanaux et très originaux chinés un peu partout dans le pays. Possibilité de faire un cigare avec une bague personnalisée.

SUPERMERCADO LINDO

Plaza Rosada
✆ +1 809 240 6003
Ouvert du lundi au samedi de 8h30 à 20h, et le dimanche de 9h à 13h.

C'est le plus grand supermarché de Las Terrenas, tous les produits internationaux sont présents et les prix sont très corrects. C'est ici que la communauté française vient se ravitailler, car on y trouve beaucoup de produits européens. Ne manquez pas de faire un petit tout dans la bonne boulangerie-pâtisserie française située dans le même centre commercial. Il offre également la possibilité de faire ses courses en ligne, puis de se faire livrer (à partir de 5 000 $). Pour un montant moins important, rendez-vous sur l'application Komida.

NATIV'ARTE

270 Calle Principal
✆ +1 829 262 3406
Tous les jours de 9h à 19h (13h le dimanche).

Abritée dans une case de bois traditionnelle, cette boutique-galerie propose une large collection de créations originales. Ysabel et Dominique se sont inspirés de l'art précolombien taïno et de la richesse des matières naturelles locales pour créer la ligne Nativ'Arte, des objets utiles ou de décoration inédits, des bijoux, des accessoires produits par des artisans locaux. Les graines, le bambou, les bois exotiques, les bois flottés, les noix de coco, sont habilement utilisés pour donner naissance à de beaux objets. Allez donc y jeter un œil !

TERRENAS EN PLATA

Paseo de la Costanera
✆ +1 809 240 5358
Ouvert du lundi au samedi, de 9h30 à 13h et de 15h30 à 19h30, et le dimanche (en saison seulement) de 10h à 13h.

En 20 ans, la bijouterie d'Elisabeth et Jean-Paul s'est taillé une solide réputation. Vous y trouverez des bijoux de marques, de créateurs locaux et d'artisans sélectionnés pour leur savoir-faire. Montés sur argent, les matières naturelles comme l'ambre ou le larimar sont magnifiées. Idéal pour trouver un petit cadeau classique ou fantaisie, ou même se faire plaisir, d'autant que les prix sont plus abordables qu'à Santo Domingo. Bijoux hommes et femmes, matériaux de qualité. Autre adresse à Puerto Plaza - El Barco (✆ +1 809 610 4769).

EST

© HAITIAN CARAIBES ART GALLERY

© HAITIAN CARAIBES ART GALLERY

© HAITIAN CARAIBES ART GALLERY

HAÏTIAN CARAIBES ART GALLERY

Calle Principal (en face du Paseo)
Ouvert tous les jours, sauf le dimanche, de 9h à 13h et de 16h à 20h.
Boutique d'artisanat et galerie d'art tenue par un Français, Claude. Pour dénicher des peintres haïtiens de diverses écoles (Les 5 Soleils, l'Artibonite), des valeurs sûres (Préfète Duffaut, Prosper Pierre Louis, Fritzner Alphonse…) à la nouvelle génération (Edouard Roannet, Makenol, Raoul Mathieu, Piracasso…). Imagerie naturaliste africaine, peintures naïves et expressions moins traditionnelles. Egalement des cadeaux originaux d'artisanat haïtien et une sélection pointue de cigares.

© HAITIAN CARAIBES ART GALLERY

© HAITIAN CARAIBES ART GALLERY

CAP CARAIBES

Calle Principal (face à l'antenne de la compagnie de téléphonie Claro)

✆ +1 809 707 9298

130 US$ la pêche au gros, 50 US$ la journée paella à Jackson, 80 US$ à Playa Ermitaño avec BBQ sur la plage, snorkeling.

Johnny est tombé amoureux de Las Terrenas et a décidé de tout abandonner pour venir y vivre. Il y fait depuis partager sa passion pour la mer, les belles plages et la pêche ! Programme sur mesure ou sortie guidée sur son joli bateau bien équipé où il ne reçoit que des petits groupes. Sa femme tient par ailleurs un très bon resto-bar, le Calypso Bar (à la même adresse). Deux types d'excursions : sur Jackson ou playa Escondida, avec haltes sur d'autres plages (BBQ inclus à déguster sur la plage, open bar et apéritif en musique sur le bateau). Inoubliable !

CAROLINA SURF SCHOOL

✆ +1 809 882 5467

www.carolinasurfschooldr.com

Cours individuels de 2h : 50 US$ ou en groupe : 35 US$. Location planche de surf : 10 US$/h et 30 US$ la journée.

L'école est basée à Playa Bonita, une des plus belles plages. Carolina dispense des cours pour tous les âges, tous les niveaux, dans une ambiance amicale, en anglais, en espagnol et en français. Cette jeune Dominicaine, habituée des compétitions de surf et de kitesurf, est une pointure et une véritable passionnée. Possibilité de *trip surf* sur plusieurs jours avec campement, ou de cours individuels ou en groupe, ou simplement de louer sa planche... Carolina est une mine d'informations sur la culture, la nature et la vie dominicaine. Une belle rencontre.

COCOKITE-FISHING

Playa las Ballenas

✆ +1 829 380 8449

www.cocokite-fishing.com

Tarifs sur demande.

Installée sur la Playa la Ballenas, Cocokite-fishing est une agence hybride proposant à la fois sorties pêche au gros et kitesurf. Côté pêche, vous tirerez le meilleur de Patrick, pêcheur expérimenté qui sillonne les eaux dominicaines depuis plus de 20 ans. Côté kite, c'est Ambre qui vous prendra en charge et vous proposera même un petit film de vos exploits sur les flots (120 US$ la sortie de 2h). Des packs famille sont disponibles. L'agence est la seule des environs à proposer des sorties wake-board. Une adresse très pro !

KITE WORLD

27 de Febrero

✆ +1 809 769 4978

www.kiteworldlasterrenas.com

Cours de kite « découverte » 210 US$ (3h). Cours de kite à 2 : 90 US$/pers. Hydrofoil 150 US$ (1h, équipement inclus).

Cela fait de nombreuses années que Las Terrenas s'est mise à l'heure du kitesurf ! Ici vous trouverez une sérieuse équipe de professionnels qui vous amènera dans les meilleurs spots de kitesurf de la région et même du pays. Des formules tout compris pour débutants sont proposées, incluant l'hébergement et la restauration dans les établissements environnants. Une bonne manière de faire ses premières glissades sur la mer ! Ambiance cool et familiale. Signalons qu'il est possible d'avoir recours aux services de professeurs francophones si besoin.

LT'KITE

C/ 27 de Febrero

✆ +1 809 801 5671

www.lasterrenas-kitesurf.com

De 9h à 18h. 140 US$ les 2h, 360 US$ les 6h. Plusieurs options disponibles. Location de matériel 40 US$/1h.

Cette structure dédiée au kitesurf est gérée par une équipe de kiteurs diplômés IKO depuis 2007. Ils ont par la suite formé une équipe de professeurs dominicains pour assurer les cours. C'est Yannick, un Français expatrié, qui tient les rênes de l'établissement. Las Terrenas compte plusieurs spots praticables de décembre à septembre, chacun présentant un niveau de difficulté plus ou moins élevé. Idéal donc, pour débuter, comme pour perfectionner sa technique. Vous pouvez aussi y louer du matériel (et notamment des stand-up paddles).

PIRATA SURF SCHOOL

Casa grande

✆ +1 829 410 4949

www.piratasurfschool.com

Cours à 50 US$ (30 min de théorie + 1h30 en mer). Loc de planche : 10 US$ pour 1h, 20 US$ pour 3h, 30 US$ la journée.

Sportif professionnel depuis plus de 35 ans, Johannes Kestler est tombé amoureux du surf il y a plus de 20 ans en Indonésie, à tel point qu'il décide de quitter sa terre allemande natale pour sillonner les meilleurs spots du globe, Californie et Amérique centrale notamment. Il propose aujourd'hui du matériel bien entretenu et de qualité à la location, donne des cours aux débutants, comme aux surfeurs intermédiaires, et organise aussi des surf camps. Passion, sécurité et amour de la glisse. Une adresse chaudement recommandée.

Plage de Los Cacaos.

© PAVAN ALDO

RANCHO PLAYA

✆ +1 829 868 5233
www.ranchoplayalt.com
Transport sur demande. 1h30 de balade en famille : 65 US$/personne, 2h 75 US$. Excursions avec guide privé sur demande.

Nicole est suisse et francophone, mais son langage préféré, c'est celui des chevaux ! Elle a ouvert un ranch en 2016 où les chevaux sont traités comme des rois, proposant de belles balades. Vous traverserez les rivières, découvrirez une végétation luxuriante et des plages superbes avec Natacha, Mojito, Nelson ou encore Napoléon. entourant son ranch. Elles sont considérées, à raison, comme faisant partie des plus belles plages du pays. Parcours traversant plusieurs plages comme celle de la playa des Allemands. Nicole soigne aussi les chevaux.

REAL BIKE SHOP

148 Calle Carmen
✆ +1 809 517 5722
mtbvacationsdr.wixsite.com/realbike
15 US$ par jour. 60 US$ par semaine. Possibilité de négocier si plus longue durée.

Ce n'est pas qu'un simple loueur de vélos de toutes sortes, des vélos de balades aux VTT en passant par le Fat Bike, Real Bike Shop propose des randonnées privatives ou en groupe. Réparation, entretien, et sérieux sont les atouts de cet ancien mécanicien d'équipes cyclistes professionnelles. Sur route, en forêt ou en montagne, les balades sont particulièrement appréciables. Pour les promenades en groupe, chaque niveau est respecté afin de ne pénaliser personne. Les locations longue durée sont également possibles. Parfait pour découvrir les environs.

SPA ALISEI

En direction de la Playa Las Ballenas. Hotel Alisei
✆ +1 809 240 55 55
www.aliseihotelspa.com
Tous les jours de 9h à 20h (samedi et dimanche dès 8h) sur réservation.

Envie de vous détendre ? Ce spa et centre bien-être niché au milieu d'un très joli jardin tropical et faisant partie de l'hôtel Alise est toujours une bonne option. Parmi les soins et les installations proposés, on trouve le bain turc, les massages professionnels à deux ou quatre mains, les bains de fleurs et autres soins floraux, traitements aux algues, à la boue chaude, les gommages... Tout pour prendre soin de soi et se relaxer corps et âme. Bon à savoir : des cours de yoga sont également dispensés au sein de l'hôtel Alise.

THE DIVE ACADEMY

Beach Garden Plaza, Calle Libertad
✆ +1 829 906 9618
www.tdalasterrenas.com
Baptême de plongée 35/55 US$, formule 2 plongées+repas 95/125 US$, sortie bateau/ snorkeling+snack 65/75 US$.

The Dive Academy, dont les bureaux sont situés en plein centre-ville de Las Terrenas, fait à la fois office de centre de plongée (certifié SSI et NAUI). C'est à bord d'un catamaran de 35 pieds de long que l'on part à la découverte des environs, pour des sorties allant de 3h à la journée complète. Côté plongée, les options sont nombreuses, du baptême aux sorties plongée dans la baie de Samana, en passant par les formations. Sorties à la rencontre des baleines également, depuis Samana ou Cabo Cabron, selon la météo. Audrey parle français.

CASINO NIZA

Calle Luperon
✆ +1 809 2406 154
Ouvert 24h/24.

Situé dans l'hôtel du même nom, sur les hauteurs de Las Terrenas, le Casino Niza possède tout ce qu'un casino respectable se doit d'offrir à ses clients en quête d'amusement... L'établissement a été construit récemment et si la vocation première du lieu est celle d'être un casino (quelques machines à sous), c'est aujourd'hui un lieu de rencontre nocturne, pour ne pas dire une boite de nuit ! Étant ouvert 24h/24, le site a tendance à attirer les assoiffés les plus infatigables. Gare aux pickpockets en sortant, surtout si vous avez bu quelques verres !

ETNO BEACH CLUB

4 Liberty Street
✆ +1 849 267 3608
www.etnobeachclub.com
10h-minuit (2h vendredi et samedi). Pâtes/burger/salades 650 $, viandes/poissons 750-1 000 $, cocktails 225-400 $.

Ambiance *lounge bar* version plage pour l'Etno, avec des chaises longues juste à côté du pont qui enjambe la rivière de la ville. Le week-end, c'est une autre histoire : l'endroit se transforme en spot pour soirées à base de musique électronique en plein air. On l'aura compris, l'Etno est le lieu parfait pour un déjeuner, un apéritif/ dîner ou un *late-drink* les pieds dans le sable. Différents menus et plats à la carte. Le jeudi soir, c'est musique *live*, tandis qu'un DJ s'empare de l'ambiance les vendredis et samedis à partir de 21h. Le nouveau chouchou des *clubbers* !

ORGANISER SON SÉJOUR

Si un voyage en République dominicaine ne s'improvise pas, il ne requiert pas une préparation démente : les ressortissants français peuvent séjourner en République dominicaine sans visa, pour une durée inférieure à trois mois, moyennant le paiement d'une carte touristique à leur arrivée à l'aéroport. Cette carte touristique vaut 10 US$, mais est généralement comprise dans le prix du billet d'avion. Il faudra toutefois être en mesure de présenter un passeport d'une validité supérieure à 6 mois après la date d'entrée. Côté vaccin, aucun n'est obligatoire, mais certains sont conseillés : DT-poliomyélite, fièvre typhoïde, hépatites virales A et B, rage. Une lotion anti-moustique peut également s'avérer utile, ces dernier pouvant véhiculer la dengue, le paludisme, la fièvre du Nil ou la leptospirose. Pour le reste, n'oubliez pas lunettes de soleil, crème solaire et bikini... et tout ira bien !

ARGENT

La monnaie de la République dominicaine est le peso dominicain (DOP, noté couramment $, à ne pas confondre avec le dollar, noté US$). Les billets se déclinent en coupures de 50, 100, 200, 500, 1 000 et 2 000 pesos et les pièces de monnaie sont de 1, 5, 10, 25 pesos. Les centimes n'existent pas. Fin-juillet 2022, le taux de change était de 1 € = 52,21 $; 1 US$ = 54,49 $.

BUDGET / BONS PLANS

Attention, la République dominicaine n'est pas un pays bon marché, contrairement aux attentes des visiteurs qui sont souvent surpris par les prix par rapport aux prix d'appel des *all inclusive*. Les produits et services destinés aux touristes, des hôtels aux restaurants en passant par les boutiques, affichent des prix presque comparables aux prix français dans toutes les zones touristiques. Ainsi, pour les restaurants, seuls les *comedores* de campagne n'incluent pas les taxes de rigueur (qui atteignent 28 %) et offrent donc des prix plus raisonnables. Beaucoup de produits et de matériaux sont importés et même les produits locaux subissent une inflation permanente qui pénalise la consommation.

Depuis quelques années, le coût de la vie a sensiblement augmenté en République dominicaine. On peut se loger dans une chambre économique, mais au confort rudimentaire, pour 800 à 1 000 pesos et manger pour 300 pesos, mais seulement dans les sites les moins touristiques du pays. Pour avoir un niveau de confort correct dans les zones touristiques, il faut compter un minimum de 1 500 pesos la chambre, et encore en basse saison.

© JOHAN10 - ISTOCKPHOTO.COM

Pesos dominicains.

- **Les hôtels.** En basse saison (mai, juin, octobre, novembre), les hôtels affichent des tarifs en baisse de 25 % environ et il est possible de négocier les prix. De même pour un séjour de longue durée (une semaine ou plus), les hôteliers accordent des tarifs dégressifs.
- **Un bon repas** selon les standards locaux revient en moyenne à 500 pesos et beaucoup plus dans les restaurants des zones touristiques et/ou de spécialités étrangères. Une bonne table de la capitale ou d'une station balnéaire pratique des tarifs qui s'apparentent à ceux des restaurants français.
- **Les transports en commun** restent assez bon marché, il faut compter une moyenne de 450 pesos pour un trajet de 3 à 4 heures en bus climatisé, rapide et confortable. Les *guaguas* populaires sont à peu près deux fois moins chères, mais le trajet prend deux fois plus de temps dans des conditions de confort nettement plus précaires.
- **Les entrées dans les musées** sont très abordables, les excursions et attractions destinées aux touristes sont, quant à elles, très chères : il faut compter en moyenne 80 US$ pour une journée d'excursion (repas, transport et activité). Il est souvent plus économique de contacter les organisateurs directement plutôt que de passer par le représentant à l'hôtel qui perçoit généralement une commission.
- **Quant à l'essence,** son prix fluctue en fonction des cours du pétrole. En juillet 2022, le litre valait en moyenne 1,40 €.

PASSEPORT ET VISAS

Aucun visa n'est nécessaire pour les ressortissants français, belges, suisses ou canadiens. Depuis janvier 2012, un passeport d'une validité supérieure à 6 mois après la date d'entrée est indispensable pour se rendre en République dominicaine. Le tampon d'entrée apposé sur le passeport donne droit à un séjour de trois mois maximum dans le pays. Également, il faudra prévoir une taxe d'entrée sur le territoire dominicain de 10 US$ ou 10 €, prix d'une carte touristique, obligatoire (parfois incluse dans le billet d'avion si vous avez opté pour un séjour tout-inclus). A la sortie du pays, il faut s'acquitter d'une taxe de 20 US$ pour les séjours supérieurs à 30 jours.

INTERVIEW

L'ASSURANCE VOYAGE, LE MEILLEUR MOYEN POUR PROTÉGER SA SANTÉ À L'ÉTRANGER

avec le DR MICHEL NAHON, directeur médical d'Allianz Travel

En cas de souci de santé sur place, que faut-il faire ?

Si l'on se trouve dans une situation urgente (accident grave, morsure d'animaux…), il est conseillé d'appeler les numéros d'urgence locaux. Une fois à l'hôpital, appeler son assisteur pour déclencher les procédures de prise en charge.

Est-il possible d'entrer en contact avec un professionnel de santé en cas de besoin ?

Allianz Travel dispose d'un service de téléconsultation médicale accessible en visio qui permet de s'entretenir avec un médecin français 24h/24, 7 jours sur 7. La consultation se fait en français et des conseils sont donnés sur les démarches à effectuer. Une ordonnance peut également être délivrée.

S'agissant des frais médicaux, est-on forcément couvert par son assurance maladie et sa mutuelle à l'étranger ?

La sécurité sociale et la mutuelle fonctionnent en France et dans les pays de la Communauté économique européenne, à condition d'avoir fait une demande d'extension de garantie avec la carte européenne d'assurance maladie (CEAM). Il est malgré tout conseillé de souscrire une assurance voyage, car la prise en charge des frais ne sera pas la même qu'en France.

Quel est le meilleur moyen de voir ses frais médicaux pris en charge ?

Dans les pays hors Europe, il est recommandé de souscrire à un contrat d'assistance avec un bon niveau de couverture des frais médicaux. Il est également important de choisir un acteur solide, qui dispose d'un important réseau international dans le domaine médical.

L'assurance voyage prévoit-elle le rapatriement ?

Le rapatriement n'est pas systématique. Il faut un réel intérêt médical. Si le patient peut être traité sur place, l'assisteur oriente vers un médecin ou une structure médicale adaptée localement. De même qu'en cas d'accident dans une zone désertique, le patient sera d'abord orienté vers l'hôpital le plus proche pour stabiliser la situation, avant d'envisager le rapatriement.

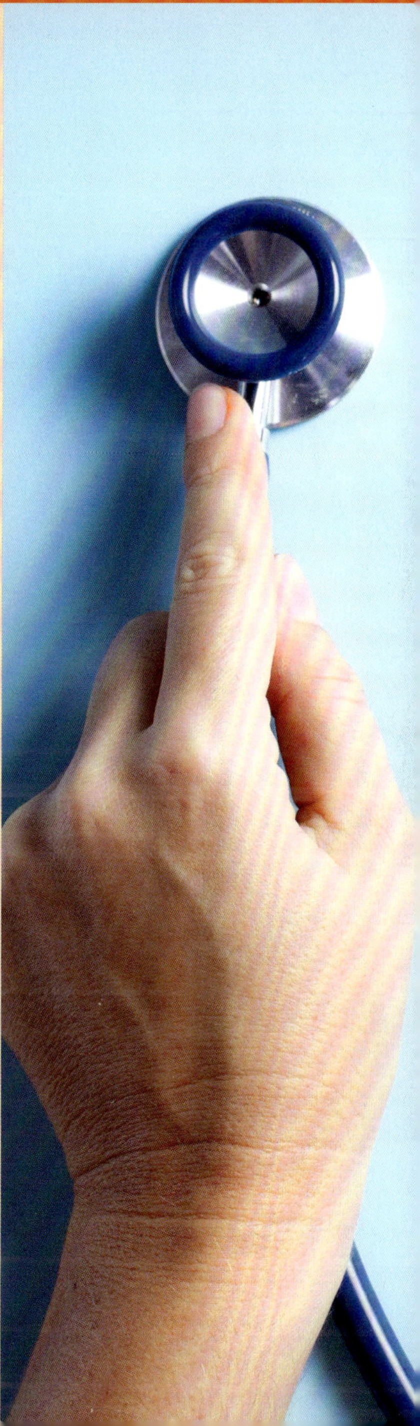

© NEIRFY

PERMIS DE CONDUIRE

En République dominicaine, les loueurs de voitures accepteront tous votre permis de conduire français sans problème.

SANTÉ

La République dominicaine n'est pas un pays qui présente de grands risques sanitaires. L'eau y est le principal ennemi du voyageur. Il est recommandé de ne pas boire celle du robinet. Dans les *comedores* et bars locaux, il vaut mieux éviter les glaçons. Les marchés et les petits restaurants ne faisant l'objet d'aucun contrôle sanitaire rigoureux, il vous faudra être vigilant quant aux denrées alimentaires et petits plats. Préférer les plats chauds bouillants aux crudités.

VACCINS OBLIGATOIRES

Aucun vaccin n'est obligatoire, mais certains sont conseillés : DT-poliomyélite, fièvre typhoïde, hépatites virales A et B, rage. Attention aux moustiques qui peuvent véhiculer la dengue, le paludisme, la fièvre du Nil ou la leptospirose. Pensez à vous protéger. Attention, enfin, si vous êtes tenté par une escapade à Haïti, l'île a été frappée par plusieurs épidémies ces dernières années.

SÉCURITÉ

Délinquance. C'est bien connu, les zones touristiques attirent les requins – ici appelés *tigres*. Les précautions d'usage sont évidemment recommandées (sortir avec une somme minime, ne pas arborer des bijoux provocants, de gros appareils photo ou smartphones, ne pas monter dans un taxi à la sauvette, surtout la nuit, ne pas changer d'argent dans la rue...), mais la République dominicaine est un pays généralement sûr. Toutefois, dans le sud-ouest, principalement dans la région de Barahona, il est fortement conseillé de ne pas conduire à la nuit tombée.

Pour connaître les dernières informations sur la sécurité sur place, consultez la rubrique « Conseils aux voyageurs » du site du ministère des Affaires étrangères (www.diplomatie.gouv.fr/voyageurs) à la rubrique République dominicaine. Sachez cependant que le site dresse une liste exhaustive des dangers potentiels et que cela donne parfois une image un peu alarmiste de la situation réelle du pays. Vous verrez que sur place, le sentiment de sécurité est bien plus développé !

DÉCALAGE HORAIRE

Il y a 6 heures de décalage horaire en été et 5 heures en hiver, entre la France et la République dominicaine : quand il est midi à Paris, il est 6h ou 7h du matin à Santo Domingo.

LANGUES PARLÉES

La langue officielle est l'espagnol. Il reste toutefois des survivances de créole français dans la zone frontière avec Haïti, et d'anglais dans les anciennes régions d'immigration des esclaves américains émancipés, à San Pedro de Macoris et à Samaná. Presque tous les Dominicains en contact avec les touristes parlent plus ou moins l'anglais, l'allemand ou l'italien. Les employés haïtiens sont appréciés dans le tourisme pour leur connaissance de la langue française.

COMMUNIQUER

Internet. De nombreux cybercafés ou point Internet se sont implantés dans tout le pays, et sans exception dans les villes et les centres touristiques. Le réseau wifi se développe très bien, il est le plus souvent disponible gratuitement dans de nombreux établissements hôteliers et dans certains bars-restaurants. Le réseau fonctionne relativement bien.

Téléphone mobile. Les téléphones cellulaires sont monnaie courante. Les accros pourront même en louer un pour la durée de leur séjour. Il est possible aussi d'acheter une carte SIM avec un crédit prépayé (ligne + données internet) et de l'introduire dans votre propre téléphone. Pouvoir accéder à internet depuis votre mobile peut s'avérer très utile, d'autant que la couverture internet est plutôt bonne en République dominicaine. Pour cela on vous demandera une pièce d'identité. Coût des communications : environ 100 pesos les 100 minutes. Les grands opérateurs internationaux ont pour la plupart des ententes avec les réseaux locaux, se renseigner avant de partir pour connaître les tarifs en itinérance afin d'éviter de mauvaises surprises à votre retour en cas d'utilisation de votre téléphone français.
Si vous souhaitez garder votre forfait français, n'oubliez pas d'activer l'option internationale (desimlocage) auprès de votre opérateur avant votre départ.

Qui paie quoi ? La règle est la même chez tous les opérateurs. Lorsque vous utilisez votre téléphone français à l'étranger, vous payez la communication, que vous émettiez l'appel ou que vous le receviez. Dans le cas d'un appel reçu, votre correspondant paie lui aussi, mais seulement le prix d'une communication locale. Tous les appels passés depuis ou vers l'étranger sont hors forfait, y compris ceux vers la boîte vocale.

ELECTRICITÉ ET MESURES

- **Électricité :** standard américain 110 volts, 60 hertz, prises à fiches plates. Attention ! Les coupures d'électricité impromptues, bien que de moins en moins fréquentes, sont encore monnaie courante en République dominicaine. La plupart des hôtels et des restaurants de bonne catégorie sont équipés d'inverseurs, qui prennent immédiatement le relais en cas de coupure.
- **Poids et mesures :** la coexistence du système américain, indigène et métrique est une originalité dominicaine. On conduit en kilomètres, on fait le plein d'essence en *gallons* américains (3,78 l), on mesure le tissu en *yardas* (0,914 m), les terrains en *tareas* (624 m²), et, enfin, on pèse en onces et en livres.

BAGAGES

Que mettre dans ses bagages ? Des vêtements légers en coton, du répulsif anti-moustique même si nous vous conseillons d'en acheter un sur place, de la crème solaire si possible bio, afin de préserver les coraux et fonds marins déjà mis à rude épreuve. Des chaussures ouvertes, des tennis et une paire de chaussures de ville pour aller danser. Une tenue élégante : les Dominicains adorent s'habiller pour sortir, surtout quand ils vont jouer au casino. Une tenue du « dimanche » est de mise également lorsque vous êtes invité chez l'habitant ou pour une fête de mariage ou des 15 ans d'une jeune fille, ce serait une offense que de s'y présenter en bermuda et chemise à fleurs... Vous trouverez tout ce qu'il faut pour pallier d'éventuels oublis dans les boutiques locales.

LES PHRASES CLÉS

Bonjour, je voudrais réserver un billet aller/retour pour...
Hola, me gustaría reservar un billete de ida y vuelta para....

J'ai raté mon avion. Je voudrais échanger mon billet s'il vous plaît.
Perdí el avión. Me gustaría cambiar mi billete, por favor.

Mon vol est très en retard. Ma correspondance sera bien assurée ?
Mi vuelo llega con retraso. ¿Llegaré a tiempo para coger el próximo vuelo?

Mes bagages ont été égarés, à qui dois-je m'adresser ?
Han perdido mi equipaje, ¿a quién debo dirigirme?

Louez-vous des voitures avec chauffeur ?
¿Alquilan coches con chófer?

Je n'ai presque plus d'essence. Où se trouve la station-service la plus proche ?
Apenas tengo gasolina. ¿dónde está la gasolinera más cercana?

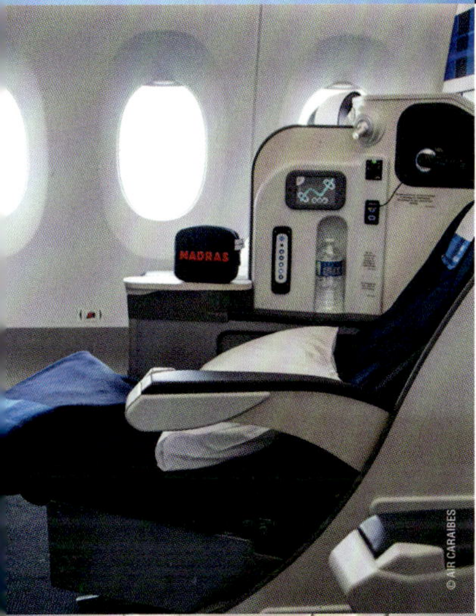

AIR CARAÏBES

✆ 0820 835 835
www.aircaraibes.com

Air Caraïbes, compagnie aérienne française régulière spécialiste des Caraïbes vous propose des vols hebdomadaires entre Paris Orly 4 et la République dominicaine (Punta Cana). La compagnie relie également la province et la Belgique à la République dominicaine au départ de Paris Orly 4 grâce à Train+Air. Cette desserte est complétée par son réseau régional. Consultez le site Internet pour les promotions en cours.

S'Y RENDRE

Le prix moyen d'un vol entre Paris et Santo-Domingo oscille entre 650 et 1 200 €. On peut également trouver des vols mois chers (autour de 450 €) en choisissant des vols avec une ou plusieurs escales. A noter que la variation de prix dépend de la compagnie empruntée, de la période de voyage, mais surtout du délai de réservation. Pour obtenir des tarifs intéressants, il est indispensable de vous y prendre environ six mois à l'avance selon les conseils de l'office de tourisme. A noter également que l'on peut trouver de billets à tarifs particulièrement avantageux en choisissant d'atterrir à l'aéroport international de Punta Cana. Autre option : acheter un pack vol+hôtel, parfois avantageux.

- **Pour connaître le degré de sécurité** de la compagnie aérienne que vous envisagez d'emprunter, rendez-vous sur le site Internet www.securvol.fr ou sur celui de la Direction générale de l'aviation civile : www.dgac.fr

ORGANISER SON SÉJOUR

AIR ANTILLES

✆ 0 890 648 648

www.airantilles.com

La compagnie est dotée principalement d'appareils ATR 72.

La compagnie Air Antilles assure un vol par jour à destination de la République dominicaine. Les avions décollent de la Guadeloupe, la Martinique, Saint-Martin, Sainte-Lucie et la Dominique, et ont pour destination l'aéroport international de Punta Cana, celui de Las Américas de la capitale Santo Domingo, mais aussi l'aéroport international de La Romana, dans le sud-est de la République dominicaine. Les prestations sont plutôt bonnes et les avions sûrs et confortables. Pensez à réserver vos billets à l'avance pour obtenir des tarifs intéressants.

AIR EUROPA

✆ 01 42 65 08 00

www.aireuropa.com

La compagnie aérienne espagnole Air Europa (anciennement Air España) assure un vol quotidien pour en direction de l'aéroport Las Americas de Santo Domingo au départ de la capitale française (aéroport Paris Orly), avec une escale à Madrid. Comptez entre 14 heures et 20 heures, vol et escale (tout dépend de la coordination des deux vols). Également proposé par la compagnie : deux vols par semaine de Paris à Punta Cana avec escale à Madrid également. Tarifs intéressants. Pensez à réserver vos billets à l'avance pour obtenir de bons tarifs.

AIR FRANCE

✆ 3654

wwws.airfrance.fr

Réservations en ligne ou par téléphone, tous les jours de 8h à 20h.

Si avant la pandémie la compagnie nationale française proposait au départ de Paris CDG un vol direct cinq jours sur sept vers Punta Cana, avec escale à Santo Domingo trois fois par semaine, la fréquence des vols n'est aujourd'hui plus aussi haute. La flotte est majoritairement constituée d'Airbus âgés environ d'une dizaine d'années. Nous vous conseillons de réserver très à l'avance pour obtenir des tarifs compétitifs. Consultez le site internet d'Air France pour connaitre le calendrier des vols et profiter d'éventuelles promotions sur les vols dominicains.

FLY EDELWEISS

www.flyedelweiss.com

En service depuis 1995 et compagnie soeur de Swiss Air depuis 2008, la compagnie aérienne suisse Fly Edelweiss propose depuis l'année 2021 des vols directs depuis la Suisse (Zurich) à destination de la République dominicaine (Punta Cana ou Puerto Plata). Départs tous les lundis pour un vol d'une durée de 10 heures environ.

© CORSAIR

© CORSAIR

© CORSAIR

CORSAIR

✆ 39 17

Pensez à adhérer au programme de fidélité Le Club Corsair.

La compagnie dessert Punta Cana en vols saisonniers au départ du terminal 4 de Paris Orly : jusqu'à trois vols par semaine (tous les lundis, mercredis et samedis). Vous pouvez acheter des billets combinés au départ de 18 villes de province, comprenant le TGV (Train + Air) et le billet Corsair.

Corsair propose 3 classes de réservation : la classe Economy, Premium et Business qui offrent un confort, un espace et un service de qualité pour une expérience clients optimale.

Pensez à adhérer au programme de fidélité Le Club Corsair. Une valeur sûre et recommandée !

© CORSAIR

© CORSAIR

SÉJOURS ET CIRCUITS

Si certains aiment organiser leur voyage de A à Z, d'autres préfèrent confier la logistique à une agence spécialiste. On peut choisir de partir en groupe organisé ou alors seul, en couple, entre amis ou en famille, avec un forfait clé en main ou conçu sur mesure. Les possibilités sont nombreuses en République Dominicaine, et la plupart des agences métropolitaines et locales proposant de la simple excursion de quelques heures aux véritables expéditions sur plusieurs jours sont sérieuses et expérimentées. Quelle que soit l'orientation thématique de votre voyage, quelques visites incontournables sont à prévoir comme le quartier colonial de la capitale Santo Domingo, la péninsule de Samana ou encore les petites bourgades de l'intérieur de l'île. Notons également que la République Dominicaine abrite une concentration d'hôtels *all-inclusive* permettant à leurs hôtes de ne pas quitter leur *resort*.

ALMA VOYAGES

573, route de Toulouse
VILLENAVE-D'ORNON
✆ 05 56 87 58 46
www.alma-voyages.com
Ouvert du lundi au vendredi de 9h à 17h30 et le samedi de 9h à 12h.

Chez Alma Voyages, les conseillers connaissent parfaitement les destinations. Ils ont la chance d'aller sur place plusieurs fois par an pour mettre à jour et bien conseiller. Chaque client est suivi par un agent attitré qui n'est pas payé en fonction de ses ventes... mais pour son métier de conseiller. Une large offre de voyages avec l'émission de devis pour les voyages de noces ou sur mesure. Alma Voyages pratique les meilleurs prix du marché et travaille avec des voyagistes réputés. Deux séjours sont proposés sous le soleil de la République dominicaine.

CFA VOYAGES

16, Boulevard de la Villette
PARIS (19e)
✆ 01 40 03 98 45
www.cfavoyages.fr
Du lundi au vendredi 9h30-12h30 et 13h30-18h00 et samedi 10h-18h.

CFA Voyages vous propose toute une gamme de possibilités pour découvrir la République dominicaine et Punta Cana : vols secs, séjours, circuits, formules *all inclusive*... Une agence sérieuse au catalogue assez épais. L'avantage de passer par une agence telle que CFA Voyages est bien évidemment celui d'obtenir des tarifs particulièrement intéressants : cette dernière travaillant sur des volumes de voyages importants, elle est en mesure de proposer des voyages combinés vol+logement qui mérite d'être considérés. Nombreuses possibilités.

CLUB FAUNE VOYAGES

50, rue de Passy
PARIS (16e)
✆ 01 42 88 31 32
www.club-faune.com
Ouvert du lundi au vendredi de 9h à 19h.

A deux pas de la Tour Eiffel, l'équipe de spécialistes du Club Faune Voyages vous recevra sur rendez-vous dans son Espace Voyage de la capitale. Votre conseiller « construira » votre voyage selon vos envies : ruelles coloniales couleurs pastel de Santo Domingo, pictogrammes sur les falaises du lac Enriquillo, mines bleu turquoise de Larimar, contrastes panoramiques à la Péninsule de Samana, plages de Robinson aux eaux cristallines, écolodges et boutiques-hôtels inédits, pour une découverte authentique de cette destination plurielle.

CROISITOUR

✆ 0 821 21 20 20 015

Croisitour vous propose de nombreux séjours à destination de la République dominicaine : farniente, kitesurf, plongée, golf... Grâce aux activités et aux nombreux hôtels sélectionnés, il est possible de partir pour Saint-Domingue à la découverte des monuments historiques ou, au contraire, dans un établissement situé en bord de plage au milieu d'une végétation luxuriante... La formule tout-inclus est disponible pour la plupart des séjours. N'hésitez pas à consulter le catalogue de voyages mis en ligne et fréquemment mis à jour.

FUN & FLY - SPORT AWAY

2, rue Louise-Weiss
TOULOUSE
✆ 05 67 31 16 11
www.fun-and-fly.com
Du lundi au vendredi de 8h30 à 18h30 et le samedi de 10h à 17h.

Windsurf, kitesurf, plongée, golf, Fun & Fly, spécialiste des séjours sportifs, vous emmènera aux quatre coins du monde pour vivre votre passion. Pour les amateurs du cocktail mer et vent, un seul spot possible en République dominicaine : Cabarete. La baie est sûrement l'un des meilleurs spots des Caraïbes. Le voyagiste propose plusieurs types d'hébergements : résidences ou hôtels. Les golfeurs pourront également partir avec Fun & Fly pour un séjour à Punta Cana. Une adresse hautement recommandée aux sportifs de tous poils !

NOMADE AVENTURE

40, rue de la Montagne-Sainte-Geneviève
PARIS (5e)
✆ 01 46 33 71 71
www.nomade-aventure.com
Ouvert du lundi au samedi de 9h30 à 18h30. Circuits sur mesure. Activités.

Nomade Aventure, comme son nom l'indique doublement, est une agence qui vous change de vos habitudes sédentaires. Avec ses voyages placés sous le thème de la nature, de la culture et de la rencontre, elle vous propulse vers de nouvelles aventures. Loin des meutes de touristes, vous mettrez à profit les bonnes connaissances des agents sur la région en profitant à la fois de circuits originaux et de spots incontournables. Nomade Aventure propose plusieurs rando nature sont proposées en République dominicaine avec logement chez l'habitant.

PASSION DES ÎLES

✆ 08 25 16 15 02
www.tui.fr

Le spécialiste des îles et des lagons depuis 30 ans. Vous trouverez chez ce tour-opérateur tous les séjours sur mesure en République Dominicaine et aux Antilles. Définissez les dates de votre séjour et votre ville de départ, sélectionnez vos activités favorites (farniente, Spa, découverte, plongée, golf…) et votre choix d'hôtellerie, l'équipe de Passion des îles vous préparera « votre programme » cousu main… le tout au juste prix et en tout-inclus.

Tous les types d'hébergement, hôtels-clubs, de luxe ou pour les familles vous seront proposés.

ROOTS TRAVEL

17, rue de l'Arsenal
PARIS (4e)
✆ 01 42 74 07 07
www.rootstravel.com
Bureaux ouverts du lundi au samedi de 10h à 18h.

Roots Travel propose des séjours individuels chez l'habitant et en hôtel de charme ainsi que des itinéraires inédits sur mesure. Un circuit « découverte » est proposé en République dominicaine (15 jours). Il s'avère être une bonne alternative entre découverte et farniente grâce à son programme complet : le quartier colonial de Saint-Domingue, la côte caribéenne à Barahona et à Jarabacoa, Rio San Juan et ses criques, la péninsule de Samana, et plus particulièrement dans le village de Las Terrenas. Des promotions sont régulièrement proposées.

TEE OFF TRAVEL

Avenue du Golf
BAILLARGUES
✆ 04 99 52 22 00
www.teetravel.com

Tee off travel, spécialiste du golf, proposent des hôtels 4 ou 5-étoiles qui permettent de pratiquer le golf (pour certains, plusieurs parcours proposés), mais offrent également diverses activités en sus. La République dominicaine est la destination la plus prisée par les golfeurs dans les Caraïbes, avec plus de 32 terrains conçus par des architectes renommés tels que Pete Dye ou encore Gary Player. Les prestations proposée par l'agence sont plutôt haut de gamme : hôtels et restaurants sont triés sur le volet. Avis aux amateurs.

TERRE ET NATURE VOYAGES

23, rue d'Ouessant
PARIS (15e)
✆ 01 45 67 60 60
Ouvert du lundi au vendredi de 9h30 à 19h. Sur rendez-vous en dehors de ces horaires.

Terre et Nature Voyages vous propose des séjours à dominante sportive ou culturelle dans les plus beaux pays du monde. En République dominicaine, six séjours vous invitent à découvrir (ou à perfectionner votre pratique) le windsurf, le kitesurf (Cabarete est La Mecque du kite !) ou la plongée dans les plus beaux spots du pays. L'agence connaît très bien le terrain et les différents acteurs associés à ces disciplines. Une référence pour qui cherche à allier sport et découverte des beautés naturelles cachées de la belle République dominicaine.

GO VOYAGES

www.govoyages.com

Go Voyages propose un très grand choix de vols secs, charters et réguliers au meilleur prix au départ et à destination des plus grandes villes. 155 000 itinéraires de vols, 665 compagnies aériennes et plus de 2 millions d'hôtels dans 40 000 destinations... Possibilité également d'acheter des packages sur mesure « vol + hôtel » et des coffrets cadeaux. Sans oublier le grand choix de promotions sur tous les produits et la location de voitures. La réservation est simple et rapide, le choix multiple et les prix très compétitifs.

LASTMINUTE

✆ +39 0892 586 132

www.lastminute.com

Des vols secs à prix négociés, dégriffés ou publics sont disponibles sur Lastminute, agence de voyage en ligne. créée il y a plus de 20 ans. On y trouve également des week-ends, des séjours, de la location de voiture... Mais surtout, Lastminute est le spécialiste des offres de dernière minute permettant ainsi aux vacanciers de voyager à petits prix sans avoir à s'y prendre plusieurs semaines à l'avance. Que ce soit pour un week-end ou une semaine, une croisière ou simplement un vol, des promos sont proposées et renouvelées très régulièrement.

PROMOVACANCES

✆ 08 99 23 00 16

www.promovacances.com

Promovacances est une agence de voyage en ligne qui propose de nombreux séjours touristiques, des week-ends, ainsi qu'un très large choix de billets d'avion à tarifs négociés sur vols charters et réguliers, des locations, des hôtels à prix réduits. En plus de cette importante offre, n'hésitez pas à guetter en ligne des promotions de dernière minute et les bons plans du jour. Enfin, des informations pratiques sont à consulter en ligne pour préparer votre voyage : santé, formalités, aéroports, voyagistes, compagnies aériennes.

DE CHEPA

221 Plaza Jardines de Gazcue

SANTO DOMINGO

✆ +1 809 689 7700

www.dechepa.com

Ouvert du lundi au vendredi de 9h à 17h.

Cette centrale de réservation est spécialisée dans les offres d'hébergement de dernière minute partout dans l'île. Vous pourrez y réserver votre lieu de séjour, mais aussi organiser des visites thématiques ou des activités sportives. Le site internet dispose d'une version en Français, idéal pour avoir accès sans barrière de la langue à toutes les informations et offres. Parmi les activités phares : rafting, randonnée au Pico Duarte ou encore expédition en mountain bike, ainsi que des thématiques comme la lune de miel ou le luxe.

COLONIAL TOUR & TRAVEL

209 Calle Arzobispo Meriño

SANTO DOMINGO

✆ +1 809 688 5285

www.colonialtours.com.do

Ouvert du lundi au vendredi de 8h30 à 13h et de 14h30 à 18h, et le samedi de 8h30 à midi.

L'agence principale est basée à Santo Domingo. Colonial Tours and Travel représente plus de 100 tour-opérateurs internationaux, parmi les plus prestigieux de la planète. Réservation des vols et des hébergements, et même location de villas ou d'appartements pour une longue durée. Parmi ses propositions, le circuit Senderisimo permet de découvrir la République des montagnes, le Green Beach est un combiné montagnes-plages, le Sun of a Beach est un combiné capitale-île Saona-Bayahibe, celui de De Norte a Sur y ajoute la péninsule de Samaná.

DS VOYAGES

146B Avenida Gustavo Mejía Ricart

SANTO DOMINGO

✆ +1 809 472 6589

Page Facebook riche en informations.

En plus de proposer la visite de la République dominicaine, cette agence est spécialisée dans les voyages-découvertes vers Haïti à travers son circuit « Une île, deux pays ». Profitez de cette belle expérience qui vous offrira de connaître deux cultures vraiment distinctes malgré leur proximité. Les voyageurs férus d'écotourisme, d'histoire et de découvertes en tout genre trouveront à coup sûr leur compte ! Les voyages de l'agence DS sont organisés aussi bien pour les groupes que pour les voyageurs individuels. Prenez contact sans plus tarder.

ECOTOUR BARAHONA

Calle Enriquillo, Malecón
PARAÍSO
✆ +1 809 686 0278
www.ecotourbarahona.com

Cette agence française spécialisée dans l'écotourisme vous fera découvrir la République dominicaine et les trésors du sud-ouest de la région de manière écologique. De très nombreuses formules à la carte et des circuits adaptables en petits groupes à la journée ou sur plusieurs jours, sont proposés à destination de Bahía de Las Águilas, Lago Enriquillo, Laguna Oviedo ou encore Cachóte. La très bonne connaissance du terrain des agents vous permettra même une embardée en territoire haïtien. Accueil charmant et personnalisé, en français.

LEOPARDO TOURS

561 Calle Francisco Prats Ramírez
SANTO DOMINGO
✆ +1 809 227 2448

C'est l'un des tour-opérateurs parmi les plus expérimentés de la République dominicaine. Fausto et son ami de plus de 30 ans, René, ont travaillé dans les plus grandes agences réceptives avant de fonder ensemble leur tour-opérateur. Ils parlent parfaitement le français et sont à même d'organiser tous les nombreux circuits possibles qu'offre la République dominicaine. Plusieurs bureaux répartis sur tout le territoire permettent réactivité et services sur mesure. L'agence peut s'occuper du simple transfert en auto jusqu'au voyage en bus pour un groupe.

TURINTER

2 Calle Leopoldo Navarro
SANTO DOMINGO
✆ +1 809 686 4020
www.turinter.com
Ouvert du lundi au vendredi de 8h à 18h et le samedi de 8h à midi.

Un tour-opérateur dominicain qui propose des services d'excursions (plongée avec les dauphins, safari en Jeep…), de locations de véhicules et de réservations d'hôtels. Turinter est particulièrement actif sur la côte nord et la région de Punta Cana, où la société possède des bureaux.Les activités et propositions sont assez nombreuses. Rendez-vous alors sur le site Internet pour les découvrir et choisir ce qui vous donne envie lors de votre séjour à Santo Domingo et en République dominicaine. Service professionnel et bon accompagnement.

EASYVOYAGE

✆ 08 99 19 98 79
www.easyvoyage.com

Le concept peut se résumer en trois mots : s'informer, comparer et réserver. Des infos pratiques sur plusieurs destinations en ligne (saisonnalité, visa, agenda…) vous permettent de penser plus efficacement votre voyage. Après avoir choisi votre destination selon votre profil (famille, budget…), le site vous offre la possibilité d'interroger plusieurs sites à la fois concernant les vols, les séjours ou les circuits. Grâce à ce moteur performant, vous pouvez réserver directement sur plusieurs bases de réservation (Lastminute, Go Voyages et bien d'autres).

JETCOST

www.jetcost.com

Jetcost compare les prix des billets d'avion et trouve le vol le moins cher parmi les offres et les promotions des compagnies aériennes régulières et *low cost*. Le site est également un comparateur d'hébergements, de loueurs d'automobiles et de séjours, circuits et croisières. L'interface du site Internet est très simple d'utilisation. Après avoir lancé la recherche, on peut affiner les résultats en fonction de ses choix afin de trouver le vol le plus intéressant, la durée du trajet, les éventuelles escales ou encore l'aéroport d'arrivée.

QUOTATRIP

www.quotatrip.com
Voyages sur mesure.

QuotaTrip est une nouvelle plateforme de réservation de voyage en ligne qui met en relation des voyageurs à la recherche d'expériences authentiques et uniques et des agences de voyages locales sélectionnées pour leurs compétences et leur sérieux. Le réseau de QuotaTrip couvre près de 200 destinations dans le monde entier. Le but de ce rapprochement est simple : proposer un séjour entièrement personnalisé aux utilisateurs. QuotaTrip promet ainsi l'assurance d'un voyage serein, sur mesure, sans intermédiaires et sans frais supplémentaires.

INTERVIEW

LE VOYAGE-SUR-MESURE

AVEC STEVEN LE CHEVALIER ET MATHIEU VALLY DE QUOTATRIP

Quel est le concept de l'agence QuotaTrip ?

Quotatrip est la première plateforme de mise en relation entre voyageurs et agences locales. Grâce à elle, les voyageurs peuvent enfin échanger en direct avec des agences qui sont sur place et concevoir un voyage unique, au meilleur prix et 100% personnalisé.

Pourquoi voyager avec des agences locales ?

À l'inverse des agences traditionnelles, les agences locales sont des expertes de la destination choisie. Ce sont aussi les mieux placées pour concevoir des séjours qui sortent des sentiers battus. Elles sont ainsi en mesure de répondre à l'ensemble des envies, le voyageur rentre dans l'univers de l'equi-tourisme = le tourisme sans intermédiaire.

Quels sont les autres avantages pour les voyageurs ?

Il y a une multitude d'avantages. Cela permet notamment de ne pas voyager comme tout le monde, d'organiser de manière simple et rapide un séjour sur mesure et au meilleur prix. Fini les mauvaises surprises, les voyageurs posent toutes les questions qu'ils souhaitent et bénéficient d'un accompagnement sur mesure, de la conception du projet jusqu'à sa réalisation en toute sécurité car les agences référencées sont sélectionnées et recommandées par les journalistes des guides du Petitfute en toute impartialité.

Les démarches sont-elle simples à effectuer ?

Les sites de voyage en ligne font perdre beaucoup de temps aux internautes sans pour autant répondre entièrement à leurs désirs. QuotaTrip propose un formulaire simple et rapide qui permet de décrire les souhaits, les envies et les besoins. L'internaute reçoit aussitôt gratuitement et sans engagement les offres de trois ou quatre agences locales avec qui il peut ensuite échanger afin de personnaliser son projet grâce à la messagerie mise en place.

Quelles sont les destinations proposées ?

Notre plateforme propose plus de 21 000 projets de voyage sur plus de 100 destinations à travers le monde. De l'Amérique latine en passant par l'Asie et l'Afrique, nos mille agences partenaires sont là pour répondre à vos projets de voyage.

Décrivez votre projet de voyage. Echangez en direct avec les agences locales et partez au meilleur prix.

***Plus d'informations** : quotatrip.com*

© D.R

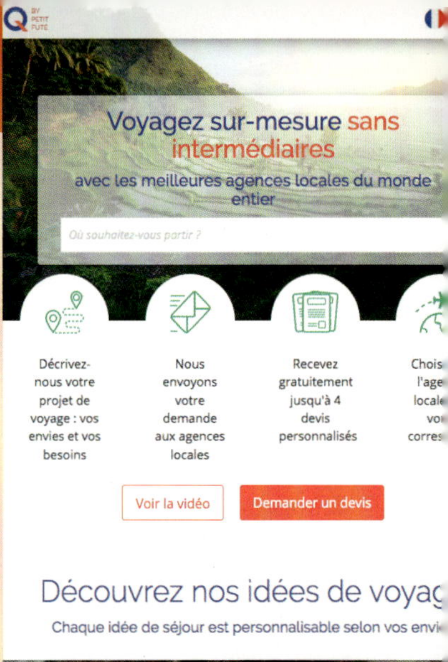

© D.R

© D.R

SE LOGER

En République dominicaine, le voyageur itinérant peut faire le grand écart entre deux hôtels suivant le lieu où il se trouve, c'est aussi le cas pour le prix. Mais de manière générale, l'infrastructure hôtelière est très bien développée dans le pays, et toutes les gammes de logements sont représentées : des complexes hôteliers aux airs de villages (généralement en formules *all-inclusive*) aux hôtels locaux (au confort parfois rudimentaires mais toujours très bien tenus), des chambres d'hôte pleine de charme aux villas à la location, sans oublier les fameuses *cabañas turísticas* que l'on loue à l'heure - qui sont, malgré leur raison d'être plutôt grivoise, toujours bien tenues - on ne manque pas de choix. Les prix varient selon la saison et peuvent être négociés durant les périodes moins courues. Il est prudent de réserver son hôtel en haute saison bien à l'avance, spécialement durant la semaine sainte et la fin d'année.

HOSTEL WORLD €

www.hostelbookers.com

Depuis 2005, cette centrale de réservation en ligne permet de planifier son séjour à prix corrects dans le monde entier. Afrique, Asie, Europe, Amérique… Hostel World est spécialisé dans les logements peu onéreux (auberges de jeunesse ou *hostels*…) mais proposant des services et un cadre plutôt soignés. Pour chaque grande ville, le site propose une sélection pointue d'enseignes partenaires et vous n'aurez plus qu'à choisir l'adresse la plus pratique, la mieux située, ou tout simplement la moins chère. Une plate-forme bien pratique pour les baroudeurs.

DISCOVER PUERTO PLATA €€

Carretera Luperon - km 4,5

PUERTO PLATA

✆ +1 809 320 1259

www.discoverpuertoplata.com/es/hoteles

Opérant depuis 2003 dans la région de Pueto Plata, sur la côte nord de la République dominicaine, le Clúster Turístico del Destino Puerto Plata (CTDPP) est consortium d'institutions publiques et d'entreprises privées travaillant à la dynamisation d'un tourisme durable dans la zone. Le portail internet de l'association répertorie des informations utiles à la découverte du littoral océanique dominicain, mais aussi une vingtaine d'hôtels, villas et appartements touristiques particulièrement recommandables (site en espagnol et en anglais).

DE CHEPA

221 Plaza Jardines de Gazcue

SANTO DOMINGO

✆ +1 809 689 7700

www.dechepa.com

Ouvert du lundi au vendredi de 9h à 17h.

Cette centrale de réservation est spécialisée dans les offres d'hébergement de dernière minute partout dans l'île. Vous pourrez y réserver votre lieu de séjour, mais aussi organiser des visites thématiques ou des activités sportives. Le site internet dispose d'une version en Français, idéal pour avoir accès sans barrière de la langue à toutes les informations et offres. Parmi les activités phares : rafting, randonnée au Pico Duarte ou encore expédition en mountain bike, ainsi que des thématiques comme la lune de miel ou le luxe.

MINT HOTELS & RESIDENCE €€

Calle Agustin Lara 7, Piantini

SANTO DOMINGO

✆ +34 809 540 5304

www.minthotelsresidences.com

Avec son siège social basé à Santo Domingo, cette toute petite chaîne hôtelière locale nommée Mint Hotels & Residence dispose de trois offres de logement de haute voltige sur le territoire dominicain, et d'un autre à Punta Chame (Panama) : le prestigieux The Bannister Hotel et sa marina, situé sur la péninsule de Samana ; le Natura Cabana, véritable petit lodge de luxe installé sur le sable d'une plage de Cabarete ; et Los Altos Residences, complexe de résidences et appartements luxueux entouré de splendides jardins. Luxe et confidentialité.

SE DÉPLACER

Si vous en avez les moyens, vous pourrez voys déplacer entre les grandes villes via des petites compagnies aériennes privées (Aerodomca ou Air Century), mais vous aurez plus vraisemblablement affaire à la guagua. Véritable institution dans tout le pays, il s'agit d'un service de bus très peu onéreux permettant de faire quelques centaines de mètres à des centaines de kilomètres pour un coût défiant toute concurrence. Quotidiennement utilisé par les Dominicains, c'est l'un des rares moyens de se frotter à la population locale. Autrement, vous pourrez utiliser les services des taxis, des taxi-motos (*motoconcho*) ou bien encore louer un véhicule. L'état des routes s'étant nettement améliorer ces dernières années, il est facile de circuler sur l'ensemble du territoire avec son propre véhicule. Trois autoroutes relient la capitale à la deuxième ville du pays, Santiago, à Las Terrenas dans la péninsule de Samaná, et à Punta Cana au sud-est.

AIR CENTURY

Aéroport Dr Joaquin Balaguer (La Isabela)
SANTO DOMINGO
✆ +1 829 259 5014
www.aircentury.com
Vols quotidiens entre Santo Domingo et Port-au-Prince (Haïti) à partir de 200 US$.

Une compagnie appartenant à un grand groupe, et disposant d'une flotte moderne de petits avions, qui s'est spécialisée en 2016 sur les vols réguliers vers Haïti. Air Century propose également depuis peu de nombreuses liaisons en charters vers d'autres aéroports de la zone caraïbe : St. Maarten, Aruba, Curaçao et La Havane. Une solution qui tombe à point nommé pour entreprendre un voyage dans le voyage ! Consultez le site internet de la compagnie pour profiter des meilleures offres et bénéficier d'éventuelles offres promotionnelles.

CORSAIR

✆ 39 17
Pensez à adhérer au programme de fidélité Le Club Corsair.

La compagnie dessert Punta Cana en vols saisonniers au départ du terminal 4 de Paris Orly : jusqu'à trois vols par semaine (tous les lundis, mercredis et samedis). Vous pouvez acheter des billets combinés au départ de 18 villes de province, comprenant le TGV (Train + Air) et le billet Corsair.

Corsair propose 3 classes de réservation : la classe Economy, Premium et Business qui offrent un confort, un espace et un service de qualité pour une expérience clients optimale.

Pensez à adhérer au programme de fidélité Le Club Corsair. Une valeur sûre et recommandée !

DOMINICAN SHUTTLES

Plaza las Brisas de Bavaro - **BAVARO**
✆ +1 809 931 4073
www.dominicanshuttles.com
Tarif selon la distance avec l'aéroport (devis sur Internet).

La compagnie, créée par un pilote allemand, propose de nombreuses liaisons intérieures entre les aéroports des zones touristiques du pays. Punta Cana-Santo Domingo, Las Terrenas -Santo Domingo, Punta Cana-Puerto Plata et Las Terrenas-Puerto Plata. Service de *pick-up* dans les hôtels de la zone Punta Cana-Bavaro et de navettes particulières entre les aéroports et les zones hôtelières. La compagnie propose également des avions charters pour les lignes intérieures ou pour des vols internationaux sur demande, sans oublier des excursions sur toute l'île.

SUNRISE AIRWAYS

Av. Presidente A. Guzmán Fernández,
La Isabela International Airport
✆ +1 849 916 6666
www.sunriseairways.net/es
Connexion avec Port-au-Prince.

Vous planifiez votre séjour en République dominicaine ou vous y êtes déjà ? Alors pourquoi ne pas profiter pour faire une escapade sur une autre île ? De la République dominicaine, Sunrise Airways propose des vols réguliers, sûrs et rapides, vers Cuba et Haïti. Proposant un service fiable et équipe souriante, il est possible de réserver vos vols directement en ligne ou de le faire depuis l'un de leurs guichets aux aéroports de La Isabela et de Las Americas. Pour une expérience réussie, ils vous mettront en contact avec leur agence partenaire Explore Caribbean.

GUAGUA

Parque Independencia et Parque Enriquillo
SANTO DOMINGO
Prix en fonction du trajet souhaité, de la distance et du nombre de bagages.

Les *guaguas* sont de petits bus de transport public, avec des prix très abordables et une ambiance tout à fait typique, qui desservent tout le pays. Les départs se font en général depuis la station du parc Independencia à Santo Domingo, ou du parc Enriquillo. Selon les prix et les horaires, vous pouvez avoir ou non la climatisation, ce qui est fort appréciable si le trajet choisi est long... A noter que si vos bagages prennent une place assise, on vous fera payer la place ! Pour des trajets au plus près du quotidien des habitants.

ADLA

155 Calle Isabel la Católica - **SANTO DOMINGO**
✆ +1 809 602 0112
www.adaa-rd.com
Ouvert tous les jours de 8h30 à 13h et de 14h30 à 19h. Compter de 50 US$ à 90 US$ par jour selon le type de véhicule.

Adla est une agence française, tenue par une équipe francophone. On vous propose ici la location de véhicules avec un faible kilométrage, de différentes capacités. Forfaits de toutes durées, service de mise à disposition personnalisé, à l'aéroport ou à l'hôtel, tarifs dégressifs en fonction de la durée de location. Le réseau Adla compte trois agences dans le pays, à Santo Domingo, Punta Cana et Las Terrenas. Quelle que soit l'heure de livraison souhaitée, l'agence vous livrera sans aucun problème. Il ne reste plus qu'à vous souhaiter bonne route.

ALAMO RENT A CAR

Avenida Independencia
SANTO DOMINGO
✆ +1 809 221 0805
Ouvert du lundi au vendredi de 8h à 19h, le samedi de 8h à 18h et le dimanche de 8h à 17h.

Alamo possède le réseau le plus important du pays avec 19 agences situées dans les principales régions d'affaire et de tourisme. Plus de 15 différents modèles, modernes et confortables, y sont proposés (berlines, SUV, camions et minibus). Tous sont révisés et maintenus par des experts formés aux plus hauts standards de qualité. Alamo propose des options supplémentaires qui peuvent par exemple couvrir les frais médicaux durant la location. GPS, siège pour bébé/enfant et possibilité de ramener la voiture à une agence différente à celle de départ.

AVIS RENT A CAR

517 Avenida George Washington
SANTO DOMINGO
✆ +1 809 535 7191 - www.avis.com
Ouvert tous les jours sauf le dimanche de 7h à 21h. Compter entre 80 US$ et 200 US$ selon le type de véhicule.

Avis affiche la puissance d'un réseau important avec six agences dans le pays (Cabarete, Puerto Plata, Santiago, Punta Cana et La Romana). Les zones touristiques les plus importantes sont couvertes. Cette agence bien connue du grand public dispose d'une large gamme de véhicules (de la berline au 4x4) et pick-up. Elle assure un service de retour à l'aéroport, ou *drop off* dans une agence du réseau. Dépannage rapide en cas de problème, mais on ne vous le souhaite évidemment pas. Service professionnel et prêt à répondre à toute question.

BSP AUTO

✆ 01 43 46 20 74
www.bsp-auto.com
Site comparatif accessible 24h/24.

Il s'agit là d'un prestataire qui vous assure les meilleurs tarifs de location aux conditions les plus avantageuses auprès des grands loueurs de véhicules dans les gares, aéroports et les centres-villes du monde entier. Le kilométrage illimité et les assurances sont souvent compris dans le prix. Avec BSP Auto, vous pouvez réserver dès maintenant et payer seulement cinq jours avant la prise de votre véhicule. Autre bonus du courtier BSP : pas de frais de dossier ni d'annulation (jusqu'à la veille). La moins chère des options zéro franchise.

BUDGET CAR RENTAL

Angle des avenues J.-F. Kennedy et Lope de Vega
SANTO DOMINGO
✆ +1 809 566 6666 - www.budget.com
Ouvert tous les jours de 7h à 22h. Compter de 60 US$ (sans les taxes) à 200 US$ selon le type de véhicule.

Budget Car Rental possède plusieurs agences dans le pays : à Saint-Domingue, Santiago, Puerto Plata, Punta Cana et La Romana. L'agence que l'on ne présente plus propose une large gamme de véhicules récents et en bon état, accompagnée de toutes les prestations classiques (livraison aéroport, *drop off* dans une agence du réseau…). Réservation facile sur le site internet. Service personnalisé et efficace. Vous passerez incontestablement un beau voyage sur les routes dominicaines au volant de l'un des véhicules loués, adaptés à votre budget et vos besoins.

EUROPCAR

354 calle Independencia
SANTO DOMINGO
✆ +1 809 6882121
www.europcar.com
Ouvert tous les jours de 7h à 22h.

Franchise de l'enseigne internationale, Europcar Santo Domingo propose à la location des véhicules de tous types, berlines de diverses capacités et 4x4, en excellent état et très bien entretenus avec assurances et services annexes. Les tarifs sont dégressifs selon la durée de location. Possibilité de *drop off* dans une autre agence de l'enseigne, par exemple à l'aéroport Las Americas, ou les autres aéroports du pays. Accueil et service impeccables. Au volant d'un véhicule Europcar, vous partirez sur les routes du pays en toute sécurité.

HOLIDAYS RENTAL

256 Calle Principal (Calle Duarte)
LAS TERRENAS ✆ +1 829 240 9527
www.holidaysrental-lasterrenas.com
L-S de 8h30 à 18h. Le dimanche sur rendez-vous.
Voiture et Quad à partir de 35 US$.
Scooter à partir de 15 US$.

Du deux-roues au 4x4 haut de gamme en passant par les quads, vous trouverez à louer tous les engins à moteur ici ! Au fil des années, l'agence a su garder son professionnalisme. Tous les véhicules sont en règle et renouvelés régulièrement. C'est l'assurance de vacances tranquilles et sans embûches. Les équipes vous accueilleront avec le sourire et en français, ce qui facilite grandement la tâche quand on ne parle pas espagnol. Bref, une agence de location très recommandée, pour la qualité des véhicules, comme pour les tarifs proposés.

HOPE RENT A CAR

A 3 km de l'aéroport de Las Americas
SANTO DOMINGO
✆ +1 809 549 8566
www.hoperentacar.com
Ouvert tous les jours de 8h à 20h. Location de trois jours minimum, à partir de 150 US$.

Cette entreprise loue une cinquantaine de voitures : des berlines aux véhicules 4x4 tout-terrain, récents pour la plupart et bien entretenus. Depuis presque 30 ans, Hope Rent a Car offre un service personnalisé avec service de réception à l'aéroport ou à votre hôtel gratuitement, et fera pour vous les démarches si vous voulez passer la frontière avec Haïti. La société dispose d'une antenne à Santiago et à Boca Chica ; vous avez aussi la possibilité de laisser le véhicule en un point quelconque du pays moyennant un supplément.

JESSIE CAR RENTAL

Calle el Carmen - **LAS TERRENAS**
✆ +1 809 909 1250
www.jessiecar.com
Scooters à partir de 20 US$ par jour.
Voitures et Quads à partir de 50 US$.

Depuis plus de 20 ans, dans sa petite *casa* jaune, cette agence montée par un couple de Français propose un service de qualité et un large choix de véhicules à la location. Vous pourrez ainsi choisir entre une voiture économique ou un SUV, un quad, un scooter ou encore une moto. Ces véhicules tout-terrain sont indispensables pour découvrir la sublime péninsule de Samaná ou pourquoi pas l'île tout entière en solo, ou à plusieurs… Les véhicules peuvent être livrés sur votre lieu de résidence, à Las Terrenas, et un service assistance 7j/7 est disponible.

APOLO TAXI

SANTO DOMINGO
✆ +1 809 537 0000
www.apolotaxi.com

C'est une des compagnies les plus connues de la capitale. De l'aéroport international, elle propose des courses jusqu'à Punta Cana (200 US$), La Romana (135 US$), Samana (190 US$) et dans la zone coloniale de Santo Domingo (50 US$). Malgré la réputation de la compagnie, il est conseillé de toujours demander le prix de la course avant de monter à bord, histoire d'éviter les mauvaises surprises. Mais a priori, aucun problème avec Apolo Taxi. Une agence dominicaine éprouvée et très utile en de très nombreuses circonstances. Réservation en ligne ou par téléphone.

ZONA BICI

217 Arzobispo Merino - **SANTO DOMINGO**
✆ +1809793 9939
www.zonabicird.com
7 US$ pour 1h, 13 US$ pour 2h, 19 US$ la demi-journée. Tours guidés 1 750 $/personne (1h30).

Un loueur de vélos désormais bien installé dans le paysage de Santo Domingo (et désormais à Puerto Plata). L'agence dispose d'une centaine de vélos permettent de sillonner les vieilles rues pavées et souvent piétonnes de la zone coloniale. De couleur bleu clair et adaptés aux familles (avec petits vélos pour les enfants), ces véhicules tout-terrain sont un excellent moyen de parcourir la première capitale du Nouveau Monde et de jouer les conquistadores pacifiques à bicyclette. Le prix de la location est dégressif en fonction du temps. Suivez la page Instagram !

S'INFORMER

Avant de vous rendre en République dominicaine, il peut être avisé d'aller jeter un oeil au site internet officiel de l'office de tourisme de la République Dominicaine, nommé GoDominicanRepublic (www.godominicanrepublic.com). Pour tout savoir sur le deuxième plus grand et le plus diversifié pays des Caraïbes avant même d'y être ! Le site, traduit en français, est particulièrement bien renseigné, répertoriant une quantité impressionnantes d'adresses (restaurants, hébergements, loueurs de voiture et agences de voyages) mais aussi des informations plus générales sur la gastronomie, l'art, la musique, la biodiversité... Des mises à jours effectuées régulièrement, vous permettant de vous tenir informé des diverses manifestations culturelles et touristiques du département. Nous vous proposons également ici quelques adresses, site et canaux d'informations locales qui vous permettront de vous tenir informé de l'actualité du pays.

BO MAGAZINE SAMANA

✆ +1 829 706 09 40
www.bomagazine.do

Lancé en 2017, *BO Magazine* (pour Best-Of) est une revue gratuite de qualité répertoriant bons plans et adresses recommandables de la péninsule de Samana. Un design bien léché, des reportages pertinents, les huit premiers numéros sont déjà sortis. Vous en trouverez des exemplaires dans de nombreux commerces et restaurants de la région. En anglais et en espagnol. Le site Internet, lancé en 2019, est également en français. *BO Magazine* se propose par ailleurs de faire des réservations directes pour toute activité touristique sur la péninsule. Suivez la page IG !

OFFICE DE TOURISME

www.godominicanrepublic.com/fr

On trouvera sur le site Internet de l'office de tourisme de la République dominicaine (en français) toutes sortes d'informations très utiles pour profiter au mieux des atouts de la destination. En plus d'infos générales sur le pays, toutes les villes et zones d'intérêt touristique y sont présentées (avec lien vidéo) de manière assez complète et de nombreux conseils de voyage y sont prodigués. L'onglet « Quoi Faire » propose également de nombreuses activités selon plusieurs catégories : évènements, aventure, nature, culture et loisirs.

LISTIN DIARIO

www.listin.com.do

Listín Diario est l'un des premiers et des plus importants journaux de République dominicaine (sans doute le plus lu du pays), mais également le seul qui subsiste parmi ceux qui ont été fondés au XIXe siècle. Né en 1889, le *Listín* a longtemps maintenu sa neutralité, puis a montré son soutien à l'indépendance cubaine, s'est montré critique vis-à-vis de l'occupation américaine de la République dominicaine, et s'est opposé à la dictature de Trujillo. Son tirage est aujourd'hui le plus important et sa tendance est progouvernementale.

RFI

80, rue Camille Desmoulins
ISSY-LES-MOULINEAUX
✆ 01 84 22 84 84
www.rfi.fr

RFI (Radio France Internationale) est une radio française d'actualité diffusée mondialement en français et en 13 autres langues*, disponible en direct sur Internet (rfi.fr) et applications connectées. Grâce à l'expertise de ses rédactions basées à Paris et de son réseau de 400 correspondants, RFI propose à ses auditeurs des rendez-vous d'information et des magazines offrant les clés de compréhension du monde.

*anglais, cambodgien, chinois, espagnol, haoussa, kiswahili, mandingue, persan, portugais, roumain, russe, vietnamien.

RESTER

Après les pionniers, Français pour beaucoup, la République dominicaine attire de plus en plus de candidats à la délocalisation, investisseurs et résidents étrangers. Plusieurs raisons à cela : la stabilité du régime démocratique, une économie qui décolle, des conditions de vie agréables pour qui dispose de revenus corrects, la flambée du marché de l'immobilier et des incitations fiscales non négligeables. En effet, à l'instar de nombreux pays comme le Mexique, le Panama, le Costa Rica ou le Maroc, la République dominicaine veut notamment profiter de la nouvelle manne des seniors et leur concède des dégrèvements fiscaux fort intéressants. Les investisseurs étrangers sont eux aussi très nombreux dans le domaine du tourisme, mais pas seulement. D'importantes entreprises prennent pied dans le pays expatriant de nombreux cadres, à l'occasion des grands chantiers comme celui du métro, ou pour ne pas rater le décollage économique du pays.

ACTION CONTRE LA FAIM

14, boulevard de Douaumont

PARIS (17e)

✆ 01 70 84 70 70

www.actioncontrelafaim.org

Par téléphone de 9h à 13h et de 14h à 18h.

ONG internationale spécialisée dans la lutte contre la faim dans le monde, active dans les domaines de la nutrition, santé, sécurité alimentaire, de l'eau, de l'assainissement. L'association intervient dans des situations de crise. Le but étant de rendre les populations autonomes d'un point de vue de la nutrition, en apportant une aide concrète et en formant les intervenants locaux qui prendront le relais. Ses missions de volontariat durent de trois mois à un an en Afrique, Asie, Amérique, Europe centrale, dans le Caucase, au Moyen-Orient et dans les Caraïbes.

AEFE

23, place de Catalogne

PARIS (14e)

✆ 01 53 69 30 90

www.aefe.fr

Cette agence, sous tutelle du ministère des Affaires étrangères, anime et gère un réseau de près de 500 établissements d'enseignement français à l'étranger, dans près de 140 pays. 370 000 élèves, dont 40 % de Français, fréquentent ces établissements. Offres d'emploi à l'international pour les titulaires de la fonction publique (Education nationale principalement) et informations sur la politique pédagogique, la scolarité et l'orientation émaillent le site Internet de cet organisme qui soutient également l'association Anciens des lycées français du monde.

CIDJ

www.cidj.com

Le Centre d'Information et de Documentation Jeunesse a été créé en 1969, sous la tutelle du ministère de la Jeunesse et des Sports. Le site Internet est bien fait et très complet. La rubrique « Partir à l'étranger » fournit des informations pratiques aux jeunes qui ont pour projet d'aller vivre à l'étranger. Il y a une rubrique spécifique dédiée à chacun des thèmes suivants : travail, étude, stage, volontariat international et séjours linguistiques. Pour vous aider dans vos démarches, vous pouvez avoir un entretien gratuit avec un conseiller du CIDJ.

ÉDUCATION NATIONALE

www.education.gouv.fr

Modalités sur www.france.diplomatie.fr/mfi.

Vous êtes enseignant ou fonctionnaire d'État, vous souhaitez travailler à l'étranger ? Consultez le site du ministère de l'Éducation nationale, il informe sur les conditions de mobilité dans le monde. Cette initiative peut s'inscrire dans un parcours professionnel. Elle permet d'exercer son métier dans des conditions spécifiques, ou un autre métier et diversifier ainsi son expérience en enrichissant ses compétences. Les personnels d'encadrement peuvent aussi postuler dans des organismes internationaux ou de l'Union européenne.

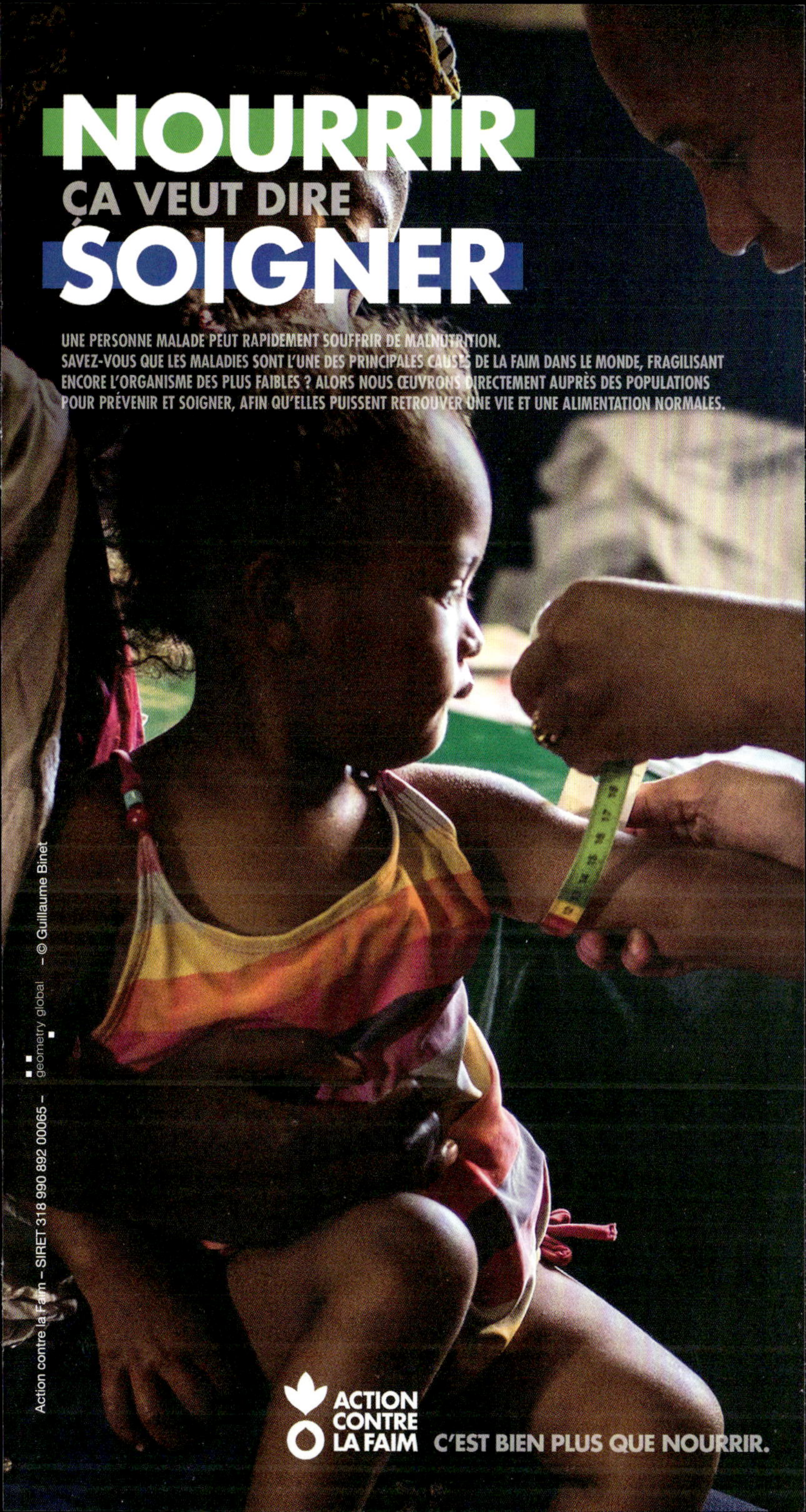
NOURRIR
ÇA VEUT DIRE
SOIGNER
UNE PERSONNE MALADE PEUT RAPIDEMENT SOUFFRIR DE MALNUTRITION. SAVEZ-VOUS QUE LES MALADIES SONT L'UNE DES PRINCIPALES CAUSES DE LA FAIM DANS LE MONDE, FRAGILISANT ENCORE L'ORGANISME DES PLUS FAIBLES ? ALORS NOUS ŒUVRONS DIRECTEMENT AUPRÈS DES POPULATIONS POUR PRÉVENIR ET SOIGNER, AFIN QU'ELLES PUISSENT RETROUVER UNE VIE ET UNE ALIMENTATION NORMALES.
Action contre la Faim – SIRET 318 990 892 00065 – geometry global – © Guillaume Binet
ACTION CONTRE LA FAIM
C'EST BIEN PLUS QUE NOURRIR.

INDEX

D

E

F

G

H

ÉDITION

Directeurs de collection et auteurs : Dominique AUZIAS et Jean-Paul LABOURDETTE

Auteurs : Martin FOUQUET, Sarah DEHAUT, Corentin LAPLANCHE-TSUTSUI, Baptiste THARREAU, Mathias DESHOURS, Juliette COURTOIS, Priscilla PARARD, Sylvie DEL COTTO, Romain RISSO, Amandine GLEVAREC, Robert KASSOUS, Julien CRUCIANI, Margot CARRAU, Jérémie FEINBLATT, Maxime DRAY, Baptiste THARREAU, Nadia BERG, Catherine FAUCHEUX, Jean-Paul LABOURDETTE, Dominique AUZIAS et alter

Directeur Editorial : Stéphan SZEREMETA

Rédaction Monde : Laure CHATAIGNON, Morgane VESLIN, Pierre-Yves SOUCHET, Natalia COLLIER

Rédaction France : Briséis CREAC'H-MENUT, Mélanie COTTARD, Audrey VEDOVOTTO, Nicolas WODARCZAK

FABRICATION

Maquette et Montage : Romain AUDREN, Julie BORDES, Delphine PAGANO

Iconographie et Cartographie : Anne DIOT, Julien DOUCET

WEB ET NUMÉRIQUE

Directeur Web : Louis GENEAU de LAMARLIERE

Développeurs : Guillaume BARBET, Adeline CAUX et Roland SPOUTIL

Intégrateur Web : Mickael LATTES, Antoine DION

Webdesigner : Caroline LAFFAITEUR

Community Traffic Manager : Alice BARBIER, Mariana BURLAMAQUI et Noémie LE SAUX

DIRECTION COMMERCIALE

Directeur commercial : Guillaume VORBURGER

Coordinatrice des Régies commerciales : Manon GUERIN assistée de Jonas HESOL

Account Manager Marketplace : Leila ROUGEOT assistée de Lola FAVRE-MOT

Responsable Régies locales : Michel GRANSEIGNE

Responsables Développement régie inter : Jean-Marc FARAGUET, Guillaume LABOUREUR et Camille ESMIEU

Chefs de Publicité Régie nationale : Caroline AUBRY, François BRIANCON-MARJOLLET, Perrine DE CARNE MARCEIN, Jonathan TOUTOUX, Amélie NOEL,

Régie RÉPUBLIQUE DOMINICAINE : Pierre VIVIEN

DIFFUSION ET PROMOTION

Directrice des Ventes : Bénédicte MOULET assistée d'Aissatou DIOP

Responsable des ventes : Jean-Pierre GHEZ assisté de Nelly BRION

Relations Presse-Partenariats : Jean-Mary MARCHAL

ADMINISTRATION

Président : Jean-Paul LABOURDETTE

Directrice des Ressources Humaines : Dina BOURDEAU assistée de Sandra DOS REIS et Eva BAELEN

Directrice Administrative et Financière : Valérie DECOTTIGNIES

Comptabilité : Guillaume PETIT, Aminata BAGAYOKO, Jeannine DEMIRDJIAN

Recouvrement : Fabien BONNAN assisté de Sandra BRIJLALL

Responsable informatique : Elie NZUZI-LEBA

PETIT FUTÉ RÉPUBLIQUE DOMINICAINE

LES NOUVELLES ÉDITIONS DE L'UNIVERSITÉ
18, rue des Volontaires - 75015 Paris.
✆ 01 53 69 70 00 - Fax 01 42 73 15 24
Internet : www.petitfute.com
SAS au capital de 1 000 000 €
RC PARIS B 309 769 966

Couverture : Bavaro beach à Punta Cana
© DANILOVI - ISTOCKPHOTO.COM

Impression : IMPRIMERIE CHIRAT
42540 Saint-Just-la-Pendue

Achevé d'imprimer : Août 2022

Dépôt légal : 28/09/2022

ISBN : 9782305082431

Pour nous contacter par email, indiquez le nom de famille en minuscule suivi de @petitfute.com
Pour le courrier des lecteurs : info@petitfute.com

IMPRIMÉ EN FRANCE